MICHELIN

Korsika

C.Moirenc/MICHELIN

Der Grüne Reiseführer

LAND & LEUTEN BEGEGNEN

Hemis / laif

INTERESSANTES RUND UM IHR REISEZIEL

DIE REGION ENTDECKEN

Amaury de Valroger / MICHELIN

DIE SCHÖNSTEN ORTE VON A-Z

PRAKTISCHE HINWEISE

WISSENSWERTES AUF EINEN BLICK

KARTEN UND PLÄNE

THEMATISCHE KARTEN

STADTPLÄNE

GRUNDRISSE UND LAGEPLÄNE

STRECKENPLÄNE UND UMGEBUNGSKARTEN

MICHELIN-BEWERTUNG

	Unbedingt besichtigen	Nicht verpassen	Interessant
Sehenswürdigkeiten	★★★	★★	★

ZEICHENERKLÄRUNG

Symbole im Text

	Wegweiser
	Parken
	Unbedingt sehenswert
	Mit Kindern
	Orte in der Nähe
	Wanderweg
	Fahrradausflug
	Behindertengerecht
A2 B	Lage auf dem Plan

Tipps und Adressen

Informationen zu den Preisklassen s. S. 381

	Untere Preisklasse
	Mittlere Preisklasse
	Obere Preisklasse
	Spitzenkategorie
9 Zi: 38/45 €	Anzahl der Zimmer – günstigstes/teuerstes Doppelzimmer
8 €	Preis des Frühstücks
50 €	Preis pro Übernachtung, Frühstück inklusive
	Für Gäste reservierter Parkplatz
	Keine Kreditkarten

Karten und Pläne

KUNST- UND NATURDENKMÄLER

	Beschriebene Strecke, Ausgangspunkt d. Besichtigung
	Kirche: kath. – protestant.
	Synagoge
	Moschee
	Bildstock – Brunnen
	Befestigungsmauer – Turm, Tor
	Schloss, Burg – Ruine(n)
	Fabrik – Staudamm
	Aussichtspunkt
	Orientierungstafel
	Festung – Grotte, Höhle
	Steinbruch – Bergwerk

PRAKTISCHE INFORMATIONEN

	Informationsstelle
	Parkplatz – Park-and-Ride
	Straßenbahn – Metrostation
	Bahnhof – Busbahnhof
	Seilbahn, Kabinenbahn
	Standseilbahn, Zahnradbahn
	Museumseisenbahn, touristisch interessante Strecke
	Hauptpostamt – Markthalle
	Auto- und Personenfähre
	Personenfähre

VERKEHRSNETZ

	Autobahn – Schnellstraße
	Autobahnein-/ausfahrt
	Fußgängerzone
	(Zeitweise) gesperrte Straße
	Treppen
	Weg
③	Ausfallstraße
B F	Fähre
	Bewegliche Brücke

SPORT UND FREIZEIT

	Freibad – Hallenbad
	Stadion – Pferderennbahn
	Yachthafen
	Schutzhütte – Wanderweg
	Freizeiteinrichtungen
	Vergnügungspark
	Tierpark, Zoo
	Blumenpark, Arboretum
	Vogelpark – Vogelschutzgebiet

ABKÜRZUNGEN

A	Landwirtschaftskammer
C	Handelskammer
H	Rathaus
J	Justizgebäude
M	Museum
P	Präfektur
POL.	Polizei
	Gendarmerie
T	Theater
U	Universität

Farbenfrohe Fischerboote liegen im alten Hafen von Ajaccio vor Anker.
Hemis / laif

LAND & LEUTEN BEGEGNEN

Leben in Korsika

Wer nach Korsika reist, versteht, warum sich so viele Schriftsteller und Maler von dieser Landschaft inspirieren ließen. Korsika ist mit 8680 qkm nach Sizilien und Sardinien die drittgrößte Insel des westlichen Mittelmeers und bietet alles für eine fantastische Reise: purpurfarbene Granitfelsen, die steil ins Meer abfallen, verträumte Dörfer, die sich eng an den Berg schmiegen, tiefe Schluchten und sanfte Hügel, die üppig mit Kastanien und Olivenbäumen bewachsen sind.

In der Bucht von Nichiareto südlich von Calvi zaubert das Licht herrliche Farbkontraste.

Natur und Landschaft

Die Insel Korsika erstreckt sich auf einer Länge von 183 km und einer Breite von 83 km. An ihrer 1047 km langen Küste reihen sich wunderschöne Landzungen, Steilfelsen, Buchten und Strände aneinander. Korsika ist die gebirgigste Insel des Mittelmeers. Der höchste Berg, der Monte Cinto, nur 25 km von der Küste entfernt, ragt 2706 m hoch auf. Die Nähe der italienischen Küste (83 km), der französischen Küste (170 km) und der spanischen Küste (450 km) erklärt Korsikas wirtschaftliche und strategische Bedeutung im Laufe der Jahrhunderte.

INSEL ODER KONTINENT?

Auf Korsika unterscheidet man drei geografische Zonen: Westkorsika, ein altes kristallines Bergmassiv, das fast zwei Drittel der Insel bedeckt, Ostkorsika, ein Schiefergebirge im Nordosten, und die korsische Zentralfurche, die diese beiden Zonen voneinander trennt und sich von L'Île-Rousse bis Solenzara erstreckt.

Westkorsika

Hier befinden sich die höchsten Gipfel Korsikas. Sie bilden eine Art Rückgrat der Insel, das zwei historische Regionen voneinander trennt: das „Jenseits der Berge" und das „Diesseits der Berge". Diese beiden Regionen, deren Bezeichnung aus dem Genuesischen stammt, entsprechen in ihrer Ausdehnung etwa den heutigen Départements Corse-du-Sud und Haute-Corse. Auf beiden Seiten des Grats ziehen sich quer verlaufende, von Tälern und Schluchten gesäumte Bergketten allmählich zum Meer hinab.

Die Entstehung einer Insel

Nach Meinung der Geologen bildete Korsika im Mesozoikum (Erdmittelalter vor 225 bis 65 Mio. Jahren) zusammen mit Sardinien einen Mikrokontinent, der mit der Provence verbunden war. Durch die Faltung des Alpenbogens und einen Bruch drifteten diese Landmassen langsam auseinander und führten schließlich zur Entstehung Korsikas, der „Insel der Schönheit".

Die Bergmassive Zentralkorsikas – Dieses alpine Hochgebirge mit seinen Berggipfeln, Felsnadeln und tief eingeschnittenen Schluchten ist ein Paradies für Wanderer, die auf der Suche nach ursprünglichen und außergewöhnlichen Landschaften sind. Für die Bewohner ist das Leben in den alpinen Klimabedingungen mit starken Niederschlägen und niedrigen Temperaturen hart und mühsam. Bis spät in den Frühling hinein sind die Berge von Schnee bedeckt. Im Sommer ziehen Schafhirten mit ihren Herden durch die Gegend. Die Bergdörfer Zentralkorsikas sind jedoch heute zum großen Teil verlassen – mit Ausnahme der Regionen, die sich auf den Wintersport oder den Wandertourismus ausgerichtet haben wie zum Beispiel Bastelica, Évisa, Soccia, Quenza und Zicavo.

Der äußerste Norden und Süden – Diese Gebiete bestehen aus einem weniger zerklüfteten Relief aus alten Bergketten. In einer Reihe kleiner Küstenebenen senkt sich die hügelige **Balagne** zum Meer hin ab. Sie erstreckt sich von Galéria bis nach Calvi. Auf ihren sanften Hängen wachsen Olivenbäume und Weinstöcke. Mediterranes Klima und bezaubernde Buchten machen die „korsische Riviera" zum Touristenmagneten.

Der **Süden** von Korsika wird im Nordosten vom Monte Incudine begrenzt und zieht sich fächerartig vom Golf von Valinco bis nach Porto-Vecchio hin. Hier ist die Landschaft zwar ebenfalls gebirgig, aber weniger steil als im Landesinnern, weshalb der Süden auch für den Verkehr schon früher erschlossen werden konnte. Auf den weiten Hochebenen wird Viehzucht betrieben. Das trockene und heiße Klima ist für den Anbau von Wein (Ste-Lucie-de-Tallano, Figari, Porto-Vecchio) sowie für das Gedeihen von Stein- und Korkeichen geradezu ideal. Im äußersten Süden, in der Gegend von Bonifacio, prägen bizarre Kalksteinfelsen die Landschaft.

Ostkorsika

Das nordöstliche Drittel der Insel besteht aus Schiefergebirgen, die von Norden nach Süden verlaufen und von der Küstenebene gesäumt werden. Die Landschaft ist weniger hügelig geformt als die Landschaft Westkorsikas. Als höchster Berg erhebt sich in der Castagniccia der **San Petrone** (1767 m).

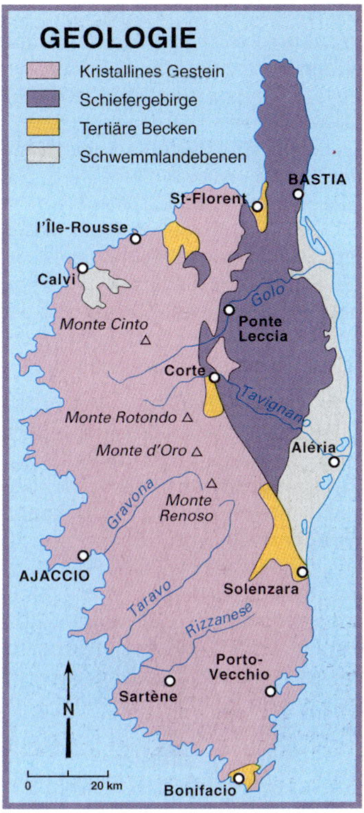

Die beiden **Gebirgszonen** weisen herrliche Landschaften auf. Das **Cap Corse** besitzt eine fischgrätenartige Struktur mit stark erodierten Gipfeln. Auf einer Küstenstraße, die wunderbare Ausblicke auf Meer und Küste gewährt, lässt sich die Landzunge umfahren. Die einst von den Bewohnern terrassenförmig angelegten Hänge hat sich heute die Natur stückweise zurückerobert. Sie sind fast ganz von Vegetation überwuchert. Dennoch sind noch Spuren der in früheren Zeiten blühenden Landwirtschaft zu sehen. In der Umgebung der Dörfer haben sich Obstplantagen erhalten sowie Rebhänge des Weinanbaus, für den die Halbinsel bereits im Mittelalter berühmt war. Dennoch ist der Tourismus heute die Haupteinkommensquelle der Bewohner.

Ein Netz von Wasserläufen durchzieht die **Castagniccia**, eine reizvolle, hügelige Landschaft. Flüsse begrenzen die Region: im Norden der Golo und im Süden der Tavignano. Die Castagniccia, das Land der Kastanie, ist dicht von Wäldern aus Edelkastanien bewachsen. Sie machten früher den Reichtum der Gegend aus.

Die Wildbäche der Castagniccia haben den sedimenthaltigen Boden in der **östlichen Küstenregion** mit Schwemmmaterial angereichert. Sanfte Hügel, karge Hochplateaus und Küstenebenen prägen hier die Landschaft. Die **Ebene von Bastia** im Norden wird durch das Hügelland der Casinca beherrscht. Im Süden liegt die **Ebene von Aléria**, die seit ihrer Entwässerung 1945 und der Ausrottung der Malaria für die Landwirtschaft nutzbar wurde. Heute überwiegt in der intensiv betriebenen Landwirtschaft der Anbau von Zitrusfrüchten und Wein.

Die Zentralfurche

Diese durch Wasserläufe geformte Zone stellt den ältesten Teil Ostkorsikas dar. Sie bildet die Grenze zu Westkorsika und verbindet mit einer mittleren Höhe von weniger als 600 m den Osten der Agriates-Steinwüste über Corte mit Solenzara. Im Zentrum der Insel ist die Senke am ausgeprägtesten. Die von den Flüssen Golo und Tavignano durchzogene **Furche von Corte** ist eine eindrucksvolle Landschaft aus Gebirgshängen und Hochebenen.

GESCHENKE DES HIMMELS

Die Insel Korsika besitzt größere Vorräte an Wasser als alle anderen Inseln des Mittelmeers.

Die Niederschläge

Die Anzahl an Regentagen im Jahr ist verhältnismäßig niedrig (in Ajaccio 95 pro Jahr), die durchschnittliche jährliche Niederschlagsmenge auf Korsika jedoch liegt mit ca. 900 mm über der Niederschlagsmenge in Südfrankreich. Im Osten der Insel regnet es mehr als im Westen. Ebenso fallen im Landesinneren mehr Niederschläge als an den Küsten und im Norden mehr als im Süden. Einige Bergpässe wie der Vizzavona oder der Vergio sind im Winter regelmäßig schneebedeckt und bisweilen auch für den Verkehr gesperrt. Der Sommer auf der Insel ist von einer langen Trockenperiode geprägt. Um die ungleichmäßige Verteilung der Niederschläge über das Jahr auszugleichen, wurden mehrere **Stauseen** angelegt.

Farbiges Gestein

Geologen wie Kunstinteressierte fasziniert der seidig schimmernde **Glimmerschiefer**, der auf Korsika häufig für pisanisch-romanische Kirchen wie die Kapelle San Quilico in Cambia verwendet wurde. **Kalkschiefer** taucht als goldfarbenes Gestein mit blass orangen, grünen und blauen (La Canonica) Tönungen auf. Der dunkelgrüne **Serpentin** findet sich an Kirchenbauten wie San Michele de Murato als farbiges Material für die Bauornamentik.

Die Wasserläufe

Flüsse und Bäche weisen hohe Wasserschwankungen auf. Von Juni bis Oktober sind sie oft nur Rinnsale, schwellen aber im Winter und Frühjahr an und werden mitunter zu reißenden Strömen. Im Westen sind die Flüsse klar, im Osten dagegen eher schlammig. Auf ihrem Weg zum Meer transportieren sie große Mengen an Geröll. Zahlreiche andere Wasserläufe ziehen sich im Sommer durch ein steiniges, fast ausgetrocknetes Bett, doch der Wasserpegel kann bei einem Gewitter rapide ansteigen.

DIE BODENSCHÄTZE

Schon sehr früh entdeckte und förderte man auf Korsika Bodenschätze.
In **Ostkorsika** mit seinen reichen Vorkommen wurden verschiedene Minerale abgebaut: Eisen in Farinole (Cap Corse), Mangan in Morosaglia, Kupfer in Ponte-Leccia in der Nähe des Engpasses von Lancone und bei Vezzani, silberhaltiges Blei nahe bei Ghisoni, Antimon im Norden und Asbest in Canari an der Westküste des Cap Corse.
Westkorsika besitzt ebenfalls Bodenschätze, die jedoch schwer abzubauen sind, darunter Antimon in Vico, silberhaltiges Blei in der Balagne, Eisen in Calvi und Kupfer im Golf von Sagone. Untersuchungen haben ergeben, dass die Vorkommen interessanter für Mineralogen als für Bergbauunternehmen sind.

DIE GESTEINE

Die große Vielfalt an Gesteinen macht die Insel Korsika nicht nur zum Eldorado für passionierte Mineralogen. Selbst wer sich nicht unbedingt für die Zusammensetzung der Gesteine interessiert, wird sich von den regelrechten Gesteinswäldern mit ihren fast übernatürlich anmutenden Formen, die es in einigen Regionen Korsikas gibt, begeistern lassen.

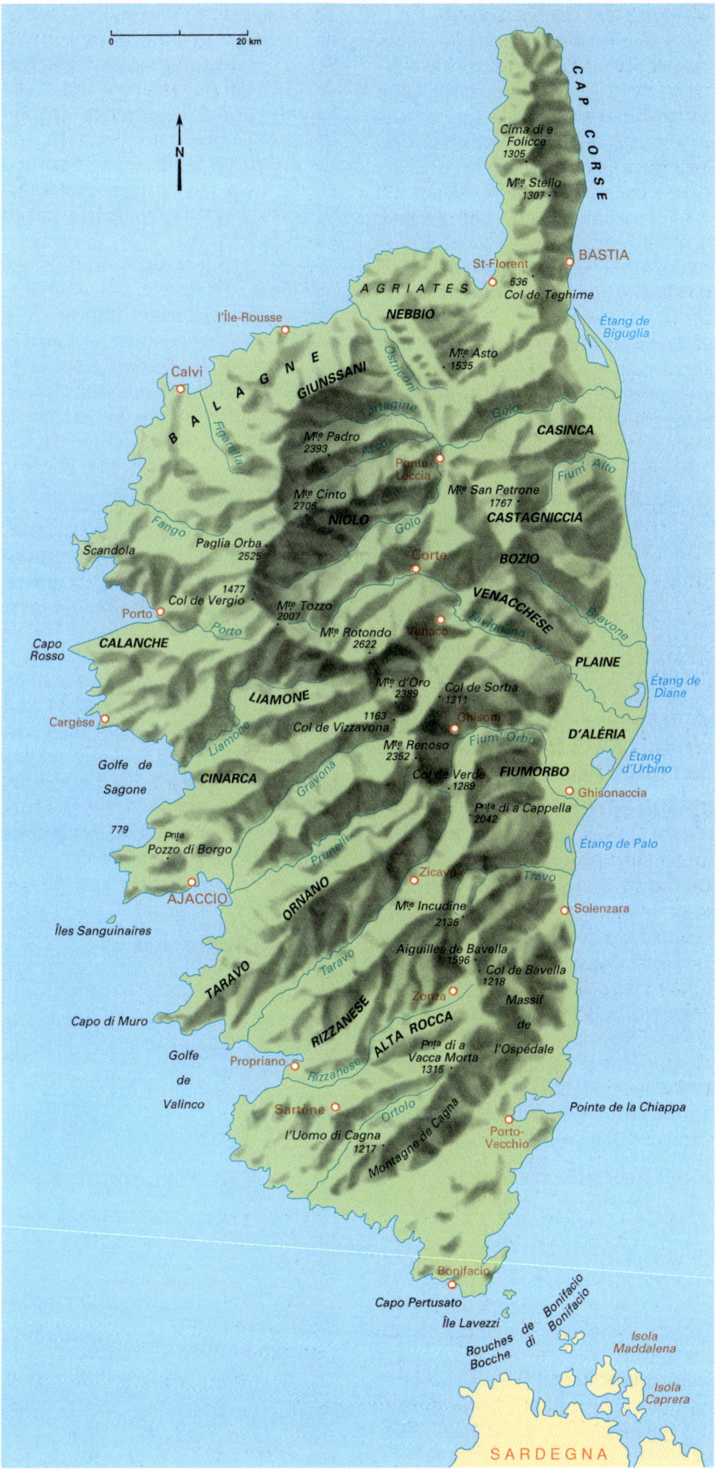
0
20 km
N
CAP CORSE
Cima di e Folicce 1305
Mte Stello 1307
BASTIA
St-Florent
536
Col de Teghime
AGRIATES
NEBBIO
Étang de Biguglia
l'Île-Rousse
Mte Asto 1535
Calvi
BALAGNE
GIUNSSANI
Ostriconi
Tartagine
Golo
CASINCA
Mte Padro 2393
Asco
Figarella
Ponte Leccia
Fium' Alto
Mte Cinto 2706
NIOLO
Mte San Petrone 1767
CASTAGNICCIA
Fango
Golo
Scandola
Paglia Orba 2525
Corte
BOZIO
1477
Col de Vergio
Mte Tozzo 2007
VENACCHESE
Porto
Porto
Bravone
Mte Rotondo 2622
Venaco
Tavignano
Capo Rosso
CALANCHE
PLAINE
Étang de Diane
Mte d'Oro 2389
Col de Sorba 1311
LIAMONE
1163
Col de Vizzavona
Ghisoni
Cargèse
D'ALÉRIA
Liamone
Mte Renoso 2352
Fium' Orbo
Étang d'Urbino
Golfe de Sagone
CINARCA
Gravona
Col de Verde 1289
FIUMORBO
Ghisonaccia
Pnta di a Cappella 2042
779
Pnte Pozzo di Borgo
Étang de Palo
Prunelli
AJACCIO
Zicavo
Travo
ORNANO
Mte Incudine 2136
Solenzara
Îles Sanguinaires
Aiguilles de Bavella 1596
Col de Bavella 1218
Taravo
TARAVO
Zonza
Massif de l'Ospédale
Capo di Muro
RIZZANESE
ALTA ROCCA
Golfe de Valinco
Pnta di a Vacca Morta 1315
Propriano
Rizzanese
Sartène
Ortolo
Pointe de la Chiappa
l'Uomo di Cagna 1217
Montagne de Cagna
Porto-Vecchio
Bonifacio
Capo Pertusato
Île Lavezzi
Bouches de Bonifacio
Bocche di Bonifacio
Isola Maddalena
Isola Caprera
SARDEGNA

Magmatische Gesteine

Der größte Teil Westkorsikas besteht aus **magmatischen Tiefgesteinen**, die in der Tiefe auskristallisiert und anschließend bis zur Erdkruste gelangt sind. Korsikas Landschaften aus **Granit** – die von der Erosion geformten Felsnadeln von Bavella oder die tief eingeschnittene Westküste mit den **Calanche** von Piana – sind berühmt. In diese Felsspitzen aus rotem Granit haben Wind und Wasser beeindruckende Hohlräume, sogenannte ***taffoni***, gegraben *(s. Les Calanche)*.
In Santa-Lucia-de-Tallano in der Alta Rocca kann man den äußerst seltenen, grün und weiß leuchtenden **Kugeldiorit** entdecken. Er wurde einst als kostbarer Schmuckstein unter dem Namen Korsit gehandelt, bis ein weiteres Vorkommen in Finnland entdeckt wurde.
Rhyolite und **Ignimbrite** sind vulkanische Gesteinsarten, die man im Nordwesten der Insel sehr häufig antrifft. Die spektakulären Landschaften im Nordwesten sind geprägt von Felswänden in vielen Farben, die von Rot in unzähligen Nuancen bis zum Grünton variieren. Ein Farbenspiel der besonderen Art bietet die **Halbinsel Scandola** mit ihren Steilklippen und Felsnadeln, die ins Welterbe der UNESCO aufgenommen wurde.

Sedimentgesteine

Das aus Ablagerungen von verwittertem Gesteinsmaterial und Überresten lebender Organismen gebildete Sedimentgestein ist überall vorhanden. **Kalkstein** überwiegt in der Gegend von Corte und St-Florent. Das spektakulärste Kalksteinbecken jedoch ist Bonifacio, dessen hohe, weiße Steilfelsen durch Wind und Wellen geformt wurden. Weitere Sedimentformationen haben ihre Spuren hinterlassen: **Kohle** im Golf von Porto, **Moränen** an der Stelle früherer Gletscher und **Ton** im Golf von Ajaccio.

Metamorphe Gesteine

Der Name dieser Gesteine geht auf die Veränderungen in ihrer Zusammensetzung und Struktur zurück, die durch tektonische Bewegungen hervorgerufen wurden (Gesteinsmetamorphose). Sie sind fast überall in **Ostkorsika** anzutreffen und an ihrer schichtartigen Textur (Schieferung) zu erkennen. Der **Schiefer** formte hier eine gebirgige Landschaft mit weniger hohen, dafür aber breiter gelagerten Bergzügen als in Westkorsika.
Das Schiefergestein aus der Castagniccia und dem Bozio wird in erster Linie für die in der Region charakteristischen Dachplatten *(teghje)* verwendet, die zumeist aus dem gräulich-grünen **Lauze-Schiefer** *(lauzes)* bestehen.
Der **grünliche Schiefer** ist härter und für die steile, zerklüftete Landschaft Ostkorsikas typisch. Wildbäche haben hier tiefe Schluchten in das Gestein eingegraben, wie den Engpass von Lancone und die Golo-Schlucht. Der unter dem Namen „Vert de Corse" („Grün von Korsika") bekannte Serpentin, den man in der Castagniccia und am Cap Corse in der Nähe von Canari findet, enthält herrliche jadegrüne Kristalle und ist auch als Material für Bauornamentik beliebt.

FLORA UND FAUNA

Im Gegensatz zu den meisten anderen, oft trockenen und kargen Mittelmeerinseln, weist die Tier- und Pflanzenwelt Korsikas trotz häufiger Waldbrände eine überraschende Artenvielfalt auf. Um die Schönheit der Flora und Fauna kennenzulernen, braucht man nur genau zu beobachten und zu lauschen – und schon betören einen die Farben und Düfte der Macchia. In der Sommerhitze bieten dichte Wälder, in die sich auch frei laufende Schweine zurückziehen, angenehme Abkühlung, und im Hochgebirge laden Seen zur Erfrischungspause ein. Hier und da lassen sich bei einer Wanderung sogar Mufflons sehen.

Vegetationsstufen

Korsika, von den Engländern auch „die duftende Insel" genannt, besitzt eine üppige grüne, waldreiche und blühende Vegetation. Der Korse Napoleon behauptete, er könne seine Heimat allein an ihrem Duft erkennen.

Marcelle Conrad

Die Botanikerin und Malerin Marcelle Conrad (1897-1990) durchstreifte Korsika 60 Jahre lang, um die Pflanzenwelt der Insel zu studieren und bekannt zu machen. Sie war an der grundlegenden Überarbeitung der Klassifizierung der korsischen Flora beteiligt. Ihre Sammlung von Aquarellen dokumentiert die für das Mittelmeerbecken typischen Pflanzenvorkommen sowie die auf dem Festland unbekannten Pflanzen.

Amaury de Valroger / MICHELIN

Zistrose.

Amaury de Valroger / MICHELIN

Die Mittagsblume Carpobrotus.

Insgesamt wachsen auf der Insel Korsika über 2000 Pflanzenarten. Davon sind einige auch auf dem Festland verbreitet, andere wiederum charakteristisch für die Vegetation des Mittelmeerraums. **Endemisch**, d. h. nur auf Korsika anzutreffen, sind 78 Arten. Die Pflanzenwelt musste sich auf der Insel an schwierige klimatische Bedingungen wie sehr lange Trockenzeiten, starken Wind oder eisige Kälte anpassen. So entwickelten sich die einzelnen Gattungen in unterschiedlichen Vegetationsstufen, die manchmal durch den Boden, die Hanglage und die Ausrichtung der Täler variieren. Im Großen und Ganzen unterscheidet man drei Vegetationsstufen.

Untere mediterrane Stufe – Bis in eine Höhe von 500 m mischen sich Macchia-Pflanzen (Sträucher und Büsche) und exotische Blumen. Der aus Mittelamerika stammende **Feigenkaktus** trägt essbare Früchte – doch Vorsicht beim Pflücken: Die Früchte sind über und über mit Dornen besetzt! Die **Amerikanische Agave**, eine Sukkulente mit langen braunen, stachelbewehrten Blättern, hat leuchtend gelbe, kandelaberartige Blütenstängel. Die **Aloe** mit ihren fleischigen Blättern blüht von Januar bis April rot und gelb. Den **Eukalyptus**, der auf Korsika im 19. Jh. wegen seiner Fähigkeit zur Dränage versumpfter Gebiete eingeführt wurde, ist häufig in der Gegend von Porto und Ajaccio sowie in der östlichen Ebene zu finden. Zur Herstellung von kandierten Früchten, von Likör oder Konfitüre verwendete man früher die Früchte des **Zitronatzitronenbaums**, die großen Zitronen ähneln.

Amaury de Valroger / MICHELIN

Feigenkaktus.

Auf Korsika fanden zu allen Zeiten Banditen und Widerstandskämpfer in der **Macchia** Unterschlupf. Sie besteht aus einem dichten Pflanzenteppich, der bis zu 6 m Höhe erreichen kann, und dehnt sich weitflächig aus – sogar unter Strandkiefern, Eichen und in verwilderten Kastanienwäldern. Brände können sich durch diesen Bewuchs extrem schnell ausbreiten, doch der Pflanzenteppich schützt auch die Humusschicht und liefert Brennholz. Im Frühling kann man bei einem Spaziergang durch die Macchia den kräftig-würzigen Duft und die Farbenpracht der in voller Blüte stehenden Pflanzen genießen. Mit weißen Blüten übersäen **Montpellier-Zistrose** und **Salbeiblättrige Zistrose** die unteren Hänge der Macchia. Dazwischen stehen die rosa- und malvenfarbenen

Amaury de Valroger / MICHELIN

Weißer Affodill.

Amaury de Valroger / MICHELIN

Euphorbia.

Amaury de Valroger / MICHELIN

Korsische Nieswurz.

Blüten der **Kretischen Zistrose**. Der **Dornginster** bildet prächtige, gelb blühende Büsche, die süßlichen Honigduft verströmen. Die Küstengebiete und das Unterholz schmücken **Alpenveilchen** mit ihren kleinen, violetten Blüten. Im unteren Bereich der Macchia wächst die **Myrte**, aus deren schwarzblauen Beeren ein bekannter Likör hergestellt wird. Weitere charakteristische Pflanzen der Macchia sind der **Weiße Affodill**, der **Mastixstrauch** mit seinem harzigen Duft und den runden, mit zunehmender Reife fast schwarz erscheinenden Beeren sowie der **Wacholder**, dessen braunrote Beeren bei Amseln sehr beliebt sind.

Der Baumbestand der Macchia umfasst **Baumheide**, **Korkeichen** (vor allem im Südosten der Insel), **Stieleichen** und **Erdbeerbäume**. Diese tragen von Oktober bis Januar gleichzeitig weiße Blüten und kräftig-rote, etwa erdbeergroße Früchte, die zur Herstellung von Gelee und Schnaps verwendet werden.

Ein Spaziergang durch die blühende Macchia ist unbedingt empfehlenswert! Meiden sollten Sie allerdings Tage mit starkem Wind, durch den sich **Brände** in der Macchia rasend schnell ausbreiten können. Schlangen brauchen Sie nicht zu fürchten: Sie kommen auf der Insel nicht vor! Viel wahrscheinlicher werden Sie bei einem Spaziergang auf halbwilde Schweine treffen, die sich an Eicheln und den Früchten des Erdbeerbaums laben.

Obere mediterrane Stufe – Zwischen 500 m und 1500 m Höhe liegen dichte Waldgebiete. Dies ist das Reich der Edelkastanie und der Lariciokiefer. Die **Edelkastanie** wurde im 15. Jh. auf Korsika eingeführt und bedeckt in der Castagniccia eine Fläche von rund 15 000 ha, auf der ganzen Insel etwa 31 000 ha. Früher nannte man sie wegen ihrer nahrhaften Früchte „Brotbaum". Heute sind die Kastanien nur noch Nahrungsmittelzusatz – auch wenn es neue Zubereitungen auf ihrer Basis gibt, wie Krapfen aus Kastanienmehl.

Die **Lariciokiefer**, auch **Korsische Schwarzkiefer** genannt, ist an ihrem gewaltigen, geraden Stamm zu erkennen, der häufig bis über 40 m hoch ist. Dieser in den korsischen Wäldern am häufigsten vorkommende Baum wächst in Höhen zwischen 700 m (Südhänge) und 1800 m (auf manchen Nordhängen). Er bildet den Hauptbestand der herrlichen Wälder von Aitone, Vizzavona und Valdo-Niello. Bisweilen findet man in seiner Nachbarschaft **Corte-Kiefern**, **Sternkiefern**, **Weißtannen** und im Wald von Bavella sogar **Zedern**. In Höhen bis zu 1500 m mischen sich auch **Buchen** unter die Schwarzkiefern. Weite Buchenwälder gibt es im Nordosten der Insel, z. B. im San-Petrone-Massiv oder auf dem Coscione-Plateau. **Birken** sind hauptsächlich an der oberen Waldgrenze vertreten wie am Vergio-Pass und am Nordhang des Monte Cinto.

Trotz der verheerenden Brände nimmt die Waldfläche nicht ab. Vielmehr regeneriert sich der Wald, wird aufgeforstet oder wächst auf aufgegebenen Weideflächen neu heran. Im **Unterholz** gedeihen **Waldmeister** und die **Korsische Nieswurz**, eine robuste, bis zu 60 cm hohe Pflanze mit becherförmigen, grünen Blüten und glänzenden, harten, stacheligen Blättern. Die Wiesen sind bisweilen mit den malvenfarbenen und würzig duftenden Blüten von **Thymian** und **Quendel** übersät.

Die alpine Stufe – Im Gebirge, zwischen 1500 m und 1900 m, wächst vorwiegend die **Korsische Grünerle**. Von ihrer nahen Verwandten, der Alpenerle, unterscheidet sie sich durch ihre klebrigen und aromatisch duftenden Blätter. Grünerlen sind häufig an den Nordhängen zu finden, sie lieben aber auch Südhänge und die Ufer von Wildbächen.

Charakteristisch für die korsische Hochgebirgslandschaft sind die sogenannten **Pozzines** (von *pozzi*, Brunnen), moorig-schwammige Grasteppiche, die Gebirgsseen umgeben oder teilweise sogar bedecken wie den Lac de Nino. Die Inselchen aus nicht völlig verrotteten Pflanzenresten und Erde werden regelmäßig vom Vieh abgegrast.

Über 1600 m sieht man andere typisch korsische Pflanzen: den kriechend wachsenden **Zwergwacholder** und die gelb blühende **Ätna-Berberitze**, deren Zweige mit kräftigen Dornen bewehrt sind. Auf den schwer zugänglichen Anhöhen blühen auch einige Blumen wie die **Korsische Akelei**, das **Korsische Veilchen** und eine Margerite, die weiß blühenden Chrysanthemen ähnelt. Diese Blumen sind jedoch heute nur noch sehr selten anzutreffen.

Geschützte Tierwelt

Auf den kleinen Straßen und Wegen Korsikas begegnet man häufig **Eseln**, jahrhundertelang die treuen Begleiter der Hirten und Imker, oder man trifft auf halbwild lebende **Schweine**. Manchmal muss man auf der Straße den PKW anhalten, um **Kühe**, **Ziegen** oder **Schafe** vorbeiziehen zu lassen.

Korsika besitzt eine vorwiegend mediterrane Tierwelt. Doch konnten sich durch den Inselcharakter einige Tierarten entwickeln, die ausschließlich hier oder in einigen Fällen auch noch auf Sardinien vorkommen. Manche dieser **endemischen Arten** waren noch vor einigen Jahren vom Aussterben bedroht und wurden mittlerweile vom Naturpark unter Schutz gestellt.

Das Symboltier der Korsen – Der im Gebirge lebende **Mufflon** ist das einzige Wildschaf Europas. Erfahrene Bergwanderer können mit etwas Geduld und mit einem Fernglas ausgestattet das Tier im Asco-Tal, im Bavella- oder im Cinto-Massiv beobachten. Man findet die Vorfahren unseres Hausschafes auch in anderen Gegenden der Welt. Besonderes Merkmal der korsischen Art ist ihre geringe Größe. Der Mufflon hat Symbolwert auf Korsika: Das Tier steht für Frieden und Freiheit der Korsen.

Vögel – Eine Möwenart, die innerhalb Frankreichs nur auf Korsika nistet, ist die **Korallenmöwe**, zu erkennen an ihrem rot-schwarzen Schnabel. Sie bevorzugt felsige Steilhänge als Lebensraum, insbesondere auf den Finocchiarola-Inseln nordöstlich des Cap Corse.

Die Kolonie der **Krähenscharbe** auf Korsika zählt zu den größten ihrer Art im Mittelmeerraum. Der Vogel nistet auf allen zu Naturschutzgebieten erklärten korsischen Inseln (Finocchiarola, Cerbicale usw.) und ernährt sich ausschließlich von Fischen.

Der **Korsenkleiber**, der als Wahrzeichen der endemischen Tierarten Korsikas gilt, ist an seinem dünnen, geraden Schnabel und an seinem modulierten Gesang zu erkennen. Dieser Standvogel lebt in den Kiefernwäldern im Landesinnern und baut sein Nest in etwa 10 m Höhe in Stämmen abgestorbener Bäume. Häufig sieht man ihn mit dem Kopf voran an einem Stamm herunterklettern.

Der **Bartgeier**, der in Korsika *altore* genannt wird, lebt in felsigen Gegenden. Als Aasfresser ernährt er sich vor allem von verendeten Schafen. Da heute die Wanderschäferei, die Transhumanz, kaum noch gepflegt wird, füttert man die Geier im Naturpark mit Aas.

Der **Fischadler** baut seinen Horst auf den hohen Felsspitzen am Meer. Noch vor gut 20 Jahren war diese Tierart vom Aussterben bedroht, überlebte aber durch die Schutzmaßnahmen in den Naturparks. Heute kann man bereits wieder 20 Adlerpaare im Naturschutzgebiet Scandola beobachten.

Reptilien – Die **Tyrrhenische Gebirgseidechse**, eine nur auf Korsika und auf Sardinien vorkommende Tierart, ist an ihrem spitzen Maul zu erkennen. Sie ernährt sich von Heuschrecken, Spinnen und Grillen und lebt in felsigen Gebieten, insbesondere im Cinto-Massiv. Ein anderes nur auf Korsika und Sardinien heimisches Reptil ist die **Tyrrhenische Mauereidechse**, deren Lebensraum die gesamte Insel – von der Küste bis in 1800 m Höhe – umfasst.

Die in Frankreich nahezu ausgestorbene **Griechische Landschildkröte** wurde ein Opfer der Bebauung der Mittelmeerküste und vor allem der Waldbrände. Sie ist nur noch im südfranzösischen Mauren-Massiv und auf Korsika zu finden, wo sie in der östlichen Küstenebene und in der Macchia im Südteil der Insel noch stark vertreten ist. Im Sommer gräbt sie

Bartgeier

Tyrrhenische Gebirgseidechse

Korsenkleiber

Mufflon

Griechische Landschildkröte

sich ein, bis die Temperaturen im Herbst wieder kühler werden. Zu sehen ist diese Tierart in den Schildkrötendörfern Moltifao und Vignola.

Amphibien – Zu den endemischen Amphibien zählt der **Korsische Gebirgsmolch**, eine Schwanzlurchart, die die klaren Wasser und die Kiesbetten der Wildbäche liebt.

Meeresfauna – Der eindrucksvollste Meeresbewohner vor der korsischen Küste ist zweifellos der **Finnwal**, der diesen Teil des Mittelmeers durchstreift. Besonders an der Westküste sieht man auch **Delfine**, die sich gern in der Umgebung der Jachten aufhalten.

Die von der Umweltverschmutzung verschonte korsische Unterwasserwelt ist reich an Fischen und Krustentieren. Man findet Meeraale, Drachenköpfe, Muränen, Barracudas, Langusten, Hummer u. v. m. Der **Zackenbarsch** wäre fast verschwunden, bevölkert aber heute wieder weite Teile der Küstengewässer im Süden der Insel. Der **Meerjunker** leuchtet in der Tiefe des Meers mit seinen kräftigen grünen und roten Streifen. Mehrere Arten von Meerbarben findet man Seite an Seite mit Mönchsfischen. Eine reiche, am Boden festsitzende Fauna bedeckt den Grund und schillert im diffusen Licht: Gelbe Seeanemonen, verschiedenfarbige Seescheiden, Neptunschleier und tiefrote Gorgonen.

Der **Korsische Aphanius**, ein kleiner endemischer Fisch, lebt im Süß- und Brackwasser der Mündungsbuchten von Flüssen, in Lagunen (Biguglia), Seen (Diane) und in den Salzsümpfen von Porto-Vecchio.

Die rote **Edelkoralle**, ein typischer Vertreter der mediterranen Fauna, ist an der korsischen Küste zahlreich vertreten. Vor Licht geschützt, lebt die Koralle zumeist unter Überhängen und an Steilfelsen. Die Einordnung des kleinen Tiers aus dem Stamm der **Nesseltiere** (Medusen, Seeanemonen, Gorgonen), das bis in eine Tiefe von 300 m vorkommt, war unter Wissenschaftlern lange umstritten. Manche stuften es als Mineral ein, andere als Pflanze, was bei seinem Aussehen nicht verwundert. Erst im 18. Jh. wurde seine wahre Natur erkannt. Die rote Farbe seines Skeletts entsteht durch karotinähnliche Substanzen. Gefischt wird die Edelkoralle in Bonifacio und auf Sardinien. Ihr Bestand ist zwar nicht gefährdet, doch in einigen Gebieten (Mérouville, Lavezzi-Inseln) hat sie stark unter den vielen Tauchern zu leiden. Zum Schutz ihrer Fanggründe haben sich die örtlichen Korallenfischer verpflichtet, nur bis in eine Tiefe von 60 m zu fischen.

Das fast nur im Mittelmeer beheimatete **Neptungras** *(Posidonia)* ist eine Blütenpflanze, die vor rund 100 Millionen Jahren vom Land ins Meer wanderte. Für ein gesundes Ökosystem ist Neptungras von herausragender Bedeutung, da es den Meeresbewohnern Nahrung bietet und sein Wurzelwerk wirksamen Schutz vor der Erosion des Sandbodens bietet. Die Seegraswiesen sind zudem die Kinderstube für zahlreiche Fischarten.

Der Thyrrhenische Hirsch lebt wieder!

Der 1968 ausgestorbene Tyrrhenische Rothirsch *(U Cervu)*, der noch im 18. Jh. auf der gesamten Insel heimisch war, wird heute auf Korsika durch eingeführte Exemplare aus Sardinien wieder angesiedelt. Der Korsische Hirsch ist kleiner und dunkler als seine Artgenossen auf dem Festland. In Quenza und in Chisa hat man mehrere Zuchtgehege für die Hirschart eingerichtet. Der Bestand zählt heute über 150 Exemplare. Einige der Tiere leben bereits wieder in freier Wildbahn.

ZERBRECHLICHE NATUR

Das fantastische Naturerbe Korsikas ist leider nicht von Zerstörungen durch den Menschen und von der Klimaveränderung verschont geblieben. Für seinen Schutz wurden umfangreiche Maßnahmen eingeleitet. Doch es bleiben gewaltige Herausforderungen, um der Insel eine ungetrübte Zukunft zu sichern.

Natur und Tourismus

Rund 3 Millionen Touristen kommen jährlich nach Korsika – und zwar vorzugsweise an die Küsten. Trotzdem zählen die Küstengebiete der Insel zu den am besten geschützten in ganz Frankreich. Bis ins 19. Jh. durch Piratenüberfälle bedroht, interessierte sich die korsische Bevölkerung erst spät für den Badetourismus als Wirtschaftsfaktor. Anfang des 20. Jh. wurden einige Ferienorte an der Küste errichtet, die sich nur langsam entwickelten. Erst in den 1960er-Jahren leitete man große Tourismusprojekte in die Wege. Die Verbundenheit der Korsen mit ihrer Heimat wurde nun zum entscheidenden Kriterium. Dank verschiedener politischer Programme konnte die wild wuchernde Urbanisierung der Küste dauerhaft verhindert werden. Die Bebauung bestimmter Orte ist heute endgültig verboten worden oder strengen Auflagen unterworfen.

Naturschutzgebiete – Der 1972 gegründete **Parc naturel régional de Corse (PNRC)** kümmerte sich als erster regionaler Naturpark Korsikas um den Naturschutz an Land wie auch im Meer. Der französischen Küstenschutzbehörde **Conservatoire du Littoral** gehören heute fast 20 % der über 1000 km langen Küste, doppelt so viel wie im Landesdurchschnitt. Der PNRC umfasst über 40 % der Landfläche Korsikas. Der französischen Forstbehörde **Office national des Forêts (ONF)** unterstehen 150 000 ha an Waldgebieten *(s. auch S. 403)*.

Sechs **Naturschutzgebiete**, Bouches de Bonifacio, Étang de Biguglia, Îles Cerbicale, Îles Finocchiarola, Scandola sowie Tre Padule de Suartone sind über die Insel verteilt.

Als Zeichen dafür, dass der Naturschutz tatsächlich mittlerweile in das Bewusstsein vorgedrungen ist, kann die Gründung des **Parc marin international** in der Meerenge Bouches de Bonifacio gesehen werden, der mehrere Naturschutzgebiete zusammenfasst.

Der Parc marin international – Der Naturpark, der die **Meerenge** zwischen Korsika und Sardinien umfasst, ist eines der wenigen Beispiele für eine grenzüberschreitende Zusammenarbeit im Naturschutz. Der Naturpark schließt die Schutzgebiete Bouches de Bonifacio, Tre Padule de Suartone, die Gebiete des Conservatoire du Littoral und des Naturparks der Inselgruppe La Maddalena mit ein. Die Meerenge hat eine für heutige Zeit im Mittelmeer überaus reiche Unterwasserwelt aufzuweisen. Auch das internationale Schutzgebiet für Meeressäuger im Mittelmeer gehört zum Naturpark. Einige Gegenden wie die Îles Lavezzi, Îles Cerbicales, Îles Bruzzis und Îlots des Moines stellen ganz außergewöhnliche Lebensräume dar. Nähere Informationen zum Park finden Sie unter **www.parcmarininternational.com**

Die Küstenschutzbehörde – Die staatliche Küstenschutzbehörde (Conservatoire du Littoral) wurde ins Leben gerufen, um die empfindlichen Bereiche der französischen Küste unter Schutz zu stellen. Die Behörde erwirbt dafür größere Flächen unbebauten Landes, die zum Teil erschlossen werden (Küstenwege, Restaurierung genuesischer Türme, Wiederherstellung von Dünen usw.). Zu den bemerkenswertesten Naturschutzgebieten zählen an der Westküste Les Agriates (das größte Schutzgebiet Frankreichs), die Küsten der Balagne, das Fango-Tal, Campomoro-Senetosa und Roccapina, an der Ostküste der Golf von Santa Giulia, die Insel Pinarellu, Fautea, der Kiefernwald von Pinia und die Gegend Capandula sowie die Île de Capense am Cap Corse.

Die Küstenschutzbehörde konnte zwar einige Kleinode an der Küste retten, doch sieht sie sich mit einem immer größeren Druck durch Baulöwen (Lockerung des vor Neubebauung schützenden Küstengesetzes) und einem starken Anstieg der Preise konfrontiert, wodurch sie in ihren Kaufmöglichkeiten stark eingeschränkt wird. Dennoch konnte 2006 das Schutzgebiet Senetosa auf dem Gemeindegebiet von Sartène vergrößert werden.

Ökologische Herausforderungen

Waldbrände

In den letzten 20 Jahren wurden dem korsischen Wald irreparable Schäden durch Brände zugefügt. Mehr als die Hälfte der durch Brände zerstörten Flächen Frankreichs lagen auf der Insel. Die Sommer 2003 und 2005 waren verheerend, besonders für das Département Haute-Corse, in dem über 20 000 ha ein Raub der Flammen wurden. Durch **Brandrodung** (*écobuage* oder *brûlis*) sollen etwa 40 % der Brände verursacht worden sein. Da es auf Korsika an Weideflächen mangelt, nutzen die Hirten nach wie vor die traditionelle Methode der Brandrodung, um ihre Wiesen fruchtbar zu machen oder neue Parzellen abzuholzen. Einige Feuer werden auch aus Gründen der Bodenspekulation vorsätzlich gelegt. Die Gefahr der Ausbreitung von Brandherden hat sich in den letzten Jahrzehnten noch verstärkt.

Nach einem Waldbrand erwacht die Vegetation zu neuem Leben.

Die extensive Bewirtschaftung der beweideten Parzellen, das Verschwinden der großen Weinbauflächen in den 1980er-Jahren und nicht zuletzt die Ausweitung der leicht brennbaren, niedrigen Macchia, die heute einen Teil der einstigen Waldflächen ersetzt hat, begünstigen die Ausbreitung von Bränden. Seit 2003 existiert eine groß angelegte Kampagne zur Vorbeugung von Bränden und zur Sensibilisierung der Brandgefahren. Seit 2005 wird verstärkt gegen Brandstiftung vorgegangen.

Folgen des Tourismus

Der Tourismus konzentriert sich hauptsächlich auf die Westküste der Insel und besonders auf den Golf von Ajaccio, Valinco oder Porto. An einigen stark frequentierten Orten, insbesondere im Südosten, zeigen sich schon deutlich die negativen Auswirkungen des Massentourismus. Innerhalb von 25 Jahren hat sich das Fremdenverkehrsaufkommen auf Korsika mehr als verdoppelt und beträgt nun 2,4 Millionen Touristen pro Jahr – und das auf einer Insel, die über das Jahr verteilt gerade einmal 279 000 Einwohner hat! Die Urlauber kommen überwiegend aus Frankreich (65 %), aus Italien (16 %) und Deutschland (8 %); die Hälfte von ihnen reist in den Sommermonaten an.

Um das Zehnfache der Einwohnerzahl im Sommer zu versorgen, ist eine Infrastruktur nötig, die die tatsächlichen Bedürfnisse der Inselbewohner bei weitem übersteigt. Die meisten **Badeorte** verfügen weder über ausreichende Anlagen zur Müllentsorgung noch über entsprechende Einrichtungen zur Abwasseraufbereitung. Auch die zunehmende Beliebtheit der **Freizeitschifffahrt** vor den Küsten Korsikas führt zu beträchtlichen Problemen. Die Liegeplätze in Calvi, die im Sommer vollständig ausgebucht sind, werden mittlerweile auch in der Nebensaison gut belegt, was nicht nur eine Ausbreitung der Abfälle und die Vermehrung von unerwünschten Pflanzenarten zur Folge hat, sondern auch eine Schädigung des Meeresbodens.

Umfassender Umweltschutz, die Verbesserung der Infrastruktur und des Hotelangebots sowie die Verlängerung der Saison sind Herausforderungen, denen sich der Tourismus auf Korsika in Zukunft stellen muss. Korsische Politiker befürchten aber auch, dass der Fremdenverkehr langfristig zur einzigen wirtschaftlichen Perspektive für die Bevölkerung werden könnte.

Mut zum Wechsel!

Im Winter 2004/2005 wurde die mangelhafte Energieversorgung auf der Insel offenkundig. Ihre Ursachen liegen zum einen in einer Unterversorgung und zum anderen in veralteteten Anlagen zur Energiegewinnung. Zwei Wärmekraftwerke erzeugen zwei Drittel des Energiebedarfs Korsikas, die restlichen 30 % werden durch Wasserkraft gesichert. Der

Amaury de Valroger / MICHELIN

Der Stausee von Pinzalone ist wichtig für die Energieversorgung.

gesamte Brennstoff zur Energiegewinnung muss importiert werden. Bis 2012, wenn die Wärmekraftwerke voraussichtlich stillgelegt werden, muss die Insel neue Energiequellen erschließen, ohne dabei das Naturerbe nachhaltig zu schädigen, wie dies bei dem geplanten Projekt für einen hydroelektrischen Staudamm im Rizzanese-Tal der Fall ist.
Institutionen und Vereinigungen wenden sich verstärkt den **erneuerbaren Energien** zu, für die die Insel hervorragende Voraussetzungen bietet. Den ersten Rang nimmt die Solarenergie ein wegen der langen Sonnenscheindauer und aufgrund der Abgeschiedenheit der Dörfer und Schäfereien im Inselinnern, die ihre Unabhängigkeit bewahren müssen. Solarmodule sind bereits in Schutzhütten in Betrieb und liefern Energie für das Krankenhaus in Bastia. Seit 2000 versorgt der Windpark am Cap Corse 12 000 Haushalte mit Energie (die Heizungsanlagen ausgenommen).
In Corte werden bereits 30 Gebäude mit einer Holz betriebenen Zentralheizanlage versorgt. Ein Ausbau dieser Art der Energiegewinnung würde dem Wald durch eine intensivere Forstwirtschaft und eine damit verbundene effektive Vermeidung von Bränden zugute kommen. In den kommenden Jahren wird Engagement und Fantasie gefragt sein, um den Energiebedarf ohne irreparable Schäden für die Umwelt zu decken.

Traditionelle Bauformen

DIE DÖRFER

Oft bilden die korsischen Dörfer ein reizvolles Labyrinth aus geschotterten, in schmalen Treppen ansteigenden, verwinkelten Gassen oder überdeckten Passagen, in denen es sich herrlich umherstreifen lässt. Die Anordnung der Häuser scheint dabei auf den ersten Blick keinem System zu folgen. Hinter der Gruppierung der Gebäude aber verbirgt sich eine strenge Ordnung nach den einzelnen Familien. Lohnenswert ist ein Besuch in Sant'Antonino in der Balagne, einem der ältesten und schönsten Dörfer Korsikas, oder in dem einstigen Bischofssitz Vescovato in der Casinca. In einigen Dörfern wie in Ste-Lucie-de-Tallano hoch über dem Rizzanese-Tal, in Bicchisano nördlich von Sartène oder Ste-Marie-Sicché westlich von Corte sind heute noch turmhohe befestigte Häuser *(case torri)* erhalten, ehemalige Wohnhäuser von mächtigen Adelsfamilien. Die trutzigen Bauten dienten einst auch zur Verteidigung der Dorfgemeinschaft.

TRADITIONELLE HÄUSER

Wie das Dorf, so ist auch das Haus *(a casa)* dem Korsen sehr wichtig. Es widerstrebt ihm, es zu verkaufen oder sogar zu vermieten. Das Haus ist immer einfach und schlicht und beherbergte früher die gesamte Familie. Traditionelle Häuser sind in Blockform aus dem lokalen Stein errichtet – aus Schiefer im Norden der Insel, aus Granit im Zentrum und im Süden, aus Kalkstein in Bonifacio und in St-Florent. Im Gebirge sind die dicken Wände nur von schmalen Fenstern durchbrochen, die im Sommer die Sonneneinstrahlung verhindern und im Winter den Wind zurückhalten.
Die Dächer werden in Westkorsika traditionell mit Hohlziegeln gedeckt, in Ostkorsika mit den charakteristischen **Dachplatten** aus Schiefer *(teghje)*. Der Glimmerschiefer der Platten zaubert in Corte Grautöne, in Bastia Grüntöne und in der Castagniccia Silbertöne auf die Dächer. In der Balagne findet man anstatt der Dächer Dachterrassen, auf denen noch heute die Früchte in der Sonne zum Trocknen ausgelegt werden.

SCHÄFEREIEN

Aufgrund der Tatsache, dass der Almauf- und -abtrieb immer weniger gepflegt wird, sind die überall in den Bergen verstreuten Schäfereien heutzutage mehr oder weniger verlassen. Einige wenige von ihnen beherbergen jedoch immer noch zwischen Mai und Oktober die Hirten mit ihren Tieren. Die kleinen Schäfereien bestehen meist aus grob gehauenen Bruchsteinen, die ohne Mörtel aufeinandergeschichtet wurden. Die Unterkünfte der Hirten (*cabane* oder *capanna*) sind äußerst einfach und bestehen lediglich aus einem fensterlosen Raum ohne Kamin. Ein aus Latten gezimmerter und mit Farn gepolsterter Rahmen dient traditionell als Bett. Die Hirten stellen hier den *brocciu* und andere Käsesorten her, die in Kellern *(cagiles)* gelagert werden. Bei einem Spaziergang durch die Agriates-Steinwüste kann man noch einige dieser einfachen viereckigen Trockensteinbauten *(paillers)* sehen, die früher einmal mit Zweigen und einer dicken Lehmschicht isoliert waren. In der Castagniccia kann man heute noch den Schäfereien ähnliche Gebäude sehen, in denen früher Kastanien getrocknet wurden.

DIE GENUESISCHEN BRÜCKEN

Unter dem Begriff „genuesische Brücke" werden auf Korsika ganz allgemein alle älteren Brückenbauten zusammengefasst – einige von ihnen stammen sogar noch aus mittelalterlicher Zeit und wurden unter der Herrschaft der Pisaner (11./12. Jh) errichtet.
Ab dem 16. Jh. ließen die Genuesen, um den Handel und die Landwirtschaft auf Korsika anzukurbeln, über die ganze Insel verteilt zahlreiche Brücken an wichtigen Verkehrswegen erbauen. Die Brücken aus der 500-jährigen Herrschaft der Seerepublik Genua (1284-1729) sind meistens einfache Bogenarchitekturen, die aus grobem Bruchstein bestehen. Eine schmale, geschotterte Straße führt über den Brückenbogen. Die Höhe und die Lage der Brücken an möglichst breiten Stellen eines Wasserlaufs berechneten die Baumeister im Hinblick auf die voraussichtliche Stärke des Hochwassers, das auf Korsika unvermittelt und heftig auftreten kann.

DIE BRUNNEN

Typisch für Korsika sind die zahlreichen Brunnenanlagen. Am Wegesrand, an den Ortseingängen oder im Wald kann man sich immer wieder an malerisch gelegenen, mehr oder weniger einfach gestalteten Brunnen erfrischen.

Amaury de Valroger / MICHELIN

In der Nähe von Asco überspannt eine typische genuesische Brücke den Fluss.

Brauchtum und Traditionen

MYTHEN UND LEGENDEN

Um die Herkunft des Namens der Insel ranken sich zahlreiche Legenden. Auch die griechische Mythologie kennt die liebliche **Corsica**. Sie soll aus der Verbindung Sicas, der Nichte Didos, mit dem Sohn des trojanischen Königs, Corso, entstanden sein. Andere Quellen besagen, dass die Insel in Erinnerung an die durch ihren eifersüchtigen Ehemann getötete Nausikaa aus dem Meer emporgestiegen ist. Außerdem erzählt eine Legende von der ligurischen Abenteurerin Corsa-Bubula, die einen schwimmenden Stier bis zur Insel verfolgt haben soll.
Überall auf Korsika ist auch die Landschaft durchdrungen von Mythen und Legenden. So werden die über die ganze Insel verstreuten Felsenmeere mit ihren bizarren, oft menschenähnlichen Formen als versteinerte Riesen

oder als ertappte Liebende angesehen. In der wilden, ursprünglichen Gegend des Niolo sollen sich einst der Teufel und der hl. Martin gegenübergestanden sein *(s. S. 329)*. Dem hl. Martin folgte mit dem Aufkommen des Christentums eine Heerschar an Heiligen, Frauen wie Männer, auf die Insel nach. Sie sind – zu Stein geworden – in den Formationen der Felsenmeere auf ewig präsent. Die den Naturgewalten und damit den Gesten des Teufels ausgelieferten Hirten in der Bergeinsamkeit erzählten sich zahlreiche Geschichten, die heute noch zum Volksgut gehören. Darin stellen der Zauberer *(magu)* und die Alte die Menschen und ihren Mut immer wieder auf die Probe, ebenso wie die „Banditen um der Ehre willen", Könige, Königssöhne, junge Mädchen, selten auch die Königin. Die Tiere aber sind weise und geben den Menschen in der Not Ratschläge.

Im 19. Jh. machten sich Korsen und Franzosen daran, die Legenden und Märchen der Insel niederzuschreiben. Genannt seien die Werke von J.-B. Frédéric Ortoli, Edith Southwell-Colucci und Geneviève Massignon sowie die „Märchen und Legenden aus Korsika" (*Contes et légendes de Corse)* von Jean-Claude und Agnès Rogliano, die „Märchen und Legenden des korsischen Volkes" (*Contes et légendes du peuple corse*) von Fabienne Maestracci und die „Traditionellen Märchen aus Korsika" (*Contes traditionnels de Corse*) von Jean Muzi.

INSPIRIERENDE LANDSCHAFT

Die Romanautoren des 19. Jh., die exaltierte Figuren und melodramatische Situationen liebten, entwickelten eine Vorliebe für Korsika und nährten einen bis heute andauernden Mythos. **Prosper Mérimée** zeichnet in seiner Novelle „Colomba" (1841) ein verzerrtes Bild des Volksbrauchtums der Vendetta.

Mit **Michel Zévaco** und seiner Saga *„Les Pardaillan"* stiegen die Korsen an der Schwelle zum 20. Jh. für kurze Zeit in den französischen Literaturhimmel auf. Mehr als 70 Jahre danach folgte mit Marie Susini, Jean-Claude Rogliano oder dem Mitglied der Académie française **Angelo Rinaldi** eine neue Generation korsischer Schriftsteller. Politische Essays stellen in den vergangenen Jahren den größten Teil der Publikationen korsischstämmiger

Traditionelle Trachten präsentiert das Conservatoire du Costume corse in Canari.

Autoren dar, darunter Jean-Louis Andréani, Jean-Pierre Santini und Nicolas Guidici. **Marie Ferranti** ist eine der wenigen zeitgenössischen Schriftstellerinnen Korsikas.

Die **korsischsprachige Literatur** mag zwar nur auf einen engen Leserkreis beschränkt sein, sie zeugt aber von einer Wiederbelebung der alten Sprache, die mit den Fabeln des zwischen den Weltkriegen bekannten Chansonniers und Humoristen Natale Rochiucioli ihren Anfang nahm. Rinato Coti, Ghjacumu Thiers und Marcu Biancarelli veröffentlichen innovative Werke. Zahlreicher noch sind die Dichter unter den Korsen wie Ghjacumu Biancarelli und Ghjacumu Fusina, während unter den Dramatikern Dumenico Tognotti zu nennen wäre. Die zweisprachigen Alben der Musikgruppe **Batti** wiederum behandeln die Charakterzüge des korsischen Volks.

VOLKSKUNST

Trachten

Die korsischen Trachten sind farbenfroh und fantasievoll. Posamente, d. h. Besatzartikel wie Fransen, Borten, Quasten usw., die von den Italienern auf der Insel eingeführt wurden, schmücken nicht nur die drei Unterröcke der Frauen aus dem Sartenais, sondern auch die *capiddina*, den typischen Strohhut der

Ajaccinerin. Das *mezaro* genannte schwarze Tuch der Frauen wird hinten am Hals zusammengeknotet; *pilone* heißt der aus Ziegenwolle gefertigte robuste Umhang der korsischen Hirten. Die schwarzen Stoffe kamen auf Korsika allerdings erst im 19. Jh. auf.

Möbel

Strenge und Einfachheit dominieren im korsischen Mobiliar. Das wenige Hab und Gut wurde früher in einer großen Truhe mit Lehne, dem *bancone*, verstaut. Die Gebrauchsgegenstände waren damals auf ein Minimum beschränkt: die *tavaru* genannte Kelle, um Wasser aus dem Krug zu schöpfen, sowie einige Gedecke. Jeder Haushalt besaß seinen eigenen Backtrog *(meda)* aus Kastanienholz und, wenn er etwas wohlhabender war, einen großen Schrank. Der einzige Sessel im Haus *(u carrigonu)* durfte nur vom Familienoberhaupt benutzt werden. In der Küche gab es den *fucone*, eine erhöhte Feuerstelle, die zum Räuchern der Wurstwaren und in manchen Regionen zum Brennen der Töpferwaren mit Asbestglasur diente.

Volkskunst im Gebirge

Vom Mittelalter bis ins 18. Jh. schnitzten die Handwerker in den Gebirgsregionen erstaunliche Kunstwerke – darunter Heiligen- oder Christusfiguren wie die in Vico, Bustanico, Calacuccia, Casamaccioli usw., die sich durch Schwung, naive Frische und einen bewegenden Realismus auszeichnen.

Beim Schnitzen der ungewöhnlichen **Holzkanzeln** in den Kirchen von Aullène und Quenza, die auf fantastischen Drachenleibern und dem Kopf eines Mauren ruhen, ließen sich die korsischen Holzbildhauer wohl von den Piratenüberfällen auf die korsische Küste inspirieren. Einheimische Künstler schufen im 18. Jh. in vielen Pfarrkirchen naive Malereien für die **Kreuzwegstationen**.

DIE KORSISCHE IDENTITÄT

Durch Klischees verzerrt, fanden die Korsen nur mit Mühe Anerkennung für die Vielfalt und Einzigartigkeit ihrer Kultur. Heute identifizieren sich die Inselbewohner mit ihrer Natur, deren Schutz sie überzeugend in die Hand genommen haben, und mit ihrem kulturellen Erbe, das sie heute wieder intensiv pflegen.

Das Ende der Vendetta

Die wechselvolle Geschichte der Insel, die immer wieder Übergriffe und Besetzungen fremder Mächte auszuhalten hatte, prägte das Bild des korsischen Volks maßgeblich. In Notzeiten wandten sich die Korsen mehrmals dem Festland zu. Darunter hatte die kulturelle Entwicklung der Korsen nachhaltig zu leiden.

Seit der Autonomiebewegung in den 1970er-Jahren, die sich dem bewaffneten Kampf zuwandte, haben sich manche Vorurteile gegenüber den Korsen verstärkt. Auch wenn häufig geschwiegen wird, steht die überwiegende Mehrheit der Korsen keineswegs hinter dem Vandalismus und den Mordanschlägen dieser Zeit. Korsische Frauen gingen wiederholt auf die Straße, um gegen Gewalt und Intoleranz zu demonstrieren. Heute mögen immer noch im Namen der Vendetta Konflikte ausgetragen werden, aber dies betrifft lediglich einige wenige militante Unbelehrbare.

Die dramatischen Ereignisse der vergangenen 30 Jahre hatten aber trotzdem eine positive Folge: Sie lösten unter den Korsen einen heilsamen Bewusstseinsprozess aus. Ohne ihre Zugehörigkeit zu Frankreich zu verleugnen, haben die Inselbewohner heute ihre Kultur mit neuem Leben erfüllt und mit der Moderne verknüpft. Diese neue Blüte zeigt, dass das korsische Volk jenseits aller hartnäckigen Klischees stolz ist auf seine Verschiedenartigkeit, sich aber nicht länger von der Außenwelt isoliert. In einer schwach bevölkerten Gebirgsregion ist heute der Austausch zwischen den Inselbewohnern und den als *pinzutti* bezeichneten Festlandfranzosen unkompliziert und herzlich – und traditionelle Feste bieten eine echte Gelegenheit zum Austausch und Dialog. Gastfreundschaft wird auf Korsika wie zu allen Zeiten als eine moralische Pflicht verstanden.

Historisch verankerte Sitten – Der negativ behaftete Begriff des **Klans** war lange Zeit in Korsika die Voraussetzung für ein Überleben unter außerordentlich kargen und schwierigen Bedingungen. Der Klan versteht sich als eine Familie im weitesten Sinne, die nicht nur Blutsverwandte, sondern auch die Bewohner eines Dorfs umfasst, und muss zuallererst als Institution zum Schutz und zur gegenseitigen Hilfe angesehen werden. Die großen Persönlichkeiten Korsikas,

Luchesi und Pinzutti

Manchmal sind die Korsen noch etwas auf der Hut vor dem *luchesu*, dem „aus Lucca stammenden" Italiener, und vor dem *pinzuttu*, dem Franzosen vom Festland. Der leicht ironische Ausdruck **pinzuttu** (spitz) ist vielleicht eine Anspielung auf den Dreispitz, den die 1764 nach Korsika entsandten Soldaten unter Ludwig XV. trugen. Der Begriff könnte sich aber auch auf den „spitzen" Pariser Akzent beziehen ... Wie überall verschwindet allerdings jede Reserviertheit dem *luchesu* und *pinzuttu* gegenüber, wenn diese als Touristen der Insel und ihren Einwohnern Respekt erweisen.

wie Pasquale Paoli, führten die Klans zusammen. Sie definierten Korsika selbst als einen Klan und als Raum, in dem das Individuum vor der Unterdrückung von außen Schutz findet.

Im Klan nimmt der **Erhalt der Ehre**, der sich immer wieder als mächtiger Verbündeter der Gewalt erweist, eine zentrale Stellung ein. Grenzenlos ist die Bereitschaft, sich für die Einhaltung eines Versprechens zu opfern.

Die **Familie** gibt die Verehrung für die Vorfahren von Generation zu Generation weiter. Enkel, die die Namen der Großeltern tragen, sind damit von der Geschichte der Vorfahren abhängig und werden von Geburt an mit einer Biografie ausgestattet, die zwar nicht ihre individuelle ist, die sie aber traditionsgemäß in Ehren halten müssen. So überdauern Hassgefühle über Generationen hinweg – auch, wenn deren Ursache längst in Vergessenheit geraten ist.

Tolerantes Miteinander – Ein weniger bekannter Charakterzug der Korsen ist ihr ausgeprägter Sinn für Gleichberechtigung. Er trat im Laufe des 20. Jh. deutlich zutage und erklärt auch das Bild der Korsen in den französischen Kolonien. Während sie in Frankreich eher geringgeschätzt wurden, achtete man die Korsen in den Kolonien als umsichtige und auf das Gemeinwohl bedachte Siedler, die zudem auch noch über beachtliche Kenntnisse in der Landwirtschaft verfügten. Eine ganze Generation von Korsen, die nicht auf der Insel aufgewachsen war, musste in den 1960er-Jahren nach Korsika zurückkehren. Hinzu kamen damals Tausende von Algerienfranzosen *(pieds-noirs)*, die aus Algerien flüchten mussten und in der fruchtbaren Ebene von Aléria angesiedelt wurden. Ihre Integration war keine Selbstverständlichkeit, und so hatten die aus Nordafrika Eingewanderten in den folgenden Jahren auch große Schwierigkeiten, ihren Platz in der korsischen Gesellschaft zu finden.

Heute scheinen sich diese Spannungen relativiert zu haben. Die korsische Identität ist nicht starr. Sie gestaltet sich Tag für Tag immer wieder neu in der Auseinandersetzung mit den historischen und den aktuellen Gegebenheiten.

Wirtschaft

Nach wie vor stellt der Inselcharakter die große Herausforderung für die korsische Gesellschaft dar. Die wirtschaftliche Entwicklung der letzten Jahrzehnte war beachtlich, aber dennoch unzureichend. Ehrgeizige Vorhaben zur Ankurbelung der Wirtschaft mit Hilfe staatlicher Mittel sind in Planung, um die größten strukturellen Probleme, zum Beispiel im Transportwesen, aufzufangen.

BEVÖLKERUNG

Demografischer Wandel

Die großen **Auswanderungswellen** des 20. Jh. ließen Korsika förmlich ausbluten. Mit 279 000 Einwohnern ist Korsika die am schwächsten bevölkerte Insel des westlichen Mittelmeers und zugleich die französische Region mit der niedrigsten Geburtenrate. Mit 32 Einwohnern/qkm weist Korsika die geringste Bevölkerungsdichte in Frankreich auf.

Seit einigen Jahren jedoch zeichnet sich eine deutliche Veränderung ab. Die Bevölkerung wächst stetig. Die Zunahme von 1 % jährlich zählt zu den größten Wachstumsraten in Frankreich. Da die natürliche Zunahme quasi gegen Null geht, ist dieses Phänomen nur durch die Zuwanderung zu erklären. Korsika besitzt besondere Attraktivität für Menschen im aktiven Alter, aber auch für Senioren, die über ein Viertel der Bevölkerung ausmachen – in abgelegenen Dörfern Zentralkorsikas besteht sogar ein Drittel der Bevölkerung aus Senioren. Auffällig ist der geringe Anteil an jungen Menschen zwischen 20 und 24 Jahren.

In der überalterten Bevölkerung Korsikas stellen die Jungen kaum mehr als 5 % der Gesamtbevölkerung Korsikas dar. Die Mehrzahl dieser Generation wandert auf das Festland ab, um dort zu studieren oder um eine Karriere im Beruf anzustreben – und das, obwohl die Universität von Corte ihnen eine durchaus gute Ausbildung ermöglichen könnte.

Die Anziehungskraft der Städte

Mit an die 128 000 Einwohnern ist Südkorsika der schwächer besiedelte Teil der Insel. In den Städten Bastia und Ajaccio, in denen sich die Arbeitsplätze konzentrieren, leben rund 40 % der Bevölkerung. Die nur wenige Kilometer von den großen Zentren entfernten Dörfer, die verkehrstechnisch problemlos zu erreichen sind, erwachten in den vergangenen Jahrzehnten nach und nach zu neuem Leben. Kinderreiche Familien leben hier in der Mehrzahl. Zahlreiche kleine Geschäfte und eine gute Infrastruktur konnten dadurch entstehen.
Das Hinterland und die Orte in Zentralkorsika – mit Ausnahme der Gegend um Corte – sind dünn besiedelt (6 Einwohner/qkm in der Alta Rocca, 7 Einwohner/qkm in der Gegend von Ponte-Leccia). Die abgeschiedenen kleinen Gemeinden im Westen im Cinto-Massiv, im Osten in der Castagniccia oder weiter südlich am Oberlauf des Taravo und in der Alta Rocca sehen sich mit einem ständigen Rückgang der Bevölkerung konfrontiert. Diese Entwicklung wird natürlich durch die mangelhafte Infrastruktur in diesen Regionen noch verstärkt. Im Kampf gegen das zunehmende **Veröden der Dörfer** hat die Regierung bereits verschiedene Initiativen ins Leben gerufen: sanfter Tourismus, Restaurierung der Bausubstanz, Ausbau des Straßennetzes, Aufrechterhaltung minimaler Dienstleistungen. Nicht alle Projekte tragen bereits Früchte. Während der Sommermonate werden die meisten dieser abgelegenen Dörfer durch Urlaubsgäste belebt, die hier Ruhe und Ursprünglichkeit finden. Doch der Alltag der Einwohner bleibt trotz des Sommertourismus schwierig, sodass manche von ihnen gezwungen sind, den Winter in den Städten an der Küste zu verbringen, um dort den Lebensunterhalt für ihre Familien zu verdienen.

Der Arbeitsmarkt

Mit 95 Beamten auf 1000 Einwohner nimmt der öffentliche Dienst nach wie vor auf Korsika eine herausragende Stellung auf dem Arbeitsmarkt ein. Das Bauwesen und der Tourismus gelten dagegen als die beiden großen Zugpferde der korsischen Wirtschaft. Insbesondere im Tourismus sind heute 6 bis 12 % der Erwerbstätigen beschäftigt. In der Landwirtschaft und im Handwerk arbeitet nur noch ein geringer Teil der aktiven Bevölkerung. Von der Arbeitslosigkeit schließlich sind 10 % der Korsen betroffen.

LANDWIRTSCHAFT

Auch die Landwirtschaft auf Korsika blieb in den letzten 20 Jahren von den Veränderungen nicht verschont. Obwohl sie immer noch fest in der korsischen Kultur verankert ist, stellt sie in wirtschaftlicher Hinsicht mit nur noch 2 % des Bruttoinlandsprodukts und 3,6 % der aktiven Bevölkerung keinen Entwicklungsfaktor mehr dar. Trotzdem konnten einige der althergebrachten landwirtschaftlichen Produktionsweisen bewahrt, wiederbelebt und weiterentwickelt werden.

Das ländliche Leben

Die kleinen landwirtschaftlichen Familienbetriebe spezialisieren sich auf traditionelle Produktionszweige wie die Schweine- und Rinderzucht, den Obst- und den Kastanienanbau. Sie besitzen fast die Hälfte der Olivenanbauflächen.

Wichtiger Rohstofflieferant: die Korkeiche.

Diese mit den lokalen Anbaumethoden vertrauten Bauern haben unter der Beeinträchtigung ihrer Umwelt spürbar zu leiden: Verschwunden sind heute der traditionelle Anbau in kleinen Terrassen, die einst die Dörfer umgaben, die Brachen und die informellen Netzwerke in den Dorfgemeinschaften. Im Gegenzug dazu konnte jedoch an manchen Orten gerade durch die Aufgabe des Kulturlandes die Zucht von freilaufenden Tieren belebt werden, die als Qualitätszeichen der korsischen Fleisch- und Wurstwaren gelten.

Die landwirtschaftlichen Großbetriebe sind auf den Anbau von Wein (75 % der erzeugten AOC-Weine), den Anbau von Obst, insbesondere Clementinen, Kiwis, Oliven, Kastanien, Pflaumen und Mandeln sowie auf Milcherzeugnisse (Käse) spezialisiert. In der **östlichen Ebene von Aléria**, die 1944 entwässert und 1957 saniert wurde, konzentriert sich ein großer Teil der Wein- und Obstproduktion. In den letzten Jahren nahmen diese Flächen jedoch deutlich ab, da vermehrt Wiesen und Weideland entstanden sind. Die Gründe hierfür liegen im wachsenden Bedarf an Viehfutter *(s. S. 27 Viehzucht)* und in den drastischen Ernteausfällen im Obstanbau wegen der heißen und trockenen Sommer der vergangenen Jahre.

Forschung und biologische Landwirtschaft

1965 ließ sich das französische Institut für agrarwissenschaftliche Forschung (INRA) auf Korsika nieder. Es übernahm die Versuchsstation für den Anbau von Zitrusfrüchten und die Einbürgerung exotischer Früchte in San Giuliano. 1978 wurde ein Forschungszentrum für Landwirtschaft und Viehzucht in Corte eingeweiht. Seit 1985 arbeitet das korsische Institut Inra-Corse eng mit dem französischen Forschungsinstitut (CNRS), der Universität von Corte und den landwirtschaftlichen Betrieben zusammen.

Seit einigen Jahren ist auch ein Anstieg im Bereich der biologischen Landwirtschaft auf Korsika zu verzeichnen.

Der Weinbau

Mit seinen neun Weinen mit kontrollierter Herkunftsbezeichnung (Ajaccio, Patrimonio, Calvi, Corse Coteaux du Cap Corse, Muscat du Cap Corse, Figari, Porto-Vecchio, Sartène und Corse) ist der Anbau von Wein einer der Grundpfeiler der korsischen Landwirtschaft. In den vergangenen 40 Jahren kam es zu weitreichenden Umwälzungen in diesem Bereich. Von 9000 ha im Jahr 1960 wuchs die Fläche für den Anbau durch die Entwässerung der Ebene von Aléria und durch massive Investitionen der aus Algerien heimgekehrten Korsen bis zum Ende der 1970er-Jahre auf ca. 32 000 ha an. Dies entspricht insgesamt 50 % der landwirtschaftlichen Nutzfläche auf der Insel. Durch das Roden von etwa drei Vierteln der Weinberge hat sich das Gesicht Korsikas, das hinter Sizilien und Sardinien die drittgrößte Weinbauinsel des Mittelmeers darstellt, auf drastische Weise verändert.

Noch vor einem halben Jahrhundert wurde der Anbau von Wein auf Korsika meist als Zusatzerwerb neben der herkömmlichen Landwirtschaft betrieben. Heute haben sich fast 10 % der korsischen Betriebe auf den Anbau von Wein spezialisiert. Die Weinberge konzentrieren sich auf die Küstengebiete, insbesondere auf die Region Aléria-Ghisonaccia (zwei Drittel der Weinbaufläche), gefolgt von der Balagne, der Gegend um Ajaccio, Calvi und Porto-Vecchio.

Seit den 1980er-Jahren verlegen sich die Winzer zunehmend auf Qualitätsweine. Zwar werden weiterhin internationale Rebsorten wie Syrah, Grenache oder Cabernet Sauvignon angebaut. Den Schwerpunkt bilden heute jedoch die für die Insel spezifischen Sorten. Einige von ihnen, darunter der Muriscu oder der Cualtacciu, sind verschwunden, andere Sorten wie Nielluccio, Vermentino und Sciaccarello wurden neu belebt.

Der Obstbau

Der Obstanbau bildet den zweiten Schwerpunkt der Landwirtschaft auf Korsika. Seit mehreren Jahrzehnten beherrschen die Plantagen für Zitrusfrüchte die korsische Landschaft und bedecken ca. 1800 ha. Der Anbau von **Clementinen**, die mit dem Label IGP (geografisch geschützte Kennzeichnung) ausgezeichnet sind, nimmt heute rund 80 % der Fläche ein.

Der Anbau von Kiwis, der auf Korsika in den 1970er-Jahren aufkam, ging in den letzten zehn Jahren um mehr als ein Drittel zurück. Dafür nahm jedoch der Anbau von **Oliven** zwischen 1995 und

Der Hafen von Bastia wird von riesigen Fähren angelaufen.

2005 um ganze 74 % zu, ebenso wie die Erzeugung von **Kastanien**, deren Erntefläche sich durch die Erneuerung der Kastanienpflanzungen um etwa 50 % erweitert hat. Der Anbau der Pflaume *(Prune d'Ente)* und der Mandel, die gegen Trockenheit besonders empfindlich sind, reduzierte sich infolge der heißen und trockenen Sommer in den letzten Jahren um etwa ein Drittel.

Die Viehzucht

Auch die Viehzucht nimmt mit fast 60 % der Betriebe einen wichtigen Platz in der Landwirtschaft Korsikas ein. Mehr als ein Drittel dieser Betriebe führt die alte Tradition der Schaf- und Ziegenzucht fort. Die größten Herden sieht man im Département **Haute-Corse**, einer bergigen und grünen Landschaft.

Die **Milchproduktion** bildet die Grundlage für die Erzeugung korsischer Käsesorten wie den *brocciu*, einen Molkekäse aus Schafs- oder Ziegenmilch, oder für trockene Hartkäse. In jüngerer Zeit kam die intensiv betriebene Rinderzucht hinzu, die heute mit 74 000 Tieren zum wichtigsten Fleischlieferanten der Insel geworden ist. Die überwiegend freilaufend gehaltenen korsischen Schweine sind berühmt für ihr ausgezeichnetes Fleisch, aus dem landestypische Fleisch- und Wursterzeugnisse hergestellt werden. Als eine Folge der intensiven Viehzucht nimmt heute der Anbau von **Futtermitteln** über 90 % der landwirtschaftlichen Nutzflächen Korsikas ein.

Fischfang und Aquakultur

Der an den Küsten wenig verbreitete Fischfang wird in erster Linie noch auf traditionelle Art von einigen Familien betrieben (in Ajaccio und Bastia gibt es an die 210 Fischerboote). Gefangen werden vor allem der auf felsigem Grund lebende Wolfsbarsch und die Äsche sowie die auf Sand lebende Dorade und Barbe. Der Fang von etwa 1000 t pro Jahr landet auf dem heimischen Markt.

Die **Aquakultur** wurde in den 1960er-Jahren auf Korsika in den Strandseen Diane und Urbino eingeführt. Mit einer Jahresproduktion von rund 2000 t liegt die Insel heute unter den französischen Regionen auf dem dritten Rang. Die Muschelzucht wird vorwiegend an den Seen der Ostküste betrieben. Die dort gezüchteten **Austern** *(huîtres)* zählen zu den besten des Mittelmeers.

Die **Fischzucht**, die ab 1980 aufkam, ist an der gesamten korsischen Küste vertreten, wobei die Bucht von Ajaccio das Zentrum darstellt. Gezüchtet werden in erster Linie **Wolfsbarsch** und **Dorade**.

TRANSPORTWESEN UND TOURISMUS

Seetransport

Der Seetransport stellt bis heute eine der Achillesfersen für den Tourismus auf Korsika dar. Es mangelt in der Tat nicht an Booten, die, eines schöner als das andere, in Komfort und Schnelligkeit miteinander konkurrieren.

Tagsüber werden die Schnellboote *(Navires à grande Vitesse, NGV)* bevorzugt, für nächtliche Überfahrten regelrechte schwimmende Paläste.

Alles wäre also bestens, wenn es nicht in den letzten Jahren wiederholt zu Streiks und Hafenblockaden gekommen wäre, die den Tourismus auf der Insel nachhaltig geschädigt haben. Die Realität sieht je nach Schifffahrtsgesellschaft sehr unterschiedlich aus. Manche von ihnen befinden sich in einer besorgniserregenden wirtschaftlichen Lage, wie die Krise der staatlichen Schifffahrtsgesellschaft SNCM 2005 deutlich gezeigt hat. Rund 40 Schiffe von insgesamt neun Gesellschaften befördern pro Jahr fast 3 600 000 Passagiere, von denen über die Hälfte die seit 1996 in Betrieb genommenen Schnellboote wählen. Marseille, Toulon und Genua sind die beliebtesten Ablegehäfen, Ajaccio und Bastia die häufigsten Ziele.

Lufttransport

Der Flugverkehr, der im letzten Jahrzehnt stark zugenommen hat, scheint sich mittlerweile etwas zu stabilisieren. Das Verkehrsaufkommen ist auf Korsika ungleich auf **vier Flughäfen** verteilt, da Ajaccio fast die Hälfte der Fluggäste aufnimmt. Alle Flughäfen bieten Direktflüge nach Paris, Marseille und Nizza an. Diese Städte stellen etwa 90 % der Verbindungen zum Festland dar. Der Flugverkehr ist also intensiv – auch wenn die hohen Flugpreise während der Hochsaison für den Tourismus eher nachteilig sind.

Transport auf der Straße

Die Straßen auf Korsika sind berühmt für ihre landschaftlich schöne Lage, aber ebenso für ihre Gefährlichkeit. Das Straßennetz umfasst 7921 km. Davon jedoch sind gerade mal 576 km als Nationalstraße ausgebaut. Der Mangel an Schnellstraßen zwischen den wichtigsten Städten der Insel wirkt wie ein Bremsklotz für die wirtschaftliche Entwicklung. Es fehlt an einer entsprechenden Infrastruktur in Form eines Straßennetzes, das den Touristen, die in den Sommermonaten die Insel bevölkern, ein rasches Reisen ermöglicht. In den vergangenen Jahren unternahm die Regierung große Anstrengungen zum Ausbau und zur Erweiterung der Straßen, besonders an der Küste.

Tourismus

Um 1970 waren es jährlich noch rund 500 000 Touristen. Heute sind es pro Jahr über 2,4 Millionen Besucher, die vorwiegend in den Sommermonaten die Insel als Urlaubsort ansteuern.

Die Unterkünfte verteilen sich auf rund 50 000 Zweitwohnsitze, Campingplätze und Hotels. Am beliebtesten ist der Badetourismus auf Korsika. Porto-Vecchio, Bastia, Calvi und Ajaccio sind dabei nach wie vor die am häufigsten frequentierten Ferienziele. Auch die Freizeitschifffahrt zieht immer mehr Touristen in ihren Bann.

Die touristisch weniger gut erschlossenen Gebirgsregionen der Insel halten zahlreiche Angebote im Bereich des sanften Tourismus bereit. Hier ist ein deutliches Plus bei den Übernachtungszahlen der 740 ländlichen Unterkünfte *(gîtes ruraux)* zu verzeichnen. Das Wandern auf Korsika hat sich mittlerweile zu einem Zugpferd entwickelt, und jedes Jahr steigt die Zahl der Wanderurlauber. Dank der Aktivitäten der kleineren Gemeinden Zentralkorsikas, des Naturparks und der Forstbehörde konnten neue Regionen erschlossen werden – und so kann man die Insel heute auf gut ausgeschilderten Wegen und zahlreichen Rundstrecken mit dem Fahrrad, zu Fuß oder auf dem Pferderücken entdecken. Trotz Zuwächsen sieht die Bilanz für den Tourismus auf Korsika nicht rosig aus. Nach einem lang anhaltenden Aufschwung ist in den letzten Jahren ein deutlicher Rückgang zu spüren, der die Tourismusbranche mit Sorge erfüllt. Streiks und steigende Transportkosten, die hohen Preise in den häufig veralteten Hoteleinrichtungen und die wachsende Konkurrenz durch Urlaubsziele in den weitaus preisgünstigeren Ländern Nordafrikas oder Osteuropas sind plausible Gründe für die sich anbahnende Krise. Nicht allein Korsika ist von diesen Schwierigkeiten betroffen. Ähnlich ist auch die Lage in Südfrankreich. Die Probleme des Tourismus auf Korsika aber werden durch den Inselcharakter noch verschärft. Allein die hohen Kosten für die Überfahrt scheuen mittlerweile viele Touristen, insbesondere Familien. Neue Lösungen müssen gefunden werden, damit die Insel ihre Anziehungskraft, die sie seit Jahrzehnten auf ihre Gäste ausübt, wieder zurückgewinnt.

Korsika für Genießer

Ein einfaches Omelette mit *brocciu* und Minze, einige Scheiben *coppa* und dazu ein guter Tropfen wie der Patrimonio – in Korsika kann man die Freude am Reisen ebenso auf dem Teller und im Glas wiederfinden. Fermes-auberges, Restaurants und Läden mit regionaltypischen Produkten erwarten die Gäste, um sie in kulinarische Genüsse mit unwiderstehlichen Aromen einzuführen.

Stéphane Sauvignier / MICHELIN

Zu den korsischen Wurst- und Käsespezialitäten passt ein lokaler Rotwein.

Regionale Spezialitäten

ERZEUGNISSE AUS SCHWEINEFLEISCH

Schinken- und Wurstspezialitäten mit ihrem köstlichen, unvergleichlichen Duft sind das Aushängeschild der korsischen Küche. Die halbwild in der freien Natur lebenden Schweine fressen nur hochwertiges Futter, wie Kastanien, Eicheln oder Kräuter. Der Geschmack des Fleisches wird durch Räuchern über dem Kastanienholzfeuer noch verfeinert.

Zwei Spezialitäten sind dabei besonders berühmt: die *coppa*, ein Stück vom Schweinekamm, und der *lonzu* aus Filet. *Prisuttu* ist ein roher Schinken, zu dem man hierzulande frische Feigen isst. Die *figatelli* genannten Räucherwürstchen werden aus Nieren, Herz und Leber hergestellt. Man isst sie traditionell im Winter. Die anderen Fleisch- und Wurstwaren müssen zwischen sechs Monaten und drei Jahren reifen und trocknen. Blutwurst *(sangui)* und Pasteten variieren je nach Region.

FISCH UND MEERESFRÜCHTE

An der Küste genießt man Fische, die auf dem felsigen Meeresgrund leben. Aus ihnen wird die korsische Fischsuppe *(aziminu)* zubereitet. Auch kleine, gebratene Fische *(fritures)*, auf Weinblättern *(sarments)* gegarte Rotbarben *(rougets)* oder Wolfsbarsch *(loup)* oder gegrillte Sardinen schmecken köstlich.

Langusten findet man überall an der Küste, vor allem am Cap Corse in der Gegend von Centuri.

Austern und **Miesmuscheln** kommen fangfrisch aus den Strandseen Diane und Urbino in der östlichen Ebene.

Bachforellen sind eine Spezialität der Bergregionen. Die Hirten schossen sie früher mit der Flinte und garten sie auf erhitzten Steinen.

SUPPEN

Neben der Gemüsesuppe (*minestra*) und der Fischsuppe *(aziminu)* liebt man hier Suppen mit roten Bohnen, kleinen Zwiebeln, Wildkräutern, Nudeln und Rohkäse *(brocciu)*. Nach einer anstrengenden Wanderung auf dem Fernwanderweg

GR 20 ist eine korsische Suppe eine echte Wohltat! Im Restonica-Tal wird die Suppe mit dem würzigen Fleisch der Bachforellen verfeinert. Im Herbst und Winter bereitet man auch aus den Kräutern der Macchia eine kräftige Suppe zu.

FLEISCH UND WILD

Ein Teil des korsischen Fleischbedarfs wird vom Festland importiert. Im Frühling gibt es Lammkoteletts und gebratene Zicklein mit Macchia-Kräutern. Eine berühmte Spezialität ist Ragout aus Zicklein mit Paprika *(piverunata)*.
In der Jagdsaison von August bis Februar lässt man sich Wildschwein und Frischling schmecken, die gebraten oder als Ragout serviert werden. Dazu reicht man ein Kastanienpüree *(pulenta)*.
Seit dem Verbot der Amselpastete gibt es das ganze Jahr über Starenpastete, die als Delikatesse gilt.
Bei den Innereien sollte man in Bonifacio die aus Zicklein oder Lamm hergestellte Wurst oder Kutteln probieren, die in Bastia mit Zwiebeln zubereitet werden.

TEIGWAREN

Der italienische Einfluss macht sich bei der in Wasser gekochten *past'asciutta* bemerkbar, während in Dampf gegarte Nudeln mit Fleischsoße *(stufatu)*, Ravioli oder Lasagne mit *brocciu* (eine Spezialität von Bastia) typisch korsische Gerichte sind. Auch Cannelloni mit *brocciu* findet man häufig auf der Speisekarte.
Kastanienmehl bildet die Grundlage der traditionellen Ernährung. Früher gab es eine große Vielfalt an Gerichten mit dieser Frucht, wie auch die korsische Polenta aus Kastanienmehl, die als dicker Brei oder Pfannkuchen zu Fleischgerichten und *figatelli* gereicht wird. Lange waren diese Gerichte so gut wie verschwunden. Dank der Erneuerung der Kastanienpflanzungen entdeckt man sie in den letzten Jahren wieder neu.

KÄSE

Das landestypische Produkt präsentiert sich im Département Corse-du-Sud eher trocken, im Département Haute-Corse dagegen als Frischkäse. Der berühmteste Käse ist der *brocciu* (*brutsch* ausgesprochen), der aus einer Mischung aus Molke und erwärmter, schaumig geschlagener

Stéphane Sauvignier / MICHELIN

Ein typischer korsischer Hartkäse.

Schafs- oder Ziegenmilch hergestellt wird. Man findet ihn in vielen einheimischen Rezepten wie Omelette, Kuchen, Pfannkuchen oder Krapfen. Von Oktober bis Juni isst man ihn frisch, mit oder ohne Zucker oder mit einem Schnaps. Gesalzen hält er sich das ganze Jahr und kann auch trocken gegessen werden.
Daneben gibt es weitere trockene und kräftige Ziegen- oder Schafskäse, von denen der *niolo* der bekannteste ist. Der Weichkäse *calinzana* wurde einst von Frauen hergestellt, die man *e casgilante* nannte. Sie arbeiteten nachts, um vor den Fliegen geschützt zu sein. Ein Käse aus gepresster Masse, dessen Rinde sich mit zunehmender Reifung nicht verändert, während sich das Innere zersetzt, ist der *sartinese*. Im reifen Zustand wird er *casgiu merzu* (wörtlich „fauler Käse") genannt. Berühmt wurde diese Käsesorte durch *Asterix auf Korsika*. Doch er bleibt Eingeweihten vorbehalten.

SÜSSIGKEITEN

Auch für viele Backwaren wird *brocciu* verwendet, z. B. für die briocheartigen *falculelle* aus Corte oder den *fiadone*, einen mit Zitrone aromatisierten Käsekuchen. Unbedingt kosten sollte man die *frittella* genannte Krapfenart, außerdem die mit Walnüssen, Mandeln, Pinienkernen, Rosinen und Rum zubereitete *torta castagnina* oder die *canistrelli,* ein mit Anis parfümiertes Mandel- und Haselnussgebäck. Ebenfalls mit Anis

gewürzt ist der aus Kastanienmehl hergestellte *pastizzu*. Auch andere Kuchen, Cremes, Eissorten usw. werden mit Kastanienmehl zubereitet.
Kompott und Gelee aus den Früchten des Erdbeerbaums sind typisch korsische Süßigkeiten, ebenso kandierte Zitronatzitronen und Konfitüren, darunter auch **Feigenkonfitüre**, die gut zu den kräftigen korsischen Käsesorten passt!
Berühmt sind die zahlreichen korsischen **Honigsorten**. Der Honigtau aus der Macchia besitzt eine schöne bernsteinfarbene Tönung, während der Honig im Asco-Tal eher weiß ist. Die verschiedenen Pflanzen verleihen jedem Honig ein ganz eigenes Aroma. Der Kastanienhonig schmeckt am kräftigsten, der Frühlingshonig zeichnet sich durch einen milden, süßen Geschmack aus. Der Sommerhonig wiederum erhält sein Aroma von den duftenden Kräutern.

Getränke

MINERALWASSER

In den Bergregionen Korsikas werden schon seit der Antike Mineralquellen erschlossen. Das bei Grosseto-Prugna gewonnene *St-Georges* gilt dabei als besonders erfrischend.
Das seit 1995 abgefüllte *Zilia* fließt durch Vulkangestein, durch das alle Verunreinigungen herausgefiltert werden. Das eisen- und kohlensäurehaltige *Orezza* aus der Castagniccia mit seinem feinen Geschmack ist in allen guten Restaurants der Insel zu finden.

Fiadone – korsischer Käsekuchen

Für 6 Personen
Backzeit: ½ Std. bei 180 °C im vorgeheizten Backofen.
Zutaten: 1 kg frischer *brocciu*, 7 Eier, 7 EL Zucker, abgeriebene Schale von 1 Zitrone.
Zubereitung: Eigelb und Zucker schaumig rühren. Zitronenschale hinzugeben und weiterrühren, bis man eine homogene Masse erhält. Den mit einer Gabel zerdrückten *brocciu* hinzugeben und rühren, bis die Masse cremig ist. In einer Schüssel das Eiweiß zu Schnee schlagen und unter die Masse heben. In eine gefettete Form geben und backen.

WEIN

Die berühmtesten Rotweine werden aus den Sorten Nielluccio und Sciarello gewonnen, die besten Weißweine aus Malvoisie (oder Vermentino) und Muskateller. Sie ergeben kräftige, buketreiche Weine. Die feurigen Weine sind von ausgezeichneter Qualität und passen hervorragend zu Wild und Wurst. Als erster Wein erhielt der **Patrimonio**, der als Rot-, Rosé- und Weißwein produziert wird, das AOC-Siegel (1968) und genießt internationales Ansehen.
Am Cap Corse werden exzellente samtige Weißweine aus Muskateller und Malvoisie erzeugt. In dem aufstrebenden Weinbaugebiet findet in Luri die berühmte Weinmesse *fiera di u vinu* statt.
Die Rotweine der Appellation Ajaccio werden zu mindestens 40 % aus der Sciacarello-Traube gewonnen. Im Sartenais produziert man Rotweine, im Süden der Insel Rot-, Rosé- und Weißweine mit den Appellationen Porto-Vecchio und Figari-Pianottoli. Die Ostküste von Bastia bis Solenzara, die Balagne und die Gegend von Ponte-Leccia bringt ebenfalls erstklassige Weine hervor.

LIKÖRE UND SPIRITUOSEN

Cap Corse ist berühmt für seine Aperitifs wie den *Cap Corse Mattei*, eine Spezialität aus Bastia auf der Basis von Chinarinde.
Obstliköre und Obstbrände werden aus den Früchten des Erdbeerbaums, aus Heidelbeeren, Myrten oder Zitronatzitronen gewonnen.
Korsischer Whisky wird seit 2003 auf der Insel produziert. Man verwendet hierfür das sehr kalkhaltige Wasser der Quelle U Canale in Patrimonio, das die Aromen der Gerste noch hervorhebt. Auch der Anisschnaps Pastis bekommt hier eine eigene Geschmacksnote.

BIER

Das korsische Bier *Pietra*, dessen ungewöhnlicher Geschmack von der Edelkastanie kommt, wurde nach dem Heimatdorf eines seiner Schöpfer benannt. Seit 1996 kann man es in den Bars der Insel genießen. Die Sorten *Serena* und *Colomba*, die mit Macchia-Kräutern aromatisiert sind, wurden 1999 kreiert. Die Biersorte *Torra* wird mit Früchten des Erdbeerbaums und Myrte aromatisiert.

Kulinarischer Sprachführer

A

à la Zubereitungsart

à point „auf den Punkt“: bei Fleisch: rosa, fast durch; bei Wein: trinkreif

A.O.C. (Appellation d'Origine Contrôlée) kontrollierte Herkunftsbezeichnung, üblich bei Wein

abats *m* Innereien

acide sauer

addition *f* Rechnung

agneau *m* Lamm

agrumes *m, pl* Zitrusfrüchte

aiglefin (églefin) *m* Schellfisch

aigre-doux (aigre-douce) süß-sauer

ail *m* Knoblauch

aile *f* Flügel

aïoli *m* Knoblauchmayonnaise (Provence)

airelle *f* Blaubeere
– rouge *f* Preiselbeere

allumettes *f, pl* dünnes, schmales Blätterteiggebäck

alsacienne, à l' nach Elsässer Art: mit Sauerkraut; bei Fisch: in Weißwein gekocht

amande *f* Mandel; auch Sandmuschel

amer (amère) bitter, herb

anchois *m* Anchovis, Sardellen

andouille *f* deftige Wurst, meist aus Kutteln, Schweinebauch und -magen

anguille *f* Aal

arbouse *m* Frucht des Erdbeerbaumes

arête *f* Gräte

artichaut *m* Artischocke

asperge *f* Spargel

assiette *f* Teller

au four im Ofen gegart

avocat *m* Avocado

avoine *f* Hafer

aziminu *m* korsische Bouillabaisse

B

baba *m* Hefekuchen, meist mit Alkohol getränkt

bachique, crème *f* Weincreme

baiser *m* „Küsschen“, Schaumgebäck aus gezuckertem, geschlagenem, Eiweiß

bambou *m* Bambus

banon chèvre *m* runder Ziegenkäse, in Weinlaub oder Kastanienblätter gewickelt (Provence)

bar *m* Seebarsch, Wolfsbarsch (Atlantikfisch)

baron *m* gebratener Rücken eines Tieres, z. B. „baron de bœuf“ (Rinderrücken mit Lende und Filet)

basilic *m* Basilikum

baudroie *f* Seeteufel, Lotte de mer

bavette *f* Lendenstück vom Rind

bayonnaise, à la nach Bayonner Art: meist mit rohem Schinken und Steinpilzen

Beaufort *m* mild-aromatischer Hartkäse (Rhône, Savoyen)

bécasse *f* **(bécasseau** *m*, **bécassine** *f* **)** Waldschnepfe

béchamelle *f* Sauce aus Butter, Mehl und Milch

beignet *m* Krapfen mit süßer oder salziger Füllung

belon *f* flache Auster (Bretagne)

bette *f* Mangold

betterave *f* rote Bete

beurre *m* Butter
– blanc Buttersauce mit Weißwein und Schalotten

biche *f* Hirschkuh

bien cuit(-e) durchgebraten, gar

bière *f* Bier

bifteck *m* Beefsteak

blanc *m* **de poisson** Fischfilet

blanc *m* **de volaille** Geflügelbrust

blanc(-he) weiß, hell

blanchi(-e) blanchiert

blanquette de veau *f* Kalbsragout

blé *m* Weizen, Korn

blé noir (blé rouge) *m* Buchweizen

bleu blau; bei Fleisch: innen noch blutig; bei Fisch: in Sud gegart; bei Käse: Blauschimmel- oder Edelpilzkäse

bœuf *m* Rind, Ochse; auch Rindfleisch
– bourguignon Rindfleisch nach Burgunder Art: meist in Burgundersauce geschmort, mit Champignons und Schalotten
– vinaigrette Rindfleischsalat mit Essig-Öl-Marinade

boisson *f* Getränk

bon(-ne) *m* gut

bonite Bonito, kleiner Tunfisch

boucané(-e) geräuchert

bouchée *f* **à la reine** „Königinpastete" mit Ragout und Pilzen

boudin *m* **noir** Blutwurst

bouillabaisse *f* Fischtopf aus Mittelmeerfischen, serviert mit scharfer, roter Mayonnaise („rouille") und geröstetem Weißbrot („croûtons") (Provence)

bouillinade *f* Fischeintopf mit Kartoffeln (Languedoc-Roussillon)

bouilli(-e) gekocht, Suppenfleisch

boule *f* Kloß, Kugel

bourdelot m Apfeltasche (Normandie)

bourguignonne, à la auf Burgunder Art: bei Fleisch: mit Burgundersauce; bei Weinbergschnecken: mit Kräuterbutter

bourrache *f* Borretsch

bourride *f* weiße Fischsuppe, meist mit Kartoffeln, Zwiebeln, Fenchel und/oder Orangenschale, gebunden mit Eigelb (Provence)

braisé(-e) geschmort

brandade *f* **de morue** Stockfischpüree mit Olivenöl, Knoblauch und Sahne (Südfrankreich)

brebis *f* Mutterschaf, Schafkäse (Pyrenäen)

brème *f* Brasse (Süßwasserfisch)

brioche *f* süßer Hefekuchen

brocciu *m* quarkähnlicher, würziger Frischkäse (Korsika)

brochet *m* Hecht

brochette *f* Bratspieß

M.-H. Carcanague/MICHELIN

Die cèpes, Steinpilze, sind vielseitig verwendbar.

brosme Lumb (Atlantikfisch)

brousse *f* aus Milchpulver hergestellter Frischkäse (Korsika)

brûlé(-e) gebrannt

brun(-e) braun

bûche *f* **de Noël** Weihnachtstorte aus Biskuitteig in Form eines Holzscheites, mit Schokoladen- oder Mokkacreme

C

cabillaud *m* Kabeljau

cacahouète *f* Erdnuss

café *m* Kaffee
- **– calva** Kaffee mit Calvados
- **– liégeois** Eiskaffee

caille *f* Wachtel

caillettes *f, pl* **de Madame** Farce aus Schweinefleisch, -innereien und Kräutern im Netzmantel in Wachtelgröße (Provence)

calamar *m* Tintenfisch

calinzana *m* korsischer Weichkäse

Calvados *m* Apfelschnaps

camomille *f* Kamille

campagne *f* Land

canapés *m, pl* kleine belegte Brotscheiben

canard *m* Ente
- **– gavé** Stopfente
- **– sauvage** Wildente

cancre *m* Taschenkrebs

cannelle *f* Zimt

Cantal *m* halbharter Käse, würzig-aromatisch (Auvergne)

câpre *f* Kaper

cari *m* Curry

carpe *f* Karpfen

carré *m* Rückenstück

carrelet *m* Glattbutt, auch große Scholle

carte *f* Speisekarte

casse-croûte *m* Imbiss

cassis *m* schwarze Johannisbeere, auch Johannisbeerlikör

caviar *m* Kaviar

céleri *m* **en branches** Stauden-, Stangensellerie

cèpe *m* Steinpilz

céréales *f, pl* Getreide

cerf *m* Hirsch

cerise *f* Kirsche

cervelle *f* Hirn

chamois *m* Gemüse

champignon *m* Pilz (alle Sorten)
- **– de couche** Champignon

chanterelle *f* Pfifferling

chantilly, crème *f* Schlagsahne

chapon *m* Kapaun (kastrierter Masthahn)

charbon *m* **de bois** Holzkohle, Holzkohlengrill

chasseur, à la nach Jägerart: meist mit Sauce aus Weißwein, Pilzen und Schalotten

châtaigne *f* Esskastanie

châtaigne de mer *f* Seeigel

châteaubriand *m* dickes Rinderfilet-Steak für zwei Personen

chaud(-e) warm

chausson *m* „Hausschuh", Blätterteiggebäck, oft gefüllt mit Apfel- oder anderen Fruchtstücken oder Kompott

cheval *m* Pferd, Pferdefleisch

chèvre *f* Ziege, auch kurz für Ziegenkäse

chevreuil *m* Reh, Rehfleisch

chevrotin *m* junges Rehwild, auch Ziegenkäse

chipiron *m* Tintenfisch

chocolat *m* Schokolade
– **chaud** heiße Trinkschokolade
– **liégeois** Eisschokolade

choisi(-e) ausgewählt

choix, au nach Wahl

choix, de von erlesener Qualität

chou *m* **de Bruxelles** Rosenkohl
– **farci** Kohlroulade
– **frisé** Wirsing
– **vert** Grünkohl

choucroute *f* Sauerkraut

chou-fleur *m* Blumenkohl

chou-rave *m* Kohlrabi

ciboulette *f* Schnittlauch

cidre *m* Apfelwein

citron *m* Zitrone

citrouille *f* Kürbis

civet *m* Wildragout, meist mit Rotwein und Zwiebeln

clafoutis *m* Auflauf mit Früchten, meist Kirschen, auch salzig mit Kirschtomaten o. Ä.

clouté(-e) gespickt

cochon *m* Schweinefleisch

cochon de lait *m* Spanferkel

cocotte *f* Schmortopf

commande, sur auf Bestellung

compris(-e) inbegriffen

Comté *m* Hartkäse (Franche-Comté)

concentré *m* **de tomates** Tomatenmark

concombre *m* Gurke

confit(-e) eingemacht

congre *m* Meeraal, Conger

contre-filet *m* Lendenstück vom Rind

coppa *f* rollbratenähnlicher Schinken aus durchwachsenem Schweinekamm (Korsika)

coq *m* Hahn, Hähnchen

coq *m* **au vin** Hähnchen, in Rotwein (Burgund) oder Riesling (Elsass) geschmort

coquillages *m, pl* Schalentiere (Schnecken, Muscheln und Austern)

coquilles *f, pl* **Saint-Jacques** Jakobsmuscheln

corail *m* Rogen von Krustentieren

cornet *m* Tüte, Blätterteighörnchen, auch Eiswaffel

cornichon *m* Gewürzgürkchen

corps *m* **gras** Fett, Butter, Schmalz oder Margarine

corsé(-e) kräftig; beim Essen: pikant, scharf; beim Wein: körperreich, stark

côte *f* Rippe, auch Rippenstück, Kotelett

cotriade *f* Fischeintopf mit Kartoffeln und Gemüse (Bretagne)

cou *m* Hals

coupe *m* Becher, Trinkschale

courgettes *f* Zucchini

couronne *f* Krone, Kranz

couvert *m* Gedeck, Besteck

crème *f* Sahne, Creme; auch Cremesuppe
– **brûlée** Vanillecreme mit gebrannter Zuckerkruste
– **chantilly** Schlagsahne
– **Sabayon** Zabaione

crêpe *f* dünner Eierpfannkuchen (Bretagne)
– **dentelle** Waffelröllchen
– **Suzette** dünner Eierpfannkuchen, flambiert mit Orangenlikör

crevette *f* Garnele, Krabbe

Crottin *m* **de Chavignol** kleiner, fester Ziegenkäse (Loiretal)

croustillant(-e) knusprig, kross

croûte *f* Rinde, Kruste

croûtons *m, pl* geröstete Weißbrotwürfel oder -scheiben

cru(-e) roh

crudités *f, pl* Rohkost; als Vorspeise: diverse Gemüse, roh oder blanchiert serviert

crustacés *m, pl* Krustentiere (Hummer, Krabben, Langusten u. a.)

cuillère *f* **(cuiller)** Löffel

cuire kochen

cuisine *f* Küche

cuisse *f* Keule, Schlegel, Schenkel
– de grenouilles Froschschenkel

cuisseau *m* Kalbskeule

cuissot *m* Wild- oder Geflügelkeule, Schlegel

cuit(-e) gekocht

cumin *m* Kümmel

cure-dents *m, pl* Zahnstocher

D

daim *m* **(daine** *f* **)** Damwild

darne *f* Fischkotelett

datte *f* Dattel

daube, en geschmort

daurade *f* **(dorade)** Goldbrasse, Dorade

dégustation *f* Weinprobe

déjeuner *m* Mittagessen

délice *m* Köstlichkeit, Spezialität

demi halb, auch kleines Bier (0,25 l)

demi-glace dunkle Bratensauce

dés, en in Würfel geschnitten

diable, à la „nach Art des Teufels": scharf gewürzt

diététique diätetisch

digestif *m* Schnaps oder Likör, als Verdauungshilfe nach dem Essen serviert

dinde *f* Pute

dîner *m* Abendessen

discrétion, à nach Belieben

doré(-e) goldbraun gebraten

dos *m* Rücken

double doppelt

doux (douce) süß, mild

douzaine *f* ein Dutzend

dragon *m* **de mer** Drachenfisch, Petermännchen

Dubarry, crème *f* Blumenkohlsuppe

dur(-e) hart

E

eau *f* **gazeuse** Mineralwasser mit Kohlensäure

eau-de-vie *f* „Lebenswasser", Branntwein

écrasé(-e) zerdrückt, zerrieben

effilé(-e) in Streifen geschnitten

églefin *m* **(morue noir)** Schellfisch

elzekaria *f* Gemüseeintopf mit Bohnen, Zwiebeln und Kohl (Baskenland)

enchaud *m* Schweinerollbraten (Périgord)

entier (entière) ganz, vollständig; bei Milchprodukten: vollfett

entrecôte *m* Zwischenrippenstück vom Rind

entrée *f* Vorspeise

épaule *f* Schulter, Nacken

épices *f, pl* Gewürze

épinards *m, pl* Spinat

escargot *m* Weinbergschnecke

espadon *m* Schwertfisch

estouffat *m* **de haricots** Ragout aus weißen Bohnen, Zwiebeln, Speck und/oder Tomaten (Languedoc-Roussillon)

estragon *m* Estragon

esturgeon Stör

étouffé(-e) geschmort

étuvé(-e) gedämpft

extrait *m* Extrakt

F

façon *f* Art, Weise

faisan *m* Fasan

falette *f* **d'Auvergne** gefüllte Brust von Kalb, Hammel oder Lamm

falculelle *f* Brioche (süßer Hefekuchen) aus Corte

far *m* **(fas, faz) breton** Rum-Rosinen-Kuchen (Bretagne)

farce *f* Füllung

farée Kohlroulade

farine *f* Mehl

faux-filet *m* Lendenstück vom Rind

fayot *m* weiße Bohne

fenouil *m* Fenchel

ferme *f* Bauernhof

feu *m* **de bois** Holzkohlenfeuer

feuille *f* Blatt
– de chêne Eichblatt-Salat
– de vigne Weinblatt

feuilleté *m* Blätterteigpastete

fèves *f* dicke Bohnen

fiadone *m* Käsekuchen (Korsika)

fiélas Seeaal, Dornhai (Provence)

figatellu *m* dunkle Schweinsleberwurst (Korsika)

figue *f* Feige

fin (-e) fein, zart

fines *f, pl* **de claire** Claire-Zuchtaustern

flan *m* Pudding, Fladen, Torte

flet *m* Flunder

flétan *m* Heilbutt

fleurs *f, pl* **pralinées** kandierte Blüten (Provence)

floutes Kartoffelknödelchen (Elsass)

flûte *f* dünne Weißbrotstange

foie *m* Leber
– de volaille Geflügelleber
– gras Gänse- oder Entenstopfleber

fondant(-e) schmelzend

fondu(-e) geschmolzen

fort(-e) stark, kräftig, deftig, scharf

fougasse *f* **(fouace)** süßer Hefekranz, auch salzig mit Oliven (Südfrankreich)

four *m* Ofen

fourchette *f* Gabel

Fourme *f* **d'Ambert** blaugrün-geäderter Edelpilzkäse (Zentralmassiv, Auvergne)

fourré(-e) gefüllt

frais *f* **(fraîche)** frisch

fraise *f* Erdbeere

framboise *f* Himbeere

frangipane *f* Gebäck, mit Mandelmasse gefüllt

fressure *f* Innereien

frisée *f* krauser, leicht bitterer Salat

frit(-e) frittiert

friture du golfe *f* in Öl gebratene, fingerlange Fischchen (Korsika)

froid(-e) kalt

fromage *m* Käse
– blanc Quark, oft als Dessert mit Zucker

fruits *m, pl* Früchte, Obst
– de mer Meeresfrüchte

fumé(-e) geräuchert

G

galette *f* dünner Pfannkuchen aus Buchweizenmehl (Bretagne)

gâteau *m* Kuchen, Torte, Gebäck
– corse plätzchenartiges Gebäck (Korsika)

Frankreich ist ein Paradies für Käseliebhaber.

gaufre *f* Waffel

genièvre *m* Wacholderbeere

germe *m* Sprosse, Keim

gésier *m* **d'oie** Gänsekropf

gibelotte *f* **de lapin** Kaninchenfrikassee, in Weißwein geschmort

gibier *m* Wild, Wildbret

gigot *m*, **(gigue** *f***)** Keule, Schlegel von Lamm oder Reh

gingembre *m* Ingwer

girofle *m* Gewürznelke

girolle *f* Pfifferling

gîte *m* **à la noix** Nuss, bestes Stück der Rinderkeule, des Rinderschlegels

glace *f* Eis, Eiscreme
– de viande Fond, Fleischextrakt

goulache *f, pl* Gulasch

gourmand *m* Schlemmer

gourmet *m* Feinschmecker

goût *m* Geschmack

graisse *f* Fett, Schmalz

grand(-e) groß

gras(-se) fett, speckig

gratiné(-e) gratiniert, überbacken

gratuit (-e) kostenlos

gravenche forellenähnlicher Fisch aus dem Genfer See

grenade *f* Granatapfel

grenadin *m* Kalbsmedaillon

grenouille *f* Frosch

grillé(-e) gegrillt

gros(-se) dick, stark, groß

groseille *f* Johannisbeere
– à maquereau Stachelbeere

gruyère *f* **de Comté** Greyerzer, würziger, fester Käse (Franche-Comté)

H

haché(-e) gehackt

hachis *m* **de bœuf** Rinderhackbraten

haddock *m* geräucherter Schellfisch

hareng *m* Hering

haricot *m* Bohne

herbes *f, pl* Kräuter
– de Provence Kräuter der Provence: Thymian, Salbei, Rosmarin, Basilikum

hochepot *m* Eintopf

homard *m* Hummer

hors-d'œuvre Vorspeise

huile *f* Öl

huître *f* Auster – **de claire** Zuchtauster

I

infusion *f* Aufguss, Kräutertee

J

jambon *m* **braisé (cuit, de Paris)** gekochter Schinken
– **cru** roher Schinken

jarret *m* große Haxe, Schenkel
– **de veau** Kalbshaxe

jets *m* Sprossen

julienne *f* Gemüsestreifen als Beilage oder Suppeneinlage

Jurassic Hartkäse (Jura)

jus *m* Saft, auch Bratensaft

K

kir *m* **royal** Aperitif, Champagner mit Cassis

kugelhopf (kouglof) *m* Guglhupf (Elsass)

kuign-aman *m* flacher Hefekuchen mit reichlich Butter und Zucker (Bretagne)

L

lait *m* Milch

laitue *f* Kopfsalat

lamproie *f* Neunauge (aalähnlicher Fisch)

langouste Languste

langue *f* Zunge

lapin *m* Kaninchen

lard *m* Speck

laurier *m* Lorbeer

lavande *f* Lavendel

lavaret *m* Renke (Süßwasserfisch)

léger (légère) leicht

légumes *m* Gemüse

lentilles *f* Linsen

levure *f* Hefe

lièvre *m* Hase

lonzu *m* Schinken aus würzigem Schweinefilet (Korsika)

lotte *f* **de mer (baudroie)** Seeteufel

loup *m* **de mer** Wolfsbarsch, Seebarsch (Mittelmeer)

lourd(-e) schwer, fett

M

macaron *m* Makronenplätzchen

macédoine *f* **de fruits** Obstsalat

mâche *f* Feldsalat

magrets *m, pl* **de canard** Entenbrustfilet

maigre mager; auch Adlerfisch

maïs *m* Mais

maison (à la maison) nach Art des Hauses

mangue Mango

maquereau *m* Makrele

marc *m* Tresterbrand (Auvergne, Burgund)

marcassin *m* Frischling

mariner einlegen, marinieren

marjolaine *f* Majoran

marmite *f* Topf, Eintopf

marron *m* Esskastanie, Marone

marseillaise, à la nach Art von Marseille: meist mit Tomaten, Oliven, Knoblauch und/oder Sardellen

massepain *m* Marzipan; auch Mandelgebäck

mélange *m* Mischung

ménagère, à la auf Hausfrauenart: einfach und traditionell zubereitet, z. B. mit Möhren, Zwiebeln und/oder Erbsen

menthe *f* Minze, Pfefferminz

menu *m* Menü; auch Speisekarte
– **du terroir** Menü mit regionalen Spezialitäten
– **gastronomique** großes Menü mit mindestens vier Gängen

merguez *f* scharfe Würstchen aus Hammelfleisch

merlu *m* Seehecht

mesclun *m* Mischung aus verschiedenen Blattsalaten (Provence)

meunière, à la nach Müllerinnenart: meist in Mehl gewendet und in Butter gebraten

mi-... Halb...

miel *m* Honig

mignardise *f* kleines Gebäck (zum Kaffee nach dem Essen)

millefeuille *f* Blätterteig

millet *m* Hirse

minestra *f* Gemüsesuppe (Korsika)

minute, à la kurzgebraten; auch schnell, frisch zubereitet

mirabelles *f* Mirabellen

moelle *f* Rindermark

mollusques *m, pl* Weichtiere (Muscheln, Schnecken)

Monaco Bier mit Grenadine

morille *f* Morchel

morue *f* Stockfisch, luftgetrockneter Kabeljau

moule *f* Miesmuschel

mousse *f* **au chocolat** Schokoladenschaumcreme

moutarde *f* Senf

mouton *m* Hammel; Hammelfleisch

mulet *m* Meeräsche (Meeresfisch)

Munster *m* Käse mit starkem Aroma (Elsass)

mûr(-e) reif

mûre *f* Brombeere

murène *f* Muräne (Mittelmeerfisch)

muscade *f* Muskat

museau *m* **de bœuf** Ochsenmaul

myrtille *f* Heidelbeere

N

nage, à la im (eigenen) Sud

nantais *m* kleiner Mandelkuchen

nappé(-e) übergossen, überzogen

neige *f* Schnee; Eischnee

niçoise, à la nach Art von Nizza: meist mit Tomaten, Sardellen, Knoblauch und Oliven; bei Fisch: mit Tomaten-Sardellen-Sauce

nids *m* Nester

Noilly Prat *m* Wermut, der in Eichenfässern reift

noir(-e) schwarz, dunkel

noisette *f* Haselnuss; bei Fleisch: Nüsschen, kleine Scheibe vom Rücken

noix *f* Walnuss, bei Fleisch: Rückenstück
 – de coco Kokosnuss
 – de muscade Muskatnuss

nonnette voilée Butterröhrling (Pilz)

nonnettes *f, pl* Pfefferkuchen

nougatine *f* Krokant

nouilles *f, pl* Nudeln

nouveau (nouvelle) neu, jung, aus diesem Jahr

O

œuf *m* Ei
 – à la coque weiches Drei-Minuten-Ei
 – au plat (sur le plat) Spiegelei

œufs *m, pl* **brouillés** Rühreier
 – **durs** hart gekochte Eier

oie *f* Gans

oignon *m* Zwiebel

omble *m* Saibling (Süßwasserfisch)

omelette *f* **surprise** Eis in Biskuitteig, flambiert

onctueux (onctueuse) ölig, cremig, sahnig

onglet *m* **de boeuf** Ochsenfleischscheibe

orange *f* **pressée** frisch gepresster Orangensaft

origan *m* Oregano

ortie *f* Brennnessel

os *m* Knochen

oseille *f* Sauerampfer

Ossau-Iraty *m* fester Schafskäse, mildaromatisch (Baskenland und Béarn)

oursin *m* Seeigel

P

paille *f* Stroh, Strohhalm

pain *m* Brot
 – complet Vollkornbrot
 – d'épices Honigkuchen (Burgund)
 – de poisson leichter Fischpudding

paire *f* Paar

palette *f* **de porc** Schweineschulter

palourde *f* Venusmuschel

pamplemousse *m* Pampelmuse, Grapefruit

panaché gemischt; auch kurz für Bier mit Zitronenlimonade

panade *f* Brotsuppe

panais *m* Pastinake

pané(-e) paniert

pannequets *m, pl* gefüllte Pfannkuchen

parfait *m* mit Sahne und Eiern zubereitete Eiscreme

parfums *m, pl* Eiscremesorten

Parmentier, à la mit Kartoffeln zubereitet oder garniert

pastèque *f* Wassermelone

pastis *m* Anisschnaps

pastizzu *m* Dessert aus Kastanienmehl und mit Anis gewürzt

patate *f* Süßkartoffel

pâte *f* Teig
 – levée Hefeteig
 – brisée Mürbeteig
 – feuilletée Blätterteig

pâtes *f* Nudeln

pâté *m* Pastete
 – creusois aux pommes de terre Kartoffelpastete (Limousin)
 – de campagne kräftige Bauernpastete aus Fleisch und Leber
 – vendéen Kaninchenterrine (Vendée)

pâtisserie *f* Gebäck

patron (patronne) Wirt (Wirtin)

paupiette *f* Roulade

pays, du regional, aus der Gegend, typisch für die Region

paysan(-ne) bäuerlich, rustikal

peau *f* Haut, Schale

pêche *f* Pfirsich

pêcheur, à la „nach Fischerart": meistens mit Fisch und Meeresfrüchten

perche *f* Flussbarsch
perdrix *f* Rebhuhn
persil *m* Petersilie
petit(-e) klein
petit-déjeuner *m* Frühstück
petit noir *m* kleiner, schwarzer Kaffee
petit pain *m* Brötchen
petits fours *m, pl* kleine, gefüllte Kuchen, Teekonfekt
petits-pois *m, pl* grüne Erbsen
picodon *m* kleiner, weicher Ziegenkäse
pièce *f* Stück
pied *m* Fuß
pieds *m, pl* **de cochon** Schweinsfüße
pieds *m, pl* **de mouton** Hammelfüße
pigeon *m* **(ramier** *m***)** Taube
pignon *m* Pinienkern
piment *m* Gewürz; Chili
pintade *f* Perlhuhn
pissaladière *f* Quiche mit Tomaten, schwarzen Oliven, Sardellen (Provence)
pissenlit *m* Löwenzah
pistache *f* Pistazie
piverunata *f* Zicklein-Ragout mit Paprika (Korsika)
plat *m* Teller, Platte, Gericht
– **du jour** Tagesgericht
– **principal** Hauptgericht
plein(-e) voll
poché(-e) pochiert
poêle *f* Pfanne
poids *m* Gewicht
poire *f* Birne
poireau *m* Lauch, Porree
pois *m* Erbsen
– **chiches** Kichererbsen
poisson *m* Fisch
poitrine *f* Brust
poivre *m* Pfeffer
poivron *m* Gemüsepaprika
pomme *f* Apfel
pommes *f, pl* **de terre** Kartoffeln
– **nature** Salzkartoffeln
– **sautées** Bratkartoffeln
– **en chemise (– en robe des champs)** Pellkartoffeln
pompe *f* festlicher Kuchen, süß oder salzig (Südfrankreich)
Pont l'Évêque *m* würziger Weichkäse mit Rotschmiere (Normandie)
porc *m* Schwein, Schweinefleisch
porto *m* Portwein
pot *m* Topf, Krug
potable trinkbar
potage *m* Suppe
pot-au-feu *m* Suppentopf mit Rindfleisch, Markknochen und Gemüse, auch mit Huhn
poularde *f* junges Masthuhn, Poularde
poule *f* Huhn, Henne
poulet *m* **rôti** Brathähnchen, Brathendl
Pouligny-Saint-Pierre *m* Ziegenkäse in Form einer Pyramide (Centre)
poulpe *m* Krake, Tintenfisch
pourboire *m* Trinkgeld
pousse *f* Sprosse, Schössling
pousse *m* **de bambou** Bambussprossen
pré *m* Wiese
pré-salé *m* Fleisch von Schafen, die auf salzhaltigen Wiesen an der Atlantikküste geweidet haben
pressé gepresst
pression, une *f* Kurzform für Bier vom Fass
prêt(-e) fertig
primeurs *f* Frühlingsgemüse, Frühobst
prisuttu *m* butterweicher, zarter Rohschinken (Korsika)
prix *m* Preis
– **tout compris** Preis inkl. Bedienung und Mehrwertsteuer
profiterole *f* kleiner, gefüllter Windbeutel
provençale, à la auf provenzalische Art, meist mit Tomaten, Knoblauch, Kräutern, Oliven und Wein
prune *f* Pflaume
pruneau *m* Backpflaume
pulenta *f* Brei aus Kastanienmehl und Wasser (Korsika)
pulpe *f* Fruchtfleisch
pur(-e) rein, echt
purée *f* Püree
pyrénées *f* **pur brebis** würziger Schafkäse aus den Pyrenäen

Q

quatre-quarts *m, pl* „Vierviertel"; Kuchen aus den vier Grundzutaten Mehl, Butter, Eier und Zucker
quenelles *f* **de brochet** Hechtklößchen (Burgund)
quetsche *f* Zwetschge
queue *f* **de bœuf** Ochsenschwanz
quiche *f* herzhafter Mürbeteigkuchen mit Ei, Gemüse, Fleisch und Käse
quiche *f* **lorraine** Speckkuchen mit Ei und Käse (Lothringen)

R

râble *m* **de lapin** Kaninchenrücken

radis *m* Rettich

raie *f* Rochen

raisin *m* Weintraube, Weinbeere

raisins *m, pl* **secs** Rosinen, Sultaninen

raïto würzige Sauce mit Tomaten, Olivenöl, Rotwein, Knoblauch, Zwiebeln und Kräutern, meist zu Fisch

râpé(-e) gerieben, geschabt

rascasse *f* Drachenkopf (Mittelmeerfisch)

rave *f* Rübe

Reblochon *m* **de Savoie** cremiger, milder Käse, leicht nussig (Savoyen)

recette *f* Rezept

réchaud *m* Warmhalteplatte

reine-claude *f* Reneklode, gelbe Pflaume

régime *m* Diät, Schonkost

renversé(-e) gestürzt

requin *f* Hai

rhubarbe *f* Rhabarber

rhum *m* Rum

rich(-e) reich, ergiebig

rigodon *m* Schinkenfladen (Burgund)

rillons *m, pl* Grieben, Griebenschmalz

ris *m* Bries

rissole *f* Blätterteiggebäck, salzig oder süß gefüllt

rissolé(-e) goldbraun gebraten, knusprig gebacken

riz *m* Reis
- **– au lait** Milchreis
- **– brun** ungeschälter Naturreis

rognon *m* Niere

rognonnade *f* Nierenbraten

romaine *f* Romanasalat (Blattsalat)

romarin *m* Rosmarin

Roquefort *m* pikanter Blauschimmelkäse aus Schafmilch

rosbif *m* Roastbeef

rosé *m* **des forêts** Waldchampignon

rôti *m* gebraten, Braten

rouget-barbet *m* Rotbarbe

rouille *f* scharfe, rote Mayonnaise mit Knoblauch und Pfefferschoten, zu Fischsuppen und -gerichten (Provence)

roux *m* Mehlschwitze

rustique ländlich, rustikal

S

sablé *m* Sandkuchenteig

sachet *m* kleiner Beutel, Sack
- **– de thé** Teebeutel

saignant(-e) blutig

Saint-Albray *m* Weichkäse aus Kuhmilch

Saint-Nectaire *m* mild-würziger Käse mit feiner Weißschimmelflora (Zentralmassiv)

saint-pierre *m* Petersfisch

salade *f* Salat
- **– cuite** Gemüsesalat
- **– niçoise** „Nizza-Salat", meist grüner Salat mit Paprika, weißen Bohnen, Zwiebeln, Sardellen, Oliven, Ei und Tunfisch

salé *m* gepökeltes Schweinefleisch

salière *f* Salzstreuer

salmis *m* Ragout von Wild oder Geflügel, meist mit Rotwein

salpicon *m* Ragout aus Fleisch und Gemüse

salsiccia *f* gut gewürzte Würstchenart (Korsika)

salsifis *m* **noir** Schwarzwurzel

sandre *f* Zander

sang *m* Blut

sanglier *m* Wildschwein

sangui *m* Blutwurst (Korsika)

sans ohne

sar *m* Weißbrasse (Meeresfisch)

sarrasin *m* Buchweizen

sartinese (casgiu) *m* korsischer, stark riechender Hartkäse

sauce *f* **antiboise** Mayonnaise mit Tomatenmark, Sardellenpaste und Estragon, zu Krustentieren

sauce *f* **béarnaise** helle Buttersauce mit Eigelb, Essig oder Weißwein, Schalotten, Estragon und anderen Kräutern

sauce *f* **bourguignonne** Burgundersauce: dunkle Rotweinsauce mit Thymian, Lorbeer, Champignons und Petersilie

sauce *f* **diable** Teufelssauce mit Weißwein und Tomaten

sauce *f* **gribiche** Kräutermayonnaise mit hart gekochten Eiern, Kapern und Gewürzgurken

sauce *f* **hollandaise** helle Eigelb-Butter-Sauce

sauce *f* **royale** Geflügelrahmsauce mit Trüffeln und Sherry

saucisse *f* Wurst (zum Kochen oder Braten)

saucisson *m* Wurst

sauge *f* Salbei

saumon *m* Lachs

sauté(-e) geschmort; auch Ragout

sauvage wild

sauvage, à la naturbelassen

savoyarde, à la nach Art von Savoyen: meist mit Sahne, Käse und Kartoffeln

sec (sèche) trocken

seiche *f* Sepia, Tintenfisch

seigle *m* Roggen

sel *m* Salz

selle *f* **de chevreuil** (Reh-)Rücken

semoule *f* Grieß

service *m* Bedienung

sésame Sesam

silure glane Wels

sirop *m* Sirup

sole *f* Seezunge

soupe *f* Suppe
– du berger „Schäfersuppe", Zwiebelsuppe mit Gemüse und Käse (Béarn)

souper *m* spätes Abendessen, in manchen Gegenden auch Abendessen

steak de cheval Pferdesteak

stufatu *m* korsisches Fleischgericht aus Rind- und Lammfleisch mit Nudeln und Käse

sucre *m* Zucker

supion *m* Tintenfisch

supplément *m* Aufpreis

suprême *m* bestes Stück Fleisch; bei Desser feines Sahnedessert

sur commande auf Bestellung

surgelé(-e) tiefgefroren

surprise *f* Überraschung

Suze *f* Kräuter-Aperitif

T

taboulé (tabbouleh) Couscous-Salat mit Minze, Zwiebeln, Tomaten u. a.

tanche *f* Schleie (Süßwasserfisch)

tapenade *f* Olivenpaste mit Sardellen, Kapern und Olivenöl (Provence)

tarte *f* flacher Kuchen aus Mürb- oder Blätterteig, süß oder salzig
– à l'oignon Zwiebelkuchen (Elsass)
– bourbonnaise süßer Quarkkuchen (Burgund)

tartine *f* Butterbrot

tendre zart, weich

tête *f* Kopf, Kopfstück; auch kurz für Sülze

thé *m* Tee

thon *m* Tunfisch

thym *m* Thymian

tiède lauwarm

tilleul *m* Lindenblüte

tisane *f* Kräutertee

Tomme de Savoie *f* weicher Kuhmilchkäse (Savoyen)

torta castagnina *f* Torte aus Nüssen, Mandeln, Pinienkernen, Rosinen und Rum (Korsika)

tortue *f* Schildkröte

tourain *m* Tomatensuppe mit Käse (Périgord)

tournedos *m* Rinderfiletscheiben

tournesol *m* Sonnenblume

tourte *f* rundes Brot; auch gefüllte Torte oder Pastete

tourteau *m* Taschenkrebs; auch weicher Käsekuchen mit stark gebräunter Oberfläche (Charente)

tout compris alles im Preis inbegriffen

tranche *f* Scheibe, Stück

trancher ab- oder zerschneiden

trempé(-e) eingeweicht, getränkt

tripeaux *m, pl* gefüllte Hammelfüße (Auvergne)

tripes *f, pl* Eingeweide, Kutteln, Kaldaunen

tripous (tripoux) Lamm- oder Hammelkutteln (Auvergne)

Trouville Weichkäse

truffes *f, pl* Trüffelpilz

truite *f* Forelle

turbot *m* Steinbutt

V

vache *f* Kuh

vacherin *m* üppiges Dessert aus Baiser, Eiscreme und Sahne

vapeur *m* Dampf

varié(-e) verschieden

veau *m* Kalb, Kalbfleisch

velouté *m* gebundene Suppe, Cremesuppe

venaison *f* Wildfleisch

ventre *m* Bauch

verdure *f* Salat, Gemüse

véritable echt

verre *m* Glas

vert(-e) grün

verveine *f* Eisenkrauttee

viande *f* Fleisch

vieux (vieille) alt

vigneronne, à la nach Winzerart: meist Weinsauce

vinaigre *m* Essig

vinaigrette *f* Salatsauce aus Essig, Öl und Kräutern

volaille *f* Geflügel

volonté, à nach Belieben

Y

yaourt *m* Joghurt

Z

zeste *m* Streifen von Zitrusfruchtschalen

Kunst und Kultur

Illustrationen zur Baukunst

Die folgenden Abbildungen bieten Ihnen einen Überblick über die Geschichte und Architektur der in diesem Reiseführer beschriebenen Region und ihre Besonderheiten. Das kunsthistorische Vokabular wird Ihnen vor Ort beim Besuch der Sakral-, Militär- und Profanbauten eine große Hilfe sein.

SAKRALBAUTEN

LURI (Weiler Piazza) – Grundriss der Kirche St-Pierre (17. Jh.)

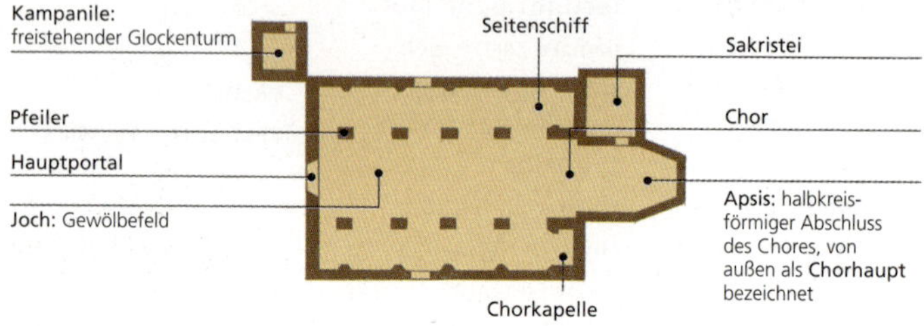

Querschnitt der Kathedrale La CANONICA (12. Jh.)

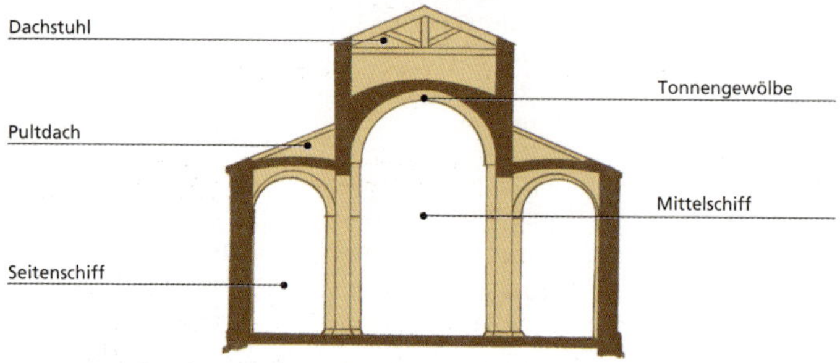

MARIANA – Kirche San Pietro (11. und 12. Jh.)

Die Kirche, die in etwa zeitgleich mit dem Dom zu Pisa entstand, wurde in zwei Bauabschnitten errichtet: Apsis (11. Jh.) und Kirchenschiff (Anfang 12. Jh.). Die Schlichtheit der Linienführung und des Dekors ist charakteristisch für die frühe romanische Kunst pisanischer Prägung.

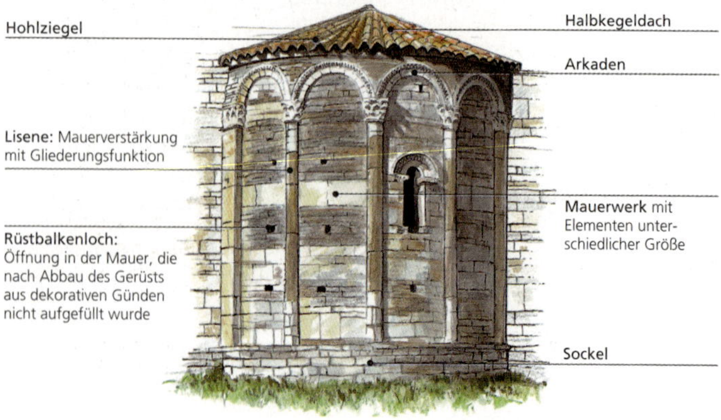

ST-FLORENT – Kirche Santa-Maria-Assunta (12. Jh.)

Die ehemalige Kathedrale des Nebbio, die nach dem Vorbild der Canonica gestaltet wurde, steht für die zweite Phase romanischer Kunst pisanischer Prägung: Der Außenschmuck nimmt eine wichtigere Rolle ein und ist Teil der Architektur.

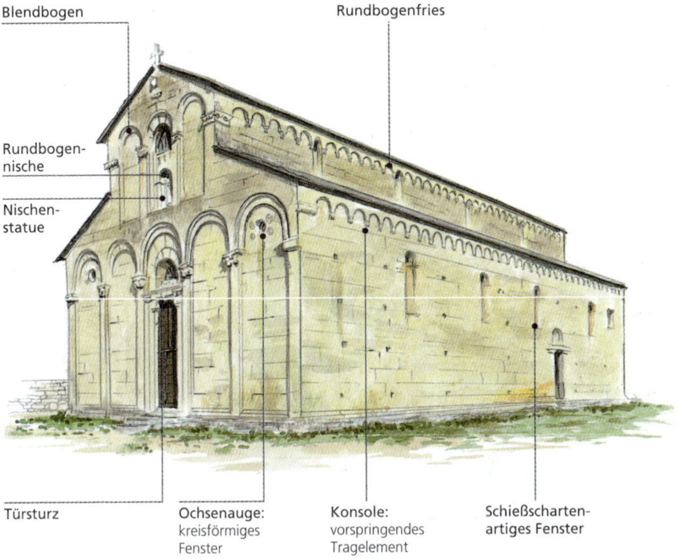

BASTIA – Schiff der Kirche St-Jean-Baptiste (17.-18. Jh.)

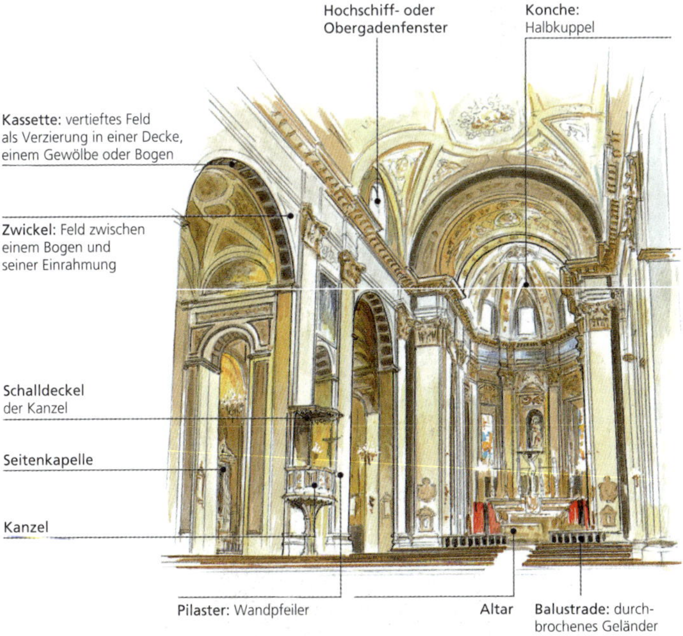

LA PORTA – Fassade der Kirche (17. Jh.)

Die Verbreitung der Barockkunst geht mit der der Gegenreformation einher. Auf Korsika fasste sie vor allem am Cap Corse und in Basta Fuß. In der Castagniccia findet man die meisten Barockkirchen auf der Insel.

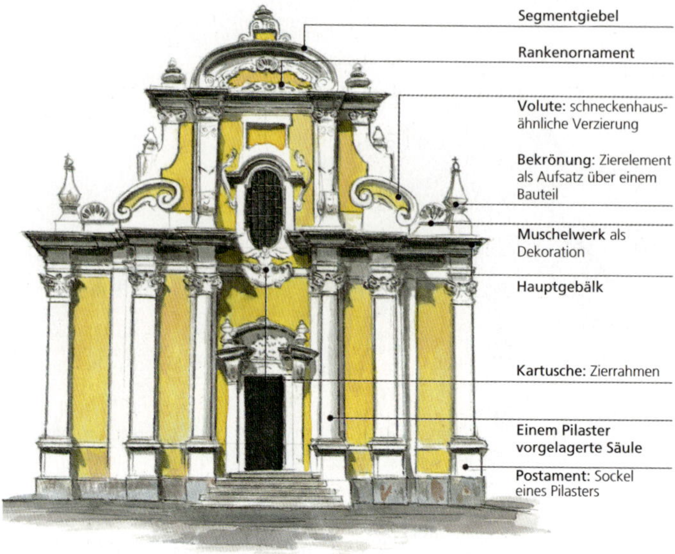

AJACCIO – Cathédrale de l'Assomption
Barocker Hochaltar (Ende 17. Jh.)

Auf Korsika findet man zahlreiche Barockaltäre. Der hier vorgestellte wurde von der Schwester Napoléons, Elisa, Prinzessin von Lucca, gestiftet und stammt aus einer der Kirchen dieser italienischen Stadt.

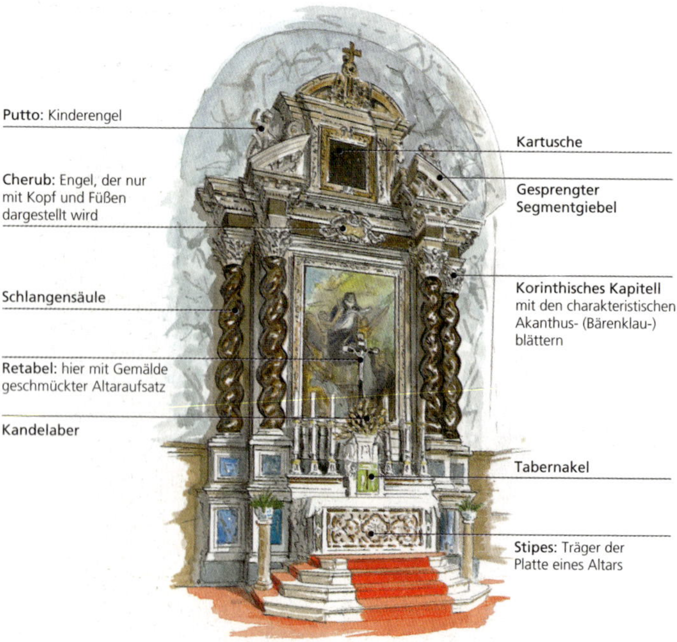

CALENZANA – Barocker Kampanile (im 19. Jh. rekonstruiert)

Der Turm wurde ursprünglich durch den Architekten Guasco aus Bastia errichtet. Die Rekonstruktion gilt als getreue Wiedergabe des Originals.

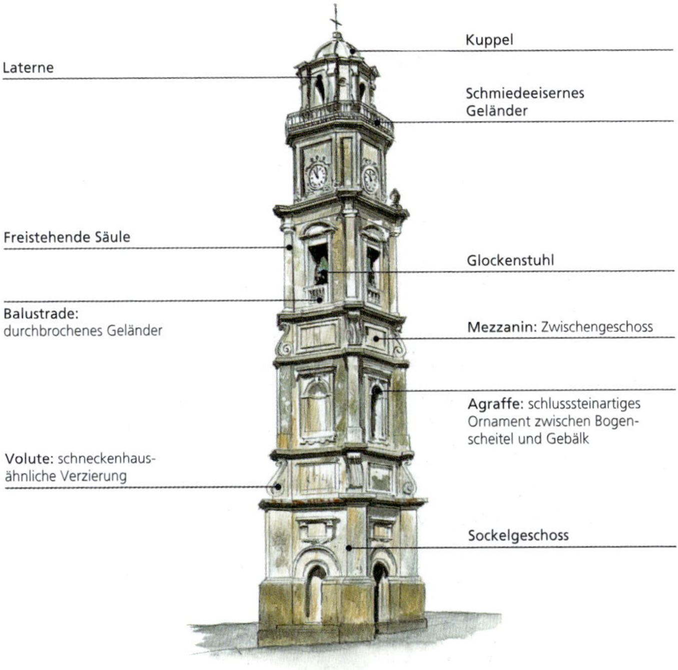

BALAGNE – Mausoleum (19. Jh.)

Diese oft prunkvollen Familiengräber wurden am Rand kleiner Straßen am Ortsausgang auf privatem Grund errichtet. Die Gestaltung schöpft aus barocken und neoklassizistischen Elementen.

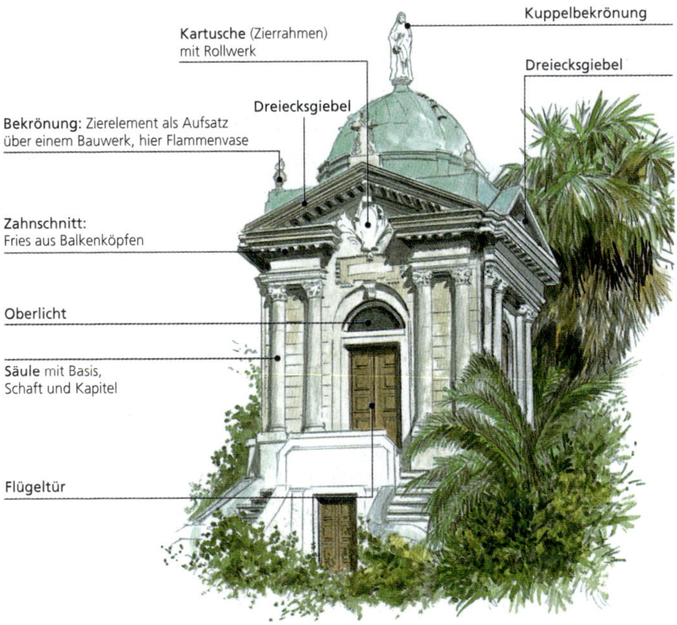

PROFANBAUTEN

BASTIA – Häuser im Viertel Terra-Vecchia (19. Jh.)

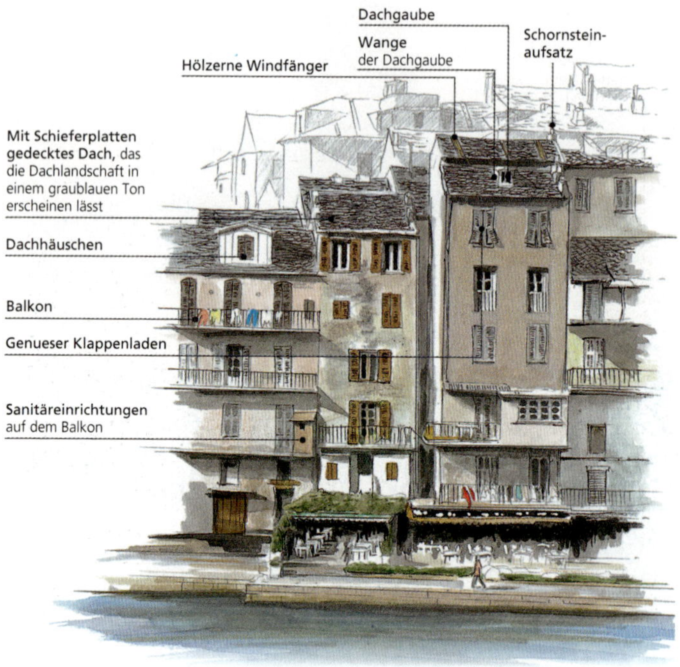

PONTE LECCA – Brücke über den Golo (1782)

Gemeinhin weisen die Genueser Brücken nur einen Bogen auf und überspannen nicht mehr als 20 m. Französische Ingenieure erweiterten das Grundmodell der steinernen Pfeilerbrücke, oft auch noch mit Zierbogen versehen.

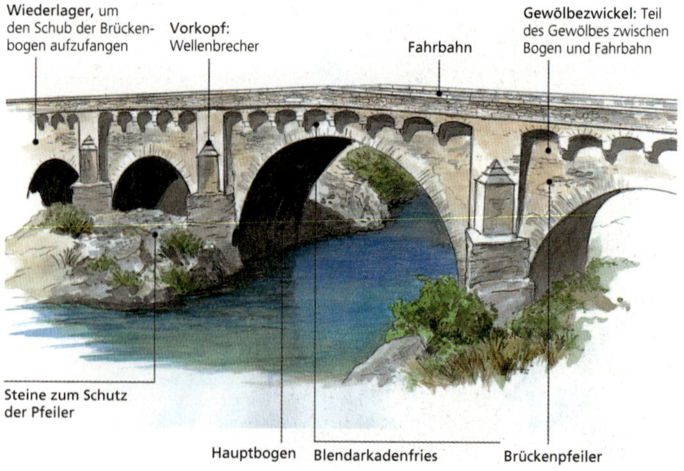

WEHRBAUTEN

CALVI – Genuesische Zitadelle (15.-16. Jh.)

Die mit der Verwaltung der Insel beauftragte genuesische Bank des hl. Georg ließ ab 1453 den strategisch wichtigen Ort befestigen. Der in 81 m Höhe gelegene Zugang zur Zitadelle wird von einer Zugbrücke und gepanzerten Türen gesichert.

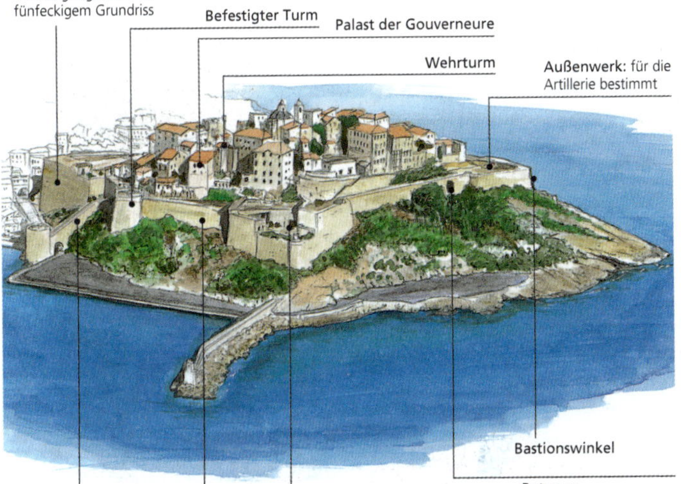

CAP CORSE – Genuesischer Turm (16. Jh.)

Genua ließ ab 1530 die korsische Küste mit 85 Wachtürmen befestigen, um Piratenüberfällen besser begegnen zu können. Am Cap Corse sind noch die meisten Türme erhalten.

Fachbegriffe aus Kunst und Architektur

Archivolte, vom Mauerwerk abgesetzte, bandartige Einfassung eines Rund- oder Spitzbogens.

Attika, umlaufender Aufsatz über dem Abschlussgesims oder Gebälk.

Balustrade, Säulenreihe als Brüstung oder Geländer an Treppen, Terrassen oder Balkonen.

Blendarkade, vorgeblendete, angedeutete Arkade ohne Durchbrüche zur Auflockerung einer Wandfläche.

Bossenwerk, Mauerwerk aus Steinen, deren vordere Seite nur sehr grob behauen ist.

Chorschranke, Steinbrüstung oder Gitter, das den Chor einer Kirche vom Gemeinderaum trennt; in Kirchen mit Chorumgang führen sie oft um den ganzen Chor herum.

Fiale, schlankes, spitzes Türmchen an gotischen Bauwerken, das als Bekrönung von Strebepfeilern dient.

Gesims, horizontales Bauteil zur Fassadengliederung.

Gesprengter Giebel, die beiden hochstrebenden Seiten enden bereits nach etwa zwei Dritteln, sie sind gleichsam „gesprengt". Die endenden Seitenteile sind meist nach innen gebogen und werden von der Mitte ausgehend von Ornamenten (Urnen-, Vasen- oder Kreiselformen) überhöht.

Gewände, seitliche Umgrenzung von Fenstern und Türen, vergleichbar einem Rahmen.

Gewölbekappe, Bezeichnung der gewölbten, annähernd dreieckigen Felder bei Kreuzgewölben, die von den Graten begrenzt werden.

Giebel, Fläche, die von den Schnittlinien der Schmalseite eines Gebäudes mit den Dachflächen begrenzt wird, meist dreieckig.

Joch, durch vier Stützen gebildete räumliche Einheit.

Kapitell, oberer Abschluss von Säulen und Pfeilern mit ornamentaler, pflanzlicher oder figürlicher Ausbildung.

Kartusche, meist barocker Zierrahmen an Fassaden und Wänden für Wappen, Inschriften oder Medaillons.

Kassette, vertieftes Feld an einer Decke oder in einem Gewölbe.

Konche bzw. Halbkuppel, Kuppel mit viertelkreisförmigem Querschnitt über halbkreisförmigem Grundriss.

Konsole, vorspringendes, tragendes Element, auf dem Bögen, Gesimse, Balken etc. aufsetzen.

Krabbe bzw. Kriechblume, blumenartiges Ornament der Gotik an den Kanten von Fialen, Wimpergen, Turmhelmen etc.

Kreuzarme, Bezeichnung der Querhausarme zu beiden Seiten der Vierung.

Kreuzgewölbe, Kreuzgratgewölbe; das Gewölbe entsteht aus der Durchdringung zweier gleich hoher Tonnengewölbe, dessen Schnittkanten Grate heißen.

Kreuzrippengewölbe, Kreuzgewölbe, unterlegt mit Verstärkungsrippen.

Krypta, meist unter dem Chor liegender Raum für die Aufbewahrung von Reliquien oder zur Bestattung von Märtyrern und Heiligen.

Langhaus, Kirchenraum zwischen Fassade und Querhaus bzw. Chor.

Laterne, lichteinlassender Aufsatz über Decken- bzw. Gewölbeöffnungen.

Lettner, Trennwand zwischen dem Mittelschiff und dem Chor, der den Geistlichen vorbehalten ist; diente auch zur Lesung des Evangeliums (später oft durch die Kanzel ersetzt).

Lisene, schwach vortretende vertikale Mauerverstärkung ohne Basis und Kapitell; untereinander sind die Lisenen zumeist oben durch Rundbogenfriese verbunden.

Lukarne, Dacherker, meist mit reicher Fensterrahmung und Giebelkontur.

Maßwerk, geometrisches Bauornament der Gotik zur Gliederung von Fenstern, Giebeln und Wänden.

Miserikordie, Bezeichnung für die Verbreiterung unter dem Klappsitz von Chorgestühlen, die aus „Barmherzigkeit" (lat. misericordia) als Gesäßstütze beim Stehen dient.

Maschikulis, Pechnasenkranz.

Medaillon, rundes , von einem Rahmen eingefasstes Bild oder Relief.

Narthex, westliche Vorhalle frühchristlicher, byzantinischer oder mittelalterlicher Kirchen.

Obergaden, über den Seitenschiffdächern liegender oberer Teil des Mittelschiffs, in dem sich die Hochschiff- bzw. die Obergadenfenster befinden.

Ochsenauge, Œil-de-bœuf, rundes oder ovales Fenster.

Pechnase, erkerartiger Ausguss für heißes Pech oder Öl, zumeist zwischen den Konsolen eines Wehrgangs.

Pendentifkuppel, Kuppel, bei der der Übergang von einem polygonalen Unterbau zum kleineren, runden Fuß der Kuppel durch Hängezwickel, so genannte Pendentifs (sphärische Dreiecke), hergestellt wird.

Pietà, Andachtsbild, das die trauernde Maria mit dem toten Christus auf dem Schoß darstellt; auch Vesperbild genannt.

Pilaster, der Wand vorgelagerter, flacher Pfeiler mit Basis und Kapitell.

Querhaus oder -schiff, Querbau zwischen Langhaus und Chor, der dem Grundriss der Kirche die Form eines lateinischen Kreuzes verleiht. Bei der Durchdringung von Lang- und Querhaus entsteht die Vierung.

Retabel, Altaraufsatz; er besteht zumeist aus einer Haupttafel, die durch aufklappbare Flügel geschützt wird (ein Triptychon ist ein Retabel mit drei Flügeln).

Rollenfries, romanisches Schmuckelement, bei dem sich waagerechte Zylinder schachbrettartig mit Hohlräumen abwechseln.

Rundstab, stabförmiger zylindrischer Bauteil, besonders zur Verzierung von Fenstern und Portalen.

Schallarkaden, Maueröffnungen in Türmen in Höhe des Glockenstuhls.
Schlussstein, Scheitelstein eines Bogens oder Steins im Schnittpunkt der Hauptrippen eines Gewölbes.

Sparrenkopf, kleines Tragelement von Kranzgesims oder Dachstuhl.

Sturz, oberer waagerechter Abschluss von Tür oder Fenster.

Stützenwechsel, wiederkehrender Wechsel von Pfeilern und Säulen.

Tonnengewölbe, Gewölbeform mit halbkreis-, viertelkreis- oder spitzbogenförmigem Querschnitt.

Trompe-l'œil-Malerei, Darstellungsweise, bei der durch naturalistische Genauigkeit mit Hilfe perspektivischer Mittel ein Gegenstand so wiedergegeben wird, dass der Betrachter nicht zwischen Wirklichkeit und Gemaltem unterscheiden kann.

Trompenkuppel, Kuppel, bei der die oberen Ecken eines vieleckigen Unterbaus durch halbe Hohlkegel (Trompen) überbrückt und in ein Achteck überführt werden, auf dem sich der Fuß der Kuppel erhebt.

Tympanon, gemischtes Feld über Portalen, meist ein Bogenfeld.

Vierung, Raumteil einer Kirche, der sich aus der Durchdringung von Lang- und Querhaus ergibt; die zumeist quadratische Vierung diente oft als Grundeinheit für die Raumaufteilung des Bauwerks.

Vase, Dekorelement, häufig auch als Zinnenaufsatz.

Volute, schneckenförmig geschwungene Verzierung.

Wimperg, giebelartige, mit Maßwerk verzierte Bekrönung gotischer Portale und Fenster.

Stéphane Sauvignier / MICHELIN

Romanik pur: San Michele im Nebbio.

Architektur

Auf Korsika hat sich eine erstaunliche Vielfalt an Kunstschätzen erhalten, darunter die geheimnisvollen Menhire und griechisch-römische Überreste. Die Insel bietet Kirchenbauten im feinsten romanischen Stil, prächtige Barockkirchen, genuesische Brücken sowie auf Felsvorsprüngen erbaute Türme und mächtige Zitadellen. In den lange von der Außenwelt abgeschiedenen Dörfern entwickelten sich in der Baukunst bemerkenswerte Techniken und Werkzeuge.

LAND DER MEGALITHEN

Ab dem 4. Jahrtausend v. Chr. tauchten auf Korsika verschiedene Kulturen auf, die ungewöhnliche Monumente errichteten. Der Reichtum der Insel ist in dieser Hinsicht einzigartig im gesamten Mittelmeerraum. Mehrere hundert Megalithen wurden bereits entdeckt, und man nimmt an, dass noch weitaus mehr unter der Erde verborgen liegen.

Die Megalithkultur

Die Megalithkultur bildete sich um das Jahr 4000 v. Chr. auf Korsika heraus und hielt sich bis gegen 1000 v. Chr. Sie entwickelte ihre eigenen Techniken und Merkmale einer Bauern- und Hirtengesellschaft. Die Menschen bestatteten ihre Toten zunächst in **Steinkisten**, dann in **Dolmengräbern**, großen Steinplatten, die auf senkrecht gesetzten Steinen ruhen. Gleichzeitig tauchten vertikal gestellte Monolithen auf, die **Menhire**, die einzeln oder in Gruppen in Reihen- oder Kreisform angeordnet wurden.
Gegen Ende der Jungsteinzeit (um 2500 bis 2000 v. Chr.) entstanden die geheimnisvollen **Statuenmenhire**. Etwa 80 dieser Menhire mit anthropomorphen Formen sind auf Korsika bekannt. Sie besitzen Nase, Mund und Augen – und sind manchmal sogar geschlechtlich (zumeist weiblich) differenziert. Im Süden der Insel sind die Menhire oft mit Waffen wie Dolch oder Schwert dargestellt. Was für eine Bedeutung die gewaltigen Steinmenschen hatten, bleibt nach wie vor ein Rätsel. Manche Archäologen gehen davon aus, dass die Angehörigen der Megalithkultur ihre im Kampf getöteten Feinde darstellten. Die Menhire könnten ebenso Darstellungen von Gottheiten oder Ahnen sein.

Erhalten sind diese beindruckenden Monumente in der Gegend von Sartène und am Unterlauf des Taravo. Sehenswert sind vor allem die Ausgrabungsstätte von Filitosa und die Megalithen von Cauria. Auch im Niolo, im Nebbio und in der Balagne gibt es Überreste der Megalithkultur zu entdecken.

Die torreanischen Monumente

Von 1600-800 v. Chr. entwickelte sich die Torreaner-Kultur, die nach den zahlreichen von ihr erbauten **Türmen** *(torre)* benannt wurde. Manche der an die 10 m hohen Bauten, die einen kleinen zentralen Raum umfassten, bildeten zusammen mit dem **Castellu** genannten Dorf und einer Befestigungsmauer eine Wehranlage. Die Mauern, sogenannte **Zyklopenmauern**, bestanden aus großen, unregelmäßig behauenen Steinblöcken, die ohne Mörtel zusammengefügt wurden. Lange war man der Meinung, die Überreste gingen auf das eingewanderte Seevolk der Shardanen zurück. Heute geht man davon aus, dass sich die Kultur der Torreaner aus der Megalithkultur heraus entwickelte und Seehandel mit Völkern im Mittelmeerraum betrieb.
Die am besten erhaltenen Monumente der Torre-Kultur befinden sich auf dem Plateau von Levie und in der Gegend von Porto-Vecchio. Besonders interessant ist die Ausgrabungsstätte von Filitosa am Unterlauf des Taravo.

Stéphane Sauvignier / MICHELIN

Durch ein Tor betritt man die Festung Castellu d'Araghju aus der Torre-Kultur.

Amaury de Valroger / MICHELIN

Die Kathedrale La Canonica in Mariana ist ein hervorragendes Beispiel für die pisanisch-romanische Kunst auf Korsika.

ZEUGNISSE DER ANTIKE

Griechische und römische Städte

Überreste aus griechischer und römischer Zeit finden sich auf Korsika in den Ausgrabungsstätten von Aléria und Mariana. **Aléria** war einst ein bedeutender Hafen für den Handel mit Griechenland und Italien. Das Museum von Aléria präsentiert antike Gefäße und Objekte aus Attika, Bronzestücke, Mosaiken, Münzen und Keramik. Die Werke zeigen, wie empfänglich die Insel für künstlerische Einflüsse des Mittelmeerraums war.

Das an der Golo-Mündung unweit der Kirche La Canonica gelegene **Mariana** war ebenfalls eine Hafenstadt, in dem ein Teil der römischen Flotte aus Misenum (Golf von Neapel) stationiert war.

Frühchristliche Kunst

Das Christentum breitete sich wahrscheinlich im 3. Jh. auf Korsika aus. Die älteste Überlieferung geht auf das Märtyrium der hl. Devota im Jahr 202 zurück. Funde beweisen, dass die Insel zwischen dem 3. und 5. Jh. eine künstlerische Blüte erlebte, die um 350 ihren Höhepunkt erreichte. **Frühchristliche Basiliken** entstanden in Calvi, Ajaccio, St-Florent, Sagone, Mariana usw. Die Taufkirche und die Mosaiken aus Mariana geben eine Vorstellung von der Kunst dieser Epoche. Nur wenige Reste sind aus frühchristlicher Zeit erhalten, da die Küstenorte im 5. Jh. von Piraten geplündert wurden.

DAS ROMANISCHE ERBE

Die Romanik auf Korsika gilt als eine der schönsten Europas. Sie entstand ab dem 9. Jh., erreichte in der zweiten Hälfte des 11. Jh. ihre volle Blüte und erstreckte sich noch bis zum Ende des Mittelalters.

Frühromanische Bauten

Bereits im 9. Jh. wurden zahlreiche Dorfkirchen auf Korsika erbaut. Die aus der Toskana kommenden Benediktiner förderten die Entwicklung der frühen romanischen Baukunst. Besonders schöne Beispiele sind die Kirche St-Jean-Baptiste in Corte (9. Jh.) mit ihrer fast unversehrten Taufkirche (Baptisterium) und Santa Maria de Valle-di-Rostino (10. Jh.).

Pisanisch-romanische Kunst

Ende des 11. Jh. ließ Pisa die Bischofskirchen an der Küste neu errichten. Auch die **Hauptkirchen** *(pievanie)* der Täler wurden vergrößert. Baumeister, Steinmetze, Maurer und Bildhauer aus der Toskana gaben ihr Wissen an die einheimischen Handwerker weiter. In der Castagniccia, im Nebbio und in der Balagne entstanden neue Kirchenbauten, die auch als Versammlungs- und Gerichtsorte dienten. Frühe Meisterwerke dieser Epoche sind die Kirche von Carbini und die Kathedrale von Mariana mit ihrer schönen Apsis. Auf dem Höhepunkt der pisanischen Romanik, zwischen 1125 und 1160, entstanden die großen Kathedralen in St-Florent und in Ste-Lucie-de-Tallano. Herausragende Beispiele für die vielfarbige Gestaltung der Fassaden mit farbigem Stein, die ab Mitte des 12. Jh. aufkam, sind San Michele de Murato und La Trinité in Aregno.

Die Harmonie der pisanisch-romanischen Architektur entsteht vor allem durch die klare Komposition der schlichten Bauformen. Nur die Apsis ist mit einer Halbkuppel überwölbt. Das Hauptschiff dagegen wird meist mit einem offenen Dachstuhl aus Holz abgeschlossen. Eine Ausnahme bildet die Kapelle San Quilico bei Figari.

Grundriss und Dimensionen – In der Regel besitzen die Bauten ein rechteckiges Schiff und einen halbkreisförmigen Chor. Die Ausmaße sind eher bescheiden: Das größte Hauptschiff (33 m Länge) befindet sich in La Canonica.

Material und Mauerwerk – Die für den Bau verwendeten Steine (Schiefer in Sisco, Kalkschiefer in La Canonica, Granit in Carbini) wurden meisterhaft zusammengefügt. Häufig blieben die Rüstlöcher, die zum Verankern der Gerüste dienten, sichtbar und zaubern ein Muster aus Licht und Schatten auf die Wandflächen. Mit lombardischen Rundbogenfriesen geschmückte Apsiden, schmale Fenster in den Seitenschiffen, Rautenmuster, Fensterrosen und Intarsien sowie die mit den regionalen Schieferplatten (*lauzes* oder *teghje)* gedeckten Dächer zeichnen diese Architektur aus.

Dekoration – Fassaden und Gewände der Portale und Fenster sind mit skulptierten Steinen geschmückt. Ab 1135 setzte man die Vielfarbigkeit des Steins als Schmuckelement ein. Schönstes Beispiel hierfür sind die Fassaden von La Trinité in Aregno und San Michele de Murato mit ihrem Mauerwerk aus grünem Serpentin und weißem Kalkstein.

Archaisch wirkende Skulpturen – Die Gesimse, Arkaden und Bogenfelder der Portale zieren Fabelwesen, symbolische Szenen oder geheimnisvolle Figuren, manchmal auch einfache Schmucksteine mit stilisierten geometrischen Formen, Sägezahnfriesen oder Flechtwerk. In einigen der kleinen Gotteshäuser sind noch **Fresken** zu sehen, die wohl lokale Künstler im 15. Jh. schufen. Die schönsten Malereien findet man in den Kapellen St-Michel in Castirla, San Nicolao in Sermano und Ste-Christine bei Cervione. Die Ausmalungen in den Kirchen folgen dabei einem festen Bildprogramm: In der Apsis thront immer Christus, umgeben von den Evangelisten (Majestas domini). In der Zone unter dem thronenden Weltenherrscher sind Apostel und Heilige dargestellt. Der Stil der Fresken, in denen Grün, Ocker und Rot dominieren, erinnert an die Malerei aus Siena im 13. Jh. Der Formenkanon der romanischen Architektur hielt sich lange auf Korsika. Noch im 15. Jh. wurde die Kapelle Ste-Catherine in Sisco im romanischen Stil erbaut, während auf dem Festland die mittelalterlichen Formen längst aus der Mode gekommen waren. Nach der Romanik entwickelte sich auf Korsika fast übergangslos der Barock, sodass nur zwei gotische Kirchen entstanden: St-François und St-Dominique in Bonifacio.

Amaury de Valroger / MICHELIN

Charakteristisch ist das mehrfarbige Granitmauerwerk der Église de la Trinité in Aregno.

BLÜTEZEIT DER BAROCKEN KUNST

Die ehemalige Kathedrale von Cervione (um 1580) gilt als Ausgangspunkt der barocken Architektur auf Korsika. Der korsische Barock ist dabei mehr als eine reine Modeerscheinung. Er war der künstlerische Ausdruck einer mit der Gegenreformation verknüpften neuen Entfaltung des katholischen Glaubens.

Religiöse Erneuerung

Im 17. und 18. Jh. entwickelte sich unter der Herrschaft der mächtigen Seerepublik Genua in den wohlhabenden Regionen der Insel – in der Balagne, der Castagniccia und in der Gegend um Bastia – ein stark von Norditalien beeinflusster Barockstil. Die häufig aus goldgelbem Stein erbauten Kirchen sind äußerlich schlicht. Die Fassaden werden streng durch Gesimse, Pilaster und Wandsäulen gegliedert und sind lediglich mit Fialen, Voluten und Muscheldekor geschmückt. Ein massiver Glockenturm mit mehreren durchbrochenen Geschossen überragt die Bauten.
In den genuesischen Städten, insbesondere in Bastia, bilden die schlichten Kirchenfassaden einen starken Kontrast zu ihrem prunkvoll dekorierten Innenraum. Dieser ist meist üppig mit Gold, Marmor, Trompe-l'œil-Malerei, reich geschnitztem Mobiliar und vergoldetem Stuck in einem Barockstil ausgestattet, der vom Genua des 17. Jh. geprägt ist. Manche Dorfkirche besitzt prächtige Altäre und Chorschranken mit ligurisch beeinflussten Mosaiken aus polychromem Marmor. Die Werke der lokalen Künstler sind oft in kräftigen Farben ausgeführt. Ein schönes Beispiel für diese Volkskunst ist die Kirche von Carcheto.
Soziale Rolle der Bruderschaften – Andachtskapellen für die Bruderschaften entstanden ab dem 14. Jh. auf der ganzen Insel. Charakteristisch für diese Kapellenbauten ist ihr betont schlichtes Äußeres und ihre üppige und kostbare barocke Innenausstattung.

WEHRBAUTEN

Überall auf Korsika sind heute noch zahlreiche Zeugnisse der Wehrarchitektur erhalten. Auf die gesamte Küste verteilt stehen Wachtürme, auf Felsvorsprüngen thronen mächtige Zitadellen.

Gilles Magnin / MICHELIN

Der genuesische Turm thront hoch über L'Île-Rousse.

Zitadellen

Unter der Herrschaft Genuas wurden ab dem Ende des 12. Jh. die Festungen Bonifacio, Calvi, Bastia, St-Florent, Ajaccio, Algajola und Porto-Vecchio gegründet, um die Handelsbeziehungen mit dem übrigen Mittelmeerraum auszubauen und das Verteidigungssystem der Insel zu verbessern. Die Zitadellen, in denen sich hohe Häuser aneinanderschmiegen, sind von Befestigungsmauern mit Bastionen umgeben.

Türme

Um die Insel gegen Überfälle der aus Nordafrika kommenden Piraten zu schützen, organisierte die **Bank des hl. Georg** an der Küste auf einer Länge von 500 km ein Wach- und Alarmsystem mit zahlreichen Türmen. Sobald am Horizont ein Piratensegel auftauchte, entzündeten Wächter auf der Spitze des Bauwerks ein Feuer, um die Dörfer zu warnen. Zudem ließen die korsischen Notabeln Vierecktürme erbauen, die als Wohnungen und bei Gefahr als Zufluchtsstätte dienten. Von den 85 im 18. Jh. existierenden Türmen sind noch 67 erhalten, besonders am Cap Corse und an der Westküste. Die einfachen Bauten mit einer Höhe von 12 bis 17 m verleihen der Küste ihren besonderen Charme.

Burgen und Forts

Am Cap Corse (Rogliano) und im Département Corse-du-Sud (Tiuccia u. a.) sind Ruinen mittelalterlicher Burgen zu sehen sowie Reste militärischer Anlagen, die einst der Verteidigung eines strategischen Ortes dienten, wie z. B. das Fort zur Überwachung der Meerenge von Tizzano im Sartenais.

Die korsische Sprache

Korsisch wurde früher nur mündlich – im Alltag, durch Lieder oder durch Erzählungen – weitergegeben. Unterschiedliche Einflüsse bereicherten die Sprache. Als **Schriftsprache** etablierte sie sich erst im 19. Jh., als das bis dahin dominierende Italienisch allmählich durch das Französische ersetzt wurde. Autoren wie Prosper Mérimée oder Niccoló Tommaseo erlernten den korsischen „Dialekt" und bewahrten einige Auszüge aus dem poetischen und erzählerischen Repertoire der Korsen in ihrem Werk. Die ersten Zeitschriften in korsischer Sprache *(A Tramuntana* und später *A Muvra)* stellten unter der Dritten Republik (1871 bis 1940) die korsische Identität nachdrücklich heraus. Lange galt die Sprache der Korsen als Ausdruck der Auflehnung gegen die Hegemonie des französischen Staats und wurde erst 1974 als **Regionalsprache** anerkannt. Zu diesem Zeitpunkt hatte das Korsische die Verankerung im Bewusstsein der jungen Generation immer mehr verloren. Heute jedoch wird Korsisch schon in der Grundschule unterrichtet, von Schriftstellern geflegt und von Sprachwissenschaftlern untersucht. Als berühmtester Vertreter der korsischen Dichtung, auf die sich der schriftliche Ausdruck lange beschränkte, gilt Francescu Filippini. Unter den Romanautoren ist Rinatu Coti international bekannt. Den interessanten und reichen Klang dieser Sprache, die Ähnlichkeiten mit anderen romanischen Sprachen, besonders dem Italienischen, aufweist, kann man noch in korsischen Dörfern hören.

VERSCHIEDENE EINFLÜSSE

Das Korsische ist eine **Sprache keltisch-ligurischen Ursprungs**, die sich nur langsam lateinischen Einflüssen öffnete. Ab dem 9. Jh. beeinflusste der Dialekt aus der Toskana das Korsische. Der **Satzbau** weist starke Ähnlichkeit mit dem mittelalterlichen Toskanisch auf, weshalb die Sprache oft als Spiegel der Sprache der Dantezeit angesehen wird. Auch einige Begriffe der Sarazenen wurden in den Sprachgebrauch übernommen. Die fünf Jahrhunderte dauernde Herrschaft der Genuesen hinterließ vor allem ein technisches Vokabular aus den Bereichen der Seefahrt und der Verwaltung. Zwischen dem Südwesten und dem Nordosten der Insel gibt es sprachliche Unterschiede. Die Aussprache kann dabei von einem Tal zum nächsten variieren. Das Korsische im Nordosten klingt melodischer als das im Südwesten gesprochene, ursprünglichere Korsisch.

Tipp

KLEINER SPRACHFÜHRER

Um sich auf der Insel fortzubewegen, muss man nicht unbedingt korsisch sprechen. Dennoch sind einige Grundkenntnisse in dieser Sprache ganz nützlich. In einem kleinen **Glossar** am Ende dieses Reiseführers haben wir außerdem die wichtigsten im Alltag verwendeten Wörter und Ausdrücke für Sie zusammengestellt.

VERBREITUNG DER SPRACHE

Die Verbreitung des **Korsisch-Unterrichts** hat in den letzten Jahren in den Schulen zwar zugenommen, doch bleibt diese Sprache in den höheren Schulen lediglich ein fakultatives Wahlfach. Nichtsdestotrotz scheint die Zukunft des Korsischen gesichert. Fernseh- und Radiosendungen sowie Zeitungen in korsischer Sprache existieren, doch ist man zögerlich bei Publikationen, da die Auflagen niedrig sind und die Zielgruppe in den verschiedenen Regionen erheblich variiert.

Musik

Die Volkslieder weisen Ähnlichkeiten mit orientalischen Gesängen und mit dem gregorianischen Gesang auf. Sie erzählen von den Kämpfen der Vergangenheit und den Gefühlen der Korsen. Einst wurden die Lieder improvisiert und prägten den Alltag. Mit dem Verschwinden der Hirten wären diese Lieder, die von Generation zu Generation – und, während des Almauf- und abtriebs, von einem Tal zum anderen – weitergegeben wurden, fast völlig in Vergessenheit geraten. Doch auch wenn die **Wiegenlieder** *(nanne)*, die **Serenaden** *(serinati)*, die **Klagelieder** *(lamenti)* und die **Toten- und Rachegesänge** *(voceri)* nach und nach

verschwunden sind, bleiben die Musik und die Lieder nach wie vor ein wichtiger Bestandteil des korsischen Lebens.
Die korsische **Polyphonie**, insbesondere die **Paghjella**, ein dreistimmiger A-capella-Gesang, wurde in den 1970er-Jahren von der Gruppe *Canta U Populu Corsu* wiederentdeckt und erlebt heute eine Wiedergeburt. Seit einigen Jahren gibt es immer mehr Sänger und Gruppen, die Tradition und Kreativität erfolgreich verbinden. Weitere berühmte Gesangsgruppen sind *A Filetta* („Der Farn"), *I Muvrini* („Die kleinen Mufflons"), *Chjami Aghjalesi* und Solisten wie Petru Guelfucci.
Weit verbreitet ist noch immer der **Chjama è rispondi** („Fragerufe und Antworten"), eine Art gesungene Poesie, die ursprünglich Männern vorbehalten war und Lebensfreude, Ängste oder Leidenschaften ausdrückt. Heute wird er nach einem Essen, bei Versammlungen oder Festen vorgetragen.
Dank Musikern und Restauratoren werden heute wieder alte Instrumente der Hirten wie die **Cetera**, ein in den 1930er-Jahren in Vergessenheit geratenes 16-saitiges Instrument, die **Pifane** (Flöte aus Ziegenhorn) oder die **Pirule** (Flöte aus Schilfrohr) gespielt.

Traditionelle Feste

Überall auf Korsika, in Städten wie Dörfern, erfreuen sich Feste großer Beliebtheit. Dabei kommen Spontaneität und ein Zusammengehörigkeitsgefühl zum Ausdruck, die in vielen anderen Ländern längst verschwunden sind *(s. Veranstaltungskalender, S. 416-417)*.

KIRCHLICHE FESTE

Die katholische Tradition wird auf der Insel intensiv gepflegt. Wer sich über die Osterfeiertage auf Korsika aufhält, sollte auf keinen Fall die Prozessionen der **Karwoche** verpassen. Nach dem österlichen Brauch besucht der Priester jede Wohnung, um sie zu segnen.
Besonders eindrucksvoll sind die **Prozessionen** der Bruderschaften. In Bonifacio, Calvi, Cargèse oder Sartène ziehen die Büßer in ihren Kutten durch die Stadt. In Sartène schleppt der **Große Büßer** (*U Catenacciu*, „der durch eine Kette Gefesselte") auf einem Kreuzweg eine

Stéphane Sauvignier / MICHELIN

Verschiedene Gruppen wie „A Filetta" pflegen die berühmte korsische Polyphonie.

schwere Kette hinter sich her. Die Legende berichtet, dass dieser in ein rotes Gewand gehüllte Büßer einst ein junger Mann war, der durch seine Wut in ein Verbrechen getrieben wurde. Freude und inbrünstiger Glaube prägen die Atmosphäre der Karwoche, deren Abschluss ein gemeinsames Essen, die *Merendella*, bildet.
Städte und Dörfer feiern außerdem mit großem Prunk ihre **Schutzheiligen**, die Jungfrau Maria und einige Schutzpatrone der Bruderschaften, wie den hl. Erasmus, den Patron der Seeleute oder die hl. Restituda, die Patronin der Balagne. Besonders verehrt wird auf Korsika die Jungfrau Maria. Die korsische Nationalhymne ist das Marienlied *Dio vi salvi, Regina*.

MÄRKTE

Auf Bauernmärkten, die von den abseits der Städte lebenden Bauern besucht werden, kann man in die Atmosphäre eines großen Festes eintauchen.
Auf der „Foire du Pratu" im Juli messen sich die besten Sänger der Insel bei Gesangswettbewerben in *Paghjelle* und *Chjami è Rispondi*.

Tipp

OHRENSCHMAUS
Das reiche musikalische Erbe Korsikas kann man bei einigen hervorragenden Festivals kennenlernen, z. B. **Estivoce** Anfang Juli in Pigna und das **Polyphonie-Treffen** Mitte September in Calvi. Das **Volkskundemuseum von Corte** birgt interessante Informationen zu vielen korsischen Volksliedern.

Geschichte

Von der Antike bis zur Französischen Revolution hatte die Insel unter kriegerischen Einfällen zu leiden und wurde von den verschiedenen Mittelmeernachbarn annektiert. Spuren hinterließen auf Korsika die Griechen, Römer, Pisaner und Genuesen. Nach dem Niedergang Genuas im 18. Jh. folgte die kurze Zeit des Königreichs unter Theodor von Neuhoff und die Unabhängigkeit unter Pasquale Paoli. Seit 1768 gehört Korsika zu Frankreich, dem es einen Kaiser schenkte: Napoleon Bonaparte.

Stéphane Sauvignier / MICHELIN

Geheimnisvolle Zeugnisse aus der Megalithkultur sind die Statuenmenhire in Filitosa.

Geschichtlicher Überblick

VOM FRÜHNEOLITHIKUM ZUR RÖMISCHEN ANTIKE

Frühzeit

Um das Jahr 10 000 v. Chr. besiedeln Völker umherziehender Fischer aus Sardinien und Italien die Insel für kurze Zeit. Sie leben in Höhlen, benutzen grobe Werkzeuge und bestatten ihre Toten. Aus dieser frühen Epoche stammt das Skelett der **„Dame von Bonifacio“**, die älteste menschliche Spur auf Korsika, datiert auf das Jahr 6570 v. Chr. In der darauf folgenden Periode bleibt die Insel erneut unbewohnt. Eine Besiedlung durch **neolithische Völker** erfolgt erst im 6. Jahrtausend. Die Gemeinschaften, die von Ackerbau und Viehzucht leben, lassen sich in ihrer Lebensweise mit den Völkern der Mittelmeerküste vergleichen. **Zwischen 4000 und 2500 v. Chr.** entstehen erste Dörfer, und die Megalithkultur bildet sich heraus. An über hundert Orten, besonders in der Gegend um Porto-Vecchio und im Sartenais, entstehen *castelli*, mit mächtigen Türmen befestigte Dörfer, und *torre* (Türme). Mitte des 4. Jahrtausends v. Chr. tauchen erste Bronzetechniken auf, knapp 2000 Jahre später wird die Kupferverarbeitung in Aléria eingeführt.

In der **Bronzezeit**, die durch eine starke Unsicherheit im gesamten Mittelmeerbecken gekennzeichnet ist, bildet sich eine Gesellschaft heraus, deren Existenz durch die Statuenmenhire dokumentiert ist. Von den merkwürdigen Steinen mit menschlichen Formen findet man, aufgestellt in Steinreihen, über 250 Exemplare in Palaggiu im Sartenais.

ANTIKE

Die Inselbevölkerung lebt abgeschirmt, bis sich gegen 565 die **Phokäer** aus Kleinasien auf Korsika niederlassen. Sie gründen Alaria (das spätere Aléria), werden aber schon 20 Jahre später von den **Karthagern** abgelöst, durch die Korsika zu einem unumgänglichen Zwischenstopp auf den Seewegen der antiken Welt wird. Schließlich verbreiten sich auf der Insel die Schrift und neue Techniken. Die günstige Lage veranlasst die **Römer** dazu, sich die griechische Stadt einzuverleiben. Im Jahr 259 belagern sie Aléria, doch die Einnahme der ganzen Insel dauerte über 200 Jahre. Um das Jahr 100 v. Chr. gründet **Marius** die römische Kolonie Mariana.

Nach Christi Geburt

Das Christentum findet im 2. Jh. unter dem Einfluss der eingewanderten Volksgruppen auf der Insel Verbreitung. Im 4. Jh. sind die Kirchen in den Städten an der Küste vertreten. Die Heiligen Restituta, Julia und Devota werden vom Volk als Märtyrerinnen inbrünstig verehrt. Unter dem Pontifikat von Papst Gregor entstehen im 6. Jh. zahlreiche Klöster.

DIE INVASIONEN

Vom 5. bis 11. Jh. wird Korsika wiederholt von den Vandalen und später von Piraten überfallen. Die Bewohner der Insel verlassen die Küstenregionen und flüchten sich in die Berge. Sarazenen, Vandalen, Ostgoten und Byzantiner streiten sich heftig um Korsika. Folgen dieser Streitigkeiten sind der **Niedergang der Stadt Aléria** um 420 und die Entvölkerung der Küsten. Im Jahr 774 beansprucht der Papst zeitweilige Verwaltungs- und Besitzrechte auf der Insel. Im 11. Jh. verbünden sich Pisa und Genua, um die Sarazenenstützpunkte auf Korsika zu zerstören, die eine ständige Bedrohung für ihre Seemacht darstellen. Die Feudalherren der Insel bekämpfen sich gegenseitig und führen das Volk ins Elend.

PISANISCHE ZEIT (1077-1284)

In dieser Zeit fällt Korsika unter die Herrschaft der florierenden Republik Pisa, die der Insel ruhigere Zeiten und gewissen Wohlstand bringt. Bemerkenswerte Klöster und Kirchen in der Architektur der Pisaner entstehen auf der Insel.

1133 – Papst Innozenz II. bestätigt die Oberhoheit Pisas über die Bistümer Aléria, Ajaccio und Sagone und billigt Genua die in Accia, Mariana und St-Florent (Nebbio) zu.

1195 – Die **Genuesen** siedeln sich in Bonifacio an und kolonisieren es.

1268 – Die Genuesen gründen **Calvi**.

1284 – Bei **Meloria** siegt Genua gegen Pisa; Korsika fällt an Genua.

GENUESISCHE ZEIT (1284-1768)

Vom 13. bis 16. Jh. erlebt Genua zahlreiche Aufstände – sowohl durch die Herren von Cinarca, Getreue Pisas, als auch durch das Volk. Im Norden stellt sich **Sambucuccio von Alando** an die Spitze der *Terra di Commune* und vertreibt die kleinen Feudalherren.

1297 übergibt Papst Bonifaz VIII. die Investiturrechte von Korsika und Sardinien an den König von Aragon. Später, zwischen 1376 und 1434, will das Haus Aragon aufgrund dieser Investiturrechte Korsika vereinnahmen. **Vincentello d'Istria**, „Leutnant des Königs von Aragon", erbaut die Zitadelle von **Corte** (1420).

Im Jahr 1348 verliert Korsika durch die große **Pest** ein Drittel der Bevölkerung.

1453 hat Genua seine Autorität wiederhergestellt und vertraut die finanzielle Verwaltung Korsikas der „Bank des hl. Georg" an, einem überaus mächtigen Finanzinstitut der genuesischen Republik. Die Repression der Inselbewohner verstärkt sich dramatisch. Ein Jahrhundert später landen Truppen des französischen Königs Heinrich II. auf Korsika, unterstützt von Sampiero Corso. Doch fällt die Insel mit dem **Vertrag von Cateau-Cambrésis** 1559 wieder an Genua. **Sampiero Corso**, der an der französischen Offensive teilgenommen hat, versucht der Insel ihre Unabhängikeit zu geben.

Amaury de Valroger / MICHELIN

Sampiero Corso, eine der herausragenden Persönlichkeiten der Insel.

Die *pièves* oder *pievi*

Die *pièves* oder korsisch *pievi* genannten Verwaltungseinheiten, die die Genuesen im 16. Jh. einführten, waren die Vorläufer der heutigen Kantone auf Korsika und entsprachen von der Größe her einem großen Tal oder mehreren kleinen Tälern einer Region. Während der Herrschaft der Genuesen gab es auf der Insel 66 *pievi*. Sie bildeten über Jahrhunderte den sozialen Rahmen, in dem sich das Leben der Bevölkerung entwickelte.

Im Jahr 1571 teilt Genua die Insel in einzelne **pièves** (auch *pievi*) genannte Verwaltungseinheiten auf. Im 16. Jh. sichert Genua die Küste zum Schutz gegen die zahlreichen Überfälle der nordafrikanischen Piraten mit Wachtürmen.

17. Jh. – Im Zuge der Neuentfaltung des Glaubens während der Gegenreformation entstehen überall auf der Insel Kirchen im barocken Stil.

1676 – In Paomia bei Sagone lassen sich Griechen vom Peloponnes auf der Flucht vor den Türken nieder, ein Jahrhundert später auch in Cargèse.

18. Jh. – Der Niedergang der mächtigen Seerepublik Genua.

1729-1769 – Der „korsische Unabhängigkeitskrieg" bricht aus. Für kurze Zeit entsteht ein „korsisches Königreich". Der deutsche Baron **Theodor von Neuhoff** wird 1736 zum ersten und einzigen König Korsikas gekrönt. Zwischen 1738 und 1748 versucht Frankreich, durch militärische Interventionen die Ordnung wiederherzustellen.

DAS UNABHÄNGIGE KORSIKA (1755-1769)

Unter **Pasquale Paoli**, einem Verfechter der Demokratie und des Fortschritts, erlebt Korsika eine 14 Jahre andauernde Zeit der Unabhängigkeit.
Paoli wird 1755 zum „General der korsischen Nation" gewählt und ruft in Corte eine „Regierung der korsischen Nation" aus. Der von der Aufklärung durchdrungene Begründer der korsischen Verfassung *(s. S. 62 und S. 260)* unternimmt während zehn Jahren den Versuch einer grundlegenden institutionellen Revolution, die durch die Aneignung der Insel durch Frankreich schnell erstickt wird.

Michèle Bellot / © Photo RMN

Das Gemälde von Benbridge Henry (1744-1812) zeigt „Pasquale Paoli in der Schlacht von Ponte Nuovo" im Jahr 1769.

DAS FRANZÖSISCHE KORSIKA

1768 – Im Vertrag von Versailles tritt Genua die Insel an Frankreich ab.

1769 – Pasquale Paoli wird am 8. Mai in **Ponte Nuovo** von französischen Truppen geschlagen und geht nach England ins Exil. Napoleon Bonaparte wird am 15. August in Ajaccio geboren.

1789 – Die Konstituante (verfassungsgebende Versammlung) erklärt Korsika zum „integrierenden Bestandteil des französischen Imperiums".

1790 – Paoli kehrt nach 21-jährigem Exil nach Korsika zurück.

1794-1796 – Konstitution eines englisch-korsischen Königreichs. Sir Gilbert Elliot wird Vizekönig der Insel. Paoli geht erneut ins Exil.

1796 – Französische Truppen kehren nach Korsika zurück. Die Insel wird in zwei Départements aufgeteilt.

1811 – Vereinigung beider Départements. Ajaccio wird Hauptstadt.

Ab 1830 – Abnahme der lokalen Streitigkeiten, der Vendetta und des Banditentums.

1840 – Prosper Mérimée veröffentlicht seinen Roman *Colomba*.

1894 – Eröffnung der Eisenbahnlinie von Ajaccio nach Bastia.

1914-1918 – Der Erste Weltkrieg mit 14 000 Toten verschärft den Bevölkerungsrückgang, der Ende des 19. Jh. eingesetzt hat. Nur wenige landwirtschaftliche Betriebe werden weitergeführt.

1939-1945 – Zweiter Weltkrieg.

1942-1943 – Besetzung Korsikas durch deutsche und italienische Truppen. Im September 1943 wird Korsika als erstes französisches Département befreit, noch dazu von seinen eigenen Partisanen.

Die Résistance auf Korsika

Am 8. November 1942 landen amerikanische Truppen in Nordafrika. Die Freude darüber wird schnell getrübt, als drei Tage später über 30 000 italienische Soldaten auf Korsika ankommen, die von ihrem Geheimdienst OVRA begleitet werden. **Mussolini** träumt davon, sich die „Insel der Schönheit" einzuverleiben, doch die Bevölkerung wehrt sich. Auf Korsika entstehen zahlreiche Widerstandsbewegungen, wie Combat, R2 Corse (Scamaroni), die FFL oder der Front national (Jean Nicoli). Die Landung der Amerikaner in Nordafrika ist der Auslöser für den **Kriegsschauplatz Mittelmeerraum**, an dem Korsika eine strategisch wichtige Rolle einnimmt. An der „Pearl Harbour" genannten ersten Mission ist ein Agent des amerikanischen Geheimdienstes beteiligt. Nach Versuchen, sich zusammenzuschließen, wird die korsische Résistance durch die Gefangennahme und den Tod von Fred Scamaroni hart getroffen. Nun ist der Front National das einzige Netzwerk, das noch stark und strukturiert genug ist. Hauptmann Colonna d'Istria wird von General Giraud nach Algerien entsandt. Allerdings muss man dort mit rund 80 000 Italienern und über 10 000 Deutschen fertig werden. Die Männer und Waffen, die mit dem U-Boot *Casabianca (s. S. 68)* ankommen, werden durch Fallschirmjäger verstärkt. Der Waffenstillstand Italiens am 8. September 1943 verlangt nach einer Offensive. Giraud startet die **Operation Vésuve** zusammen mit dem 1. Armeekorps von General Henry Martin, unter dem sich auch das 1. Fallschirmjägerbataillon von Kommandant Gambiez befindet. Die Kämpfe bei Levie verhindern, dass sich die SS mit der 90. Panzerdivision vereint und eine Landung bei Salerno stattfindet. Nach der Befreiung Korsikas werden 12 000 Mann zur Befreiung Frankreichs entsandt.

1944 – Ausrottung der Malaria in der Ebene an der Ostküste durch amerikanische Truppen.

1958-1970 – Durch die massive Rückkehr der korsischen Heimkehrer aus Algerien kommt es zu Spannungen zwischen verschiedenen Gesellschaftsgruppen.

1970 – Korsika wird von der französischen Région Provence-Alpes-Côte d'Azur abgetrennt und zur eigenständigen 22. Région.

Das Erwachen einer korsischen Identität

Im Jahr 1975 wird Korsika abermals in zwei Départements geteilt: „Haute-Corse" (2B) und „Corse-du-Sud" (2A). Im August des gleichen Jahres besetzt ein Kommando der militanten Autonomisten eine Weinkellerei in Aléria, um die Privilegien der aus Algerien zurückgekehrten Landwirte anzuprangern. Der Aufstand wird brutal unterdrückt; zwei Gendarme werden getötet.

1975 – Der niedergeschlagene Aufstand vom August wird zum Symbol der korsischen Unabhängigkeit.

1976 – Gründung der nationalen korsischen Befreiungsfront (FLNC).

1981 – Gründung der Korsischen Universität in Corte.

1982 – Allgemeine Wahl zur ersten korsischen Versammlung.

1991 – Die territoriale Versammlung Korsikas wird zum regionalen Exekutivorgan mit weitreichenden Befugnissen.

1995 – Der IMEDOC, eine wirtschaftliche Interessenvertretung der drei großen Inseln des westlichen Mittelmeers (Sardinien, Korsika, Balearen), wird gegründet.

1996 – Die „Navires à grande Vitesse" (NGV, Schnellboote), die zwischen Nizza, Livorno und Korsika verkehren, werden in Betrieb genommen. Über 2000 Frauen demonstrieren in Ajaccio gegen die zunehmende Gewalt.

1998 – Ermordung des Präfekten Claude Érignac. 40 000 Menschen demonstrieren gegen Gewalt und Terror.

2000-2002 – Die Verträge von Matignon, die die korsische Territorialverwaltung stärken sollten, sind mit der Regierung Jean-Pierre Raffarins nicht mehr aktuell und sollen reformiert werden.

2003 – In einem Referendum lehnen die Korsen die Zusammenfassung der Regionalräte der beiden *régions* und der korsischen Versammlung ab.

Napoleon Bonaparte

Der **Kaiser der Franzosen** (1769-1821), der in Ajaccio geboren wurde, sah seine Heimatinsel als Teil des französischen Imperiums. Er war es, der Ämter und Funktionen „französisierte" und nicht davor zurück scheute, sich dem korsischen Unabhängigkeitskämpfer Pasquale Paoli entgegenzustellen. Korsika war für Napoleon jedoch nur ein sekundäres Betätigungsfeld. Dennoch hält man in Ajaccio das Andenken an den „Sohn Korsikas" und seine Familie hoch.

DIE KINDHEIT „NABULIOS"

Im 16. Jh. sollen Mitglieder der Familie Bonaparte aus dem italienischen Sarzana (bei La Spezia) nach Korsika ausgewandert sein und sich in Ajaccio niedergelassen haben. Hier heiratete Carlo Maria Bonaparte, der Vater Napoleons, Letizia Ramolino. Am 15. August 1769 kam der zweite Sohn zu Welt, den man auf den Namen **Napoleone** taufte. Der ungewöhnliche Name wurde bald durch die korsische Koseform „Nabulio", d. h. Tausendsassa, ersetzt. Die Familie wohnte in Ajaccio. Letizia sorgte für die 13 Kinder, von denen fünf in jungem Alter starben. Vater Carlo Maria stammte aus einer geadelten, wenig begüterten Familie. Daher bemühte er sich um Stipendien für seine beiden ältesten Söhne. So kam es, dass Napoleon 1779 in die Kriegsakademie von Brienne eintreten konnte.

DER ARTILLERIEOFFIZIER

Napoleon setzte seine Ausbildung an der Kriegsakademie von Paris fort, die er mit 16 Jahren als Artillerieleutnant verließ. Seine Pläne waren damals bescheiden. Er wollte nach Korsika zurückkehren und dort eine politische und militärische Laufbahn einschlagen.

DER BÜRGERKRIEG

Durch das Gesetz konnten französische Berufsoffiziere nur in die korsische Nationalgarde eintreten, wenn sie zum Oberstleutnant gewählt worden waren. Da Napoleon die Ereignisse auf der Insel aus der Nähe verfolgen wollte, ließ er sich als Kandidat für den Posten eines Oberstleutnants im 2. Freiwilligenbataillon von Ajaccio-Tallano aufstellen; erster auf der Liste war Jean-Baptiste Quenza. Im April 1892 wurden beide gewählt. Bei einer Auseinandersetzung zwischen Nationalgardisten und Bürgern tötete das Bataillon von Quenza-Bonaparte mehrere Kirchgänger, die gerade die Kathedrale von Ajaccio verließen. Das Ereignis löste einen acht Tage dauernden Bürgerkrieg aus und weckte bei der Bevölkerung Hass. Es kam zu Feindseligkeiten gegen die Familie Bonaparte, die ihre Treue zum Nationalkonvent demonstrierte. Bald erfasste der Aufstand die ganze Insel. Im Juni 1793 mussten die Bonapartes auf das Festland fliehen. Napoleon sollte erst 1799 nach Korsika zurückkehren.

AUFSTIEG ZUM KAISER

In Frankreich begann die Blitzkarriere des Korsen: Als Artilleriehauptmann zeichnete er sich 1793 vor Toulon aus, als Brigadegeneral in Italien (1796) und im Ägyptenfeldzug (1798).
Nach dem Staatsstreich vom 18. Brumaire des Jahres VIII (1799) wurde er **Erster Konsul**, dann Konsul auf Lebenszeit. Während des Konsulats konnte er in weniger als fünf Jahren alle wichtigen Machtbefugnisse an sich reißen.
Im Jahr 1804 schließlich wurde Napoleon Bonaparte im Alter von 35 Jahren in Paris zum **„Kaiser der Franzosen"** gekrönt. 1807 herrschte er nach einer Reihe von Feldzügen über fast ganz Europa und baute das „Große Kaiserreich" auf. Im Jahr 1815, einige Tage nach seiner vernichtenden Niederlage bei Waterloo, zog er sich nach Frankreich zurück und dankte ab. Es folgten sechs lange Jahre der Verbannung auf der Insel St. Helena, wo er 1821 starb. In der Gefangenschaft soll Napoleon mit Wehmut an seine Heimat Korsika gedacht haben.

NAPOLEON UND DIE LEGENDE

Als historische Persönlichkeit wurde Napoleon in der Literatur, in der Malerei und im Film verewigt. Zahlreiche Bühnenstücke und über 600 Filme haben den großen Kaiser zum Thema, idealisieren oder kritisieren seine Person – zuletzt im Jahre 2002 das französische Fernsehepos *Napoleon* von Yves Simoneau. Nicht zuletzt wird Napoleons Konterfei auch zu Werbezwecken für alle möglichen Produkte verwendet.

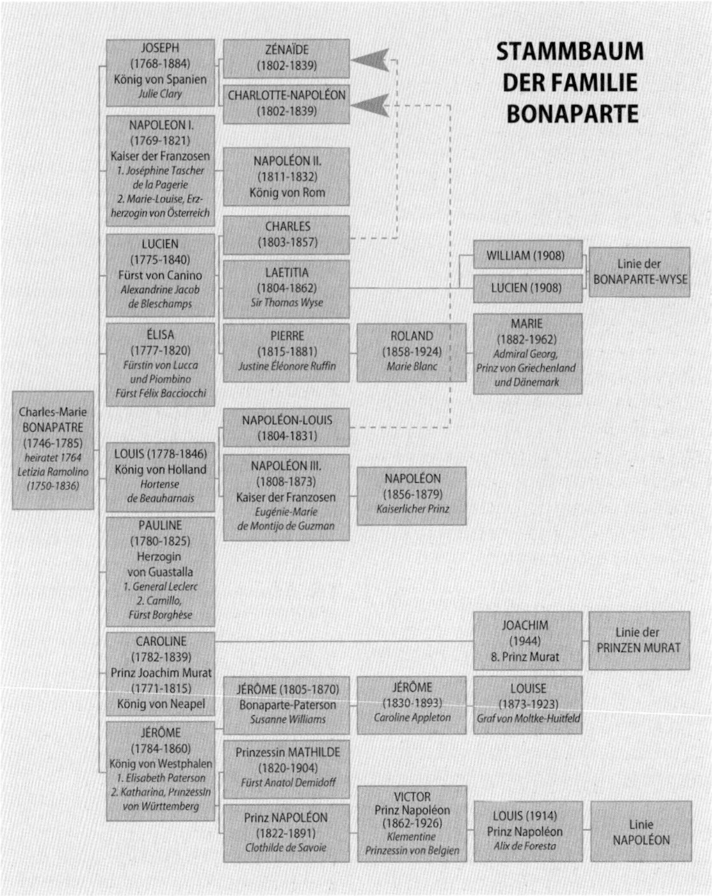

Stammtafel der Familie Bonaparte.

Vendetta

Die einst berühmt-berüchtigte Vendetta, die Blutrache, entwickelte sich auf Korsika, da die Gerichte Genuas weit entfernt waren und eine Anwendung genuesischer Rechtsprechung ausblieb. War die Ehre eines Familienmitglieds verletzt worden, musste man sich daher selbst Genugtuung verschaffen. Durch einen Ehrenkodex war man dazu verpflichtet und hatte bei der Rache ganz bestimmte Regeln zu befolgen. Die Blutrache breitete sich so stark aus, dass ganze Familienclans regelrecht im Krieg miteinander standen. Daraus entwickelten sich auch die *bandits d'honneur* („Banditen um der Ehre willen"), denn laut Ehrencodex musste der Rächer untertauchen *(prendre le maquis)*, galt aber in einem Land, das von außen verwaltet wurde, als eine Art Volksheld. Die berühmtesten Banditen der vergangenen zwei Jahrhunderte waren die Brüder Bellacoscia aus Bocognano, Jean-Camille Nicolaï aus Carbini, François-Marie Castelli aus Carcheto, Nonce Romanetti aus Calcatoggio, André Spada aus Lopigna und Feliciolo Micaelli aus Isolacciodi-Fiumorbo. Infolge der Repression durch Frankreich starb die Vendetta ab 1830 aus.

Das unabhängige Korsika

Unter der Führung von Pasquale Paoli erlebte Korsika zwischen 1755 und 1769 seine einzige Zeit der Unabhängigkeit. Heute gilt die Insel ein wenig als das „schwarze Schaf" Frankreichs, als ein Land, das zugleich Zuneigung weckt und rebellisch, geheim und leidenschaftlich ist und vielleicht genau deshalb voller Zauber und Faszination ist.

KURZES KÖNIGREICH

Im Jahr 1736 landete der deutsche Baron **Theodor von Neuhoff**, ein Anhänger des korsischen Unabhängigkeitskampfes, mit Waffen auf der Insel. Er gab den Aufständischen neuen Mut und wurde unter dem Namen Theodor I. zum korsischen König gekrönt. Einige Monate später musste er Korsika jedoch schon wieder verlassen, weil er dem genuesischen Widerstand und dem Misstrauen der Generäle nicht standhalten konnte.

PASQUALE PAOLI, DER „VATER DES VATERLANDES"

Für die meisten Korsen ist **Pasquale Paoli** ein Nationalheld, der der Insel half, sich zum ersten Mal gegen die Fremdherrschaft zu behaupten, und ihr noch vor Frankreich eine republikanische Verfassung bescherte *(s. auch S. 261)*.

Paoli wurde 1725 in der Castagniccia geboren und begleitete seinen Vater ins Exil nach Neapel. Er genoss eine umfassende Bildung, interessierte sich für die Ideen der Aufklärung und fremde Denkweisen und verfolgte aufmerksam die Entwicklung Korsikas. Als er im April 1755 nach Korsika zurückkam, übernahm er die Führung des Aufstands gegen Genua. Im Juli 1755 wurde er zum „General der Nation" proklamiert. Paoli machte Corte zur Hauptstadt Korsikas und baute auf der Insel demokratische und moderne staatliche Strukturen auf. Er ließ eine Verfassung verabschieden, in der die Gewaltenteilung verankert war, ließ Münzen prägen, gründete die Universität von Corte und baute eine ordentliche Gerichtsbarkeit auf.

Die geschwächten, aber immer noch auf der Insel anwesenden Genueser riefen darauf Frankreich zu Hilfe. So wurde 1768 nach Verhandlungen zwischen der Republik Genua und Frankreich im Vertrag von Versailles Frankreich vorläufig mit der Verwaltung Korsikas betraut.

Paoli organisierte den Widerstand, wurde aber 1769 in der Schlacht von Ponte Nuovo geschlagen. Dies war der Beginn der französischen Herrschaft in Korsika. Paoli ging ins Exil nach England und verbündete sich mit den Engländern, was zur kurzzeitigen Konstitution eines englisch-korsischen Königreichs mit Sir Gilbert Elliot als Vizekönig führte. Nach neuerlichen Aufständen musste Paoli erneut ins englische Exil gehen, wo er 1807 in London starb.

TESTA MAURA

Der „Maurenkopf" ist mittlerweile Teil der korsischen Identität. Er prägte die Kämpfer des Widerstands im Zweiten Weltkrieg und wurde zum Symbol der zahlreichen korsischen Autonomiebestrebungen.

Erstmals erschien der Kopf des Mauren im 13. Jh. im Wappen des **Königs von Aragon**, wo er an die Rückeroberung

Spaniens von den Mauren erinnerte. Im 15. Jh. wurde der Kopf zum Symbol der korsischen Führer, die auf der Seite des Königs von Aragon standen. Danach geriet er lange Zeit in Vergessenheit. Er tauchte erst wieder im 18. Jh., inbesondere mit General Gaffori bei der Belagerung von Bastia auf (1754).
Zum offiziellen Symbol der korsischen Nation aber machte den Maurenkopf erst Pasquale Paoli, der beschloss, Korsika von den Ketten der Sklaverei und der Unterdrückung zu befreien und die Augenbinde auf die Stirn anzuheben. „Die Korsen wollen klar sehen. Die Freiheit muss im Licht der Flamme der Philosophie fortschreiten. Soll man etwa sagen, wir hätten Angst vor dem Licht?" erklärte der Anführer Paoli den Aufständischen.

AUTONOMISTISCHE UND NATIONALISTISCHE BEWEGUNGEN

Die Niederschlagung des Aufstandes in **Aléria** 1975 weckte unter den Korsen ein neues Nationalgefühl und führte im darauf folgenden Jahr zur Gründung des **Front de Libération Nationale de la Corse (FLNC)**, der nationalen korsischen Befreiungsfront. Zu den Forderungen des FLNC zählten Autonomie, Bewahrung der korsischen Sprache und Kultur, Naturschutz usw. Zur Durchsetzung dieser Forderungen schreckte die Befreiungsfront jedoch nicht vor Gewalt zurück: Bombenanschläge erschütterten die Insel. Ein Teil der korsischen Befreiungsfront, die sich im Jahr 1983 auflöste, glitt in immer größere Gewaltbereitschaft ab.

Stéphane Sauvignier / MICHELIN

Der Maurenkopf ist das Symbol der korsischen Identität.

Heute gibt es noch mehrere nationalistische Gruppen auf Korsika, die sehr aktiv sind. Der französischen Regierung bereitete in der jüngeren Vergangenheit die Befreiungsfront immer wieder große Probleme. Phasen, in denen die Angelegenheit von Regierungsseite eher lax behandelt wurde, wechselten mit Phasen rigorosen Durchgreifens ab.
Im Februar 1998 rüttelte die Ermordung des Präfekten Érignac Staat und Bevölkerung auf. Heute zeigen sich die verschiedenen nationalistischen Strömungen auf Korsika wieder zum Dialog mit der Regierung bereit. Noch immer lehnt die überwiegende Mehrheit der Inselbevölkerung eine korsische Unabhängigkeit ab, befürwortet aber trotz aller politischen und konstitutionellen Schwierigkeiten eine politische Umorientierung, die eine größere Autonomie Korsikas ermöglicht und gleichzeitig die Verbindungen zum Festland bewahrt.

Die Emigration

Die Bevölkerung Korsikas nahm nur selten im Verlauf ihrer Geschichte zu. Malaria, Hunger und nicht zuletzt die Fehden zwischen den Klans, die das Ende des 19. und die erste Hälfte des 20. Jh. bestimmten, verstärkten den Bevölkerungsrückgang noch. Die höchste Bevölkerungszahl der Insel verzeichnete man 1881 mit 273 000 Einwohnern. Dagegen erreichte die Zahl der Einwohner auf Korsika 1957 mit nur 160 000 einen Tiefststand. Viele Korsen wechselten damals in den Staatsdienst, der eine erstrebenswerte Sicherheit bot – auch wenn man dafür auf das Festland emigrieren musste. Zahlreiche Korsen wanderten in die französischen Kolonien nach Algerien, Madagaskar, Asien und nach Südamerika aus. So waren auch zwei Präsidenten Venezuelas in der jüngsten Zeit gebürtige Korsen. In den Städten am anderen Ende der Welt entwickelten sich regelrechte korsische Dörfer, die gut funktionierende Netzwerke bildeten. Sehr viele Bewohner des Cap Corse wanderten nach dem Krieg nach Amerika aus. Obwohl zwischen 1958 und 1964 rund 17 000 Franzosen – Korsen oder nicht – aus Algerien zurückkehrten, hat die Insel ihre Bevölkerungszahlen vom Anfang des 20. Jh. bis heute nicht wieder erreicht.

Evisa liegt auf einem Felssporn inmitten herrlicher Kastanienwälder.
Amaury de Valroger / MICHELIN

DIE REGION ENTDECKEN

Les AGRIATES★

HAUTE-CORSE (2B) – UMSCHLAGKARTE VORNE B2 – MICHELIN LOCALKARTE 345 D3-E3

Lange ist es her, dass die Agriates ein grüner Garten Eden waren. Nach und nach wanderten die Menschen ab und Sonne und Feuersbrünste verwandelten das Land in eine Steinwüste. Im Frühling aber werden die Agriates wieder zu einem wunderbaren Blütenmeer. Betörende Düfte begleiten den Wanderer, der sich hier niemals weit von der Küste mit ihren einsamen Felsbuchten und den langen, traumhaft schönen Stränden entfernt.

S. Sauvignier / MICHELIN

Die Steinwüste Les Agriates. Zum Glück wurden Pläne, hier ein Freizeitzentrum einzurichten, nie verwirklicht.

Wegweiser – Westl. von St-Florent führt als einzige Asphaltstraße die D 81 durch die Wüste; in St-Florent trifft sie auf die N 1197 („La Balanina“) und führt zur Bucht von Peraiola.

Unbedingt sehenswert – Der Küstenpfad und die legendären Strände, die zu Beginn der Saison noch nicht überlaufen sind. Sportbegeisterte können am Strand (La Roya) Kajaks ausleihen.

Gut geplant – Wanderer, die sich den Küstenpfad vornehmen möchten (45 km), sollten frühmorgens starten, da die Hitze im Sommer sehr drückend wird. Planen Sie ausreichend Pausen ein. Bedenken Sie bitte, dass es keine Verkehrsverbindung zum Meer gibt. Bis zum Strand von Loto müssen Sie mit einem Fußmarsch von 4 Std. rechnen, bis zum Strand von Saleccia mit 5 ½ Std.

Mit Kindern – Mit dem Schiff an den Strand! Dieses schöne Erlebnis sollte sich weder Alt noch Jung entgehen lassen. Informieren Sie sich aber unbedingt, ob die Pendelboote tatsächlich verkehren, da diese je nach Wetterlage eventuell annulliert werden *(s. Tipps und Adressen).*

Orte in der Nähe – ST-FLORENT, Vallée d'OSTRICONI, L'ÎLE ROUSSE, La BALAGNE

Geschichte und Geschichten

Die Kornkammer Genuas – Diesen Beinamen trugen die Agriates in früheren Zeiten. Damals bestellten die Bauern von St-Florent und von Cap Corse das Land von Juni bis in den Herbst hinein (Getreide, Oliven, Wein, Obst). Anschließend überließen sie ihre Felder den Hirten aus Asco und dem Nebbio, die hier ihre Schafe und Ziegen weideten. Die ***pagliaghj***, charakteristische flache Steinhütten, wie sie bis heute in den Agriates zu finden sind, boten den Hirten Schutz und dienten als Erntespeicher. Mit dem von den Hirten produzierten Käse sowie dem Getreide, Öl und Obst der Bauern fand zwischen dem 16. Jh. und der Mitte des 19. Jh. ein reger Tauschhandel statt. Heute ist das einstige Reich der Hirten und Bauern bis auf den Weiler Casta unbewohnt.

Flora und Fauna der Agriates – Die Macchia ist nur scheinbar eintönig. An der Küste trifft man auf Lentisken (Mastixsträucher) und Myrten, die der Gischt und den Windböen gut standhalten. In den geschützteren Talmulden gedeihen Zistrosen, Erdbeerbäume, Ginster und Steineichen. Hier ist auch der typische Schmetterling der Agriates zu Hause: der **Erdbeerbaumfalter**, der auf Erdbeerbäumen, alten Obstbäumen und Kuhfladen leicht auszumachen ist. Viele Grasmückenarten, darunter die am weitesten verbreitete Sardengrasmücke, haben sich hier niedergelassen. Der **Ziegenmelker**, eine Nachtschwalbenart, macht sich durch seinen schnarrenden Gesang bemerkbar.

Zu Fuß unterwegs

Der Küstenwanderweg★★

Auf diesem Wanderweg bergauf und bergab über das abenteuerliche Relief lassen sich die verborgenen Schönheiten der Agriates am besten entdecken. Wer nur einen Tag zur Verfügung hat, kann zu Fuß an den Strand von Loto gehen (ca. 4 Std.) und mit dem Boot nach St-Florent zurückfahren *(s. Tipps und Adressen. Zuvor Informatioen über Betriebszeiten und Fahrplan der Pendelboote einholen!).*
Wegen ihrer Länge (ca. 45 km) will diese Wanderung gut geplant sein. Die Strecke wurde vom Korsischen Amt für Küstenschutz angelegt und sollte in zwei, besser in drei Etappen zurückgelegt werden. Günstig ist es, für den Zielort (Ostriconi) einen Wagen zu bestellen oder sich über den Busfahrplan zu informieren *(s. Tipps und Adressen).* Sicherstellen sollten Sie auch, dass die Etappenunterkunft geöffnet hat und Sie aufnehmen kann. Übernachten können Sie auf dem Campingplatz von Saleccia, wo in der Hochsaison auch Essen angeboten wird, und in der Unterkunft von Ghignu. Dort müssen Sie sich selbst verpflegen *(s. Tipps und Adressen).* Ins Gepäck gehören eine IGN-Karte oder eine topografische Karte, Proviant, mehrere Liter Wasser, ein Sonnenhut und Sonnencreme.

Am westlichen Ortsausgang von St-Florent die Brücke über den Aliso überqueren und bis zum Strand von La Roya gehen. Von dort auf dem Weg weitergehen, der links um Privatgrundstücke führt und nach der zweiten Bucht der Küstenlinie folgt.

Von St-Florent nach Saleccia

Etwa 5 ½ Std. Der Zöllnerpfad führt an der herrlich duftenden Macchia entlang und manchmal auch durch sie hindurch. Aus ihrem Dickicht ragen eindrucksvolle Felsen empor, zwischen denen Wildbäche herabstürzen. Zur Regenzeit werden diese Schluchten zur einzigen Versorgungsquelle kleiner Teiche, in denen sich eine einzigartige Fauna einfindet.
Der Pfad führt am **Mortella-Turm** entlang, der im 16. Jh. von den Genuesen erbaut wurde *(nachts beleuchtet).* Die robuste Bauweise des Turms erwies sich für die Verteidigung als derart wirksam, dass die englische Flotte unter Admiral Lord Nelson während des kurzlebigen englisch-korsischen Königreichs (1794) die Architektur kurzerhand kopierte: Die Engländer ließen nach diesem Modell die Martello-Towers – eine Reihe von 73 identischen Türmen – an der Südküste von England als Reaktion auf die drohende Invasion durch Napoleon erbauen.
Nach gut 30 Min. Gehzeit gelangt man an den **Strand von Loto★★**, dessen feiner Sand zwischen zwei markanten Felsvorsprüngen liegt.
Vom westlichen Ende des Strands von Loto (oder Lodo) aus gibt es zwei Wanderrouten an den Strand von Saleccia. Folgen Sie entweder dem Küstenweg *(der Weg ist leicht zu finden, Gehzeit ca. 1 ½ Std.)* oder dem Weg, der landeinwärts ansteigt *(ca. 1 Std.).* Nach gut 20 Min. Gehzeit durch das Buschwerk erreichen Sie einige Schäfereien, an denen Sie rechts abbiegen. Nach weiteren 20 Min. kommen Sie an einem

Der Küstenwanderweg führt auch an den Agriates entlang.

kleinen Tümpel vorbei (im Sommer ausgetrocknet), der linker Hand auf einer Holzplanke überquert wird. Für den Rest des Weges folgen Sie der blauen Beschilderung zur Erfrischungsbude am Strand; nach gut 5 Min. Wegzeit erreichen Sie ein kleines Paradies: den **Strand von Saleccia★★**. Dieser Strand erstreckt sich auf über einen Kilometer Länge an einem im 19. Jh. angepflanzten Wäldchen aus Aleppokiefern. Der weiße, feine Sand und das klare Meerwasser, das in türkisfarbenen Schattierungen schimmert, unterstreichen die märchenhafte Szenerie. Nicht weit vom Strand findet man eine Etappenunterkunft in einem ***pagliaghj***.

Wer auf dem Campingplatz am Strand von Saleccia nächtigt, für den bietet sich von dort aus ein etwa vierstündiger Ausflug in das Landesinnere zu der ehemaligen Schäferei Chiosu an. Bei dieser Wanderung lernt man eine noch weitaus unberührtere Macchia kennen.

Eine einmalige Kulisse

Am **Strand von Saleccia** wurden die Landungsszenen für den Film *Der längste Tag* gedreht. Ein sehr reales Ereignis fand hier bereits am 1. und 2. Juli 1943 statt, als aus dem U-Boot *Casabianca* auf lautlos dahingleitenden Schlauchbooten 13 Tonnen Waffen und Munition für die korsische **Résistance** an Land gebracht wurden.

Von Saleccia nach Ghignu

Etwa 2 ½ Std. Die Bucht von Ghignu ist landschaftlich äußerst reizvoll. Der Schatten der Kiefern und Zypressen bietet Schutz vor der Sonne. In Richtung Osten führt der von Eukalyptus- und Feigenkakteen gesäumte Weg zum Kap von Ghignu; im Westen erstreckt sich der breite weiße Sandstrand von Malfalcu.

Von Malfalcu zum Strand von Ostriconi★

Etwa 6 ½ Std. Dies ist der sportlich anspruchsvollste Abschnitt, denn hier folgt der Küstenwanderweg den zahlreichen Küstenspalten. Es wird dringend davon abgeraten, vermeintliche Abkürzungen zu gehen. Nach der **Punta d'Acciolu** biegt der Weg auf Höhe der **Pinzuta-Bucht** ins Landesinnere ab und gibt schöne Ausblicke auf kleine Buchten frei, deren rote Felsen sich vom klaren Meerwasser deutlich abheben. Die **Peraiola-Bucht** am Ausgang des Ostriconi-Tals wird von Dünen mit Wacholdersträuchern umsäumt und einem unwegsamen Sumpfgebiet begrenzt. Die tosende Brandung unterstreicht die wildromantische Atmosphäre dieser Bucht. Zum Abschluss der Wanderung lädt der herrliche **Strand von Ostriconi★** zum Baden ein. Vorsicht ist allerdings geboten, wenn der *libeccio* (Südwestwind) bläst. Dann kann das Meer durch kräftige Strömungen für die Badenden äußerst gefährlich werden.

Ausflug

Durch die Agriates von St-Florent nach Lozari★

38 km – St-Florent auf der D 81 verlassen.

Diese einzige befestigte Straße durchquert das Massiv von Ost nach West. Am Bocca di Vezzu, hinter dem sich die Cima d'Ifana erhebt, bietet sich eine weite **Sicht★** nach Osten über das Nebbio, nach Nordwesten über die Agriates und nach Südosten über das Ostriconi-Tal und die Balagne. Die ungeteerte Straße rechter Hand zur Bucht von Malfaco kann nur bei gutem Wetter und ausschließlich mit Geländewagen befahren werden. Vor den Felsklippen der Punta d'Arco führt die Straße zu einem bezaubernden Aussichtsplatz auf die Mündung des Ostriconi in der Bucht von Peraiola.

Tipps und Adressen

Allgemeine Hinweise

Office du tourisme de St-Florent – *BP 53 – 20217 St-Florent – ✆ 04 95 37 06 04*

Landschaftsschutzgebiet – Seit einigen Jahren verfolgen das Korsische Amt für Küstenschutz und der Syndicat mixte des Agriates Landschaftsschutzpolitik. Der Besuch des Schutzgebiets (5000 ha, 36 km Küste) unterliegt bestimmten Vorschriften, die vor Ort ausgezeichnet sind.

Zugang zur Küste – Die Küste erreicht man auf einer der beiden holprigen Pisten, die von der **D 81** ans Meer abzweigen. Die erste beginnt im Norden, kurz nach der Ausfahrt aus dem Weiler **Casta**, und führt an den Strand von Saleccia (12 km); die zweite führt nördlich vom **Col de Bocca di Vezzu** beginnend in die Bucht von Malfalcu (14 km). Aber Vorsicht: Beide Pisten sind nur sehr langsam mit einem Geländewagen oder per Mountainbike (geübte Fahrer!) zu befahren.

Verkehrsmittel

Navettes maritimes – *✆ 04 95 37 19 07 (le Popeye) oder 06 17 50 65 58 (Agriate Maritima) – April-Okt. – 12 € H/R (Kinder: 6 €).* Pendelboote zwischen dem Strand von Loto und dem Hafen von St-Florent.

Bus – *Autocars Santini – 20217 St-Florent – ✆ 04 95 37 02 98 – Juli-Aug. zwei Fahrten tgl. (11.30 und 18.30 Uhr) – dem Fahrer an der Straße auf Höhe des Campingplatzes ein Zeichen machen.* Wer auf dem Küstenwanderweg bis Ostriconi geht, kann während der Hochsaison mit einem der Busse zurückfahren, die zwischen L'Île-Rousse und St-Florent verkehren.

Übernachten

Camping U Paradisu – *Strand von Saleccia – 20217 Casta – ✆ 04 95 37 82 51 – Mai-Mitte Okt. – 45 Plätze.* Gemütlicher Campingplatz am Meer.

Camping Village de l'Ostriconi – *Route du Bord-de-Mer – 20226 Palasca – ✆ 04 95 60 10 05 – info@village-ostriconi.com – Mitte April-10. Okt. – – 134 Plätze: 16,80 €.* Gepflegter Campingplatz mit direktem Zugang zum feinen Sandstrand mit kleinen Felsbuchten. Es gibt Bungalows, schattige Stellplätze und die klassische Ausstattung: Bar-Restaurant, Tennis und Swimmingpool. Von hier starten Ausfahrten im Segelboot.

Le Relais de Saleccia – *Im Dorf – 20217 Casta – ✆ 04 95 37 14 60 – www.hotel-corse-saleccia.com – Okt.-März geschl. – – 12 Zi: 45/71 € – – Rest. 20/30 €.* Verweilen Sie in dieser spektakulären Landschaft, deren Felsen steil zum Meer und zum Strand von Saleccia abfallen. Die bescheidene, aber gemütliche Unterkunft verfügt über einfache, bequeme Zimmer, einige mit Meerblick. Ganztägig Hausmannskost und kleine Gerichte.

Essen und Trinken

Ferme-auberge de Pietra Monetta *Route de l'Ostriconi (über N 1197) – 20226 Palasca – 7 km östl. von Lozari Richtung St-Florent – ✆ 04 95 60 24 88 – aubergepietra-monetta@wanadoo.fr – Okt.-April und Mo geschl. außer Juli-Aug. – Mittagsmenü 12 €-19/23 € – 4 Zi: 90 €.* Die ehemalige Postkutschenstation aus dem 19. Jh. wurde von ihren landwirtschaftlich tätigen Besitzern liebevoll eingerichtet. Angenehme Unterkunft vor den Toren der Steinwüste Les Agriates. In einer Weinlaube können Sie korsische Spezialitäten und Produkte vom Bauernhof verkosten. Die vier Gastzimmer sind sehr einfach, aber hell und bequem.

Sport und Freizeit

Von St-Florent aus werden **Ausritte** durch die Agriates organisiert. Zudem eignet sich die Küste sehr gut für Fahrten mit einem **Seekajak**.

Forêt d'AÏTONE★★

CORSE-DU-SUD (2A) – UMSCHLAGKARTE VORNE B4 – MICHELIN LOCALKARTE 345 B6

Der Wald von Aïtone zählt zu Korsikas schönsten und charakteristischsten Wäldern. Zu den mächtigen Lariciokiefern, einer Schwarzkiefernart, die hier eine Höhe von bis zu 52 m erreicht, gesellen sich Buchen, Weißtannen und Seekiefern. Die schönsten Bäume, die zum Teil mehrere hundert Jahre alt sind, findet man in der Nähe des Forsthauses von Aïtone. Der Wald, zu dem der Forêt de Lindinosa gehört, ist ein beliebtes Erholungsgebiet, das auch kleine, natürliche Wasserbecken bietet.

Stéphane Sauvignier / MICHELIN

Die Wasserfälle des Aïtone bilden eine malerische Kulisse.

Wegweiser – 22 km östl. von Porto, zwischen Évisa und dem Col de Vergio (Vergio-Pass). Der Wald erstreckt sich in einer Höhe von 800 bis auf 2000 m über eine Fläche von 2400 ha im oberen Becken des Aïtone, der in den Porto mündet. Vom Golf von Porto kommend, führt die D 84 durch eine grandiose Landschaft bis zum Waldrand bei Évisa. Von dort schlängelt sich die Straße durch den Hochwald.

Unbedingt sehenswert – Die Wasserfälle des Aïtone. Bitte beachten Sie die Zugangsbeschränkungen!

Gut geplant – Évisa ist idealer Ausgangspunkt für Wanderungen. Für diese sollten Sie sich einen halben Tag Zeit nehmen. Durch den Wald führen zahlreiche Wanderwege. Die Gehzeiten liegen zwischen 1 Std. und einem Tag.

Mit Kindern – Der Sentier de la Sittelle (Kleiber-Beobachtungsweg) ist ein leichter, für Familien geeigneter Spazierweg. Sie brauchen jedoch Geduld und ein gutes Fernglas, um den sympathischen kleinen Korsenkleiber aus der Familie der Sperlingsvögel beobachten zu können. Nehmen Sie die Herausforderung an?

Orte in der Nähe – Gorges de SPELUNCA, Col de VERGIO, Le NIOLO

Geschichte und Geschichten

Die Lariciokiefer war für die Genueser Schiffsbauer, die den Wald bewirtschafteten, ein Schatz. Im 18. Jh. legte man eine Straße an, um das Holz an den Strand von Sagone transportieren zu können, von wo es nach Genua verschifft wurde. Im 19. Jh. setzte man Strafgefangene als Forstarbeiter ein. Daher heißt die Straße „Piste der Sträflinge".

Zuflucht oder Königreich? – Um 1820 fand der Bandit **Théodore Poli** aus Guagno im Wald von Aïtone Zuflucht, nachdem er einen Brigadier erschossen hatte. Zum **„König der Berge"** gewählt, verschaffte er mit einer kleinen Armee seinen eigenen Gesetzen Geltung. 1827 geriet Poli in einen Hinterhalt und fand den Tod.

Forêt d'Aïtone im Überblick

Der Wald

Zwischen Évisa und Col de Vergio überwindet die Straße *(12 km)* einen beeindruckenden Höhenunterschied von 647 m. Sie verläuft auf der Nordseite des Capo di Melo und führt oberhalb des Aïtone-Tals durch herrliche Hochwälder. Bei einem Spaziergang durch das Unterholz können Sie Ihre Sammelleidenschaft voll ausleben: Es gibt Walderdbeeren im Juli und August, Steinpilze, Morcheln und Röhrlinge im September und Oktober. Wer sich mit Pilzen nicht auskennt, sollte allerdings vorsichtig sein!

Namensherkunft

Der Name Aïtone soll von dem lateinischen Wort *abies* für „Nadelbaum" stammen. Gemeint ist damit die berühmte **Lariciokiefer**, ein Gebirgsbaum, der für seinen hohen Wuchs und die Qualität seines Holzes berühmt ist.

Évisa

Évisa, beliebter Sommerkurort und Wanderparadies (830 m) liegt am Eingang der Spelunca-Schlucht und am Rand des Waldes von Aïtone. **Kastanienwälder**, einst Erwerbsquelle der Region, umgeben den Ort.

Zu Fuß unterwegs

1 Sentier de la Châtaigneraie★★ (Waldlehrpfad)

2 ½ Std. hin und zurück. Höhenunterschied 120 m – s. Kartenskizze S. 71
Start in der Ortschaft Évisa, 300 m links hinter dem Rathaus an einer Steigung (Markierung schlecht zu sehen). 3,5 km bis zu den Wasserfällen.

„Wer Kastanien und einen Kastanienwald hat, braucht die Kälte nicht zu fürchten" – dieses alte korsische Sprichwort sagt viel über die Bedeutung dieses Baums für die traditionelle Wirtschaft in den korsischen Bergen aus.

Den „Kastanienweg" entlang präsentieren Informationsschilder die Geschichte der Baumkultur und der Kastanie. Der Weg folgt einem ehemaligen Almauftriebspfad, über den auch der Fernwanderweg „Mare a Mare nord" verläuft. Er mündet auf die Straße, auf der man bis zur Abzweigung links zu den Aïtone-Wasserfällen geht.

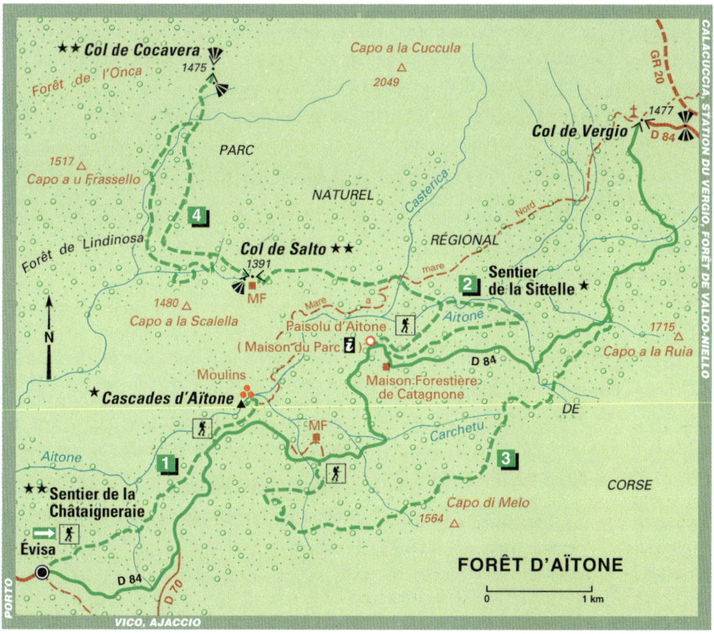

Aïtone-Wasserfälle★ – *4 km nordöstl. von Évisa auf der D 84. Links markiert ein grüner Pfosten den Start. 30 Min. hin und zurück. Steiler und schmaler Zugang. Baden verboten!* Das Wasser des Wildbachs stürzt in Kaskaden über die Felsen und sammelt sich in kleinen natürlichen Becken. Bis 1905 waren hier Mühlen in Betrieb, deren Überreste noch heute zu sehen sind. Einst wurden hier Kastanien zu Mehl gemahlen.

Sitta whiteheadi

Dieser kleine Singvogel (12,5 cm) wird auch als **Korsenkleiber** *(Abb. S. 16)* bezeichnet und wurde Ende des 19. Jh. von dem englischen Naturforscher John Whitehead beschrieben. Der Korsenkleiber lebt ausschließlich auf den korsischen Lariciokiefern. Er kann, wie auch andere Kleiberarten, mit dem Kopf voraus die Baumstämme hinunterklettern.

2 Sentier de la Sittelle★

Rundweg von 1 ½ Std. – Leichte Wanderung – s. Kartenskizze S. 71
Ausgangspunkt: Geländeterrasse in der Kurve, wenige hundert Meter oberhalb des Feriendorfes Paisolu d'Aïtone. Rechts auf der Terrasse ist das Hinweisschild.
Der Weg schlängelt sich zwischen Lariciokiefern von eindrucksvoller Größe hindurch und führt an Schonungen vorbei. Pfosten, auf denen ein Korsenkleiber abgebildet ist, dienen als Wegmarkierung.

3 Waldrundweg★★

Etwa 3 Std. auf einem Waldweg – s. Kartenskizze S. 71
Ausgangspunkt: 9 km nordöstl. von Évisa, rechts an der Straße zum Col de Vergio.
Der Wirtschaftsweg führt von der D 81 zum Forsthaus von Aïtone, umgeben von einem herrlichen Bestand alter Bäume, und wird vom **Capo di Melo** überragt. Vor dem Hintergrund der prachtvollen Lariciokiefern sieht man in der Ferne den Golf von Porto.

4 Zum Col de Salto (Saltu) und zum Col de Cocavera (Cuccavera)★★

Etwa 5 Std. hin und zurück. Mittlerer Schwierigkeitsgrad – s. Kartenskizze S. 71
Derselbe Ausgangspunkt wie für den Sentier de la Sittelle. Der Weg beginnt links auf der Geländeterrasse. Unbedingt Wasser und festes Schuhwerk mitnehmen.
Nach gut 1 Std. Wanderzeit erreicht man den **Col de Salto** (1391 m). Am Westhang des Passes, über dem sich der Capo a la Scalella (1480 m) erhebt, bietet sich eine schöne **Aussicht★★** auf den Golf von Porto. Nun geht es weiter auf dem Weg, der in der ersten Serpentine nach dem Col de Salto rechts abzweigt und zwischen den mächtigen Lariciokiefern des **Waldes von Lindinosa** hindurch bis zum **Col de Cocavera** (1475 m) führt. Von hier aus bietet sich ein wunderbarer **Panoramablick★★** über das Tal, den Golf von Porto und den Wald von Aïtone.

Zurückgehen kann man auf dem Wirtschaftsweg, der beide Pässe verbindet.

Tipps und Adressen

Allgemeiner Hinweis

Maison d'information du Parc Paisolu d'Aïtone – *Évisa (s. Kartenskizze S. 71) – ✆ 04 95 26 23 62 – Juni-Sept.*

Übernachten

Scopa Rossa – *20126 Évisa – ✆ 04 95 26 20 22 – scopa-rossa@wanadoo.fr – 1. Dez.-28. Febr. geschl. – 25 Zi: 45/75 € – ☕ 7 € – Rest. 21 € – P.* Langgestreckter moderner Bau im Ortszentrum. Die Zimmer im Stil der 1970er-Jahre sind einfach, aber gepflegt; die im Anbau sind moderner, aber ohne Aussicht. In einem mit Gewehren geschmückten, rustikalen Gastraum können Sie regionale Gerichte genießen.

La Châtaigneraie – *20126 Évisa – ✆ 04 95 26 24 47 – www.hotel-la-chataigneraie.com – Ende Okt.-Mitte März geschl. – 12 Zi: 49 € – ☕ 6 € – Rest. 20/35 € – P.* Ein Steinhaus mit grünen Fensterläden – die Zimmer sind einfach, aber tadellos. Auf der Speisekarte des Restaurants findet sich regionale „Hausmannskost". Der große, mit Kastanien bewachsene Garten lädt zum süßen Nichtstun ein. Freundliches Personal.

Feste und Events

Maronenfest (Fêtes du marron) – Mitte November wird in Évisa das Fest der *Insitina* gefeiert, einer regionalen Maronensorte (Herkunftsbezeichnung „Marron d'Évisa").

AJACCIO★★

Aiacciu

CORSE-DU-SUD (2A) – 52 880 EINWOHNER – UMSCHLAGKARTE VORNE A5 – MICHELIN LOCALKARTE 345 B8

Die Geburtsstadt Napoleons ist mehr als nur einen kurzen Zwischenstopp wert. Straßen, Denkmäler und Museen in der größten Stadt der Insel erinnern an das ungewöhnliche Schicksal des berühmten gebürtigen Korsen. Jeden Vormittag herrscht munteres Markttreiben auf dem Square César Campinchi hinter dem Rathaus und in den umliegenden Straßen. Im Hafen verkaufen Fischer ihren frischen Fang, während Rentner auf den Bänken in der Sonne sitzen und lebhaft debattieren. Nachts glitzern im Hafen, der bis zur Mole bei der Zitadelle reicht, und auf den umliegenden Hügeln der Stadt die Lichter.

S. Sauvignier / MICHELIN

Ajaccio, die Hauptstadt Korsikas, liegt an der Westküste der Insel.

Wegweiser – Eingebettet zwischen Bergen und Meer in einer Ausbuchtung des größten Golfs der Insel erstreckt sich Ajaccio am Ufer entlang und die Hänge hinauf. Im Norden der Stadt beherbergt die Mole Jetée du Margonajo den neuen Jachthafen (Charles-Ornano). Weiter unten nimmt die Mole Jetée des Capucins den Fährbetrieb und den Handelshafen auf. An der Nordseite der Zitadelle liegt der Zugang zum kleinen Fischer- und Jachthafen (Tino-Rossi).

Parken – Die Altstadt lässt sich gut zu Fuß erkunden, einen Parkplatz zu finden ist eher schwierig. Tiefgaragen gibt es an der Place du Général-de-Gaulle oder Place d'Austerlitz oberhalb des Cours Grandval.

Unbedingt sehenswert – Fans von Bonaparte entdecken beim Stadtrundgang wahre Schätze. Für Kunstliebhaber ist das Musée Fesch Pflicht. Es beherbergt eine der größten Sammlungen italienischer Gemälde des 12. bis 13. Jh.

Gut geplant – Beginnen Sie die Besichtigung frühmorgens an der Pointe d'Aspreto und auf dem Markt. Anschließend sind Sie gut gerüstet für eine Entdeckungstour durch die Altstadt, wo Sie alle wichtigen Museen und Denkmäler finden. Den Nachmittag verbringen Sie genüsslich am Meer, bevor Sie Ihren Besuch auf der Terrasse eines Cafés gegenüber vom kleinen Hafen Tino-Rossi beschließen.

Mit Kindern – Die Touristenbahn ermöglicht eine bequeme Fahrt bis zur Pointe de la Parata *(s. Tipps und Adressen).*

Orte in der Nähe – Golfe d'AJACCIO

Geschichte und Geschichten

Eine Kolonie Genuas – Von der blühenden römischen Stadt, die in der Spätantike im Norden der Zitadelle lag, ist heute leider nichts mehr erhalten. Die Gründung Ajaccios geht auf die Niederlassung der Privatbank des hl. Georg 1453 zurück, die Korsika im Auftrag der Republik Genua verwaltete. Die 1492 vollendete Stadt wurde von etwa hundert Familien aus Ligurien und Adeligen aus Genua besiedelt. Korsen war der Aufenthalt in der Stadt verboten, sie mussten in der Vorstadt Borgo Quartier beziehen. So blieb Ajaccio ausschließlich in genuesischer Hand, bis es von **Sampiero Corso** 1553 eingenommen wurde. Dann erst ließen sich auch korsische Familien hier nieder.

Der Aufschwung – Im 17. Jh. begann die noch immer genuesisch bestimmte Stadt zu wachsen. Bis 1600 stieg die Einwohnerzahl auf 5000 an. Altstadt und Zitadelle gediehen im Schutz der Stadtmauer (1801 geschleift), während sich die Vorstadt **Borgo** auf der Achse der heutigen Rue Cardinal-Fesch ausdehnte. Der eigentliche Aufschwung fand im 18. Jh. statt und hatte vorwiegend politische Ursachen: 1715 erhielt der in Ajaccio ansässige Verwalter der Provinzen Au-Delà-des-Monts (westliches Korsika) dieselben Vorrechte wie Bastias Verwalter. 1793 teilte das Nationalkonvent Korsika in das Département Golo und das Département Liamone, zu dessen Hauptstadt Ajaccio wurde. Ein kaiserliches Dekret vereinte 1811 beide Départements unter Ajaccios Verwaltung. Heute ist Ajaccio Hauptstadt des Départements Corse-du-Sud und Sitz der 1991 gegründeten Territorialversammlung Korsikas.

Die Kaiserstadt

Die Stadt Ajaccio, in der **Napoleon** 1769 das Licht der Welt erblickte, bewahrt die Erinnerung an ihren „ruhmreichen verlorenen Sohn". Ihn preist auch die korsische Hymne „l'Ajaccienne".

Erste Landung auf französischem Boden – Das **U-Boot Casabianca** unter dem Kommando von Kapitän **L'Herminier** versorgte im Zweiten Weltkrieg Freischärler und korsische Partisanen mit Waffen und Munition. Am 13. September 1943 setzte es 109 Soldaten der „Forces françaises libres" (Freie Französische Streitkräfte) in Ajaccio an Land, die die Widerstandskämpfer bei der Befreiung der Insel unterstützten *(Gedenktafel am Quai L'Herminier in der Nähe des Hafenbahnhofs)*. Dies war die erste französische Einheit, die ihren Fuß auf französischen Boden setzte.

Zu Fuß unterwegs

Früh am Morgen und bei Sonnenuntergang bietet sich vom Küstenvorsprung **Pointe d'Aspreto** *(östliche Stadteinfahrt)* ein herrlicher Überblick über ganz Ajaccio. Oberhalb der alten Stadtviertel, die friedlich und dicht am Wasser liegen und ein harmonisches Bild in den Pastelltönen Ocker, Rosa und Gelb darbieten, zieht sich die Neustadt den Berghang empor.

Die Altstadt★ s. Plan II S. 75

Die ehemalige genuesische Stadt wird im Westen von der Place du Général-de-Gaulle, im Südosten von der Zitadelle und im Norden von der Place du Maréchal-Foch begrenzt. Über die Rue Cardinal-Fesch reicht sie weiter bis zur Vorstadt **Borgo**.

Jetée de la citadelle

Die Mole bietet eine ausgezeichnete **Aussicht**★ auf die Uferpromenade und einen Teil des Golfs von Ajaccio. Hier liegt der Fischerei- und der Jachthafen. Die **Zitadelle** aus der Mitte des 16. Jh. ist heute noch eine Militäranlage und kann nur an den *Journées du patrimoine* besichtigt werden.

Zitadelle verlassen, dann Boulevard Danielle-Casanova an der Festung entlang gehen.

HOTELS

Kallisté .... (1)
San Carlu .... (3)

RESTAURANTS

De France .... (3)
Le 20123 .... (5)
Le Grand Café Napoléon .... (7)
U Pampasgiolu .... (9)

Église St-Érasme

Dies ist die ehemalige Kapelle eines 1617 erbauten Jesuitenkollegs. Im Jahr 1656 weihten die Ältesten, die sich hier versammelt hatten, die Stadt Unserer Lieben Frau der Barmherzigkeit, um Ajaccio vor einer Pestepidemie zu bewahren. Während der Revolution wurde die Kirche geschlossen, doch 1815 öffnete man das Heiligtum wieder für den Gottesdienst, das inzwischen dem hl. Erasmus, dem Schutzheiligen der Seeleute, geweiht worden war. Entsprechens ist die Kirche mit Schiffsmodellen geschmückt. Sie enthält schöne Prozessionskruzifixe, eine Statue des hl. Erasmus sowie Chormäntel und Dalmatiken für das Pontifikalamt.

Cathédrale

✆ 04 95 21 07 67 – Mo-Sa, So-vormittag (außer während der Messen).

s. Illustrationen zur Baukunst S. 44. Die Fassade der im Renaissancestil erbauten Kathedrale (1582-1593) ist schlicht. Aus Sorge, die Arbeiten könnten sich zu sehr in die Länge ziehen, ließ der Bischof das von Giacomo Della Porta entworfene Bauwerk verkleinern. Im Juli 1771 wurde Napoleon im Alter von zwei Jahren über dem Becken rechts neben dem Eingang getauft. Die erste Seitenkapelle links vom Hauptschiff, im 16. Jh. nach Plänen von Pierre Paul d'Ornano erbaut, ziert ein Gemälde von Eugène Delacroix, *Der Triumph der Religion*. In der zweiten Kapelle steht das Standbild *Unserer Lieben Frau der Barmherzigkeit*. In der dritten Kapelle, der Rosenkranzkapelle, befand sich das Grab der Familie Bonaparte. Der monumentale Hochaltar aus weißem Marmor mit vier gewundenen Säulen aus schwarzem Marmor (1811) ist eine Stiftung von Napoleons Schwester Elisa Bacciocchi. Bemerkenswert sind die Kuppel in Trompe-l'œil-Malerei über der Vierung, eine **Statue der Jungfrau Maria** in der Kapelle der Unbefleckten Empfängnis aus Carrara-Marmor (18. Jh.) und die kelchförmige Kanzel an einer quadratischen Säule des Hauptschiffs.

Napoleons Vermächtnis

Auf dem ersten Pfeiler links vom Hauptportal der Kathedrale sind die letzten Worte Napoleons eingraviert, ausgesprochen am 29. April 1821: „Sollte man meinen Leichnam aus Paris verbannen, wie man mich von dort verbannt hat, so wünsche ich, neben meinen Vorfahren in der Kathedrale von Ajaccio auf Korsika beigesetzt zu werden." Vor der Errichtung der Kaiserlichen Kapelle 1857 befand sich in der Kathedrale tatsächlich die Familiengruft der **Bonapartes**.

Auf der Rue Notre-Dame rechts an der Kathedrale entlang weitergehen.

Bei Hausnummer 3 erhebt sich die Fassade des **Hôtel Cuneo d'Ornano**. Über dem Eingang mit Marmorpfeilern prangt das Wappen der Familie Ornano.

Links in die Rue du Roi-de-Rome einbiegen, dann rechts in die Rue St-Charles.

Man gelangt auf die Rue Bonaparte, die zu den Zeiten, als die Stadt noch genuesisch war, als ***carrughju drittu*** („Gerade Straße") bezeichnet wurde. Hier wohnten damals die Kaufleute. Die Straße teilte die Altstadt in zwei Stadtviertel: Im Norden lag das Arbeiterviertel Macello (Metzgerei), während der Bürgerstand im Süden residierte.

Das **Hôtel Pozzo di Borgo** (Hausnummer 17) präsentiert sich mit seiner ockerfarbenen Trompe-l'œil-Malerei, die die Fenster umrahmt, wie ein italienischer Palazzo. Den Giebel des monumentalen Portals aus weißem Marmor ziert ein Wappen. Das Gebäude, das derzeit restauriert und zu einem Hotel umgebaut wird, wirkt besonders ehrwürdig.

Place du Maréchal-Foch (Place des Palmiers)

Die ehemalige Piazza di l'Olmu, ein rechteckiger Platz, der von altehrwürdigen Palmen und Platanen beschattet wird, öffnet sich zum Hafen hin. Er spielt für das Leben in Ajaccio eine wichtige Rolle: Hier wird gebummelt, diskutiert oder man ruht sich auf den Bänken aus. Restaurants säumen die Südseite. Beachten Sie die kleine Statue ***Unserer Lieben Frau der Barmherzigkeit*** *(Statue de la Madonuccia)* in einer Hausnische am oberen Ende des Platzes *(7-10 Avenue Sérafini)*. Seit 1656 ist sie Schutzheilige der Stadt *(s. Église St-Érasme)*. Sie wird am 18. März mit einem Hochamt und einer Prozession gefeiert.

Löwenbrunnen mit einer Statue Napoleon Bonapartes an der Place du Maréchal-Foch.

Über dem Brunnen der Vier Löwen, einem Werk von Jérôme Maglioli aus Ajaccio, erhebt sich ein **Standbild von Bonaparte als Erstem Konsul**. Am unteren Ende des Platzes steht linker Hand das **Rathaus** mit dem Napoleonmuseum.

Rue Cardinal-Fesch (U Borgu)

Die lange, sehr belebte Geschäftsstraße führt durch den ehemaligen „Borgo".
An der Wand der Hausnummer 1 erinnert eine Tafel an Vincentella Perini, bekannt als **Danielle Casanova**. Sie war Frauenrechtlerin und Mitglied der Résistance. Am 9. Januar 1909 wurde sie hier geboren. 1943 deportierten sie die Nationalsozialisten ins Konzentrationslager Auschwitz, wo sie schließlich starb.
Im Mai 1793 suchte Napoleon Bonaparte im Haus Nummer 28 vor den „Paoli-Anhängern" beim ehemaligen Bürgermeister Jean-Jérôme Levie Zuflucht, bevor er über das Meer nach Calvi flüchtete.

Weiter auf der Rue Cardinal-Fesch. Hinter der Kaiserlichen Kapelle und dem Musée Fesch (s. Tipps und Adressen) links in die Rue des Trois-Marie einbiegen und die Hauptgeschäftsstraße Cours Napoléon hinuntergehen.

Der Weg führt an der Präfektur vorbei, in deren Eingangshalle ein spätantiker, römischer Sarkophag aus dem 3. Jh. n. Chr. steht.

Weiter auf dem Cours Napoléon in die Neustadt.

Die Neustadt

Place Général-de-Gaulle (Place du Diamant) s. Plan II S. 75

Der weite Platz verbindet an der Route des Sanguinaires die alten Viertel mit den neuen. Von hier gelangt man auf eine **Terrasse mit Aussicht★** auf den Golf von Ajaccio. In der Mitte des Platzes erhebt sich ein **Reiterstandbild** aus Bronze, das nach einem Entwurf von Viollet-le-Duc Napoleon als römischen Kaiser mit seinen vier Brüdern darstellt.

Cours Grandval s. Plan II S. 75

Die von Palmen und Platanen gesäumte Prachtstraße steigt von der Place du Général-de-Gaulle zur Place d'Austerlitz, die ihren schönen Abschluss bildet, leicht an.

Place d'Austerlitz (U Casone) s. Plan I S. 74

Das **Denkmal Napoleon I.** beherrscht den Platz. Es schließt die Achse, die auf der Place Foch mit dem Standbild von Napoleon als Erstem Konsul ihren Anfang nimmt. Eingerahmt von Adlern und einer Stele, die an seine Siege erinnert, steht der Kaiser und blickt in entspannter Haltung über die Stadt (eine Kopie dieser Statue befindet sich im Ehrenhof des Invalidendoms in Paris).

Sehenswürdigkeiten s. Plan II S. 75

Musée Fesch★★

50 rue du Card.-Fesch – ✆ 04 95 21 48 17 – www.musee-fesch.com – ♿ – Juli-Aug. tgl. außer Mo und Fr-nachmittag, April-Juni tgl. außer Mo, sonst auf Anfrage – 5,35 € (Kinder unter 15 Jahre: Eintritt frei).

Nach der Neugestaltung ist das Museum ein Anziehungspunkt für Besucher und wichtiger kultureller Motor der Region. Von der Rue Cardinal-Fesch gelangt man über den Ehrenhof in den 2. Stock des Museums (Wechselausstellungen).

Kardinal Fesch, ein Onkel Napoleons und Erzbischof von Lyon, war ein leidenschaftlicher Sammler italienischer Gemälde und vermachte seine Sammlung der Stadt. Das Museum wurde im früheren Palais Fesch (1827) eingerichtet, an dem der Entomologe Henri Fabre Naturwissenschaften unterrichtete. Es beherbergt nach dem Louvre die wichtigste Sammlung **Italienischer Malerei★★★** in Frankreich sowie Werke der französischen, spanischen, flämischen und niederländischen Schule.

Italienische Malerei des 14. bis 16. Jh. – *1. Stock.* Hier ist das bekannte *Triptychon von Rimini* (14. Jh.) zu sehen, zudem Werke von Jacopo Sellajo und das Triptychon *Mystische Vermählung der hl. Katharina*, auf dessen Seitenflügeln Johannes der Täufer und der hl. Dominikus dargestellt sind. Das Thema „Maria mit dem Kind" wird von zwei großen Meistern des Quattrocento (15. Jh.) bestimmt: **Giovanni Bellini** (1430-1516) aus Venedig und **Sandro Botticelli** (1440-1510) aus Florenz. Bellinis Madonna zeichnet sich durch ihre zärtliche Gestik und Empfindsamkeit aus, Botticellis *Jungfrau mit Kind unter einer Girlande* von 1470 bezaubert durch mädchenhafte Anmut und Natürlichkeit. Die Fortdauer des gotischen Stils und die Vorliebe für antike Ruinen sind in dem Madonnengemälde von Cosimo Rosselli zu sehen. *Die Madonna zwischen zwei Heiligen* von Cosma Tura ist der Schule von Ferrara zuzuordnen. Aus dem 16. Jh. sind zwei Werke der Venezianischen Schule zu erwähnen: *Leda und der Schwan* aus dem Atelier von Veronese und der *Mann mit dem Handschuh* von **Tizian**.

Das Gemälde „Jungfrau mit Kind unter einer Girlande" von Sandro Botticelli (1445-1510) ist im Musée Fesch in Ajaccio zu sehen.

Werke des 17. und 18. Jh. – *2. Stock.* Bemerkenswert ist die Sammlung von Stilleben (Cittadini, Boselli, G. Recco, Ruoppolo, Spadino). Die Flämische Schule des 17. Jh. ist durch Landschaften wie denen von Nicolaes Berchem vertreten. In den neapolitanischen Sälen sticht besonders *Rebekka verlässt ihr Vaterhaus* von Francesco Solimena heraus. Die Besichtigung führt weiter zu Gemälden aus dem 18. Jh., insbesondere Werken von Pierre Subleyras und Louis-Gabriel Blanchet. Das 19. Jh. ist hauptsächlich durch Landschaften vertreten. Mit großformatigen Gemälden italienischer Meister endet die Ausstellung auf diesem Stock in der **Großen Galerie**. Das *Rez-de-marine (Erdgeschoss zum Meer hin)* zeigt Werke des Ersten und Zweiten Kaiserreichs.

Chapelle impériale – *Öffnungszeiten wie Musée Fesch – 1,50 € (Kinder unter 16 Jahre: Eintritt frei), Ticketverkauf im Musée Fesch.* Die Kaiserliche Kapelle wurde 1857 von Napoleon III. als Grabstätte der kaiserlichen Familie im Stil der Neorenaissance erbaut. Die große Kuppel mit Trompe-l'oeil-Malerei von Jérôme Maglioli aus Ajaccio sowie die Glasfenster zieren die Wappen von Kardinal Fesch. Den Hochaltar schmückt eine koptische Christusdarstellung, die General Bonaparte seiner Mutter bei der Rückkehr aus Ägypten zum Geschenk machte. In der Krypta unter der Kuppel und neben den Treppen zur Krypta ruhen Mitglieder der Familie, darunter Charles Marie Bonaparte, dessen Frau Letizia Ramolino und deren Halbbruder, Kardinal Fesch.

Bibliothek im Palais Fesch – *50 rue du Card.-Fesch – ✆ 04 95 51 13 00 – tgl. außer Sa/So und Fei – Eintritt frei.* Die Bibliothek nimmt das Erdgeschoss des Palais Fesch ein. 1801 wurde sie vom damaligen Innenminister Lucien Bonaparte mit einem Bestand von Werken gegründet, die man während der Revolution konfisziert hatte; 1868 richtete man die Sammlung in diesen Räumen ein.

Maison Bonaparte★

Rue St-Charles – ✆ 04 95 21 43 89 – www.musee-maisonbonaparte.fr – ♿ – tgl. außer Mo – 5 € (Kinder unter 18 Jahre: 3 €), erster So im Monat Eintritt frei; Kombiticket mit drei weiteren Museen 10 €.
Napoleons Geburtshaus steht an der **Place Letizia**. Hier befindet sich eine Büste, die Napoleons Sohn, den „König von Rom", als Kind zeigt.

Die Besichtigung beginnt im 2. Stock.

2. Stock – Die vier hellen Räume mit Deckenmalereien im italienischen Stil sind mit Terrakotta gefliest. Eine große Landkarte (1740) von Hyacinte de la Pegna illustriert die Einteilung der Regionen und Städte Korsikas im 18. Jh. Die Informationstafeln und Dokumente bringen dem Besucher die bewegte Geschichte des Hauses nahe.

1. Stock – Der Raum, der als **Geburtszimmer** Napoleons gezeigt wird, besitzt seine ursprüngliche Ausstattung zwar nicht mehr, ist aber seit langem eine Art Wallfahrtsort. Zu sehen ist dort ein italienischer Sekretär aus dem 18. Jh. mit Einlegearbeiten und eine Elfenbeinwiege, die Bonaparte seiner Mutter aus dem Orient mitbrachte. Der Salon im Stil von Ludwig XVI. und das Schlafgemach von „Madame Mère" beeindrucken durch ihre reiche Ausstattung. Neben dem Speisesaal im Directoire-Stil besticht die 16 m lange **Große Galerie** durch ein schönes Parkett aus Nussbaum und eine Decke im italienischen Stil. Der Salon verbindet das Haupthaus mit dem **kleinen Haus** mit seinem Musikzimmer und zwei Schlafräumen. In einem dieser Räume soll es eine Falltür Bonaparte ermöglicht haben, mit Marschall Berthier und Marschall Murat ungesehen das Haus zu verlassen. So konnte er vermeiden, dass „sein Herz schwach werde vor seinen gutherzigen Freunden", die er verlassen musste.
Die Besichtigung endet in den Gewölben im Untergeschoss.

Salon napoléonien★

Place Foch – ✆ 04 95 51 52 62 – Mitte Juni-Mitte Sept. tgl. außer Mo-vormittag, Mitte Sept.-Mitte Juni tgl. außer Sa/So, Fei geschl. – 2,30 € (Kinder unter 15 Jahre: Eintritt frei).
Das Museum befindet sich im 1. Stock des Rathauses. Es zeigt Erinnerungsstücke, Dokumente und Bilder mit Bezug zum Kaiser und seiner Familie. Die Marmorstatue in der Eingangshalle, die Napoleons Bruder Jérôme Bonaparte darstellt, stammt von dem Bildhauer J. F. Bosio (1812).

Die Maison Bonaparte im Wandel der Zeiten

Heute erinnert das Innere des Hauses kaum noch an die Casa Buonaparte, die der junge Napoleon kannte. 1682 ging das Anwesen in den Besitz der Familie Bonaparte über. Charles Bonaparte bewohnte ab 1743 Erdgeschoss und erstes Obergeschoss, seine Cousins residierten im zweiten Obergeschoss. 1793 mussten die Bonapartes unter der Bedrohung der Anhänger Paolis aus Ajaccio fliehen. Das Haus wurde verwüstet. In der Zeit der englischen Besatzung (1794-1796) wohnte dort – Ironie des Schicksals – Hudson Lowe, späterer Kerkermeister Napoleons auf St. Helena. Als Napoleons Mutter 1797 nach Ajaccio zurückkehrte, konnte sie das Haus dank einer Entschädigungszahlung instand setzen. Das heutige Mobiliar stammt aus dieser Zeit. Bonaparte stattete bei seiner Rückkehr aus Ägypten 1799 dem Familienbesitz einen letzten Besuch ab. 1805 vermachte der Kaiser das Haus dem Cousin seiner Mutter, André Ramolino. 1923 schenkte ein Nachkomme König Jérômes den Besitz dem Staat.

Grand Salon – zu sehen ist eine Kopie der Taufurkunde Napoleons (21.07.1771), außerdem Porträts von Mitgliedern der Familie Bonaparte. Unter den Büsten ist die von **Letizia** bemerkenswert, die auf der Höhe des Ruhms nicht müde wurde zu wiederholen: „Meine sieben oder acht Herrscher werde ich eines Tages alle am Hals haben." Die Büste des Königs von Rom als Kind, ein Werk von Barolini, stand in der Schlafkammer des Kaisers während des Exils.

Salle des Médailles – Im Medaillensaal ist eine Münz- und Medaillensammlung (218 Teile) aus Gold, Silber und Bronze (1797-1876) ausgestellt, ein Vermächtnis an die Stadt von Prinz Napoleon, dem Sohn König Jérômes, sowie eine zweite Sammlung (Vognsgaard), die das Museum 1974 erhielt. Beachten Sie beim Eintreten linker Hand eine mit Diamanten besetzte Bonbonniere mit dem Bildnis von Prinz Jérôme.

Noch ein Kaiser!

Der aus Ajaccio stammende Sänger **Tino Rossi** (1907-1983) begann seine Künstlerlaufbahn im Alter von 20 Jahren im Alcazar in Marseille, bevor er in den Revuen von Vincent Scotto und dem Film *Marinella* (1936) auch in Paris Anerkennung fand. Die Fans des bekannten Interpreten von *Petit Papa Noël* pilgern bis heute zu seinem **Geburtshaus** *(45 rue Card.-Fesch)* und versammeln sich an seinem Grab.

Musée „A Bandera"

1 rue du Gén. – Levie – Anfang Juli-Mitte Sept. tgl. außer So-nachmittag, sonst tgl. außer So, 1. Mai und 25. Dez. – 4 € (Kinder unter 10 Jahre: Eintritt frei).

Bevor man auf Entdeckungstour geht, erhält man in den Sammlungen dieses Museums eine umfassende **Einführung in die Geschichte der Insel**. Die Fassadenmalerei mit einem Fresko in Trompe-l'oeil-Manier des Malers Campana zeigt die wichtigsten historischen Persönlichkeiten Korsikas. Die Sammlungen vermitteln einen informativen Einblick in die bewegte Geschichte Korsikas. Der erste Saal ist der Urgeschichte von der Megalithepoche bis zur Antike gewidmet. Im zweiten Saal illustrieren Schiffsmodelle, Landkarten, Stiche, Waffen und ein Diorama die Invasion der Sarazenen (ab dem 9. Jh.). Der dritte Saal beschäftigt sich mit den Unabhängigkeitskriegen (1729-1769), besonders mit der entscheidenden Schlacht von Ponte-Nuovo 1769. Die anschließenden Räume zeigen, welchen Platz Korsika in den großen Konflikten der letzten beiden Jahrhunderte eingenommen hat und dokumentieren die Aktivitäten der Résistance im Zweiten Weltkrieg.

Ziel in der Umgebung

Les Milelli

5 km im Nordwesten Ajaccio auf dem Cours Napoléon verlassen und kurz hinter dem Bahnhof links in die Route d'Alata (D 61) abbiegen; nach dem Kreisverkehr nochmals links halten und der ansteigenden Straße folgen (Hinweisschild).

Das seit Jahren verlassene **ehemalige Landhaus der Familie Bonaparte** kann selbst noch nicht besichtigt werden. Bis die Pläne für die Einrichtung eines Museums einmal umgesetzt sind, kann man jedoch im Schatten eines jahrhundertealten **Olivenhains★** um das Anwesen herum spazieren. Die Olivenbäume werden wieder gepflegt, und ein Verein hat mit der Kleinproduktion von Olivenöl begonnen.

Weiter unten eignet sich ein kleines und neu angelegtes **Arboretum** für einen angenehmen Spaziergang mit Kindern.

Refugium der Familie Bonaparte

Als die Bonapartes im Mai 1793 ihr Haus in Ajaccio verlassen mussten, flüchtete sich Letizia in Begleitung ihrer Töchter Elisa und Pauline sowie des Kardinals Fesch nach **Les Milelli**. In der Nacht zum 1. Juni gelang es ihr, die Region Ajaccio mit den Ihren zu verlassen, indem sie einen Bogen um die Stadt über den Monte Sant'Angelo schlug und zum Turm von Capitello gelangte. Nach seiner Rückkehr aus Ägypten suchte auch Bonaparte am 2. und 3. Oktober 1799 in Begleitung von Murat und Lannes Les Milelli auf.

Tipps und Adressen

Allgemeine Hinweise

Office de tourisme – *3 bd du Roi Jérôme – ✆ 04 95 51 53 03 – www.ajaccio-tourisme.com*

Maison d'information du Parc naturel régional Corse – *2 rue Sergent-Casalonga – 20184 Ajaccio – ✆ 04 95 51 79 00 – www.parc-naturel-corse.com*

Museen – Im Tourismusbüro oder beim ersten Besuch eines Museums in Ajaccio können Sie den Museumspass **Ajaccio-passmusées** kaufen *(10 €)*. Er gilt sieben aufeinanderfolgende Tage. Sie können damit zwischen dem 1. April und dem 30. Okt. alle Museen der Stadt besichtigen.

Verkehrsmittel

AM FLUGHAFEN

Der Flughafen **Campo dell'Oro** *(s. S. 374)* liegt 8 km östl. vom Zentrum an der N 196.

Bus – Linie 8: Busbahnhof-Flughafen – *Auskunft: TCA-Geschäftsstelle – 75 cours Napoléon – Ajaccio – ✆ 04 95 23 29 41 – www.bus-tca.fr – Fahrzeit 15 –20 Min. – 4,50 €.* Abfahrt am Busbahnhof (Stadtzentrum) 6.04-19.25 Uhr; Abfahrt am Flughafen (beim Verlassen der Ankunftshalle rechts) 9-23.15 Uhr. Der Fahrplan ist auf Start- und Landezeiten der Flugzeuge abgestimmt.

Taxi – Fahrtkosten nach Ajaccio zwischen 17,10 € und 24,88 € (Änderungen möglich!).

IN AJACCIO

Hafenbahnhof (Gare maritime) – *Quai L'Herminier.* Hier fahren die Fähren ab.

Bahnhof (Gare ferroviaire) – *✆ 04 95 23 11 03* – Tägliche Verbindungen nach Bastia *(4 Std.)* über Corte.

Reisebusse (Autocars) – *Busbahnhof – Quai L'Herminier – ✆ 04 95 51 55 45* – bis zu acht Busgesellschaften verkehren zwischen den wichtigsten Orten auf Korsika.

Autovermietung (Location de voitures) Die wichtigsten Autovermieter finden Sie am Flughafen *(s. S. 377)*.

Die wichtigsten Autovermieter in der Stadt:

Europcar – *16 cours Grandval (in der Nähe der Place du Diamant) – ✆ 08 25 35 83 58*

Hertz – *8 cours Grandval – ✆ 08 25 86 18 61*

Übernachten

Hôtel Kallisté – *51 cours Napoléon – ✆ 04 95 51 34 45 – www.cyrnos.net – 45 Zi: 76 € – 7,50 €.* Das Haus im Zentrum mit seiner farbigen Fassade und dem überwölbten Portal stammt von 1864 und hat sich seinen Charakter bewahrt. Die Zimmer sind modern und komfortabel. Außerhalb der Saison sehr günstige Preise.

Hôtel Le Dauphin – *11 bd Sampiero – ✆ 04 95 21 12 94 – www.ledauphinhotel.com – 39 Zi: 60/75 € – Rest. 12/18 € – P.* Das Hotel liegt am Hafen und in der Nähe des Stadtzentrums und daher günstig, wenn man mit der Fähre ankommt. Einige der Standardzimmer haben einen Balkon direkt zum Meer hin. Restaurant-Pizzeria mit vernünftigen Preisen.

Amaury de Valroger / MICHELIN

Ajaccio ist einer der korsischen Häfen, die von Fähren bedient werden.

Hôtel Marengo – *2 rue Marengo – ✆ 04 95 21 43 66 – www.hotel-marengo.com – 6. Nov.-24. März geschl. – 17 Zi: 69/79 € – 7 €.* Preisgünstiges kleines Hotel, nicht sehr zentral, dafür recht ruhig gelegen. Helle, einfache und ordentliche Zimmer. Freundlicher Empfang.

Hôtel Spunta di Mare – *Quartier St-Joseph – ✆ 04 95 23 74 40 – www.hotel-aspuntadimare-corse.com – 59 Zi: 73/95 € – Rest. 16 € – P.* Von der Terrasse und den meisten Zimmern dieses Hotels, zwischen Zentrum und Flughafen gelegen, sieht man auf den Golf von Ajaccio. Zweckmäßige Zimmer (Klimaanlage) mit buntem Mobiliar.

Hôtel San Carlu – *8 bd Casanova – ✆ 04 95 21 13 84 – www.hotel-sancarlu.com – 20. Dez.-31. Jan. geschl. – 40 Zi: 80/130 € – 9 €.* Von einigen Zimmern aus sieht man auf das Meer oder die Zitadelle. Das Hotel liegt an einem belebten Boulevard, ist aber gut schallisoliert und klimatisiert.

Hôtel Impérial – *6 bd Albert 1er – ✆ 04 95 21 50 62 – Jan.-Feb. geschl. – 44 Zi: 120/140 € – 7 €.* Der Sohn der Familie, ein Kunstmaler, hat den Anstoß zur Umgestaltung und Renovierung des Hotels gegeben. Die beiden Trümpfe sind aber weiterhin die schöne Lage etwas außerhalb des Stadtzentrums und die Nähe zum Strand.

Essen und Trinken

Steuern Sie das Casino an, denn in seiner Umgebung konzentrieren sich die Kneipen und Restaurants, die lange geöffnet haben. In den Sommermonaten wird zudem jeden Freitag eine „Einkaufsnacht" organisiert: Die Geschäfte haben bis Mitternacht geöffnet, es gibt verschiedene Veranstaltungen auf den Straßen und Konzerte.

De France – *59 rue du Card.-Fesch – 04 95 21 11 00 – Nov.-Dez., Mo-mittag und So geschl. – 17/22 €.* Überwölbter Speisesaal am Ende der Fußgängerzone. Die Einrichtung ist rustikal und gemütlich. Auf der Speisekarte stehen klassische und regionale Gerichte.

L'Aéro Club – *Campo dell'Oro – 04 95 10 08 93 – 10-15 Uhr, So geschl. – 18 €.* Sehr praktische Adresse in Nähe des Flughafens. Einfaches, unkompliziertes Essen, Snacks und einige warme Gerichte. Hier kann man gut vor dem Abflug einkehren. Moderne Einrichtung im Bistro-Stil.

Le Grand Café Napoléon – *10 cours Napoléon – 04 95 21 42 54 – 24. Dez.-1. Jan., Sa-abend, So und Fei geschl. – 17/45 €.* Auf der schönen Terrasse kann man einen Apéritif einnehmen. Für das Mittagessen, Abendessen oder einen Imbiss am Nachmittag steht der große Saal im Empire-Stil zur Verfügung. Dieses prachtvolle Haus zählt zu den ältesten in Ajaccio.

Marinella – *Route des Îles Sanguinaires – Pointe du Scudo – 5 km westl. von Ajaccio – 04 95 52 07 86 – Dez. geschl. – 20, 25/ 40, 45 €.* Nehmen Sie Platz auf der Terrasse direkt am Wasser ganz in der Nähe des Hauses, wo der berühmte korsische Sänger Tino Rossi lebte. Genießen Sie im Tontopf gegartes Lamm, Fischgerichte des Tages, Nudelgerichte und die Pizza aus dem Holzofen.

U Pampasgiolu – *15 rue de la Porta – 04 95 50 71 52 – 22/24 €.* Speisesaal mit Gewölbe, wo man ein reichhaltiges Menü korsischer Gerichte auf einem Holzbrett serviert: Eine Art geselliger und origineller Brunch auf korsische Art, ein *spuntinu*.

Le 20123 – *2 rue du Roi-de-Rome – 04 95 21 50 05 – Mitte Jan.-Mitte Feb., Mo und mittags geschl. – Nur mit Reserv. – 32 €.* Authentische Küche aus dem Taravo-Tal und ein malerisches Ambiente, das an ein korsisches Dorf erinnert. Hier findet man ein Plätzchen am Brunnen, dort einen rustikalen Raum mit Kamin. Nicht einmal die Kulisse einer Schäferei fehlt!

U Licettu – *Plaine de Cuttoli – 20167 Cuttoli – 15 km nördl. von Ajaccio auf der Route de Bastia, dann auf der Route de Cuttoli (D 1) und der Route de Bastelicaccia – 04 95 25 61 57 – Jan., So-abend und Mo geschl. außer Juli-Aug. – Nur mit Reserv. – 36 €.* Eine Villa mitten in der Macchia, in der man nach Herzenslust die korsische Küche genießen kann! Terrasse, Garten und ein Kamin, in dem das Fleisch gebraten wird. Freundliche Bedienung.

Am Abend

Au Son des Guitares – *7 rue du Roi-de-Rome – 04 95 51 16 47 – Juni-Okt. 22.30 bis 2 Uhr.* Seit 60 Jahren pflegt das Nachtlokal die Erinnerung an den Sänger Tino Rossi. Traditionelle korsische Live-Musik, darunter Lieder, die von den Menschen und der Geschichte Korsikas erzählen.

L'Entracte – *Boulevard Pascal-Rossini – 04 95 50 40 65 – www.casino-ajaccio.com – tgl. außer So und Mo ab 23 Uhr.* Restaurant-Pianobar im selben Gebäude wie das Casino. Der Rahmen ist chic und elegant, das wöchentlich wechselnde Musikprogramm hat Qualität. Schönes Lokal, um den Abend musikalisch zu beschließen.

Le Pavillon Bleu – *26 cours du Gén.-Leclerc – 04 95 51 12 90 – tgl. außer So 6.30-2 Uhr.* Unter der Leitung des früheren Fußballstars Charly Taverni ist das Lokal eine Hochburg der korsischen Fiesta geworden. In der eleganten Ausstattung in Blau und Weiß, die einer Schiffskabine nachempfunden ist, treten regelmäßig die besten Sänger und Musiker Korsikas auf.

Einkaufen

Atelier du Couteau – *2 rue Bonaparte – 04 95 10 16 52 – www.latelierducouteau.fr – tgl. 9-12 und 14-19 Uhr, So und Fei geschl.* Laurent Bellini lässt die Kunden an seiner Leidenschaft für die handwerkliche Herstellung von Messern und Schneidgeräten teilhaben: In dem modernen Laden finden Sie eine große Auswahl an traditionellen Messern, Repliken alter Modelle, personalisierte Modelle sowie eine Stilettsammlung.

Casa Napoleon – *3 rue du Card.-Fesch – 04 95 21 47 88 – www.corsicagastronomia.com – Juli-Aug. tgl. 9-20 Uhr, im Winter 9-12.30 und 14.30-19 Uhr, So geschl.* Dieser Laden in der Nähe des Fischmarkts hat das ganze kulinarische Korsika im Sortiment: Weißweine vom Cap Corse, Rotweine aus Ajaccio, aus Patrimonio und aus dem Sartenais, Liköre, Ziegen- und Schafskäse vom Bauernhof, *poutargue* (geräucherter Meeräschenrogen) sowie *canistrelli* (Anisgebäck).

Confiserie de la Cité Impériale – *Route de Cargèse – 8 km nordöstl. von Ajaccio über die N 194 und die D 81 – 20167 Alata – 04 95 10 82 33 – www.confiserie-imperiale.com – tgl. 8.30-12.15 und 15-19 Uhr,*

Jan.-Feb. geschl. Wohl die beste Confiserie der Insel: Hier bekommt man Nougat mit Edelkastanie, Myrtenschnaps oder Feige. Bei der Besichtigung der Versuchsküche verrät man Ihnen vielleicht das eine oder andere Geheimrezept.

Enoteca – *2 rue Mar.-Ornano – ✆ 04 95 21 52 69 – tgl. 9-12.30 und 16-19.30 Uhr (Juli-Aug. 20 Uhr).* Der Laden bietet eine fantastische Auswahl an Weinen. Monsieur Bungelmi wählt nur die Spitzenjahrgänge der korsischen Weine und ist ständig unterwegs, um exzellente Tropfen aufzustöbern. Der Laden ist auch eine gute Adresse für ausländischen Wein und Champagner. Weinprobe.

Halles aux Poissons – *Place du Marché – tgl. außer Mo 7-13 und 17-19 Uhr, Juli-Aug. zudem So 17-19 Uhr.* In den komplett renovierten Hallen bieten etwa 15 Fischhändler den Tagesfang feil, der ausschließlich aus den korsischen Küstengewässern stammt. Die Auswahl ist groß: Langusten, Hummer, Wolfsbarsch, Muscheln, Petersfisch, Dorade, Zackenbarsch, Austern, Rochen …

La Maison du Corail – *1 rue du Card.-Fesch – ✆ 04 95 21 47 94 – www.maisonducorail.fr – Juni-Sept. tgl. außer So 9.30-12.30 und 14.30-19.30 Uhr, Okt.-Mai tgl. außer So und Mo 9-12 und 14.30-19 Uhr, Feb. geschl.* In diesem großartigen Laden finden Sie prächtigen Korallenschmuck. Die schönsten Stücke sind aus roter Koralle, die direkt vor den korsischen Küsten geerntet wird.

Marché central – *Square Campinchi – tgl. 7.30-12 Uhr, außerhalb der Saison Mo geschl.* Auf diesem Markt sind alle Köstlichkeiten Korsikas präsentiert. Die Stände bieten Fleisch- und Wurstwaren, Käse, Gebäck, Obst und Gemüse an. Man findet zudem Kleinproduzenten von Konfitüren, Honig und Olivenöl. Am Wochenende überfüllt.

Pantalacci – *1 bd Pugliesi-Conti – ✆ 04 95 21 15 28 – tgl. außer Mo 8-12.30 und 15.45-19.30 Uhr, Okt. geschl.* Die Metzgerei ist seit vier Generationen in Familienbesitz und bietet ausgezeichnete Produkte. Hier gibt es korsische Spezialitäten wie *coppa, lonzu, prisuttu* (luftgetrockneter Schinken) und *figatellu* (Leberwurst).

Sport und Freizeit

Petit train des îles – *Place Foch – ✆ 04 95 51 13 69 oder 04 95 21 10 23 – www.petit-train-ajaccio.com – Abfahrt stündlich, im Sommer auch nachts.* Lassen Sie sich auf einer der beiden Strecken im Touristenbähnchen spazierenfahren: Besuch der Hauptsehenswürdigkeiten von Ajaccio *(45 Min., 7 €)*; Spazierfahrt durch die Stadt und auf der Route des Sanguinaires mit Halt an der Pointe de la Parata *(1 ½ Std., 10 €)*.

Am alten Hafen von Ajaccio herrscht ein buntes mediterranes Treiben.

SCHIFFSFAHRTEN

Nave Va – *15 bd Sampiero – ✆ 04 95 21 83 97 – www.naveva.com* – Kommentierte Schiffsfahrten ab Ajaccio, Porticcio, Sagone und Cargèse: Naturschutzgebiet Scandola, Girolata, Capo Rosso, Calanques von Piana, Felsen von Bonifacio. Ab Porto: Naturschutzgebiet Scandola, Girolata, Calanques von Piana, Capo Rosso.

Port de plaisance Charles-Ornano (Jachthafen) – *(oder Admiralität) – Avenue Charles-Bonaparte – ✆ 04 95 22 31 98 – in der Saison tgl. 7-21 Uhr, außerhalb der Saison Mo-Fr 8.30-12 und 14-18 Uhr.* Etwa 830 Plätze, davon 160 für Durchreisende reserviert.

Port de plaisance Tino-Rossi (Jachthafen) *Quai de la Citadelle – ✆ 04 95 51 55 43 – in der Saison 8-21 Uhr, außerhalb der Saison 8-12 und 14-18 Uhr, 25. Dez. und 1. Jan. geschl.* Ca. 260 Plätze, davon 100 für Durchreisende reserviert.

Spazierfahrten auf dem Meer – *✆ 06 24 69 48 80 – www.decouvertes-naturelles.net* – Ausfahrten im Schiff zu den Îles Sanguinaires, zum Naturschutzgebiet Girolata, nach Bonifacio und zu den Îles Lavezzi.

Feste und Events

Prozession von St-Érasme – Am 2. Juni zieht eine Prozession mit der Statue des hl. Erasmus, dem Patron der Seeleute ans Meer. Sie versammelt die zivile wie militärische Obrigkeit, die Kirche und eine halb andächtige, halb fröhliche Menge.

Régates impériales (Regatten) – *www.regates-imperiales.com* – Sieben Tage mit Regatten und Veranstaltungen rund um Traditionsjachten in der zweiten Maihälfte.

Journées napoléoniennes (Napoleon-Tage) – *Auskunft im Tourismusbüro.* Um den 15. August sind drei Tage dem berühmtesten Sohn Ajaccios gewidmet mit historischen Szenen, Biwaks und Umzügen.

Golfe d'AJACCIO★★

CORSE-DU-SUD (2A) – UMSCHLAGKARTE VORNE A5 – MICHELIN LOCALKARTE 345 A7-B7

Dies ist der ausgedehnteste und tiefste Golf Korsikas. Vom Nordufer zwischen der Pointe de la Parata und Ajaccio blickt man auf die rötlich schimmernden Îles Sanguinaires. Das Südufer ist von größeren und kleineren Buchten unterbrochen, die durch felsige Halbinseln wie die Pointe de Porticcio, die Pointe de Sette Nave oder die Pointe de la Castagna begrenzt werden. Berühmt ist der Golf von Ajaccio für seine sanften Uferlandschaften, seine Ruhe und Harmonie.

S. Sauvignier / MICHELIN

Die Îles Sanguinaires wurden zum Wasserschutzgebiet erklärt.

Wegweiser – Fast die gesamte Küste ist durch Straßen erschlossen: Am Nordufer entlang führt die Route des Sanguinaires, in Richtung Süden die D 155 bis nach Portigliolo.

Unbedingt sehenswert – Der Sonnenuntergang an der Pointe de la Parata.

Gut geplant – Bei den nachfolgenden Ausflügen wird jeweils die Dauer angegeben; nicht berücksichtigt sind dabei Badepausen. Für einen Ausflug auf die Îles Sanguinaires (nur nachmittags) planen Sie etwa 2 ½ Std. ein, 1 Std. Aufenthalt mitgerechnet.

Mit Kindern – Eine Schiffsfahrt, ein kurzer, spielerisch-lehrreicher Spaziergang auf dem Myrtenweg, für eine erfrischende Erholungspause ein Besuch im Aqua-Funpark Acqua Cyrné Gliss *(s. Tipps und Adressen)*.

Orte in der Nähe – AJACCIO

Geschichte und Geschichten

Spiel der Farben – Die Namen der Orte sprechen für sich: Die **Îles Sanguinaires** („Blutinseln") bestehen aus Felsen in einem tiefen Blutrot. Campo dell'Oro („Goldfeld") heißt die gelbe Anbaufläche direkt hinter dem Flughafen. Der Name stammt wahrscheinlich von dem früher dort angebauten Getreide; das Meer schließlich entfaltet im gesamten Golf seine intensiven Blautöne. Somit sind die drei Primärfarben vertreten und lassen eine reiche Palette von Grün-, Orange- und Violetttönen entstehen. Hinzu kommt noch eine grauweiße Nuance durch die glitzernde Plage d'Argent, den „Silberstrand".

Briefe aus meiner Mühle – **Alphonse Daudet** bewohnte 1863 den Leuchtturm auf den Îles Sanguinaires und widmete der großen Insel einen seiner *Briefe aus meiner Mühle:* „Stellen Sie sich eine recht ungezähmte Insel vor: An einer Spitze steht der

Leuchtturm, an der anderen ein alter genuesischer Turm, in dem während meines Aufenthalts ein Adler wohnte. Unten am Ufer werden die Ruinen einer ehemaligen Quarantänestation vom Gras überwuchert; daneben gibt es Schluchten, Macchia, große Felsen, einige wildlebende Ziegen, Ponys, die mit wehender Mähne herumspringen; oben schließlich, ganz weit oben, befindet sich, umschwärmt von Seevögeln, die Wohnung des Leuchtturmwärters mit einer Plattform aus weißem Mauerwerk ..."

Ausflüge

Die Îles Sanguinaires★★

Wenn Sie mit dem Auto möglichst nah an die Îles Sanguinaires heranfahren möchten, verlassen Sie Ajaccio Richtung Westen auf der Route des Sanguinaires (12 km), die zur Pointe de la Parata führt. Am besten eignet sich natürlich eine Schifffahrt.

Diese vier schroffen kleinen Inseln, die von klarem Meerwasser umspült werden, bieten alles, was sich ein Besucher von Korsika nur wünschen kann. Die Felsformationen aus dunkelrotem Porphyrgestein sind der Pointe de la Parata vorgelagert und verteilen sich wie Wachposten am Eingang des Golfs. Das Licht der untergehenden Sonne taucht sie in warmes Rot und in Ockertöne.

Über den Namen der Inselgruppe wird viel spekuliert. Vermutlich stammt er von der Bezeichnung *sagonarii* („am Eingang zum Golf von Sagone gelegen").

Ausflüge mit dem Boot★★

✆ 06 24 69 48 80/81 – www.decouvertes-naturelles.net – tgl. Fahrten zu den Îles Sanguinaires, ab dem Hafen Tino Rossi in Ajaccio Abfahrt um 14 Uhr, ab dem Hafen von Porticcio Abfahrt um 14.30 Uhr – Dauer 3 Std. – 22 € (Kinder von 5-10 Jahren: 11 €).

Bei dieser Ausflugsfahrt im Schnellboot gewinnt man einen schönen Überblick über Ajaccio. Das Boot fährt entlang der Nordküste des Golfs, von der Pointe de la Parata, die von einem genuesischen Turm gekrönt wird, quert dann die offene See und legt an der **Grande Sanguinaire** an, der bedeutendsten der vier Inseln des Archipels. 1503 erhielt die ligurische Familie Ponte die Grande Sanguinaire unter der Bedingung, dort 800 Weinstöcke und 600 Obstbäume anzupflanzen. Die Insel hat sich ihren Charakter bewahrt, doch sieht man dort heute weder die von Daudet beschriebenen Adler noch Wildziegen oder Ponys. Auf der Grande Sanguinaire erheben sich ein Leuchtturm mit Blinkfeuer, ein Signalmast und ein verfallener Turm. Gehen Sie am Ufer entlang bis ans Ende der Insel oder besteigen Sie den Leuchtturm. Von beiden Stellen aus bietet sich eine prachtvolle **Aussicht**★★ über den Golf.

1 Route des Sanguinaires und Pointe de la Parata★

29 km – etwa 1 ½ Std. – s. Kartenskizze S. 87 – Ajaccio auf der D 111 verlassen.

Die Straße führt an der Nordküste des Golfs über die *Corniche Ajaccienne* („kurvenreiche Küstenstraße"), entlang durch die Wohnviertel am Fuß der Kammlinie. Schöne kleine Strände liegen an dem weiten Golf. Zwischen der Chapelle des Grecs („Kapelle der Griechen") und Scudo bilden eindrucksvolle Grabkapellen einen Kontrast zu den Villen, Wohnhäusern, Hotels und Restaurants, die bis zur Pointe de la Parata auf den Anhöhen und an der Straße zu sehen sind. Die Straße führt vorbei an Stränden mit feinem Sand, der von kristallklarem Wasser umspült wird. Dort gibt es kleine Bars, von denen aus man herrliche Sonnenuntergänge bewundern kann.

Chapelle des Grecs

Gleich hinter der Place Emmanuel-Arène steht linker Hand die Kapelle der Griechen. Der schlichte Barockbau erinnert an die griechische Gemeinde, die sich 1731 nach ihrer Vertreibung aus Paomia in Ajaccio niederließ und schließlich in Cargèse sesshaft wurde *(s. S. 198)*. Rechts neben der Kapelle führt ein Weg hinunter ans Meer.

Weiter auf der D 111.

Marinella

Diesen schönen, von Tino Rossi besungenen Strand, bedeckt feiner weißer Sand. Am Wochenende wird er von vielen Einwohnern Ajaccios bevölkert.

Weiter auf der D 111, bis die Straße auf den Parkplatz auf einem Felsvorsprung stößt.

Amaury de Valroger / MICHELIN

Der Strand von Marinella zählt zu den schönsten Stränden bei Ajaccio.

Pointe de la Parata

Überragt wird der Küstenvorsprung aus schwarzem Granit von der **Tour de la Parata**, einem von den Genuesen erbauten Turm zum Schutz der Insel vor den Sarazenen. Jahr für Jahr kommen mehr als 450 000 Touristen an den meistbesuchten Ort Ajaccios. Ruhiger ist es hier frühmorgens oder spät am Abend!

30 Min. hin und zurück. Der Pflasterweg führt zum Ende des Küstenvorsprungs. Dort bietet sich ein schöner **Blick★★** auf die Îles Sanguinaires und man kann den genuesischen Turm besteigen. Am Weg stehen Hinweistafeln zur Botanik.

Die Straße zurückfahren, nach 2 km links in die D 111[B] Richtung „Capo di Feno" abbiegen (gleich nach dem Hotel Goéland). Auf dieser Straße 8 km weiterfahren. Sie endet an einem Parkplatz an der Anse de Minaccia. Von hier sind es 100 m zu Fuß bis zum Strand.

Plage de Grand Capo★

Der fast unberührte Strand (auch „Plage de St-Antoine") mit seinem feinen Sand ist von Hügeln mit Krüppelvegetation umgeben. Hier fühlt man sich wie am „Ende der Welt". Die Lage zum offenen Meer und der Wind ziehen Surfer an. Vorsicht: gefährliche Strömungen!

Auf der D 11[B] zurück nach Ajaccio fahren (Route de St-Antoine).

Der Turm von Capitello

Man sieht ihn von der Straße aus, die südlich vom Flughafen verläuft. Der genuesische Turm erinnert an die Flucht der Familie Bonaparte. Nach dem Bruch mit Pasquale Paoli, den Napoleon als Feind der Republik bezeichnet hatte, musste seine Familie im Juni 1793 Korsika verlassen.

2 Südküste des Golfs★★

104 km – etwa 4 Std – s. Kartenskizze S. 87.

Ajaccio auf der N 193 verlassen, weiter auf der N 196 nach Sartène.

Nach der Pointe d'Aspreto lässt man die Straße, die zum **Flughafen Campo dell'Oro** und zum frequentierten Strand Plage du Ricanto führt, rechts liegen.

Die Flüsse Gravona und Prunelli überqueren, rechts auf die D 55 nach Porticcio abbiegen.

Porticcio

Im Sommer Fähre zum Hafen von Ajaccio (s. Ajaccio, Tipps und Adressen).

Dieser Badeort ist eine Touristenhochburg. Man kann sich am Strand vergnügen oder bei einer Thalassotherapie entspannen. Nach Porticcio führt die Straße am Strand **Plage d'Agosta** entlang. Rechts liegt die paradiesische Halbinsel **Presqu'île d'Isolella**.

Die Straße führt um die **Plage de Ruppione** und am Wald von Chiavari vorbei.

Pietrosella (Pitrusella)

Am Ende des Weilers *(Auto auf dem Platz links der Straße abstellen)* beginnt der Spazierweg **Sentier du myrte** *(1 Std.)*, der vom Nationalen Forstamt ONF angelegt und markiert wurde. Er führt mitten durch die duftende Macchia, in der Erdbeerbäume, Myrten, wilde Olivenbäume, Lavendel, Baumheide, Lentisken und Zistrosen mit weißen oder malvenfarbenen Blüten wachsen.

Am **Hafen von Chiavari** fahren Sie rechts auf die *D 155* zur Landzunge von Castagna (Punta di a Castagna). Die Straße folgt der Küste und bietet schöne Ausblicke auf den Golf. Sie erreichen den schönen, feinen Sandstrand **Mare e Sole**, der auch Plage d'Argent (Silberstand) genannt wird.

Am Südende spenden einige Kiefern angenehmen Schatten. Rechter Hand taucht, dicht von Vegetation bewachsen, die Insel Piana auf.

Die Straße folgt nun der kleinen Bucht **Anse de Portigliolo**, die von einem Strand gesäumt wird, bevor sie zu dem Weiler Castagna, der von einem alten genuesischen Turm dominiert wird, ansteigt *(militärisches Sperrgebiet)*. Von hier aus hat man einen wunderschönen Blick über den Golf.

Bis zur Abzweigung zurückfahren und dort rechts Richtung Coti-Chiavari abbiegen (D 55).

Ein Einwanderer, der sich heimisch fühlt: der Eukalyptus

Ursprünglich stammt der Eukalyptus *(Eukalyptus globulus)* aus Australien. Auf Korsika führte man ihn im 19. Jh. zuerst in der Gegend der Strafanstalt Chiavari ein, um das unwirtliche Feuchtgebiet bewohnbar zu machen. Durch seinen großen Wasserbedarf entzieht der Eukalyptus dem Boden viel Feuchtigkeit und fördert damit die Trockenlegung von Sümpfen. Die Blätter des Eukalyptus besitzen zudem antiseptische Eigenschaften und vertreiben Malariamücken.

Auf Korsika wurden im Zuge staatlicher Aufforstungsmaßnahmen von Heideland oder gesundheitsschädlichen Sumpfgebieten bis 1960 auf den Ebenen der Ostküste fast 900 ha Eukalyptuswald aufgeforstet. Coti-Chiavari, Porto-Vecchio, Porto oder Sagone zählen heute dank der eindrucksvollen Größe ihrer Bestände an Eukalyptusbäumen und deren Regenerationseigenschaften zum Naturerbe der Insel.

Forêt de Chiavari★

Die schmale, von majestätischen Eukalyptusbäumen gesäumte Straße führt in den Staatsforst hinein und dann an den Ruinen der **ehemaligen Strafanstalt** vorbei, die 1906 geschlossen wurde. Sie sollten sich auf der großen sandbedeckten Freifläche eine Pause gönnen (idealer Picknickplatz). Vom Rand oberhalb der Küste hat man einen schönen Blick auf den Golf von Ajaccio.

Weiter oben, wo sich die Straße in engen Serpentinen nach Coti hinaufschraubt, bieten etliche Schneisen in der oft undurchdringlich dichten Macchia viele wunderschöne Blicke auf den Golf.

Coti-Chiavari

Der terrassenförmig angelegte Ort wurde im Jahr 1714 von Einwohnern aus der ligurischen Ortschaft Chiavari in der Nähe von Genua gegründet. Die schattige Esplanade bildet einen herrlichen **Aussichtspunkt★**, von dem aus die Pointe de la Castagna und die Îles Sanguinaires gut zu sehen sind.

Richtung Acqua Doria und Halbinsel Capo di Muro weiterfahren.

Links führt ein Weg hinunter an den schönen Strand von **Cala d'Orzo**.

Die Straße endet hier. Lassen Sie das Auto stehen und gehen Sie zu Fuß auf dem (bis auf einige Steinkegel) unmarkierten Weg weiter. An der ersten Abzweigung links den abschüssigen Weg nehmen und an der zweiten Abzweigung nach links geradeaus weitergehen.

Punta Guardiola

1 Std. hin und zurück. Die Landzunge, auf der ein alter genuesischer Turm steht, schließt den Golf von Ajaccio nach Süden hin ab. Zu ihren Füßen breitet sich fast unberührt und dicht bewaldet der wunderbare Golf von **Arena Rossa★** aus.

Zurück nach Coti-Chiavari.

Von dort aus fährt man auf der **Route des Cols★** *(D 55)*, die um den Golf herumführt, zurück nach Ajaccio.

Col de Cortone

Hinter dem **Forêt de Chiavari** bietet sich ein schöner **Blick★** auf den Golf von der Pointe de la Castagna bis zur Pointe de la Parata, im Süden auf den Golf von Valinco.

Col de Chenova

Von hier aus hat man einen wunderbaren Blick auf die Pointe de Sette Nave mit dem alten Wachturm von Isollela, auf die Sanguinaires-Inseln und das Taravo-Tal. Die kleine Straße windet sich mitten durch die dichte Macchia.

Am Col d'Aja Bastiano links abbiegen auf die D 302.

Col de Bellevalle

Blick auf den Golf und die Schwemmlandebene der Gravona.

5 Das Hinterland und das Gravona-Tal★★

40 km von Bocognano nach Ajaccio – s. Kartenskizze S. 87 – s. Bocognano.

Zu Fuß unterwegs

3 Kammwanderweg (Sentier des Crêtes)★

3 Std. Weg – s. Kartenskizze S. 87
Rechts an der Place d'Austerlitz (oder Place du Casone) entlang, weiter auf der ansteigenden Straße. An der Bushaltestelle „Bois des Anglais" links. Auf dem Parkplatz Hinweisschild. Zurück mit der Buslinie 5, die ab der Haltestelle Vignola (im Sommer alle 30 Min.) la Parata mit dem Stadtzentrum verbindet oder 1 ½ Std. zu Fuß. Auch für ungeübte Wanderer geeignet. Der Weg verbindet die Höhen von Ajaccio mit dem Solarkraftwerk Vignola an der „Route des Sanguinaires" und ist gut markiert. Wasser und Sonnenschutz mitnehmen. Bei starkem Wind auf Wanderung verzichten (Brandgefahr!).
Der Weg steigt sanft an und führt durch die Macchia. Oberhalb von Ajaccio bieten sich herrliche Ausblicke über den Golf mit den Îles Sanguinaires. In **Vignola** links am Solarkraftwerk vorbei, bevor man den Strand erreicht, der zum Baden einlädt.

4 Anse de Minaccia (Bucht von Minaccia)★

1 Std. bis Petit Capo, 1 ½ Std. bis Grand Capo (Bucht von Minaccia) – s. Kartenskizze S. 87
Etwa 1 km vor dem Parkplatz von La Parata beginnt etwa 100 m vor der Kapelle, vor der sich ein Obelisk erhebt, ein breiter Feldweg. Leichter Spazierweg. Gute Schuhe und ausreichend Wasser mitnehmen.
Der Weg führt über einen Kamm, der auf beiden Seiten prächtige Ausblicke auf Inseln und Küste bietet, bevor man die Strände von Petit Capo und Grand Capo erreicht.

Tipps und Adressen

Allgemeiner Hinweis

Office de tourisme de Porticcio – *Les Marines II – ✆ 04 95 25 01 01 – www.porticcio.org*

Übernachten

Camping U-Prunelli – *Pont de Prunelli – 20166 Porticcio – 3,5 km nordöstl. von Porticcio über die D 55 (Route d'Ajaccio) – ✆ 04 95 25 19 23 – camping-prunelli@wanadoo.fr – 200 Plätze: 26 € – Reserv. empf. – Bewirtung.* Schöner, schattiger Platz. Man kann unter der Laube des Lokals flanieren oder im Pool baden. Vermietung von Chalets.

Hôtel Fesch – *7 rue du Card.-Fesch – 20000 Ajaccio – ✆ 04 95 51 62 62 – www.hotel-fesch.com – Mitte Dez.-Mitte Jan. geschl. – 77 Zi: 63/93 € – 7,50 €.* Das charmante Hotel liegt zentral in der Fußgängerzone der Stadt. Alle Zimmer sind mit Mobiliar im korsischen Stil ausgestattet.

Hôtel Kallisté – *Route du Vieux-Molini – 20166 Porticcio – ✆ 04 95 25 54 19 – www.hotels-kalliste.com – Nov.-Ende März geschl. – 9 Zi: 75/180 € – 12 € –* P. Ruhig gelegene Villa mit Garten in einem Wohngebiet von Porticcio. Zimmer zum Meer oder Garten.

Hôtel Le Belvédère – *Cardo – 20138 Coti-Chiavari – ✆ 04 95 27 10 32 – 11. Nov. -15. Feb. geschl. – – 13 Zi: 55 € – 5 € – Rest. 26/28 € –* P. Das Hotel liegt mitten in der Macchia und bietet von den Zimmern und dem Panorama-Speisesaal aus eine herrliche Sicht auf den Golf.

Essen und Trinken

L'Ariadne Plage – *Route des Îles Sanguinaires – 20000 Ajaccio – ✆ 04 95 52 09 63 – Nov.-Anfang Jan. geschl. – 10/40 €.* Von kubanischen und thailändischen Spezialitäten bis zu regionalen Fischgerichten. Für heiße Rhythmen und Stimmung ist gesorgt, vor allem beim Strandkonzert.

Chez Alain – *Am Strand von Agosta – 20166 Porticcio – ✆ 04 95 25 97 54 – Dez.-April So-abend und Mi geschl. – 8/35 €.* Bekannt für seine Muschelgerichte, die mit vielerlei Soßen angeboten werden und absolut frisch sind. Kleine Auswahl traditioneller Gerichte. Einfache Ausstattung, flinke Bedienung, Terrasse am Meer.

Auberge du Prunelli – *20129 Pisciatello – 12 km östl. von Ajaccio über die N 194 und die N 196 – ✆ 04 95 20 02 75 – Jan. und Di geschl. – 20/31 €.* Gemüse aus dem Garten und Gerichte aus einheimischen Erzeugnissen stehen auf der Speisekarte des Lokals in Pisciatello. Gute Hausmannskost.

La Crique – *Am Strand von Agosta – 20166 Porticcio – ✆ 04 95 25 94 73 – 9.-24. Jan., 15. Nov.-6. Dez. und Mo sowie So-abend geschl., 13. Juli-22. Aug. tgl. – 17/25 €.* Getäfelte Wände, Steinbögen und rustikale Tische und Bänke aus Kiefernholz. Wer sich an einen Tisch auf der Terrasse setzt, kann seine Füße fast auf den Strand stellen! Salate, Fisch und regionale Gerichte ohne Schnickschnack.

Chez Séraphin – *Usciatellu-Village – 20167 Peri – ✆ 04 95 25 68 94 – Juli-Sept. tgl. außer Mo, Di-mittag und Mi-mittag, Dez.-Juni Fr, Sa und So – – 42 €.* Sie werden sich in dem Haus aus großen Bruchsteinen heimisch fühlen: An den Wänden des gemütlichen Gastzimmers hängen Porträts der Familie. Aufgetischt wird jeweils ein einziges authentisches korsisches Menü.

Einkaufen

Casa Napoléon – *Centre Commercial de la Viva – 20166 Porticcio – ✆ 04 95 25 17 72 – www.corsicagastronomia.com – Juli-Aug. 8.30-12.30 und 15-19.30 Uhr, Sept.-Juni Mo, Di, Do-Sa 9-12.30 und 15-19 Uhr, Mi, So-vormittag, 9-12.30 Uhr, 1. Nov. geschl.* Die Fleisch- und Wurstwaren, die man hier kaufen kann, sind von außergewöhnlicher Qualität: Feinste Produkte aus dem Fleisch wild lebender korsischer Bergschweine. Die feinen Pâtés, Konfitüren, Nougatprodukte und kandierten Früchte sind alle hausgemacht.

Clos Capitoro – *Route de Sartène – Kreuzung N 196/D 302 – 20166 Porticcio – ✆ 04 95 25 19 61 – www.clos-capitoro.com – tgl. 9-12 und 14-19 Uhr, So und Fei geschl.* Das Weingut Capitoro ist seit 1856 im Besitz der Familie Bianchetti. Hier werden Weine aus Ajaccio mit dem AOC-Label produziert sowie naturbelassene Aperitifweine aus Grenachetrauben und Dessertweine aus Malevoisietrauben: Dieser weiche Wein passt zu Gänseleberpastete *(foie gras)* und weißen Fleischgerichten. Kellereibesichtigung, Weinprobe.

Domaine Comte Peraldi – *Chemin de Stiletto – 20167 Mezzavia – ✆ 04 95 22 37 30 – tgl. 8-12 und 14-18 Uhr, So und Fei geschl.* Das Weingut über dem Golf von Ajaccio ist schon seit dem 16. Jh. im Besitz der Familie Péraldi. Die Fassade der Kellerei schmückt ein Fresko, auf dem das Leben und die Arbeiten auf dem Gut während des Jahreszeitenlaufs dargestellt sind. Die Weine der Domaine Comte Péraldi werden oft prämiert. Die Kellermeister verstehen sich als Botschafter Ajaccios in der Welt der Weinliebhaber. Weinprobe und Verkauf.

Amaury de Valroger / MICHELIN

Taucher des Klubs E Ragnole. Die korsischen Tiefen eignen sich für alle Taucharten.

Samira e Ghjilormu Pierlovisi – a Muresca – *Funtanaccia – 20167 Cuttoli-Corticchiato – ✆ 04 95 25 61 49 – tel. Anm. 9-20 Uhr.* M. Pierlovisi verkauft ausgezeichnete Lebensmittel aus eigenem Anbau und eigener Verarbeitung: Fleisch- und Wurstwaren *(coppa, salamu, prisuttu, lonzu…)*, zertifizierte Bioprodukte aus Edelkastanien wie zum Beispiel mit einer traditionellen Mühle selbst gemahlenes Mehl, köstliche Terrinen und Liköre.

Sport und Freizeit

Wanderer können sich im Tourismusbüro von Ajaccio die kostenlose Broschüre *Balades et découvertes du pays d'Ajaccio* besorgen, in der vier schöne Wanderwege der Region für jeden Schwierigkeitsgrad beschrieben sind.

Acqua Cyrné Gliss – *D 55 – 20166 Porticcio – ✆ 04 95 25 17 48 – www.acquagliss.fr – Juni-Sept. 10.30-19 Uhr – 7-16,50 €.* Im Aqua-Funpark regieren die Wasserrutschen. Fünf Riesenrutschen mit allerlei Rahmenprogramm machen nicht nur kleine, sondern auch größere Gäste glücklich. Spielplätze, Getränke und Imbiss.

TAUCHEN

Maeva Plongée – *Les Marines – 20166 Porticcio – ✆ 04 95 25 02 40 – www.maeva-plongee.com – April-Okt. 8-20 Uhr.* Das seit 1986 in der Marina von Porticcio ansässige Tauchunternehmen organisiert erste Tauchgänge und Ausfahrten für geübte Taucher.

E Ragnole – *12 cours Lucien-Bonaparte, plage Trottel – ✆ 04 95 21 53 55 oder 06 08 47 25 51 – www.eragnole.com – April-Okt. tgl., Nov. und März Sa/So und während der Schulferien 9-18 Uhr, Jan.-Feb. geschl. – ab 30 €.* Das Tauchzentrum bietet erste Tauchgänge, Tauchausfahrten für geübte Taucher (im Golf und außerhalb des Golfs von Ajaccio) und Tagesausfahrten in das Naturschutzgebiet Scandola an. Für Kinder gibt es eigene Kurse und Ausfahrten.

ALÉRIA★

HAUTE-CORSE (2B) – 1966 EINWOHNER –
UMSCHLAGKARTE VORNE C4 – MICHELIN LOCALKARTE 345 G7

Seit den 1950er-Jahren wird die antike Stadt nach und nach freigelegt. Die in Frankreich einzigartige Stätte belegt, dass hier bereits im 6. Jh. vor Christus die griechischen Phokäer siedelten. In bester Lage an der Mündung des Flusses Tavignano, der das Innere der Insel zugänglich machte, und in der Nähe eines natürlichen Hafens gelegen, war das antike Alalia die erste Metropole Korsikas und ein bedeutender Kriegshafen der Römer. Die Stadt erlebte bis zum Fall Roms und den Invasionen der Vandalen Höhen und Tiefen. Heute kann man in Aléria durch die Zivilisationen des Mittelmeerraums reisen und traumhafte Spaziergänge an Lagunen und am Tavignano unternehmen.

Amaury de Valroger / MICHELIN

Fort de Matra – hier ist eine beeindruckende archäologische Sammlung untergebracht.

- **Wegweiser** – Aléria liegt etwa in der Mitte zwischen Bastia und Porto-Vecchio an der N 198. Rund 4 km vom Meer entfernt, erhebt sich in 40 bis 60 m Höhe ein 2 km langes Hochplateau über dem Unterlauf des Tavignano. Im Nordosten liegt der Strandsee Étang de Diane, für die Schiffe der Antike der beste natürliche Schutz an der Küste. Das Museum und die Ausgrabungsstätten der römischen Stadt sind über eine kleine Straße zu erreichen, die von Cateraggio kommend rechts von der N 198 abzweigt.
- **Parken** – Das Auto muss auf dem großen Parkplatz am Fort Matra vor dem Eingang zu den Grabunsgstätten abgestellt werden.
- **Unbedingt sehenswert** – Das Museum Jérôme-Carcopino.
- **Orte in der Nähe** – CERVIONE, GHISONACCIA, Vallée de TAVIGNANO

Geschichte und Geschichten

Attisches Handelskontor – Nachdem die Phokäer (Griechen aus Phokäa, einer Stadt in Kleinasien) Marseille gegründet hatten, richteten sie in Alalia um 565 v. Chr. ein Handelskontor ein und bauten die Stadt nach und nach zur Metropole aus. Durch Schlachten gegen die Etrusker und Karthager stark geschwächt, verlegten die Phokäer schließlich ihre Hauptstadt nach Marseille. Alalia diente ihnen als Einfuhrhafen für Korsika. Der Handel blühte mit Italien, der Provence, Sizilien, Spanien und Nordafrika. Bevor sich die Stadt und das Innere der Insel für andere Zivilisationen des Mittelmeerraums öffneten, unterlagen sie also hellenistischen Einflüssen.

Römischer Flottenstützpunkt – 259 v. Chr. nahm Rom unter Lucius Cornelius Scipio während des ersten Punischen Krieges den Karthagern, die 21 Jahre lang in Aleria (das griechische Alalia) geherrscht hatten, die Stadt ab und begann mit der Eroberung der Insel. Bis in das Jahr 163 v. Chr. musste die Republik zahlreiche Aufstände verschiedener Volksstämme der Insel niederschlagen, wobei Korsika fast die Hälfte seiner Bevölkerung verlor. Die Insel bildete nun zusammen mit Sardinien eine römische Provinz und war der innenpolitischen Willkür der Republik ausgesetzt. Im Jahr 81 v. Chr. verwandelte der römische Diktator Sulla im Zuge einer Strafmaßnahme Aleria in eine Militärkolonie. Später bemächtigten sich nacheinander Pompejus, Cäsar und Octavian dieser strategisch wichtigen Stadt.
Während des römischen Kaiserreichs wurde Aleria zur Hauptstadt der Provinz Corsica, die nun von Sardinien getrennt war. Kaiser Augustus ließ am Strandsee Étang de Diane einen Kriegshafen bauen sowie am Fuß des Plateaus in einer Schleife des Tavignano einen Handelshafen (dort fand man auch Ruinen der Thermen von Santa Laurina aus dem 2. und 3. Jh.) und unternahm weitere umfangreiche Bauarbeiten. Die nachfolgenden Kaiser Hadrian, Caracalla und Diokletian führten die Vergrößerung und Verschönerung der Stadt fort. So gewann Aleria zunehmend Einfluss, und die römische Zivilisation konnte sich auf der Insel ausbreiten. Der langsame Zerfall des Römischen Reiches verschonte aber auch Aleria nicht, das mehr und mehr zusammenschrumpfte. Zudem dezimierte die Malaria die Bevölkerung, im Jahr 456 setzten die Vandalen die Stadt in Brand, und bald darauf wurde das einst blühende Aleria aufgegeben.

Eine lang vernachlässigte Region – Nach dem Abzug der Römer verließ die Bevölkerung auf der Flucht vor Überfällen sarazenischer Piraten die Ebene von Aléria. Das Gebirgswasser sammelte sich in den Böden und ließ ein ungesundes Sumpfgebiet entstehen, in dem sich Malariamücken ungehindert ausbreiteten. Die Ortschaften Ghisonaccia, Aghione und Aléria, die alle von hohem Buschwald umgeben waren, lebten jahrhundertelang mehr schlecht als recht von der Viehzucht und einem Ackerbau, der mit archaischen Werkzeugen betrieben wurde.

1944 spritzten die amerikanischen Truppen, die auf der Ostebene stationiert waren, die Äcker mit DDT und rotteten die Malaria damit endgültig aus. Heute hat sich die Region, die lange die benachteiligtste Gegend Korsikas gewesen war, dank Bewässerung und moderner Ackerbaumethoden in einen üppigen Obstgarten verwandelt.

Sehenswürdigkeiten

Fort de Matra★

Das Museum und der Ort sind über eine kleine Straße zu erreichen, die, von Cateraggio kommend, rechts von der N 198 abzweigt. Während der Saison muss das Auto auf dem Parkplatz am Eingang des Weilers abgestellt werden.
In einem abgelegenen Weiler auf einem Hügel am Ende des Dorfes liegt die Festung Matra. Sie wurde Ende des 15. Jh. an einem bereits befestigten Standort von den Genuesen errichtet, mehrfach umgebaut und erst kürzlich restauriert. In der Festung ist das Département-Museum Jérôme-Carcopino von Aléria untergebracht.

Musée Jérôme-Carcopino★ – *✆ 04 95 57 00 92 – Mitte Mai-Ende Sept. tgl., Okt.-Mitte Mai tgl. außer So, 1. Jan., 1. Mai, 1. und 11. Nov., 25. Dez. geschl. – 2 € (Kinder: 1 €) Kombiticket mit den Ausgrabungen, in der Nacht der Museen Eintritt frei.*
Das Museum, das nach dem korsischen Archäologen Carcopino (1881-1970) benannt ist, zeigt eine umfangreiche Sammlung von Objekten aus der vorrömischen Nekropole und aus der römischen Siedlung Aleria. Diese wurden seit 1955 bei Ausgrabungen gesammelt und von J. und L. Jehasse zusammengestellt. Verschiedene Objekte aus Bronze, Eisen und Glas und vor allem die wert-

Völkervielfalt

Die antike Stadt Aleria wurde im Lauf der Jahrhunderte von verschiedenen Völkern des Mittelmeerraums geprägt: Griechen, Etrusker, Karthager, Römer und Genuesen. Während ihrer Blütezeit hatte die große Metropole sogar bis zu 80 000 Einwohner. Heute leben in dem kleinen Marktflecken lediglich noch an die 2000 Einwohner.

volle **Keramiksammlung★★** zeugen von den ständigen Handelsbeziehungen zwischen Aléria, Griechenland und Italien. Besonders bemerkenswert unter den etruskischen Keramiken sind Weinkannen aus Falerii und eine Reihe bemalter Trinkschalen (Gefäße mit großer Öffnung zum Mischen von Wasser und Wein), darunter die Schale aus Vulci mit der Darstellung des griechischen Helden Peirithoos in der Unterwelt. Die schönsten Exponate der Sammlung stammen aus Attika: eine Schale, die Panaitios zugeschrieben wird (um 480 v. Chr.) und eine weitere Weinkanne, der **Krater des Dinos-Malers** (um 425 v. Chr.), der den sitzenden Dionysos, umgeben von zwei Satyren und einer Nymphe, zeigt.

Kehren Sie an dieser Stelle um. Die Eingangshalle und der sich anschließende Saal widmen sich ausgiebig der römischen Vergangenheit Alérias (Inschriften, Münzen, Amphoren, Öllampen etc.).

Im zweiten Saal wird ein herrlicher Marmorkopf gezeigt: **Jupiter Ammon** mit Widderhörnern, ein Werk aus der Zeit Kaiser Trajans (98-117 n. Chr.).

In den folgenden Räumen sind Objekte aus der Nekropole zu sehen, insbesondere **etruskische Bronzearbeiten** sowie eine Sammlung **attischer Keramik** (Schalen und Krater) aus dem 5. und 4. Jh. v. Chr. mit roten und schwarzen Figuren. Besonders hervorzuheben ist eine Schale mit einer Darstellung von Herakles, wie er den Nemeischen Löwen tötet (470 v. Chr.), und ein Krater des „Pan-Malers" (460 v. Chr.), auf dem Dionysos und Silen bei der Weinlese gezeigt werden.

Beim Verlassen der Festung gehen Sie rechts. Der Weg führt zur 300 m entfernten Ausgrabungsstätte der antiken Stadt.

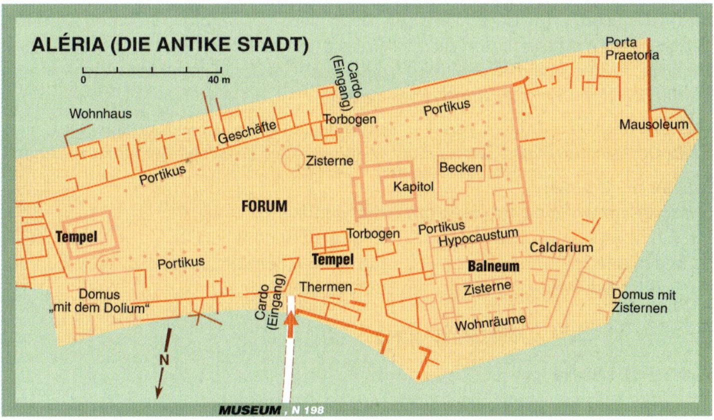

Die antike Stadt★ s. Plan S. 93

✆ 04 95 57 00 92 – Nov.-März tgl. außer So, 1. Jan., 1. Mai, 1. und 11. Nov., 25. Dez. geschl. – 2 € (Kinder unter 10 Jahre: Eintritt frei), Kombiticket mit Musée Carcopino, in der Nacht der Museen Eintritt frei.

Die Grabungen haben das Forum und die Grundmauern der wesentlichsten Monumente der römischen Stadt Aleria freigelegt. Für Nicht-Archäologen wirkt die Stätte, die wieder mit Kiefern und Zypressen bepflanzt wurde, wenig spektakulär. Folgende Gebäudereste sind zu besichtigen:

Forum – *Zugang über die mit Kastanien bepflanzte Nordachse, den sogenannten Cardo.* Der trapezförmig angelegte Marktplatz, einst das Kernstück des öffentlichen Lebens in der Stadt, war an den Nord- und Südseiten von Säulen und einer Säulenhalle, einem Portikum, umgeben. An den Schmalseiten standen sich ein kleiner Tempel und das Kapitol gegenüber.

Kapitol – *Zugang durch den nördl. Portikus des Forums.* Das Kapitol war den drei Hauptgottheiten Jupiter, Juno und Minerva geweiht und das religiös wie politisch bedeutendste Monument der römischen Stadt. Man betrat es über eine monumentale Treppe. Ein dreifacher Portikus schloss es nach Westen hin ab. Auf dem abgegrenzten freien Platz befand sich in der Spätantike ein kleines Thermalbad, dessen Wasserbecken heute noch erhalten sind. Unter der Herrschaft der Genuesen ab dem 13. Jh. wurde das Kapitol geschleift.

Tempel – Die Anlage stammt wahrscheinlich aus der Zeit Kaiser Augustus' (63 v. Chr.-14 n. Chr.). Die Apsis einer christlichen Kirche an der Nordseite der antiken Tempelanlage zeigt, dass dieser Ort über all die Jahrhunderte hinweg als Kultstätte genutzt wurde.

Weiter nördlich wurden Überreste eines großen römischen Wohnhauses freigelegt, das als **Domus mit dem Dolium** bezeichnet wird, da in der Mitte des Hauses ein großer Tonkrug *(dolium)* gefunden wurde.

Der hellenistische Einfluss

Wesentliche Errungenschaften gehen auf die Griechen zurück: Sie führten auf Korsika nicht nur Wein, Oliven und Getreide ein. Die Phokäer bauten die Kupfer- und Eisenminen in den Regionen Venaco und Corte sowie das silberhaltige Blei von Ghisoni ab und nutzten die Wälder. Sie verwendeten für ihre Keramikarbeiten korsischen Ton, nutzten die benachbarten Strandseen, die reich an Austern und Aalen waren und entwickelten die Fischerei und das Pökeln. Ihr Handel lebte zu einem Großteil von der Salzgewinnung in den Salinen – und von der Stachelschnecke, aus der in der Antike der äußerst kostbare Farbstoff Purpur gewonnen wurde, der ausschließlich als Farbe für die Herrscher bestimmt war und mit Gold aufgewogen wurde.

Balneum (Bad) – Die trapezförmige Anlage wird vom Kapitol durch den Nordportikus getrennt. Man erkennt die Zisternen und wahrscheinlich Aufenthalts- und Umkleideräume sowie das Heißbad *(caldarium)*, das durch ein unterirdisches Kanalisationssystem *(hypocaustum)* beheizt wurde.

Westlich der Bäder am Rand des Plateaus befindet sich ein weiträumiges römisches Haus. Dort sind noch das Kanalisationssystem und die Zisternen der Bäder zu sehen.

Église St-Marcel

Nur sonntags während der Messe um 10 Uhr geöffnet.
Die Kirche im barocken Stil befindet sich gegenüber des Fort de Matra an der Stelle, an der in der Spätantike bereits ein frühchristlicher Kultbau stand. Beim Bau der Kirche wurden Steine der römischen Stadt verwendet.

Ziele in der Umgebung

Étang de Diane

3 km nordöstl. von Aléria – Zugänglich nur über das Restaurant.
Der 600 ha große Strandsee, eine Art Lagune, ist ein Zentrum für die Aufzucht von Venusmuscheln und Austern. Der Étang de Diane, in der Antike ein wichtiger Stützpunkt der römischen Flotte, war bereits damals für seine **Austern** bekannt, die eingesalzen nach Rom verschickt wurden. Heute werden die Austern nach einer Reifezeit von 18 Monaten oder nach zwei Jahren aus der Bretagne eingeführt und nach weiteren acht Monaten in den Handel gebracht. Die Aufzucht konzentriert sich in erster Linie auf die Europäische Auster (in Frankreich oft nur als „Plate" bezeichnet).
Die Îlot des Pêcheurs im Nordosten enstand aus den Schalen der Muscheln, die seit der Römerzeit hier abgelagert wurden.

Plage de Padulone

3 km östl. von Aléria.
Eine schöne Strecke durch die Weinberge an einen weitläufigen grauen Sandstrand. Bar und Restaurant.

Étang d'Urbino

10 km südl. über die N 198 – s. Ghisonaccia, S. 247

Tipps und Adressen

Allgemeiner Hinweis

Office de tourisme – *Casa Luciana – ✆ 04 95 57 01 51*

Übernachten

Camping Marina d'Aléria – *Strand von Padulone – 3 km östl. von Cateraggio über die N 200 – ✆ 04 95 57 01 42 – info@marina-aleria.com – 15. April-14. Okt. geöffnet – Reserv. empf. – 220 Plätze: 31,50 € – Bewirtung.* Dieser direkt am Meer gelegene Campingplatz eignet sich dazu, die Seele baumeln zu lassen, zu baden und Wassersport zu betreiben. Zudem liegt der Platz mitten in der Natur und weist Kiefern, Mimosen, Eukalyptusbäume und üppig blühende Blumen auf. Die Bungalows liegen direkt am Strand.

Hôtel Le Banana's – Auberge du Corsigliese – *RN 200 Richtung Casaperta – 10 km nordwestl. von Aléria über die RN 200, route de Corté – ✆ 04 95 57 04 87 – le-bananas@wanadoo.fr – Nov.-Dez. tgl. außer So – 9 Zi: 50 € – 6 € – Rest. 20 € –* P. Eine ausgesprochen originelle Adresse abseits des Strandtrubels, mit Swimmingpool, Fitnessraum, Friseur, Bar, Restaurant – und einer exotischen Straußenfarm. Die wenigen Zimmer sind zweckmäßig und farbenfroh eingerichtet.

Essen und Trinken

Aux Coquillages de Diana – *2 km nördl. von Aléria über die N 198 Richtung Bastia – ✆ 04 95 57 04 55 – Jan. geschl. – Reserv. empf. – 16 € Mittagessen – 25/35 €.* Wie ein Holzkahn liegt das Restaurant an der Uferböschung des Strandsees Diane. Trotz seines Chalet-Stils zeigt dieses Restaurant ganz eindeutig seine maritime Bestimmung: Das Gastzimmer ist mit allerlei Schnickschnack rund um den Fischfang dekoriert. Aufgetischt werden hier in erster Linie regionale Muschel- und Fischgerichte. Im Winter bewirtschaftet dasselbe Team das Lokal „Le Chalet" ebenfalls am Strandsee Diane.

Einkaufen

A Casa Paesana – *Immeuble Taddei – RN 198 – ✆ 04 95 33 02 84 – 9.30-13 und 15-20 Uhr, Juli-Aug. 9.30-13 und 15.30-20.30 Uhr, Nov.-März, April-Juni nachmittags und Fei geschl.* In diesem originellen Laden von Madame Lillo stellen viele Produzenten und Weiterverarbeiter von Haselnüssen der Region ihre Waren aus. Es gibt hier die kleine Nuss mit dem besonderen Aroma in allen nur erdenklichen Konsistenzen und geschmacklichen Variationen – angefangen vom Haselnussmehl über Öl und diversen Würzmitteln bis hin zu köstlichen Süßigkeiten wie *nocciolina*, einer Baiserspezialität.

Domaine Mavela – *U Licettu – 3 km südl. von Aléria, 1,5 km auf der D 343 – ✆ 04 95 56 60 30 – Juni-Sept. tgl. 9-20 Uhr, Okt.-Dez. tgl. außer So 9-12 und 14-18 Uhr, April-Mai tgl. außer So 9-12 und 15-19 Uhr, Jan.- März geschl.* Diese Schnapsbrennerei produziert noch nach alter Tradition. Das Obst wird biologisch angebaut und anschließend ohne Zusatz von Farbstoffen oder Hefe verarbeitet. Die Schnäpse aus Himbeeren, Zitronatzitronen, Myrten und Esskastanien sind die Spitzenprodukte dieser Domaine. In Partnerschaft mit einer Brauerei produziert sie auch den ersten korsischen Whisky.

Les Vignerons d'Aléria – *N 198 – Richtung Strand von Padulone – ✆ 04 95 57 02 48 – tgl. außer Sa/So 8.30-12 und 14-17.30 Uhr, im Sommer bis 20 Uhr, Fei geschl.* Geheimtipp für Weinkenner und Liebhaber guter Tropfen: Winzer aus der Umgebung von Aléria gehören dieser Genossenschaftskellerei an. Die Kellerei bietet eine reiche Auswahl roter, weißer und Roséweine als Qualitätsweine an wie die „Réserve du Président". Weinprobe und Verkauf.

Feste und Events

Festa antica – Alljährlich verwandelt sich Aléria Anfang August für zwei Tage in eine römische Stadt zurück. Wenn die Antike hier lebendig wird, bieten Kunsthandwerker auf dem bunten Markt ihre Waren feil. Es finden römische Olympiaden (u. a. im Lanzenstechen) statt sowie Konzerte und Veranstaltungen, die zum Thema passen. Dazu gehören natürlich auch römische Kostüme und kulinarische Spezialitäten der antiken Küche samt Weinprobe.

Wellness

Fitnesskur – Riva Bella Spa Resort – *FKK-Camping Riva-Bella – ✆ 04 95 36 38 38 – www.rivabella-spa.com – 10. April-Okt. 9-13 und 15-20 Uhr, Nov.-10. April So/Mo und Fr/Sa 9.30-19 Uhr.* Hier kann man sich so richtig verwöhnen lassen: Antistress-Kuren, Körper- und Gesichtspflege, Hammam, Hydrotherapie, Algenpackungen ... Im Riva Bella genießt man Einzelbehandlungen ebenso wie einen mehrtägigen Wellness-Aufenthalt. Das FKK-Zentrum ist für jeden geöffnet – ohne Verpflichtung zum Adamskostüm!

ALGAJOLA

Algaghjola

HAUTE-CORSE (2B) – 268 EINWOHNER – UMSCHLAGKARTE VORNE A2 – MICHELIN LOCALKARTE 345 C4 – KARTENSKIZZE La BALAGNE, S. 112-113

Der lange, feine Sandstrand macht diesen kleinen Badeort an der tiefsten Einbuchtung zwischen der Marine de Davia und der Marine de Sant'Ambroggio so beliebt. In der näheren Umgebung gibt es Steinbrüche, in denen purpurfarbener Granit abgebaut wird.

Amaury de Valroger / MICHELIN

Der kleine Badeort Algajola liegt mit einer bescheidenen Zitadelle malerisch zwischen der Île-Rousse und Calvi.

- **Wegweiser** – Algajola, das über die N 197 und per Bahn erreichbar ist, liegt auf halbem Weg zwischen Calvi (16 km) und der Île-Rousse (7,5 km).
- **Unbedingt sehenswert** – Sollten Sie an einem Samstagabend in der Gegend sein, planen Sie den Besuch eines musikalischen Abends im „Trois Guitares" ein.
- **Orte in der Nähe** – La BALAGNE, CALVI, CORBARA, und L'ÎLE-ROUSSE

Geschichte und Geschichten

Das Städtchen Algajola mit seinem mittelalterlichen Charme geht wahrscheinlich auf eine Gründung der Phönizier zurück. Der Überlieferung nach soll auch der Apostel Paulus bei seiner Rückkehr aus Spanien hier angelegt haben.

Zur Festung berufen – Von den Wehrbauten Algajolas sind heute noch einige Gebäude erhalten, die sich eng an die innere Stadtmauer schmiegen. Außerdem gibt es hübsche Gassen, Bogengänge und die Zitadelle am Ende der Landzunge.

Bis zum 18. Jh. war Algajola ein genuesischer Vorposten Calvis. Im 17. Jh. erlebte die Stadt, die überwiegend vom Handel mit Oliven und Austern lebte, ihre Glanzzeit. Im Jahr 1664 wurden die Stadtmauern zum Schutz vor einer möglichen Rückkehr der Sarazenen errichtet – bereits am 26. Juni 1643 hatten diese die Stadt geplündert. 1729 eroberten die Korsen die Stadt und erhoben sich schließlich gegen Genua. Als er 1739 von Algajola aus einen Aufstand auf der Insel niederschlagen konnte, erkannte der Kommandant der französischen Truppen auf Korsika, Marquis de Maillebois, die besondere militärische Bedeutung der Stadt. Im Jahr 1767 wurde Algajola für Pasquale Paoli zu einem wichtigen Stützpunkt. Der Aufschwung der Île-Rousse jedoch führte Ende des 18. Jahrhunderts zu einer großen Abwanderungswelle der meisten Bewohner Algajolas dorthin.

Zu Fuß unterwegs

Die Küste

Der Ort besitzt einen schönen, 1,5 km langen **Strand** mit Lokalen, einem Campingplatz und Wassersportmöglichkeiten. In **San Damiano** liegt ein kleiner Fischereihafen.

Citadelle★

Privatbesitz, keine Besichtigung. Von der im 17. Jh. um ein Kastell errichteten Zitadelle sind noch die Bastion und die Burgwarten erhalten. Bei der Plünderung Algajolas 1643 durch die Sarazenen verschanzte sich hier die genuesische Garnison, während die Dorfbewohner in der Kirche St-Georges Zuflucht fanden.

Église St-Georges

Im Sommer während der Sonntagsmesse – s. Tipps und Adressen.
Die teilweise befestigte Kirche, die dem hl. Georg, dem Schutzheiligen von Genua, geweiht ist, wurde im 17. Jh. umgebaut, nachdem die Sarazenen sie in Brand gesteckt hatten. Der Innenraum wird von kleinen, hochgelegenen Fenstern erhellt, die Apsis ist im genuesischen Stil überwölbt.

Tipps und Adressen

Allgemeine Hinweise

Syndicat d'initiative – *Im Bahnhof – ✆ 04 95 62 78 32 – Mitte Mai-Mitte Okt.*

Stadtführung – Die Association Loisirs et Culture bietet im Juli und August dienstags Führungen durch St-Georges und die Stadt an. Treffpunkt um 10 Uhr am Bahnhof *(Auskunft unter ✆ 06 70 83 00 16).*

Verkehrsmittel

Tramway de Balagne (Strandbahn/train des plages) – *s. Calvi und L'Île-Rousse.*

Übernachten

⊖⊖ **Hôtel St-Joseph** – *1 chemin de Ronde – ✆ 04 95 60 73 90 – Mitte Okt.-Mitte April geschl. – 15 Zi: 68/88 € ☕ – P.* Das Hotel ist nicht weit vom Bahnhof der Tramway de Balagne entfernt. Wunderbare Lage an einer reizvollen Bucht. Über eine Treppe gelangt man auf die Felsen, die sich direkt aus dem Meerwasser erheben. Einfache, ruhige Zimmer.

⊖⊖ **Hôtel Stellamare** – *Chemin Santa-Lucia – ✆ 04 95 60 71 18 – stellamare2@wanadoo.fr – 13. Okt.-11. April geschl. – 16 Zi: 49/117 € – ☕ 9 € – P.* Zimmer mit Blick auf die Zitadelle und aufs Meer. Kleiner Park, Garten und Terrasse.

Essen und Trinken

⊖ **U Castellu** – *10 pl. du Château – ✆ 04 95 60 78 75 – Mitte Okt.-März geschl. – 10/35 €.* Das malerische Restaurant befindet sich in einem alten Gemäuer. Sobald das Wetter schön ist, werden die Tische auf dem Platz vor der Zitadelle aufgestellt. Es werden schmackhafte Gerichte serviert – vor allem Meeresfrüchte und Fisch sowie regionale Produkte.

Am Abend

Les Trois Guitares – *Route de l'Île-Rousse – ✆ 04 95 60 11 05 – Sa ab 22 Uhr.* Die Brüder Vicenti geben neben dem traditionellen Repertoire auch eigene Lieder zum Besten. Die meisten korsischen Lieder stammen tatsächlich aus der Feder dieser „Georges-Brassens" der Insel. Zwei Männer mit ungewöhnlichem Charme und großer Sensibilität, die man auf keinen Fall versäumen sollte!

Einkaufen

Produits Corses Costa – *ZA, Ölkooperative – ✆ 06 13 20 50 39 – tgl. außer So 9-12 und 14-19 Uhr, Nov.-Feb. geschl.*
Die Olivenanbauer der Region kommen mit ihren Früchten in die Mühle, die direkt neben diesem Laden liegt, und fahren ein wenig später mit ihrem hier gewonnenen Öl wieder nach Hause. Einen Teil des Öls lassen sie jedoch zum Verkauf hier. Außer diesen Extra-Produkten findet man auch Wein, Gebäck, Konfitüre etc.

Sport und Freizeit

Algajola Sport et Nature – *Immeuble Bella-Vista – Feriendorf l'Escale – ✆ 06 08 21 09 51 – www.algajola-sportetnature.com* – Das vielfältige Angebot macht das Feriendorf zum Sportparadies: Sporttauchen, Surfen, Wasserski, Wakeboard, Seekajak. Wer keine Wasserratte ist, kann per Mountainbike die malerischen Dörfer in der Umgebung erkunden. Verschiedene Unterkunftsarten vor Ort.

L'ALTA ROCCA★

CORSE-DU-SUD (2A) – UMSCHLAGKARTE HINTEN B6 – MICHELIN LOCALKARTE 345 D9

Die Alta Rocca ist der östliche, gebirgige Teil des früheren Herrschaftsgebiets La Rocca, der noch wertvolle Zeugnisse einer vorgeschichtlichen Besiedlung aufweist. Die Landschaft mit bewaldeten Hängen (Steineichen, Seekiefern, Lariciokiefern und Kastanienbäumen) und Hochebenen, von denen das Heideland Besitz ergriffen hat, ist mit hübschen Dörfern durchsetzt, deren massive Häuser aus Granit gebaut sind. Diese grüne Lunge im Südteil der Insel ist ein Paradies für Wanderer und bietet Raum für alle Sportarten in freier Natur.

Gilles Magnin / MICHELIN

Zur traditionellen korsischen Architektur gehören die genuesischen Brücken wie der Pont Spin'a Cavallu („Pferderücken").

- **Wegweiser** – Die Alta Rocca wird im Norden von den Bergmassiven Incudine und Bavella begrenzt und erstreckt sich entlang des **Rizzanèse-Tals**. Die Region lebt überwiegend von der Viehzucht. Die Hauptorte sind über die D 268 erreichbar, die 2 km nördl. von Sartène rechts von der N 198 abzweigt.
- **Unbedingt sehenswert** – Die Archäologischen Stätten Cucuruzzu und Capula.
- **Gut geplant** – Der Ausflug lässt sich in einem halben Tag bewältigen, möchte man allerdings auch Ste-Lucie-de-Tallano *(s. dort)*, Cucuruzzu, Capula und das Museum besichtigen und nachmittags noch durch das Dorf Carbini bummeln, sollte man eher einen ganzen Tag einplanen. Denken Sie rechtzeitig an Ihre Einkäufe: Einen kleinen Supermarkt und einen Fahrkartenautomaten gibt es in San-Gavino-di-Carbinie, Zeitschriften und eine Tankstelle in Levie sowie einige kleinere Lebensmittelläden in den übrigen Dörfern.
- **Mit Kindern** – Die vorgeschichtlichen Überreste von Pianu de Levie und Chaos de Paccionitoli entdecken und danach noch die Vorgeschichte im Museum von Levie erkunden.
- **Orte in der Nähe** – AULLÈNE, Aiguilles de BAVELLA, QUENZA, Archäologische Stätten CUCURUZZU und CAPULA, STE-LUCIE-DE-TALLANO, ZONZA, PROPRIANO

Ausflug

Von Propriano nach Zonza – *s. Kartenskizze S. 100*

39 km – Halbtagesausflug – Propriano auf der Straße Richtung Sartène (N 196) verlassen, hinter der Brücke über den Rizzanèse links abbiegen auf die D 268 Richtung Aullène.

Nach etwa 4 km sehen Sie linker Hand, etwas unterhalb der Straße, eine alte **genuesische Steinbrücke** über den Rizzanèse. Achtung: Die Brücke ist nicht ausgeschildert!

Der hohe Felsen

Alta Rocca bedeutet „hoher Fels" und beschreibt sehr gut die Gebirgslage dieser Gegend. Im Mittelalter war die Alta Rocca das Herrschaftsgebiet der mächtigen Seigneurs della Rocca, die sich besonders im Kampf gegen die Genuesen auszeichneten *(s. Cinarca)*.

Spin'a Cavallu (oder Cavaddu)★

Sie dürfte die bekannteste genuesische Brücke sein und wurde wahrscheinlich bereits in der pisanischen Epoche (12. Jh.) erbaut. Die Bogenbrücke verband die ***pièves*** (korsische Staatsgebiete unter genuesischer Herrschaft) Vighjanu und Sartène miteinander. 1993 musste ein Teil der romanischen Brücke nach einem schweren Unwetter von Grund auf erneuert werden.

Weiter auf der D 268 in Richtung Ste-Lucie-de-Tallano, dann rechts auf die D 148. Nach dem Überqueren des Fiumicicoli links bis zu der Bar fahren; dem Wirt gehört auch das Thermalbad (ausgeschildert).

Source de Caldane (Thermalquelle Caldane)

✆ 04 95 77 00 34 – 15. März-15. Okt. ganztägig (im Sommer auch abends) – 3,80 € (Kinder unter 8 Jahren: 2 €) – Badekleidung und Handtuch mitbringen (Umkleidekabinen vorhanden).

Das kleine Thermalfreiluftbad, nicht weit vom Wildbach in landschaftlich schöner Lage, wird von einer heißen Schwefelquelle gespeist. Hier taucht man zum reinen Vergnügen ein oder auch in der Hoffnung, von der wohltuenden Wirkung des Wassers zu profitieren, dem therapeutische Eigenschaften bei rheumatischen Beschwerden, HNO- und Hautleiden zugeschrieben werden.

Zurück zur D 268 und auf dieser Straße weiterfahren.

Die Strecke führt durch eine schöne Gebirgs- und Macchialandschaft, die den typischen würzigen Duft der Zistrosen verströmt. Bald taucht an einem Berghang Ste-Lucie-de-Tallano auf, die erste wichtige Ortschaft der Alta Rocca.

Ste-Lucie-de-Tallano★ – *s. dort*

Weiter auf der D 268 in Richtung Levie. Nach 5 km links abbiegen zu den archäologischen Stätten des Pianu de Levie (Cucuruzzu).

Der **Pianu de Levie** (*pianu* bedeutet auf korsisch „Ebene" oder „Plateau") erstreckt sich in einer Höhe von ca. 700 m im Herzen der Alta Rocca. Die Macchia, aufgelockert von Kastanienbäumen und einigen Gruppen von Steineichen, wird noch von unverputzten Steinmauern unterteilt, stummen Zeugen einer lange zurückliegenden Parzellenwirtschaft. Der Pianu de Levie birgt eine der interessantesten **prähistorischen Stätten** Korsikas, die **Festung Cucuruzzu** und die **mittelalterlichen Ruinen von Capula**, deren Besichtigung Sie unbedingt mit einem Besuch im Museum von Levie kombinieren sollten.

Archäologische Stätten Cucuruzzu und Capula★★ – *s. dort*

Auf der D 268 bis Levie fahren.

Levie (Livia)

Das Bergdorf Levie, Hauptort der Alta Rocca, liegt in etwa 900 m Höhe auf einem Granitplateau, das von den Tälern des Rizzanèse und des Fiumicicoli begrenzt wird. In den Felsmeeren dieser Täler wurden bedeutende Spuren der Besiedlung während der Jungsteinzeit und der Bronzezeit entdeckt.

1 Std – Markierung orange. Cucuruzzu und Capula sind von Levie aus zu Fuß zu erreichen. Der Weg beginnt gegenüber vom Brunnen. Den letzten Kilometer der Strecke muss man auf der Straße selbst gehen. Schöne Aussicht auf Levie.

Im Dorf rechts auf die D 59 Richtung Carbini abbiegen.

Musée de l'Alta Rocca★ – *✆ 04 95 78 00 75 – ♿ – 20. Juni-30. Sept. tgl. 10-18 Uhr, Okt.-19. Juni 10-12 und 14-16.30 Uhr, So, Mo und Fei geschl. – Führung möglich – 2 € (Kinder unter 18 Jahren: Eintritt frei); 4 € Kombiticket mit Wechselausstellungen und*

Veranstaltungen. Das in einem modernen Gebäude unterhalb des Dorfes neu eingerichtete Museum ist eine gute Ergänzung zur Besichtigung der archäologischen Stätten Pianu de Levie (Cucuruzzu). Die Sammlungen sind chronologisch geordnet und stammen überwiegend aus den Ausgrabungen in Capula, Cucuruzzu, Caleca und Curacchiaghju. Gezeigt werden Objekte, die einen Einblick in das Leben und die Technik von der Frühsteinzeit bis ins Mittelalter bieten.

Bemerkenswert sind die ältesten (6570 v. Chr.) in Korsika gefundenen **menschlichen Überreste der mittleren Steinzeit**, die „Dame von Bonifacio" sowie das Skelett eines Sardischen Pfeifhasen *(Prolagus sardus)*, eines Anfang des 19. Jh. ausgestorbenen Hasenartigen, der bei den damaligen Bewohnern als Delikatesse galt.

Aus der **Jungsteinzeit** (6000-3000 v. Chr.) sind hier eindrucksvolle Keramiken zu sehen, deren stempelartige Verzierungen teils mit einem Stichel *(curasien)*, teils mit Herzmuscheln *(cardial)* erzeugt wurden. Zu den weiteren Exponaten zählen Feuerstein- und Obsidianwerkzeuge sowie Schmuckstücke aus Rhyholith.

Aus der **Bronze- und Eisenzeit** (1800-250 v. Chr.) werden Keramiken, Bronzeschmuck und Schmuckstücke aus Glasfluss gezeigt. Bemerkenswert ist ein gut erhaltenes weibliches Skelett, die **Dame von Capula**, die in Capula in einer Bodenschicht der Eisenzeit entdeckt wurde.

Das **Mittelalter** schließlich ist durch Münzen und Geschirr vertreten (kleiner pisanischer Krug aus dem 14. Jh.).

In einem neuen Ausstellungsraum für sakrale Kunst ist ein **Kruzifix aus Elfenbein★** zu sehen. Das filigran gearbeitete Schnitzwerk wurde um 1516 von einem Schüler des florentinischen Bildhauers Donato di Niccolò de Betto Bardi, bekannt als Donatello, angefertigt. Bemerkenswert sind die guten Proportionen, die naturgetreue Anatomie und die realistischen Details, die den Schmerz des leidenden Christus verbildlichen. Das Kruzifix soll ein Geschenk von Papst Sixtus V. (1585-1590) gewesen sein, dessen Familie aus dem Ort Levie stammte.

Weiter auf der D 59 Richtung Carbini.

Die Straße führt vorbei an der Kirche mit ihrer schönen barocken Fassade. Anschließend windet sie sich den Hang hinauf und führt durch eine Region, die üppig bewaldet ist. Der Wald bedeckt die Bergrücken, Talwege, Kämme, Kuppen von den Ufern des Fiumicicoli beinahe bis auf die Gipfel der Berge. Nur wenige Felsen wie die Punta di u Diamante oder die Punta di a Vacca Morta ragen heraus.

Carbini

Das Dorf Carbini thront auf den Granithügeln des Sartenais. Die **Pfarrkirche San Giovanni Battista★** mit ihrem hohen Glockenturm (Kampanile) ist kilometerweit zu sehen. Sie gehört zu einem Ensemble, das früher aus zwei Kirchen, einem

Kampanile und einer Taufkirche (Baptisterium) bestand. Heute sind nur noch die Johannes dem Täufer geweihte Kirche und der gesondert stehende **Kampanile★** erhalten. Der Schriftsteller Prosper Mérimée, der auch das Amt des obersten französischen Denkmalschützers innehatte, hielt diesen Kampanile für den ältesten auf Korsika und sprach sich für seine Restaurierung aus. Nach seiner Rundreise durch Korsika 1839 schrieb er in seinem Bericht an den Minister: „Der schlanke Glockenturm ist besonders bei Sonnenuntergang von schönster Wirkung, wenn er sich im Licht der letzten Strahlen hell von den dunklen Bergen des Coscione abhebt..."

Die Kirche San Giovanni Battista stammt wahrscheinlich aus dem späten 11. Jh. und weist erste Elemente der pisanischen Romanik auf Korsika auf. Der Bau zeichnet sich durch ein solides Mauerwerk aus Granitbruchsteinen, schöne Rundbogenfriese sowie die Konsolen in Gesims und Giebeln aus. Bei archäologischen Grabungen konnten zwischen der Kirche San Giovanni Battista und dem Kampanile Reste der Grundmauern der älteren Kirche San Quilico gefunden werden.

Amaury de Valroger / MICHELIN

Der Kampanile von Carbini soll der älteste auf Korsika sein. 1839 sprach sich Prosper Mérimée für seinen Erhalt aus.

Zurück nach Levie fahren, dann auf der D 268 Richtung Zonza.

Hinter dem Ort Levie führt die Strecke zuerst durch einen Kiefernwald und anschließend durch einen wunderbaren Steineichenwald.

In San-Gavino-di-Carbini rechts auf die D 67 Richtung Paccionitoli abbiegen.

Chaos de Paccionitoli

Diese gut befahrbare Straße verbindet San-Gavino-di-Carbini mit dem 7 km entfernten Paccionitoli auf dem Pass Col de Pelza im Wald von Zonza. Zumeist zwischen unverputzten Steinmauern hindurch führt die Straße durch ein Felsenmeer mit skurril geformten Granitblöcken, die halb versteckt in der dichten Macchiavegetation und unter hohen Farnen liegen. Einige dieser Felsbrocken sind geformt wie Menschen oder Tiere.

Die gesamte Region von Paccionitoli ist reich an vorgeschichtlichen Relikten. Schon der griechische Geograf Ptolemäus berichtet in seinem Werk „Geographia" im 2. Jh. n. Ch. von Spuren einer sehr alten Besiedlung in der Region.

Häretiker auf Korsika: die Giovannali

Die religiöse Bewegung der Giovannali (oder *Ghjuvannali*), ein etwa hundert Anhänger umfassender abtrünniger Zweig des Dritten Ordens der Franziskaner, entstand Mitte des 14. Jh. in **Carbini**. Über den Ursprung der Bezeichnung „Giovannali" gibt es unterschiedliche Angaben. Die einen behaupten, er beziehe sich auf den Prediger Bruder Giovanni Martini, andere, der Name leite sich von der Kirche San Giovanni Battista in Carbini her, wo die Giovannali ihre Versammlungen abhielten. Die Giovannali lehnten sich im Namen der Armut gegen die bestehende kirchliche Ordnung auf. In der ohnehin unruhigen Zeit des 14. Jh. nahm der Bischof von Aléria die Angelegenheit schnell in die Hand und exkommunizierte die Giovannali. Daraufhin radikalisierte sich die Bewegung und revoltierte gegen jegliche Obrigkeit. Sie dehnte sich geographisch im gesamten Ostteil der Insel aus. Die Giovannali wurden schließlich von der Kirche als Ketzer verurteilt und die Bewegung gewaltsam niedergeschlagen.

Etwa 2 km hinter San Gavino auf Höhe einer kleinen Schäferei ist linker Hand in 30 m Entfernung ein sehr gut erhaltener **Dolmen** inmitten von komplexeren Besiedlungsspuren zu sehen *(Privatbesitz)*; gut 300 m weiter erhebt sich ebenfalls linker Hand auf einem Feld ein bemerkenswerter Menhir.

Am Col *(bocca)* de Pelza trifft man auf die D 368. Sie führt mitten durch den **Wald von Zonza** und gibt dabei wunderbare Ausblicke auf die Aiguilles de Bavella und das Massif des Incudine frei.

Zonza – *s. dort*

Tipps und Adressen

Übernachten

Auf 900 m Höhe öffnet ab 16 Uhr die Etappenunterkunft **Gîte d'étape de Serra di Scopamena** ihre Pforten für Wanderer. Die besonders empfehlenswerte Gîte (Berghütte mit Mehrbettzimmer) liegt direkt neben der Gendarmarie *(26 Plätze, ✆ 04 95 78 64 90)*. Dort können Sie den wunderbaren Gebirgsblick genießen, ein Sonnenbad auf der Terrasse nehmen und sich danach in einem der fünf einfachen, aber bequemen Zimmer ausruhen. Es gibt einen großen holzgetäfelten Gastraum. Essen nach Vereinbarung.

Essen und Trinken

⊖⊖ **La Pergola** – *Rue Sorba – 20170 Levie – ✆ 04 95 78 41 62 – Nov.-April geschl. – ⊠ – Nur mit Reserv. – 16/18 €.* Das kleine Restaurant in der Dorfmitte hat einiges zu bieten. Schon auf der Straße vor dem Restaurant locken die appetitanregenden Düfte der korsischen Köstlichkeiten, die hier liebevoll zubereitet werden. Je nach Wetter und Temperatur sitzt man entweder in dem bescheidenen, aber gemütlichen Gastraum oder in der hübschen Gartenlaube.

⊖⊖⊖ **Pignata** – *Route du Pianu – 20170 Levie – über die D 268, dann die Route site archéologique Cucuruzzu et Capula und die Route promenades à cheval – ✆ 04 95 78 41 90 – www.apignata.com – Dez.-Feb. geschl. – ⊠ – Nur mit Reserv. – 35 €.* Dieser Bergbauerngasthof, auf 850 m Höhe mitten in der Natur gelegen, besticht nicht nur durch die schöne und ruhige Lage, sondern auch durch seine Unverfälschtheit. Die köstlichen Gerichte werden mit hausgemachten Produkten nach alten Familienrezepten zubereitet und schmecken im rustikalen Ambiente ganz besonders gut: Aufgetischt werden traditionelle korsische *figatellu* (während der Saison), eine spezielle im Holzfeuer gegrillte Wurst, dazu gibt es Polenta aus Kastanienmehl, gefüllten Rinderschmorbraten und herzhaftes Brocciu- und Minzsoufflé (*brocciu* ist ein würziger, korsischer Käse aus Schaf- oder Ziegenmilch) etc.

Einkaufen

Pâtisserie Léonetti – *Sorba – 20170 Levie – ✆ 04 95 78 41 11 – tgl. außer Mo 8-12 und 15-19 Uhr, Juli-Aug. 8-22 Uhr, Jan.-März geschl.* Die schmackhaften, hausgemachten Spezialitäten, die in dieser alteingesessenen Konditorei verkauft werden, heißen *imbrucciate* (Kuchen mit *brocciu*), *frappes* (Krapfen), *canistrelli* und *sciacci di patati* (eine Art Kuchen mit Kartoffelpüree, korsischem Käse, Pfeffer und Knoblauch). Die Konditorei ist eingerichtet wie ein Laden aus Urgroßmutters Zeit.

Sport und Freizeit

Wandern – Beschaffen Sie sich in der Touristeninformation Alta Rocca *(✆ 04 95 78 56 33)* die Broschüre über die Wanderwege der Gegend: 15 Wanderrouten in unterschiedlichen Schwierigkeitsgraden durch die traumhafte Natur der Region werden vorgestellt.

Pignata – *s. „Essen und Trinken" – 8.30-11 und 16.30-19 Uhr – 15. Nov.-15. Dez. geschl.* Reizvolle Ausritte führen Anfänger oder geübte Reiter auf das Plateau, von wo aus man eine ungehinderte Aussicht auf die Gebirgsketten der Alta Rocca genießen kann. Für den Spazierritt von ca. 2,5 Std. wird eine Reservierung erbeten. Unterkunft in Gästezimmern möglich.

Aqa-Canyon – *20170 Levie – ✆ 04 95 78 58 25 oder 06 20 61 76 81 – www.aqa-canyon.com – April-Okt. Einführung 50-60 €, April-Mitte Juni: für Fortgeschrittene 60-120 €.* Christophe Pigeault, staatlich geprüfter Canyon-Guide, lässt Sie an dem Abenteuer einer Schluchtbegehung teilhaben. Touren für Anfänger oder Fortgeschrittene.

Vallée de l'ASCO★★

Ascu

HAUTE-CORSE (2B) – UMSCHLAGKARTE VORNE B3 – MICHELIN LOCALKARTE 345 D5

Das wildromantische Asco-Tal, das von reißenden Wildbächen ins Hochgebirge gegraben wurde, bietet mit seinen Wäldern und Schluchten Lebensraum für eine vielfältige Fauna mit teils endemischen Arten wie dem Bartgeier, dem Korsenkleiber und vor allem dem Mufflon. Wacholder und duftende Wildblumen kleiden die tiefen Schluchten aus, während Korsische Schwarzkiefern (Lariciokiefern) und Seekiefern das Hochtal begrünen. Die Felsmassive aus Rhyolith und Porphyr färben sich in der Sonne purpurrot. Wanderer schätzen die Ruhe und unberührte Natur des Tals.

Amaury de Valroger / MICHELIN

Die atemberaubende Landschaft des Asco-Tals lädt zu Wanderungen ein.

Wegweiser – Nur eine einzige Sackstraße, die D 147, führt auf der gesamten Länge durch das Tal (33 km). Nach Osten öffnet es sich weit zu der Senke hin, durch die nördlich von Ponte-Leccia der Golo fließt. Im Westen wird es jedoch durch einen Kessel abgeschlossen, der aus den Bergen Monte Cinto (2706 m), dem höchsten Punkt der Insel, der Punta Minuta (2549 m), dem Capo Stranciacone (2151 m), der Mufrella (2148 m) und der Punta Gialba (2101 m) gebildet wird. Nur über einige schwierige Pässe können die Gebirgsbewohner diese Barriere überwinden: Der Col de Stranciacone führt in die Region Filosorma, der Col d'Avartoli in den Kessel von Bonifato, der Col de Pampanosa in das Niolo und der Col de l'Ondella in das Tartagine-Tal.

Unbedingt sehenswert – Die unberührte Gegend der Asco-Schluchten. Wie so häufig auf Korsika, leistet ein Fernglas hier ausgesprochen wertvolle Dienste.

Gut geplant – Die Strecke von Ponte-Leccia nach Haut-Asco ist in 2 Std. zu schaffen, Sie sollten aber frühzeitig losfahren, wenn Sie von der geschützten Tierwelt etwas sehen möchten.

Mit Kindern – Im Tierreservat Asco können Sie einige Prachtexemplare von Mufflons beobachten. Im Schildkrötendorf *(Village du tortue)* sind Hermann-Schildkröten zu sehen. Wer besonders kühn ist, kann seinen Mut ohne Sicherheitsrisiko in der Via Ferrata, dem Klettersteig von la Manicella, erproben.

Orte in der Nähe – La CASTAGNICCIA, PONTE NUOVO, Le NIOLO

Geschichte und Geschichten

Ein Tal mit drei Gesichtern – Der Asco entspringt am Fuße der Punta Minuta nicht weit vom Col de Stranciacone, bis er oberhalb des Dorfes Asco mit der Pinara zusammenfließt. Der Flusslauf weist drei geologisch und klimatisch unterschiedliche Abschnitte auf: das Hochtal, die Schluchten und die Ebene.

Das **Hochtal** grub sich in eine gewaltige kristalline Gesteinsmasse ein, die sich vom Golf von Girolata bis zum Dorf Asco erstreckt. Der Stranciacone ist hier ein reißender, Fluss, der viel Wasser führt und den zahlreiche aus dem Schmelzwasser des Cinto und der Punta Minuta gebildete Gebirgsbäche speisen. Das Klima ist alpin: Der Schnee hält sich bis Mai oder Juni und schmilzt auf den Nordhängen selbst im Sommer nicht. Die hohen Gebirgsmassive erhalten fast 2000 mm Regen pro Jahr (der Jahresdurchschnitt auf der Insel liegt bei 900 mm). Seekiefern (auch Sternkiefern genannt) und die Korsische Schwarzkiefer (Lariciokiefer) sind auf den ausgesetzten Nordhängen vielfach anzutreffen. In Höhenlagen zwischen 1700 und 2000 m wächst die Grünerle; sie ist wichtig für die Bodenerhaltung, da sie die Erdkrume, den Schnee und die Feuchtigkeit festhält.

Talabwärts sind die kargen und tiefen **Schluchten des Asco★★** in den Granit geschnitten, sie erhalten pro Jahr bis zu 1000 mm Niederschlag.

Die **Ebene** ist eine Kies-Aue; hier ist das Klima warm, das Tal ist von Macchia bedeckt und mit Steineichen und Erlen bewachsen; es erhält weniger als 500 mm Niederschlag pro Jahr. Nördlich von Ponte-Leccia mündet die Ebene in das Golo-Tal. Die verkümmerte Macchia setzt sich hier aus Lavendel und Montpellier-Zistrosen zusammen, die ein stark duftendes, ausgedehntes Dickicht mit weißen Blüten bilden.

Refugium für Greifvögel – Der Bartgeier, der zu den bedrohten Arten in Europa gehört, bevölkerte früher zusammen mit dem **Steinadler** die menschenleeren Gebirgsmassive. Von diesen durch die Jagd dezimierten Geiern gibt es heute auf Korsika nur noch etwa 20 Exemplare. Der Vogel ist über 1 m groß, seine Flügelspannweite beträgt mehr als 2,5 m. Zu erkennen ist er an seinem weißen Kopf, einem Büschel bartähnlicher Federn unter dem Schnabel, spitzen Flügeln und vor allem an seinem rautenförmigen Schwanz. Auf Korsisch heißt der Bartgeier *altore* (d. h. „der auf den Höhen lebt"). Er ernährt sich hauptsächlich von Knochen. Größere Knochen trägt er in die Höhe und lässt sie auf felsigen Untergrund fallen. Bartgeier nisten in vertikalen Felsspalten. Im Naturpark werden im Winter für sie Tierkadaver ausgelegt als Nahrungsersatz für die Rinder, die heute nur noch selten auf die Almen getrieben werden.

Der Wacholder

Der Stechwacholder klammert sich in der Gegend von Asco direkt an den nackten Fels. Der Strauch mit den spitzen Blättern und den rotbraunen Früchten liefert ein faseriges Holz, das traditionell zur Herstellung verschiedener Gerätschaften dient. Der Spanische Wacholder, an seinen schuppenförmigen Blättern zu erkennen, gedeiht ausschließlich im Asco-Tal und ist ein Hinweis auf trockenes Klima, kalte Winter und viel Sonnenschein.

Die Transhumanz (Wanderschäferei): Eine Tradition geht verloren – Es ist noch nicht lange her, da trieben die Hirten aus dem Asco-Tal ihre Schafherden im Winter auf die Weiden der Balagne (heute durch Brände verkümmert) und ihre Ziegenherden auf die Weiden der Agriates. Die Hirten wohnten in niedrigen Steinhäusern mit Schieferdächern und gestampften Böden. Ende Mai kehrten sie zurück und verbrachten einige Tage bei ihren Familien. Die Tiere wurden geschoren und anschließend auf die Almen getrieben, wo sie den Sommer verbrachten. Die Hirten waren dort mit dem Melken der Mutterschafe und der Käseherstellung beschäftigt. Mitte Oktober ging es zurück nach Asco. Im Sommer verließen Maultierkarawanen Asco und zogen durch Korsika, um den produzierten Käse zu verkaufen oder in den Nachbarregionen gegen andere Lebensmittel – besonders Olivenöl aus der Balagne und Schweinefleisch aus der Castagniccia – einzutauschen. Heute wird diese Tradition nur noch selten fortgeführt.

Das Mufflon

Beobachtung – Im Hochsommer lassen sich auf den Felsterrassen der Hochtäler Jungtiere mit ihren Müttern beobachten. Während der Brunftzeit im Winter von Mitte November bis Mitte Dezember finden zwischen den männlichen Tieren spektakuläre Kämpfe statt. Von Januar bis in den April hinein halten sich die Tiere in den tieferen Hanglagen auf. Im Frühsommer bis Ende Juni kommend die Jungen zur Welt. In dieser Zeit sollte man den Mufflons nicht zu nahe kommen.

Wie bestimmt man das Alter eines Mufflon-Widders? Dazu reicht es, einen Widder deutlich im Blickfeld zu haben (oder eine gutes Fernglas zu besitzen) und seine Hörner zu betrachten. Jedes Jahr im Winter bildet sich dort ein neuer Ring. Im Frühling wächst das Horn weiter. Zählt man die Abschnitte zwischen den Ringen, erhält man das Alter des Tiers. Bei älteren Widdern haben sich die Ringe an den Spitzen der Hörner jedoch manchmal abgenutzt. Bei den Mufflon-Weibchen ist die Altersbestimmung komplizierter. Bei ihnen vergrößert sich der weiße Gesichtsfleck mit zunehmendem Alter.

Handwerkliches – Die Frauen, die im Dorf blieben, bestellten die Gemüsegärten und spannen und webten die Schaf- und Ziegenwolle, um daraus *panni* (Mäntel) und *pelone* (Pelerinen) anzufertigen. Während der langen Stunden, die die Hirten bei ihrer Herde wachten, schnitzten sie aus Stechwacholder die zur Käseherstellung benötigten Gerätschaften. Heute werden diese Tätigkeiten nur noch von wenigen Handwerkern für die Touristen ausgeübt.

Neue Einkommensquellen – Käse ist neben der Holzwirtschaft, der Kiefernharzproduktion, der Seidenraupenaufzucht und der Bienenzucht noch immer das Hauptprodukt der Region. Der **Asco-Honig**, darunter besonders der bekannte weiße Honig, ist heute sehr begehrt.

Das Asco-Tal im Überblick

Die Mufflons aus dem Asco-Tal

Das Mufflon, Wahrzeichen der korsischen Berge, findet im Asco-Tal einen geschützten Lebensraum vor und zieht dort viele neugierige Wanderer an.

Maison du mouflon (Casa di a Muvra)

An der Straße nach Haut-Asco, rechts nach dem Wildbach Stranciacone, etwa 2 km hinter dem Campingplatz – Juli-Sept. tgl. außer Di, Juni tgl. außer Mo, Di und Do – Führung möglich, an das Rathaus in Asco wenden – ✆ 04 95 47 82 07

Das Haus des Mufflons informiert Besucher im Rahmen von Ausstellungen über das Schutzgebiet und seine außergewöhnliche Flora und Fauna. Den besonderen Höhepunkt stellt hierbei der unbestrittene Star der Region dar: das Mufflon.

Réserve de faune d'Asco★

Office national de la chasse et de la faune sauvage (Nationaler Jagd- und Wildtierverband) – RN 200 – 20250 Corte – ✆ 04 95 38 13 36

Das 1953 eingerichtete Tierreservat von Asco erstreckt sich im Cinto-Massiv über eine Fläche von 3510 ha. Das Gelände steigt entlang schwindelerregender Felswände, die mit Heide und Stechginster überzogen sind, stufenförmig bis auf 2200 m an. Das Reservat umfasst den gesamten Südhang des Hochtals.

Hier kann man das korsische Mufflon, von dem im Reservat über 500 Tiere gezählt wurden, in seiner natürlichen Umgebung beobachten.

Typisch für das Reservat ist auch der **Korsenkleiber**, eine endemische Vogelart, die in Baumhöhlen nistet. In Höhen über 1000 m sind häufig Alpendohlen in Schwärmen unterwegs und erfüllen die engen Täler mit ihren schrillen Schreien.

Ausflug

Von Ponte-Leccia nach Haut-Asco

33 km – etwa 2 Std.

Ponte-Leccia – *s. La Castagniccia*

Ab Ponte-Leccia auf der N 197, dann nach 2 km links auf die D 147 abbiegen.

Die Straße folgt im Tal dem Asco flussaufwärts.

Rechts auf die D 47 einbiegen und 3 km weiterfahren.

Moltifao (Moltifau)

Das Dorf mit seiner hübschen Kirche wird von den roten Felsnadeln Aiguilles de Popolasca überragt und zieht sich zwischen Gärten und Olivenhainen den Südhang des grünen Höhenrückens zwischen dem Asco-Tal und dem Tartagine-Tal hinauf.

Noch 3 km auf der D 47 weiterfahren.

Castifao (Castifau)

Der Ort liegt hoch über dem Tartagine-Tal. Die Häuser gruppieren sich um einen reizvollen Platz, an dem auch die Kirche und das Postamt liegen, das über eine kleine Brücke zu erreichen ist.

Zurück auf die D 147, dann rechts Richtung Asco.

Village des tortues (Paese di e cuppilate)

Tizzarella – Der Besuch ist in den kühleren Stunden des Tages interessanter – ✆ 04 95 47 85 03 – Juli-Aug. tgl., Juni-Mitte Sept. tgl. außer Sa/So – 4,50 € (Kinder unter 10 Jahren: Eintritt frei).

Auf ca. 10 ha wurde vom Regionalpark ein Forschungs- und Zuchtzentrum für die **Hermann-Schildkröte** *(s. S. 16)* eingerichtet. Diesem ist ein pädagogisches Zentrum angeschlossen. Die einzige Landschildkröte Frankreichs hat heute nur noch ein kleines Rückzugsgebiet im Massif des Maures und auf Korsikas östlicher Ebene. Bei einem Besuch lernt man die verschiedenen Entwicklungsstadien des Tieres kennen.

Zurück auf die D 147 und 2 km hinter einer Brücke das Auto auf Höhe einer Hütte abstellen, die am anderen Ufer zu sehen und über eine Fußgängerbrücke zu erreichen ist.

Via ferrata de la Manicella★

Gesamtlänge der mit Drahtseilen gesicherten Strecke: 350 m – durchschnittliche Begehungszeit: 2-2 ½ Std. – Höhenunterschied: 250 m – Parkmöglichkeit in der Bucht gegenüber der Fußgängerbrücke.

Das Team ist ganzjährig vor Ort und steht für die Betreuung von Anfängern zur Verfügung. Außer dem Klettersteig von Manicella bietet Asco Vallée Aventure drei weitere Klettersteige, einen Abenteuerparcours (Canyoning, sportliche Entdeckungstour) und einen Tyrotrekking-Parcours an. Info: In Terra Corsa – ✆ 04 95 47 69 48

Hinweisschilder zeigen die wichtigsten Etappen an. Rückweg auf einem mit roten Punkten markierten Weg.

Unterhalb der Empfangshütte laden Buchten am Wildbach zu einer Pause ein.

Gorges de l'Asco (Strette di l'Ascu)★★

Die Trockenschlucht erinnert an die Scala di Santa Regine *(s. dort)*. Allerdings ist sie kürzer und breiter; hier ist die Vegetation üppiger und die Felskämme, die etwa 1000 m in die Höhe ragen, lassen sie noch wilder wirken. Sie wird von zerklüfteten Bergen wie der Cima a i Mori (2180 m) und dem Monte Terello (1310 m) dominiert. An den Hängen sieht man **Bienenstöcke**. In der Umgebung von Asco wird das rechte Ufer karg, während das linke Ufer von Stechwacholder grün gesprenkelt ist. Vorsicht: Neben der Fahrbahn können Sie auf freilaufende Kühe treffen.

Asco (Ascu)

Asco liegt am Ausgang der Schlucht und ist das einzige Dorf im Tal. Trotz einiger moderner Bauten fügt es sich gut in die Felshänge des Capo Selolla ein. Asco ist wahrscheinlich ligurischen Ursprungs; seine Annalen reichen aber nur bis ins 16. Jh. zurück, in die Zeit des von Sampiero Corso angeführten Krieges gegen Genua, in dem das Dorf als Zuflucht diente. Im 18. Jh. setzte in Asco eine Art Familienschiedsgericht ein: Die von der Gemeinde gewählten *paceri* („jene, die beschwichtigen", die „Weisen") sollten Familienkonflikte gütlich schlichten. Diese Art der Rechtsprechung hat die Talbewohner stark geprägt und noch heute hört man den Ausdruck ***saviu d'Ascu***, „Weiser aus Asco".

Genuesische Brücke★

Weiter Richtung Haut-Asco auf der D 147, die um das Dorf führt. Bei der Ausfahrt aus dem Dorf links auf eine schmale Straße abbiegen, die in die Schlucht hinabführt.

Das grüne klare Wasser des Asco wird von dieser schönen Brücke überspannt, die als Zugang zur Schäferei Pinnera gebaut wurde. Das smaragdgrüne Wasser ist zwar sehr verführerisch, Baden ist aber verboten.

Zurück auf die D 147.

Hinter dem Dorf führt die Straße am Stranciacone entlang flussaufwärts. Nach dem Überqueren einer Brücke verläuft sie am rechten Ufer des Wildbachs entlang.

Forêt de Carrozzica

Dieser schöne, 3220 ha große Wald dehnt sich im gesamten oberen Asco-Tal aus. Anfangs ist der Baumbestand spärlich, bald aber wird der Wald dichter und endet in 1900 m Höhe am Fuß der großen Felsbarriere. Der Wald besteht in erster Linie aus Korsischen Schwarzkiefern, von denen einige sogar direkt im Wildbach wachsen. Dieser fließt zwischen rosafarbenen Porphyrblöcken hindurch.

Maison du mouflon – *s. S. 105*

Rund 7 km hinter Asco bei Giunte lässt die Straße den Stranciacone rechts liegen, der hier mit der Tassinetta zusammenfließt. Nach dem Überqueren des Manica-Bachs erreicht die Straße Caldane (Mineralquelle) und steigt an bis Haut-Asco.

Haut-Asco

Von dieser Geländeterrasse (1450 m) in schöner **Lage★** zwischen Weiden und hundertjährigen Schwarzkiefern, bietet sich eine prachtvolle Aussicht: Im Süden auf den Monte Cinto und den Gletscherkessel Pampanosa am Fuß des Capo Larghia und der Punta Minuta, im Westen auf den Capo Stranciacone.

Die Etappenunterkunft in Haut-Asco ist ein optimaler Ausgangspunkt für herrliche Wanderungen Richtung Bonifato, Monte Cinto oder dem bekannten **Cirque de la Solitude**. Vorsicht: Die Wanderrouten sind nur für geübte und schwindelfreie Bergsteiger mit guter Ausrüstung geeignet.

Tipps und Adressen

Übernachten/Essen und Trinken

Hôtel Cabanella – *Vallée de l'Asco – 20218 Moltifao – ✆ 04 95 47 80 29 – 6 Zi: 60 € – – Rest. 25 € – P.* Gemütliches, familiäres kleines Hotel-Restaurant. Korsische Küche oder Pizza für den kleinen Geldbeutel. Einfache rustikale Zimmer. Freundlicher Empfang.

Le Chalet – *Asco Neige – 20276 Haut-Asco – ✆ 04 95 47 81 08 – hotel.le-chalet@wanadoo.fr – 15. Okt.-1. Mai geschl. – Mittagsmenü 13 € – 16/25 € – 22 Zi: 52/94 € – 8 €.* „Paradies der Wanderer" sagen die einen, „schöne Gebirgsblicke" bestätigen die anderen … Der Fernwanderweg GR 20 führt direkt an dieser Berghütte vorbei, die eine gewisse Nüchternheit ausstrahlt. Deftige Gerichte stillen selbst großen Hunger. Bescheidene Zimmer, Schlafsaal und Bar.

Einkaufen

Allein wegen seines köstlichen Honigs ist das Dorf Asco einen Umweg wert. Mehrere Kleinproduzenten bieten Qualitätsprodukte an, zu nennen wären beispielsweise M. Guidonis kleiner Imbiss am Eingang des Dorfes *(✆ 04 95 47 80 49 – Apr.-Okt. geöffnet)* und die Imkerei Renucci, Route d'Asco *(✆ 04 95 47 80 46 – nach Voranmeldung).*

AULLÈNE

Auddè

CORSE-DU-SUD (2A) – 138 EINWOHNER – UMSCHLAGKARTE HINTEN B6 – MICHELIN LOCALKARTE 345 D9

Das ruhige hübsche Dorf mit seinen Steinhäusern thront auf einer hohen Granitkuppe im Sartenais. Die Kiefern- und Kastanienwälder in der Umgebung sind Teil der unberührten und herrlichen Gebirgslandschaft.

- **Wegweiser** – Aullène liegt im Norden der Alta Rocca an der Kreuzung der D 69 und der D 420, 34 km nordöstl. von Sartène und 13 km westl. von Quenza.
- **Unbedingt sehenswert** – Die Seeungeheuer an der Kanzel der Pfarrkirche; die bemalten Holzstatuen und die Einrichtung der Kirche von Petreto; der Blick über das Taravo-Tal, den man von der Ortschaft Bicchisano genießt.
- **Gut geplant** – Der beste Zeitpunkt für einen Besuch des Dorfes ist das letzte Juli-Wochenende, wenn die Straßen durch den Jahrmarkt belebt werden.
- **Orte in der Nähe** – SARTÈNE, Le SARTENAIS, STE-LUCIE-DE-TALLANO, L'ALTA ROCCA, QUENZA, ZONZA

Sehenswürdigkeit

Die Häuser in diesem großen Gebirgsort sind in traditioneller Bauweise aus grauem Granit errichtet. Sie sind mit Arkaden und überwölbten Durchgängen ausgestattet.

Église paroissiale

Wegen Renovierung geschlossen.

Die Kirche enthält ein Chorgestühl und eine **Holzkanzel** aus dem 17. Jh. An der Konsole stützen sich Seeungeheuer auf den Kopf eines Mauren. Sie spielen wahrscheinlich auf die Überfälle der Berberpiraten an, die bis ins 18. Jh. Korsikas Küste heimsuchten.

Gilles Magnin / MICHELIN

Ein Seeungeheuer stützt in der Pfarrkirche von Aullène die Kanzel.

Ausflug

Route du Col de St-Eustache★

20 km auf der D 420 bis Petreto-Bicchisano – s. Kartenskizze Alta Rocca S. 100

Die Straße windet sich in Serpentinen im engen Tal des Coscione bergan und bietet eine gute Aussicht auf die Felslandschaft mit kargem Macchiabewuchs.

Zwischen den Pässen Col de Tana und Col de St-Eustache verläuft die Straße durch ein mit Kiefern bewachsenes Porphyrmassiv, das von Zuflüssen des Baracci und des Rizzanèse unterbrochen wird. **Felsenmeere★** erheben sich aus der Vegetation.

Hinter dem Col de St-Eustache führt die von riesigen Felsblöcken gesäumte Straße in das Taravo-Tal. Während der Südhang von Kiefern bewachsen ist, stehen auf dem Nordhang Steineichen, unter die sich einige Kastanien, Affodille und Farne mischen.

Petreto-Bicchisano (Pitretu Bicchisgia)

Der Ort liegt an einem wichtigen Straßenknotenpunkt und besteht aus zwei Dörfern: Petreto liegt etwas höher an der D 420, Bicchisano etwas tiefer an der N 196.

Petreto

Die **Pfarrkiche** besitzt ein interessantes Holzkruzifix. Hochaltar, Tabernakel und der Altar aus dem 17. Jh. sind aus mehrfarbigem Marmor gearbeitet und stammen ebenso aus dem Kloster Bicchisano wie die vier farbig gefassten **Holzskulpturen**.

Strategisch günstig gelegen

Auddè bedeutet „Kreuzung". Einst befand sich Aullène an der ersten strategisch wichtigen Straße von Corte nach Bonifacio. Heute führen Straßen in allen vier Himmelsrichtungen durch das Dorf. Die Granitstele links an der Ortseinfahrt von Petreto erinnert nicht nur an den Widerstandskämpfer General **Paulin Colonna d'Istria**, der aus dieser Gegend stammte, sondern auch an die wichtige Rolle, die die Gemeinde im Zweiten Weltkrieg bei der Befreiung Korsikas spielte.

Bicchisano

Von Propriano aus kommend, können Sie am Ortseingang von Bicchisano einen herrlichen **Ausblick★** über das Taravo-Tal genießen.

Die massiven Granithäuser des Dorfes liegen zu beiden Seiten der Straße. Bemerkenswert sind zwei **befestigte Häuser**, die von der einstigen Bedeutung des Ortes zeugen. Am unteren dieser Häuser befinden sich an den vier Ecken noch Kragsteine, die früher die Warten abstützten, Relikte eines Verteidigungssystem aus dem 16. Jh. Gleich daneben erhebt sich der **Kampanile**, der von der zerstörten Pfarrkirche St-Jean-Baptiste noch übrig geblieben ist. Das andere befestigte Haus, das mit einem Wehrerker versehen ist, liegt etwas höher über Bicchisano.

In der **Pfarrkirche** ist ein Holzkruzifix aus dem 16. Jh. ebenso bemerkenswert wie die geschnitzte Kanzel, die aus dem ehemaligen Kloster St-François stammt. Das alte Kloster *(Privatbesitz)* steht außerhalb des Dorfes in einer idyllischen Landschaft.

Taravo-Tal (Taravu)

Der Taravo entspringt oberhalb des Col de Verde am Monte Grosso und fließt bei Porto-Bello in den Golf von Valinco. Er hat eine weite Schwemmlandschaft entstehen lassen. Um der Sommerhitze und dem ungesunden Klima zu entgehen, wanderten die Bewohner von Mai bis Oktober auf das Plateau du Coscione ab *(s. L'Incudine)*. Ihre Häuser bauten sie auf die Hügel oberhalb der stehenden Gewässer.

Im Unterlauf des Flusses gedeihen Getreidefelder, Oliven- und Korkeichenhaine. Unterhalb von Sollacaro im mittleren Talabschnitt wachsen Weinstöcke. Hier wird auch Rinder- und Schafzucht betrieben.

Coscione-Tal

Aullène auf der D 69 Richtung Sartène verlassen – 24 km bis zur Brücke Pont d'Acoravo.
Die Straße führt in das enge, dünn besiedelte Tal des Coscione, der in den Rizzanèse mündet. Es geht durch die Dörfer **Cargiaca** und **Loreto-di-Tallano**, die auf landschaftlich schönen Hügeln liegen. Auf der anderen, weniger steilen Talseite ist das Klima milder. Hier gruppieren sich inmitten von Weinbergen und Olivenhainen mehrere Dörfer um die große Ortschaft **Ste-Lucie-de-Tallano** *(s. dort)*.

Tipps und Adressen

Übernachten

Hôtel de la Poste – *Andriaccia – ✆ 04 95 78 61 21 – Okt.-April geschl. – 20 Zi: 41/42 € – ☕ 6 €.* Berghotel mit freundlichem Empfang. Die etwas altmodischen Zimmer haben Charme. Schöne, schattige Terrasse. Reichhaltige korsische Hausmannskost zu fairen Preisen.

Einkaufen

Domaine Alain-Courrèges – *A Cantina – Domaine de Vaccelli – 20123 Cognocoli-Monticchi – ✆ 04 95 24 35 54 – tgl. außer So 8.30-12 und 15.30-19 Uhr, Fei nach Anmeldung.* Auf einer Fläche von rund 27 ha produziert die Domaine Alain-Courrèges einen ausgezeichneten Rotwein mit dem AOC-Siegel von Ajaccio, der beim „Concours général" prämiert wurde. Angeboten wird auch ein interessanter Muskateller in weiß und rosé, der hier traditionell produziert wird. Auch eine Kellereibesichtigung mit Weinprobe wird angeboten. Weinverkauf direkt auf dem Weingut.

An der Marina von Porticcio gibt es eine weitere Verkaufsstelle mit der Bezeichnung „A Cantina".

La BALAGNE★★★

Balagna

HAUTE-CORSE (2B) – UMSCHLAGKARTE VORNE B3 – MICHELIN LOCALKARTE 345 B4-C5

Von ihren fruchtbaren Hügeln herab schaut die Balagne, die im Nordwesten der gebirgigen und rauen Insel liegt, auf das Mittelmeer. Das Hinterland hat zwei Gesichter: Südlich von Calenzana erstreckt sich eine karge Balagne, im Norden hingegen eine fruchtbare Balagne, die früher für den Reichtum der Region sorgte und heute die Besucher anlockt. Dies ist die heiterste Gegend der Insel. Sie bietet an ihrer 40 km langen Küste schöne Badeorte und auf den Hügeln, die sich am Ende der Küstenebene erheben, hübsche Dörfer inmitten von Gemüsegärten und Weinbergen. Palmen, Agaven und Feigenkakteen zeugen vom milden und fruchtbaren Klima der Region.

S. Sauvignier / MICHELIN

Reizvolle Bergterrassen bilden die Landschaft in der Umgebung von Belgodère.

Wegweiser – Sanft fällt die Balagne von der Kammlinie der Asco-Schluchten im Südosten zum Meer hin ab. Im Norden grenzt sie an die Agriates-Steinwüste und im Südwesten an das Fango-Tal. Die beiden wichtigsten Städte, Calvi und L'Île-Rousse, eignen sich gut, um Badevergnügen, Kulturprogramm und Ausflüge zu den Bergdörfern zu verbinden.

Unbedingt sehenswert – Sant'Antonino mit seiner atemberaubenden Lage; das rege Kulturleben in Pigna; die herrlichen Ausblicke über den Golf von Calvi in Montemaggiore und am Col de Salvi; die Église de la Trinité in Aregno mit ihrem mehrfarbigen Mauerwerk.

Gut geplant – Wassersport an der Küste, Wandern, Ausflüge in das Hinterland: Die Balagne ist keine Gegend, durch die man nur hindurchfährt, sondern ein Urlaubsziel, das für vielfältige Aktivitäten Möglichkeiten bereithält.

Mit Kindern – Die Strandbahn, das Reitzentrum U Cavallu in Calvi oder das Balgn'Âne (Olmi-Capella).

Orte in der Nähe – ALGAJOLA, CALENZANA, SANT'ANTONINO, PIGNA, L'ÎLE ROUSSE, CALVI, Cirque de BONIFATO, Golfe de GALÉRIA, Vallée de la TARAGINE

Geschichte und Geschichten

Der Name der Region soll von dem griechischen Wort „balanos" stammen, das „Eichel" bedeutet und auf die Form der Olive und die Olivenhaine anspielt, von denen die Ebenen und die Hügel einst bedeckt waren. Noch heute wird die Balagne als „Garten Korsikas" bezeichnet.

Altes Siedlungsgebiet – Die Region war bereits in vorgeschichtlicher Zeit bewohnt. In der Eisenzeit lebten die Bewohner der Balagne wahrscheinlich bereits vom Fischfang und vom Seehandel. In der Antike landeten Phönizier, Griechen und Etrusker an ihren Ufern. Danach ließen sich hier die Römer nieder und betrieben Landwirtschaft. Zeugnisse der römischen Vergangenheit wurden in Calvi, L'Île-Rousse, Algajola Speloncato und Calenzana entdeckt.

Angelockt von den Reichtümern der Gegend unternahmen auch die Sarazenen eine Vielzahl denkwürdiger Beutezüge. Der bekannteste Überfall war der auf die Stadt Algajola.

Korsikas Obstgarten – Um die Gegend gegen die Überfälle der sarazenischen Piraten zu verteidigen, setzten die Pisaner im 11. Jh. die Marquis' von Massa und Korsika als Lehnsherren der Balagne ein. Diese errichteten Burgen zur Überwachung der Küste, von denen heute noch zahlreiche Relikte existieren, wie beispielsweise die Ruinen der Savelli-Festung in Corbara.
Die Lehnsherren unterstützten die Benediktiner, die sich im 12. Jh. dauerhaft in der Gegend niedergelassen hatten und dazu beitrugen, die durch Anarchie und Überfälle zerstörte Landwirtschaft wieder aufzubauen.
So erhielt auch der Handel mit der Toskana neue Impulse. Gegen Ende des 12. Jh. war die Balagne dank der Benediktiner neben Bastia und Cap Corse zur führenden Weinbauregion der Insel geworden. Die wohlhabende Bevölkerung ließ zur Zeit der Herrschaft der Pisaner zwischen dem 11. und 13. Jh. eine Vielzahl von Kirchen erbauen, die teilweise über antiken und frühchristlichen Kultstätten errichtet wurden, wie in Calenzana, Cassano, Montemaggiore, Lumio und Aregno. Wegen ihres Reichtums an Kirchen sprach man daher auch von der „heiligen Balagne".
Im 13. Jh. ließ sich die Republik Genua in der Region nieder und gründete die Festungen in Calvi und Algajola. Die Genuesen förderten die Landwirtschaft und sicherten damit den Bedarf der Garnison und der Bevölkerung. Die Balagne wurde zum fruchtbaren „Garten Korsikas".
Im 17. Jh. war die Balagne eine Region mit mediterraner Mischkultur, in der die Olivenbäume an erster Stelle standen. Das Öl der Region war sehr geschätzt.
Im 18. Jh. ließ Pasquale Paoli L'Île-Rousse erbauen, den Hauptabsatzmarkt der fruchtbaren Balagne.

Die Balagne heute – Zunehmende Versteppung, verheerende Brände, ein wachsender Konkurrenzdruck durch immer neue Urlaubsorte – und nicht zuletzt die Landflucht – haben wie auch in anderen Regionen Korsikas zum drastischen Rückgang der traditionellen Landwirtschaft zu Gunsten des Fremdenverkehrs geführt. Der Zulauf an Besuchern in der Balagne ist groß. Komplette Feriendörfer mit privaten Jachthäfen sind aus dem Nichts entstanden. Calvi bekommt Konkurrenz durch die aufstrebenden Badeorte Algajola und L'Île-Rousse.

Zahlreiche Dörfer im Hinterland der Balagne haben sich in der Zwischenzeit zusammengeschlossen, um ihr bedrohtes Kulturerbe wieder zu beleben und ihre Traditionen über die Region hinaus bekannt zu machen. So entstand die **Route des Artisans de Balagne**, eine touristische Strecke durch die schönsten Dörfer der Region, die entlang der D 71 wie Schwalbennester an den Felsen kleben. Vor allem in Pigna, dem Hauptsitz der korsischen Künstlergenossenschaft, haben sich viele interessante Künstler und Handwerker niedergelassen. Auf dieser „Route der Kunsthandwerker" kann man die alten, in der Balagne über Jahrhunderte hinweg ausgeübten Handwerksberufe kennenlernen, traditionelle Werkstätten und Ateliers besuchen und landestypische Erzeugnisse wie Honig, Wurst und Käse kaufen *(s. Tipps und Adressen)*.

Derzeit soll ein umfangreiches Wasserversorgungsprogramm mit einem Leitungsnetz und Pumpstationen zur Neubelebung der Landwirtschaft auf den Ebenen von L'Île-Rousse und Algajola beitragen. Auch der Stausee von Codole ist Teil des Programms.

Ausflüge

1 Die Schätze der Balagne★★

Rundfahrt ab Calvi – 80 km – Dauer etwa ein halber Tag – s. Kartenskizze S. 112-113
Den Ort Calvi auf der N 197 Richtung L'Île-Rousse verlassen.

Die Straße führt am herrlichen Kiefernwald von Calvi entlang. Unmittelbar nach der Brücke biegen Sie rechts auf die D 151 ab, die talaufwärts durch das schöne Bartasca-Tal mit seinen zahlreichen Weinbergen führt. Man kommt in den Ort Calenzana am Fuß des Monte Grosso. Er ist Ausgangspunkt des nicht nur unter Wanderfreunden berühmten Fernwanderwegs GR 20, der die ganze Insel durchquert sowie für die Strecke „Tra Mare e Monti".

Calenzana – *s. dort*

Auf der D 151 Richtung Zilia.

Église Ste-Restitude★ – *s. Calenzana*

Die Straße führt durch Steineichenwälder, Olivenhaine und Mandelbaumpflanzungen um das Fiume Secco-Becken herum.

Zilia (Ziglia)

Dieses an den Monto Grosso geschmiegte Dorf, ein Aussichtsbalkon auf den Golf, liegt inmitten von Olivenhainen und Mandelbäumen. Hier sind noch alte Häuser erhalten und von der Terrasse gegenüber der Kirche bietet sich eine schöne Aussicht über das grüne Tal des Fiume Secco. Die Gemeinde ist Namenspatron eines **Quellwassers**, das in 80 m Tiefe entnommen und auf der Insel gern getrunken wird.

Cassano

Die Pfarrkirche enthält ein interessantes **Tryptichon**★ mit Goldgrund, das die Jungfrau mit dem Kind unter einem Baldachin zwischen zwei Heiligen darstellt. Dieses im Jahr 1505 entstandene Werk stammt von dem Künstler Simonis de Calvi.

Lunghignano

Der winzige Weiler oberhalb der Straße besitzt außer der **Église St-Vitus**, die im späten 18. Jh. aus grob behauenem Mauerwerk errichtet wurde, noch eine Quelle in einem kleinen Quellenhaus.

300 m hinter dem Weiler steht rechts eine restaurierte **Ölmühle** aus dem 19. Jh., die heute wieder in Betrieb ist. Hier kann man regionale Produkte kaufen.

Montemaggiore★

Das Dorf liegt auf einem Felsvorsprung über dem Fiume-Secco-Becken am Fuß des Monte Grosso. Von der Aussichtsterrasse der großen Barockkirche *(außerhalb der Saison geschlossen)* bietet sich ein **Rundblick★★** über den Golf von Calvi, die Halbinsel Revellata, Calenzana und die Gebirgskulisse. Achten Sie beim Zurückgehen auf das große cremefarbene Haus, das an die Kapelle grenzt: Bei seinem einzigen und kurzen Besuch auf der Insel im 16. Jh. soll Don Juan hier gewohnt und selbstredend eine junge Frau verführt haben.

Die Umgebung von Montemaggiore wurde leider bei einem der zahlreichen Brände, von denen die Balagne 2005 heimgesucht wurde, schwer geschädigt. Inzwischen hat sich auf dem verbrannten Boden wieder eine spärliche Macchia gebildet. Bei einem Brunnen im Norden des Dorfes wird der Blick auf den Monto Grosso frei.

Weiter auf der D 151 Richtung Cateri. 1 km hinter Montemaggiore in einer Haarnadelkurve rechts auf eine kleine, befestigte Straße einbiegen und etwa 800 m weit fahren.

Chapelle St-Rainier (San Rinieru)

✆ 04 95 62 72 78 – Besichtigung nach Anmeldung im Bürgermeisteramt (1 Tag im Voraus) tgl. außer Sa/So.

Die Kapelle steht auf dem Friedhof. Sie ist im Stil der pisanischen Romanik erbaut und hat eine mehrfarbige Fassade; den Giebel schmückt ein durchbrochenes Kreuz, das von zwei menschlichen Figuren eingerahmt wird. Die Rundapsis ist noch mit Schieferplatten gedeckt, die auf Korsisch ***teghje*** heißen *(s. S. 20)*. Im Innenraum sind die Stirnseiten der Bögen (Archivolten) über den ersten beiden Fenstern mit skurrilen Fratzen dekoriert. Ein zylindrischer Stein mit eingemeißelten Gesichtern dient als Weihwasserbecken.

Beim Verlassen der Kapelle bietet sich ein herrlicher Blick auf den Monto Grosso, der im Winter besonder schön ist, wenn die beschneiten Hänge in der Sonne glitzern.

Weiter auf der D 151, die sich schmal und kurvenreich bis zum Col de Salvi durch eine trostlose Landschaft windet.

Bei der Bergfahrt zum **Col de Salvi** gewährt die Straße, die nun am Steilhang verläuft, schöne **Ausblicke★** auf Calenzana, das Fiume-Secco-Becken und das Meer.

Von der Passhöhe aus bietet sich ein prachtvoller **Panoramablick★★** über den Golf von Calvi, der gut 500 m tiefer liegt, und über die Landzunge Revellata.

2 km nach dem Pass links auf die D 71 abbiegen.

Cateri

Parkplatz (während der Saison) beim Verlassen der D 71.

Cateri liegt mitten von Olivenhainen hoch über dem Algajola-Becken. Das Dorfzentrum erreicht man zu Fuß auf engen Pflastergassen, die durch überwölbte Durchgänge miteinander verbunden sind. Sie werden von hohen Granithäusern gesäumt, in denen Handwerksbetriebe untergebracht sind. Schöne Aussicht auf die Dörfer Aregno, Sant'Antonio und Corbara.

In der **Kirche** ruhen die Gebeine des hl. Benedikt, die im 18. Jh. aus Rom hierher gebracht wurden. Gegenüber dem Eingang wurde die Chapelle du Très-St-Crucifix für die Bruderschaft des hl. Antonius von Padua errichtet.

Nach kurzer Fahrt auf der Straße Richtung Lavattogio sehen Sie rechts einen Wegweiser zum Kloster Marcasso.

Amaury de Valroger / MICHELIN

Originelles Detail an der Kirchenfassade in Aregno mit mehrfarbigem Granitmauerwerk.

Couvent de Marcasso

✆ 04 95 61 70 21 – Führungen Mo, Mi und Fr ab 15 Uhr, am ersten Fr im Monat, im Advent und in der Fastenzeit keine Besichtigung.

Das 1621 erbaute Kloster steht auf einer Bergterrasse inmitten von Olivenhainen und Obstgärten. Die **Klosterkirche** besitzt ein restauriertes Abendmahlgemälde aus dem 18. Jh., ein bemerkenswertes Chorgestühl, einen schönen Schrank in der Sakristei sowie vier Heiligenfiguren aus dem 17. Jh. Zudem gibt es einen Klosterladen.

Weiter auf der D 71 bis Lavatoggio.

Lavatoggio

Vom Vorplatz der Kirche aus bietet sich ein **Rundblick★** über den Strand von Algajola, die Küste und die letzten Ausläufer der Balagne westlich der Kammlinie, die sie vom Regino-Becken abgrenzt. Das Dorf war einst für seine Wasserquellen bekannt.

Umkehren und zurück nach Cateri fahren. Links auf die D 151 und dann gleich wieder rechts auf die D 413 Richtung Sant'Antonino abbiegen.

Sant' Antonino★★ – *s. dort*

Zurückfahren und rechts auf die D 151 Richtung L'Île-Rousse.

Aregno

Auf dem Friedhof am Eingang des Dorfes erhebt sich die reizvolle kleine **Église de la Trinité★**. Nachdem es in der Vergangenheit immer wieder zu Vandalismus kam, ist das Kirchlein heute leider geschlossen *(Besichtigung nach Anmeldung im Bürgermeisteramt)*. Der Kapellenbau überrascht durch sein mehrfarbiges Granitmauerwerk. Die Fassade ist dreigeteilt. Das Portal besitzt einen breiten, fünfeckigen Türsturz, der von einem Rundbogen überspannt wird. Dessen Bogensteine haben abwechselnde, unterschiedliche Farben. Beachten Sie die **Figuren★** auf beiden Seiten des Portals: links eine weibliche Gestalt und rechts ein Mann, auf dessen Knien wahrscheinlich die Zehn Gebote liegen und bei dem es sich um Moses handeln könnte. Oberhalb des Türsturzes ruhen vier kleine verzierte Bögen auf fünf Kapitellen, die mit einfachen Tierfiguren geschmückt sind. Unter dem Giebel umrahmen acht Kragsteine ein Zwillingsfenster, an dessen Giebelfeld ein Schlangenmotiv zu sehen ist. Oben im Giebel scheint sich eine dritte Figur unbekümmert einen Dorn aus dem Fuß zu ziehen und den Vorübergehenden einen schelmischen Blick zuzuwerfen. Über die Seitenwände, die von schmalen Pilastern unterteilt werden, sowie die halbrunde, mit Flachsteinen gedeckte Apsis verläuft ein Kranzgesims, dessen Bogentragwerk auf verzierten Kragsteinen ruht. Die Archivolten (Rundbögen) über den seitlichen Fensterscharten sind mit symbolischen Motiven versehen: zwei kämpfende Pfaue, Kreuz und Baum, eine offene Hand und ein Bischofsstab.

Im Innenraum sind zwei interessante **Fresken** aus dem 15. Jh. zu sehen: Sie stellen die vier Kirchenväter und den Erzengel Michael dar, der beim Jüngsten Gericht die Seelen aufwiegt und den Drachen niederstreckt.

Weiter auf der D 151 bis Pigna.

Pigna★ – *s. dort*

Corbara und sein Kloster – *s. dort*

Weiter auf der N 197 und dann links Richtung Calvi.

Algajola – *s. dort*

Marine de Sant' Ambroggio

Außerhalb der Saison sind die Geschäfte geschlossen.

Der Jachthafen von Sant'Ambbroggio kann mit allem aufwarten, wovon eingefleischte Sportsegler nur träumen. Trotz der vielen Wohnsiedlungen und einem großen Feriendorf hat sich der Ort seine natürliche Umgebung an einem schönen Sandstrand in der Bucht bewahrt.

Gleich in der Nähe führen Wege zur Punta Spano. Die Granitblöcke dieses Felsvorsprungs der Insel **Spano** erstrecken sich Richtung Westen. Von hier hat man einen schönen Blick auf die geschützte Algajola-Bucht.

Lumio★

Der stattliche Ort, die Heimat des Models Laetitia Casta, ist inmitten von Olivenhainen und Obstgärten wie ein Amphitheater oberhalb der großen Barockkirche angelegt. Neben dieser erhebt sich ein hoher, von Fenstern durchbrochener Glockenturm. Er bildet einen Aussichtsplatz über den Golf von Calvi.

Nicht zu übersehen auf der Avenue Bella Vista ist der eindrucksvolle quadratische Bau, der im oberen Teil mit Bögen verziert ist. Dies ist der **Carrubo**, im 18. Jh. von einem Abbé erbaut, um dort eine Schule und die Armen des Dorfes unterzubringen.

Site ruiné d'Occi★ – *Der Weg beginnt hinter dem Hôtel-Restaurant „Chez Charles".* Das Ruinendorf ist in ca. 30 Min. erreichbar, der Rundweg dauert ca. 2 Std. (Kurze Hosen sind als Bekleidung wegen des Gestrüpps ungeeignet.)

Das ehemalige Dorf, das im 19. Jh. aufgegeben wurde und inzwischen verfallen ist, liegt über dem Ort Lumio und der Marina von Sant'Ambroggio. Es ist ein sehr schönes Wanderziel mit außergewöhnlichen **Panoramablicken★**.

Die Kirche wurde im Jahr 2000 renoviert. Der Weg rechts um die Höhenzüge führt zu einer Kapelle. Von dort *(rechts)* durch die Macchia zurück hinunter nach Lumio. Auf der Wanderung hat man Gelegenheit, die Ruinen ehemaliger Schäfereien zu entdecken, die blühende Macchia zu genießen und Greifvögel zu beobachten.

Chapelle St-Pierre

1 km ab Lumio auf der Straße nach Calvi, dann links über eine befestigte Straße.
Die romanische Kapelle aus ockerfarbenem Granit stammt aus der Frühzeit der pisanischen Romanik auf Korsika (11. Jh.), wurde im 18. Jh. aber umgestaltet. An der Fassade wird der Türsturz des Eingangsportals auf beiden Seiten von stilisierten **Löwenköpfen** aus Granit (wahrscheinlich aus einem früheren Bau wiederverwendete sogenannte Spolien) eingerahmt. Besonders lohnend ist die Besichtigung der Kapelle wegen ihrer **Apsis★**: An der Gestaltung des Chorhauptes zeigt sich der pisanische Einfluss an den Palmettenkapitellen, den doppelten Archivolten (Rundbögen) und kleinen geometrischen Öffnungen.

Zurück nach Calvi auf der N 197.

2 Die Aussichtsbalkone der Balagne★

70 km ab L'Île-Rousse – etwa ein halber Tag Fahrt – s. Kartenskizze S. 112-113
L'Île-Rousse auf der N 1197 in Richtung Osten verlassen.

Bis **Lozari**, das für seinen Strand bekannt ist, führt die Straße an der Küste entlang. Von dort auf der N 197 nach rechts hinauf Richtung Belgodère.

Belgodère (Belgude)

Das mittelalterliche Dorf, überragt von den Ruinen einer alten Festung, befindet sich in reizvoller **Lage★** auf einer Bergterrasse über dem grünen Prato-Tal.

Église St-Thomas – *Schlüssel gegenüber im Café de France.* Im Chor ein Tafelbild auf Holz (16. Jh.), das die Jungfrau Maria mit dem Kind zwischen zwei Aposteln und Mitgliedern einer Bruderschaft zeigt. In einer rechten Seitenkapelle befindet sich ein geschnitzter Altaraufsatz im barocken Stil.

Vieux fort★ – *Zugang zum alten Fort über die Treppen einer Gasse zwischen den beiden Cafés auf dem Hauptplatz, Richtung point de vue (Aussichtspunkt).* Von den Ruinen bietet sich ein außergewöhnlicher **Blick★** über das Tal.

Von Belgodère auf der N 197 Richtung Osten (7 km), dann links auf die D 163.

Palasca

04 95 61 33 02 – Führungen nach Anmeldung im Bürgermeisteramt, tgl. außer Di, Fr-nachmittag, Sa/So und Fei.
Das abgelegene Dorf schmiegt sich in eine Senke unterhalb der Nationalstraße. Die **Dorfkirche** mit ihrem schönen Glockenturm besitzt ein interessantes Gemälde mit der Darstellung der Kreuzigung aus dem 16. Jh.

Zurück nach Belgodère, dann weiter auf der D 71.

Occhiatana (Ochjatana)

Die ocker- und rosafarbenen Häuser liegen am Hang eines Hügels. Die Terrassen mit Orangen- und Zitronenbäumen befinden sich oberhalb der D 71. Am Hauptplatz mit schöner Sicht ins Tal wurde eine ehemalige Kapelle in ein Imbisslokal umgewandelt.

Kurz nach Occhiatana taucht links der harmonische Bau des ehemaligen **Klosters Tuani** auf. Dieses Franziskanerkloster war eine Zeit lang von den Dominikanern übernommen worden, bis es 1964 in Privatbesitz überging. Die 1494 erbaute Kirche wurde 1898 restauriert. Ungefähr 100 m vom Kloster entfernt tauchen die Ruinen der Kapelle St-Jean auf, eines pisanischen Baus aus dem 11. Jh.

Die schmale D 663 führt links in engen Serpentinen nach Speloncato. Dort angekommen, bietet sich ein atemberaubender Blick auf den Ort, insbesondere wenn die Gipfel noch mit Schnee bedeckt sind.

Speloncato★ (Spiluncatu)

Das Dorf, das auf 650 m Höhe über dem Regino-Becken auf einem Gebirgsvorsprung des Monte Tolo liegt, soll seinen Namen dem 2 km entfernten natürlichen Tunnel verdanken (*spelunca* bedeutet auf Korsisch „Grotte"). Den Besucher erwartet ein reizvolles Gewirr gewundener Gässchen und überwölbter Durchgänge, gesäumt von alten Granithäusern. Leicht oberhalb des Hauptplatzes liegt die ursprünglich romanische **Kirche St-Michel**, die im Jahr 1509 ein neues Portal erhielt und 1749 zur Stiftskirche wurde. Bemerkenswert ist die schöne Orgel aus dem Jahr 1821 *(falls die Kirche geschlossen ist, bekommt man den Schlüssel im Bürgermeisteramt)*. Die **Place de la Libération**, auf der ein Brunnen steht, wird von zwei kleinen Bars belebt. Schaut man von dem Platz in die Verlängerung der Straße, die rechts an der Kirche vorbeiführt, sieht man die natürliche, 8 m lange Öffnung der **Pietra Tafonata**. Jedes Jahr am 8. April und am 8. September kommt es hier zu einem Sonnenphänomen: Nachdem die Sonne gegen 18 Uhr hinter dem Berg verschwunden ist, taucht sie kurze Zeit später durch die Öffnung der Pietra Tafonata wieder auf. Wer noch eine kleine zusätzliche Anstrengung auf sich nimmt, gelangt auf den höchsten Punkt Speloncatos und wird durch einen Panoramablick über die Berge und das Meer belohnt.

Weiter auf der Straße, die auf halber Höhe oberhalb des Regino-Beckens entlang führt, dann auf der D 71 bis Feliceto.

Feliceto (Felicetu)

Inmitten von Obstgärten liegt das Dorf über dem Regino-Becken. Unterhalb steht die **Barockkirche**, deren mehrstöckiger Glockenturm eine Kuppel trägt.

Muro

Neben der Straße taucht auf dem Dorfplatz die große **Kirche** mit ihrer eindrucksvollen gelben Fassade auf. Die Innenausstattung ist ein typisches Beispiel für den Spätbarock: Hochaltar und Chorschranke aus mehrfarbigem Marmor, schöner Orgelprospekt, eine Fülle an Stuckmarmor, gewundenen Säulen und Vergoldungen. Achten Sie im Chor der Kirche auf das **Gesicht des Gekreuzigten**, das 1730 angeblich zu bluten begann und sich mit einem Heiligenschein umgab. Jahr für Jahr strömen viele Gläubige herbei, um dieses Wunders zu gedenken. Im Dorf sind noch alte Arkadenhäuser erhalten. In Muro wurde **Pietro Morati** (1658-1715) geboren, bekannter Jurist und Autor der *Prattica Manuale*, eines Handbuchs zur Rechtsprechung, das auf Korsika lange Zeit maßgebend war.

Weiter geht es auf der D 71. Achtung: Die Straße führt nicht durch Avapessa, sondern rechter Hand am Ort vorbei. Das Auto sollten Sie an der Straße abstellen und zu Fuß zu dem Weiler hinuntergehen.

Avapessa

Der Weiler liegt unterhalb der Straße auf halber Höhe im Regino-Tal inmitten von Olivenhainen, Feigenkakteen und Terrassengärten und besitzt eine hübsche Barockkirche (1618) mit einem schönen quadratischen Glockenturm.

Auf der D 13 zurück nach L'Île-Rousse.

Santa-Reparata-di-Balagna – *s. L'Île-Rousse*

Tipps und Adressen

Allgemeine Hinweise

Geführte Touren durch Montegrosso – *✆ 04 95 62 72 78 – am Vortag im Bürgermeisteramt von Montemaggiore anmelden.* Die drei Orte Cassano, Lunghignano und Montemaggiore bilden die Gemeinde Montegrosso. Zweistündige geführte Besichtigungen der drei Weiler im Kleinbus werden vom Service du Patrimoine der Gemeinde ebenso angeboten wie Führungen durch die Orte (um Anmeldung wird gebeten).

La Montagne des orgues – *✆ 04 95 61 34 85 – nach Voranmeldung – 22 €/Tag.* Ein Organist bietet Kirchenführungen in der Balagne, der Region Giussani, der Castagniccia und dem Asco-Tal an.

Verkehrsmittel

Zwischen Calvi und L'Île-Rousse verkehrt die *Tramway de Balagne*.

Übernachten

Camping Le Panoramic – *Route Lavatoggio – 20260 Lumio – 12 km nordöstl. von Calvi über die N 197 (Route de l'Île-Rousse) dann auf der D 71 (Route de Belgodère) – ✆ 04 95 60 73 13 – www.le-panoramic.com – 1. Mai-20. Sept. – – Reserv. empf. – 100 Plätze: 18 € – Bewirtung.* Der Empfang auf diesem Campingplatz zwischen L'Île-Rousse und Calvi ist familiär und freundlich. Die Sanitäranlagen sind einfach, aber sauber. Schöne schattige Terrassen, Swimmingpool mit kleinem Strand und Erfrischungsstand.

Hôtel A Spelunca – *Im Dorf – 20226 Speloncato – ✆ 04 95 61 50 38 – www.hotel-a-spelunca.com – Dez.-März geschl. –18 Zi: 70/80 € – 7 €.* Das Hotel befindet sich in dem ehemaligen Palais von Kardinal Savelli, dem Polizeiminister unter Papst Pius IX. Es steht mitten im Dorfzentrum und bietet einen herrlichen Blick über die gesamte Haute Balagne. Sie finden geräumige, eher einfache Zimmer neben den luxuriösen Salons in Originalausstattung.

Hôtel Mare E Monti – *Im Dorf – 20225 Feliceto – ✆ 04 95 63 02 00 – www.maremonti.c.la – 16. Okt.-März geschl. – 18 Zi: 70/124 € – 7 € – P.* Der gemütliche Wohnsitz wurde im 19. Jh. von den Vorfahren der heutigen Besitzer erbaut, die in Puerto Rico zu Reichtum gekommen waren. Bitten Sie den Besitzer darum, Ihnen auch die kleine Kapelle und den Museumsraum zu zeigen. Hübsche, individuell eingerichtete Zimmer mit kleinen Bildern und chinesischen Möbeln.

Essen und Trinken

Chez Françoise – *20214 Montegrosso – ✆ 04 95 62 81 02 – 5. Okt.-Ostern geschl. – – 16 €.* Einfaches Speiselokal. Man sitzt hier entweder in einem schmalen, überwölbten Raum oder auf der luftigen Terrasse zwischen der Kirche St-Augustin und der efeubewachsenen Mauer eines ehemaligen Pfarrhauses. Es gibt ein einfaches Menü.

Chez Léon – *135 rte du village – 20225 Catéri – ✆ 04 95 61 73 95 – 24/40 € – 7 Zi: 40/60 € – 6 € – Mittagsmenü 16 €.* Von der Terrasse dieses Restaurants aus genießt man einen herrlichen Rundblick über die Berge und das Meer. Hier oder in dem großen Gastraum können Sie die regionale Küche genießen, die besonders aus traditionellen Fischgerichten besteht. Es gibt einige Zimmer und Ferienwohnungen.

Ferme-auberge L'Aghjalle – *Hameau de Toro – 20220 Santa-Reparata-di-Balagna – 2 km südl. von Santa-Reparata auf der D 13 Richtung Muro – ✆ 04 95 60 31 77 – Ende Sept.-Ende März und mittags geschl. – – Reserv. empf. – 23 €.* Schön ist es hier, mitten auf dem Land. Die ehemalige Schäferei hat einen überwölbten, bunten Speisesaal und eine schöne Terrasse unter einem Schilfrohrdach. Der Wirt spricht voller Eifer über seine Kälber, sein selbst gepresstes Olivenöl und das selbst gezogene Gemüse aus dem Garten, das von seiner Frau liebevoll in der Küche verarbeitet wird.

I Scalini – *Im Dorf – 20220 Sant'Antonino – ✆ 04 95 47 12 92 – Okt.-April und Mo geschl. – 37 €.* Eine schmale Steintreppe führt zu dem Restaurant, das ganz oben im Dorf liegt. Das Haus besticht durch seine noch originale Innenausstattung (unbedingt die Toilette besichtigen!), vier kleine Terrassen mit einem herrlichen Rundblick, köstliches Essen und absolute Ruhe.

Einkaufen

KUNSTHANDWERK

In der Broschüre **La Route des Artisans de Balagne** *(kostenlos in den Tourismusbüros der Balagne und bei den Kunsthandwerkern erhältlich)* werden die Handwerker genannt, die sich bei der Arbeit über die Schulter schauen lassen: Es entstehen Töpferwaren, Spielzeug, Schneidwaren, Schmuck *(Corbara)*, Musikinstrumente *(Pigna)*, Buchbinderarbeiten *(Calenzana)*, Kunstschmiedearbeiten, Glaswaren etc.

Soufflerie de verre Ange Campana (Glasbläserei) – *Unterhalb der Kirche – Muro – ✆ 04 95 61 73 05 –tgl. 10-12 und 15-18 Uhr.* In dieser Werkstatt mit Verkaufsraum wird jeden Montag-, Mittwoch- und Freitagnachmittag den Besuchern ein besonderes Spektakel geboten, wenn sich der Glasbläser mit seinen Söhnen bei der Arbeit über die Schulter schauen läßt.

Terra e Foccu – *Occhiatana village – ✆ 04 95 61 33 20 – tgl. 10-13 und 14.30-19.30 Uhr.* Bereits seit 30 Jahren lebt und arbeitet die Töpferin auf Korsika. Ursprünglich stammt die Künstlerin aus Paris. Sie fertigt in ihrer Werkstatt ein spezielles Tafelgeschirr mit schönen, pastelligen Glasurfarben an.

REGIONALE PRODUKTE

GAEC de Lozari – *Hameau Lozari – 20226 Belgodère – ✆ 04 95 60 18 13 – tgl. 17-19 Uhr und nach Anmeldung.* Korsischer Honig genießt schon seit dem Altertum einen hervorragenden Ruf und ist zugleich ein Lobgesang auf die ganze Insel. Hinter den zauberhaften Namen auf den Honiggläsern verbergen sich völlig unerwartete „korsische" Geschmacksnoten. Die Brüder Gacon, wahre Geschmackskünstler, präsentieren in ihrem Laden Honig in allen nur erdenklichen Verarbeitungsformen, so etwa auch Honigwein (Met) oder Honigessig etc.

U Fragnu – *Lunghinano Village – D 151 – 20214 Montegrosso – ✆ 04 95 62 75 51 – www.ufragnu.com – April-Juni und Sept.-Okt. 9-12 und 14-18 Uhr, Juli-Aug. 9-12 und 14-19 Uhr, Nov.-März geschl.* Sie möchten ein traditionell hergestelltes Öl kaufen? Wenden Sie sich an Georges! Georges ist der Esel, der alle zwei Jahre nach der Olivenernte die historische Mühle aus dem Jahr 1850 wieder in Schwung bringt. Neben einem milden, fruchtigen Öl werden hier auch eine Auswahl korsischer Produkte und hausgemachte Spezialitäten zum Verkauf angeboten.

Clos Reginu e Prove – *Domaine Maestracci – beim Verlassen von Feliceto Richtung Muro auf der D 215 Richtung Santa-Reparata – 20225 Feliceto – ✆ 04 95 61 72 11 – www.clos-reginu-eprove.com – im Sommer tgl. außer So 9-12 und 14-19.30 Uhr, außerhalb der Saison: Mi-Sa 9-12 und 14-17 Uhr.* Die Weinstöcke dieses Weingutes, die im Reginu-Tal auf einer ehemaligen Gletschermoräne wachsen, ergeben zwei ausgezeichnet gute Weine, die drei Jahre lang in Eichenfässern gelagert werden. Nachdem Kellermeister Michel Raoust Ihnen die Kellerei gezeigt hat, geht es gleich weiter zur Weinprobe.

Clos Culombu – *Chemin San-Petru – 1,5 km von Lumio Richtung Calvi, auf der Route du cimetière links – 20260 Lumio – ✆ 04 95 60 70 68 –www.closculombu.com – tgl. außer So 9-12 und 15-19 Uhr.* Dieses Weingut erstreckt sich über 55 ha in den Gemeinden Lumio und Montegrosso. Der zunehmende Erfolg der beiden Weine des Gutes Clos Culombu, „Clos" und „Domaine" (jeweils als Rot-, Weiß- und Roséwein erhältlich), ist für Étienne Suzzoni Ermutigung und Bestätigung. Für ihn ist es noch eine Ehrensache, seine Weinstöcke auf die beste und natürlichste Art zu pflegen.

Domaine d'Alzipratu – *Route de Zilia – 20214 Zilia – ✆ 04 95 62 75 47 – www.domaine-alzipratu.com – tgl. außer So 8-12 und 14-19 Uhr.* Das Weingut liegt an einem traumhaften Hang zwischen Meer und Gebirge. Hier wird ein köstlicher Wein hergestellt, der „Fiumeseccu". Erhältlich ist er als Rot-, Weiß- und Roséwein.

Feste und Events

Die traditionellen **Märkte** in Feliceto (Kunsthandwerkermarkt im August, vor allem mit den ortsansässigen Glasbläsern), Lumio (Steinemarkt im Juli) und Sant'Antonino (Eselmesse im August) stehen während der Sommermonate auf dem Programm. Am 8. September, dem Geburtstag der korsischen Schutzheiligen Maria, finden an vielen Orten Prozessionen und Pilgerzüge statt.

Sport und Freizeit

Sub Corsica Club – *Marine de Sant' Ambroggio – Richtung Balagne-Calvi – 20260 Lumio – ✆ 04 95 60 75 38 oder 06 81 70 46 25 – http://plongeecorse.fr.st – Tauchgänge von 9-15 Uhr, Dez.-April geschl.* Das Tauchzentrum, eines der am besten ausgestatteten der ganzen Küste, verfügt über ein 17 m langes Boot. Im Angebot sind auch Tauchexplorationen bis Girolata. Zu den mehr als 30 verzeichneten Tauchplätzen zählen der bekannte „Danger d'Algajola" und die eindrucksvollen Steilwände von Revellata. Ebenfalls im Angebot des Zentrums sind Tauchgänge für Anfänger, Tauchdiplome, spezielle Tauchkurse für Kinder und Schnorcheln.

Altore – *Montemaggiore – 20214 Montegrosso – ✆ 06 08 72 67 19 – www.altore.com – je nach Wetterbericht und nach Anmeldung 9-19 Uhr.* Dieser Ableger des Sportzentrums von St-Florent bietet in der landschaftlich außergewöhnlichen Kulisse direkt über der Bucht von Calvi Flüge und Schulungen im Paragliding.

BASTELICA

CORSE-DU-SUD (2A) – 460 EINWOHNER – UMSCHLAGKARTE HINTEN B5 – MICHELIN LOCALKARTE 345 D7

Die Weiler des kleinen Hauptortes in diesem Gebirgskanton verteilen sich in einer Almlandschaft mit Edelkastanien über die Hänge des Monte Renoso. Bastelica ist mit 800 m das höchst gelegene Dorf im Prunelli-Tal; hier findet man noch authentisches Dorfleben. Im Winter zieht das 16 km entfernte Val d'Ese mit seinen Langlaufloipen und Skipisten Wintersportler an, im Sommer ist die Region ein geschätzter Naherholungsort der Ajacciner. Bastelica ist zudem Ausgangspunkt einer schönen Panoramastraße, die zu den Schneefeldern auf dem Plateau d'Ese führt.

Amaury de Valroger / MICHELIN

Unterhalb der uralten Genueserbrücke von Zipitoli gibt es einige schöne Badestellen.

- **Wegweiser** – Von Ajaccio aus die N 196 bis Cauro fahren (20 km). Dort links auf die D 27 abbiegen, eine kleine Bergstraße, die bis Bastelica hinaufführt (ca. 20 km).
- **Unbedingt sehenswert** – Dem Heldenepos von Sampiero vor seinem Denkmal und seinem Geburtshaus nachspüren; die Tolla-Talsperre.
- **Gut geplant** – Die Straßen auf dem Plateau d'Ese und in den Prunelli-Schluchten sind in schlechtem Zustand und kurvenreich, daher sollten Sie vorsichtig und langsam fahren. Für 20 km sollten Sie ca. 1 Std. Fahrzeit einplanen.
- **Mit Kindern** – Die Wasserfälle in den Prunelli-Schluchten.
- **Orte in der Nähe** – AJACCIO, Golfe d'AJACCIO

Geschichte und Geschichten

Der große Heerführer – Um 1498 wurde **Sampiero Corso** in Bastelica in einfachen Verhältnissen geboren. Bereits in jungen Jahren verließ er Korsika, um die Militärlaufbahn einzuschlagen, erst im Dienst des letzten florentinischen Condottieres Giovanni de Medici in Florenz, dann bei Papst Clemens VII. in Rom. Kardinal Jean du Bellay, französischer Botschafter in Rom, sorgte dafür, dass der eifrige Hauptmann 1536 in das Heer des französischen Königs Franz I. eintreten konnte. Sampiero Corso zeichnete sich in allen Schlachten gegen Karl V. aus. Nachdem er vor Perpignan dem Thronfolger Heinrich das Leben gerettet hatte, durfte er „zwei himmelblaue Streifen mit der goldenen Lilie“ im Wappen führen. Als angesehener und begüterter Mann heiratete er die junge Vannina d'Ornana, deren Familie zur korsichen Oberschicht zählte. 1547 beförderte ihn Heinrich II. zum Oberst, und Sampiero Corso erhielt das Oberkommando über die korsischen Kompanien im Dienst des Königs.

Diener Frankreichs auf Korsika – Kurz nach seiner Heirat wurde Sampiero unter ungeklärten Umständen vom Statthalter Genuas in Bastia eingekerkert, aber dank des Eingreifens von Heinrich II. wieder freigelassen. 1553 zeichnete er sich im Feldzug Frankreichs gegen Italien aus. Auch Korsika war in die Kriegswirren verwickelt und wurde 1553 von den Franzosen eingenommen. Der Überlieferung nach soll Sampiero die Anregung zur Einnahme Korsikas gegeben haben und beim König für Unterstützung geworben haben. Heute weiß man jedoch, dass Sampiero den Plan nicht billigte und sogar versuchte, den Kriegsrat davon abzubringen. Immer wieder aber beteiligte er sich mit Bravour an den Kampfhandlungen. An der Spitze von 500 korsischen Söldnern gelang es ihm mühelos, die Führer der Insel und die Bevölkerung, die der Politik Genuas ablehnend gegenüberstanden, für die französische Sache zu gewinnen.

Unerbittlicher Gegner der Genuesen – 1557 verkündete der französische Verwalter Giordano Orsini in Vescovato die Angliederung Korsikas an die französische Krone. Die Erklärung war jedoch eine reine Erfindung und täuschte die Korsen – und später auch die Historiker. Offenbar wollte Orsini den nachlassenden Eifer der Anhänger Frankreichs anfeuern. Die Ereignisse entwickelten sich aber anders: Am 3. August 1559 fiel Korsika durch den **Vertrag von Cateau-Cambrésis** wieder an die Genuesen.
1563 hatte Sampiero sich nach Frankreich zurückgezogen, um einen neuen Feldzug gegen die Genuesen vorzubereiten. Er tötete seine Frau Vannina, die mit einem Teil seines Vermögens nach Genua flüchten wollte. Am 14. Juni 1564 landete er mit Unterstützung von Katharina de Medici im Golf von Valinco: Die Revolte flammte erneut auf. Sampiero gewann im Inselinneren die Oberhand, Genua konnte die Küstenorte halten. 1567 geriet Sampiero zwischen Cauro und Eccica-Suarella in einen Hinterhalt und wurde durch die Blutrache seines Schwagers getötet. Sein Name im Kampf gegen Genuas Herrschaft ist auf Korsika legendär.

Zu Fuß unterwegs

Cascades d'Ortala

Der Ausgangspunkt ist ein überdachter Brunnen oben im Dorf.
Für Hin- und Rückweg 2 ½ Std. einplanen. Teilweise orangefarbene Markierung. IGN-Karte (Monte Renoso) empfohlen. Auf dieser erfrischenden Wanderung gibt es ein gut erhaltenes Wasserleitungssystem zu entdecken. Nach gut 30 Min. Aufstieg sieht man einen kleinen Kanal, der das Gebirgswasser ins Tal hinunterleitet. Geht man an diesem Kanal entlang weiter bergauf, gelangt man fast bis an die Ortala-Wasserfälle, die etwas versteckt in schöner, unberührter Naturkulisse liegen.

Sehenswürdigkeiten

Das Denkmal für Sampiero

Die Bronzestatue steht vor der Kirche von Santo, dem Hauptweiler von Bastelica. Seinen Degen schwingend, symbolisiert Sampiero Corso Mut und Stärke der Inselbewohner. Drei Seiten des Sockels werden von einem Flachrelief aus Bronze geziert, das an den Kampf der Korsen gegen Genua im 16. Jh. erinnert.

Sampieros Geburtshaus

Im Weiler Dominicacci, ganz oben im Dorf. Nachdem die bescheidene Behausung der Eltern Sampieros von den Genuesen in Brand gesteckt worden war, wurde sie im 18. Jh. originalgetreu wieder aufgebaut. Sie trägt eine in Korsisch abgefasste Inschrift, die der Enkel von Napoleons Bruder Lucien, William Wyse, 1855 verfasste und die Sampieros Tapferkeit in pathetischen Worten rühmt.

Porträt von Sampiero Corso (1498-1567). Der korsische Adlige und Freiheitskämpfer soll Shakespeare zu Othello inspiriert haben.

Ausflüge

1 Route du plateau d'Ese★

16 km – 1 Std. – s. Kartenskizze S. 122 – Am Ortseingang von Bastelica die D 27^A nehmen.
Die Kammstraße führt zum **Skigebiet** im Val d'Ese. Dort erwartet Sie kein mondäner Skiort! Wer hier einen Tag verbringen möchte, sollte ein Lunchpaket mitnehmen. Die Strecke führt in luftige Höhen (Vorsicht: der Straßenbelag ist schlecht, und es gibt freilaufende Schweine!) und bietet fantastische **Ausblicke★★** auf Bastelica und das Gebirgsmassiv zwischen dem Prunelli- und dem Taravo-Tal.

2 Gorges du Prunelli★

50 km – etwa 3 Std. – s. Kartenskizze S. 122 – Bastelica Richtung Südwesten auf der D 27 verlassen, nach 4,5 km rechts auf die D 3 Richtung Tolla abbiegen. Die Fahrbahn ist schmal, der Belag schlecht.
Die Straße führt ins Prunelli-Tal. Schon nach kurzer Zeit erreicht man die Schluchten, die herrliche **Ausblicke★** auf Punta di Forco d'Olmo (1631 m), Punta Arghiavana (1346 m) und den Tolla-Stausee bieten.

Tolla

Das Dorf liegt über dem Stausee. Die 88 m hohe **Tolla-Talsperre** hält 32 Mio. Kubikmeter Wasser zurück und speist ein Wasserkraftwerk.

Belvédère

Auto am Col de Mercujo (715 m) parken und zu Fuß die Sackgasse links zum Belvédère gehen. Von dort genießt man den **Blick★★** auf die Tolla-Talsperre und den Stausee sowie weiter unten auf die Prunelli-Schluchten, über denen sich die Punta Arghiavana, die Punta de Serra Cimaggia und die Punta de Mantellucio erheben.

Weiter auf der D 3.

Auf der kurvigen Fahrt hinunter ins Dorf **Ocana** genießt man den herrlichen Anblick der Bergkette. Der Ort liegt den Bergen gegenüber auf halber Höhe.

Etwa 5 km hinter Ocana links auf die Straße nach Eccica-Suarella abbiegen (D 103).

Stèle de Sampiero Corso

Bei der Brücke über den Prunelli parken. Zu Fuß etwa 100 Meter auf der D 103 Richtung Eccica-Suarella hinaufgehen. Gleich nach einer Brücke in einer Rechtskurve den Weg nehmen. Zu Fuß 15 Min. hin und zurück.

Sampiero Corso wurde im Jahr 1567 in der Nähe von Suarella, mitten in der Macchia, ermordet. Ende des 19. Jh. wurde hier zur Erinnerung an den korsischen Freiheitskämpfer eine Stele aufgestellt.

Eccica-Suarella

Die Weinberge dieser Hanglagen bringen ausgezeichnete Tafelweine hervor. Auch ein köstlicher Ziegenkäse wird hier hergestellt.

Bald erreicht man die N 196, auf der man links Richtung Cauro fährt. Am Ortsende von Cauro auf der D 27 Richtung Bastelica weiterfahren.

Die Strecke führt durch Eichenwälder und in eine Weidelandschaft. Hinter dem Weiler **Radicale** geht es bergauf zum Col de Sant'Alberto.

Cascade de Sant'Alberto

Zugang 5 km hinter Cauro in einer Linkskurve. Das Auto bei der Brücke parken. Etwa 15 Min. zu Fuß hin und zurück. Gleich hinter der Brücke steigt ein unmarkierter Weg steil am rechten Bachufer an. Schon bald hört man den Wasserfall tosen, der aus 10 m Höhe herabstürzt.

Weiter auf der D 27 Richtung Bastelica und über den Col de Marcuccio.

Pont Zipitoli (Genuesische Brücke von Zipitoli)

Markierter Weg links von der Straße beim Hinunterfahren vom Col de Mercurio. Das Auto hinter dem Forsthaus von Pineta parken. Zu Fuß auf dem Weg gehen, der links zur Brücke über die Ese führt, die bald rechts zu sehen ist. Etwa 10 Min. zu Fuß hin und zurück. Der Weg führt über die alte Bogenbrücke, die inmitten von Buchsbäumen in alpiner Landschaft steht; rund 30 m weitergehen, dann links abbiegen und hinunter an das Ufer der Ese gehen.

Weiter auf der D 27 Richtung Bastelica.

Die Straße führt durch die **Forêt de la Pineta**. In diesem Wald wachsen Seekiefern, Kastanien und Buchen. Immer wieder ergeben sich Ausblicke ins Prunelli-Tal und auf die Punta d'Antraca, Monte Rosso und im Hintergrund Punta Tirolello (1541 m).

Vom Col de Cricheto können Sie auch auf der oberen Straße nach Bastelica zurückfahren, die am Col de Menta auf die D 27 trifft.

Die kurvige, schlecht asphaltierte Strecke bietet herrliche **Ausblicke★** auf die Gipfel.

Am Col de Menta beginnt die steile Abfahrt nach Bastelica. Etwa 50 m unterhalb der Straße ist die Cascade d'Aziana zu sehen, der 15 m hohe Wasserfall des Prunelli.

Tipps und Adressen

Übernachten/Essen und Trinken

Chez Paul – *Stazzona – ✆ 04 95 28 71 59 – 15/24 € – 6 Zi: 50 € – ☕.* In diesem kleinen, familiären Restaurant trifft man noch auf die alte korsische Tradition. Für einen längeren Aufenthalt gibt es auch Zimmer mit Kochgelegenheit.

Hôtel Le Sampiero – *20119 Bastelica – ✆ 04 95 28 71 99 – lesampiero.bastelica@wanadoo.fr – 20. Okt.-Dez. geschl. – 23 Zi: 53 € – ☕ 6 € – Rest. 12/22 €.* Das Hotel-Restaurant steht gegenüber der Kirche und der monumentalen Statue von Sampiero Corso. Hier wird authentische korsische Küche aufgetischt. Großer, überladener, rustikaler Speisesaal. Alle Zimmer sind in demselben Stil gehalten und unter dem Dach sind sie größer und daher für Familien gut geeignet.

Einkaufen

Urbani François – *Stazzona – ✆ 04 95 28 71 83 – Direktverkauf, am Eingang klingeln.* Urbani, Züchter und Metzger, bietet seine ausgezeichneten, über Kastanienholz geräucherten Fleisch- und Wurstwaren zum Verkauf an – *coppa, pancetta, voletto, prisuttu* (Schinken) und *figatellu* (Leberwurst).

Sport und Freizeit

Cors'Aventure – *Corri-Bianchi, RN 196 – 20117 Eccica-Suarella – ✆ 04 95 25 91 19 – www.corse-aventure.com – 9-18 Uhr.* Im Angebot: Canyoning, Mountainbiking und Seekajak sowie Wander- und Klettertouren.

Centre nautique du lac de Tolla – *20117 Tolla – ✆ 04 95 27 00 48 – Anf. Juni-Mitte Sept.* Verleih von Kanus, Kajaks, Tretbooten, Wasserfahrrädern und Booten.

BASTIA★★

HAUTE-CORSE (2B) – 37 884 EINWOHNER – UMSCHLAGKARTE VORNE C2 – MICHELIN LOCALKARTE 345 F3

Bastia ist Korsikas blühende Wirtschaftsmetropole und seit 1975 Präfektur des Départements Haute-Corse mit einem lebhaften Mittelmeerhafen. Der Charakter der Stadt – eine Mischung aus brodelnder Geschäftigkeit und stiller Intimität – hat sich bei all der Entwicklung nicht verändert. Die beiden Altstadtviertel grenzen an den alten Hafen: die Unterstadt Terra-Vecchia im Norden und die Oberstadt Terra-Nova im Süden. Hohe Fassaden mit farbigen Fensterläden fügen sich zu gewundenen Straßenzügen. Abends sind der alte Hafen, der Romieu-Park, die Zitadelle und die Kirche St-Jean-Baptiste hell erleuchtet. Musiker und Sänger, die die Tradition der korsischen Musik bewahren, treten in ihren Stammlokalen in der Altstadt auf.

Amaury de Valroger / MICHELIN

Der alte Hafen von Bastia gehört zu den Zeugen der bewegten Vergangenheit der Stadt.

Wegweiser – Heute entwickeln sich die Verwaltungsgebäude Bastias Richtung Norden, die Wohnviertel und das Industrie- und Geschäftsgebiet dehnen sich im Süden in die Küstenebene aus. Der Boulevard Paoli, die belebte Hauptgeschäftsstraße im Zentrum, erlebt die typischen Verkehrsstaus einer kleinen Hauptstadt. Lassen Sie Ihr Auto auf dem Parkplatz *(kostenpflichtig)* der Place St-Nicolas oder am Bahnhof – von dort ist es zu Fuß nicht weit bis zum Viertel Terra-Vecchia oder zum Viertel der Zitadelle. Der Flughafen Bastia-Poretta liegt 20 km südl. an der N 193. *(s. Tipps und Adressen, Busverbindungen und Taxis).*

Parken – Im Zentrum einen Parkplatz zu finden ist schwierig. Es gibt kostenpflichtige Parkplätze an der Zitadelle, an der Place St-Nicolas und Place du Marché.

Unbedingt sehenswert – Terra-Vecchia; der Blick auf den alten Hafen von der Mole Jetée du Dragon aus; die schöne Figurengruppe der „Himmelfahrt Mariens" in der Kirche Ste-Marie.

Gut geplant – In der Stadt herrscht abends ein lebhaftes Treiben in angenehmer Atmosphäre *(Place St-Nicolas)*. In den Bars und Restaurants treten lokal bekannte Musiker auf *(Place du Marché)*. Es bietet sich an, am Nachmittag zu kommen und den folgenden Tag für die Stadtbesichtigung einzuplanen. Genießen Sie vormittags einen Bummel auf dem bunten Markt in der Nähe der Kirche St-Jean-Baptiste und setzen Sie dann die Besichtigung im Viertel Terra-Vecchia fort.

Mit Kindern – Das Miniaturmuseum; das Naturschutzgebiet Biguglia.

Orte in der Nähe – CAP CORSE, ST-FLORENT, Le NEBBIO, Défilé de LANCONE, La CASINCA

Geschichte und Geschichten

Die Geburt einer Stadt – Erst im 15. Jh. fand die eigentliche Gründung von Bastia statt. Funde auf den umliegenden Höhen lassen jedoch darauf schließen, dass die Gegend bereits 1500 v. Chr. besiedelt war. Die Römer errichteten hier eine Kolonie. Wahrscheinlich handelte es sich dabei um den Ort **Mantinum**, den der griechische Geograf Ptolemäus im 2. Jh. erwähnt und der nach einem Vandaleneinfall Ende des 6. Jh. aufgegeben wurde. Im frühen 11. Jh. nutzten Fischer den kleinen Hafen Cardo in der Bucht von Terra-Vecchia, errichteten dort aber nur einige Hütten, da der Ort zu stark durch Piratenüberfälle gefährdet war. Ende des 12. Jh. exportierten von hier aus die produktivsten Weinanbaugebiete der Balagne sowie die Regionen von Cap Corse und Bastia große Mengen exquisiten Wein.

Genuesische Zitadelle – Auf der Suche nach einem geeigneten Ort für eine Stadt, die den beständigen Kontakt zwischen Genua und der Kolonie sichern sollte, wählte 1380 der genuesische Gouverneur Leonello Lomellini den Hafen von Cardo. Im Jahr 1480 erbaute Tomasino de Campofregoso eine Schutzmauer, hinter der sich das Viertel Terra-Nova entwickelte, während das an den Hafen von Cardo grenzende Viertel Terra-Vecchia sich weiter Richtung Norden ausdehnte.

Politische und wirtschaftliche Expansion – Unter genuesischer Herrschaft war Bastia die Hauptstadt Korsikas. Der Gouverneur und die Verwaltung sorgten für eine rege Handelstätigkeit und bauten einige Manufakturen auf.
Im 17. Jh. erlebte Bastia dank seiner wirtschaftlichen Stärke einen gewaltigen Bevölkerungszuwachs. Die Stadt war durch ihre Lage Bindeglied zwischen Genua und den landwirtschaftlich reichsten Regionen Korsikas – Cap Corse, Balagne und östliche Eben – geworden. Im 17. und 18. Jh. rivalisierte das Bürgertum Bastias in seiner Bau- und Handelstätigkeit mit den Patriziern von Genua. Terra-Vecchia, das ab 1619 den Status einer Diözese genoss, sammelte um den Porto-Cardo dreimal so viele Einwohner wie Terra-Nova.
Die Expansion der Stadt führte zur allmählichen Verschmelzung der ersten genuesischen Siedler mit den Korsen, die aus dem Inselinneren zugezogen waren. Um 1700 waren zahlreiche Handwerker und Herstellungsbetriebe für Teigwaren in Bastia ansässig. Die Entstehung von Kirchen und Bruderschaftskapellen im 17. Jh. war Ausdruck eines neu auflebenden religiösen Eifers und Zeichen eines gewissen Wohlstands. Aus dieser Zeit stammt auch das prächtige Oratoire de St-Roch, eine von dem Florentiner Giovanni Filiberto ausgeschmückte Kapelle.

Die Plünderung der Stadt – Als Sitz des Gouverneurs von Genua war Bastia Symbol für die „genuesische Tyrannei". Der offenkundige Reichtum der Stadt provozierte in einer Zeit der Hungersnot den Volkszorn. In Aléria, am Cap Corse, in St-Florent und in der Balagne war es bereits zu Plünderungen gekommen. 1730 verwüsteten und plünderten 4000 Bewohner der Bergregionen drei Tage lang die Terra-Vecchia, während die Terra-Nova hinter ihren Schutzmauern verschont blieb.

Zwischen 1740 und 1770 stagnierte die Entwicklung Bastias. Viele Bewohner verließen die Stadt. Die *populani*, hauptsächlich Handwerker und Seeleute, blieben den Genuesen treu, um sich vor den *paesani* (Gebirgsbauern) zu schützen, die die Stadt zuvor geplündert hatten.

Die Französische Revolution – Das Inkrafttreten der Zivilverfassung des Klerus (1791) weckte bei den Korsen Zweifel. In Bastia kam es zu Aufständen. Bischof Monsignore du Verclos floh ins italienische Exil und räumte den Bischofssitz. Die Gläubigen aber folgten dem Aufruf einiger Geistlicher und revoltierten, angeführt von der willensstarken **Fiora Oliva**, die „die Obristin" genannt wurde. An der Spitze der Aufständischen gelang es Oliva, die Tore der Zitadelle

Der Name Bastia

Der genuesische Gouverneur Leonello Lomellini erwählte 1380 die Marina von **Cardo** (Bucht der Terra-Vecchia) als Standort für eine sichere Stadt in der Nähe von Genua. Der natürliche, seichte und schmale Hafen Bastias lag im Schutz eines Felsen, der sich gut verteidigen ließ. Im 15. Jh. erbauten die Genuesen zum Schutz der Stadt auf diesem Felsen eine *bastiglia* (kleine Bastion).

aufzusprengen und den Bischofssitz zu belagern. Pasquale Paoli, der sich in dieser Zeit (1792) von den korsischen Anhängern der Revolution eindeutig zu distanzieren begann, unterdrückte die Unruhen nur halbherzig.

1798 brach im Département Golo ein Aufstand der korsischen Katholiken aus, den der 80-jährige **Agostino Giafferi** anführte. Die Aufständischen, die als Erkennungszeichen ein kleines weißes Kreuz *(crocetta)* an ihrer Kopfbedeckung trugen, bemächtigten sich bald eines Teils der Castagniccia und der Casinca. In Bastia leitete Lucien Bonaparte, ein notorisch antiklerikaler Bruder Napoleons, die Niederschlagung der Revolte. Seine entschlossene Haltung und die Hinrichtung einiger Aufständischer führten zur Auflösung der Bewegung. Giafferi wurde in Bastia inhaftiert und 1798 erschossen.

Neuer wirtschaftlicher Aufschwung – 1796 wurde Korsika in zwei Départements aufgeteilt: Golo mit der Hauptstadt Bastia und Liamone mit der Hauptstadt Ajaccio. Bastia wandte sich entschlossen dem Handel zu und wurde zum Warenaustauschplatz von landwirtschaftlichen Produkten der Insel und den auf dem Kontinent hergestellten Waren. In dieser Zeit schrieb Gustave Flaubert: „Bastia ist anders als Ajaccio keine Vergnügungsstadt; es kann sich keines Casinos rühmen und versucht nicht, den Durchreisenden zu halten. Während das freundliche und singende Ajaccio Korsikas Zikade ist, gebärdet sich das sparsame und fleißige Bastia wie seine Ameise."
Die Industrie entwickelte sich rasch, im Norden der Stadt mit dem Hüttenwerk von Toga, wo Eisen von der Insel Elba und aus Cardo verarbeitet wurde. Der wirtschaftliche Aufschwung der Stadt hielt weiter an und Ende des 19. Jh. lag die Einwohnerzahl bereits bei über 20 000. Der Bau der neuen Präfektur (1976), das futuristische Verwaltungsgebäude (Hôtel du département) und die Hafenerneuerung prägen heute das Bild der modernen Hauptstadt des Départements Haute-Corse.

Moderne Metropole – Der Flughafen Bastia-Poretta und der Hafen verzeichnen ein wachsendes Verkehrsaufkommen. Mit 60 % Warenverkehr und einem enormen Passagieraufkommen – 2006 waren es 2,1 Mio. Passagiere – rangiert Bastias Hafen an vierter Stelle der französischen Mittelmeerhäfen. Er ist einer der wichtigsten Zielhäfen mit Hochgeschwindigkeitsbooten (NGV) zwischen Korsika und dem Kontinent.
Die Stadt lebt vom Handel, der Industrie (Zigaretten, Lebensmittel), dem Tourismus und den Verwaltungsbehörden und dehnt sich zunehmend Richtung Süden aus. Hier liegen die Viertel Lupino und Montesoru sowie zwei Industriezonen von über 20 km Länge. Bastia unterhält mit Italien – insbesondere der Toskana – über Genua, La Spezia, Livorno und Piombino rege Handelsbeziehungen, die die Rolle der Stadt als führendes Wirtschaftszentrum der Insel stärken und sie zum Dreh- und Angelpunkt für den gesamten Bereich um Cap Corse, dem Nebbio, la Castagniccia, der Balagne und einem großen Teil der östlichen Ebene machen.

Zu Fuß unterwegs s. Plan S. 129

Terra-Vecchia★ 2

Etwa 2 Std. Der Spaziergang durch das Zentrum der Altstadt führt durch die Unterstadt, die an einer kleinen Bucht liegt. Hier befand sich früher die Marina des Fischerdorfes **Cardo**. Heute trifft man auf einen kleinen Mittelmeerhafen. Es ist eine Freude, in das Gewirr der schmalen, belebten Straßen einzutauchen: Treppengassen, gedeckte Durchgänge und gewundene Gässchen halten viele Überraschungen bereit *(s. Illustrationen zur Baukunst S. 46)*.

Place St-Nicolas 2

Dies ist einer der größten Plätze Europas, größer noch als der Petersplatz in Rom. Er öffnet sich zum Hafen hin, wo sich regelmäßig die Silhouetten der riesigen Fähren abzeichnen, und strahlt königliche Vornehmheit aus. Der Platz wird von einer Platanen- und Palmenallee eingefasst, die im Sommer wohltuenden Schatten spendet. An der West- und Südseite erheben sich die schmucklosen Fassaden hoher Häuser, die mit den regionaltypischen Schiefertafeln *(lauzes)* gedeckt sind. Der 300 m lange Platz, der Ende des 19. Jh. gestaltet wurde, verdankt seinen Namen einer pisanischen Kapelle, die im selben Jahrhundert zerstört wurde.

Neben dem Musikpavillon steht auf einer Seite eine Statue von Napoleon, auf der anderen Seite ein Denkmal für die Gefallenen des Ersten Weltkriegs.

In Verlängerung des Platzes auf dem Cours H.-Pierangeli weitergehen.

Das große Gebäude linker Hand, in dem sich heute das Lycée Jean-Nicoli befindet, war im 17. Jh. das Kloster der Lazaristenmissionare und 1794 Wohnsitz von Sir Gilbert Elliott, dem Vizekönig des kurzlebigen englisch-korsischen Königreichs.

Amaury de Valroger / MICHELIN

Die Napoleon-Statue auf der Place St-Nicolas, einem beliebten Treffpunkt in Bastia.

Place du Marché 2

Der Marktplatz mit dem Rathaus und dem Boden aus Schieferplatten hat sich sein ursprüngliches Erscheinungsbild bewahrt, was den Häusern aus dem 17. Jh. mit ihren hohen Fassaden zu verdanken ist. Jeden Morgen erwecken die Marktverkäufer den Platz zum Leben. Am Marktplatz liegt die Pfarrkirche.

Église St-Jean-Baptiste 2

Tgl. außer So-nachmittag (außerhalb der Messe). S. Illustrationen zur Baukunst S. 43.

Die klassische Fassade des großen, von zwei schmalen Türmen flankierten Kirchenbaus beherrscht die Terra-Vecchia und wacht majestätisch über den Alten Hafen. Der Johannes dem Täufer geweihte Bau ist die größte Pfarrkirche Korsikas. Das hohe Hauptschiff und die Seitenschiffe sind in dem für Bastia typischen Barockstil erbaut (1636-1666). Sie erhielten im 18. Jh. eine Ausstattung aus kostbarem Marmor (Taufbecken), vergoldetem Stuck und Trompe-l'œil-Malerei (Gewölbefresko von 1871). Sehenswert sind vor allem die **Orgelempore** (1742), einige **Gemälde** der Sammlung von Kardinal Fesch und der barocke **Christus** aus Pappmaché auf dem barocken Hochaltar.

Nach dem Verlassen des Seitenportals die monumentale Fassade passieren und dann die Rue St-Jean hinaufgehen. Rechts in die Rue des Terrasses einbiegen.

Oratoire de l'Immaculée Conception★ 2

✆ 04 95 55 24 60 – tgl. außerhalb der Messe.

Die kleine Bruderschaftskapelle liegt an einem Vorplatz, der mit einem Kieselmosaik geschmückt ist, das die Sonne darstellt. Der Baubeginn der einschiffigen Andachtskapelle geht auf das Jahr 1589 zurück. Im 18. Jh. fanden hier politisch und historisch bedeutende Versammlungen statt, darunter auch die Sitzungen des englisch-korsischen Parlaments unter der Leitung des Vizekönigs Sir Gilbert Elliott. Hinter der schlichten Fassade, die lediglich von einem Girlandenfries und Putti geschmückt ist, verbirgt sich eine reiche Innenausstattung. Die Wände des im 18. Jh. kostbar dekorierten Raums sind im unteren Teil getäfelt und darüber mit karmesinrotem Genuasamt bespannt. Das Fresko im Gewölbe zeigt eine Darstellung der „Unbefleckten Empfängnis", die ovalen Medaillons unter dem Gesims stellen Apostel und Evangelisten dar. Den Hochaltar aus dem Jahr 1624, der 1763 renoviert wurde, schmückt die Kopie eines Gemäldes des spanischen Malers Bartolomé Esteban Murillo, ebenfalls mit einer Darstellung der „Unbefleckten Empfängnis". Die Marienstatue in der Vitrine links wird am 8. Dezember in einer feierlichen Prozession durch die Straßen von Terra-Vecchia bis zur Kirche St-Jean-Baptiste getragen. In der Kapelle rechts ist ein genuesisches Holzkruzifix aus dem 18. Jh. zu sehen.

Sakristei – *Eingang links vom Hochaltar.* In der Sakristei befindet sich ein kleines Museum mit sakraler Kunst. Sehenswert ist unter den Ausstellungsobjekten eine Statue des hl. Erasmus (1788), Schutzpatron der Fischer, sowie ein illustriertes Messbuch (1685) auf einem Pult in Gestalt eines Engels.

Weiter auf der Straße, die nun Rue Napoléon heißt. Einige restaurierte Häuserfassaden in warmen Pastelltönen verbreiten ein italienisches Flair.

Oratoire de la Confrérie St-Roch 2

✆ 04 95 55 24 60 – tgl., So-nachmittag geschl. (außerhalb der Messe).
Die Kapelle wurde wohl 1604 nach einer Pestepidemie errichtet. Die Innendekoration ist das Werk ligurischer Meister, das Altargemälde schuf Giovanni Bilivert (1546-1644) aus Florenz. Bemerkenswert ist links in einer Vitrine die Prozessionsstatue des hl. Rochus und die genuesische Holztäfelung der Wände (18. Jh.). Bewundern Sie vor dem Verlassen der Kapelle das vergoldete Schnitzwerk der Orgelempore. Der Orgelprospekt aus Nussbaum birgt eine kostbare Orgel aus dem Jahr 1750.

Zurück zum alten Hafen gehen.

Achten Sie unmittelbar nach der Kreuzung Rue St-Jean bei Hausnummer 4 der Rue des Terrasses auf die mit Fresken ausgemalte Eingangshalle. Dieses Wohnhaus, die **Maison Castagnola**, und das mit Skulpturen geschmückte Haus gegenüber (Nr. 5), gehörten einst zwei rivalisierenden Familien und gelten als die ältesten Häuser in der Stadt Bastia.

Vieux port★★ 3

In der Bucht des Hafens von **Cardo** zu Füßen der Zitadelle befindet sich der Fischerei- und Jachthafen. Kleine, vor Anker liegende Jachten, bunt lackierte Holzboote und Fischer, die ihre Netze flicken, bestimmen die beschauliche Atmosphäre. Der Hafen lädt dazu ein, zu bummeln und sich in einem der vielen Cafés niederzulassen. Während der Saison kann man hier am Abend die Sänger von Bastia hören.

An der Strandpromenade *(Quai des Martyrs-de-la-Libération)*, die den alten Hafen mit der Place St-Nicolas verbindet, lässt sich das An- und Ablegen der Autofähren beobachten. Sehenswert ist die Fassade des **Palais Galeazzani** (17. Jh.).

Vom Ende der Mole **Jetée du Dragon** hat man eine gute **Sicht★★** auf den Hafen. Im Hintergrund zeichnet sich die Silhouette des Cap Corse ab. Blickt man über das Meer, kann man bei klarer Sicht den Toskanischen Archipel erkennen – von Nord nach Süd die Inseln Capraia, Elba und Montechristo.

Von den Hafenkais aus zurück in die Bucht, dann links auf der Rue Laurent-Casanova und schließlich rechts in der Rue Général-Carbuccia steil bergan.

In Haus Nr. 23 wohnte **Honoré de Balzac** im März 1838. Hat man den Aufstieg geschafft, steht man vor der Kirche St-Charles-Borromée.

Église St-Charles-Borromée 3

✆ 04 95 55 74 60 – Öffnungszeiten erfragen.
Die Kirche wurde als Kapelle für das 1635 in Bastia gegründete Jesuitenkolleg erbaut. Beeindruckend ist die strenge, klassische Fassade mit zwei Pilasterreihen und Dreiecksgiebel. Die beiden weißen Marmorstatuen stellen die Gründungsväter des Ordens, Ignatius von Loyola und Franz Xaver dar.
Der einschiffige Innenraum fällt durch seine enorme Größe auf. Die jesuitische Tradition verlangte eine Kapelle, die groß genug sein sollte, um neben den Lehrern, Schülern und ihren Familien auch Nachbarn Platz für den Gottesdienst zu bieten. Von der gemalten Ausstattung ist so gut wie nichts im Original erhalten.

Die Ablösung des Gouverneurs

Am zweiten Wochenende im Juli findet im **Alten Hafen** eine prunkvolle Zeremonie statt, die über 500 Jahre alt ist. Sie erinnert an die Machtübergabe der von Genua ernannten Gouverneure. Das Protokoll, das von der spanischen Hofetikette beeinflusst ist, wird bis heute peinlich genau wiederholt. Der Brauch verlangt, dass der noch amtierende Gouverneur den Donjon des Gouverneurspalastes gegen 21 Uhr verlässt, um an der genuesischen Mole seinen Nachfolger an Bord der Prunkgaleere zu begrüßen. Die historische Zeremonie wird von Turnieren (Bogenschützen, Fahnenschwinger) begleitet und hunderte von Einwohnern nehmen daran in historischen Kostümen teil.

HOTELS

- Camping San Damiano ... 3
- Château Cagninacci ... 5
- Cors' hôtel ... 7
- Corsica Hôtels Bastia Centre ... 8
- Hôtel Cyrnea ... 9
- Hôtel des Voyageurs ... 11
- Hôtel Posta Vecchia ... 13
- La Corniche ... 15

RESTAURANTS

- A Casarella ... 1
- La Citadelle ... 3
- La Renaissance ... 5
- La Table du Marché ... 7
- Les Blés d'Or ... 9
- U San Martinu ... 11

Lediglich der Hauptaltar präsentiert heute noch in einem reich verzierten Rahmen das Gnadenbild der **Madonna von Lavasina**, deren Prozessionsstatue ebenfalls hier zu sehen ist.

Rechts auf der Treppe bis zum Boulevard Gaudin und dann rechts weitergehen.

Palais de justice 3

Der eindrucksvolle Bau (um 1850) mit seinen Seitenpavillons, die von einem Giebel überspannt werden, besitzt eine Kolonnade aus blauen Marmor aus Corte.

Zurück bis ans Ende des Boulevard Gaudin, der zum Eingang der Zitadelle führt.

La Citadelle – Terra-Nova★ – *s. Kartenskizze S. 129*

Besichtigung 1 ½ Std. Die Zitadelle erreicht man zu Fuß über den Boulevard Gaudin (Ende des vorherigen Spaziergangs) oder vom Alten Hafen aus auf dem Quai du Sud Richtung Romieu-Park und von dort auf dem Cours du Dr-Favale. Mit dem Auto hinter dem Boulevard Paoli auf den Boulevard Gaudin Richtung Zitadelle. Parken an der Place d'Armes.

Die von einer Mauer umgebene Zitadelle wurde zwischen dem 15. und dem 17. Jh. von den Genuesen erbaut. Heute ist sie eine beliebte Flaniermeile.
Man betritt die Zitadelle durch ein gewaltiges Tor, die Porte Louis-XVI (Ende 18. Jh.), die zur **Place du Donjon** führt. Der Platz wird von Wohnhäusern wie „A Casetta" gesäumt, wo einst die Versammlungen des Ältestenrats stattfanden.

Ancien palais des gouverneurs 3

Die Gebäude im Inneren der kleinen Wehranlage liegen um einen Hof mit einem Garten und bildeten vom 15. bis 18. Jh. das Palais der genuesischen Gouverneure. Später residierte hier der von Ludwig XV. ins Leben gerufene Oberste Rat. Seit 1998 geschlossen, soll das ehemalige Palais nach der Renovierung ab 2009 das **Geschichtsmuseum von Bastia** beherbergen. Das Museum zeigt die Geschichte der Stadt vom Mittelalter bis ins 20. Jh. mit Nachbildungen von Innenausstattungen aus dem 17. und 19. Jh., Modellen sowie Gemälden, davon einige aus der **Sammlung von Kardinal Fesch** *(s. Ajaccio)*. Weitere Bereicherung erfährt das Museum durch ein Dokumentationszentrum, Wechselausstellungen und einen Hörsaal.

Von der Place du Donjon aus führen Gässchen mit alten Häusern mitten durch das Zitadellenviertel bis zur ehemaligen Kathedrale.

Église Ste-Marie★ (Erzkathedrale) 3

An dem Platz, der von der Kirchenfassade überragt wird, wohnten von 1803-1805 im Pfarrhaus (Nr. 12) **General Hugo** und sein Sohn, der Schriftsteller **Victor Hugo**.
Die 1495 unter dem Bischof von Mariana errichtete Kirche wurde 1570 zur Kathedrale erhoben und blieb bis 1801 Sitz eines Bischofs.
Der Innenraum mit reicher Ausschmückung in Rosa und Gold spiegelt den im 17. und 18. Jh. beliebten Barockstil wider. Bemerkenswert ist der mehrfarbige Marmorboden aus weißem Carrara-Marmor, blauem Marmor aus Corte und rotem Marmor aus Oletta (die Platten wurden erst 1869 anlässlich eines Besuchs der Kaiserin Eugénie verlegt). Pfeilersockel und Wände wurden mit grünem Serpentin aus Bevinco verkleidet.
Das Tafelbild über dem Herz-Jesu-Altar im linken Seitenschiff stammt von Leonoro d'Aquila (1512) und zeigt die **Himmelfahrt Mariens**. In den Seitenschiffen befinden sich die **Kapellen der Bruderschaften**. Bemerkenswert im rechten Seitenschiff in einer Nische hinter Glas ist die Gruppe der **Himmelfahrt Mariens★★** aus ziseliertem Silber (18. Jh.). Zu sehen sind zudem Holzfiguren aus dem 17. Jh. und Gemälde aus der **Sammlung von Kardinal Fesch**.
Die bekannte **Orgel** des Orgelbauers Serassi aus Bergamo stammt aus dem Jahr 1845.

Beim Verlassen der Kirche rechts halten und der am linken Seitenschiff vorbeiführenden Rue l'Évêché folgen. Diese Treppenstraße führt bis zum Eingang der Chapelle Ste-Croix.

Chapelle Ste-Croix★ 3

Die Bußbruderschaften von Bastia errichteten diese Kapelle eigens für ein wunderwirkendes Kruzifix, das im Jahr 1428 aus dem Meer gefischt wurde. Der **Christ des miracles★** („Christus der Wunder" oder *U Cristu Negru*, „Schwarzer Christus") befindet sich in der rechten Seitenkapelle und zählt zu den in Bastia am meisten verehrten Kultbildern. Jedes Jahr am 3. Mai wird der „Christus der Wunder", der gleichzeitig auch Schutzpatron der Fischer Bastias ist, in einer feierlichen Prozession geehrt.

Die dem Heiligen Kreuz geweihte Kapelle besitzt eine kostbare **Ausstattung★★** aus dem 18. Jh. – ein typisches Beispiel für den genuesischen **Barocchetto-Stil**. Vom blauen Grund des Deckengewölbes heben sich Putti und elegante Arabesken aus vergoldetem Stuck ab. Auf dem Hauptaltar aus mehrfarbigem Marmor befindet sich ein Altaraufsatz des Florentiner Künstlers Giovanni Bilivert mit der Darstellung der *Verkündigung* von 1633. Ebenfalls bemerkenswert sind der **Orgelprospekt** aus dem 18. Jh. und eine Prozessionsgruppe aus Holz, deren lebensecht gestalteten Figuren theatralisch die Leidensgeschichte Christi darstellen.

Gilles Magnin / MICHELIN

Die Silberstatue der Himmelfahrt Mariens aus dem 18. Jh. ist in der Kirche Ste-Marie zu bewundern.

Nach dem Verlassen von Ste-Croix auf der Rue de l'Évêché bergauf gehen, dann vor der Kirche Ste-Marie links abbiegen und gleich darauf wieder links in die Gasse, die an der Kirche entlang führt, abbiegen.

Auf einer überwölbten Rampe erreicht man die südliche Bastei der Zitadelle, die als öffentlicher Park angelegt ist.

Musée de la miniature (Miniatur-Museum) 3

✆ 06 10 26 82 08 – Führungen nach Anmeldung (2 Tage vorher) außerhalb der Hochsaison, April-Okt. tgl. – 3,50 € (Kinder von 7-12 Jahren: 2,50 €).

Im ehemaligen **Pulvermagazin** (Poudrière) hat René Mattei aus rund zehn Tonnen Material ein korsisches Dorfideal in Miniaturformat erbaut und mit kleinen Figuren aus Ton belebt. Man sieht hier den Dorfbackofen, eine Schäferei, eine typische genuesische Brücke, die Wassermühle, in der Kastanienmehl gemahlen wird, die Dorfkirche, eine Kapelle auf dem Hügel und Handwerksbetriebe. Das Lebenswerk von Mattei hat einen bezaubernd naiven Charme.

Vor dem Verlassen der Zitadelle lohnt es sich, die friedliche Atmosphäre auf der **Place Guasco** und in den umliegenden Gässchen zu genießen.

Durch den Romieu-Park zum Hafen hinuntergehen.

Jardin Romieu 3

Der Park an den Hängen unterhalb der Zitadelle bietet von einem Aussichtspunkt einen schönen Blick auf den alten Hafen und das Viertel Terra Vecchia. Ein Pfad schlängelt sich zwischen Palmen, Lorbeerbäumen, Kiefern und Sukkulenten hindurch. Über eine doppelläufige Treppe gelangt man am Quai du Sud zum Alten Hafen.

Strände

Plage de l'Arinella

3,5 km vom Stadtzentrum. Nach Süden Richtung Bonifacio. Direkt vor der Feuerwache links abbiegen und der Beschilderung folgen.

Der Strand mit feinstem grauen Sand erstreckt sich kilometerweit.

Plage de Toga

Von der Place St-Nicolas auf der Avenue Émile-Sari. 15 Min. zu Fuß.

Toga, der neue Jachthafen, liegt am nördlichen Ortsende von Bastia. Hier findet man Restaurants, Eisdielen und Bars – direkt dahinter beginnt ein kleiner Kieselstrand.

Ausflüge

1 Miomo und die Corniche Supérieure

Rundfahrt von 24 km – s. Kartenskizze S. 132 – Bastia nach Norden auf der D 80 verlassen.

Die Straße führt anfangs am **Strand von Toga** und am Badeort **Pietranera** vorbei, bevor sie dem gewundenen Küstenverlauf folgt.

Miomo

Am kleinen Kieselstrand des Dorfes steht noch ein **genuesischer Turm**, der den typischen Wachtürmen am Cap Corse entspricht.

Nach links auf die D 31 Richtung San-Martino-di-Lota.

Die Straße schlängelt sich am Hang entlang und führt am Fuß zweier Wasserfälle vorbei, bevor sie Acqualta erreicht, den Hauptweiler von San-Martino-di-Lota.

San-Martino-di-Lota

Von dem Kirchplatz in **Acqualta** aus bietet sich ein weiter Blick in das Tal. Neben der Dorfkirche ragt ein zweistöckiger Kampanile (Glockenturm) auf.

Von San-Martino-di-Lota aus geht es weiter auf der **kurvenreichen Höhenstraße★** *(corniche)*, die gleich hinter dem Ortsausgang direkt aus dem grünen, schimmernden Schiefergestein gehauen wurde.

Ste-Lucie

Die Kirche liegt hoch oben auf einem Felsen. Von dort hat man eine wunderbare **Aussicht★★** über Bastia mit seinem Hafen und der Zitadelle, den Strandsee von Biguglia und den Toskanischen Archipel.

Zurück über das kleine vornehme Wohndorf Cardo und die Kapelle von Monserrato.

Oratoire de Monserrato

Das Auto in der Kurve direkt oberhalb vom Kloster St-Antoine an der D 81 parken. Ein kurzes Stück weiter oben führt eine schmale Straße nach ca. 15 Min. Fußmarsch zur Andachtskapelle.

Vom Justizpalast in Bastia kann man die Kapelle auch in etwa 1 Std. zu Fuß erreichen. Auskunft liefert das Tourismusbüro.

Von außen wirkt die Andachtskapelle aus dem 18. Jh. eher schlicht, im Inneren verbirgt sich jedoch eine „heilige Treppe", eine Nachbildung der **Scala Santa** der Basilika San Giovanni in Laterano in Rom. 1816 verlieh Papst Pius VII. Bastia das äußerst seltene Privileg, eine solche Treppe zu besitzen.
Der christlichen Überlieferung nach stammt die Scala Santa aus dem Palast des Pontius Pilatus in Jerusalem. Jesus soll sie am Tag seines Leidenswegs hinaufgestiegen sein. Gläubigen, die diese Treppe auf Knien erklimmen, sollen mittels Generalablass einmal jährlich ihre Sünden vergeben werden.
Die Scala Santa in ihrer jetzigen Form wurde 1884 gebaut. Bemerkenswert in der Apsis ist die Marmorfigur der Jungfrau Maria mit Kind (17. Jh.).
Jedes Jahr finden hier zwei Wallfahrten statt: am 12. Mai (hl. Pankratius) und am 2. Juli. Genießen Sie beim Verlassen der Kapelle den **Blick★** auf Bastia.

Auf dem Weg hinunter in die Stadt trifft man bald auf den überdachten **Brunnen** von Alletto (oder Monserrato) mit einer Inschrift aus dem Jahr 1560.

2 Église San Michele de Murato, Strecke durch den Lancone-Engpass★

Rundfahrt von 49 km – s. Kartenskizze S. 132 – etwa 2 Std. – Bastia in Richtung Süden verlassen und auf die N 193 fahren, in Casatorra rechts auf die D 62.
Die Straße schlängelt sich durch die letzten Obstplantagen der Ebene von Bastia. Hat man die Wohnsiedlungen von Biguglia hinter sich gelassen, steigt die Strecke stetig bergan, anfangs noch zwischen Stein- und Korkeichen, später dann durch Macchia. Schließlich führt sie durch eine Felslandschaft mit schwindelerregenden Überhängen in den Lancone-Engpass.

Défilé de Lancone (Lancone-Engpass)★

(s. St-Florent, „das Nebbio") Links auf die D 5 Richtung Murato. Auf der Strecke zwischen dem **Col de San Stefano** und der Kirche San Michele *(4 km)* eröffnet sich ein wunderschöner **Rundblick★★** über das Tal des Nebbio mit seinen sanft gewellten Hügeln und grünen Plateaus.

Église San Michele de Murato★★ – *s. dort*

Auf derselben Strecke zurück zum Col de San Stefano.

Vom Col de San Stefano zum Col de Teghime

Ein Teil der Strecke wird bei „Nebbio" beschrieben (s. St-Florent).

Vom Col de Teghime auf der D 81 wieder hinunter nach Bastia.

3 Étang de Biguglia

Rundfahrt von 65 km – s. Kartenskizze S. 132 – etwa 3 Std. – Bastia Richtung Süden verlassen und auf die N 193 fahren. Nachdem man das neue Stadtviertel Lupino hinter sich gelassen hat, links auf die D 107 Richtung Marana-Plage. Die Strecke verläuft auf einem schmalen Küstenstreifen zwischen dem Lagunensee von Biguglia und dem Meer.

Der größte Lagunensee Korsikas, der Étang de Biguglia, bietet eine reiche Fauna, nicht zuletzt, weil er eine wichtige Zwischenstation für Zugvögel und hier überwinternde Arten ist.

Réserve naturelle de l'étang de Biguglia★ (Naturschutzgebiet des Lagunensees von Biguglia)

✆ 04 95 33 55 73 – tgl. nach Anmeldung (2 Tage vorher während der Saison), Führung vormittags außer Sa/So möglich – nur mit Reserv. – Eintritt frei.

Der größte Lagunensee Korsikas erstreckt sich über 1800 ha. Auf dem Weg zwischen Europa und Afrika ist er eine unumgängliche Zwischenstation für Zugvögel und überwinternde Vögel. Der See und sein Ufergebiet beherbergen eine einzigartige Vogelwelt mit über hundert Arten. Fast 30 dieser Arten überwintern hier und mehr als 60 Arten sind Zugvögel, darunter Vögel wie der große Kormoran, der Purpurreiher und das Blässhuhn.

Das Vorkommen von **Sumpfschildkröten** hat zum besonderen Ruf dieses im westlichen Mittelmeerraum einzigartigen Naturerbes beigetragen. Meeräschen und vor allem Aale tummeln sich im Wasser des Lagunensees. Der Aalfang war lange Zeit die Haupteinnahmequelle von Biguglia. Fischen und Angeln sind heute allerdings verboten!

Die Pflanzenwelt ist nicht weniger reich vertreten. Dank des Landstreifens, der sich aus Anschwemmungen der ehemaligen Golo-Mündung gebildet hat, und des Zuflusses von Meerwasser am Nordende birgt der Lagunensee eine außerordentliche Pflanzenvielfalt: Seegräser im Norden, überflutete Wiesen in der Mitte, dichtes Schilf und Schwemmland im Süden.

Die Bungalows des Feriendorfs **Borgo** liegen in einem Kiefernwald. Nach einigen Schafpferchen erreicht man die Zufahrt zum Strand **Plage de Pinetto**.

La Canonica★ – *s. dort*

Weiter auf der D 107 bis Crocetta an der N 193, dann rechts Richtung Flughafen.

Aéroport Bastia-Poretta

Am Vorplatz des Flughafens erinnert eine Gedenktafel an den letzten Aufklärungsflug am 31. Juli 1944, zu dem der Schriftsteller und Pilot **Antoine de Saint-Exupéry** als Mitglied einer in Bastia-Borgo stationierten Fliegerstaffel gestartet war.

Zurück auf die N 193. Nach 1,5 km links auf die D 7 abbiegen.

Borgo (Borgu)

Das auf einer Bergterrasse angesiedelte **Dorf★** liegt oberhalb des Étang de Biguglia. Borgo war während des Korsischen Uabhängigkeitskriegs im 18. Jh. Schauplatz der beiden schwersten Niederlagen der französischen Armee auf Korsika.

Bei der ersten Niederlage im Dezember 1738, der sogenannten *Korsischen Vesper*, wurden die auf Ansuchen Genuas vom französischen König auf die Insel entsandten

Truppen, befehligt von Graf von Boissieux, von den Korsen vernichtend geschlagen. Durch die zweite Niederlage im Oktober 1768 verzögerte sich der Anschluss der Insel an Frankreich. Der Franzose Ludre hatte sich aus strategischen Gründen mit seinen Truppen in Borgo verschanzt. Sie wurden jedoch von korsischen Truppen unter dem Kommando von Clément Paoli, dem Bruder Pasquale Paolis, belagert. Marquis de Chauvelin, der Oberbefehlshaber der Garnison in Bastia, wollte Ludre zu Hilfe kommen, musste nach zehnstündigem Kampf jedoch aufgeben. Die Franzosen hatten 600 Gefallene, 1000 Verwundete, 600 Gefangene und 700 verlorene Gewehre zu beklagen, und Ludre war zur Aufgabe gezwungen.
Seit Anfang der 1980er-Jahre erlebt Borgo im wirtschaftlichen Einzugsbereich von Bastia eine dynamische Entwicklung.

An der Fassade der **Barockkirche Saint-Appien** erinnert eine Gedenktafel an die Niederlagen der Franzosen im Korsischen Unabhängigkeitskrieg. In der Nähe befinden sich die Ruinen der ehemaligen Kirche und ihr schiefer Glockenturm.

Zurück auf die N 193 und auf dieser zurück nach Bastia.

Biguglia

2,5 km auf der kleinen Straße, die kurz nach der Abzweigung der D 82 von der N 193 links abgeht. Kaum zu glauben, dass dieses große Dorf oberhalb des gleichnamigen Lagunensees und des Meers während der pisanischen und später der genuesischen Herrschaft die Hauptstadt der Insel gewesen sein soll. 1372 wurden die Genuesen nach einem korsischen Aufstand vertrieben und ließen sich darauf in Bastia nieder.

Furiani

4 km ab der N 193. Das Dorf, das im Schutz eines genuesischen Turms oben auf einem Hügel liegt, bietet einen schönen **Blick★** auf den Étang de Biguglia und das Meer. Hier ist die bekannte Brauerei „Pietra" zu Hause *(s. Tipps und Adressen).*

Tipps und Adressen

Allgemeine Hinweise

Office de tourisme – *Place St-Nicolas – ✆ 04 95 54 20 40 – www.bastia-tourisme.com* – sehr freundlich.

Stadtführungen – *Auskünfte über das Tourismusbüro.* Bastia bietet Stadtführer an, die vom Kultur- und Kommunikationsministerium zugelassen sind.

Besichtigungen mit Einheimischen (Visites „autochtones") – *Anmeldung im Tourismusbüro.* Im Sommer gibt es Besichtigungstouren, die von den Stadtbewohnern Bastias geführt werden.

Petit train touristique – *Abfahrt Place St-Nicolas – ✆ 04 95 35 40 20 – 1. April-15. Okt.* Ca. 45-minütige Stadtrundfahrt im Touristenbähnchen durch die typischen Viertel von Bastia.

Verkehrsmittel

AM FLUGHAFEN

Der Flughafen **Bastia-Poretta** *(s. S. 374)* liegt 20 km südl. von Bastia.

Pendelbusse verbinden den Flughafen mit dem Stadtzentrum *(8 €, Fahrzeit ca. 30 Min.).* Zudem gibt es **Taxis** *(✆ 04 95 36 04 05). Fahrpreis ins Stadtzentrum ca. 35 € tagsüber und 45 € nachts).*

IN BASTIA

Hafenbahnhof (Gare maritime) – Der Hafen befindet sich im Stadtzentrum. Von hier aus verkehren Fähren *(s. die Schifffahrtsgesellschaften S. 374-375).*

Bahnhof (Gare ferroviaire) – *✆ 04 95 32 80 61* – Täglich mehrere Zugverbindungen nach Ajaccio *(ca. 4 Std.)* über Corte und nach Calvi *(ca. 3 Std.)* über L'Île-Rousse.

Überlandbusse (Autocars) – Abfahrt am Busbahnhof *(gare routière, hinter dem Rathaus)* oder am SNCF-Bahnhof. Rund ein Dutzend Transportgesellschaften fahren die Hauptorte auf Korsika an: Cap Corse, Ajaccio *(ca. 3 Std.)*, Calvi *(ca. 2 Std.)*, Corte *(ca. 1 ¼ Std.)*, St-Florent *(ca. 40 Min.)*, Porto Vecchio *(ca. 3 Std.)*. Die Fahrpläne sind im Tourismusbüro erhältlich.

Autovermietung (Location de voitures) Die wichtigsten Autovermieter sind am Flughafen vertreten *(s. S. 377).* Im Stadtzentrum von Bastia findet man folgende Autovermieter:

Avis – *40 bd Paoli – ✆ 04 95 31 95 64*
Budget – *Port Toga – ✆ 04 95 31 77 31*
Europcar – *6 rue Chanoine Leschi – ✆ 04 95 31 59 29*
Hertz – *Square St-Victor – ✆ 04 95 31 14 24*

AUSFLUG AUF DIE INSEL ELBA

Compagnie Moby-Lines – *4 rue du Cdt-Luce-de-Casabianca – 20200 Bastia – 04 95 34 84 94/90* – Ausflug von min. zwei Tagen im PKW: Überfahrt Bastia-Piombino, dann Piombino-Portoferraio.

Übernachten

Camping San Damiano – *Biguglia – 9 km südöstl. von Bastia über die N 193 und die Route du cordon lagunaire (D 107) – 04 95 33 68 02 – l.pradier@wanadoo.fr – 1. April-20. Okt. – Reserv. empf. – 280 Plätze: 23 € – Verpflegung.* Schöne Lage am Meeresarm des Étang de Biguglia. Die Plätze liegen am Ufer auf feinem Sand; großes Freizeit- und Sportangebot.

Cors'hôtel – *RN 193 – 20620 Biguglia – 6 km südl. von Bastia über die RN 193 – 04 95 30 02 00 – 61 Zi: 44,50/74 € – 7 € – Rest. 14,50/19,50 € –* P. Bau aus den 1980er-Jahren, der auf einen Garten mit Pool und Tennisplatz schaut. Die Zimmer lassen sich – praktisch für Familien – von zwei auf vier Schlafplätze umfunktionieren.

Hôtel Posta Vecchia – *Quai des martyrs de la libération – 04 95 32 32 38 – www.hotel-postavecchia.com – 51 Zi: 40/85 € – 6,50 €.* Das Hotel ist wegen seiner Lage in der Altstadt am Hafen interessant. Die Zimmer sind einfach, aber sauber.

Corsica Hôtels Bastia Centre – *Avenue Jean-Zuccarelli – 04 95 55 10 00 – www.corsica-hotels.fr – 71 Zi: 55/89 € – 7,50 €.* Unterkunft mit allem Komfort, nur wenige Minuten vom Hafen und vom Stadtzentrum entfernt: Geräumige Zimmer, alle mit Klimaanlage, Kabel-TV und Internetanschluss. Abgeschlossene Garage.

Hôtel Cyrnea – *18 rte du Cap – 20200 Pietranera – 3 km nördl. von Bastia über die D 80 – 04 95 31 41 71 – hotelcyrnea.monsite.wanadoo.fr – 15. Dez.-15. Jan. geschl. – 20 Zi: 55/83 € – 6 € –* P. Hotel in der Nähe der Dorfkirche von Pietranera. Ans Meer gelangt man durch einen Spaliergarten. Klassische, schallisolierte Zimmer.

Chambre d'hôte Château Cagninacci – *20200 San-Martino-di-Lota – ca. 8 km nordwestl. von Bastia über die D 80 (Richtung Cap Corse), dann auf der D 131 Richtung Pietranera – 06 78 29 03 94 – www.chateaucagninacci.com – Okt.-14. Mai geschl. – – 4 Zi: 90/112 € –* . Schönes Kapuzinerkloster aus dem 17. Jh., im 19. Jh. im Stil toskanischer Villen umgebaut. Geschmackvoll renoviert, die Zimmer sind geräumig und im alten Stil eingerichtet. Moderne Bäder, alles tadellos gepflegt, absolute Ruhe und ein herrlicher Rundblick.

Hôtel La Corniche – *20200 San-Martino-di-Lota – 8 km nordwestl. von Bastia über die D 80 (Richtung Cap Corse), dann auf der D 131 Richtung Pietranera – 04 95 31 40 98 – www.hotel-lacorniche.com – 1. Jan.-15. Feb. geschl. – 20 Zi: 50/102 € – 8,50 € – Rest. 27 € –* P. Dieses hübsche Hotel in einem kleinen Dorf im Hinterland bietet einen einzigartigen Blick über das Tal und übers Meer. Diese Aussicht entschädigt für die nüchterne Ausstattung dieses ruhigen Hauses. Schöner Swimmingpool; regionale Küche.

Hôtel Les Voyageurs – *9 av. du Mar.-Sébastiani – 04 95 34 90 80 – www.hotel-lesvoyageurs.com – 20. Dez.-10. Jan. geschl. – 24 Zi: 83/93 € – 7 € –* P. Eine gute Adresse in Bastia. Das moderne Hotel liegt an einer der großen Avenuen und empfängt seine Gäste in ansprechenden Zimmern mit moderner Einrichtung.

Essen und Trinken

Les Blés d'Or – *7 av. Émile-Sari – 04 95 36 39 50 – 5-20.30 Uhr.* In dieser Bäckerei-Konditorei mit Teesalon läuft einem beim Lesen der Karte das Wasser im Mund zusammen. Die Auswahl reicht von verschiedenen Brotsorten bis zu korsischen Leckereien. Das Lokal ist in unmittelbarer Nähe der Place St-Nicolas und damit der perfekte Ort für einen kleinen Imbiss oder ein leichtes Mittagessen.

U San Martinu – *Place de l'Église – 20200 San-Martino-di-Lota – 10 km nordwestl. von Bastia über die D 31 – 04 95 32 23 68 – 15. Dez.-15. Jan. und im Winter Mo geschl. – – 8/20 € – 10 Zi: 40/45 € – 5 €.* Eine schmale und kurvige Straße führt hinauf zu diesem altehrwürdigen korsischen Haus. Ist man aber erst einmal angekommen – welches Glück: Traumhafter Blick über das Meer, aufgetischt werden regionale Gerichte und Weine in einem sehr schönen, ländlichen Rahmen. Es gibt ein paar einfache Zimmer, einige mit Aussicht.

La Renaissance – *30 rue César-Campinchi – 04 95 31 17 94 – So geschl. – 15 €.* Seit drei Generationen geben sich die Pizzabäcker *(pizzaioli)* dieses Familienbetriebs das Rezept für die „Pizza Renaissance" weiter (korsischer Käse und *figatellu*). Sie ist bei Stammgästen heiß begehrt. Im Sommer weiß man die Kühle des Gewölbes und der Steinmauern zu schätzen.

La Table du Marché St-Jean – *Place du Marché – 04 95 31 64 25 – So geschl. – 25 €.* Frischer Fisch und Meeresfrüchte, eine herrliche Terrasse unter Platanen und schöne Gasträume im Wintergarten machen dieses Restaurant einzigartig.

A Casarella – *Rue Ste-Croix – 04 95 32 02 32 – Nov., Sa-mittag und So geschl. – 30 €.* Das kleine Restaurant liegt in der Zitadelle: Die Gäste schätzen es besonders wegen der überdachten, schön ausgestatteten Terrasse. Gelungene Speisekarte mit regionalen Spezialitäten.

La Citadelle – *6 rue du Dragon – 04 95 31 44 70 – Jan., So-abend und Mo geschl. – 33 €.* Eine ehemalige Ölmühle, in der dank geschickter Umgestaltung der Mühlstein und die Olivenpresse noch zu sehen sind; freundliche mediterrane Ausstattung, traditionelle Küche.

Kleine Pause

Raugi Serge – *2 bis rue du Chanoine-Colombani – 04 95 31 22 31 – Sommer tgl. außer Mo 9-2 Uhr, Winter tgl. 9-22 Uhr, Mitte Feb.-Ende März geschl.* Seit drei Generationen schon sind die köstlichen Eissorten dieser Eisdiele sehr beliebt.

Einkaufen

Markt (Marché) – Sa und So-vormittag finden sich hier Anbieter von Spezialitäten, Blumen und Bekleidung auf der Place du Marché ein – es lohnt sich!

U Muntagnolu – *15 rue César-Campinchi – 04 95 32 78 04 – tgl. außer So 9-20 Uhr, Fei geschl.* Von herzhaft bis süß sind hier alle Spezialitäten Korsikas zu bekommen. Käse, Fleisch- und Wurstwaren, Olivenöl, Wein, Likör, Honig, Konfitüren, kandierte Früchte, Gewürze – nichts fehlt und alles wurde sorgfältig ausgewählt. Verkostung der Wurstwaren. Paketversand möglich.

U Paese – *4 rue Napoléon – 04 95 32 33 18 – www.u-paese.com – tgl. außer So 9-12 und 15-19 Uhr.* Im Laden von Ange Bereni spürt man die Leidenschaft für die korsische Gastronomie. Dieser begabte Metzger bietet ausschließlich saisonale Produkte an – eine Qualitätsgarantie.

Brasserie Pietra – *Route de la Marana – 20600 Furiani – 04 95 30 14 70 – www.brasseriepietra.com – Juli-Aug. tgl. außer Sa/So 9-12 und 14-18 Uhr; sonst nach Voranmeldung.* Diese erste Brauerei der Insel (Gründungsjahr 1996) ist zugleich die erste Brauerei weltweit, die ein Bier auf Basis von Kastanienmehl braut. Die Biersorten „Pietra", „Serena" und „Colomba" bekommt man überall auf der Insel. Seit 2003 gibt es zudem „Corsica Cola".

Jo-Antonini – *33 rue Chanoine-Letteron – tgl. außer So 8.30-11.30 und 14-19 Uhr – Fei geschl.* Hier steht das Messer im Mittelpunkt, besonders seine Rolle in der Kulturgeschichte der Insel und der Werkzeugschmiedekunst des Mittelmeerraums.

Librairie Terra Nova – *12 rue Napoléon – 04 95 32 25 11 – tgl. außer So 9-12 und 14-19 Uhr.* Diese Buchhandlung führt viel Literatur über Korsika.

Sport und Freizeit

Hafenamt (Capitainerie) – *Am alten Hafen – 04 95 31 31 10*

Jachthafen (Port de plaisance Toga) – *Quartier Toga – 04 95 34 90 70*

Club Nautique Bastiais – *Lido de la Marana – Strand von Igesa – 20600 Furiani – 04 95 32 67 33/06 11 83 09 14 – www.sportcorse.com – tgl. 9-12 und 14-18 Uhr, Sommer 9-18.30 Uhr, 15. Dez.-15. Feb. geschl.* In den Sommermonaten ist der Klub direkt am Strand vertreten und verleiht Katamarane, Surfbretter, Optimisten-Jollen etc. Zudem werden Surf- und Segelkurse angeboten, Kanufahrten aufs Meer oder Bootsfahrten entlang der Küste.

Acti'Voile – *Villa St-Andréa – 20620 Biguglia – 04 95 33 52 88 – www.activoile.com* – Angehende Segler können auf diesen modernen Segelbooten bei einer begleiteten Kreuzfahrt die Küsten Korsikas (Lavezzi, Naturschutzgebiet Scandola, etc.) oder Sardiniens erkunden (Costa Smeralda). Die Einschiffung ist an mehreren Orten möglich.

Objectif Nature – *3 rue N.-D.-de-Lourdes – 04 95 32 54 34 – www.objectif-nature-corse.com – tgl. außer So 9-12 und 14.30-18 Uhr, Juni-Okt. tgl. 8-19 Uhr, 20. Dez.-10. Jan. geschl.* Seekajakfahren, Tiefseetauchen, Paragliding, Reiten, Wandern, Mountainbiken, Fischen, Rafting, Hydrospeedfahren, Canyoning etc. Hier bekommt man alles, was man für die Sportmöglichkeiten der Region benötigt.

Thalassa Immersion – *Base nautique – nördl. Ausfahrt aus Bastia Richtung Cap Corse – 04 95 31 78 90 oder 06 11 11 54 00 – thalassa.immersion@free.fr – tgl. außer So-nachmittag 8.15-18.30 Uhr, außerhalb der Saison nach Anmeldung, Dez. geschl.* Dieses große, gut ausgestattete Tauchzentrum bietet erste Tauchgänge, Kurse für Fortgeschrittene (verschiedene Stufen), Nachttauchgänge und die Erkundung der zahlreichen Flugzeug- und Schiffswracks aus dem Zweiten Weltkrieg an.

Feste und Events

In Bastia besteht kein Mangel an Unterhaltung. Erkundigen Sie sich im Tourismusbüro. Um nur einige traditionelle Feste zu nennen: Prozession auf dem Meer zu Ehren des hl. Erasmus, dem Schutzpatron der Fischer (Anf. Juni), Kirchweihfest St-Jean-Baptiste (23. Juni und 24. Juni), Mariä Himmelfahrt (15. Aug.).

Aiguilles de BAVELLA★★★

Bavedda

CORSE-DU-SUD (2A) – UMSCHLAGKARTE HINTEN B6-C6 – MICHELIN LOCALKARTE 345 E9

Die bizarren Felsnadeln bilden eine prächtige Kulisse und sind ein beliebtes Ziel für Bergfans. Bei einem Halt am Col de Bavella (1218 m) kann man die gezackten Felsspitzen, das wechselnde Farbspiel der Felswände und die herbe Schönheit der Landschaft genießen. Die vom Wind gebeugten Kiefern klammern sich an den felsigen Boden, der von kargen Grasmatten bedeckt ist. Im Frühling schmückt sich die Gegend mit duftendem, malvenfarbenem Thymian.

Von Quenza aus betrachtet sehen die Felsnadeln von Bavella besonders eindrucksvoll aus.

- **Wegweiser** – Die D 268 verbindet den Westteil (Region Sartène) mit der Ostküste der Insel (Solenzara) und führt über den Col de Bavella. In der Nähe verläuft der Fernwanderweg GR 20. Von Incudine kommend, führt er auf den Col de Finosa und die Punta Tafonata di i Paliri, einem der schönsten Streckenabschnitte. Auf einer alpinen Variante des Fernwanderwegs gelangt man sogar mitten in das Bavella-Massiv. In Passnähe kann man in Zonza oder Quenza übernachten. Die Felsnadeln *(aiguilles)* oder „Gabeln" von Bavella heißen auch *Cornes d'Asinao*.
- **Unbedingt sehenswert** – Bis zum Col de Bavella gehen, um die prachtvolle Aussicht auf die Aiguilles de Bavella zu genießen. Durch den gleichnamigen, kürzlich aufgeforsteten Wald bis zum Trou de la Bombe spazieren.
- **Gut geplant** – Auf der beliebten Strecke ist es vor allem an Sommersonntagen voll. Planen Sie daher nach Möglichkeit einen Wochentag gegen Abend ein.
- **Orte in der Nähe** – ZONZA, L'ALTA ROCCA, Massif de l'OSPÉDALE, AULLÈNE, QUENZA

Zu Fuß unterwegs

Start ist die Auberge du Col (s. Tipps und Adressen) unterhalb des Parkplatzes an der D 268 in Richtung Solenzara.

Promenade de la chapelle

½ Std. hin und zurück. Ausgangspunkt des „Kapellenwegs" ist der Brunnen an der Auberge du Col (vom Parkplatz kommend rechts). Der markierte Pfad steigt durch den Wald bergan. Nach 500 m taucht die Chapelle de la Vierge auf. Von der Wiese unterhalb der Kapelle hat man einen herrlichen **Blick★** auf die Aiguilles de Bavella.

Promenade de la Pianona★

Rundweg von etwa 1 Std. Orangefarbene Markierung. Ausgangspunkt am Parkplatz des Col de Bavella oder an der Auberge du Col. Links reicht die Sicht bis zur Punta Tafonata di i Paliri und zum Wald von Bavella. Der Weg führt zwischen majestätischen Kiefern hindurch. Hält man sich rechts, erreicht man eine Grasplattform, eine *pianona* mit einem herrlichen **Blick★★** auf die Aiguilles de Bavella.

Zurück zur Kapelle und von dort wie oben beschrieben zurück zum Ausgangspunkt.

Trou de la Bombe (Tafonu di u Cumpuleddu)★★

Rundweg von etwa 2 Std. Rote Markierung „Cumpuleddu" ab der Auberge du Col. Verlassen Sie zu Ihrer eigenen Sicherheit nie den markierten Weg.

Der Weg führt ansteigend durch ein bewaldetes Erosionstal bis zu einem Kamm. Bald taucht links ein Felsgipfel auf. Der Weg führt an der Kammlinie entlang. Beim Abstieg entdeckt man das „Bombenloch" („trou de la Bombe"), eine runde Öffnung von ca. 8 m Durchmesser im Gipfelgrat der Paliri-Kette, rechts der Calanca Murata.

Zurück zur Passhöhe *(Parkplatz)* gelangt man, wenn man dort, wo der Weg über einen Bach führt, den Weg nach Alturaghja einschlägt *(beschildert, rot markiert, ca. 45 Min.).*

Die Aiguilles – alpine Variante★★★

Etwa 6 Std. einplanen. Für Sportliche mit gutem Schuhwerk und Topoguide des Fernwanderwegs GR 20 (oder IGN-Karte) wärmstens zu empfehlen! Für die Variante am Anfang gelbe Markierung, dann die GR-Markierung in Weiß und Rot. Der Rundweg, der zwei Varianten des GR 20 verbindet, bietet keine echte Schwierigkeit (nur eine Stelle mit Fixseil). Im ersten Teil sind jedoch Umsicht und Ausdauer gefragt. Ausgangspunkt auf der Passhöhe neben der Statue. Sehr bald kommt ein steiler Anstieg, der die Hauptschwierigkeit der Tour darstellt. Seien Sie vorsichtig und treten Sie keine Steine los, die andere Wanderer weiter unten treffen könnten. Die Strecke führt weitgehend an einer Kammlinie entlang und unterhalb der Felsnadeln vorbei, bevor der Weg bergab in einen Wald hineinführt, wo er auf den GR 20 trifft. Nehmen Sie den linken, recht einfachen Weg zurück zur Passhöhe.

Ausflug

Von Solenzara nach Zonza

30 km – etwa 2 Std.

Solenzara – *s. dort*

Die D 268 – schmal, mit unübersichtlichen Kreuzungen – führt an der Solenzara entlang, in deren Flussbett sich Felsbrocken türmen. Dort, wo der Fluss durch den **Staatsforst von Tova** fließt, sind die Ufer mit Kiefern bewachsen.

Col de Larone (Bocca di Laronu)

608 m. Von dem Pass hat man eine schöne **Aussicht★★** auf die Punta di Ferriate am Ende der Paliri-Kette (links) und auf den Wald von Tova (rechts).
Die kurvenreiche Straße führt anschließend in den Wald von Bavella mit seinen herrlichen **Lariciokiefern** (Schwarzkiefern) *(s. Forêt de Vizzavona).*

Entlang der Straße bieten sich immer wieder Möglichkeiten zum Baden und Canyoning (Wasserfälle der Purcaraccia und des Polischellu) in den Zuflüssen der Solenzara (s. Tipps und Adressen). Achtung: Bei Unwetterwarnung das Bett des Wildbachs meiden!

Forêt de Bavella★★

Der 930 ha große Wald wurde mehrfach von Waldbränden verwüstet. Im **Naturschutzgebiet** fanden umfangreiche Wiederaufforstungsarbeiten statt (Pflanzung von über 120 000 See- und Lariciokiefern, Zedern und Tannen). Das Nationale Forstamt hat zudem 50 m breite Feuerschutzgräben gezogen und Kastanien anpflanzen lassen, die feuerfester sind als Nadelgehölze. Der Wald zeigt sich heute wieder in seiner natürlichen Schönheit, wird aber streng überwacht.
1950 richtete man dort auch eine jagdfreie Zone ein. Aufmerksame Beobachter können mit etwas Glück auf den Steilfelsen in über 1000 m Höhe Mufflons sehen.

Amaury de Valroger / MICHELIN

Dieses Bild geben die Felsnadeln ab, wenn man sie vom Col de Bavella aus betrachtet.

Nähert man sich der Passhöhe, bietet sich hinter jeder Straßenbiegung eine neue Aussicht auf die gewaltigen Felswände.

Bavella

Kurz vor der Passhöhe stehen am Hang einige niedrige Bauten aus Stein oder Holz. Es handelt sich um ehemalige Schäfereien aus dem 19. Jh., für die Napoleon III. den Bewohnern von Conca Grund zur Verfügung gestellt hatte. Oberhalb der „Sommerfrische" der Schäfer liegt in der Nähe einer Quelle der Berggasthof **Auberge du Col**.

Col und Aiguilles de Bavella★★★

1218 m. Der Pass über die große Kammlinie der Insel ist durch ein Kreuz und die **Statue der Notre-Dame-des-Neiges** gekennzeichnet, deren Sockel mit Votivbildern übersät ist. Die Lage und der Rundblick auf das Bavella-Massiv sind überwältigend. *(Den besten Rundblick vom Col de Bavella haben Sie vom Hang oberhalb des Parkplatzes oder an der Statue. Meiden Sie den Hochbetrieb an den Sommersonntagen.)*

Aus dem Wald von Bavella erheben sich im Westen der Passhöhe die berühmten **Aiguilles de Bavella★★★**, hinter denen das Incudine-Massiv zu erkennen ist. Im Osten zeichnen sich die große Felswand der Calanca Murata und der rote, gezackte Grat der Punta Tafonata di i Paliri ab, in der Ferne sieht man das Tyrrhenische Meer.

Die Straße führt hinunter nach Zonza. Kurz vor dem Dorf taucht zwischen den Kiefern und Kastanien überraschend das Hippodrom von Viseo auf.

Zonza – *s. dort*

Tipps und Adressen

Essen und Trinken

Auberge du Col de Bavella – *Am Col de Bavella – 20124 Zonza – ✆ 04 95 72 09 87 – Nov.-März geschl. – 16/22 €.* Zwischen Kiefern liegt diese Berghütte direkt unterhalb der Passhöhe in der Nähe der berühmten Felsnadeln von Bavella. Hier hat man Gelegenheit, Spezialitäten der Insel und hausgemachte Fleisch- und Wurstspezialitäten zu genießen.

Sport und Freizeit

Corsica Forest – *s. Porto-Vecchio.*

Corsica-Canyon – *✆ 06 22 91 61 44* – Canyoning in allen Schluchten um den Col de Larone *(ab 50 € pro Tag, Proviant, Sportschuhe und Badeanzug mitnehmen).*

Aqa-Canyon – *✆ 06 20 61 76 81 – www.aqa-canyon.com* – Für Anfänger und Fortgeschrittene des Canyoning-Sports mit Begleiter im Mittelgebirge *(ab 50 € pro Tag).*

BOCOGNANO

Bucugnà

CORSE-DU-SUD (2A) – 343 EINWOHNER –
UMSCHLAGKARTE VORNE B4 – MICHELIN LOCALKARTE 345 D7

Bocognano liegt gegenüber dem Massiv des Monte d'Oro in den Kastanienwäldern des Hochtals der Gravona. Auf 640 m Höhe ist es dort im Sommer angenehm kühl. Der nahe Wald von Vizzavona und das Gebirgspanorama machen das Dorf zur angenehmen Zwischenstation auf der Fahrt von Ajaccio nach Bastia.

Stéphane Sauvignier / MICHELIN

Verschiedene Schildkrötenarten finden im Park A Cupulatta Bedingungen, die ihren jeweiligen Bedürfnissen angepasst sind.

- **Wegweiser** – An der N 193, etwa auf halbem Weg zwischen Ajaccio und Corte.
- **Unbedingt sehenswert** – Die tosende Cascade du Voile de la Mariée und die geheimnisvolle Menhirstatue von Tavera.
- **Gut geplant** – Eine Empfehlung: Meiden Sie die heißen Mittagsstunden!
- **Mit Kindern** – Hat man den Schildkröten im Parc A Cupulatta einen Besuch abgestattet, bietet sich eine Badepause in den Wasserbecken der Gravona an.
- **Orte in der Nähe** – Golfe d'AJACCIO, BASTELICA, Forêt de VIZZAVONA, VIVARIO

Zu Fuß unterwegs

Das Dorf

Der **Brunnen aus Kieselsteinen★** (1883) in der Nähe der Post bietet sich für eine Rast an. Vom Vorplatz der Kapelle aus hat man einen schönen **Blick** auf den Monte d'Oro.

Cascade du Voile de la Mariée★

3,5 km südl. über die D 27.

25 Min. zu Fuß hin und zurück. Kurz vor der Brücke über den Wildbach links auf den Weg einbiegen, der direkt am Ufer entlang führt; hier ca. 10 Min. bergauf gehen bis man zum Aussichtspunkt gelangt. Hier stürzt der beeindruckende „Brautschleier"-Wasserfall fast 150 m in die Tiefe.

Grotte de Sampiero Corso

Etwa 3 Std. hin und zurück. Immer der gelben Markierung folgen; der Ausgangspunkt für die Tour liegt in Peri oberhalb des Restaurants „Chez Séraphin". Der Weg führt über Weideland und überquert schließlich ein Flüsschen. Rechts in Richtung Grotte weitergehen *(den Weg zur Via ferrata links liegen lassen).*

Ausflug

5 La Vallée de la Granova★★

40 km von Bocognano bis Ajaccio – s. Kartenskizze S. 87

Die Entdeckungsfahrt am rechten Ufer der Gravona führt durch den Landkreis **Celavo-Mezzana**.

Bocognano nach Südwesten auf der N 193 Richtung Ajaccio verlassen. Nach 7,5 km die D 127 (Richtung Bastelica) links liegen lassen und noch ca. 1 km weiterfahren.

Menhirstatue von Tavera

Linker Hand der N 193. Den Weg in Richtung Turmruine nehmen. Etwa 100 m westlich steht die im Jahr 1961 entdeckte Steinfigur aus der Bronzezeit. Sie ist stattliche 2,40 m hoch, die Augen sind tief ins Gesicht eingemeißelt, am Hinterkopf bilden querlaufende Linien eine Art Haarnetz.

Pont d'Ucciani

Das Auto auf der Freifläche vor der neuen Brücke abstellen.

Im eleganten Bogen überspannt die Brücke die Gravona über eine Breite von 24 m. Marschall Bernadotte, der damals noch den Rang eines Unteroffiziers bekleidete, soll den Bau Ende des 18. Jh. geleitet haben.

4 km hinter der Brücke rechts auf die kleine D 4 abbiegen.

Vero (Veru)

Die grauen Granithäuser, die sich am Berghang hinaufziehen, bilden ein harmonisches Ensemble, das von terrassenförmigen Gärten aufgelockert wird.

Der **Col de Tartavellu** ist die Verbindung zur unberührteren Region des Cruzini.

Zurück auf die N 193 und auf ihr rechts Richtung Ajaccio weiterfahren.

Parc A Cupulatta

Neben der N 193, Vignola (bei km 21). Besichtigung nach Möglichkeit nicht in der Mittagshitze planen – ✆ 04 95 52 82 34 – April-Okt. tgl., Sa/So, Fei und Schulferien 11-15 Uhr, wochentags auf Anfrage (✆ 06 10 30 25 63) – 8,50 € (Kinder: 5 €).

Das Zentrum zum Schutz und zur Aufzucht der **Schildkröte** *(cupulatta)* umfasst eine Fläche von 2,5 ha. In dieser besonders günstigen Umgebung, einer Kombination aus Land- und Wassermilieu, lassen sich die Schildkröten gut beobachten (Alligatorschildkröten, Weichschildkröten etc.). Die Stars des Parks jedoch sind die Riesenschildkröten von den Seychellen, deren zierlichstes Exemplar schon 150 kg Lebendgewicht auf die Waage bringt!

1 km weiter links auf die D 129 nach Carbuccia, vor dem Dorf rechts auf die D 29 nach Peri.

Die Straße schlängelt sich am Hang unterhalb der Crête de Falconaia dahin. Immer wieder bieten sich schöne **Ausblicke★** auf den Nordwesthang des Tals. Richtung Norden wird das Hochtal von den Ausläufern des Monte d'Oro abgeschlossen.

Peri

Das Dorf schmiegt sich an den Hang, der stufenförmig bis zur Kammlinie zwischen den Tälern der Gravona und des Prunelli ansteigt. Bemerkenswert ist lediglich die Kirche St-Laurent mit einem ungewöhnlichen, kleeblattförmigen Grundriss. Über eine Freitreppe erreicht man den Kampanile und die Verkündigungskapelle (Chapelle de l'Annonciation) aus dem 15. Jh.

Weiter auf der D 29.

Cuttoli-Corticchiato

Das Gebirgsdorf 20 km nordöstlich von Ajaccio ist für seine **Schneidwarenherstellung** *(s. Tipps und Adressen)* bekannt. Das traditionelle korsische Messer – nicht zu verwechseln mit dem Stilett, einer Waffe, ist auch heute noch ein unverzichtbares Arbeitsinstrument des Alltags: Durch seine Größe, die zur Spitze hin ausgeprägte Rundung und die Kerbe im Klingenrücken (Verwendung als Leistenhobel) wird es zum Arbeiten (Aushöhlen und Schneiden) ebenso verwendet wie zum Essen.

Zurück nach Peri und links auf die D 229.

Die schmale Straße führt nun vorbei an Ausläufern des Gebirges, die dicht mit einem herrlichen Wald aus mächtigen Steineichen und Kastanien bewachsen sind. Beachten Sie beim Hinabfahren ins Tal die schöne **genuesische Brücke**.

Links auf die N 193, 6 km nach Überqueren des Col de Carazzi rechts auf die D 1, die Richtung Sarrola-Carcopino ansteigt.

Die Straße führt zwischen Korkeichen und Olivenbäumen bergauf, auf der anderen Seite hat man einen schönen Blick auf den Monte Sant'Eliseo.

Sarrola-Carcopino

Das Dorf besteht aus drei Weilern oberhalb eines Zuflusses der Gravona: unten liegt **Carcopino**, in der Mitte **Trinité** und oben **Sarrola**. Bei der Ausfahrt aus Carcopino bietet sich eine schöne **Aussicht★** auf den Golf von Ajaccio und das Gravona-Tal. Der türkische Seeräuber Dragut, der den christlichen Mittelmeerraum unsicher machte und berüchtigt für seine Grausamkeit war, plünderte im Jahr 1540 die beiden Weiler Sarrola und Carcopino und setzte sie in Brand.

Aus Sarrola-Carcopino stammt die Familie Carcopino-Tusoli. Deren bedeutendste Mitglieder sind **Francis Carco** (1886-1958), der für seine Gedichte, Biografien und Romane bekannt ist *(Jesus Schnepfe, L'Homme traqué)* sowie **Jérôme Carcopino** (1881-1970), dessen Werke zur Archäologie und zur Geschichte des alten Roms maßgebend geworden sind.

Weiter auf der N 193 und anschließend auf der N 194 nach Ajaccio.

Tipps und Adressen

Allgemeiner Hinweis

Office du tourisme de Haute Gravona – *Im Rathausgebäude (an der N 193) – 20136 Bocognagno – ✆ 04 95 27 41 86 – www.gravona.com* – Hier erhalten Sie Informationen über die fünf Dörfer des Tals: Carbuccio, Ucciani, Vero, Tavera und Bocognano.

Übernachten

⊖⊖ **Hôtel Beau Séjour** – *✆ 04 95 27 40 26 – www.hotelbocognano.com – 16. Okt.-14. April geschl. – 17 Zi: 51/57 € – ☕ 6,50 € –* **P**. Der Bau (19. Jh.) inmitten von Kastanienbäumen wird von Wanderern und Naturliebhabern sehr geschätzt. Die Zimmer sind einfach, einige mit schönem Blick auf den Monte d'Oro. Im Restaurant werden einheimische Gerichte in großen Portionen aufgetischt. Das Ambiente ist bis auf den Blumenschmuck eher nüchtern.

Essen und Trinken

⊖⊖ **Ferme-Auberge A Tanedda** – *N 193 – ✆ 04 95 27 42 44 – Nov.-März geschl. – 22/25 €.* Die meisten Zutaten für die Gerichte sowie die Wurstwaren sind hausgemacht, das Schweinefleisch, das Kastanienmehl und die Gemüsesorten stammen aus eigener Herstellung oder von benachbarten Bauernhöfen. Einfache, traditionelle Gerichte (Omelette mit *brocciu* und Minze, Kalbfleisch mit Oliven ...). Sehr freundlicher Service.

⊖⊖ **L'Ustaria** – *Colletta – ✆ 04 95 27 41 10 – 15. Feb.-3. März, 25. Okt.-3. Nov., vom 15. Sept.-30. Juni Mi und abends geschl. – 25/60 €.* Dieses Lokal geht seit 1912 vom Vater auf den Sohn über. Schöner Speiseraum (Kamin, Sichtbalken und Stilmöbel) und eine Terrasse nah an der Straße. Üppige regionale Gerichte.

Einkaufen

Coutellerie artisanale Biancucci – *Corticchiato – 20167 Cuttoli-Corticchiato – ✆ 04 95 25 64 72 – 11-12.30 und 16-19 Uhr, So und Fei nach Anmeldung.* Unten im Dorf zeigen Ihnen Jean und Paul Biancucci mit Begeisterung, wie die korsischen Messer traditionell gefertigt werden. Jean, seit 1976 als Tischler tätig, fertigt die Messergriffe aus Horn (Ziege, Widder, Bock) oder aus Hölzern (Olive, Jujube, Mandel u.a.). Die Bäume, deren Holz verarbeitet wird, müssen dabei im Winter bei Vollmond geschlagen werden. Sohn Paul ist Schmied und versteht es, die Messerklingen nach einer alten Technik aus gekohltem Stahl oder in hauchünnen Lagen (selten) zu schmieden. Videofilm.

Fest

Fiera di a castagna – *✆ 04 95 27 41 76 – www.fieradiacastagna.com* – Am zweiten Dezemberwochenende findet nach alter Tradition der Kastanienmarkt statt, der größte regionale Markt auf Korsika.

BONIFACIO★★★

Bunifaziu

CORSE-DU-SUD (2A) – 2658 EINWOHNER – UMSCHLAGKARTE HINTEN C7 – MICHELIN LOCALKARTE 345 D11

Bonifacio, die südlichste Stadt der Insel mit einer außergewöhnlichen Lage ★★★, muss man einfach gesehen haben – trotz der Menschenmenge, die sich in den Gässchen drängt. Die Altstadt mit ihren Befestigungsmauern sitzt hoch oben auf einem schmalen und hohen Felsvorsprung aus Kalkstein, den das Meer und der Wind geformt haben. Eine langgestreckte Bucht, an deren Ende die Marina liegt, trennt die Altstadt von der Küste. Einst ein sicherer Hafen für Kriegsschiffe, bietet der Jachthafen heute vor allem Freizeitbooten Ankerplätze. Vom Meer aus gesehen ist die Oberstadt mit ihren alten Häusern, die sich am Ende der Steilküste dicht zusammendrängen, besonders eindrucksvoll.

S. Sauvignier / MICHELIN

Auf zerklüfteten Kreidefelsen liegt Bonifacio, die südlichste Stadt Korsikas. Durch ihre einzigartige Lage wurde sie immer wieder zum Zentrum kriegerischer Auseinandersetzungen.

Wegweiser – Nähert man sich Bonifacio auf der Straße von Sartène oder Porto-Vecchio aus, wirkt die mittelalterliche Stadt wie das großartige „Ende der Welt", von der übrigen Insel durch ein karges **Kalkplateau** mit einer Fläche von 25 km^2 getrennt. Die 12 km breite und mit kleinen Inseln übersäte Meerenge **Bouches de Bonifacio** (Meeresstraße von Bonifacio) trennt Korsika und Sardinien.

Parken – In Bonifacio angekommen, gibt es zwei Möglichkeiten: Entweder man geht zu Fuß in die Oberstadt und parkt am Jachthafen (Sie können versuchen, einen Platz in der Zitadelle oberhalb der Hafeneinfahrt *Goulet de Bonifacio* zu erwischen) oder man fährt mit dem Touristenbähnchen *(s. Tipps und Adressen)*.

Unbedingt sehenswert – Das bunte Leben an der Marina; die Rue St-Dominique; das Viertel um die Kirche Ste-Majeure und die Altstadt; die 187 Stufen der Treppe des Königs von Aragon (Escalier du Roi-d'Aragon); die Meeresgrotten (Les grottes marines); eine Fahrt nach Sardinien.

Gut geplant – Das Museum und das Mémorial du bartion sind durchgehend geöffnet und daher geeignet für einen Besuch während der Mittagshitze. Die Besichtigung der Oberstadt dauert mind. 2 Std., Ausflüge aufs Meer bis zu einem halben Tag, wenn es auf die Lavezzi-Inseln gehen soll.

Mit Kindern – Schifffahrten bieten sich für die ganze Familie an. Besonders von den Meeresgrotten dürften Klein und Groß begeistert sein.

Orte in der Nähe – Île LAVEZZI, Golfe de FIGARI

Geschichte und Geschichten

Eine strategisch wichtige Stadt

Bereits in der Vorgeschichte war der Ort der heutigen Stadt Bonifacio bewohnt. Griechen und Römer besiedelten ihn im Altertum. Im Osten der Stadt, in Piantarella, unweit des Cap Spérone (Sprono), fand man Überreste einer geräumigen und prächtigen römischen Villa. Die Spuren zeugen davon, dass hier im 1. Jh. n. Chr. eine bedeutende römische Siedlung lag. Der nah gelegene, heute versandete Étang de Spérone war im Altertum der Hafen.

Von der freien Stadt zur Kolonie Genuas – Bonifacio, das im 9. Jh. als Gemeinde gegründet wurde, lebte mehrere Jahrhunderte lang von der Seeräuberei. Sowohl Pisa als auch Genua waren sehr darum bemüht, den natürlichen Hafen Bonifacios unter ihre Kontrolle zu bekommen, von dem aus sie das östliche Mittelmeer bewachen konnten. Im Jahr 1187 gelang es den Genuesen durch eine List in die Stadt einzudringen. Acht Jahre später errichteten sie dort eine Kolonie, nachdem sie die Bewohner von Bonifacio verjagt hatten. Die Stadt erhielt zahlreiche Privilegien und wurde eine Art autonome kleine Republik mit eigenem Münzprägerecht. Im Laufe der Jahrhunderte entwickelte sich Bonifacio so zu einer der treuesten Kolonien Genuas auf der Insel Korsika.

Die Treppe des Königs von Aragon – Die strategische Bedeutung Bonifacios weckte zu allen Zeiten Begehrlichkeiten bei Herrschern. So musste Bonifacio viele Belagerungen ertragen – besonders hart waren die der Jahre 1420 und 1553.
1420 beanspruchte Alfons V. von Aragon Korsika für sich. Er berief sich auf eine Urkunde, in der seinem Vater Jakob II. Korsika zum Lehen gegeben worden war. Zusammen mit Vincentello von Istrien, den er zum Vizekönig der Insel ernannt hatte, belagerte er Bonifacio fünf Monate lang. Das königliche Geschwader besetzte den Hafen und blockierte die Versorgung auf dem Landweg. Der Überlieferung nach sollen die Soldaten des Königs eine Treppe mit 187 Stufen in die Felswand geschlagen haben, um die Belagerten zu überrumpeln. Diese „Treppe des Königs von Aragon" existiert tatsächlich, gehört aber zu einer früheren Anlage. Damals scheiterte der Überfall auf die Stadt dank der Wachsamkeit von **Marguerite Bobbia**, einer beherzten Bewohnerin Bonifacios: Genua kam der Kolonie zu Hilfe, und Alfons V. hob die Belagerung auf.

Der Verräter Cattaciolo – 1553, ein Vierteljahrhundert nach der großen Pestepidemie, die zwei Drittel der Bevölkerung dahinraffte, hatte das „korsische Gibraltar" eine weitere Prüfung zu bestehen. Mit Hilfe der Flotte des türkischen Seeräubers **Dragut** nahmen die Truppen des französischen Königs Heinrich II. unter Marschall de Thermes und Sampiero Corso die Stadt 18 Tage und Nächte unter Beschuss. Im Morgengrauen des letzten Tages konnten die Bewohner drei Angriffe abwehren und damit die Belagerer fast zur Aufgabe zwingen. Doch der Seeräuber war listig: Als Dominique Cattaciolo aus Genua mit 15 000 Dukaten, die den Kampfgeist der Bewohner Bonifacios aufrecht erhalten sollten, nach Bonifacio zurückkehrte, wurde er gefangen genommen und für die französisch-türkische Sache gewonnen. Cattaciolo präsentierte seinen Mitbürgern einen gefälschten Brief, in dem Genua sich zu jeglicher Hilfe außerstande erklärte. Darauf kapitulierten die Bewohner unter der Bedingung, dass „Leben und Eigentum" verschont blieben. Kaum waren die Tore aber geöffnet, brach Dragut sein Wort. Erst die Intervention Sampieros und das Geld von Marschall de Thermes brachten den Piraten dazu, abzuziehen.

Der Austausch von Banditen – Im 19. Jh. war es keine Seltenheit, dass ein korsischer Bandit auf der Flucht vor der Justiz über die Meerenge nach Sardinien floh. Sardische Banditen waren aus demselben Grund in der Gegenrichtung unterwegs. Der „Banditentourismus" uferte derart aus, dass Korsika und Sardinien 1819 und 1843 übereinkamen, Verbrecher auszuliefern und die Meeresstraße von Bonifacio zu kontrollieren.

Bonifacio heute – Anfang des 20. Jh. lebte Bonifacio vom Olivenanbau, den Korkeichen sowie der Langusten- und Korallenfischerei. Heute ist der Tourismus Haupteinahmequelle. Die sehr alte, dem Genuesischen verwandte Sprache *bonifacien* wird noch heute von einigen hundert Einwohnern gesprochen.

Zu Fuß unterwegs

La Marine★ s. Plan I S. 152

Besichtigung 45 Min. Der Hafen am Südkai wird von der Bastion beherrscht. Früher befand sich hier der Zugang zur Zitadelle. Hotels, Restaurants, Cafés und Andenkenläden drängen sich heute in der Unterstadt und laden bis spätabends zum Flanieren ein.

Am Nordufer reihen sich im Viertel **Giovasole** die ungleichen, rosafarbenen Dächer der vier- oder fünfstöckigen Neubauten aneinander.

Das Viertel der Marina steht unter dem Schutz des hl. Erasmus (San Teramo), dem Patron der Seeleute. Die Bruderschaft des hl. Erasmus veranstaltet alljährlich zwei Prozessionen: am 2. Juni zum Patronatsfest und am 20. Juni zu Ehren des hl. Silverius, Papst und Märtyrer im 6. Jh. und Schutzheiliger der Langustenfischer.

Col St-Roch s. Plan II S. 152

Links von der Kirche St-Érasme führt eine breite gepflasterte Treppenstraße zum Pass. An der Stelle, an der 1528 das letzte Opfer der Pestepidemie starb, steht eine kleine Kapelle. Von dem natürlichen Aussichtsplatz bietet sich ein weiter **Blick★★** über das offene Meer bis zu den Küsten Sardiniens, auf die hohen Kalksteinklippen, mit vom Meer zerfurchten Gesteinsschichten, auf die Bastion und den Jachthafen. Links erhebt sich vor der Steilküste die bekannte Silhouette des **„Grain de sable"** („Sandkorn"), dessen Grund von den Wellen unterspült wird.

Vom Col St-Roch führt eine Treppe hinunter an den kleinen Strand von Sutta Rocca. Ein Weg säumt den oberen Teil der Klippen bis zum Cap Pertusato, von wo sich eine herrliche **Sicht★★** auf die Altstadt bietet.

Ville Haute (Die Oberstadt)★★

Besichtigung 2 Std. – Zu Fuß erreicht man die Oberstadt über die Montée Rastello und Montée St-Roch, die zur Porte de Gênes (Genueser Tor) führt, oder mit der Touristenbahn vom Jachthafen aus. Autofahrer parken kostenpflichtig am Eingang zur Zitadelle.

Zur Oberstadt gehören die mittelalterliche Altstadt und die **Zitadelle**. Am Westende des Plateaus erstreckt sich das Viertel **Le Bosco** mit dem Cimetière marin (Friedhof der Seeleute) und der Esplanade St-François.

Napoleon III. ließ die Straße zur Oberstadt anlegen. Sie führt oberhalb der engen Hafeneinfahrt von Bonifacio um die Bastion de l'Étendard. In Höhe der **römischen Säule** (sie wurde auf der kleinen Insel San Baïnzo entdeckt und diente dem Totenkult) teilt sich die Straße: Rechts führt sie zum Hafenbahnhof (von hier legen die Autofähren nach Sardinien ab), links gelangt man durch den Tunnel, der unter dem Fort St-Nicolas gebaut wurde, in die Altstadt. Man erreicht sie durch die **Porte de France**, das 1854 erbaute Französische Tor.

Über die weiträumige Place Bir-Hakeim gelangt man in die Altstadt.

Église St-Dominique★ s. Plan I S. 152

✆ 04 95 73 11 88 – Juli-Aug. tgl. – Führungen auf Anfrage im Tourismusbüro möglich (außer Juli-Aug.) – 2,50 € (Kinder unter 12 Jahre: 1,50 €).

Zwischen 1270 und 1343 errichteten die Dominikaner diesen Bau auf einer Vorgängerkirche der Tempelritter. Die Mönche lebten in einem angrenzenden Kloster.

Die dem Ordensgründer Dominikus geweihte Kirche zählt zu den wenig erhaltenen Zeugnissen gotischer Architektur auf Korsika. Originell ist der Kampanile mit seinen achteckigen Obergeschossen und einem Abschluss aus Schwalbenschwanzzinnen. Das Hauptschiff der Kirche trägt ein sechsteiliges Kreuzrippengewölbe. Wegen der außergewöhnlich guten Akustik finden hier regelmäßig Konzerte statt *(Auskünfte im Tourismusbüro)*.

Monument de la Légion étrangère s. Plan II S. 152

Das Denkmal der Fremdenlegion befand sich früher auf einem Platz in der algerischen Stadt Saïda. An seinem heutigen Standort auf der Place Bir-Hakeim wurde es am 23. Juni 1963 eingeweiht, als die Fremdenlegion in Bonifacio Quartier bezog. Sie wurde danach bis 1989 durch ein Kommandozentrum abgelöst.

Rue St-Dominique (San Dume)

s. Plan II S. 152

Zu den Häusern an dieser Straße führen steile Treppen mit hohen Stufen. Bemerkenswert ist rechts die Maison de la Miséricorde, ein im 13. Jh. gegründetes ehemaliges Hospiz. Heute befindet sich hier der Sitz der Bruderschaft zum Heiligen Kreuz, die einen Splitter vom Kreuz Christi aufbewahrt. Etwas weiter zieren linker Hand schöne **Wappen** die Türen der Häuser Nr. 12 und 10 (Wappen der Familie Salineri). Hat man die Place du Fondaco Montepagano („U Fundugu", arab. *fondouk* für „Geschäft") überquert, biegt man links in die **Rue St-Jean-Baptiste** ein und geht an der kleinen Kapelle der Bruderschaft Johannes des Täufers (1775) entlang, deren zweischiffiger, überwölbter Innenraum sehenswert ist. Links steht eine bemerkenswerte Figurengruppe aus Holz. Sie stellt die *Enthauptung Johannes des Täufers* dar und wird von der Bruderschaft am Karfreitag und am 29. August bei einer Prozession mitgetragen.

Die älteste Dame Korsikas

Bei Ausgrabungen fand man unter dem Felsüberhang von Araguina-Sennola das Grab einer etwa 35-jährigen Frau. Der Fund ist deswegen so erstaunlich, weil das weibliche Skelett aus der frühen Jungsteinzeit (um 6570 v. Chr.) stammt. Die sogenannte **Dame von Bonifacio** ist damit der älteste menschliche Fund eines Menschen auf Korsika. Das Skelett befindet sich heute im Musée Départemental de Levie.

Die Rue St-Jean-Baptiste entlanggehen, dann rechts in die Rue du Palais einbiegen.

Am Ende der Straße sieht man den Glockenturm und die Strebebögen der Kirche Ste-Marie. Links geht es durch eine mit Balken überwölbte Passage, die bei Nr. 9 in die Rue Longue mündet, welche bald zur Rue des Deux-Empereurs wird.

Rue des Deux Empereurs s. Plan II S. 152

Zwei sich gegenüberliegende Häuser in der „Straße der zwei Kaiser" pflegen die Erinnerung an illustre Gäste der Stadt. Das Wohnhaus Nr. 4 des Grafen Philippe Cattaciolo beherbergte vom 3. bis 6. Oktober 1541 Kaiser **Karl V.** bei seiner Rückkehr von einem Feldzug gegen Algier. Das Eingangsportal wird von einem schönen Türsturz mit einem Marmorwappen des Kaisers geziert.

Im Wohnhaus Nr. 7, fast genau gegenüber der Hausnummer 4, wohnte vom 22. Januar bis 3. März 1793 **Napoleon Bonaparte**. Der zukünftige General des italienischen Heeres war zu dieser Zeit noch ein Oberstleutnant und bereitete gerade eine Landung in Sardinien vor, deren Scheitern dazu führte, dass Pasquale Paoli in Ungnade fiel. Damals hätten einige Seeleute aus Marseille, ohne es zu wissen, um ein Haar das Schicksal Europas verändert: Sie pöbelten den künftigen Kaiser in einem Gässchen der Altstadt an und hätten ihn wahrscheinlich sogar getötet, wenn nicht einige Passanten eingeschritten wären. Das Haus gehörte im 16. Jh. einem Vorfahren Napoleons, François Bonaparte.

Place d'Armes (Exerzierplatz) s. Plan II S. 152

Linker Hand zeigen vier runde Sockel (wobei einer der Sockel heute in die Auslage eines Andenkenladens integriert ist) an, wo sich früher die Getreidesilos der Stadt befanden. Sie hatten zusammen mit den Silos der Manichella eine Speicherkapazität von rund 5000 hl Getreide.

Die Rue du Corps-de-Garde gegenüber dem Genueser Tor (Porte de Gènes) bietet einen Blick auf die Apsis der Kirche Ste-Marie-Majeure.

Bastion de l'Étendard s. Plan II S. 152

Bis ins 19. Jh. hinein konnte man die Stadt nur durch die Porte de Gênes, das Genueser Tor, betreten. Man musste nacheinander acht Tore und eine Zugbrücke (aus dem Jahr 1598) passieren, um auf die Place d'Armes zu gelangen. Die Vorrichtung zum Öffnen und Schließen der Zugbrücke mittels Gegengewichten ist heute noch vorhanden. Die Bastion überwachte zugleich die Hafeneinfahrt *(Goulet)*, den Hafen und die Passstraße von St-Roch.

Zusammen mit der Genueser Brücke bildete die Bastion einst das Kernstück der insgesamt 2,5 km langen Stadtbefestigung, von der heute nur einige runde Verteidigungstürme erhalten sind.

Stéphane Sauvignier / MICHELIN

In einer Höhe von 70 Metern erhebt sich die Zitadelle über dem türkisfarbenen Wasser der Bucht von Bonifacio.

Mémorial du bastion – *✆ 04 95 73 11 88 – www.bonifacio.fr – April-Sept. tgl. – 2,50 € (Kinder unter 12 Jahren: Eintritt frei).* Die Bastion de l'Étendard ist noch immer der eindrucksvollste Teil der Befestigungsanlagen der Oberstadt. An der Gedenkstätte sind bedeutende Szenen aus der Geschichte Bonifacios nachgebildet: der Besuch Kaiser Karls V. im Jahr 1541, der Aufenthalt Bonapartes im Rahmen des Invasionsversuchs auf Sardinien im Jahr 1793 und der Schiffbruch von *La Sémillante* vor den Lavezzi-Inseln. Ebenfalls ausgestellt ist eine Nachbildung der **„Dame von Bonifacio"**, deren Original sich im Museum in Levie befindet, sowie ein versteinertes Skelett, das wahrscheinlich von einem türkischen Soldaten stammt. Von den Eckpunkten der Bastion aus bieten sich schöne **Ausblicke★** auf die Hafenzufahrt und das Hafenviertel.

Durch das Genueser Tor gehen und sofort rechts abbiegen.

Rue du Portone („U Bastiun") s. Plan II S. 152

Zur Place du Marché führt die Straße am Archäologischen Park (Jardin des Vestiges) vorbei, wo die Ruinen ehemaliger Befestigungsbauten zu sehen sind, die bei der Belagerung Bonifacios durch die Franzosen und die Türken 1553 zerstört wurden.

Place du Marché („U Masgilu") s. Plan II S. 152

Von diesem sonnigen Platz aus, an dem zahlreiche Cafés und Restaurants zu finden sind, ist das Belvédère de la Manichella zu erreichen: Von hier hat man eine fantastische **Aussicht★★** linker Hand auf den Hafen, rechts auf die Meeresstraße von Bonifacio (Bouches de Bonifacio), das „Grain de sable" („Sandkorn"), den markanten Solitärfelsen – und, nicht weit davon, auch auf die Küste Sardiniens.

Den Platz auf der Rue Doria verlassen, rechts in die Rue Cardinal-Zigliara („U Campanin") abbiegen, dann links gehen.

Rue du St-Sacrement s. Plan II S. 152

Die gepflasterte Gasse, die an sich schon schmal ist, wird durch die Tische eines Restaurants zusätzlich verengt. Die Gasse führt unter den Strebebögen der Kirche Ste-Marie-Majeure hindurch.

Église Ste-Marie-Majeure s. Plan II S. 152

Der Kirchenbau aus dem 14. Jh. mit seinem quadratischen Glockenturm weist durch zahlreiche Umgestaltungen, die bis ins 19. Jh. durchgeführt wurden, eine Mischung aus ganz unterschiedlichen Stilrichtungen auf. Die Kirchenportale wurden 1789 zum Teil im klassizistischen Stil erneuert.

Der Kirchenfassade ist eine große Halle vorgelagert. Diese **Loggia** besitzt an den offenen Seiten große Rundbogenarkaden und einen hölzernen Dachstuhl.

Unter den Steinplatten der Loggia wurde früher in einer riesigen städtischen Zisterne mit einem Fassungsvermögen von rund 650 Kubikmetern das Regenwasser von den benachbarten Dächern gesammelt. Die merkwürdigen Strebebögen, die die Häuser in der Altstadt miteinander verbinden, gehören zu diesem ausgeklügelten Wasserleitungssystem. Von den Dächern wurde mit Hilfe von Rinnen und über Strebebögen zwischen den Häusern der Regen in die städtische Zisterne oder auch in private Zisternen abgeleitet. Heute ist die städtische Zisterne unter der Loggia zu einem Vortragssaal umgebaut.

Während der genuesischen Herrschaft berieten die vier Ältesten, die für jeweils drei Monate vom Großen Rat gewählt wurden, in der Loggia über die Belange der Stadt. Zweimal wöchentlich hielt der Magistrat hier Gericht.

An der Fassade der **Kirche** über der Loggia ist als ältester Bestandteil des Baus noch ein gut erhaltenes Kranzgesims aus der sogenannten Pisanischen Zeit (12. und 13. Jh.) erhalten. *Das Gesims erkennt man am besten, wenn man die Fassade von den Arkaden der Rue Archivolta aus betrachtet.*

Im Kircheninneren befindet sich ein bemerkenswerter Marmorsarkophag aus der Spätantike (3. Jh.). Der Hochaltar birgt die Reliquien des hl. Bonifatius, des Schutzpatrons der Stadt. Sehenswert ist vor allem der **Tabernakel** neben dem Taufbecken. Er stammt aus dem 15. Jh. und besitzt ein exquisit ausgearbeitetes Flachrelief im Stil der italienischen Frührenaissance. Es zeigt acht Engel, die die Auferstehung Christi preisen. Wahrscheinlich stammt dieses Meisterwerk aus einer genuesischen Werkstatt.

Palazzu Publicu s. Plan II S. 152

Gegenüber der Kirche Ste-Marie-Majeure steht der ehemalige Palast des höchsten Würdenträgers der Stadt, des Vertreters Genuas in Bonifacio, ein Gebäude mit Arkaden im mittelalterlichen Stil. Rechts in der Rue du Palais ist der Palazzu Publicu zu sehen, das ehemalige Rathaus. Die Kalksteinfassade besitzt einen schönen Portalvorbau, dessen Arkaden oben einen Bogenfries ziert.

Alte Straßen★ s. Plan II S. 152

Die engen Gässchen in unmittelbarer Nähe der Kirche Ste-Marie-Majeure sind besonders malerisch. Sie werden von hohen, alten Häusern mit eleganten Fassaden gesäumt, die zudem häufig mit Bogenwerk verziert sind.

Rue Doria s. Plan II S. 152

Auf dieser kleinen Geschäftsstraße mit Häusern aus dem 17. Jh. (wie das Haus Nr. 29 der Familie Doria, über dessen Eingang ein Wappen zu sehen ist), kommt man zurück auf die Place du Fondaco.

Auf der Rue du Sous-Lieutenant-Simon-Varsi („A Culaia di Castile") entlang bis zur Place Casteletto gehen.

Spazieren Sie durch das **Casteletto-Viertel**, das im 7. und 8. Jh. die erste befestigte Stadtanlage auf dem Plateau war. Auf der Place Casteletto (oder Castile Vecchio) befand sich einst der pisanische Verwaltungssitz.

Von der Place Casteletto links in das Gässchen einbiegen, das zur Treppe des Königs von Aragon (Escalier du Roi-d'Aragon) führt.

Die traditionelle Hausform in Bonifacio

Die Häuser der Altstadt waren ursprünglich regelrechte kleine Festungen. Der Zugang war nur über eine Strickleiter möglich, die nachts hochgezogen wurde. Im Inneren der Bauten waren im Erdgeschoss um einen Innenhof eine Ölpresse, ein Vorratsraum, ein Kornspeicher und gelegentlich auch ein Stall für den Esel angeordnet. Jedes Haus besaß zudem einen eigenen Backofen und eine Zisterne, die durch ein geniales Regenrinnensystem gespeist wurde. Traditionell waren die Häuser nur eingeschossig angelegt, wurden im 19. Jh. aber aufgestockt und nahmen das heute bekannte Aussehen an. Diese Umbaumaßnahmen waren durch das starke Bevölkerungswachstum in dieser Zeit und durch die Enge in der Stadt bedingt.

Escalier du Roi d'Aragon (Treppe des Königs von Aragon)

s. Plan II S. 152

April-Sept. tgl. – 2,50 € (Kinder unter 12 Jahren: 1,50 €) – bei Regen geschlossen.

Um diese erstaunlichen, schräg in den Fels geschlagenen 187 Stufen rankt sich eine Legende in Zusammenhang mit der Belagerung Bonifacios. Die Treppe geht aber vermutlich auf den St-Barthélemy-Brunnen zurück *(keine Besichtigung möglich)*, der als Trinkwasserreserve der Stadt diente.

Am Ende des Abstiegs können Sie rechts am Steilfelsen entlang bis zum westlichsten Punkt des Plateaus gehen. Vom Felsvorsprung aus bietet sich eine schöne **Sicht★**.

Zum Fuß der Treppe zurückgehen.

Donjon (Torrione) s. Plan II S. 152

Der ehemalige Donjon von 1484 wurde in den 1980er-Jahren wieder aufgebaut und bietet heute Raum für Wechselausstellungen. Von der runden Aussichtsplattform *(Orientierungstafel)* bieten sich Ausblicke auf die Häuserfluchten der Oberstadt.

Zurück zum Ausgangspunkt am Monument de la Légion étrangère (Denkmal der Fremdenlegion) und von dort in das Bosco-Viertel am Westrand des Plateaus.

Le Bosco s. Plan I S. 152

Das kahle Plateau, zu dem man gelangt, wird von den Bewohnern Bonifacios noch heute *bosco* (Wald) genannt. Bis ins späte 18. Jh. war es vor allem mit Olivenbäumen, Wacholder und Mastixsträuchern dicht bewachsen. In diesem Wald lag das Kloster St-François, von dem heute nur eine mittelalterliche Kirche und das Konventsgebäude erhalten sind. Achten Sie rechts auf die Turmruinen. Es sind die Reste der ehemaligen **Windmühlen** aus dem 13. Jh.

Esplanade St-François s. Plan I S. 152

Der Platz, den die Küstenbatterie St-Antoine zum Meer hin abschließt, bietet **Sicht★★** auf die Klippen der Altstadt, die Straße von Bonifacio und in der Ferne auf Sardinien.

Cimetière marin (Friedhof der Seeleute)★ – Die Korsen wählten für ihre Friedhöfe meist Orte hoch über dem Meer. Dieser Friedhof ist sicher einer der am schönsten gelegenen auf ganz Korsika: Der Besucher erliegt dem Farbenspiel der bunten, in der Sonne glitzernden Mosaiken, der kleinen, gepflegten Kapellenhäuschen und der Aussicht über das türkisfarbene Meer.

Couvent St-François – Von dem Kloster, das einst einsam am äußersten Rand des Felsvorsprungs lag, ist eine Kirche erhalten, die nur bei Beerdigungen geöffnet ist, sowie einige Gebäude. In einem davon ist die städtische Musikschule untergebracht. Das Kloster geht wahrscheinlich auf das 13. Jh. zurück.

Gouvernail de la Corse – *Gegenüber dem Eingang des Cimetière marin – 132 sehr steile Stufen! – ✆ 04 95 73 16 90 – Juni-Sept. tgl. – 2,50 € (Kinder unter 12 Jahre: Eintritt frei).* Ein in die Steilklippe geschlagener Durchgang führt zum Geschütz, das zwischen den Weltkriegen aufgestellt wurde. Es befindet sich in dem Felsen, der als „Gouvernail de la Corse" („Steuerruder Korsikas") bezeichnet wird und sich am äußersten Ende des Steilfelsens befindet. Besonders eindrucksvoll ist der Blick auf die Meeresstraße von Bonifacio.

Auf demselben Weg zurück zum Monument de la Légion étrangère gehen.

Die „Königstreppe" wurde in den Fels geschlagen und diente früher als Zugang zur Süßwasserquelle und zum Meer.

Die weiß gekalkten Grabstätten auf dem Friedhof der Seeleute thronen über dem tiefblauen Meer. Früher war diese Landspitze dicht bewaldet.

Ausflüge mit dem Schiff

Meeresgrotten und Küste★★ – *s. Kartenskizze S. 153*

Mitte April-Mitte Okt. – thematische Fahrt „Grottes et Falaises" („Grotten und Steilküsten") – 1 Std. – nur bei gutem Wetter – Ausflüge auf die Lavezzi-Insel (s. dort). Die Fahrten werden von mehreren Schifffahrtsgesellschaften angeboten, die am Hafen zu finden sind.

Bei der Fahrt aus dem Hafen lassen sich die Dimensionen der beeindruckenden Befestigungsbauten am besten ermessen. Nach dem Umfahren des Leuchtturms Madonetta erreicht das Schiff die Meeresstraße von Bonifacio (Bouches de Bonifacio) und fährt in die **Grotte du Sdragonato★** ein.

Wieder Richtung Bonifacio steuert das Schiff an der **Grotte de St-Antoine** vorbei und umfährt die Spitze der Halbinsel mit dem **„Gouvernail de la Corse"** („Steuerrad Korsikas"). Die Route führt an den bis zu 90 m hohen Kreidefelsen entlang, deren teils horizontale, teils schräg laufende Schichten von den Richtungsänderungen der Meeresströmung während der Ablagerung zeugen. Man sieht die spektakuläre **Lage★★** der Altstadt am Rand der Steilklippe, den **Puits de St-Barthelemy** (Bartholomäusbrunnen) und die **Escalier du Roi-d'Aragon** (Treppe des Königs von Aragon).

Das Schiff wendet an der **„Grain de sable"**, einem großen Kalksteinblock, der sich vor 800 Jahren von der Klippe gelöst hat. Der stetige Rückzug der Klippe durch Abbrüche wird durch Süßwasser verursacht, das in die Oberfläche des Plateaus eindringt und es porös macht. Während der Fahrt sieht man immer wieder Tropfsteine – besonders in der Grotte de St-Antoine – oder unterirdische Wasserflächen (Puits de St-Barthélemy), die die Wirkung der Einsickerungen zeigen.

Îles Lavezzi (Lavezzi-Inseln)★★ – *s. dort*

Ziele in der Umgebung

Capo Pertusato★ – *s. Kartenskizze S. 153*

5 km südöstl. Bonifacio auf der D 58 verlassen und in die erste ausgeschilderte Straße rechts abbiegen – Fahren Sie langsam, denn die Straße ist eng, abschüssig und hat zahlreiche Schlaglöcher.

Die Route führt an der Steilküste entlang. Im Rückspiegel tauchen die Häuser von Bonifacio am Rand der Klippe auf. *Bald rechts in die stark abschüssige Straße einbiegen.* In den Kurven vor dem Semaphor (Windstärken- und Windrichtungsanzeiger) bieten sich schöne **Ausblicke★** auf die Stadt und das Cagna-Gebirge.

Hinter dem Semaphor zu Fuß auf der Straße weitergehen, die sich bis zum Leuchtturm von Pertusato durch die Macchia windet *(es ist nur erlaubt, bis zum Leuchtturm zu gehen, nicht weiter!)*. Um den Leuchtturm herum, der auf einem knapp 100 m hohen Felsen steht und aus dem Jahr 1844 stammt, führt ein Weg, von dem aus man einen herrlichen **Rundblick★** auf die Insel Cavallo im Osten und auf die Lavezzi-Inseln sowie die italienische Inselgruppe La Maddalena hat. Auch das sardische Küstenrelief zeichnet sich am Horizont ab.

Rechts unterhalb ist die Silhouette einer merkwürdig geformten Felsgruppe zu sehen, auf der sich ein Kreuz erhebt. Mit etwas Fantasie kann man in der Steinformation die Umrisse eines Schiffsbugs erkennen *(Zugang zum Strand auf dem Weg, der rechts vor dem Parkplatz des Leuchtturm nach unten führt)*.

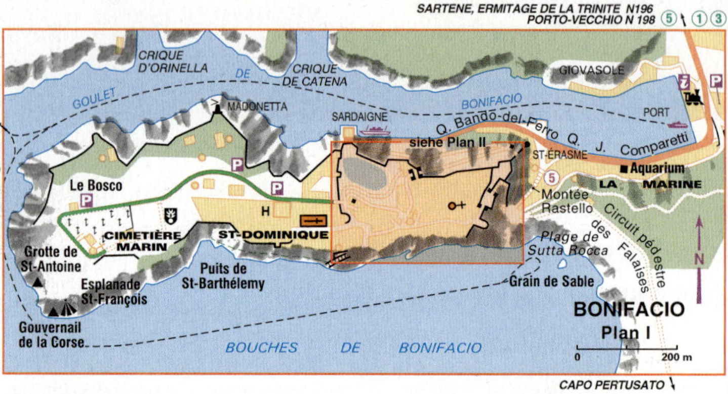

HOTELS		RESTAURANTS	
A Cheda	1	Café Restaurant de la Poste	1
Camping Pertamina Village	3	Stella d'Oro	3
Hôtel des Étrangers	5	U Campanile	5
Le Golfe	7		

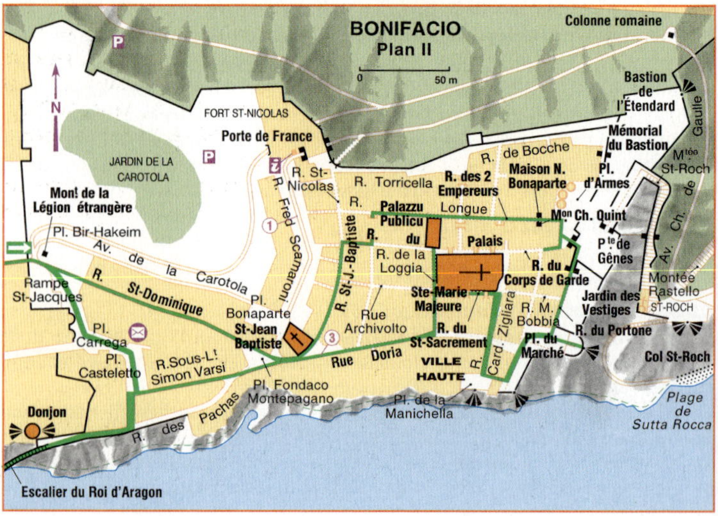

Ancien couvent St-Julien

6 km östl. Bonifacio auf der D 58 verlassen.

Knapp 2 km nach der Kreuzung mit der N 198 sieht man über dem Tal liegend das ehemalige Kloster St-Julien. Laut Überlieferung soll Franz von Assisi nach seiner Rückkehr aus Spanien 1214 einige Zeit hier verbracht haben *(Privatbesitz).*

Ermitage de la Trinité

7 km westl. Bonifacio auf der N 198 verlassen – nach 2 km links auf die N 196 Richtung Sartène abbiegen, dann die erste Straße links.

Die alte Eremitage der hl. Dreifaltigkeit befindet sich in prachtvoller Lage zwischen Olivenbäumen, Steineichen und riesigen Granitblöcken. Wahrscheinlich war dieser Ort bereits in der Frühgeschichte besiedelt. Später, mit der beginnenden Christianisierung Bonifacios, lebten Eremitenmönche hier. Das ursprüngliche Kloster wurde im 13. Jh. umgebaut und 1880 umfassend restauriert. Gegenüber dem Vorplatz der Kapelle ist in den *taffoni* (natürliche Aushöhlungen im Fels) ein Altar eingerichtet. Alte Einwohner Bonifacios erzählen, dass die Mönche noch Anfang des 20. Jh. Bedürftige aufnahmen, von denen einige in der Hoffnung auf ein besseres Leben sogar von Sardinien an die Küste herüber geschwommen waren.

Gehen Sie ein paar Schritte auf den Wegen, die rechts um die Eremitage führen, um die ungehinderte **Sicht★** auf Bonifacio und das Plateau zu genießen. In den Steilfelsen oberhalb der Einsiedelei geben sich viele Kletterer ein Stelldichein.

Strände★

In der Nähe von Bonifacio liegen die Strände von **Catena** und **Orinella**, zwei kleine Buchten am Nordufer der Hafenzufahrt, die per Boot oder zu Fuß zu erreichen sind. Vorzuziehen sind die etwas weiter entfernten Strände der West- und Ostküste.

Westlich von Bonifacio

Im Westen der Stadt ist das Relief der Küste etwas schroffer beschaffen als an dem östlich gelegenen Küstenabschnitt. Dadurch sind hier zahlreiche kleinere, wildromantische Buchten entstanden. Sie sind zwar zum Teil nur schwer zugänglich, aber dafür umso ruhiger.

Luftaufnahme der Pointe de Spérone, der südöstlichsten Spitze Korsikas, die neben Klippen und Sandstränden auch den besten Golfplatz der Insel zu bieten hat.

Cala di Paragnano – *4 km westl. auf der N 196. Kurz vor der Kreuzung mit der D 60 links abbiegen. Hat man erst einmal den Panzer hinter sich gelassen, der am Randstreifen steht (!), wird der Straßenbelag besser.* Hier findet man ein kleines Paradies vor: Eine schöne kleine Sandbucht, eingerahmt von roten Felsen und mit ungewöhnlich klarem Wasser, das sich dank des flachen Gefälles besonders gut für Familien eigent.

Plage de la Tonnara – *10 km nordwestl. Bonifacio auf der N 196 Richtung Sartène verlassen, bei der zweiten großen Straße nach links auf die D 358 abbiegen.* Schöne, flache Sandflächen gegenüber den gleichnamigen Inseln, die küstennah liegen und von Seevögeln bevölkert werden.

Östlich von Bonifacio

Das sanftere Relief des Osthangs, in den das Meer im gut geschützten Golf von Santa-Manza weit eingedrungen ist, hat lange Sandstrände entstehen lassen, an denen sich eine Reihe von Wassersportzentren niedergelassen haben.
Wegen der sternförmig von Bonifacio ausgehenden Zufahrtsstraßen muss man gelegentlich von einem Strand erst wieder auf die Hauptstraße zurückfahren, um an einen anderen Strand zu gelangen.

Plage de Piantarella – *6 km östl. auf der D 58 (Richtung „Piantarella"), dann die erste Straße rechts einbiegen (Richtung „Piantarella-Golf de Spérone"). Etwa* 2 km hinter der Kreuzung überquert man die geologische Grenze zwischen dem typischen Kalkgestein der Region Bonifacio und dem traditionell auf Korsika anzutreffenden Granit. Anfangs sind die zutage tretenden Felsen weiß und in Schichten aufgebaut (Kalkstein), bald darauf erscheint die Gesteinsoberfläche rissig und deutlich rosafarben (Granit). Selbst die Steinmauern am Straßenrand sind von unterschiedlicher Farbe. Die Vegetation unterscheidet sich ebenfalls: Während auf dem Kalkboden die immergrüne Strauchheide *(garrigue)* gedeiht, wächst auf Granitboden die Macchia.

Am Straßenrand direkt vor der kleinen Marina (Jachthafen) von Piantarella parken.

Der Weg führt rechts 100 m über die Felsen in die schöne **Anse de Piantarella** (Bucht von Piantarella) gegenüber den Inseln Piana und Ratino. Dieser gröbere Sandstrand, der mit einer Schicht aus getrocknetem Seegras bedeckt ist, wird von Windsurfern und Kitesurfern stark frequentiert. Wer baden möchte, sollte noch etwas weitergehen *(ca. 5 Min. am Strand entlang)*, um jenseits der **Pointe de Sperone** (Sprono) an den Dünen die schöne kleine Bucht mit feinem Sand zu erreichen.
Der Zutritt zu den Inselchen, die zum **Naturschutzgebiet von Lavezzi** gehören, ist nur mit Genehmigung möglich. Vor der Küste erheben sich auf der Insel Cavallo Luxusvillen von Privatleuten.

Plage de Calalonga (Cara Lunga) – *9 km östl. auf der D 98, dann nach 3 km rechts auf die D 258. Das Auto am Ende der Straße stehen lassen und zu Fuß auf dem unbefestigten Weg hinunter in die Bucht gehen (ca. 10 Min.).* Eine Folge kleiner, gut geschützter Sandbuchten, denen kleine Inseln vorgelagert sind, wird inzwischen von einer großen Wohnanlage beherrscht.

Golfe de Santa-Manza★ – *6 km östl. auf der D 58.* Zwischen der Pointe de Capicciola und dem Étang de Balistra hat die Landschaft viele unterschiedliche Gesichter mit aufeinanderfolgenden Sandstränden, einigen vereinzelten, unauffälligen Häusern, die an die Häfen gebaut sind, und den Steilfelsen des Nordufers. Der Golf hat sich seine unberührte Schönheit bewahrt, die Farben der von Macchia bedeckten Hügel bilden einen schönen Kontrast zur Palette der Blau- und Türkistöne des Meeres. Die wichtigsten öffentlichen Strände sind der Strand von **Maora** und der Strand von **Santa-Manza** in der Nähe der Felsen der **Punta-Rossa**.

Zwischen dem kleinen Hafen von **Gurgazu** und **Ponti di a Nava** führt die D 58 an einer Reihe von Stränden entlang (am letzten dieser Strände gibt es ein einfaches Restaurant), die alle zu den Steilklippen von **Rocchi-Bianchi** ausgerichtet sind.

Baie de Rondinara★★ – *18 km nördl. Richtung Porto-Vecchio auf der N 198. Nach 14 km rechts auf die D 158 Richtung Suartone abbiegen. Die Straße ist schmal und kurvenreich.* Die prachtvolle, halb abgeschlossene Bucht von Rondinara gehört mit ihrem feinen Sand zu den zauberhaften Orten, die den Reiz der korsischen Küste ausmachen. Im Sommer allerdings ist die Bucht ebenso wie ihre Nachbarbuchten überbevölkert.

Tipps und Adressen

Allgemeine Hinweise

Office de tourisme – *2 rue Fred-Scamaroni – ✆ 04 95 73 11 88*

Petit train touristique (Touristenbähnchen) – *Quai Noël-Beretti – ✆ 04 95 73 15 07 oder 04 95 73 13 16 – Juli-Aug. ganztägig und auch nachts (35 Min. inkl. Aufenthalt in der Stadt), April-Juni und Sept.-Okt. ganztägig – 5 €.*

Verkehrsmittel

Aéroport de Figari – *s. dort.* Der Flughafen befindet sich 22 km nördl. des Zentrums und ist erreichbar über die N 196, dann D 859 und D 322.

Navette pour l'aéroport (Zubringerdienst zum Flughafen) – Vom Parkplatz am Hafen *(nur Juli-Aug.).*

Bus – *Eurocorse Voyages – Quai Noël-Beretti – ✆ 04 95 21 24 64.* Busverbindungen nach Porto-Vecchio *(ca. 30 Min.)*, Sartène, Propriano und Ajaccio *(ca. 4 Std.).*

Übernachten

⊖ **Camping de Rondinara** – *400 m von der Bucht von Rondinara entfernt – 18 km nordöstl. von Bonifacio über die N 198 und D 158 – ✆ 04 95 70 43 15 – reception@rondinara.fr – 15. Mai-Sept. – 120 Plätze: 20 € – Bewirtung.* Die Ausstattung dieses Campingplatzes in der Bucht von Rondinara, die für ihr türkisfarbenes Wasser und die herrlichen Strände bekannt ist, ist tadellos. Schöner Swimmingpool mit Terrasse (Steinplatten) und hübscher Bepflanzung.

⊖ **Camping Pertamina Village** – *5 km nordöstl. von Bonifacio über die N 198 – ✆ 04 95 73 05 47 – pertamina@wanadoo.fr – April-15. Okt. – Reserv. empf. – 150 Plätze: 30 € – Bewirtung.* Stellplätze, Bungalows, Chalets und Mobile Homes liegen angenehm im Schatten. Swimmingpool mit Turmrutschbahn. Kinderklub und Sport- und Spielangebote.

⊖ **Hôtel des Étrangers** – *Avenue Sylvère-Bohn – ✆ 04 95 73 01 09 – http://hoteldesetrangers.ifrance.com – Nov.-März geschl. – 31 Zi: 35/68 € – ☕ 5 € – 🅿.* Familienbetrieb mit moderaten Preisen. Das Haus aus den 1930er-Jahren in Hafennähe hat einfache, zweckmäßige Zimmer mit Doppelverglasung und Klimaanlage.

⊖⊖ **Hôtel Le Golfe** – *Gurgazu – 6 km nordöstl. von Bonifacio über die Route de Santa-Manza – ✆ 04 95 73 05 91 – golfe.hotel@wanadoo.fr – 25. Okt.-31. März geschl. – 12 Zi: 55/80 € – Halbpension Rest. 21/28 € – 🅿.* Wer dem Trubel in Bonifacio entfliehen möchte, ist in diesem Familienbetrieb am Rand des Golfs von Santa-Manza bestens aufgehoben. Das Hotel liegt über dem Strand, die Zimmer sind nicht außergewöhnlich, aber gepflegt. Auch das Restaurant ist einfach, aber gut.

⊜⊜ **A Cheda Hôtel** – *Route de Porto-Vecchio, Cavallo-Morto – ✆ 04 95 73 03 82 – www.acheda-hotel.com – 15 Zi: 64/359 € – ☕ 18 € – Rest. 51/79 € –* 🅿. Die Holzchalets und Bungalows des reizvollen Hotels liegen in einem Garten mit Palmen, Blumen, Duft- und Gewürzkräutern. Die ebenerdigen Zimmer sind freundlich eingerichtet. Südlich inspirierte Küche. Das Essen wird häufig auf der Terrasse serviert.

Essen und Trinken

⊜ **Café Restaurant de la Poste** – *6 rue Scamaroni (Oberstadt) – ✆ 04 95 73 13 31 – www.corsud.com/laposte – Jan.- Mitte Feb., im Winter So-abend geschl. – 13,50/28 €.* In diesem Raum mit Gewölbe befand sich früher die Postsortierstelle. Heute werden hier Nudelgerichte, Pizza und Spezialitäten vom Holzkohlengrill (Ziegenlamm, Spanferkel) serviert. Balkon mit Blick auf die Hafeneinfahrt von Bonifacio.

⊜⊜ **U Campanile** – *7 montée Rastello – ✆ 04 95 73 09 10 – Dez.-Feb. geschl. – 16/18 €.* Das Haus steht gegenüber der Kirche St-Érasme am Fuß der Treppe, die zur Zitadelle führt. Das Lokal erzeugt durch den meerblauen Gastraum und allerhand Nippes maritime Atmosphäre. Auf der Karte stehen neben Fisch und Meeresfrüchten korsische Spezialitäten. Terrasse.

⊜⊜ **Stella d'Oro** – *7 rue Doria (Oberstadt) – ✆ 04 95 73 03 63 – Okt.-3. April geschl. – 24 €.* Gegrillter Fisch und Nudelgerichte machen diesem typischen Haus der Oberstadt alle Ehre. Freundlicher Empfang, familiäre Atmosphäre. In den einfachen, aber gemütlich-rustikalen Gasträumen waren schon einige Prominente zu Gast.

Am Abend

Zwischen Bonifacio und Porto-Vecchio gibt es viele Nachtlokale, die zur abendlichen Unterhaltung beitragen. In der Oberstadt bieten Restaurants Abende mit Sängern traditioneller Musik an.

Einkaufen

In den Läden am Quai Comparetti, am Quai Bando-del-Ferro und in der Oberstadt findet man Korallen- und Perlmuttschmuck und schöne Korallenäste sowie eine große Auswahl an Sammlermessern.

La Casa Corsa – *Rue St-Dominique – ✆ 04 95 73 53 54 – tgl. 10-23 Uhr, Okt.-April geschl.* Ein Laden mit einem breiten Angebot an lokalen Produkten (Fleisch- und Wurst, Käse, Wein ...) und eine *cantineta* mit typisch korsischem Ambiente.

Roba Nostra – *15 rue Doria – ✆ 04 95 73 12 56 – 9-12 und 15-18.30 Uhr, Mai-Aug. 9.30-23 Uhr, Jan.-Feb. und außerhalb der Saison So geschl.* Eindrucksvolles Angebot an korsischen Produkten (Fleisch- und Wurstwaren, Olivenöl, Honig und Konfitüre, Kräuter und Gewürze). Madame Piro wählt ihre Zulieferer sorgfältig aus und probiert die Produkte mit dem geübten Gaumen der erfahrenen Gastronomin.

Boulangerie Faby – *4 rue St-Jean-Baptiste – ✆ 04 95 73 14 73* – Lokale Backwaren, die es früher nur zu Festen gab wie *fugasi de pâques* (Osterfladen mit Orangenblüten), *vea seccata* oder Allerheiligenbrot (*brioche* mit Weinbeeren und Nüssen).

Sport und Freizeit

Viele Gesellschaften bieten am Jachthafen Ausflüge in die Umgebung von Bonifacio und zu den Lavezzi-Inseln an.

Barakouda – *Araguina – Abfahrt: Hafen, Piantarella – ✆ 04 95 73 13 02 – Juni-Aug. 8.30-12 und 14-18 Uhr, sonst 8.30-14 Uhr, So-nachmittag geschl. – 32/45 €.* Anfänger wie Fortgeschrittene können in die Schönheit des Meeresgrunds abtauchen. Tipp für erfahrene Taucher: „Mérouville" bei den Lavezzi-Inseln.

Bonifacio Windsurf – *Hameau de Piantarella – ✆ 04 95 73 58 55 – www.bonifacio-windsurf.com – 10-18 Uhr – Okt.-April geschl.* – Die Surfschule liegt an einer Lagune mit mäßig tiefem Wasser im Schutz der Insel Piana. Gute Windverhältnisse!

Centre nautique des Glénans – *Route de Santa Manza – ✆ 04 95 73 03 85 – www.glenans.asso.fr* – Santa-Manza ist bei Windsurfern beliebt. Im Mai werden hier Wettkämpfe im Surfen ausgetragen.

Pirate Adventure Corsica – *Strand von Tonnara – ✆ 04 95 73 56 36 – http://jetski-corse.com – Juni-15. Okt. tgl. 9-19 Uhr – 70 € Wasser-Motorrad, 45 € Quad.* Der Süden Korsikas, insbesondere die Straße von Bonifacio, enthüllen ihre Schönheiten besonders bei Ausfahrten mit dem Wasser-Motorrad (Touren in Begleitung von ausgebildeten Lehrern). Wer lieber festen Boden unter den Füßen behält, kann die Oberstadt von Bonifacio per Quad besichtigen oder mit Muskelkraft auf dem Mountainbike durch die Macchia fahren.

Golf Club Sperone – *Domaine de Sperone – ✆ 04 95 73 17 13 – www.sperone.com – Juli-Aug. 7.30-19 Uhr, Sept.-Juni 8.30-18.30 Uhr, Jan., Nov.-März Do, April-Okt. Do-nachmittag geschl.* Ein 18-Loch-Platz in herrlicher Lage über der Meeresstraße von Bonifacio. Der von Robert Trent Jonessen angelegte Parcours wird Ihnen in unvergesslicher Erinnerung bleiben. Das Klubhaus verfügt über eine hübsche Panorama-Bar, ein Restaurant und einen Shop mit Golfartikeln.

Ausflug nach Sardinien

Es lohnt sich, von Bonifacio aus dem nur 12 km entfernten Sardinien einen Besuch abzustatten *(s. Ein Sprung über die Grenze, S. 396)*. Dabei entdeckt man vor allem den **Archipel de la Maddalena★★**, eine wundervolle Inselkette, auf der die Erinnerung an Guiseppe Garibaldi wachgehalten wird, der sein Leben in den Dienst des italienischen Unabhängigkeitskampfes stellte, und die **Costa Smeralda★★**, die im Osten die unberührte und hügelige Region der Gallura säumt.

La Gallura★★

Santa-Teresa-Gallura

Der hübsche Badeort, dessen Hafen in einer langgestreckten Bucht, einer *ria*, liegt, ist der „Brückenkopf" für die Verbindungen mit Korsika.
Die überraschende Schachbrettstruktur der Stadt resultiert aus ihrem Wiederaufbau im Jahr 1803. Ein hübsches Ziel für einen Spaziergang bildet der Longosardo-Turm (Torre Longosardo) aus dem 16. Jh. am Nordende, letzter Überrest einer Burg. Bei klarer Sicht kann man von hier aus die Kreidefelsen und die Häuser von Bonifacio erkennen. Der feine Sandstrand von Rena Bianca etwas unterhalb ist bei Windsurfern beliebt.

Capo Testa★

Ausflug zu einer felsigen Landspitze, die von der Winderosion bizarr modelliert wurde. Sie befindet sich 5 km vom Zentrum der Ortschaft entfernt.

Archipel de la Maddalena★★

Die Inselgruppe besteht aus sieben größeren und ebenso vielen kleinen Inseln und wurde wegen ihrer außergewöhnlichen Vegetation als Naturpark ausgewiesen. Nur die Hauptinsel ist bewohnt.

La Maddalena★★

Eine schöne Panoramastraße führt um die Insel, die einen reizvollen Fischerhafen besitzt, Cala Gavetta. Auf zahlreichen Ausflügen zu den kleinen Inseln per Boot kann man, wie auf der Isola Spargi, feine Sandbuchten mit klarem Wasser entdecken.

Caprera★

Während der Saison verkehrt in La Maddalena ab dem Hafenbahnhof (stazione marittima) ein Bus auf die Insel. Die Insel ist mit La Maddalena über einen 5 km langen Damm verbunden. Ihre Bekanntheit verdankt sie der Tatsache, dass sich hier der letzte Wohnsitz und die Grabstätte von Giuseppe Garibaldi befindet. In seinem Haus wurde ein Museum eingerichtet: Auf dem Vorplatz erhebt sich eine majestätische Pinie, die Garibaldi anlässlich der Geburt seiner Tochter gepflanzt hat. An seiner Grabstätte in Form eines Granitblocks steht eine Ehrenwache.
Nach der Umrundung der Insel laden kleine Buchten zu einem Bad ein.
Im Osten von Palau liegt die **Costa Smeralda★★** (Smaragdküste) mit den originellen Bauten von Porto-Cervo, ein Werk des französischen Architekten Jacques Couelle.

Parc marin international

Das Naturreservat soll die empfindlichen Ökosysteme in der Meerenge zwischen Sardinien und Korsika schützen. Das Protokoll wurde 1992 von Italien und Frankreich unterzeichnet. Die korsische Seite steuert zu diesem Projekt das Naturreservat der **Meeresstraße von Bonifacio** (Bouches de Bonifacio) bei, das sich zwischen den Îlots des Moines und der Landspitze Pointe de Chiappa über 80 000 ha erstreckt (im Süden bis zur „Grenze" der Hoheitsgewässer). Es wurden vier Schutzzonen definiert: Der Bereich Moine-Bruzzi, die Lavezzi- und die Cerbicale-Inselgruppen sowie der Küstenbereich zwischen Bonifacio und dem Cap Pertusato. Weitere Informationen zum Naturreservat, das vom korsischen Umweltamt betreut wird, finden Sie auf dessen Internetseite (**www.parcmarininternational.com**).

Tipps und Adressen

Allgemeine Hinweise

Office du tourisme de Sta-Teresa
Piazzale Vitt. Emanuele I 24 – ✆ (00 39) 0 789 75 41 27

Office du tourisme de la Maddalena
Cala Gavetta – ✆ (00 39) 0789 73 63 21

Geldautomaten – In Sta-Teresa akzeptieren zwei Bankautomaten ausländische Bankkarten: die „Banco di Sardegna" in der Via Nazionale neben der Tankstelle und die Bank neben dem Tourismusbüro.

Verkehrsmittel

Die Überfahrt nach Sta-Teresa-di-Gallura dauert ca. 50 Min. Erkundigen Sie sich nach dem Fahrplan (während der Hochsaison unbedingt reservieren!). Planen Sie mindestens zwei Tage Aufenthalt ein. Die Meeresstraße von Bonifacio hat in Europa mitunter die höchsten Windstärken, sodass die Fahrt bei starkem Wind ohne Weiteres bis zu 2 Std. dauern kann. Falls Wind und Seegang die Überfahrt zu gefährlich machen, werden die Fahrten ohne Vorankündigung annulliert. Sie sollten daher damit rechnen, dass sich Ihr Aufenthalt verlängert.

Moby Lines – *s. S. 375*

Mit dem Auto – An der Nordküste Sardiniens ist das Tankstellennetz außerhalb der größeren Ortschaften wie Sta-Teresa, Palau, Arzachena und Olbia sehr dünn. Im Zentrum von Sta-Teresa bieten mehrere Autovermieter ihre Dienste an. Erfragen Sie die Adressen im Tourismusbüro.

Bus – Die wichtigsten Sehenswürdigkeiten und Orte im Norden der Insel sind durch ein gutes Busnetz erreichbar. Abfahrt u.a. in Palau, Sta-Teresa und La Maddalena. Erkundigen Sie sich im Tourismusbüro nach den Fahrplänen, die je nach Busunternehmen und Wochentag unterschiedlich sind.

Fähre – Um auf die Inselgruppe von La Maddalena zu gelangen, muss man in Palau die Fähre nehmen *(25 km von Sta-Teresa entfernt – Dauer der Überfahrt 20 Min., Abfahrt halbstündlich).*

Übernachten

Hôtel Da Cecco – *Via Po 3 – 07028 Sta-Teresa-Gallura – ✆ (00 39) 0 789 75 42 20 – www.hoteldacecco.com – 1. Nov.-24. März geschl. – 32 Zi: 66/107 € – P.* Die Aussicht über die Küste und die Straße von Bonifacio von der Terrasse und der Sonnenterrasse aus ist herrlich. Die Innenausstattung einfach und freundlich. Die Atmosphäre dieser familiären Pension wird von den Gästen sehr geschätzt.

Hôtel Marinaro – *Via Angios 48 – 07028 Sta-Teresa-Gallura – ✆ (00 39) 07 89 75 41 12 – www.hotelmarinaro.it – 27 Zi: 70/130 € – Rest. 18/35 €.* Günstige Lage in einem ruhigen Viertel zwischen Hafen und Zentrum. Gute Adresse für den Beginn oder das Ende eines Aufenthalts, wenn man auf die Einschiffung wartet. Mit Restaurant, Halbpension möglich.

Hôtel Garibaldi – *Via Lamarmora – 07024 La Maddalena – ✆ (00 39) 0 789 73 73 14 – www.hotelgaribaldi.info – 11. Okt.-19. März – 19 Zi: 85/145 €.* Ruhiges Haus mit einfachen Zimmern. Durch die günstige Lage im Zentrum nimmt man am städtischen Leben und Treiben teil.

Essen und Trinken

La Terrazza – *Via Vila Glori 6 – 07024 La Maddalena – ✆ (00 39) 0 789 73 53 05 – So außer Mai-Sept. geschl. – 28/35 €.* Beliebtes Restaurant mit Terrasse gegenüber der Schiffsanlegestelle. Bei schlechtem Wetter bietet sich aus dem Gastraum dieselbe schöne Aussicht. Bei den vielen Menüs ist für jeden Geschmack etwas dabei.

Einkaufen

Gaumenfreuden – Der Besucher wird in der feinen sardischen Küche durchaus eine exotische Note entdecken.

Zu den Gerichten, die in den Trattorien der Insel serviert werden, zählen *maloreddus* (Muschelnudeln mit Rillen), *culurgiones* oder *culunzones* (Ravioli mit Ricotta, serviert mit Spinat und frischer Minze).

Die Fleisch- und Wurstwaren sind auf der ganzen Welt bekannt – unbedingt probieren sollte man *mustela* (luftgetrocknetes Schweinefilet) und *proceddu* (Spanferkel im Ofen gegart).

Bei den Feinbackwaren und den Süßspeisen gibt es eine unendliche Vielfalt. Die originellsten süßen Kreationen sind *sospiri d'Ozieri* (Mandelgebäck) und *seadas* (kleine Kuchen, mit Pecorino gefüllt, frittiert und mit Honig serviert).

Besondere Erwähnung bei den Weinen und Likören verdienen der *vernaccia* (samtiger Aperitivwein), der *anghelu ruju*, verschiedene Liköre, die mit Myrte aromatisiert sind und der Grappa *su filu'e ferru* (Eisendraht).

(Kunst-)handwerk – Viele Erzeugnisse aus beispielsweise Kork oder Leder kann man in der Casa dell'Artigianato in Sta-Teresa (Piazzale Vitt. Emanuele I) finden. Zudem gibt es eine Panorama-Bar, ein Restaurant und einen Shop mit Golfartikeln.

Cirque de BONIFATO★

Bonifatu

HAUTE-CORSE (2B) – UMSCHLAGKARTE VORNE B3 – MICHELIN LOCALKARTE 345 C5

Der Bergkessel *(cirque)* von Bonifato gehört zum unbewohnten Teil der Balagne und wird aus einer Gruppe von Hochtälern gebildet, die von den Nachbartälern Tartagine, Asco und Fango durch eine Gebirgskette von fast 2000 m Höhe abgetrennt sind. Mit seinen roten Porphyrwänden und schlanken Felsnadeln, die sich über die Lariciokiefern erheben, ist der Bergkessel, durch den das klare Wasser der Figarella fließt, ein beliebtes Wandergebiet.

S. Sauvignier / MICHELIN

Der Bergkessel von Bonifato mit seinen markanten Felslabyrinthen aus rotem Porphyrgestein ist ein beliebtes Wandergebiet.

Wegweiser – Der Cirque de Bonifato liegt über dem Golf von Calvi und ist jenseits des Flughafens Calvi Ste-Catherine über die D 251 zu erreichen.

Parken – Lassen Sie das Auto vor der Auberge de la Forêt stehen *(während der Saison kostenpflichtig!)*.

Gut geplant – Bei der Auberge de la Forêt haben Sie die Wahl: Sie können dem Fernwanderweg GR 20 folgen oder dem Weg „Mare e Monti" (Meer und Gebirge). Picknickmöglichkeit bei der Auberge oder am Wildbach.

Orte in der Nähe – GALÉRIA, CALVI, CALENZANA

Zu Fuß unterwegs – *s. Kartenskizze S. 160*

Wenige Kilometer hinter dem Flughafen Calvi-Ste-Catherine führt die Straße vom Fluss weg in den Staatswald **Forêt domaniale de Calenzana**. Hier wachsen Laricio- und Seekiefern, Steineichen und Macchia. Bevor man den Wald erreicht, bietet sich links in einer Kurve des Felsenmeers **Bocca Rezza** eine schöne Aussicht. Die asphaltierte Straße endet an der Brücke über die Nocaghia.

Fahren Sie weiter bis zur Auberge de la Forêt.

Spaziergang zum Haus von Pierre Bonaparte

Ab der Auberge auf dem Weg „boucle d'Erbaghiolu" (rechts von der Brücke abgehend). Der Weg führt auf einem Abschnitt des Weges „Mare et Monti" (Meer und Gebirge).

45 Min. hin und zurück. Der Weg (orangefarbene und rote Markierung) führt über den Wildbach und an den Ruinen des Hauses von **Pierre Bonaparte** (1815-1881) vorbei. Der abenteuerlustige Cousin von Napoleon III. *(s. Stammbaum S. 61)* war Kommandant der Fremdenlegion und Abgeordneter Korsikas. Sein ungezügeltes

Temperament führte immer wieder dazu, dass er in finstere Machenschaften verwickelt wurde. 1870 erschoss er in Paris den Journalisten Victor Noir.

Oberhalb der ersten Abzweigung bietet sich eine schöne **Aussicht★** auf das Tal.

Sentier de Spasimata★

Ab dem Waldgasthof Auberge de la Forêt auf dem Forstweg gehen. Achtung: Dies ist eine Bergwanderung für geübte Wanderer mit guter Ausrüstung!

Etwa 4 ½ Std. hin und zurück. Auf dem Forstweg am linken Ufer des Wildbachs entlang und in den Staatsforst **Forêt domaniale de Bonifato** hineingehen. Die Figarella fließt hier inmitten dieser Gebirgslandschaft, die von der Kammlinie der Zweitausender beherrscht wird, in einem Flussbett, in dem Granitplatten große natürliche Wasserbecken bilden. Nach etwa 30 Min. Wegzeit erreicht man den Zusammenfluss von Melaja und Figarella. Den Wildbach nun nicht überqueren, sondern rechter Hand auf einer gelb markierten Variante des GR 20 bis Mufrella weitergehen *(ein Maultierpfad mit Spuren des alten Pflasters)*. Nach dem Überqueren von mehreren Wildbächen *(u. a. auch über eine Hängebrücke)* erreicht man nach guten 2 ½ Std. den Ort Spasimata.

Spasimata

Der Ort liegt auf 1190 m. Ganz in der Nähe gibt es eine Quelle. In den heute verfallenen Feldsteinhütten wohnten in früheren Zeiten den Sommer über Kurgäste, die auf Maultieren von Calenzana herauf gekommen waren, um in der reinen Bergluft ihr Asthma zu kurieren. Im Süden erhebt sich in einer Mulde die Schutzhütte **Refuge de Carozzu** (1392 m). Der Ort in der majestätischen Berglandschaft ist für sich allein schon einen Ausflug wert. Die frequentierte Hütte dient Bergsteigern als idealer Ausgangspunkt für Touren im Bonifato-Massiv. Von der Schutzhütte aus steigen Sie etwa 100 m bis zur **Passerelle de la Spasimata** ab. Alpinisten gehen an dieser Stelle über eine Hängebrücke. *Achtung: Bitte nicht weitergehen ohne fundierte Hochgebirgserfahrung und einen detaillierten Topoguide!*

Tipps und Adressen

Essen und Trinken

Auberge de la Forêt – *Route de Bonifatu – 20214 Calenzana – ✆ 04 95 65 09 98 – 1. Nov.-1. April geschl. – ⊠ – 19 € – 5 Zi: 68 €.* In diesem Gasthof kann man Kräfte sammeln, bevor man früh am Morgen zu einer Tour auf den Sentier de Spasimata aufbricht. Einfache Hausmannskost, ein freundlicher Empfang und absolute Ruhe in der Abgeschiedenheit der Berge.

Le BOZIO★

U Boziu

HAUTE-CORSE (2B) – UMSCHLAGKARTE VORNE B3 – MICHELIN LOCALKARTE 345 E6

Die Berge des Bozio bilden im Südwesten die Verlängerung der Castagniccia. Im 18. Jh. war diese wilde und unzugängliche Gebirgszone ein Ort der Befreiungskämpfer. Viele Aufstände nahmen von hier aus ihren Anfang. Die Region, in der heute Rinder-, Schweine- und Schafzucht betrieben wird, ist geprägt von ihrer lebendigen mündlichen Überlieferung: In zahlreichen entlegenen Dörfern kann man heute noch alte korsische Volksmusik, polyphone Gesänge *(paghjella)* und Wechselgesänge *(chjama é rispondi)* hören. Die meisten Dörfer sind stolz auf ihre Kapellen mit herrlichen Fresken im reinsten romanischen Stil.

Wegweiser – Die Dörfer des Bozio sind durch kurvenreiche Straßen miteinander verbunden, auf denen oft freilaufendes Vieh unterwegs ist. Fahren Sie daher langsam und rechnen Sie immer mit Gegenverkehr.
Von Corte aus ist der Bozio über zwei Straßen zu erreichen: Entweder auf der Straße Richtung Bastia bis zum Col de San Quilico und dann rechts weiter auf der D 41 Richtung Tralonca oder auf der N 200 Richtung Aléria durch das Tavignano-Tal und dann nach 5 km links weiter auf der D 39 Richtung Sermano-Bustanico.

Unbedingt sehenswert – Die Fresken in der Kapelle San Nicolao; die Pass-Straße; die Wandertouren, die von Sermano und Erbajolo aus gehen.

Gut geplant – Hier gibt es keine Bank, kaum Geschäfte (vor allem außerhalb der Saison) und keine Tankstelle! Tanken Sie in Corte und kaufen Sie dort ein.

Orte in der Nähe – CORTE, La CASTAGNICCIA

Zu Fuß unterwegs

Wandern ist ideal, um die Dörfer des Bozio zu erleben und unterwegs die herrliche Aussicht zu genießen. Die Wege sind auch für Mountainbiker geeignet.
Der korsische regionale Naturpark kümmert sich nicht mehr um die Markierung der Wege, diese liegt in der Zuständigkeit der Gemeinden. Erkundigen Sie sich vor jeder Wanderung im Rathaus über den Zustand der Wege.

Ab Sermano – Auf orangenfarben markierten Wegen geht es zum Kloster Alando *(Rundweg ca. 5 Std.)*. Derselbe Weg mit einem Abstecher nach Bustanico *(ca. 7 Std.)*.

Ab Erbajolo – Wege verbinden die Kapellen von Erbajolo, Pianello und Zuani.

Ausflug

Die Aussichtsbalkone des Bozio – *s. Kartenskizze S. 162*

Rundfahrt ab Corte (s. dort) – 94 km – Corte Richtung Norden auf der N 193 verlassen, nach ca. 6 km rechts abbiegen auf die D 41 Richtung Tralonca.

Der Col de San Quilico verbindet die Einzugsgebiete der Flüsse Golo und Tavignano. Die D 41 steigt rasch bergan bis **Tralonca** und eröffnet Rundblicke bis nach Corte.

Tralonca★

Dieses hoch im Gebirge liegende Dorf dominiert die Ebene und die terrassenförmigen Anbauflächen. Eine Art „Wehrgang" umrahmt die Fassaden wie eine hohe Mauer.

Bummeln Sie durch dieses Dorf mit schönen Treppengassen, anschließend fahren Sie auf der D 41 nach **Santa-Lucia-di-Mercurio,** dem eigentlichen „Tor zum Bozio", und weiter nach Sermano. Das Dorf liegt rechts unterhalb von der Straße.

Sermano (Sermanu)

Das Dorf ist eines der wenigen Dörfer Korsikas, in dem die Messe bei kirchlichen Festen noch in Form der *paghjella* (polyphoner Gesang) gesungen wird.

Chapelle San Nicolao – *15 Min. zu Fuß auf dem Weg, der an der Kirche beginnt und unterhalb des Dörfchens zu Schäfereien in traditioneller Bauweise führt. Ein Zypressen-*

wäldchen umgibt die Kapelle. In der Etappenunterkunft (gîte d'étape) den Schlüssel holen oder auf der Hinweistafel im Rathaus nachlesen, wo es den Schlüssel gibt. Der Bau geht vielleicht bis auf das 7. Jh. zurück und ist wegen seiner reichen Innenausstattung bekannt. Die **Fresken★★** (um 1455) sind beeindruckend und weisen Ähnlichkeit zu Fresken des italienischen Quattrocento auf. In der Apsis ist der **Thronende Christus★** dargestellt (Majestas domini).

Die kurvenreiche Straße nach Bustanico führt am Steilhang entlang durch eine Schiefergesteinzone, in der hauptsächlich Macchia wächst.

Bustanico (Bustanicu)

Unterhalb der Straße schmiegt sich das Dorf in eine Mulde. Die dunklen Steinfassaden und Dächer aus Sedimentgestein sind typisch für die traditionellen Häuser des Bozio. 1729 soll von diesem Dorf aus der Unabhängigkeitskrieg seinen Anfang genommen haben. Cardone, ein Dorfbewohner, dem ein genuesischer Steuereintreiber mit der Pfändung gedroht hatte, soll Bewohner weiterer Dörfer aufgewiegelt haben. Der Bauernaufstand dehnte sich auf die Castagniccia und Casinca aus und endete 1730 mit der Plünderung von Bastia.

Die von einem Glockenturm flankierte **Kirche** birgt ein **Holzkruzifix** aus dem 18. Jh. Der Künstler schuf ein persönliches Werk von bewegendem Realismus, das an romanische Bildwerke erinnert.

Auf der D 39 Richtung Süden nach Alando.

Alando (Alandu)

Über dem winzigen Weiler ragt ein 50 m hoher **Felsen** auf, auf dem einst die Burg von Sambucuccio stand. Mit seinen drei Bewohnern (im Sommer sind es 80!) bietet Alando ein typisches Beispiel für die Landflucht in Korsika.

Symbolfigur Sambucuccio

Alando, ein Dorf im Bozio, ist Heimat des Sambucuccio. Die Chronisten nennen ihn als Anführer der Aufstände von 1358. Die damalige Volksbewegung richtete sich gegen die Seigneurs und führte zur Errichtung der „Terre du Commun", einer Art Eidgenossenschaft, die unter den wachsamen Augen Genuas gemeinschaftliche „Statuten" einführte. Aus dieser Zeit stammt die Verwaltungsorganisation des Dorflebens, das durch eine Volksversammlung (Assemblée générale) und einen an die Spitze gewählten Magistraten (Bannerträger) geleitet wird.

Um einen **Rundumblick★** über den Bozio zu genießen, gehen Sie hinauf zur Panorama-Orientierungstafel auf dem Gipfel *(unten am Felsen ausgeschildert).*
Von Alando weiter auf der verbreiterten D 39 Richtung Favalello.
Die kurvenreiche Hangstraße folgt dem Lauf des Zingaïo talwärts.
Am Ortseingang von Favalello parken.

Chapelle Santa-Maria-Assunta

Die romanische Kirche, in der heute noch Messen gehalten werden, steht im oberen Teil des Dorfes **Favalello**. Die **Fresken★** aus dem späten 15. Jh., die einen Großteil der Innenwände schmücken, gehören zu den reichsten auf Korsika. Die feinen und eleganten Gesichtszüge unterstreichen die geheimnisvolle Atmosphäre des Raumes. Bemerkenswert ist der **Thronende Christus** in der Apsis.

Weiter auf der D 39, 1,5 km hinter Favalello links abbiegen auf die D 14, die in Serpentinen hinauf nach Erbajolo führt.

Erbajolo (Erbasgiolu)

Genießen Sie den **Rundblick★★** über das Tavignano-Tal *(s. dort)* vom Aussichtsplatz an der Ortsausfahrt in der Nähe des Friedhofs. *Orientierungstafel.*

Chapelle St-Martin

Ausgangspunkt am Fuß der Pfarrkirche. Auf einer befahrbaren Piste kann man sich der Kapelle bis auf 100 m nähern. Der romanische Bau steht in einer wunderbar unberührten **Landschaft★**. Im Inneren gibt es bemerkenswerte Fresken in der Apsis.

Dorfruine Casella

30 Min. zu Fuß ab der Chapelle St-Martin. Im entlegenen Weiler wird in der Kapelle des hl. Joseph immer noch am Josephstag (19. März) eine Messe gehalten.

Weitere 5 km auf der D 14 Richtung Altiani.

Das Dorfleben in dem typischen Weiler **Focicchia**, der auf einem Felsgrat erbaut ist, scheint sein Tempo dem Plätschern des Brunnens angepasst zu haben.

Zurück über Altiani nach Corte (Wegbeschreibung s. Vallée du Tavignano). Wer die Rundfahrt über den Pass fortsetzen möchte, fährt nach Erbajolo und dort links auf die D 16.

Route des cols (Pass-Straße)

Hinter Erbajolo überquert die D 16 zwei Pässe. Sie erreicht Ausläufer der Castagniccia. Schöne Ausblicke in die Täler des Zingaïo und des Corsigliese. Früher nutzten Mönche der Klöster in Zuani und Piedicorte-di-Gaggio die Straße *(s. Vallée du Tavignano).*

Col de San Cervone – Schöne **Aussicht★** auf das Tavignano-Tal.

Col de Casardo – Schöner **Blick★** auf Tavignano-Tal, Monte d'Oro und Monte Renoso.

Rechts auf die D 16 und bis Zuani weiterfahren.

Zuani★

Wie am Ende der Welt verbirgt sich das Dorf hinter einer Biegung der Serpentinenstraße. Im Winter ist es mit 16 Einwohnern verschlafen, erwacht im Sommer aber zu neuem Leben, wenn die Zweitwohnungsbesitzer die Bevölkerung auf ungefähr hundert Einwohner anwachsen lassen. Die Schieferfassaden und Dächer aus Sedimentgestein geben ein schönes Bild ab. Beachten Sie das Holzportal der kleinen Kirche.

Für Ihren Rückweg könne Sie zwischen drei Möglichkeiten wählen: Rückfahrt nach Corte über Erbajolo und das Zingaïo-Tal; direkt vor dem Col de Casardo kann man auf einer abschüssigen Straße, die nach Sant'Andrea-di-Bozzio führt, nach Bustanico gelangen oder auf der D 116 hinter Zuani an die Küste bei Cateraggio weiterfahren.

Tipps und Adressen

Übernachten/Essen und Trinken

L'Altu Pratu – *Im Dorf – 20212 Erbajolo – ✆ 04 95 48 80 07 – www.altupratu.com – nur mit Reserv. – 24 € – 10 Zi: 120 €.* Boule-Platz, Swimming-Pool, Weinprobe auf dem Gut und musikalische Abendveranstaltungen. Gute, bodenständige Küche mit Produkten aus der Gegend. Die Zimmer haben eine außergewöhnliche Aussicht auf das Tal und die umliegenden Berge.

Montagne de CAGNA★

CORSE-DU-SUD (2A) – UMSCHLAGKARTE HINTEN B6 – MICHELIN LOCALKARTE 345 D10

Das Cagna-Gebirge aus Granit und Kalkstein verläuft als abgeschiedener Berggrat von Ost nach West. Der mittlere Abschnitt des Massivs ist von den hundertjährigen Tannen des Forêt de Cagna bedeckt. Auf der Punta d'Ovace (1340 m), dem höchsten Punkt des Gebirges, steht der berühmte „Omu di Cagna" („Mensch von Cagna"), ein runder Granitfelsen von 400 t Gewicht, der auf einer kleinen Fläche von nicht einmal 1 qm steht. Bei einem Ausflug ins Herz des Gebirges bieten sich herrliche Ausblicke auf das Felsenmeer und das Tal.

Wegweiser – Das Cagna-Gebirge liegt abseits der großen Verkehrsachsen. Zu Fuß ist es von dem Dorf Gianuccio am Ende der D 50 erreichbar, die von der Straße von Sartène nach Bonifacio abzweigt. Den Wald von Cagna (Forêt de Cagna) erreicht man auf der D 59, auf die man in Sotta Richtung Carbini von der D 859 (Porto-Vecchio nach Figari) abbiegt.

Orte in der Nähe – BONIFACIO, SARTÈNE

Zu Fuß unterwegs

L'Uomo di Cagna★ (l'Omu di Cagna)

Von der N 196 abzweigend, führt die D 50 nach Monacia-d'Aullène, dann weiter zum Weiler Gianuccio. Das Auto dort parken.

Informieren Sie sich vor dem Start über die Wetteraussichten. Im Gebirge kann es immer einen raschen Wetterumschwung geben, der die Wanderung riskant macht. Absolut zwingend ist ein ausreichender Wasservorrat. Der Weg ist zwar mit Steinkegeln markiert, größte Aufmerksamkeit ist aber geboten, und es wird empfohlen, eine Karte im Maßstab 1:25 000 mitzunehmen. Die beste Jahreszeit für diese Wanderung ist der Frühling, wenn die Macchia prächtig blüht.

3 Std. für den Hinweg ab der höchstgelegenen Stelle im Dorf (bereits nach 2 ½ Std. hat man einen eindrucksvollen Blick auf den „Uomo di Cagna"). Die Wanderung, die einige recht steile Abschnitte umfasst, für die Trittsicherheit und Schwindelfreiheit erforderlich sind, bietet fantastische Ausblicke auf das Tal, das Cagna-Gebirge, das Felsenmeer aus Granit und die Macchia.

Der Weg steigt durch niedrigen Macchiabewuchs bergan: Baumheide, Lavendel, Ginster und Zistrose. Achten Sie am Fuß der Zistrosen auf die direkt am Boden wachsenden roten Blütenkissen. Es handelt sich um einen Vollparasiten, den roten Zistrosenwürger. Gehen Sie am Wasserreservoir vorbei; der Weg führt über einen Bach (im Sommer ausgetrocknet) und durch dichte Macchia mit Klettergewächsen und Winden: Krappgewächse und Sarsaparille. Zahlreiche Vogelarten bevölkern die Landschaft: Grasmücken, Rotkehlchen, Zaunkönig … Auf einem recht steilen Wegabschnitt erreicht man ein erstes Plateau mit schön geformten Graniterosionen, anschließend ein Kiefernwäldchen, von dem aus sich eine herrliche Aussicht auf das Dorf und die benachbarten Täler eröffnet.

Nach ungefähr einer Stunde Gehzeit taucht ein interessantes Felsenmeer auf, über dem sich einige windschiefe Kiefern und Steineichen erheben. Links gedeihen in einer feuchteren Talmulde Erlen. Nach ca. 1 ½ Std. wird ein zweites Plateau erreicht, das mit Baumheide bedeckt ist, auf dem überraschend geformte Granitblöcke stehen.

Nach einigen hundert Metern, nachdem man links einen riesigen Felswürfel passiert hat und danach noch einen zweiten, der wie ein menschliches Profil geformt ist, sieht man in der Ferne den **„Omu di Cagna"** („Mensch von Cagna"). Nun kann man entweder umkehren oder noch 45 Min. bis zum Sockel des Felsens weitergehen. Der **Rundblick★** von dort bietet ein regelrechtes Luftbild von der Südspitze Korsikas bis zu den Küsten Sardiniens. Blickt man in nordöstliche Richtung entlang der Kammlinie, fällt ein weiteres Naturwunder ins Auge: der **„Uomu di Monaco"**.

CALACUCCIA

HAUTE-CORSE (2B) – 340 EINWOHNER – UMSCHLAGKARTE VORNE B3 – MICHELIN LOCALKARTE 345 D5 – KARTENSKIZZE Le NIOLO, S. 264

Calacuccia liegt in 830 m Höhe an einem von der Sonne verwöhnten Hang des Niolo und ist dessen Hauptort. Calacuccia gilt als ein idealer Ausgangspunkt für Wanderungen im Hochtal des Golo und im Winter für das beliebte Skigebiet am Col de Vergio. An der östlichen Ortseinfahrt, dort, wo die schmale Straße durch den Engpass der berühmten Scala di Santa Regina einmündet, bietet sich die beste Sicht auf das Dorf, hinter dem die bizarren rosafarbenen Porphyrfelsen der umliegenden Berge aufragen.

Amaury de Valroger / MICHELIN

Kühn überspannt die alte genuesische Brücke von Albertacce den Fluss und die Felsen.

Wegweiser – Calacuccia ist über die D 84 erreichbar, die Porto mit der N 193 verbindet und liegt 13 km nördl. von Corte. Das Dorf wird von einem hohen Gebirgsmassiv dominiert: der **Punta Licciola** (2237 m), dem spitzen Grat der **Paglia Orba** (2525 m), die als „Königin der korsischen Berge" bezeichnet wird, dem gezackten Bergkamm der Cinq Moines (Fünf Mönche), dem Monte Falo (2549 m) und dem Monte Cinto.

Unbedingt sehenswert – Die Ufer des Lac de Calacuccia und Anfang September das Fest der Santa di u Niolu.

Gut geplant – Calacuccia im Hinterland des Niolo ist ein guter Ausgangspunkt für Wanderungen. Da die Geschäfte im Dorf das ganz Jahr über geöffnet haben, ist Calacuccio zudem ein strategisch wichtiger Ort, um Proviant einzukaufen oder um zu tanken.

Mit Kindern – Freizeitspaß an der Wassersportstation des Sees, Baden in den Wasserbecken an der Doppelbrücke Alto bei der Ausfahrt aus Albertacce.

Orte in der Nähe – Défilé de la SCALA DI SANTA REGINA, Le NIOLO, Forêt d'AÏTONE

Zu Fuß unterwegs

Sentier des muletiers (Saumpfad)

Etwa 2 Std. ab Corscia. Brechen Sie möglichst früh am Morgen auf, denn dieser Engpass wird bei großer Hitze zu einem regelrechten Backofen. Planen Sie unbedingt den Rückweg ein: Dies ist kein Rundweg! Wie eine steile Stiege ist dieser sehr anspruchsvolle Pfad mitten in den Felsen geschnitten. Er führt um senkrechte Felsbrocken herum, trotzt den Steilwänden und führt wie ein Treppe stufenweise ins Oberland. Dieser Stufenpfad durch die Felsen verlieh im 19. Jh. der neu angelegten Straße ihren Namen *Scala di Santa Regina (Treppe der Königin).*

Pont de Muricciolu

Etwa 1 ½ Std. Wegzeit hin zu zurück. Der Ausgangspunkt liegt hinter einem der letzten Häuser, 300 m vor dem südlichen Ortsende. Der Weg beginnt zwischen zwei hohen Mauern (orangefarbene Markierung, gut ausgeschildert). Unterwegs gibt es nur sehr wenig Schatten, daher sollten Sie unbedingt eine Kopfbedeckung, Sonnenschutz mit einem hohen Lichtschutzfaktor und eine ausreichende Trinkwasserration mitnehmen.

Für diejenigen, denen die komplette Etappenstrecke des Weges „Mare a Mare nord" (Wanderweg zur Ost-West-Durchquerung Korsikas), beispielsweise bis zum Castel de Vergio (südlich des Vergio-Pass), zu anspruchsvoll ist, der kann die Brücke von Muricciolu als Wanderziel anvisieren. Sie lässt sich deutlich bequemer erreichen.

Der Weg führt durch einen Kastanienhain und alte Gärten, bevor er das Flüsschen Viru erreicht. Eine kleine, dem hl. Anton geweihte Kapelle zeigt an, dass die **genuesische Brücke** und damit das Ziel, das sich für ein Picknick gut eignet, nicht mehr fern ist. Der Platz ist äußerst reizvoll, insbesondere wegen der natürlichen Wasserbecken des Flüsschens, die zu einer Erfrischungspause einladen, und wegen der **Mühle**, die vom regionalen Naturpark restauriert wurde. Achten Sie darauf, beim Verlassen der Brücke wieder denselben Weg zu nehmen, auf dem Sie gekommen sind (ein anderer, ebenfalls orange markierter Weg, führt rechts in die entgegengesetzte Richtung).

Das „Haus auf der Höhe"

Der Ortsname Calacuccia lässt sich auf zwei sehr frühe Begriffe aus einer präindoeuropäischen Sprache zurückführen. Der erste Bestandteil des Wortes „kala" bedeutet „Stein" (auch Unterschlupf im Fels, Höhle, Behausung). Der Begriff „kukia" heißt soviel wie „Höhe", wodurch die exponierte Lage des Ortes inmitten der majestätischen Bergkulisse treffend beschrieben ist.

Von Calacuccia aus kann man den **Monte Cinto★★★**, den **Forêt de Valdu-Niellu★★** (Wald) und den **Lac de Nino★** (See) besichtigen *(s. Le Niolo).*

Sehenswürdigkeit

Pfarrkirche (Église paroissiale)

Normalerweise geschlossen. Möchten Sie die Kirche besichtigen, dann wenden Sie sich an das Bürgermeisteramt. Allerdings wird die Kirchentür nur geöffnet, wenn genügend Personal da ist, um Sie zu begleiten.

Vom Vergio-Pass kommend, liegt die erst kürzlich restaurierte Kirche linker Hand am Ortseingang. Im Chor befindet sich ein schönes **Kruzifix aus Holz**, ein Werk typisch korsischer Volkskunst, das durch seine besondere Stilisierung des Gesichts und der Muskulatur äußerst ausdrucksstark ist.

Ausflug

1 Lac de Calacuccia★★

35 km – s. Kartenskizze S. 264

Von Calacuccia auf der D 84 Richtung Südwesten fahren, dann auf die D 218 abbiegen. Kurz vor Lozzi linker Hand auf die D 518 abbiegen, danach auf der D 318 bis Calasima fahren.

Calasima

Der kleine Weiler, der zu Albertacce gehört, ist mit 1095 m Höhe das „höchst gelegene Dorf Korsikas" und wird das ganze Jahr über bewohnt. Er bieter eine grandiose **Aussicht★★** an den Hängen des Monte Albano.

Zurück zur D 518 und auf dieser nach rechts fahren.

Albertacce

Das Dörfchen wird von einer schönen **Brunnenanlage** (1967) aus Kieselsteinen geschmückt. Das Mosaik auf dem Brunnen stellt Bäuerinnen dar, die Wasser in ihre Kübel schöpfen.

Musée archéologique Licninoi – *✆ 04 95 47 13 51 oder ✆ 06 23 90 01 97 – Führungen Juni-Sept. tgl. außer So und Fei, sonst auf Anfrage – 3 € (Kinder unter 14 Jahren: Eintritt frei).* Das archäologische Museum liegt direkt an der Hauptstraße des Ortes. Hier werden archäologische Funde aus den Gebirgsregionen Korsikas von der späten Jungsteinzeit (6. Jahrtausend v. Chr.) bis zur Eisenzeit gesammelt.
Zu den interessantesten Exponaten des kleinen Museums gehören einige Menhir-Statuen, Grabstätten (wie die rekonstruierte Begräbnisstätte von Sovezzi) und der berühmte Kopf „Tête de Ponte Altu". Nach der Besichtigung des Museums kann man das Thema „Vorzeit auf Korsika" noch bei einem Besuch der Ausgrabungsstätten vertiefen. Es gibt archäologische Rundwege (zu Fuß oder per Bus).

Die elf Aufständischen

Vor dem Kloster von Calacuccia steht eine **Stele**, die zum Gedenken an die elf korsischen Patrioten errichtet wurde, die im Unabhängigkeitskrieg nach dem berühmten Aufstand im Niolo *(s. dort)* von den französischen Truppen gefangen genommen, zum Tode verurteilt und am 23. Juni 1774 gehängt wurden.

Auf die D 84 und auf dieser rechts fahren, später links auf die D 218 abbiegen.

Casamaccioli

Das Dorf liegt etwa 200 m oberhalb der Talsperre (Barrage) von Calacuccia am Fuß des dicht bewaldeten Kamms, der das Niolo im Süden abschließt und das Golo-Tal vom Tavignano-Tal trennt. Von hier aus hat man einen wunderbaren **Blick★** auf die Bergkette des Monte Cinto.
Die Pfarrkirche birgt im rechten Seitenschiff eine schöne Holzplastik des hl. Rochus, im linken Seitenschiff eine Figur der Santa di u Niolu, der Schutzheiligen des Niolo, ebenfalls aus Holz geschnitzt.
Der Legende nach war das Kloster, in dem diese als wundertätig bekannte Jungfrau mit Kind gestanden hatte, zerstört worden, und es gab mehrere Klöster, die die Heiligenfigur für sich beanspruchten. Da sich die Streitigkeiten nicht legten, setzte man die Statue kurzerhand auf einen Maulesel und vereinbarte, die Madonna solle dort bleiben, wo das Tier stehen bliebe – und dieses Privileg wurde der Dorfkirche von Casamaccioli zuteil.

Unterhalb der Pfarrkirche links auf die kleine Straße abbiegen, die am Südufer des Stausees entlang führt.

Von der Straße bieten sich schöne **Ausblicke★★** auf Albertacce, Poggio, Lozzi, Calacuccia und Corscia. Die Dörfer liegen an sonnigen Hängen inmitten von üppigen Obstgärten und Kastanienhainen an der langen Bergkette des Monte Cinto. Etwa 2 km weiter überquert die Straße einen Sturzbach, dessen Wasser aus dem Tavignano in einen Seitenkanal abgeleitet wird, um den künstlichen Stausee von Calacuccia zu speisen.

Barrage de Calacuccia (Talsperre Calacuccia)

1968 wurde das Bauwerk mit seiner 256 m hohen und 74 m hohen Staumauer mit 25 Mio. Kubikmeter Wasser aus dem Golo geflutet. Badeplätze wurden am See nicht angelegt, während der Saison kann man sich an seinen Ufern in einem kleinen **Freizeitpark** vergnügen *(s. Tipps und Adressen)*. Das gestaute Wasser treibt das Kraftwerk von Pont-de-Castirla an, das Strom für ganz Korsika produziert und zudem zur Bewässerung der Küstenebenen südlich von Bastia dient.

Zurück auf die D 84 und auf dieser rechts fahren. An der Brücke über den Erco (an der Einmündung der Straße durch den 20 km langen Engpass der Scala di Santa-Regina) links auf die D 618.

Corscia

Die **acht Weiler** dieses Dorfes verteilen sich zwischen terrassenförmig angelegten Anbauflächen über den gesamten Hang.

Chapelle St-Pancrace

Das Auto im ersten Weiler parken und rechts den Weg zur Dorfkapelle gehen.

Etwa 30 Min. zu Fuß hin und zurück. Von der felsigen Anhöhe, auf der die Kapelle steht, bietet sich ein prachtvoller **Blick★** auf die Weiler von Corscia und das dahinter aufragende Massiv der Scala di Santa Regina.

Die Straße führt zuerst durch die Weiler von Corscia und dann durch eine verlassene Urlandschaft stetig bergan bis zur D 84. Wie ein schmales Zickzackband schmiegt sich die asphaltierte Piste in schwindelerregenden Kehren an den Fels und führt mitten durch die wilde Landschaft. Immer wieder bieten sich auf der Strecke herrliche Ausblicke auf ehemalige, terrassenförmig angelegte Anbauflächen, die spektakulär aus dem nackten Fels geschlagen wurden.

Tipps und Adressen

Allgemeiner Hinweis

Office de tourisme de Calacuccia – *www.office-tourisme-niolu.com – zwei Adressen Avenue Valdoniello – ✆ 04 95 47 12 62 und Route de Cuccia – ✆ 04 95 48 05 22* – Hier bekommt man Informationen über die Orte Calacuccia, Albertacce, Corscia, Casamaccioli und Lozzi, Karten und Tourenbeschreibungen.

Übernachten

Hôtel Acqua Viva – *Scardacciole – ✆ 04 95 48 06 90 – stella.acquaviva@wanadoo.fr – 14 Zi: 59/74 € – ☕ 9 €* – **P**. Das Hotel liegt am Ende der Scala di Santa Regina, die der Legende nach von der Jungfrau Maria selbst in den Fels geschlagen worden sein soll. Die Zimmer sind sehr zweckmäßig eingerichtet, sauber und haben einen Balkon, auf dem man bei schönem Wetter das Frühstück einnehmen kann. Im Lebensmittelladen und der Kneipe trifft man mit den Dorfbewohnern zusammen.

Auberge Casa Balduina – *Le Couvent – ✆ 04 95 48 08 57 – www.casabalduina.com – 7 Zi: 59/68 € – Halbpension* – **P**. Ansprechendes neueres Haus in einem schönen Garten. Kleine, sparsam eingerichtete, aber helle Zimmer. Das Frühstück wird in einer hübschen Pergola serviert. Für Wanderfreunde wird hier auch ein Arrangement „Auberge et Randonnée" („Unterkunft und Wanderung") angeboten (Halbpension, Streckenvorschläge und Lunchpaket für den Tag).

Hôtel des Touristes – *Im Dorf – ✆ 04 95 48 00 04 – www.hotel-des-touristes.com – Ende Okt.-Ende April geschl. – 29 Zi: 54/58 € – ☕ 7 €* – **P**. Sehr großes Haus mitten im Tal des Niolo. Das schlichte Innere mit langen schmalen Gängen und schmucklosen, aber einwandfreien Zimmer, erinnert ein wenig an ein Kloster. Zimmer mit verschiedenem Komfort, so dass für jeden Geldbeutel etwas dabei ist.

Essen und Trinken

U Valduniellu – *Im Dorf – ✆ 04 95 48 06 92 – Ende Sept.-Mitte April geschl. – 17/40 €.* Ein beliebtes Wochenendausflugslokal der Korsen, die am Meer wohnen. Der freundliche Empfang, aber auch die *beignets* mit *brocciu* (Käse), die Spieße mit dreierlei Fleisch und die *entrecôtes* nach Försterinnenart werden Sie bestimmt beeindrucken. Große, schöne Terrasse unter einer Pergola.

Le Corsica – *Route du Couvent – ✆ 04 95 48 01 31 – 15. Okt-Ende März geschl. – 22 €.* Traditionelle, bodenständige Küche, serviert auf einer Terrasse, die über die gesamte Hauslänge reicht, oder in einem rustikalen Gastraum, der mit alten Postkarten förmlich tapeziert ist. Einfach vorzüglich: *stuffatu* vom Kalb mit Oliven, *storzapretti (wörtlich: „Erwürge den Christen"), tianu* (Wildbreteintopf) mit weißen Bohnen und *petit salé* (frisch eingesalzenes Schweinefleisch als Beilage).

Sport und Freizeit

Base nautique (Wassersportzentrum) de Calacuccia – *Avenue Valdoniello ✆ 04 95 48 05 22 – nur mit Reserv.: halber oder ganzer Tag – außer im Sommer Fei geschl.* Im Angebot sind Kajakfahren, Paragliding, Klettern und Canyoning.

Les CALANCHE★★★

CORSE-DU-SUD (2A) – UMSCHLAGKARTE VORNE A4 –
MICHELIN LOCALKARTE 345 B6 – KARTENSKIZZE Golfe de PORTO, S. 282

Über dem Golf von Porto zeichnen sich skurrile Granitskulpturen ab, die durch Erosion modelliert wurden. Diese wilde Landschaft ist von einmaliger Schönheit. Das intensive Blau des Meeres, das oftmals unwirkliche Licht, in das die Küste getaucht ist, die reiche Palette der Orange- und Rosatöne des Granits und das raue Relief der Küste machen Les Calanche zu einer außergewöhnlichen Landschaft.

Stéphane Sauvignier / MICHELIN

Die Felsformen der Calanche bieten zu jeder Tageszeit ein besonderes Naturschauspiel.

Wegweiser – Die D 81 führt 2 km durch Les Calanche und eröffnet wunderbare Blicke auf die Landschaft und das Meer. Von der Terrasse des Chalet des Roches Bleues aus sind eigenwillige Felsformationen zu erkennen: links „die Schildkröte" *(la Tortue)*, rechts „der Adler" (*l'Aigle*) und „die Beichte" *(la Confession)*. Auf einer Klippe über dem Meer thront „der Bischof" *(l'Évêque)*. Etwa 600 m hinter dem Chalet erkennt man in Richtung Porto links über einer Felswand den „Hundekopf" *(Tête du Chien)*.

Unbedingt sehenswert – Die „Burg" *(chateau fort)*, ein markanter Granitblock, von dem aus sich ein herrlicher Rundblick bietet.

Gut geplant – Die beste Zeit für die Calanche ist der Spätnachmittag. Im Idealfall fährt man von Piana Richtung Porto. Man kann die Gegend nur zu Fuß erkunden. Achten Sie auf gutes Schuhwerk, Sonnenschutz und ausreichend Wasservorräte. Durch die unterschiedliche Länge der Rundwege mit Gehzeiten zwischen 1 Std. und einem halben Tag ist für jeden etwas dabei.

Mit Kindern – Kinder haben Spaß an den ungewöhnlichen Formen der Tafoni. Lassen Sie sie aber nur unter Ihren äußerst wachsamen Augen herumtollen.

Orte in der Nähe – PORTO, Golfe de PORTO, Réserve naturelle de SCANDOLA, CARGÈSE

Geschichte und Geschichten

Das spektakuläre Werk der Erosion – Die **Tafoni** (auf korsisch „große Löcher") sind typisch für die Calanche und fester Bestandteil der korsischen Kulturlandschaft. Schon in vorgeschichtlicher Zeit benutzte man die Aushöhlungen im Fels als letzte Ruhestätte für die Toten. Heute dienen die bizarr geformten Felsbaldachine hin und wieder noch als kurzfristiger Unterstand während einer Wanderung.

Die zum Teil mehrere Meter tiefen Aushöhlungen der Felsen faszinieren durch das subtile Spiel von Licht und Schatten und die außergewöhnlichen Formen und Figuren, die man in sie hineininterpretieren kann.

Die bizzarren, rötlichen Felsen der Calanche scheinen in bestimmtem Licht zu glühen.

Tafoni bilden sich vorzugsweise in grobkörnigem Fels auf ungeschützten Steilhängen und entstehen durch Erosion. Löst sich nur ein Kristall, so reicht dies bereits aus, um das Gestein unter der stetigen Einwirkung von Temperaturschwankungen und Feuchtigkeit einem kariösen Prozess auszusetzen. An der korsischen Küste wird die Korrosion durch die Einwirkung der Gischt noch verstärkt. Der grobkristalline beige Granit von Sant'Ambroggio, der graue Granit von Calvi und der rote Granit von Porto, aus denen das Gestein von Les Calanche de Piana besteht, unterliegen besonders der Tafonibildung. Einige Tafoni entwickeln sich nicht mehr weiter, andere, die immer noch dem Verwitterungsprozess ausgeliefert sind, bezeichnet man als „lebendig".

Mit den Worten eines Dichters – Auch **Guy de Maupassant** (1850-1893) ließ sich von der wilden Landschaft der Calanche verzaubern, die er kraftvoll in seinem Roman *„Une vie" („Ein Leben")* aus dem Jahr 1884 beschreibt: „Da waren Spitzen, Säulen, Türmchen, erstaunliche Figuren, geformt von der Zeit, dem Wind und dem Nebel des Meeres. Bis zu dreihundert Meter hoch, fein, rund, gewunden, gekrümmt, unförmig, überraschend, unwirklich. Diese verblüffenden Felsen schienen wie Bäume, Pflanzen, Tiere, Gebäude, Menschen, Mönche in Kutten, gehörnte Teufel und Riesenvögel, ein ganzes furchtbares Volk, ein durch den Willen irgendeines exaltierten Gottes versteinerte Ansammlung von Alpträumen."

Ausflüge

Zu Fuß★★ – *s. Kartenskizze S. 170*

Egal, für welchen der zahlreichen Wanderwege (Rundwege) Sie sich auch entscheiden, achten Sie immer – auch wenn Sie nur eine kurze Route wählen – auf gutes Schuhwerk. Nehmen Sie ausreichend Trinkwasser mit, eine Kopfbedeckung und ein Sonnenschutzmittel mit hohem Lichtschutzfaktor. Achtung: bei starkem Wind sollten Sie auf eine Wanderung sicherheitshalber verzichten (Gefahr von Waldbränden!).

1 Le Château fort (Burg)

1 Std. hin und zurück – zugänglich auf dem Weg, der rechts vom Tête de Chien (Hundekopf) beginnt.

Dies ist der einzige Weg, der ins Innerste der Calanche führt. Durch ein Gewirr von Felsen hindurch, die dicht von der Macchia und von Erdbeerbäumen überwuchert werden, erkennt man den Eukalyptuswald von Porto und den Vorsprung mit dem quadratischen Turm. Danach steigt der Weg leicht an und führt zu einer Plattform gegenüber der berühmten „Burg“, einem eindrucksvollen Granitblock, der an einen Wachturm erinnert. Von dort bietet sich ein weiter **Blick★★★** über den Golf von Porto – vom Turm von Capo Rosso bis zum Golf von Girolata.

2 Chemin des muletiers (Saumpfad)

1 ½ Std. – der blau markierte Weg zweigt in der Nähe der Andachtskapelle (Oratoire de la Vierge) von der Straße von Porto nach Piana links ab.

Der Weg steigt anfangs steil an und führt dann zwischen zwei großen Felsen hindurch. Nun folgt er als Höhenweg einem alten Saumpfad von Piana nach Ota. Schaut man zurück, kann man einen **Überblick★★★** über Les Calanche und den Golf von Porto genießen. Der Weg führt durch Macchia wieder bergab zur Straße.

3 La Corniche

45 Min. – der mit blauen Punkten markierte Weg zweigt wenige Meter hinter dem Chalet des Roches Bleues Richtung Porto vor der Brücke rechts ab.

Der Weg steigt steil bergan und bietet eine schöne **Aussicht★★★** auf Les Calanche und den Golf von Porto. Unter Lariciokiefern geht es bis zur Straße.

4 La Châtaigneraie (Kastanienhain)

3 ½ Std. – aus Richtung Porto den Weg nehmen, der in der Nähe des Chalet des Roches Bleues links abzweigt. Er ist mit blauen Kreuzen markiert.

Ein steiler Aufstieg führt zu einem schönen Kastanienwald. Nach etwa 1 Std. Gehzeit biegen Sie auf den Weg links ab. Der Weg führt an einem Brunnen (Fontaine d'Oliva Bona) vorbei, mitten durch den Kiefernwald von Piana und bergab bis an die D 81, die er etwa 2 km vom Chalet des Roches Bleues entfernt erreicht.

5 Le Mezzanu

2 ½ Std.

Anfangs folgen Sie dem mit blauen Kreuzen markierten Weg wie oben beschrieben. Am Kastanienhain biegen Sie jedoch an dem kleinen Steinhaufen nach rechts ab und gehen in südwestlicher Richtung immer bergab. Diese etwas kürzere Runde führt ebenfalls durch eine abwechslungsreiche und bezaubernde Landschaft. Am Ende trifft man auf den Weg 2.

Mit dem Boot★★

Vom Meer aus bietet sich sicherlich die beste Möglichkeit, um die Landschaft der Calanche zu erkunden.

Mehrere Gesellschaften bieten spezielle Entdeckungstouren per Boot in ihren Programmen an *(s. Porto, Tipps und Adressen).*

Tipps

Allgemeine Hinweise

Office de tourisme de Piana – *✆ 04 95 27 84 42 – www.sipiana.com und www.calanche.com – Juni-Sept. tgl., Sa/So und Fei vormittags, April-Mai ganztags.* Im Tourismusbüro von Piana erhalten Sie gute Wanderkarten der Region und auch Beschreibungen der Routen.

Office du tourisme de Porto – *s. dort.*

CALENZANA

Calinzana

HAUTE-CORSE (2B) – 1757 EINWOHNER – UMSCHLAGKARTE VORNE A3 – MICHELIN LOCALKARTE 345 C4 – KARTENSKIZZE La BALAGNE, S. 112-113

Dieses Dorf der Balagne liegt umgeben von Olivenhainen und Mandelbäumen am Hang des Monte Grosso über dem Golf von Calvi. Während Calvi Genua die Treue hielt, war Calenzana eine Bastion des korsischen Widerstands. Der Boden bringt Wein hervor und Honig, der sein Aroma durch die Blüten der Macchia erhält.

Wegweiser – 11,5 km südöstl. von Calvi, jenseits des Flughafen Ste-Catherine.

Unbedingt sehenswert – Suchen Sie 1 km von Calenzana entfernt die Kirche Ste-Restitude auf, die in einem umfriedeten hundertjährigen Olivenhain steht. Dort können Sie Fresken aus dem 13. Jh. bewundern.

Orte in der Nähe – CALVI, La BALAGNE

Geschichte und Geschichten

Bienen – Verbündete im Unabhängigkeitskampf – Im Jahr 1729 zeigten sich erste Unruhen, die zum Unabhängigkeitskrieg und 1769 zum Anschluss Korsikas an Frankreich führten. Um der Revolten Herr zu werden, wandte Genua sich mit einem Hilfegesuch an Karl VI. und erhielt für 30 000 Gulden pro Monat 9000 deutsche Söldner. Für jeden gefallenen, verwundeten oder vermissten Söldner war eine Entschädigung von 100 Gulden vereinbart.

So gingen 1732 in Calvi 800 Söldner der Armee **Wachtendonck** an Land. Am 14. Januar standen sie vor Calenzana, um das Hinterland von den Aufständischen zu befreien. Die Einwohner verfügten über 20 Handfeuerwaffen, einige Pistolen, Äxte und Messer... und über viele Bienenkörbe. Sie stellten diese auf Fensterbänke, Terrassen und Dächer und warfen sie auf die Soldaten herunter, die auf der Suche nach Partisanen durch die Gassen liefen. Schwärme angriffslustiger Bienen verließen darauf ihre Körbe und fielen über die Söldner her. Diese ließen ihre Waffen fallen und stürzten sich zu den Brunnen. Die Korsen aber sammelten eilig die Waffen der traktierten Soldaten ein und vollendeten die Arbeit der stachelbewehrten Helfer: 500 Soldaten ruhen auf dem Friedhof der Kirche St-Blaise, der „Campo Santo dei Tedeschi" (Friedhof der Deutschen) heißt.

Fresken in der Kirche von Calanzana, die der hl. Restituta, einer Schutzheiligen der Balagne, geweiht sind.

Sehenswürdigkeiten

Église Saint-Blaise

Ein **Kampanile** im spätbarocken Stil *(s. Illustrationen zur Baukunst S. 45)* ziert die ehemalige Stiftskirche. Die Barockkirche wurde nach Plänen des bekannten Mailänder Architekten **Domenico Baïna** zwischen 1691 und 1701 erbaut. Von ihm stammen auch die Entwürfe für die Kirche von La Porta *(s. dort)*. Mächtige Strebepfeiler und eine von Pilastern und verzierten Kranzgesimsen geschmückte Fassade kennzeichnen den Bau. An der Decke des Hauptschiffs zeigt ein Fresko aus dem 18. Jh. den hl. Blasius bei der Heilung eines Kindes. Die beiden Seitenkapellen rechts und links des Chors sind überkuppelt. Die Trompe-l'œil-Malerei (1880) lässt sie noch höher erscheinen.

Den Chor mit einem schönen Barockaltar (1767) schließt eine mit Intarsien verzierte Marmorbalustrade ab, die von zwei kerzentragenden Engelfiguren flankiert wird.
Am selben Platz steht auch die **Chapelle Ste-Croix** (Heiligkreuzkapelle), der Andachtsraum der Bruderschaften von St-Antoine und Ste-Restitude. In der hübschen Kapelle ist noch das originale Chorgestühl mit etwa 80 Plätzen erhalten.

Patronin von Calenzana und der Balagne

Die **hl. Restituta** wurde 1984 von Papst Johannes-Paul II. zur Schutzheiligen von Calenzana und der Balagne ernannt. Restituta war im 3. Jh. in Calvi gemartert und enthauptet worden und wurde seither in der Region als frühchristliche Märtyrerin verehrt *(s. Tipps und Adressen).*

Place de l'Hôtel-de-Ville

Der schön gelegene Rathausplatz mit seinen mächtigen Platanen und Palmen wird vom Massiv des Monte Grosso dominiert und öffnet sich zum Golf von Calvi.

Ziel in der Umgebung

Église Ste-Restitude (Santa Ristituta)★

Etwa 1 km auf der D 151 Richtung Montemaggiore (neben der Église St-Blaise) – den Schlüssel erhält man im Tabakladen Munier (Ecke Rue Napoléon/Rue Casazza).
An der Straße stehen einige beeindruckende **Grabkapellen**. Die schlichte, weiß gekalkte Kirche liegt in einem umfriedeten Hain mit alten Olivenbäumen im Weiler *U Loru*. Achten Sie beim Betreten der Kirche auf das Weihwasserbecken aus Alabaster (16. Jh) auf der linken Seite.
Chor – Die achteckige Kuppel, die durch drei Fenster und ein Oberlicht erhellt wird, ist mit Flechtwerk und geometrischen Motiven geschmückt. Medaillons zieren die Eckzwickel. Die linke Kapelle beherbergt die **Statue der Ste Restitude** (18. Jh.).
Der **Altar** (4. Jh.) besteht aus zwei senkrecht stehenden Teilen eines Marmorsarkophags, die eine Granitplatte tragen. Das Kenotaph (leeres Grabmal) ist mit zwei kleinen **Fresken★** aus dem 13. Jh. mit Szenen aus dem Martyrium der Heiligen geschmückt: Links sieht man Restituta vor ihren Richtern, rechts ihre Enthauptung. Ein Reliquienschrein dahinter enthält die Gebeine der Märtyrerin.
Krypta – Hier steht der **Sarkophag** der hl. Restituta (um 350). Die Entdeckung 1951 lieferte der mündlichen Überlieferung eine unerwartete historische Grundlage.

Tipps und Adressen

Übernachten

⊖⊖ **La Maison d'hôtes** – *Route de Calvi – 3 km südl. von Calenzana – ✆ 04 95 60 15 53 – www.calvi-gites.fr – Okt.-März geschl. – ⊭ – 3 Zi: 75 €* ☕. Haus mit drei Zimmern mit eigenem Eingang, zwischen dem Meer und den Bergen gelegen. Auf der Veranda kann man im Schatten von Orangen- und Zitronenbäumen das Frühstück und den herrlichen Blick auf Calvi genießen. Sehr freundlicher Empfang.

Einkaufen

Domaine Orsini – *Rochebelle-Pietralba – ✆ 04 95 62 81 01 – www.vins-corse.com – 9.30-12.30 und 14-19 Uhr (Juli-Aug. 20 Uhr).* In diesem wunderschönen Laden (die Wände werden von Friesen geziert, Holz- und Ledermobiliar) finden Sie Köstliches aus Früchten, die berühmten Weine, Liköre, die Konfitüre und die berühmten hausgemachten Bonbons.

Sport und Freizeit

Wandern – Von Calenzana führt der Fernwanderweg GR 20 Richtung Südosten: Auf 220 km rot und weiß markierten Wegen kommt man bis Conca. Hier beginnt auch der Weg „Mare e Monti" (Meer und Gebirge).

Feste und Events

Jährlich finden zwei **Prozessionen** zu Ehren der hl. Restituta statt: Am Ostermontag werden die Statue und der Reliquienschrein nach St-Blaise gebracht; bei der Prozession am 1. Sonntag nach dem 21. Mai) kehren sie zurück in die Kirche Ste-Restitude.

CALVI★

HAUTE-CORSE (2B) – 5420 EINWOHNER – UMSCHLAGKARTE VORNE A3 – MICHELIN LOCALKARTE 345 B4 – KARTENSKIZZE La BALAGNE, S. 112-113

Stolz liegt Calvi in einer herrlichen Bucht, deren umliegende Berge häufig schneebedeckt sind. Es zählt zu den schönsten Küstenorten Korsikas. Der Eindruck, wenn man sich vom Meer nähert, ist unvergesslich: Die Zitadelle auf der Landspitze erstreckt sich zwischen dem Golf von Calvi und dem Golf von Revellata ins Meer. Diese „Hauptstadt" der Balagne ist ein beliebtes Urlaubszentrum. Der von Pinien gesäumte, 6 km lange Strand liegt an einer großen Bucht. An diesem seit der Antike beliebten Ankerplatz legen Segel- und Motorjachten gerne einen Zwischenstopp ein. In Calvi wird noch Langustenfischerei betrieben. Zu den weiteren Einnahmequellen gehören Wein, Öl, Obst und Wild aus dem Hinterland.

Die lebendige Küstenstadt Calvi liegt wunderschön in einer herrlichen Bucht.

Wegweiser – Calvi liegt der Küste der Provence am nächsten (176 km von Nizza entfernt) und unterhält Seeverbindungen nach Nizza, Toulon und Marseille sowie tägliche Flugverbindungen zum Festland. Calvi besteht aus einer Oberstadt, dem Viertel der **Zitadelle**, einer ehemaligen genuesischen Bastion und einer Unterstadt, der **Marina**, deren bunte Häuser sich um den Hafen drängen; Hier konzentriert sich im Sommer das nächtliche Leben.

Parken – Lassen Sie Ihr Auto auf dem großen Parkplatz *(kostenlos)* am Ortseingang, Avenue Christophe-Colomb. Weitere Möglichkeiten: Die Parkplätze *(kostenpflichtig)* am Jachthafen und bei der Zitadelle oder die Parkuhren im Stadtzentrum.

Unbedingt sehenswert – Beim Überschreiten der Zugbrücke am Eingang der Zitadelle fühlen Sie sich in die Vergangenheit zurückversetzt.

Gut geplant – Zwei Orte in der Umgebung, Notre-Dame-de-la-Serra und die Domaine de la Punta de Revellata, sind lohnende Ziele für einen Vormittagsausflug. Für die Stadtbesichtigung reicht ein halber Tag, einen schönen Abschluss bildet dabei ein Besuch auf der legendären Terrasse des Lokals Tao.

Mit Kindern – Ein Tag zwischen Wasser und Land: ein Boot mit durchsichtigem Boden bringt Sie zu den herausragenden Naturschönheiten der Küste, die Ihnen in einem der größten Wassersportzentren Korsikas erste Einblicke in verschiedene Wassersportarten anbieten *(s. Tipps und Adressen)*.

Orte in der Nähe – La BALAGNE, ALGAJOLA, L'ÎLE-ROUSSE, CALENZANA, PIGNA, SANT'ANTONINO, Réserve naturelle de SCANDOLA, Golfe de GALÉRIA

Geschichte und Geschichten

Von der römischen Besatzung zur pisanischen Herrschaft – Der Golf von Calvi, den die Römer als *Sinus Caesiae* oder *Sinus Casalus* bezeichneten, wurde wahrscheinlich bereits im 5. Jh. v. Chr. von Phöniziern, Griechen und Etruskern besiedelt. Die von den Römern im 1. Jh. gegründete Stadt befand sich im unteren Teil der Marina, wo heute der Salzturm steht. Bereits zum Ende des Römischen Kaiserreichs besaß der Ort eine frühchristliche Basilika. Nachdem Calvi infolge der Einfälle durch die Vandalen und später durch die Ostgoten, die Korsika zwischen dem 5. und 10. Jh. heimsuchten, nur noch aus einigen wenigen Häusern bestand, erlebte es unter der Vorherrschaft Pisas im 11., 12. und 13. Jh. einen Aufschwung, sollte aber damals ein einfacher Hafen bleiben.

Eine genuesische Bastion – Ein Krieg zwischen Adligen führte in der zweiten Hälfte des 13. Jh. zur Gründung der Oberstadt. **Giovanninello**, ein Adliger aus dem Nebbio, verbündete sich mit einflussreichen, genuafreundlichen Familien des Cap Corse und verschanzte sich auf der Landzunge der Oberstadt, auf der sich heute die Zitadelle erhebt.
Die Bewohner Calvis begannen daraufhin, sich gegen die Tyrannei ihrer Grundherren aufzulehnen und ersuchten 1278 um den Schutz der Republik Genua. Genua, das sich die Treue der Bevölkerung sichern wollte, um ein weiteres Vordringen auf die Insel zu erleichtern, gewährte Calvi dieselben Privilegien und Steuerbefreiungen wie Bonifacio. Bis ins 18. Jh. blieb Calvi ein Stützpunkt der genuesischen Macht im westlichen Mittelmeerraum.

Kahle Felsen

Der Name Calvi soll vom lateinischen Wort **calvus** „kahl" stammen und sich auf den kahlen Felsen beziehen, auf dem die Zitadelle einst erbaut wurde.

Die treue Stadt – Zwischen 1553 und 1559 stieß die Vorherrschaft Genuas auf den Widerstand Sampieros *(s. Bastelica),* der vom Expeditionskorps unter Marschall de Thermes unterstützt wurde. Zweimal, 1553 und 1555, konnte Calvi sie siegreich abwehren: Der Wahlspruch der Stadt *Civitas Calvi semper fidelis* (die stets getreue Stadt Calvi), der über dem Eingangstor der Zitadelle zu lesen ist, erinnert an diese Heldentat von 1555. Die Treue Calvis erklärt auch den Widerstand der Stadt gegen **Paoli**, den großen Feind Genuas, und den Empfang, den die Stadt seinen Gegnern bereitete, insbesondere Napoleon Bonaparte im Mai und Juni 1793.
Während des kurzlebigen englisch-korsischen Königreichs *(s. Morosaglia)* wurde die Stadt zwischen 16. Juni und 5. August 1794 von 6000 Engländern und Anhängern Paolis belagert. Im Verlauf dieser berühmten Belagerung verlor der künftige **Admiral Nelson** durch Sand und Splitter, die von einer Kanonenkugel aufgewirbelt worden waren, die Sehkraft seines rechten Auges. Unter der Verteidigung von General de Casabianca konnte die Zitadelle die unaufhörlichen Angriffe anfangs abwehren. Pausenlos wurde sie durch englische Artilleristen von den Hügeln der Serra herab beschossen. Schließlich jedoch musste Calvi kapitulieren. Unter dem Einschlag von über 30 000 Kanonenkugeln und Granaten war nur noch ein schwarzer Schutthaufen geblieben. Erst am 24. Oktober 1796 räumten die Engländer die Stadt.

Die Karwoche – In der Karwoche finden einige wichtige Feierlichkeiten statt. Der Gründonnerstag beginnt mit einer Messe in der Kirche Ste-Marie. Dabei werden direkt vor der Fußwaschung ***canistrelli*** (Kleingebäck in Kronenform) geweiht und verteilt. Auf die Messe folgt die Büßerprozession der beiden Bruderschaften der Stadt. Diese endet an der Gebetskirche St-Antoine, wo eine zweite Segnung der *canistrelli* stattfindet.
Am Karfreitag zieht von 21-23 Uhr die Prozession **Granitula** spiralförmig von der Kirche St-Jean-Baptiste durch die Straßen der Ober- und Unterstadt, begleitet von den traditionellen Klageliedern. Die Mitglieder der Bruderschaften von St-Antoine und St-Érasme tragen eine lebensgroße Statue des toten Christus, gefolgt von einer Statue der weinenden, schwarz gekleideten Rosenkranzmadonna. Anonyme Büßer, barfuß, in langen weißen Gewändern, die Kapuze vors Gesicht geschlagen und gebeugt unter dem Gewicht des Kreuzes nehmen ebenfalls an der Prozession teil.

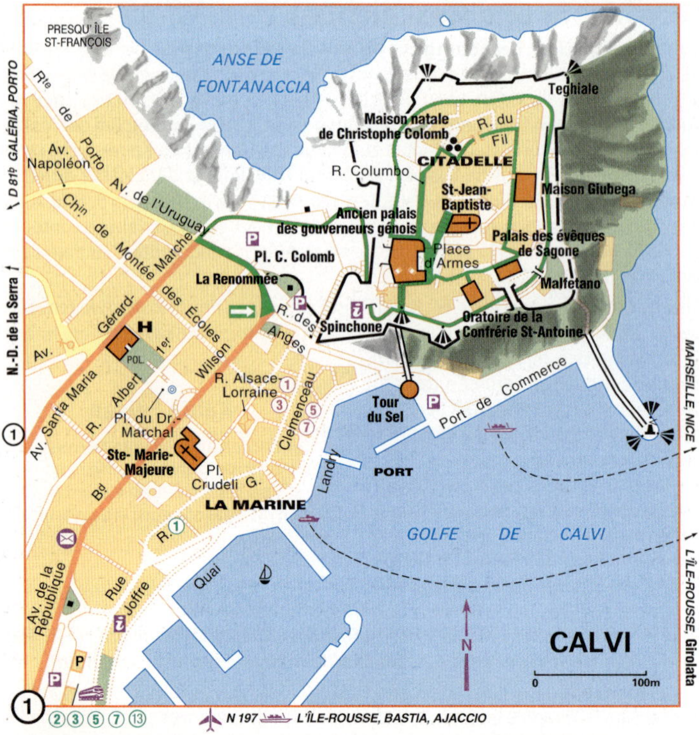

HOTELS			RESTAURANTS	
Balanea	1	Cyrnea 1	A Stella	1
Camping la Caravelle	2	L'Onda 13	Aux Bons Amis	3
Camping Paduella	3		Calellu	5
Casa-Vecchia	5		Emile's	7

Zu Fuß unterwegs

La Citadelle★★ – *s. Kartenskizze, S. 176*

Besichtigung 2 Std. – s. Illustrationen zur Baukunst, S. 47.

Das Zitadellenviertel auf der felsigen Landzunge repräsentiert sechs Jahrhunderte genuesischer Herrschaft. Die hohen, ockerfarbenen Bastionsmauern der Zitadelle erheben sich über der Unterstadt und dem Hafen. Die Altstadt setzt sich aus schmalen ansteigenden Sträßchen und Treppengassen zusammen, deren Häuser aktuell nach und nach restauriert werden.

Place Christophe-Colomb

Der Bildhauer Emmanuel Frémiet, ein Neffe und Schüler von François Rude, schuf das eindrucksvolle Bronzedenkmal für die Gefallenen des Ersten Weltkriegs mit dem Titel **Renommée**. An der Mauer des Aufgangs, etwa 200 m vor dem Tor, erinnert eine **Stele** an die Befreiung Korsikas im Jahr 1943 durch die 1. Sturmtruppe der Freien Französischen Armee.

An der Westseite befindet sich der einzige Zugang zur Zitadelle. Früher war dieser durch einen Graben mit Zugbrücke und Fallgitter geschützt– man kann die Stelle, an dem es sich befand, noch gut erkennen. Über dem Tor ist der berühmte Wahlspruch der Stadt eingemeißelt: *Civitas Calvi semper fidelis.*

Am Eingang zur Zitadelle befinden sich Ausstellungsräume (zeitgenössische Kunst) und eine Zweigstelle des Tourismusbüros: Mitte Juni-Anfang Sept. – Auskünfte über die Zitadelle unter ✆ 04 95 65 36 74 oder im Tourismusbüro.

Calvi und Christoph Kolumbus

Einige Städte in Italien und Spanien beanspruchen wie Calvi für sich die Ehre, der Geburtsort von **Christoph Kolumbus** zu sein. Während es inzwischen unstrittig ist, dass der „Admiral der Meere" bei seiner Geburt genuesischer Untertan war, wird von manchen behauptet, dies würde nicht ausschließen, dass er in Calvi geboren wurde, das um 1450 schließlich zur Republik Genua gehörte. Neben den Stufen, die von der Place Colomb zur Zitadelle hinaufführen, wurde zu Ehren des Landeskindes „Cristofanu Colombu" ein Denkmal errichtet.

Gehen Sie auf dem gepflasterten Aufgang in die Zitadelle und folgen Sie dem Rundweg über die Befestigungsmauer, von der aus sich schöne **Ausblicke★** aufs Meer ergeben. An dieser Stelle befinden Sie sich im Herzen der Verteidigungsanlage der Bucht von Calvi. Von hier aus ließ man einen großen Teil des Meeres und die Ebene bis zu den letzten Gebirgsausläufern des Monte Cinto und des Monte Padro überwachen.

Die Befestigungsanlagen★

Die Befestigungsmauer, die auf Granitschichten errichtet wurde und heute von Feigenkakteen überwuchert wird, umgibt die Oberstadt in einem Rechteck, das auf drei Seiten dem Meer zugewandt ist. Die Mauern wurden Ende des 15. Jh. von den Genuesen erbaut, bei den verschiedenen Belagerungen aber verändert. Ursprünglich gab es nur drei Bastionen an der Süd- und Ostseite: An der südwestlichen Ecke überragt die gewaltige Bastion **Spinchone** die Marina und den Hafen; die Bastion **Malfetano** verbindet die Süd- mit der Ostseite, und die Bastion **Teghiale** schließt den östlichen Verteidigungsbau im Norden ab. An der durch Steilfelsen geschützten Westseite begnügte man sich lange Zeit mit geraden Mauern ohne Bastionen. Von der westlichen Bastion überblickt man die Unterstadt, die Presqu'île St- François, den Golf von Revellata und die Punta Revellata.

Ancien palais des gouverneurs génois (Ehemaliger Palast der genuesischen Gouverneure)

Derzeit Sampiero-Kaserne – Keine Besichtigung (außer an den Journées du Patrimoine, den „Tagen des Kulturerbes". Der mächtige Bau aus dem 13. Jh. wird von einem Donjon flankiert, der von Giovanninello erbaut und 1554 von der Bank des hl. Georg erweitert wurde. Er umfasst mehrere große Säle, unterirdische Zisternen und einige Verliese.

Église St-Jean-Baptiste

Die Kirche liegt auf einem Felsen über der Place d'Armes. Das Bauwerk mit der schlichten Fassade trägt eine große Laternenkuppel. Die Kirche wurde im 13. Jh. erbaut, 1567 durch eine Explosion des Pulvermagazins in der alten Burg schwer beschädigt, 1570 neu aufgebaut und sechs Jahre später zur Kathedrale erhoben.

Der **Innenraum★**, dessen Grundriss die Form eines griechischen Kreuzes darstellt, wird von kleinen Obergadenfenstern und der Laternenkuppel erhellt. Rechts vom Hauptschiff befindet sich am Eingang ein Weihwasserbecken aus Alabaster (1443), das mit Engelsköpfen verziert ist. Links in einer Nische sieht man hinter einem Gitter einen **Renaissance-Taufstein★**, eine Stiftung des reichen Kaufmanns Vincentello aus Calvi von 1569. Das Becken ist mit anmutigen Engelsköpfen und der Sockel mit Sirenen verziert.

Stéphane Sauvignier / MICHELIN

In der Église St-Jean-Baptiste wird das Kruzifix des „Wundertätigen Christus" aufbewahrt.

In den von Gittern abgeschlossenene Logen unter der achteckigen Kuppel wohnten die Frauen der Notabeln damals dem Gottesdienst bei und mussten sich so nicht unter das gewöhnliche Volk mischen

An einem Pfeiler auf der rechten Seite befindet sich eine schöne **Kanzel**★ aus geschnitzter Eiche mit anmutigen und fantasievollen Motiven: Johannes der Täufer ziert den Mittelteil, die Symbole der Evangelisten schmücken die Ecken. Aus einer Inschrift, die auf drei Kartuschen gemalt ist, geht hervor, dass die Kanzel 1757 von Bürgern aus Calvi gestiftet wurde.

Auf einem Seitenaltar rechts des Chors ist ein **Ebenholz-Christus** aus dem 15. Jh. bemerkenswert, der mit einem Silberschurz bekleidet ist. Der Überlieferung nach wurde er während der Türkenbelagerung 1553 von den Einwohnern Calvis durch die Stadt getragen. Das unerwartete Ende der Belagerung machte die Figur zu einem Gegenstand großer Verehrung und trug ihr den Namen **Wundertätiger Christus** ein.

Beachten Sie links des Chors eine schöne, ebenfalls verehrte Holzstatue: die **Rosenkranzmadonna**, die im 15. Jh. aus Spanien nach Calvi gebracht worden sein soll.

Den Chor schmückt ein eindrucksvoller Hochaltar aus dem 17. Jh. mit einem mehrfarbigen Marmormosaik und feinen Bronzeverzierungen. In der Apsis befindet sich ein großes **Triptychon**★ auf Holz (1458), geschaffen vom genuesischen Maler **Barbagelata**, einem Schüler von Giovanni Mazone. Dieses wunderschöne Werk, dessen Mittelteil fehlt, stellt die Verkündigung umgeben von den Schutzheiligen der Stadt dar, sowie Szenen aus dem Leben der Jungfrau Maria und der Kindheit Jesu.

Zurück auf die Place d'Armes (Piazza d'Arme) und links in die Gasse gegenüber der Sampiero-Kaserne einbiegen. Nach 200 m erhebt sich rechter Hand die Betkapelle der Bruderschaft des hl. Antonius.

Oratoire de la Confrérie St-Antoine (Betkapelle der Bruderschaft des hl. Antonius)

Das Bauwerk stammt aus dem späten 15. Jh. Der Sturz des Eingangsportals stellt, aus schwarzem Schiefer gemeißelt, den hl. Antonius Abbas als Schutzpatron des Viehs mit Schwein zwischen Johannes dem Täufer und dem hl. Franziskus dar. Hier befinden sich zudem die Attribute der Antonius-Bruderschaft (Kreuz, Laternen, Messgewänder).

Der Innenraum besteht aus einem großen Mittelschiff mit zwei Säulenreihen zu den kleinen Seitenschiffen. Die hinteren Fenster schauen auf die Bucht von Calvi. Auf der linken Wand sind zwei **Fresken** mit Kreuzigungsdarstellungen zu sehen: Das ältere Fresko stammt aus dem späten 15, Jh. und ist stark verblasst, das andere, aus dem 16. Jh., ist gut erhalten und zeigt Christus zwischen dem hl. Antonius Abbas, der Jungfrau Maria, dem hl. Sebastian und dem hl. Rochus.

Amaury de Valroger / MICHELIN

Die Marina von Calvi zählt zu den beliebtesten Jachthäfen Korsikas.

Auf der Straße weitergehen.

Palais des évêques de Sagone (Palast der Bischöfe von Sagone)

Keine Besichtigung. Der hohe und mächtige Bau aus dem 15. Jh. diente früher den Bischöfen von Sagone als Sommerresidenz *(s. Golf von Sagone)*. Über der Tür, die zur Straße hin liegt, erinnert eine verblasste aufgemalte Inschrift an den legendären Künstler Tao, der Anfang des 20. Jh. hier wohnte.

Auf der Straße gegenüber vom Palast weitergehen bis Carrughju Agnese.

Maison Giubega

Unterhalb der Chorapsis von St-Jean-Baptiste erinnert eine an einem Haus angebrachte Tafel an den Aufenthalt **Napoleons** von Mai bis Juni 1793. Er hatte hier auf der Flucht aus Ajaccio mit seiner Familie bei seinem Patenonkel Laurent Giubega vor den Anhängern der Engländer und Paolis Schutz gefunden.

Auf der Rue du Fil am Ende der Rue Giubega links (all jene, die glauben, Christoph Kolumbus habe hier das Licht der Welt erblickt, können vor den Überresten seines angeblichen Geburtshauses innehalten), dann auf der Rue Columbo links zurück zur Place Christophe-Colomb und hinunter zum Hafen.

La Marine★ – *s. Kartenskizze, S. 176*

Die geschäftige Unterstadt mit ihren Cafés und Restaurants, ihren von Palmen bepflanzten Quais, den Jachten und Fischerbooten bietet einen deutlichen Kontrast zu den ruhigen alten Gassen der Zitadelle. Hauptverkehrsader ist die Rue Clemenceau. Sie ist mit großen Steinen gepflastert und wird von Geschäften und Häusern in Pastellfarben gesäumt.

Le Port (Der Hafen)

Dieser sichere und gut erreichbare Ankerplatz ist der beliebteste Jachthafen Korsikas und wird durch die Zitadelle vor Westwinden geschützt. Er ist aber auch ein Fischerei- und Handelshafen, in den große Frachter einlaufen, um die verschiedenen Produkte der Balagne zu exportieren.

Tour du Sel (Salzturm)

Der runde Turm, der mit der Mauer der Zitadelle durch einen kleinen Bogen verbunden ist, war ursprünglich wahrscheinlich ein erster Befestigungsbau und Beobachtungsposten. Er diente jedoch darüber hinaus als Lager für das Salz, das per Schiff nach Calvi geliefert wurde.

Église Ste-Marie-Majeure

Die Kirche mit einer Fassade in Ocker und kräftigem Rosa steht an einem kleinen Platz. Sie ersetzt ein frühchristliches Gotteshaus aus dem 4. Jh., die im 5. Jh. von den Barbaren zerstört, im 13. Jh. wieder aufgebaut und im 16. Jh. von den Sarazenen erneut zerstört worden war. Auf der Orgel mit einem schönen **Orgelprospekt** italienischer Herkunft (18. Jh.) finden während der Saison Konzerte bekannter Organisten statt. Im Chor sind zwei interessante Gemälde bemerkenswert: **Notre Dame de l'Assomption** (Unsere Liebe Frau der Himmelfahrt) aus dem 16. Jh. und die **Annonciation de la Vierge** (Verkündigung Mariens) aus dem 18. Jh., florentinische Werke aus dem Nachlass der Sammlung Fesch. In der Kapelle links des Chors stellt ein **Gemälde auf Korduanleder** (15. Jh.) Unsere-Liebe-Frau-der-Serra dar und stammt aus der gleichnamigen Kapelle Notre Dame de la Serra.

Hôtel de ville (Rathaus)

Rue Albert 1er – ✆ 04 95 65 82 00 – tgl. außer Sa/So und Fei – Eintritt frei.

Man erreicht das Rathaus von der Rue Albert 1er durch einen schönen Terrassengarten mit Palmen, Mimosen und Oleander. Im ersten Stockwerk sind im Festsaal einige Bilder aus der Sammlung von Kardinal Fesch zu sehen, die der Graf von Survilliers im Jahr 1842 der Stadt vermachte.

Blick auf die Zitadelle★

Geht man die Avenue Gérard-Marche hinauf, gelangt man zur Kaserne und zum Friedhof oberhalb des Meeres. Von hier hat man einen herrlichen Blick auf die Zitadelle mit der Kuppel von St-Jean-Baptiste, auf die Unterstadt, die Bucht und den Strand.

La pinède (Kiefernwald)

Der Kiefernwald erstreckt sich über fast 4 km von der Marina bis zur Mündung der Figarella. Er wurde Ende des 19. Jh. angepflanzt, um den Erhalt der Dünen und die Entwässerung der Sumpfgebiete zu gewährleisten, und enthält hauptsächlich Sternkiefern, aber auch einige Maulbeer- und Eukalyptusbäume.

Auf einem sehr schattigen Fitnesspfad kann man joggen, spazieren gehen oder Mountainbike fahren. Die Eisenbahnlinie Calvi-Ponte-Leccia führt am gesamten Kiefernwald entlang. So lassen sich bequem mehrere Strände zwischen Calvi und L'Île-Rousse mit dem **Tramway de Balagne** erreichen *(s. Calvi und L'Île-Rousse, Tipps und Adressen)*.

Der Strand

Der Strand, der vom Kiefernwald durch die Bahnstrecke getrennt ist, bietet eine schöne Sicht auf die Stadt und die Zitadelle. Zum Baden eignet sich besonders der stadtnähere Abschnitt, da er komfortabler ausgestattet und das Wasser etwas tiefer ist.

Wanderung

Domaine de la punta de Revellata

6 km – Calvi auf der Straße nach Porto verlassen, direkt nach der Abzweigung der Straße nach N.-D.-de-la-Serra das Auto rechts auf dem Parkplatz abstellen. Das Ufer der Halbinsel Revellata ist nur zu Fuß oder per Mountainbike auf der Piste erreichbar, die sich unterhalb dahinschlängelt. Gehen Sie auf dieser Piste bis zum Leuchtturm. Die angeschlagenen Vorschriften einhalten.

3 ½ Std. hin und zurück (nicht steil), 1 ½ Std. hin und zurück per Mountainbike (geübte Radfahrer). Die Halbinsel mit ihrer zerklüfteten Uferlandschaft wird vom Amt für Küstenschutz gepflegt und zählt zu den Schätzen des Naturerbes Calvis. Am Ende der 300 ha großen Landzunge steht ein Leuchtturm. Gehen Sie noch 500 m bis zur meeresbiologischen Forschungsstation Stareso *(Privatbesitz)*, die für ihre Tauchkurse bekannt ist *(Informationen und Anmeldung – ✆ 04 95 65 06 18)*. Auf dem gesamten Abstieg bieten sich immer wieder herrliche **Ausblicke★** über die Küste.

Ziele in der Umgebung

Réserve naturelle de Scandola (Naturschutzgebiet Scandola)★★★

Per Schiff von Calvi aus zu erreichen – *s. Scandola.*

Notre-Dame-de-la-Serra★

6 km westl. auf der D 81B Richtung Galéria entlang der Küste.

Beim Ortsausgang von Calvi bietet sich von einer Aussichtsplattform, die durch ein Kreuz markiert ist, ein schöner **Überblick** über die Zitadelle, den Golf von Calvi und die Punta de la Revellata.

Nach 4 km links auf die kleine Straße abbiegen, die bergan durch eine Macchia führt. Sie bietet immer wieder wunderbare **Ausblicke★** auf die Halbinsel Revellata und führt dann rechts in ein Felsenmeer mit Granitblöcken, die von der Erosion zersetzt und von *taffoni (s. Les Calanche)* durchsetzt sind.

Die von einer Mauer umgebene Kapelle taucht mitten aus der Macchia auf. Eine breite Treppe führt auf den Vorplatz oberhalb der Bucht von Calvi. Von hier aus hat man einen wundervollen **Blick★★★** auf das Ufer, die Berge und die Zitadelle. Die Kapelle stammt aus dem 19. Jh. und wurde auf den Resten einer Kirche aus dem 15. Jh. erbaut, die 1794 während der Belagerung von Calvi zerstört wurde. Auf einem Felsen wacht die **Statue de Notre-Dame-de-la-Serra** über die Bucht.

Auf mehreren Wegen kann man schöne Spaziergänge in die Umgebung unternehmen *(die Wege sind nicht markiert, daher eine gute Wanderkarte mitnehmen)*. Vom Ortszentrum von Calvi können Sie auch zu Fuß nach N.-D.-de-la-Serra hinaufsteigen *(2 ½ Std. hin und zurück, leichte Wanderung, nicht steil, für Familien geeignet)*. Folgen Sie ab der Rue de la République der Avenue Christophe-Colomb, dann gehen Sie auf dem Chemin de la Serra weiter. Von dort führt ein Fußweg zur Kapelle.

Tipps und Adressen

Allgemeine Hinweise

Office de tourisme de Calvi et de la Balagne – *Jachthafen (Port de Plaisance)* – *✆ 04 95 65 16 67* – *www.balagne-corsica.com* – Hier sind Informationen über Calvi und 35 Gemeinden der Balagne erhältlich.

Stadtbesichtigung – Besichtigung mit Audioguide *(50 Min.)* beim Tourismusbüro. Leihgebühr für MP3-Player: 7 €.

Verkehrsmittel

Calvi ist als „Brückenkopf" der See- und Luftverbindungen mit Nizza und Marseille der korsische Urlaubsort mit dem wohl höchsten Passagieraufkommen in der Saison. Die Fährgesellschaften SNCM und Corsica Ferries bedienen Calvi *(s. S. 375)*.

FLUGHAFEN

Der Flughafen **Calvi Ste-Catherine** *(s. S. 374)* liegt 7 km südöstl. der Stadt.

Achtung: Zwischen dem Flughafen und dem Stadtzentrum gibt es keinen Zubringerdienst. Nur Taxis fahren den Flughafen an *(✆ 04 95 65 03 10)*. Die Fahrt vom Flughafen nach Calvi kostet etwa 15 €.

Autovermietung – Am Flughafen sind mehrere Autovermieter vertreten *(s. S. 377)*.

IN CALVI

Bahnhof (Gare ferroviaire) – *neben dem Tourismusbüro* – *✆ 04 95 65 00 61* – Die Balagnebahn, auch als *train des plages* bekannt *(s. S. 377)* fährt von April-Okt. Tägl. fahren zwei Züge nach Bastia und Ajaccio.

Überlandbusse (Autocars) – *Compagnie Les Beaux Voyages* – *✆ 04 95 65 15 02* – *www.corsicar.com* – Nur eine Gesellschaft fährt ab der Place de la Porteuse d'Eau. Betrieb ganzjährig (außer So und Fei): 1 Bus tgl. nach Bastia *(2 ½ Std.)* und Ajaccio *(4 Std.)*. Von Ende Juni-Mitte Sept. *(außer So und Fei)*: 1 Bus tgl. nach Calenzana *(20 Min.)* und Galéria *(45 Min.)*.

Übernachten

⊖ **Camping Paduella** – *2 km südöstl. von Calvi auf der N 197, dann auf der Straße nach l'Île-Rousse* – *✆ 04 95 65 06 16* – *10. Mai-15. Okt.* – *130 Plätze: 22 €.* Schöner Platz mit vielen Bäumen, daher sind die Plätze angenehm schattig.

⊖⊖ **Hôtel Casa-Vecchia** – *Route de Santore* – *✆ 04 95 65 09 33* – *www.hotel-casa-vecchia.com* – *12 Zi, 1 Maisonette-wohnung und 7 Appartements: 55/121 €* – *6 €* – *Rest. 17 €* – P. In einem mediterranen Garten befinden sich mehrere Gebäude mit nüchternen, aber tadellos gepflegten Zimmern und Wohnungen. Aus der obersten Etage genießt man eine sensationelle Aussicht über den Golf von Calvi. Familiäres Restaurant.

⊖⊖ **Hôtel Cyrnea** – *Route de Bastia* – *✆ 04 95 65 03 35* – *www.hotelcyrnea.com* – *Nov.-März geschl.* – *41 Zi: 76 €* – P. Die Zimmer sind hübsch, sauber und haben alle Balkon. Swimmingpool und Strand in der Nähe. Gutes Preis-/Leistungsverhältnis.

⊖⊖ **Hôtel L'Onda** – *Avenue Christophe-Colomb* – *✆ 04 95 65 35 00* – *www.hotel-londa.com* – *5. Nov.-16. April geschl.* – *24 Zi: 65/130 €* – *7 €* – P. Kleines Hotel aus den 1980er-Jahren zwischen Strand und Kiefernwald. Die Zimmer sind zweckmäßig und verfügen über eine Loggia, die schönsten natürlich mit Meerblick.

⊖⊖⊖ **Hôtel Balanea** – *6 rue Georges-Clemenceau* – *✆ 04 95 65 94 94* – *www.hotel-balanea.com* – *38 Zi: 79/299 €* – *12 €.* Das kleine Hotel am Jachthafen ist über die Fußgängerzone zu erreichen. Aus den geräumigen Zimmern, teils mit Balkon oder Terrasse, schaut man auf die Bucht. Originelle Ausstattung mit kräftigen Farben und vielseitigem Mobiliar.

⊖⊖⊖⊖ **Hôtel La Caravelle** – *Am Strand* – *0,5 km südl. von Calvi auf der N 197* – *✆ 04 95 65 95 50* – *hotel-la-caravelle-calvi@wanadoo.fr* – *29. Okt.-7. April geschl.* – *34 Zi: 124/190 €* – *12 €* – *Rest. 22/33 €* – P. An einem feinen Sandstrand am Ortseingang empfängt einen ein schöner Garten. Von dem Zimmer mit Terrasse kann man den Panoramablick aufs Meer und auf die Zitadelle bewundern.

Essen und Trinken

⊖⊖ **A Stella** – *13 rue Georges-Clemenceau* – *✆ 04 95 65 21 48* – *Jan.-Ende März geschl.* – *18,90/29,50 €.* Diese bekannte Bar *(s. Am Abend)*, wurde um ein Restaurant erweitert. Unter dem kreuzförmigen Gewölbe genießt man korsische und mediterrane Spezialitäten in gastfreundlicher Atmosphäre. Schöne Terrasse.

⊖⊖ **Aux Bons Amis** – *Rue Georges-Clemenceau* – *✆ 04 95 65 05 01* – *16. Okt.-31. März, Do außerhalb der Saison und So-mittag in der Saison geschl.* – *18/27 €.* Ein echter Familienbetrieb: Der Vater der Wirtin liefert den Fisch für die Bouillabaisses, die Paellas und all die anderen Spezialitäten, die in dem sympathischen kleinen Restaurant serviert werden.

⊖⊖ **Calellu** – *Quai Landry* – *✆ 04 95 65 22 18* – *calellu@wanadoo.fr* – *Nov.-Feb. und Mo außerhalb der Saison geschl.* – *22 €.* Das kleine Restaurant am Hafen legt seinen

Schwerpunkt auf Meeresspezialitäten. Mediterrane Gaumenfreuden bei freundlichem Empfang.

⊜⊜⊜ **Emile's** – *Quai Landry – ✆ 04 95 65 09 60 – www.restaurant-emiles.com – 1.-20. Feb., 1.-15. Nov., Mo und Mi außerhalb der Saison geschl. – 40/100 €.* Hier spielt sich alles im ersten Stock ab: Eine Terrasse mit Panoramablick, große Sonnenschirme und sorgfältig gedeckte Tische erwarten Sie zu Fisch und Meeresfrüchten.

Kleine Pause

Salon de thé Ascola – *27 Haute-Ville – ✆ 04 95 65 07 09 – 10-20 Uhr – Anfang Nov.-Ende März geschl.* Gegenüber vom Eingang zur Kathedrale St-Jean-Baptiste ist dies zugleich ein Teesalon (große Auswahl an Kaffee- und Teesorten) und ein Geschäft, das Stickereien, altes Geschirr, Möbel und vieles mehr anbietet.

Am Abend

A Stalla – *s. Essen und Trinken – 20-2 Uhr – Nov.-März außer Fei geschl.* In dem schönen „Stall", der in ein Nachtlokal umfunktioniert wurde, singt Marise Nicolaï jeden Abend traditionelle korsische Lieder und veranstaltet regelmäßig Konzerte mit den besten Sängern Korsikas.

Le Tire Bouchon – *15 rue Clemenceau – ✆ 04 95 65 25 41 – 12-14 Uhr, 19.30-23 Uhr, im April Mi, Mai und Okt. geschl.* Dieses beliebte Bistro hat eine fabelhafte Terrasse über der Fußgängerzone. Hier kann man 35 Qualitätsweine und köstliche korsische Spezialitäten probieren.

Einkaufen

A Casetta – *16 rue Georges-Clemenceau – ✆ 04 95 65 32 15 – Juni-Juli 9-21 Uhr, Aug. 9-24 Uhr, April-Mai, Sept.-Okt. und Dez. 9-12.30 und 15-20 Uhr, Jan., Feb. und Nov. geschl.* Dieses schöne Geschäft bietet eine schöne Auswahl handwerklich hergestellter Produkte: Käse, Öl, Alkoholisches, Kräuter der Macchia und vieles mehr.

Annie Traiteur – *5 rue Georges-Clemenceau – ✆ 04 95 65 49 67 – 7-20 Uhr, Juni-Aug. 7-22 Uhr, Jan.-Feb. geschl.* Eine Institution für lokale Produkte – Konfitüren, Liköre, Olivenöl, Würste, Zitrusfrüchte und verschiedensten Gemüsesorten, Käse und berühmte Fertiggerichten.

Aux Gâteaux Corses – *9 bd Wilson – ✆ 04 95 65 01 07 – tgl. außer So 8.30-12 und 15-19 Uhr, 10. Jan.-Ende Feb. geschl.* Jean-Baptiste Guidoni übt den Beruf bereits in der dritten Generation aus. Handgriffe und Zutaten für seine Kuchen sind noch genau dieselben wie zu Großvaters Zeiten.

Marché couvert (Markthalle) – *Rue Alsace-Lorraine – 8-12 Uhr.* Jeden Morgen wird es auf dem Markt (Produkte der Balagne) lebendig, ebenso wie vormittags im Jachthafen, wenn die Fischerboote anlegen (Direktverkauf von Fisch).

Sport & Freizeit

A Cavallu – *1d Valle al Legno – N 197 – Gegenüber von der Abzweigung zum Flughafen – ✆ 04 95 65 22 22 – www.a-cavallu.com – 10-12 und 14-16 Uhr, Sommer 8-12 und 15-20 Uhr.* Neben Ausritten in die Berge und Baden mit den Pferden bietet dieses Reitzentrum Aktivitäten für die Kleinsten wie Ponyritte in die Macchia oder den Besuch eines pädagogischen Bauernhofs.

Calvi Nautique Club – *Jachthafen (Port de Plaisance) – ✆ 04 95 65 10 65 – www.calvinc.org – Juli-Aug. 9-18 Uhr, Sept. 9-12 und 14-18 Uhr, Okt.-Mai tgl. außer So 9-12 und 14-18 Uhr, Juni 9-12 und 14-18 Uhr, Weihnachtsferien geschl.* Dieser Klub verleiht Surfbretter, Kajaks, Funboards und Hobie Cats, bietet aber auch Kurse und Ausflüge aufs Meer an.

Centre de plongée (Tauchzentrum) Castille – *Jachthafen (Port de plaisance) von Calvi – ✆ 04 95 65 14 05 – www.plongeecastille.com – Tauchgänge nach Anmeldung.* Evelyne und Gérard leiten den ältesten Tauchklub Calvis. Ein Schiff dient ihnen als Basis, so muss nicht groß mit schwerem Material hantiert werden.

Tra Mare e Monti Locations – *Jachthafen (Port de plaisance) – ✆ 04 95 65 21 26 – www.tramare-monti.com – April-Okt. 9-20 Uhr.* Ausfahrten im Segelboot, Bootsverleih ab Calvi und Galéria Richtung Naturschutzgebiet Scandola oder zu den Stränden von Saleccia. Verleih von Scootern, Motorrädern und Quad.

Jachthafen (Port de plaisance) – *Hafenmeisterei (beim Tourismusbüro) – ✆ 04 95 65 10 60*

Colombo Line – *Quai Landry – Jachthafen (Port de plaisance) – ✆ 04 95 65 03 40 – www.colombo-line.com* – Bootsausflüge in das Naturschutzgebiet von Scandola, nach Girolata, an die Strände der Agriates, zur Grotte der Veaux Marins, nach Ajaccio.

Feste und Events

Jazzfestival – *www.calvi-jazz-festival.com* – Mitte Juni.

Rencontres polyphoniques (Treffen polyphoner Gesangsgruppen) – *✆ 04 95 65 23 57* – Mitte Sept.

Festiventu – *✆ 01 53 20 93 00 – www.lefestivalduvent.com* – Ende Okt.-Anfang Nov.: Ein Fest für den Wind.

La CANONICA★

HAUTE-CORSE (2B) – UMSCHLAGKARTE VORNE C3 – MICHELIN LOCALKARTE 345 F4

Die elegante Silhouette der Kathedrale von Mariana erhebt sich unweit des Flughafens von Bastia mitten aus der Küstenebene, die sich südlich des Strandsees von Biguglia erstreckt. Malerisch liegt sie etwa 3 km flussaufwärts der Flussmündung des Golo. Die romanische Kirche, die im Volksmund „La Canonica" genannt wird, besticht durch die Reinheit ihrer Linien und die Harmonie ihrer natürlichen Mehrfarbigkeit.

Wegweiser – Von Bastia auf der N 193 Richtung Süden (17 km); auf Höhe des Flughafens links auf die D 107 *(s. auch die Rundfahrt vom Étang de Biguglia nach Bastia)*. Die Stätte wird von den frühchristlichen Ruinen der Stadt Mariana und von der Kirche La Canonica eingenommen.

Unbedingt sehenswert – Die Ausschmückung der Bogensteine des Ostportals, die an naive Kunst erinnert, ist ein bemerkenswertes Beispiel romanischer Bildhauerkunst.

Gut geplant – Falls Sie die Ausgrabungsstätte von Mariana besichtigen möchten, melden Sie sich zuvor im Bürgermeisteramt von Lucciana an.

Orte in der Nähe – BASTIA, La CASINCA

Sehenswürdigkeiten

Ausgrabungsstätte Mariana (Champ de fouilles de Mariana)

✆ 04 95 30 14 30 – Die Schlüssel sind im Bürgermeisteramt von Lucciana erhältlich – tgl. außer Sa/So – Eintritt frei.

Die Ausgrabungen an der frühchristlichen Stätte von Mariana im Süden der romanischen Kathedrale sind die umfangreichsten und bedeutendsten, die bislang auf Korsika durchgeführt wurden.

Vor nicht langer Zeit wurden nur etwa 20 m von der Kirche La Canonica entfernt die Grundmauern einer dreischiffigen frühchristlichen **Basilika** aus dem 4. Jh. freigelegt. In der Nähe befindet sich zudem ein **Baptisterium**, das ebenfalls aus dem 4. Jh. stammt. Die Ausschmückung mit **Mosaiken** und Säulen vermittelt ein Bild vom ursprünglichen Glanz der Stätte.

Die Untersuchung der verschiedenen archäologischen Schichten hat ergeben, dass es mehrere Barbareneinfälle gegeben und diese heilige Stätte zumindest eine gewaltige Zerstörung erlitten hat (wahrscheinlich im 6. Jh. durch die Lombarden). Im 7. Jh. wurde sie neu errichtet. Die Stätte scheint nach dem 8. Jh. zunächst aufgegeben worden zu sein, bis die Pisaner im späten 11. Jh. für die Sicherheit der Küste sorgten und so die heute noch erhaltene romanische Kathedrale erbaut werden konnte.

Mariana

Im Jahr 93 v. Chr. gründete der römische Konsul **Marius** (157-86 v. Chr.) eine Siedlung für die Veteranen seiner Feldzüge gegen die Piraten und benannte sie nach sich selbst: Mariana.
Kaiser **Augustus** (27 v. Chr.-14 n. Chr.) ließ hier einen Hafen bauen, so dass Mariana zu einem wichtigen Brückenkopf der römischen Expansion im Norden der Insel wurde.

Romanische Kathedrale★

Der Innenraum wird derzeit restauriert – ✆ 04 95 30 14 30 – Juli-Sept. tgl.

Die heute noch erhaltene Kirche wurde im Jahr 1119 vom Erzbischof von Pisa als päpstlicher Legat feierlich der Himmelfahrt Mariens, Santa Maria Assunta, geweiht. Das Musterbeispiel für pisanische Frühromanik hat mit einer Ost-West-Länge von 33 m relativ bescheidene Ausmaße und zeigt den Grundriss einer Basilika mit einem größeren Mittelschiff und kleineren Seitenschiffen sowie einer halbrunden Apsis mit einer Halbkuppel.

Außergewöhnlich bemerkenswert sind sowohl die Klarheit als auch die Reinheit der Linien und Proportionen. Zur Schönheit des Bauwerks trägt darüber hinaus die dezente Mehrfarbigkeit des Natursteins bei, dessen Tönung von Graugelb bis Hellgrün reicht, aber auch bläuliche und orangefarbene Nuancen zeigt. Bei diesem Stein handelt es sich um eine Marmorart, den Kalkschiefer aus den Steinbrüchen von Sisco und Brando auf der Halbinsel Cap Corse.

Das Mauerwerk der Canonica besteht aus einem groben Kern aus Kieseln und Kalkmörtel, der beidseitig mit Marmorplatten verkleidet ist. Der monolithische Türsturz des Eingangsportals an der Westfassade und die Archivolte über dem unverzierten Tympanon sind mit Flechtbandornamenten versehen. In die sechs Bogensteine über der Archivolte sind Tiere eingemeißelt. Es handelt sich wahrscheinlich um *(von links nach rechts)* einen Löwen, zwei einander zugewandte geflügelte Greifen, ein kreuztragendes Lamm (Symbol für den Sieg des Guten über das Böse), einen Wolf sowie einen Hirschen, der von einem Hund verfolgt wird.

La Canonica

La Canonica kommt vom lateinischen *canonicus* und bedeutet „Kanoniker". Bei Ausgrabungen in der Umgebung der Kathedrale wurde ein interessanter mittelalterlicher Wohnsitz entdeckt, der dem Bischof und den Kanonikern als Domizil diente.

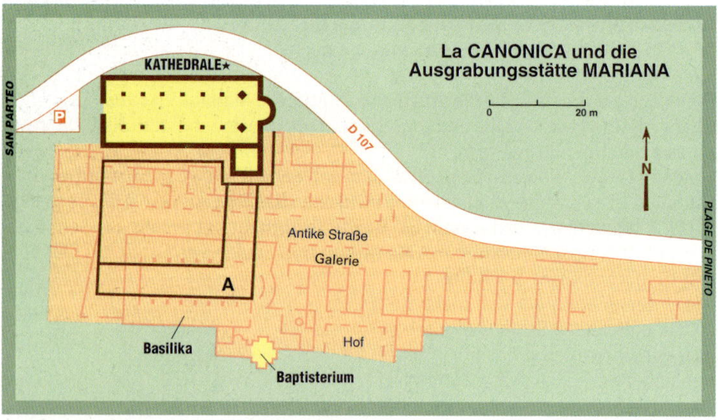

Église San Parteo

300 m westl. von der Kathedrale La Canonica auf der D 107, dann links auf einen Feldweg einbiegen – geschlossen – s. Illustrationen zur Baukunst S. 42.

Die Felder, in deren Mitte sich die Kirche San Parteo heute erhebt, liegen über einer ursprünglich heidnischen Begräbnisstätte, die auch in frühchristlicher Zeit und dann wieder im Mittelalter als Friedhof benutzt wurde. Bei Ausgrabungen, die heute bereits zugeschüttet sind, entdeckte man die Grundmauern einer frühchristlichen Kapelle, die wohl im 5. Jh. erbaut worden sein dürfte und das Grab des hl. Parteo enthielt.

Die heutige Kirche ist toskanisch beeinflusst. San Parteo wurde in zwei Bauabschnitten errichtet: Die Apsis stammt aus dem 11. Jh., das Kirchenschiff wurde im frühen 12. Jh. errichtet. Diese im Gegensatz zu La Canonica nicht überwölbte Kirche war ursprünglich mit *teghje*, den charakteristischen Schieferplatten, gedeckt, die auf einem einfachen Dachstuhl ruhten. Der Türsturz des südlichen Seitenportals ist mit zwei Löwenskulpturen geschmückt. Die Löwen ruhen im Schatten einer Palme und wirken eher dekorativ als furchterregend.

CAP CORSE★★★

U Capicorsu

HAUTE-CORSE (2B) – UMSCHLAGKARTE VORNE C1 – MICHELIN LOCALKARTE 345 F2-3

Der lange Gebirgskamm Cap Corse schließt auf einer Länge von fast 40 km an das Schiefergebirge Korsikas an. Auf einer Straße, die wundervoll zwischen Meer und Gebirge angelegt wurde, kann man die Sand- oder Kieselstrände, die Dörfer in steiler Hanglage mit den alten, terrassenförmig angelegten Anbauflächen und die kleinen Häfen entdecken, die sich in die Einbuchtungen der Küste schmiegen. Der Westhang, der steiler ist als die Küste, die zum Tyrrhenischen Meer hin abfällt, ist unberührter geblieben. Das Cap bietet Freunden der Unterwasserjagd oder des Sporttauchens felsige Böden und fischreiche, klare Gewässer.

Stéphane Sauvignier / MICHELIN

Einer der vielen korsischen Genuesertürme, die Tour de Losse, wacht an der Küste des Cap Corse.

Wegweiser – Die Halbinsel Cap Corse wird in Längsrichtung von einem über 1000 m hohen Gebirgskamm geteilt, dessen höchster Gipfel mit 1307 m der Monte Stello ist. Diese Gebirgskette fällt nach Süden hin Richtung Col de Teghime (536 m) ab, dem Übergang zwischen Bastia und St-Florent und im Norden zur Sandstrandküste, der als letzter Ausguck Korsikas die kleine Insel La Giraglia vorgelagert ist.

Unbedingt sehenswert – Der Zöllnerpfad im Norden des Cap Corse, die hoch im Gebirge liegenden Dörfer Rogliano, Cannelle oder Nonza, die Marina Centuri.

Gut geplant – Sie sollten sich für Cap Corse zwei Tage Zeit nehmen mit Zwischenstation in Macinaggio, Barcaggio, Centuri oder Nonza. Planen Sie einen zusätzlichen Tag für den Monte Stello ein. Die Höhenstraße an der Westküste wurde verbreitert, sie erfordert aber noch immer große Aufmerksamkeit beim Fahren.

Mit Kindern – Badefreuden an den Stränden von Macinaggio und Barcaggio eignen sich für eine angenehme Pause während der Umrundung der Cap Corse.

Orte in der Nähe – CENTURI, ERBALUNGA, MACINAGGIO, NONZA, ROGLIANO, BASTIA, PATRIMONIO, ST-FLORENT

Geschichte und Geschichten

Zwei verschiedenartige Gebirgsseiten – Cap Corse sieht auf der Westseite völlig anders aus als auf der Ostseite. Die stark zerklüftete Westseite wird von dem hohen Gebirge beherrscht, dessen Hänge steil ins Meer abfallen. Hier findet man eindrucksvolle Landschaften und Dörfer, die kühn am Hang liegen. Die Ostküste ist niedriger, geradliniger und wird durch die Anschwemmungen der Gebirgsbäche reguliert.

Die Landwirtschaft und der Wind – Die dem Tyrrhenischen Meer zugewandte Seite des Cap Corse weist Täler auf, die sich gut für Landbau und Weidewirtschaft eignen. Im Winter unterliegen sie dem Einfluss von Südost- und Nordostwind, dem warmen *sciroccu* (Scirocco) und dem trockenen und kalten Gregale. An den Westhängen, an denen im 17. Jh. der Weinbau als Monokultur eingeführt wurde, gibt es nur noch wenige als Terrassen angelegte Anbauflächen für Wein und Obst. Sie müssen vor dem Südwestwind, dem *libecciu* und dem Nordwind *tramuntana* (Tramontane) geschützt werden. In der Vergangenheit wurde der Wind durch zahlreiche Windmühlen genutzt, die auf die Hügel an der Spitze des Cap Corse gebaut wurden. Heute hat man sie durch moderne Windräder ersetzt.

Ein zerklüftetes Gebiet – Durch die Verästelungen des Hauptkamms nach Westen und Osten teilen sich Täler ab, die von den Richtung Meer fließenden Wildbächen gegraben wurden und die Gemeindegebiete trennen. Diese erstrecken sich vom Gebirge Richtung Meer und umfassen je ein Flussbecken. Jede Gemeinde – meist besteht sie aus in den Höhenlagen verstreuten Weilern – besitzt an der Küste ihre „Marina".

Rivalität zwischen Pisa und Genua – Bereits im 9. Jh. unterlag Cap Corse dem Einfluss Pisas, das die Lehnsherrschaft über dieses Gebiet den toskanischen Markgrafen von Massa übertrug. Die zahlreichen romanischen Bauwerke, von denen die Hänge des Cap Corse übersät sind, sind die architektonischen Zeugen dieser nicht nur militärischen Präsenz. So entwickelten sich natürlich Handelsbeziehungen zwischen den Marinas des Cap Corse und Pisa, welches das Monopol für den Handel mit landwirtschaftlichen Produkten aus der Balagne und des Cap Corse besaß. Hauptexportgut der Halbinsel war ihr bei den Toskanern sehr beliebter Wein. Im 12. Jh. wurden die Handelsbeziehungen zu einem erbittert umkämpften Streitobjekt zwischen den rivalisierenden Mächten Genua und Pisa, die beide vom Handel lebten.

Das genuesische Lehnsverhältnis – Die Nähe Genuas (nur 150 km von der Nordspitze entfernt) erklärt die besonders guten Beziehungen, die sich zwischen Cap Corse und der Republik entwickelten. Der Genuese Ido gilt als der Urvater der alten bekannten Geschlechter des Cap Corse, der Familien Peverelli, Turca und Avogari. Als die Peverellis von den Avogaris vertrieben wurden und nach Genua flüchteten, verkauften sie 1198 dem genuesischen Admiral Ansaldo da Mare ihr Lehnsgut. Diese Familien, zu denen noch die Gentiles aus Brando und Nonza hinzukamen, hielten die Allianz mit Genua aufrecht. Unter dem Schutz Genuas konnten sich die Bewohner des Cap Corse gefahrlos ihren lukrativen Handelsbeziehungen widmen.

Die geografische Lage und sein Wohlstand, verbunden mit dem Niedergang Genuas Mitte des 16. Jh., setzte Cap Corse den Überfällen von **Seeräubern** aus. Vom Ende des 16. Jh. bis in die Mitte des 17. Jh. war der schmale Landstreifen deren bevorzugte Zielscheibe.

Ein Randgebiet – Cap Corse, das durch seine vielfältigen wirtschaftlichen Interessen mit Genua verbunden war, bildete lange Zeit einen Widerstandsherd gegen die korsische Revolution im 18. Jh. **Paoli** stieß bei seinen Bemühungen, eine nationale Flotte zu rüsten, auf die fehlende Motivation der Seeleute des Cap Corse, die keine Lust verspürten, ihre Handelserträge gegen die Risiken eines Feldzugs gegen Genua einzutauschen. Paoli ließ dennoch ein Dutzend Piratenschiffe bauen und bewaffnen, die Genuas Macht ins Wanken brachten *(s. Macinaggio)*.

Neue Aktivitäten – Anfang des 19. Jh. kam der Seehandel schließlich zum Erliegen. Auf Cap Corse fand nun eine erstaunlich dynamische und mutige Umorientierung auf die Landwirtschaft statt. Die Bewohner erschlossen zahlreiche Steilhänge der Halbinsel und legten Terrassen an. Diese Anstrengungen waren von Erfolg gekrönt, und Cap Corse machte sich über 50 Jahre lang einen Namen als landwirtschaftliche Region. Noch heute ist die Landschaft von dieser mühsamen Kleinarbeit geprägt.

Land der Seefahrer und Auswanderer – Die Bewohner des Cap Corse gründeten im 19. Jh. die ersten französischen Handelskontore in Nordafrika, und viele von ihnen emigrierten ab Mitte des 18. Jh. in die USA, nach Südamerika und auf die Antillen. Diese Auswanderung nach Südamerika hielt bis ins frühe 20. Jh. an und beeinflusste die Architektur in der Region. Nachdem die Emigranten insbesondere in Puerto Rico und

Venezuela ihr Glück gemacht hatten (ein venezolanischer Präsident stammte z. B. aus Korsika), ließen sie in ihren Geburtsorten prächtige Wohnhäuser im Stil der italienischen Renaissancepaläste oder im südamerikanischen Kolonialstil erbauen. Am Rand eines Weilers oder in kleinen Tälern kann man derartige Häuser entdecken. Die meisten sind noch in Privatbesitz. Die bemerkenswertesten Gebäude stehen in Sisco, Cannelle, Metino, Morsiglia (Weiler Pecorile, Palais Ghjelfucci) und auch in Rogliano.

Dialekt – Die häufigen Kontakte mit der Toskana haben die Sprache und das Temperament der Bewohner des Cap Corse stark beeinflusst. Sie sprechen tatsächlich einen italienischen Dialekt, der viele toskanische Wendungen enthält. Daher behauptet der Philologe François-Dominique Falcucci (1835-1902) aus Rogliano, Verfasser des *Vocabolario dei dialetti corsi* (Wörterbuch der korsischen Dialekte), der Dialekt auf Cap Corse sei „das reinste der italienischen Idiome".

Cap Corse heute – Die demografische Ausblutung, die sich Ende des 19. Jh. (aufgrund der Emigration) anbahnte, bremste die Aktivitäten der Halbinsel. Allerdings behielt sie ihren guten Ruf als Qualitäts-**Weinbaugebiet**. Es werden heute sehr unterschiedliche Weine produziert: Samtige Muskateller- und Malvoisie-Weißweine in Macinaggio und Tomino (Clos Nicrosi) sowie fruchtige Rot-, Weiß- und Roséweine in Patrimonio. Der wichtigste Wirtschaftszweig ist inzwischen der Tourismus.

Ausflug

Rundfahrt um Cap Corse★★ – *s. Kartenskizze S. 189*

Rundfahrt ab Bastia (s. dort) – 179 km – 2 Tage. Bastia Richtung Norden verlassen. Die Straße führt anfangs am Strand von Toga entlang und folgt dann als Höhenstraße der Küste.

Miomo – *s. Bastia, Ziele in der Umgebung.*

Lavasina

Dieser Weiler in schöner Lage an einem Kieselstrand ist für seine Kirche Église N.-D.-des-Grâces bekannt: Der Überlieferung nach soll das Bild in der Kirche, das die Jungfrau mit dem Kind darstellt (16. Jh.), wundertätig sein. Im September finden zahlreiche Wallfahrten statt: Am Vorabend des 8. Septembers zieht eine Prozession mit Fackeln über den Strand. Eine bemerkenswerte Menge an Gläubigen nimmt an dieser nächtlichen Prozession teil, die mit einer Mitternachtsmesse endet.

Monte Stello★★

An der südl. Ortseinfahrt von Lavasina die D 80 verlassen und 5,5 km auf der D 54 bis Pozzo fahren.

Die Straße führt einen breiten Hang über dem Meer hinauf, an dem die Dörfer Poretto und Pozzo liegen. Auf der Anhöhe erhebt sich zwischen alten Kiefern der Kampanile des Kapuzinerklosters. Beim Kloster links die Straße bis zur Piazza Santa Catalina Richtung Ortsmitte hinauffahren *(das Auto auf dem Parkplatz rechts stehen lassen).*

Wanderung auf den Gipfel★★★ – *Die Wanderung bietet keine größeren Schwierigkeiten, man sollte sich aber vergewissern, dass das Wetter halten wird. Das Gebiet ist für plötzliche Nebelbildung bekannt, die den Rückweg gefährlich machen kann. An heißen Sommertagen ist der Ausflug nicht zu empfehlen, da die Sicht durch den Dunst begrenzt ist.*

6 Std. hin und zurück ab Ortsmitte, Pausen nicht mitgerechnet (1000 m Höhenunterschied). Der Weg folgt zunächst den Gassen *(Markierung orange)*, anschließend einem gut angelegten Weg, der über dem Dorf rasch an Höhe gewinnt. Der Weg wird weniger steil, führt an der Schlucht des Wildbachs Arega entlang und klettert anschließend zu den **Prunelli-Schäfereien** (Unterstand und Quelle) hinauf. Anschließend führt er zu einem Durchgang (Bocca di Sta Maria) und weiter den Westhang des Massivs entlang. Nun sieht man den pyramidenförmigen Gipfel des Monte Stello, dessen Kamm von der Nordseite her zugänglich ist. Nachdem man in westlicher Richtung um die Gipfelpyramide herumgegangen ist, gelangt man zum Gipfel (1307 m). Bei klarem Wetter ist der **Rundblick★★★** überwältigend. Man sieht das gesamte Cap Corse, den Golf von St-Florent und das hügelige Hinterland der Agriates, die Balagne und die stufenförmigen Ausläufer der zentralen Gebirgszüge. Richtung Osten zeichnet sich am Horizont der Toskanische Archipel ab.

Castello – *s. Erbalunga*

Erbalunga★ – *s. dort*

Nördlich von Erbalunga wird die Landschaft immer wilder. Macchia bedeckt die Hänge. Die Straße ist in der Höhe in den Felsen gehauen oder führt am Meeresufer entlang, vorbei an malerischen Buchten mit kleinen Marinas.

5,5 km nördl. von Erbalunga links auf die D 32.

Sisco (Siscu)

Zu der Gemeinde gehören eine bescheidene Marina an der Küstenstraße sowie mehrere Weiler, die zu beiden Seiten eines grünen Tals liegen. An den flachen Hängen sieht man zahlreiche Terrassen, die früher bebaut wurden, heute jedoch als Weideland dienen. Hier blüht im Frühling der Affodil und bildet einen schönen Kontrast zur Macchia der Höhenlagen. Im Mittelalter gehörte Sisco zu den wenigen Orten auf Korsika, in denen es metallverarbeitende Werkstätten gab. Huf-, Waffen- und Goldschmiede fertigten Stichwaffen, Rüstungen und Schmuck an.

Chapelle St-Martin – *7 km von der Marina von Sisco entfernt auf der D 32.* Die Kapelle ist durch ihren Glockenturm an der Südseite gut ausfindig zu machen. Von hier aus erkennt man im Nordwesten die Chapelle St-Michel, die in etwa 900 m Luftlinie an dem recht steilen, von Macchia bewachsenen Hang steht.

Chapelle St-Michel (San Michele de Siscu)★ – *Auf der schmalen Teerstraße fahren, die rechts hinter der Kapelle St-Martin abzweigt und die Straße nach Barrigione und Bussette links liegen lassen. Nach 700 m links auf den steinigen Weg abbiegen und etwa 600 m weiterfahren, zwei Haarnadelkurven nach links und eine nach rechts. An dem kleinen Platz, an dem sich der Weg gabelt, das Auto unter den Kastanien parken.*
1 Std. hin und zurück ab der Kapelle St-Martin. Etwa 250 m auf dem rechten Weg bis zur nächsten Haarnadelkurve gehen. Weiter dem Weg folgen, der rechts von einer großen Kastanie in der Kurve abzweigt. Nach etwa 100 m einen kleinen Bach überqueren (manchmal ist er ausgetrocknet), dann 100 m gerade zwischen den Kastanien bergauf (rechts nicht von den ersten Ziegenpfaden verleiten lassen).
Die Chapelle St-Michel, ein herrliches Bauwerk mit schönen Proportionen, wirkt wie die Gebirgsversion von San Parteo de Mariana *(s. La Canonica)*. Die Apsis wird von Lisenen und Blendarkaden dezent geschmückt. Dieses vollkommene Meisterwerk der Frühromanik auf Korsika zeigt, welche Meisterschaft die toskanischen Baumeister im 11. Jh. bereits erreicht hatten. St-Michel-de-Sisco soll 1030 erbaut worden sein. Der **Ausblick★★** reicht von den Marinas von Sisco und Pietracorbara über einen großen Teil des Tyrrhenischen Meers bis zum Toskanischen Archipel. Bei klarem Wetter sieht man sogar bis Italien.

Zurück auf die D 80 und auf dieser Richtung Norden fahren.

Église Ste-Catherine – *Privatbesitz – 2 km nördl. von der Marina von Sisco auf der D 80.* Die Kirche erhebt sich auf einem Felsvorsprung über der Küste. Sie ist im romanischen Stil erbaut, wurde aber erst im 15. Jh. errichtet. Da sie leider viel von ihrer ursprünglichen Ausstrahlung verloren hat, interessiert sie heute eher wegen ihrer Geschichte.
Der Überlieferung berichtet, dass im 13. Jh. in Seenot geratene Matrosen das Gelübde getan hatten, die in ihrem Besitz befindlichen Reliquien in der ersten Kirche niederzulegen, die sie sehen würden. Als die Gefahr vorüber war, vergaßen sie allerdings ihren Schwur. Doch das Meer erinnerte sie daran. Rasch warfen sie Anker und legten ihren Schatz in einem kleinen Gebetshaus ab, das an Stelle der heutigen Kirche stand. Erst jetzt beruhigte sich das Meer endgültig.

Die Marina von **Pietracorbara** (Petra Curbara) hat einen schönen Strand zu bieten (eine Mischung aus Sand und Kieseln), der über einen Kilometer lang ist. Direkt am Strand gibt es ein kleines Restaurant.

Etwa 4 km weiter steht links der **Turm von Losse** und 7 km nördlich von Santa-Severa erhebt sich der genuesische Turm von **Meria**. Zwischen Sisco und Macinaggio führt die Straße durch mehrere Gebiete, in denen Steineichen wachsen. Kurz vor Macinaggio sieht man dann die ersten Weinstöcke.

Die D 80 vor Macinaggio verlassen und links auf die D 353 abbiegen.

LE CAP CORSE
0
4 km
Île de la Giraglia
Barcaggio
Tour d'Agnello
Tollare
Sentier des douaniers ★
Rade de Santa Maria ★
Capo Bianco
Belvédère du Moulin Mattei
Sta-Maria Capandula
Îles Finocchiarola (réserve naturelle)
Baie de Centuri
Ersa
Baie de Tamarone
★Cannelle
Col de Serra
★★Centuri
Mte di u Poggio 447
Rogliano★
Macinaggio
Crique de Mute
Camera
Bettolacce
Général Cipriani
l'Annonciation
Tomino
Morsiglia
Marine de Meria
Meria
Golfe d'Aliso
381
Col de Ste-Lucie
Ancn couvent St-François
(Piazza) Luri
Pino★
180
Tour de Sénèque
Sta-Severa
416
Mte Minervio
Jardins traditionnels du Cap Corse
Luri
Porticciolo
Losse
Marine de Giottani
1139
Mte Alticcione
Marine de Pietracorbara
Marinca
Canari
Pnta di Canelle
Cima di e Follicce 1322
★St-Michel
Sisco
Ste-Catherine
St-Martin
Rocher d'Albo
Olcani
Marine de Sisco
Guado Grde
Marine d'Albo
★★MONTE STELLO
1307
Castello
Nonza★
Erbalunga★
Olmeta-di-Capocorso
Sta-Maria Assunta
Pozzo
Lavasina
Mte Pruno 1238
N
Miomo
San-Martino-di-Lota
Pietranera
Toga
★★Ste Lucie
Fiume Albine
★Golfe de St- Florent
★★★SERRA DI PIGNO
BASTIA★★
Col de San Bernardino
76
960
Patrimonio
Monserrato
St-Florent★
536
Col de Teghime★★
D 153
D 253
D 35
D 53
D 80
D 353
D 180
D 33
D 32
D 233
D 443
D 31
D 338
D 81
D 64
D 38
N 193
CALVI
PORTO-VECCHIO
Acqua Tignese

Tomino (Tuminu)

Die Kirche, die barocke Bruderschaftskapelle und ein genuesischer Turm überragen das Dorf, das auf einem Felsvorsprung erbaut wurde. Vom Kirchplatz aus bietet sich ein **Blick★★** hinunter in die Bucht und den Hafen von Macinaggio sowie in der Ferne auf die Finocchiarola-Inseln und Capraia. Tomino soll im 6. Jh. eine der frühesten Stätten des Christentums auf Korsika gewesen sein. Heute teilen sich die Bewohner mit ihren Nachbarn aus Rogliano die Bewirtschaftung der Weinberge.

Macinaggio (Macinaghju) – *s. dort*

Hinter Macinaggio entfernt sich die Straße von der Küste, sie steigt bergan und durchschneidet Cap Corse Richtung Westen. 2 km hinter dem Dorf links auf die Straße abbiegen *(D 53)*, die nach **Bettolacce** (Gemeinde Rogliano) hinaufführt und „Weg der Kaiserin" (Chemin de l'Impératrice) genannt wird. Unterwegs bieten sich wunderbare Blicke auf die Weiler dieser Gemeinde.

Rogliano★ (Ruglianu) – *s. dort*

Fährt man auf der D 53 weiter, erreicht man die D 80 und folgt ihr bis Ersa.
Die Straße führt rechts oberhalb an einer Landschaft aus Tälern und Hügeln entlang, die zum Meer hin abfällt.

Ersa

Die Gemeinde unterhält im Norden von Cap Corse eine große Windkraftanlage.
Im Weiler Botticella ziert in der **Église Ste-Marie** ein schöner Tabernakel mit barocken Holzschnitzereien den Altar.

Die D 80 in Ersa verlassen und rechts auf die D 153, dann auf die D 253 fahren.

Nach einer kurvenreichen Fahrt *(7 km)* durch Macchia und Olivenhaine entdeckt man am Nordende von Cap Corse das Inselchen **Îlot de la Giraglia**, die der Landzunge mit ihrem Leuchtturm Schutz bietet. Die Spitze des Cap Corse zwischen der Pointe du Becco (Punta di Corno di Beccu) und den Finocchiarola-Inseln unterscheidet sich durch ihre wilde Landschaft von der übrigen Halbinsel. Das türkisfarbene Wasser und die unendliche Weite des Meeres mit seinen Schaumkronen bieten einen herrlichen Anblick.

Barcaggio (Barcaghju)

Der friedliche kleine Hafenort liegt am Ende einer Bucht gegenüber der Insel La Giraglia. An seiner Ostseite erstreckt sich ein langer schöner Strand mit feinem Sand und Kieseln. Lassen Sie das Auto auf dem Parkplatz stehen und gehen Sie die ungefähr 200 m zum Strand zu Fuß.

Zurück auf die D 253, links auf die D 153 und zurück nach Ersa. Von dort auf der D 80 bis zum Col de Serra. Dieser Pass führt in 365 m Höhe über die Kammlinie des Cap Corse.

Genuesische Türme

S. Illustrationen zur Baukunst S. 47. Die auf Betreiben der Schutzmacht Genua erbauten Türme dienten hauptsächlich als Beobachtungsposten, von denen man die Bevölkerung vor drohenden Gefahren warnte, damit sie sich in die sicheren Gebiete im Hinterland flüchten konnte. Bis ins 18. Jh. galten für die Wache in den Wachttürmen entlang der korsischen Küste sehr strenge, von den Genuesen aufgestellte Regeln. Hier einige Auszüge aus den Pflichten der Wächter, den sogenannten *torregiani*:

- Jeden Abend nach Sonnenuntergang auf den Turm steigen, um zu kontrollieren, dass sich keine Seeräuber nähern, und anschließend je nach Beobachtungsergebnis mit den Nachbartürmen über die üblichen Leuchtfeuer Kontakt aufnehmen.
- Es ist verboten, sich länger als zwei Tage zu entfernen, zudem darf sich immer nur ein Wächter vom Turm entfernen. Die Turmwächter dürfen keine Stellvertreter bezahlen.
- Jeder Seefahrer, der sich bei den Wächtern über den Sicherheitszustand der befahrenen Route erkundigt, muss Auskunft erhalten.

Die Wächter waren außerdem dafür zuständig, von den durchfahrenden Schiffen die Abgaben zu kassieren. Derzeit gibt es auf Korsika noch etwa 60 Türme, die momentan restauriert werden.

Fast unwirklich erscheinen diese Kühe am Strand von Barcaggio.

Belvédère du Moulin Mattei

30 Min. zu Fuß hin und zurück. Gehen Sie vom Pass (Parkplatz) rechts auf dem Weg. Er führt zu der alten Mühle hinauf, die 404 m hoch liegt und sich dadurch aus der Macchia erhebt. Diese alte Windmühle wurde direkt nach dem Ersten Weltkrieg von dem berühmten korsischen Spirituosenfabrikanten **Mattei** ein erstes Mal restauriert und kürzlich vom Amt für Küstenschutz erneut renoviert. Während der Saison kann man dort eine kleine Ausstellung besichtigen. Von hier bietet sich ein weiter **Rundblick★★** von der Insel Giraglia im Norden bis zur Bucht von Centuri und zur felsigen Westküste. Auch die Reihen der Windräder in der Gemeinde Ersa sind gut zu erkennen.

Zurück auf die D 80 und bis Camera fahren. Dort rechts auf die D 35 Richtung Centuri abbiegen, die Straße nach 1 km aber wieder verlassen, um nach Cannelle zu gelangen.

Cannelle★

Auf einem Weg ab Centuri (s. dort) erreichbar.

Die Straße endet am Ortsanfang dieses am Hang liegenden Weilers. Enge, mit Schieferplatten gepflasterte Gässchen, in denen Geranien, Löwenmäulchen und Passionsblumen blühen, Stufen, die unter langen überwölbten Durchgängen in den Fels geschlagen sind, führen in eine Welt abseits jeglicher Hektik.

Nach dem letzten Haus erblickt man auf einem kleinen, von Felsen umschlossenen Platz eine Quelle unter einem weißen, mit einer Statue geschmückten Portikus. Rechts und links davon befinden sich eine Tränke und ein Waschtrog. Der Blick reicht jenseits der Kiefern und Aloen zu den Bergen, die zur Bucht von Centuri abfallen.

Zurück auf die D 35 und nach Centuri.

Centuri★★ – *s. dort*

Auf der D 35 Richtung Süden.

Von der Straße aus sieht man den Golf von St-Florent, am Horizont das Nebbio und im Hintergrund die verschneiten Gipfel des Monte Cinto und des Monte Padro. 2,8 km hinter Centuri geht nach links die Straße ab, die zum ehemaligen **Couvent de l'Annonciation** (Kloster der Verkündigung) führt, das N.-D.-des-Sept-Douleurs (Unserer Lieben Frau der Sieben Schmerzen) geweiht ist. Es soll Ende des 16. Jh. von Serviten (Orden der Diener Mariens) gegründet worden sein. Die Klosterkirche gilt als die größte Kirche auf Cap Corse. Der Universitätsverband Strasbourg-Morsiglia unterhält hier seit 1926 ein Ferienzentrum *(keine Besichtigung).*

Morsiglia (Mursiglia)

Die Gemeinde zieht sich stufenförmig bis ans Meeresufer hinunter. Der Hauptweiler wird von hohen Klippen umgeben und von quadratischen Türmen bewacht.

In spektakulärer Streckenführung folgt die enger werdende Straße in der Höhe den Ausbuchtungen der Küste. Die Hänge sind von einem grünen Teppich bedeckt, den Stechpalmen und weißliche Zistrosen dominieren.

Kurz vor dem Weiler Ciocce (Gemeinde Pino) links auf die D 180 abbiegen, die ins Landesinnere führt. Gleich nach der Chapelle Ste-Lucie auf die schmale Straße abbiegen, die in Serpentinen zwischen den Kiefern hindurchführt.

Col de Ste-Lucie

381 m. In einem schönen Seekiefernwald steht eine der hl. Lucia geweihte Kapelle, die Chapelle Ste-Lucie (1815). **Blick★** über das Meer und den Golf von Aliso.

Tour de Sénèque

In einer unberührten **Landschaft★** erhebt sich auf einem Gipfel des Monte Rottu (564 m) ein halb verfallener mittelalterlicher Wachtturm, der unter dem Namen Seneca-Turm bekannt ist.

Nach Möglichkeit am Col de Ste-Lucie parken, denn die Straße, die an der Kapelle beginnt, ist schmal und in schlechtem Zustand.

1 ½ Std. zu Fuß hin und zurück. Am Ende der Straße (verlassene Häuser) auf dem steilen Weg am südwestl. Ende des unbefestigten Parkplatzes weitergehen. Der gut angelegte Weg verläuft zwischen Zistrosen und Eichen bergauf. Bald verläßt man das Unterholz und gelangt zu einer Anhäufung von Felsblöcken. In den Stein gehauene Stufen führen zum Fuß des Turms *(bei Nässe rutschig!)*. Mauerstücke und ein Becken zeigen an, wo einst der **Turm des Motti** (heute Seneca-Turm) stand, der früher die 150 m tiefer gelegene Motti-Burg schützte. Bei klarer Sicht reicht der **Blick★** bis zu den Inseln Elba und Capraia sowie zur italienischen Küste.

Es ist sehr wahrscheinlich, dass sich Seneca an der Ostküste in den Kolonien Aléria oder Mariana aufgehalten hat, „wo sich mehr Fremde als Einheimische aufhielten". Während der acht Jahre seiner Verbannung (41-49) schrieb der Philosoph sein Traktat über den Trost.

Luri

5,5 km hinter dem Col de Ste-Lucie an der D 180. Die verschiedenen Weiler dieser Gemeinde liegen verstreut in einem grünen Tal, das sich zur Ostküste hin öffnet. Der Weinbau ist hier eine wichtige Einnahmequelle wie die berühmte, jährlich stattfindende **Weinmesse** *(Juli)* und das kleine Museum bezeugen.

Die **Église St-Pierre** aus dem 17. Jh. *(s. Illustrationen zur Baukunst, S. 42)* im Weiler **Piazza** birgt hinter dem Altar ein Tafelbild auf Holz aus dem späten 16. Jh., das das Leben Petri darstellt. Die Landschaft im Hintergrund soll Burgen des Cap Corse aus dem 15. Jh. zeigen, insbesondere die Burg der Herren von Mare; rechts ist vermutlich die im 16. Jh. geschleifte Burg von San Colombano in Rogliano zu sehen *(s. Rogliano)*; links oben der Motti-Turm, dessen Überreste zum Bau des heutigen Seneca-Turms dienten, und zu seinen Füßen das **Château des Motti** (Motti-Burg), das im 16. Jh. einem Kloster Platz machte *(✆ 04 95 35 00 15 – Schlüssel tgl. außer Sa/So zu den Öffnungszeiten im Bürgermeisteramt erhältlich)*.

Etwa 1 km östl. auf der D 180 *(Richtung Santa Severa)* bieten sich die **Jardins traditionnels du Cap Corse** (Traditionsgärten von Cap Corse) für eine nette und lehrreiche Pause an.

Umkehren und zurück auf die D 80 fahren.

Die Abfahrt vom Pass bietet schöne **Ausblicke★** auf den Golf von Aliso und die Weiler von Pino.

Pino★ (Pinu)

Inmitten einer reichen Vegetation liegen am Berghang die Häuser dieses reizvollen

Seneca

Im Alter von 39 Jahren wurde Seneca nach Korsika verbannt, weil man ihm vorwarf, die Nichte von Kaiser Claudius verführt zu haben. Der Legende nach soll der künftige Erzieher von Kaiser Nero sein Exil an diesem entlegenen Ort verbracht haben, den er mit den Worten beschrieb: „Was kann so nackt, was rundherum so abschüssig angetroffen werden wie dieser Fels? Was hinsichtlich der Bedarfsgüter kärglicher, hinsichtlich der Lage schauriger und hinsichtlich der klimatischen Verhältnisse ungemäßiger?"

Dorfes, die genuesischen Türme, die Kirche und zahlreiche Grabkapellen.
Die **Église Ste-Marie** wurde im 18. und 19. Jh. restauriert und weist zum Meer hin eine schöne barocke Fassade auf.

Auf der kleinen Straße weiterfahren, die steil zu der kleinen Marina von Pino und den Kieselstränden hinabführt.

Seite an Seite erheben sich ein alter **genuesischer Turm** und das ehemalige Kloster (Couvent) St-François *(keine Besichtigung möglich).*

Die D 33 überquert den Col de la Montagne Minervio (Pass des Minervio-Gebirges).

Stéphane Sauvignier / MICHELIN

Typische Küstenvegetation des Cap Corse.

Die Dörfer liegen am Hang inmitten von ehemaligen Terrassenkulturen, die durch Feldsteinmäuerchen voneinander abgetrennt sind. Wildbäche stürzen ins Tal, Olivenbäume und Weinstöcke weichen der Macchia. Hier und da erahnt man im Grün Steilhänge und die untere Straße. Ein herrlicher **Blick★** auf das Cap Minervio und die Marina von Giottani eröffnet sich, bevor es links nach Canari geht.

Canari

Das kleine Dorf liegt terrassenförmig am Hang oberhalb der schmalen und spektakulären Höhenstraße D 80 und besitzt zwei interessante Kirchen. Zu der Gemeinde gehörte eine **Asbestmine**, die von 1926-1965 die Eternit-Industrie versorgte und als größte Asbestmine Europas galt. Abgesehen von den gesundheitlichen Schäden hat die große Menge des durch den Abbau entstandenen Gesteins die Landschaft verändert: Der kahle und glänzende Fels ist über der verlassenen Mine zu sehen (kurz vor der Marina von Albo), die Strandkiesel stammen aus den Gesteinshalden.

Im Dorf sofort rechts abbiegen und das Auto auf der Place du Clocher abstellen.

Dieser weite Platz umgibt wie eine Aussichtsplattform den einzeln stehenden Glockenturm, der – quadratisch, weiß und von Palmen umgeben – den täuschenden Eindruck eines Minaretts erweckt.

Église Santa-Maria-Assunta – Die Mariä-Himmelfahrtkirche im pisanisch-romanischen Stil des späten 12. Jh. ist durch eine sehr schlichte Ausstattung und die sorgfältige Anordnung der blassgrünen Schieferplatten gekennzeichnet. In die Fassade wurde im 18. Jh. ein großes Fenster eingefügt. Bemerkenswert ist die feine Ausschmückung des Fenstersturzes und der Konsolen mit Blattwerk und Voluten. Das Gesims, das um die gesamte Kirche läuft, ist mit seltsamen Masken, Tierköpfen oder stilisierten Menschenköpfen verziert, die in der Mitte der Bögen oder auf den Konsolen angeordnet sind.

Église du couvent St-François – *✆ 04 95 37 80 17 – nur geführt zu besichtigen, Anfrage im Bürgermeisteramt.* Über einem großen Platz liegt direkt am Friedhof diese barock ausgestaltete Kirche. Sie besitzt einige **Tafelbilder auf Holz** (mit einer Darstellung des hl. Michael, wie er den Drachen bezwingt) und links vor dem Chor die Grabplatte aus weißem Marmor für Vittoria de Gentile, die 1590 im Kloster von Canari verstorben ist. Die Gattin von Horatio Santelli Cenci, einem Lehnsherrn von Canari, trägt ihre in Windeln gewickelte Tochter auf dem linken Arm und hält in der rechten Hand ein Modell der Burg von Canari. Rechts und links von der Verstorbenen sind die Wappen der Familien Cenci und Gentile zu sehen. Im Mittelgang befindet sich am Eingang zum Chor eine quadratische Marmorplatte, datiert vom 19. Oktober 1754, zu Ehren des Festes des hl. Petrus von Alcantara. Sie trägt das **Emblem der Franziskaner**, deren Orden er reformiert hatte: zwei sich kreuzende Arme mit den Wundmalen Christi vor einem Kreuz. In der Sakristei steht ein schöner geschnitzter Schrank.

Conservatoire du Costume corse (Konservatorium der korsischen Tracht) – *Mai-Sept. tgl., Okt.-April auf Anfrage im Bürgermeisteramt von Canari, (✆ 04 95 37 80 17),*

Die Marine de Negru befindet sich auf der Route du Cap Corse, in Richtung Nonza.

Mo geschl. – Eintritt frei. Neben Gästezimmern *(s. Tipps und Adressen)* verfügen die restaurierten Klostergebäude auch über ein interessantes, wenn auch sehr kleines Museum zur korsischen Tracht im 19. Jh. Man erfährt hier, dass die traditionelle Tracht der korsischen Frau durchaus sehr farbenfreudig sein kann.

Zurück auf die D 33 und nach Marinca hinunterfahren, um auf die D 80 zu kommen.

Die D 80 ist in besserem Zustand und verläuft näher an der Küste. Hinter Pino führt die Straße um die Westseite des pyramidenförmigen Monte Minervio. Kleine Mäuerchen begrenzen die Terrassen und halten so das Erdreich fest. Am Ende einer tiefen Bucht taucht die **Marine de Giottani** auf. Das Ocker der Felsen weicht einem schiefrigen Weiß, in der Macchia erscheinen zwischen dem Geröll einzelne Ginsterbüsche. Die Straße führt an den Gebäuden der ehemaligen Asbestmine von Canari und anschließend am Rocher d'Albo (Felsen von Albo) vorbei, bevor sie in die Bucht von Guado Grande hinunterführt.

Marine d'Albo (Marina di Albu)

Der Fischerweiler liegt im Schutz eines Wachtturms und schmiegt sich in eine kleine Bucht mit Kieselstrand. 1588 ankerte eine große Piratenflotte (92 Schiffe) in der Marina, um einen spektakulären Beutezug an Land zu führen: Der Weiler Ogliastro wurde zerstört und 40 seiner Bewohner wurden entführt.

Chapelle préromane d'Olcani (Frühromanische Kapelle)

15 Min. auf der D 233 Richtung Ogliastro, das man links liegen lässt.
Nach 6,5 km auf einer schmalen Straße, die in die Berge führt, bemerkt man 500 m vor Olcani auf der rechten Seite in 200 m Höhe die Mauern und die runde Chorapsis mit Blendarkaden eines verlassenen Bauwerks ohne Dach. Die Halbkuppel zeigt noch einige Farbspuren. Der mittelalterliche Altar steht unter Brombeersträuchern noch an seinem Platz. Die San Quilico geweihte Kapelle stammt aus dem 10. Jh.

Nonza★ – *s. dort*

Olmeta-di-Capocorso

3 km hinter Nonza auf der D 433 zum Hauptweiler fahren. 10 m unterhalb der Abzweigung von der D 433 steht ein Informationsschild über Cap Corse.
Am Dorfeingang steht die **Kirche**. Sie enthält schöne priesterliche Gegenstände und einige Bilder aus dem 18. Jh., die aus dem ehemaligen Kloster von Nonza stammen.

Zurück auf die Küstenstraße und weiter auf der D 80.

Kurz vor Patrimonio geht die unberührte, wilde Natur in eine grünere und freundlichere Landschaft über und zeigt an, dass man sich dem Nebbio nähert.

Patrimonio – *s. dort*

Serra di Pigno

4 km auf der D 338, die – von Bastia kommend – kurz vor dem Col de Teghime abzweigt. Der Gipfel der Serra di Pigno trägt in 960 m Höhe ein TV-Relais.

Der **Rundblick★★★** ist bemerkenswert, er erstreckt sich über die beiden Hangseiten von Cap Corse und den gesamten Südteil der Halbinsel.

Col de Teghime★★

Der Pass markiert in 536 m Höhe das Ende des Gebirgskamms, der auf Cap Corse die Ostseite von der Westseite trennt. Hier trifft diese geografische Region mit dem Nebbio *(s. dort)* zusammen.

Vom Pass bietet sich ein **Rundblick★★** über den Golf von St-Florent, das Nebbio, Bastia und die östliche Ebene. Die kurvenreiche Straße führt am Osthang des Passes hinunter nach Bastia.

Befreiung

Am **Col de Teghime** erinnert ein Denkmal an die entscheidende Episode der Befreiung Korsikas 1943. Am ersten und zweiten Oktober gelang es den aus Algier zur Verstärkung der Widerstandskämpfer geschickten marokkanischen Soldaten *(goumiers)*, den Deutschen die Kontrolle über den Pass abzunehmen, so dass sie nun die entscheidende Bedrohung für den Hafen von Bastia und die Bewegungen der feindlichen Schiffe darstellten.

Oratoire de Monserrato – *s. Bastia*

Tipps und Adressen

Allgemeine Hinweise

Office de tourisme – *Gemeinschaft der Gemeinden von Cap Corse – Maison du Cap Corse – 20200 Ville-di-Pietrabugno – ✆ 04 95 31 02 32 – www.destination-cap-corse.com*

Geldautomaten – Es gibt sie nur in den Postämtern von Erbalunga und Macinaggio. Also rechtzeitig daran denken!

Tankstellen – An der Küstenstraße gibt es sechs Tankstellen. An der Ostküste in Pietranera, Erbalunga, Santa-Severa und Macinaggio. An der Westküste in Morsiglia und Pino.

Association Contact – *✆ 06 86 78 02 38* – Dieser Verband bietet geführte Besichtigungen für einige Orte des Cap Corse an.

L'Amichi di U Rughjone – *✆ 04 95 35 01 43 – http://amichidiurughjone.org* – Interessante thematische Spaziergänge.

Übernachten

⊖ **Camping Isulottu** – *Mutte – 20238 Morsiglia – Bastia Richtung Norden auf der RD 80 und anschließend auf der RD 35 Richtung Centuri verlassen – ✆ 04 95 35 62 81 – isulottu@wanadoo.fr – 22. Dez.-20. Jan. geschl. – 150 Plätze: 15 € – Bewirtung.* Hier finden Sie Ruhe und Entspannung. Halten Sie Siesta im Schatten der Eichen oder in der Sonne des nahe gelegenen Strandes.

⊖ **Camping La Pietra** – *20233 Pietracorbara – ✆ 04 95 35 27 49 – 66 Plätze: 26 €.* Die Plätze sind schön und angenehm schattig, es gibt zahlreiche Bäume und viel Oleander.

⊖ **Chambre d'hôte Li Fundali** – *Spergane – 20228 Luri – ✆ 04 95 35 06 15 – Nov.-März geschl. – 5 Zi: 42/45 € – Rest. 15 €.* Sie werden die Ruhe in diesem hübschen Haus im Talgrund *(fundali)* des üppigen Luri-Tales lieben. Nach einem Spaziergang werden Sie mit Freude in Ihr bequemes kleines Zimmer zurückkehren, die bodenständige Küche und die Gastfreundlichkeit genießen.

⊖ **Chambre d'hôte Mme Micheli** – *Santa-Sévéra – 20228 Luri – am Ortsausgang Richtung Bastia – ✆ 04 95 35 01 27 – Ende Okt.-Anfang April geschl. – 4 Zi: 55 €.* Blick aufs Meer oder in die Berge? In jedem der Zimmer – mit nur wenig Komfort, aber in tadellosem Zustand – verfügen Sie über einen Balkon. Die Hausherrin gibt Ihnen das Gefühl, sich wie zu Hause zu fühlen, und lädt Sie in den üppigen Garten ein, in dem Granatapfelbäume wachsen.

⊖ **Chambre d'hôte Relais du Cap** – *Am Strand der Marine de Negru – 20217 Olmeta-di-Capocorso – ✆ 04 95 37 86 52 – www.relaisducap.com – Nov.-März geschl. – 4 Zi und 1 Appartement: 45/70 € – 6,50 €.* Aus den weiß getünchten Zimmern mit kleinem Komfort genießt man den Blick über das Meer. Wenden Sie sich mit all Ihren Fragen zu geplanten Ausflügen an die charmanten Eigentümer, sie werden Ihnen gerne behilflich sein.

⊖⊖ **Hôtel Marinella** – *Marine de Giottani – 20228 Barrettali – ✆ 04 95 35 86 67 – mamadei@club-internet.fr – Feb. geschl. – 9 Zi: 60 € – 5 € – Rest. für Hausgäste*

25 € – P. Das kleine Hotel-Restaurant liegt in einer Bucht, zwischen Kieselstrand und Jachthafen. Die Zimmer bieten keinen besonderen Luxus, dafür ist der Empfang freundlich. Sie können in dem rustikalen Gastraum oder auf der Terrasse die frischen Fischspezialitäten genießen.

Résidence I Fioretti – *Im Kloster St-François – 20217 Canari – ☎ 04 95 37 13 90 – www.ifioretti.com – – 6 Zi: 60/70 €* . Das ehemalige Kloster St-François aus dem 16. Jh. wurde renoviert und bietet Gästezimmer an, die in ehemaligen Mönchszellen eingerichtet wurden. Schöne Treppe, Steingewölbe, Mobiliar von einem Handwerksbetrieb im Dorf. Zusätzlich gibt es drei Ferienquartiere auf dem Land.

Essen und Trinken

A Casaïola – *Marine de Sisco – 20233 Sisco – ☎ 04 95 35 21 50 – Okt.-April geschl. – Mittagsmenü 12 € – 10/19 €.* Traditionelle Küche aus dem Holzofen, fangfrischer Fisch und Meeresfrüchte – lassen Sie es sich in dem hübschen Gastraum oder auf der schattigen Terrasse direkt am Wasser mit Blick auf Elba und Capraia schmecken.

Les Chasseurs – *20233 Marine-de-Pietracorbara – ☎ 04 95 35 21 54 – www.hotel-les-chasseurs.com – Hotel von Dez.-Mitte März geschl., Restaurant ganzjährig geöffnet, Okt.-Dez. nur mittags – 13/20 €.* In diesem sympathischen Restaurant in Strandnähe herrscht eine entspannte Stimmung. An schönen Tagen werden die regionalen Spezialitäten in der Gartenlaube serviert. Einfache, ruhige Zimmer.

Ostéria di u Portu – *20248 Maccinaggio – ☎ 04 95 35 40 49 – Okt.-März geschl. außer Sa/So – – 15 € Mittagessen – 14,50/22 €.* Dieses mit rustikalen Gegenständen schön eingerichtete Restaurant mit Terasse gegenüber vom Hafen ist ausgesprochen behaglich. Aufgetischt werden traditionelle Gerichte und Fischspezialitäten.

U Capezzu – *Santa Severa – Marine de Luri, am Hafen – 20228 Luri – ☎ 04 95 35 03 23 – Ende Sept.-1. Mai geschl. – 10,50 € Mittagessen – 12,50/22 €.* Das einfache Restaurant mit Terrasse besticht durch seine Lage am Hafen. Im Inneren einfache Ausstattung mit Holzmöbeln. Regionale Spezialitäten und fangfrischer Fisch.

U Scogliu – *Marine de Canelle – 20217 Canari – 4 km südl. von Canari auf der D 33 – ☎ 04 95 37 80 06 – Mitte Okt.-Ostern geschl. – Reserv. in der Saison empf. – 14/65 €.* Dieser von Neptun geschützte „Fels in der Brandung" *(scogliu)* ist für seine sehr guten Speisen bekannt. Die Gäste kommen auf dem Land- und auf dem Seeweg, um Seewolf *(loup de mer)* oder Goldbrasse *(dorade)* im Salzmantel, mit Meeresfrüchten gefüllten Tintenfisch *(seiches farcies aux fruits de mer)* und die berühmten gegrillten Langusten *(langouste grillée)* zu genießen. Ein Fest für den Gaumen!

Ferme-auberge U Licetu – *Bruschietta – 20233 Pietracorbara – ☎ 04 95 35 25 98 oder 06 10 05 97 00 – www.ulicetu.com – Nov.-März geschl. – – nur mit Reserv. – 20/26 €.* Dieses Restaurant mit ländlichem Flair orientiert sich bei den kulinarischen Spezialitäten an den Jahreszeiten: Kalbfleisch, Wildschwein, Grillgerichte und Terrinen. Sie können hier auch in ebenerdigen Zimmern übernachten oder auf dem Campingplatz unter den Eichen. Es werden Ausritte auf Eseln angeboten.

Le Guaïtella – *10 hameau de Guaïtella – 20200 Ville-di-Pietrabugno – ☎ 04 95 34 20 51 – www.leguaitella.com – mittags geschl. – – 24 €.* Hoch über Bastia bietet das Restaurant eine fantastische Aussicht über die Stadt und den Hafen. Aufgetischt werden köstliche Gerichte wie Rinderfilet mit einer Scheibe Gänseleberpastete und Kastanien oder Schwertfischfilet mit Kapern. Frische, gastfreundliche Atmosphäre.

La Corniche – *Castagneto – 20200 San-Martino-di-Lota – ☎ 04 95 31 40 98 – www.hotel-lacorniche.com – 1. Jan.-15. Feb., Di-mittag und Mo geschl. – 27 €.* Steigen Sie zu diesem Restaurant hinauf, um unter alten Platanen auf der Terrasse Platz zu nehmen und kleine, schmackhafte Speisen zu genießen – dazu die unvergessliche Aussicht auf das Dorf San Martino und die umliegenden Berge, die zum Meer hin abfallen.

Einkaufen

Domaine Pieretti – *Santa-Severa – An der Kreuzung der D 80 mit der D 180 – 20228 Luri – ☎ 04 95 35 01 03 – Juni-Sept. 10-13 und 16.30-20.30 Uhr, Okt.-Mai nach Anmeldung.* Das 9 ha große Weingut (Nielluccio, Vermentiu) direkt am Meer wird in der fünften Generation von der Familie Pieretti bewirtschaftet. Hier können Sie köstliche Weine wie die berühmten Muskateller oder die Prädikatsweine von Cap Corse probieren.

Sport & Freizeit

Dollfin – *Marine de Sisco – ☎ 04 95 58 26 16 oder 06 07 08 95 92 – www.dollfin-plongee.com* – Eine seriöse Tauchschule (Tauchen für Kinder, Erkundung mit nächtlichem Tauchgang, erster Tauchgang 46 €), die auch Seekajaks verleiht *(13 P/2 Std.)*.

Cap Loc'Loisirs – *Santa-Severa – ☎ 04 95 35 08 20* – Bootsverleih mit oder ohne Bootsführerschein (vom Zodiac 6 PS bis zum Falcon 510 SR).

CARCHETO★

Carchetu

HAUTE-CORSE (2B) – 23 EINWOHNER – UMSCHLAGKARTE VORNE C3 – MICHELIN LOCALKARTE 345 F5 – KARTENSKIZZE La CASTAGNICCIA, S. 210-211

Dieses Dorf ist für seine Kirche mit der barocken Ausschmückung einheimischer Künstler bekannt. Es besitzt zudem einen Steinbruch, in dem der grüne Stein Vert d'Orezza abgebaut wird. Dieser Zierstein, der auch in der Medici-Kapelle in Florenz verwendet wurde, ist eine wunderschöne Spielart des Ophiolits. Man findet ihn nur auf Korsika in einem bestimmten Gebiet von Orezza-Alesani.

Wegweiser – Das Dorf im Herzen der **Castagniccia** ist über die D 71 zu erreichen; es befindet sich auf der West-Ost-Achse von Ponte-Leccia nach Moriani-Plage. Von der D 71 zweigt eine kleine Straße ab, die zum Kirchplatz hinunterführt.

Unbedingt sehenswert – Die Bilder der Kreuzwegstationen der Kirche.

Orte in der Nähe – La CASTAGNICCIA, La PORTA, MOROSAGLIA, VALLE-D'ALESANI

Amaury de Valroger / MICHELIN

Station aus dem auf Leinwand gemalten Kreuzweg (1790) der Kirche von Carcheto.

Zu Fuß unterwegs

Cascade (Wasserfall) – *30 Min. hin und zurück.* Vom Kirchplatz führt ein Weg zum Fluss, der an dieser Stelle einen wunderschönen Wasserfall bildet.

Sentier de découverte (Entdeckungspfad) – *Rundweg 3 Std., orangefarbene Markierung. Von der D 71 abgehend ausgeschildert.* In der Castagniccia sind die Entdeckungspfade eine gute Möglichkeit, um die Schätze der Region zu erkunden. Der Weg führt durch einen Kastanienwald zu den Überresten der romanischen Kapelle San Martino (11.-13. Jh.). Kurz weichen die Kastanien einem Eichenwald. Nach dem Kastanienwald erreicht man die D 71 und geht auf dieser links Richtung **Piedipartino**. Im Dorf ist insbesondere das Portal der barocken Kirche San Bernardino reizvoll und das gegenüberliegende befestigte Haus (16. Jh.). Der Weg führt an dem beschriebenen schönen Wasserfall vorbei zurück nach Carchet.

Sehenswürdigkeit

Kirche★

04 95 35 84 08 – Mai-Nov. tgl. – falls geschlossen, Schlüssel im Bürgermeisteramt holen.
Die Kirche von Carcheto dürfte das anrührendste kirchliche Denkmal Korsikas aus dem 17. und 18. Jh. sein. Sie besitzt einen monumentalen Glockenturm, der mit Durchbrucharbeiten verziert ist. An der Hauptfassade bilden Kranzgesimse, Pilaster, vorgelegte Säulen (Dienste) und Nischen ein harmonisches Gesamtbild. Die warme Farbe des Steins kontrastiert mit den dunklen Flecken der Rüstlöcher.
Die Bilder der Kreuzwegstationen sind von 1790. Ein gewaltiges Tabernakel aus mehrfarbigem Holz dominiert den Hochaltar, zu dessen Füßen die hl. Margarete liegend dargestellt ist. Hinter dem Hochaltar in der Sakristei ist das Mobiliar bemerkenswert Die Seitenkapellen im Schiff und das Querhaus liegen um einen Grabaltar und sind mit Stuckarbeiten und Trompe-l'œil-Malerei in kräftigen Farben geschmückt. Die Orgel stammt aus dem Kloster Orezza *(s. La Castagniccia)*.

CARGÈSE★

Carghjese

CORSE-DU-SUD (2A) – 982 EINWOHNER – UMSCHLAGKARTE HINTEN A4 – MICHELIN LOCALKARTE 345 A7 – KARTENSKIZZE Golfe de SAGONE, S.306

Das „griechische Dorf" Cargèse liegt auf der Landzunge, die den Golf von Sagone im Norden begrenzt. Die Haupteinnahmequellen sind heute Tourismus, Landwirtschaft und Fischfang. Das klare Wasser der Bucht mit saphirfarbenen und smaragdgrünen Reflexen, das glitzernde Band des Sandstrands von Ménasina und die wie ein Amphitheater angeordneten roten Steilfelsen, an die sich das Dorf klammert, ergeben ein herrliches Bild★★, das man am besten vom Aussichtsplatz der Pointe Molendino bewundern kann.

Stéphane Sauvignier / MICHELIN

Die modernen Fresken in der griechischen Kirche in Cargèse beeindrucken nicht zuletzt durch ihre warme Farbgebung.

Wegweiser – Cargèse erhebt sich am Nordende des Golfs von Sagone zwischen Ajaccio im Süden (51 km) und Porto im Norden (31 km).

Parken – Fahren Sie Richtung Hafen und stellen Sie das Auto hinter der griechischen Kirche (Rue du Père-Chappet) ab.

Unbedingt sehenswert – Die kleinen Ikonen aus dem 16. Jh. bilden einen schönen Kontrast zum Gold der Ikonostase der griechischen Kirche und sind besonders anrührend.

Gut geplant – Die Besichtigung lässt sich gut mit einem Besuch von einem der vier Strände in der Umgebung verbinden.

Orte in der Nähe – Les CALANCHE, PORTO, Golfe de PORTO, VICO, Golf de SAGONE

Geschichte und Geschichten

Eine griechische Kolonie – Um den Türken zu entgehen, die 1670 den Süden des Peloponnes besetzten, baten Griechen aus Itilo Genua um Asyl. Nach jahrelangen Verhandlungen gestand man ihnen 1675 einige unbewohnte Gebiete auf Korsika zu, darunter das Hinterland von Sagone. Genua verpflichtete sich im Austausch gegen ihre Treue, für die Siedlung zu sorgen. Im Januar 1676 landeten etwa 800 Griechen in Genua und ließen sich im März auf dem ihnen zugewiesenen Land nieder, bauten das Dorf **Paomia**, machten das Land urbar und pflanzten Weinstöcke,

Olivenbäume sowie Obstbäume an. Der korsischen Bevölkerung waren die neuen griechischen Nachbarn allerdings ein Dorn im Auge, da sie in ihnen Verbündete Genuas sahen. Zudem erregte ihr Wohlstand bald den Neid der Bergbewohner von Vico, die schließlich 1715 die Siedlung angriffen. 1729 (Beginn des Unabhängigkeitskriegs) taten sie sich mit den Bewohnern des Niolo für einen weiteren Überfall zusammen. 1732 mussten die Griechen nach Ajaccio flüchten, wo Genua ihnen Land anbot. Sie blieben 43 Jahre lang und errichteten dort die Kapelle der Griechen *(s. Golf von Ajaccio)*.

Die Gründung von Cargèse – Nachdem Korsika französisch geworden war, erhielten die Griechen 1769 das Gebiet von Cargèse als Ersatz für Paomia. Graf Marbeuf ließ für sie die 120 Häuser des heutigen Dorfes und die griechische Kirche errichten. 1774 ließen sich nur etwa 50 griechische Familien in dem Dorf nieder. Mit der Verwaltung der Kolonie beauftragte man Marbeuf und ernannte ihn 1778 zum Marquis von Cargèse.

Während der Französischen Revolution mussten die Griechen erneut vor den Angriffen der Korsen, die ihr Dorf in Brand steckten, nach Ajaccio fliehen (1793). Vier Jahre später waren lediglich zwei Drittel von ihnen bereit, nach Cargèse zurückzukehren.

Zwei Jahrhunderte lang bildeten die Bewohner von Cargèse eine geschlossene Gemeinschaft, die darauf bedacht war, ihre Sprache, Religion und Gebräuche zu bewahren. Immer häufiger kam es jedoch zu Eheschließungen zwischen ihnen und den korsischen Einheimischen, und so ergab sich mit der Zeit ein friedliches Miteinander. Heute ist die griechische Bevölkerung vollständig integriert und unterscheidet sich nur noch durch bestimmte Familiennamen, einige sprachliche Eigenheiten und die griechischen religiösen Feiern, die noch heute mit Hingabe gefeiert werden, insbesondere zu Ehren des hl. Spiridon.

Zu Fuß unterwegs

Église grecque (Griechische Kirche)★

Das griechisch-katholische Gotteshaus gegenüber der römisch-katholischen Kirche wurde zwischen 1852 und 1870 anstelle einer zu klein gewordenen alten Kirche errichtet. Der Altarraum ist vom Kirchenschiff durch eine **Ikonostase** (1886) getrennt, einer hölzerne Bilderwand mit auf Goldgrund gemalten Heiligenbildern. Einige **Ikonen** wurden von den ersten Siedlern mitgebracht, darunter ein geflügelter Johannes der Täufer aus dem 16. Jh. (links der Ikonostase) und eine Grablegung Christi *(Epitaphios)* aus dem 13. Jh. (unter der Empore beim Eingang). Rechter Hand sind die drei Kirchenlehrer der Ostkirche Basilius, Gregor und Johannes Chrysostomus zu sehen. Hinter der Ikonostase befindet sich auf der rechten Seite des Hochaltars eine Ikone aus dem 16. Jh. Dargestellt ist die Muttergottes mit dem Jesuskind im Himmel, umgeben von Engeln und zwei Heiligen, die sie betrachten: dem hl. Nikolaus von Myra und dem hl. Spiridon, dem Schutzheiligen der Kirche. Die Fresken, insbesondere das große Fresko über der Empore, wurden zwischen 1987 und 2001 vom Atelier G. Drobot angefertigt.

Vom Vorplatz der Kirche, der von Zürgelbäumen gesäumt wird, hat man eine schöne **Aussicht★** auf den Golf von Sagone.

Église latine (Lateinische Kirche)

Die Kirche befindet sich gegenüber der griechischen Kirche. Sie hat ebenfalls einen Vorplatz und erhebt sich jenseits einer kleinen Mulde, in der Gärten angelegt sind. Das kleine Bauwerk mit dem viereckigen Glockenturm wurde im 19. Jh. für die katholische Bevölkerung errichtet, die nach dem lateinischen Ritus lebte. Das Innere im Barockstil ist sehr überladen mit Trompe-l'œil-Malerei (illusionistischer Malerei) des Kriegerdenkmals.

Der Hafen

Ein schöner kleiner Jachthafen mit kleinen Restaurants unterhalb des Friedhofs. Rechts von der Straße beginnt in der letzten Serpentine der Weg nach Pittiglione. Auf diesem Weg kommt man zu den Überresten des genuesischen Turms.

Ziele in der Umgebung

Strände★

Plage de Pero

1 km nördl. Die Landzungen Cargèse und Omigna mit jeweils einem genuesischen Turm rahmen den Strand am Golf von Pero ein. Verleih von Surfbrettern.

Plage de Chiuni

6 km nördl. Der Golf von Chiuni ist sehr tief und hat einen großen Sandstrand, der von Lentisken gesäumt wird. Auch hier bewacht ein **genuesischer Turm** die Bucht. Zudem hat sich ein Feriendorf angesiedelt – ein rundum schöner Urlaubsort.
Weiter nördlich, in der Bucht von Topiti, landeten in der Nacht vom 13. auf den 14. Dezember 1942 die Emissäre des U-Boots *Casabianca (s. Solenzara und Côte des Nacres)* und stellten die erste Verbindung zwischen Algier und den korsischen Patrioten her (Gedenktafel an der Brücke von Chiuni an der D 81).

Plage de Ménasina

2,5 km südl. Der Strand liegt in einer Bucht im Schutz der Landzungen von Cargèse und von Molendino.

Plage de Stagnoli

7,5 km südl. Schöner Strand mit feinem Sand; Segeln und Windsurfen möglich.

Tipps und Adressen

Allgemeine Hinweise

Office de tourisme – *Rue du Dr-Dragacci (im Dorfzentrum) – ✆ 04 95 26 41 31 – www.cargese.net* – Informationen über Cargèse und den Westen Korsikas.

Nave Va – *Hafen – ✆ 04 95 28 02 66 – www.naveva.com* – Kommentierte Ausflüge in das Naturschutzgebiet von Scandola, nach Girolata, Capo Rosso, les calanches de Piana und zu den Steilfelsen von Bonifacio.

Croisières Grand Bleu – *Rue Marboeuf – ✆ 04 95 26 40 24* – Bootsfahrten zum Naturschutzgebiet von Scandola, nach Girolata, Capo Rosso, Les calanches de Piana.

Verkehrsmittel

Bus – *✆ 04 95 51 42 56 oder 04 95 22 41 99* – Die Buslinie Ota-Porto-Piana-Cargèse-Sagone-Tiuccia-Ajaccio verkehrt ganzjährig: tgl. 2 Hin- und Rückfahrten, von Juli-Mitte Sept tgl. außer So und Fei, die Buslinie Ota-Porto-Calvi verkehrt von Mitte Mai-Ende Sept. 1 Hin- und Rückfahrt tgl. – Mitte Mai-Ende Juni und Sept. tgl. außer So und Fei (tgl. von Anfang Juli-Mitte Sept.).

Übernachten

⊖ **Camping Torraccia** – *4 km nördl. von Cargèse – ✆ 04 95 26 42 39 – www.camping-torraccia.com – 23. April-30. Sept. – 66 Plätze: 16 € – Bewirtung.* Zu Fuß 20 Min. vom Strand von Chiuni entfernt, bietet der schattige, terrassenförmig angelegte Campingplatz eine schöne Aussicht auf Tal, Berge und Küste. Tennisplatz und kleiner Gemischtwarenladen.

⊖⊖ **Hôtel Les Lentisques** – *Strand von Péro – 1 km nördl. von Cargèse – ✆ 04 95 26 42 34 – www.leslentisques.com – Okt.-1. Mai geschl. – 17 Zi: 70/124 € – ☕ 7,50 €* – 🅿. Wer Ruhe sucht, ist hier an der richtigen Adresse. Die Zimmer sind schlicht und verfügen über eine Loggia, im ersten Stockwerk sogar mit Meerblick. Das Restaurant öffnet erst im Sommer seine Pforten. Swimmingpool und Strand sind über einen Privatweg zu erreichen.

⊖⊖ **Hôtel Thalassa** – *Strand von Péro – 1,5 km nördl. von Cargèse – ✆ 04 95 26 40 08 – www.thalassalura.com – Okt.-1. Mai geschl. – 22 Zi: 80/90 € – ☕ 6 €* – 🅿. Der Strand von Péro bietet sich von diesem Hotel aus für ein morgendliches Bad vor dem Frühstück an. Die Zimmer, ob zum Meer oder zum Garten hin, sind ruhig. Mahlzeiten nur im Rahmen der Halbpension im Gastraum oder auf der Terrasse.

Essen und Trinken

⊖ **Le Cabanon de Charlotte** – *Jachthafen (Port de plaisance) – ✆ 06 81 23 66 93 – Nov.-März geschl. – 💳 – ab 15 €.* Einladend gedeckte Tische erwarten den Gast im Schutz der Schilfzäune und Sonnenschirme dieses Restaurants, das neben Salaten, Teigwaren, Fleischgerichten und Pizza je nach Tagesfang auch gegrillten Fisch und Krustentiere serviert.

Sport & Freizeit

Jachthafen (Port de plaisance) – *Hafenmeisterei (Capitainerie) – ✆ 04 95 26 47 24*

La CASINCA★

HAUTE-CORSE (2B) – UMSCHLAGKARTE VORNE C3 – MICHELIN LOCALKARTE 345 F4-5

Dieses mit Oliven- und Kastanienhainen bedeckte Hügelland läuft in einer fruchtbaren Küstenebene aus, wo Wein, Zitrusfrüchte und Getreide gedeihen. Die auf Anhöhen angesiedelten Dörfer bieten Ausblicke über den Strandsee von Biguglia, die Küstenebene, das Meer und den Toskanischen Archipel. Vescovato liegt oberhalb der Ebene und war ein berühmter politischer und historischer Schauplatz.

Amaury de Valroger / MICHELIN

Vescovato ist der größte Ort der Casinca und wirkt mit den hohen Fassaden wie eine Festung.

Wegweiser – Etwa 20 km südl. von Bastia gelegen, bildet La Casinca eine Art von Wildbächen unterbrochene Nord-Ost-Begrenzung der Castagniccia.

Unbedingt sehenswert – Besichtigen Sie in Vescovato die Kirche San Martino, um das Tabernakel aus Weichholz von 1441 zu bewundern.

Orte in der Nähe – BASTIA, La CASTAGNICCIA

Ausflug

Von Casamozza nach Castellare-di-Casinca

40 km – etwa ein halber Tag – s. Kartenskizze S. 202

Casamozza

Dieser Weiler war der Ausgangspunkt der Eisenbahnlinie, die früher an der Ostküste Korsikas entlangführte. Der nördliche Abschnitt wurde 1888 in Betrieb genommen, doch erst 1935 wurde die Strecke bis Porto-Vecchio fertiggestellt. Im Zweiten Weltkrieg wurde sie beschädigt und nicht wieder instand gesetzt.

Südl. auf der N 198 Richtung Aléria fahren und in Torra die erste Straße rechts abbiegen.

Vescovato★ (U Viscuvatu)

Der einst befestigte Ort liegt am Ausgang einer tiefen Schlucht. Vescovato (auf Korsisch „Bischofssitz") wurde nach der Zerstörung von Mariana *(s. La Canonica)* von 1269-1570 Bischofssitz, bis dieser nach Bastia verlegt wurde. Giordano Orsini verkündete hier als Vertreter des französischen Königs, dass „Korsika der Krone Frankreichs einverleibt worden sei". Die hohen Häuser aus dunklem Schiefer drängen sich um den Hauptplatz und verleihen dem Ort mit dem Gewirr der alten Treppengässchen seinen Reiz.

Die ehemalige Kapelle St-Martin wurde im 15. Jh. von den Bischöfen von Mariana zur **Église San Martino** vergrößert. Der Hochaltar erhielt ein schönes Tabernakel aus weißem Marmor, das die Auferstehung zeigt, ein genuesisches Werk von 1441.

Nach Anmeldung im Bürgermeisteramt: ✆ 04 95 36 70 19 – tgl. außer Fr-vormittag, Sa/So und Fei.

Durch einen Tunnel unter der Kirche und eine Reihe von Treppen erreicht man den Hauptplatz.

Venzolasca

Hohe, eng stehende Häuser säumen die schmale Straße. Der schlanke Kampanile und das auf einer Aussichtskuppe liegende Dorf verleihen Venzolasca seine besondere Silhouette.

Weiter auf der D 237 bis zur Abzweigung der D 6 (nach rechts), die nach Loreto führt.

Loreto-di-Casinca★

Das Dorf wurde auf einer Bergterrasse erbaut, die vom Monte Sant-Angelo überragt wird. Eine lange Straße, gesäumt von Häusern aus grünem Schiefer, führt zur Kirche und zum Kampanile. Von hier bietet sich eine herrlichte **Sicht★★** auf die mit *lauze* (Schiefergestein) gedeckten Dächer, die Terrassenkulturen und die hoch am Hang liegenden Dörfer der Casinca. In der Ferne sieht man die östliche Küstenebene, den Strandsee von Biguglia, Bastia und das Meer.

Zurück auf die D 6; an der Abzweigung rechts und gleich wieder links abbiegen.

Penta-di-Casinca★

Die Häuser dieses größeren Ortes, der auf einem Felsvorsprung aus Schiefergestein liegt, drängen sich um die Hauptstraße. Die kleinen Seitengässchen werden von altehrwürdigen Häusern gesäumt, die hinter ihren schlichten Fassaden oft überwölbte Räume und alte Treppen mit einer gewissen Patina verbergen. Die alten Dächer, der hohe Giebel, der die Dächer überragt, und der schlanke mehrstöckige Kampanile der Barockkirche verbreiten ein außergewöhnliches Flair. Achten Sie auf die Terrassenkulturen am Fuß des Dorfes.

Castellare-di-Casinca

Auch von diesem Dorf, dem letzten, das oberhalb der Ebene liegt, bietet sich eine schöne Aussicht.

Beachten Sie vor der Kreuzung mit der N 198 linker Hand die **Chapelle San Pancrazio**, deren wundervolles Chorhaupt mit drei Kapellen aus dem 10. Jh. stammt.

Tipps und Adressen

Übernachten

Hôtel Chez Walter – *N 193 – 20290 Casamozza – ✆ 04 95 36 00 09 – www.chez-walter.com – 64 Zi: 80/120 € – 8 € – Rest. 20 € –* P. 20 km von Bastia entfernt bietet das Hotel, das etwas zurückgesetzt an der Nationalstraße liegt, moderne Zimmer mit Balkon oder Terrasse. Großer Gastraum und schöne, schattige Terrasse. Traditionelle Küche, Büffets und Pizza.

Essen und Trinken

Ferme-auberge U Fragnu – *20215 Venzolasca – ✆ 04 95 36 62 33 – Okt. geschl. – nur mit Reserv. – 32/35 €.*
In diesem alten Gebäude scheint die Zeit stehen geblieben zu sein: Ölmühle und -presse, Schinken, die von den Holzbalken hängen… alles ist wie in früheren Zeiten. Hier genießen Sie traditionelle korsische Gerichte, die mit Zutaten vom Bauernhof zubereitet werden.

La CASTAGNICCIA★★

HAUTE-CORSE (2B) – UMSCHLAGKARTE VORNE C3 – MICHELIN LOCALKARTE 345 E/F/G5

Es fällt schwer, nicht dem besonderen Charme dieser Region zu erliegen. Die unzähligen Hügel und kleinen Berge sind mit dichten, grünen Kastanienwäldern bewachsen. Verstreut tauchen immer wieder malerische Weiler auf, die an uneinnehmbare Festungen erinnern. Bei Sonnenuntergang sind diese Dörfer auf den Bergkämmen mit ihren schweren Dächern aus *lauze* (Schieferplatten) die letzten Lichtpunkte in der Landschaft. Ob nun historische Ereignisse, bescheidene romanische Kapellen oder spektakuläre Barockkirchen – viele Schätze erwarten den Besucher im Gewirr schmaler Straßen, die sich unendlich von einem Tal ins nächste zu winden scheinen.

Eindrucksvoll sind die Fresken aus dem späten 15. Jh. in der Kirche St-Thomas de Pastoreccia.

Wegweiser – Die Castagniccia wird im Norden von dem engen Tal des Golo begrenzt, im Westen von der zentralen Senke der Region Corte, im Osten von der Costa Verde und im Süden vom Bozio *(s. dort)*, der lange fast unzugänglich geblieben war. Über der östlichen Küstenebene endet die Castagniccia in einer Art Balkon. Der 1767 m hohe Monte San Petrone, der häufig von einem leichten Nebel umhüllt ist, unterstreicht den Gebirgscharakter dieser Region.

Unbedingt sehenswert – Die romantischen Ruinen des Klosters Orezza oder die unberührte Lage des Klosters Alesani werden Geschichtsfreunde wie Landschaftsliebhaber gleichermaßen begeistern. Freunde der Kunst werden sich von der Ausgewogenheit und Reinheit der Chapelle Santa Maria in Corsoli oder den Fresken in der Chapelle San Quilico in Cambia verführen lassen.

Gut geplant – Stützen Sie sich auf die Zeitangaben bei den beschriebenen Entdeckungsfahrten. Wir schlagen eine Durchquerung der Castagniccia vor, besser wäre es jedoch, dafür mehrere Tage vorzusehen, um die zahlreichen Wandermöglichkeiten nutzen zu können. Für die Besteigung des Monte San Petrone einen zusätzlichen Tag einplanen.

Mit Kindern – Animieren Sie Kinder, die anrührenden Fresken abzumalen, die in den Kapellen und Kirchen der Region zu sehen sind. Planen Sie einen immer eindrucksvollen Zwischenstopp an der Talsperre Alesani ein.

Orte in der Nähe – CARCHETO, La PORTA, MOROSAGLIA, VALLE-D'ALESANI, La CASINCA, CERVIONE, CORTE, PONTE NUOVO

Geschichte und Geschichten

Das Land des Kastanienbaums

Das Werk der Genuesen – Dank der Palynologie (Wissenschaft von den Blütenpollen) konnte nachgewiesen werden, dass es auf Korsika bereits in der Jungsteinzeit Kastanienbäume gab.
Erste große Pflanzungen wurden allerdings erst im 15. Jh. unter der Herrschaft Genuas in der Castagniccia angelegt und verbreiteten sich in den folgenden Jahrhunderten.
Der mächtige Baum erreicht eine Höhe von etwa 20 m, der Durchmesser seines kräftigen Stamms mit einer silbergrauen, rissigen Rinde beträgt häufig mehr als 2 m. Die breit ausladenden Äste spenden an heißen Sommertagen willkommenen Schatten. Die Blütezeit der Kastanie ist im Mai und Juni.
Die Genuesen, die den Nutzen des „Brotbaums" im Apennin bereits entdeckt hatten, wollten die Kastanienkultur auf Korsika heimisch machen. Um dies zu erreichen, mussten sie das gesamte Landwirtschaftssystem ändern, denn die Bergbewohner der Insel waren vor allem Viehzüchter und Getreideanbauer. 1584 unterzeichnete der genuesische Gouverneur eine Verordnung, die alle Grundbesitzer und Bauern verpflichtete, jedes Jahr vier Obstbäume zu pflanzen – für jeden nicht gepflanzten Baum drohte eine Strafe. Die empfohlenen Sorten waren Maulbeere, Feige, Olive und Edelkastanie. Der künftigen Castagniccia mit ihrer hohen Bevölkerungsdichte sollte diese genuesische Verordnung zu einem echten wirtschaftlichen Erfolg verhelfen und die Lebensqualität verbessern.

Der Siegeszug des „Brotbaums" – Um das Jahr 1770 nahm die Kastanie in der Castagniccia über 70 % der Anbauflächen ein. Aus dieser Zeit stammen die literarischen Ergüsse französischer „Technokraten" mit finsteren Vorurteilen, die eine Verbindung zwischen dem Kastanienanbau und einer mutmaßlichen Faulheit der Korsen herstellten: Die Kultur der Edelkastanie sei „unmoralisch", da sie praktisch ohne Arbeit Früchte liefere. Diese Behauptung zeugt von einer tiefen Unkenntnis der Realität auf der Insel. So kann man sich beispielsweise nicht vorstellen, wie die Bewohner einer Gemeinde wie Piedicroce, wo 1786 141 Einwohner pro Quadratkilometer lebten, die auf 98,9 % der Anbaufläche Edelkastanien angepflanzt hatten, ohne diese Bäume hätten überleben können.
Auf den relativ armen Böden der Castagniccia repräsentierte ein gut gepflegter Kastanienhain einen Nährwert in Kalorien, der das Dreifache der Menge betrug, die auf derselben Fläche mit Getreide zu erzielen gewesen wären. Es wird geschätzt, dass 100 g frische Kastanien 200 Kalorien liefern, während es bei 100 g Vollkornbrot (nach erheblichem Arbeitsaufwand) 230 Kalorien sind. 1880 gab es 33 000 ha mit Kastanienhainen, die über 3000 t Esskastanien erbrachten.

Das Leben eines „Brotbaums" – Etwa 15 Jahre lang muss man den jungen Baum hegen, pflegen und veredeln, bis sich die ersten Früchte zeigen. Die Ernte beginnt im Herbst. Bis Ende November sammeln ganze Familien tagein, tagaus in gebeugter Haltung mit kleinen Holzgabeln *(la ruspula)* die Kastanien mit und ohne Fruchthülle ein. Der Ernteertrag wird in die Trockenanlage gebracht *(siccatoghju)* wo sie fast drei Wochen über dem *fucone* auf Gittern ausgebreitet werden. Anschließend folgt das Dreschen: Die Kastanien ohne Stachelgehäuse werden zu je 5 kg in Säcke aus Schweinsleder gepackt und dann mit aller Kraft auf einen Holzblock geschlagen. Nach Abschluss dieses Arbeitsgangs, der mindestens 30-mal wiederholt wird, entfernt man die Außenhaut der Kastanie und die Ernte wird bei niedriger Temperatur im Ofen getrocknet, um anschließend die zweite, dünne Samenhaut abziehen zu können. Dann können die Kastanien zur Mühle gebracht und gemahlen werden.

Namensherkunft

Castagniccia bedeutet auf Korsisch „Region, in der Kastanienbäume gepflanzt sind". Dieser doch sehr passende Name scheint sich Mitte des 17. Jh. durchgesetzt zu haben. Wie so oft wird das Wortende nicht gesprochen, man sagt „Castagnitche".

Man unterscheidet auf Korsika mehrere **Kategorien von Kastanien**: *insitina*, eine große, schmackhafte Kastanie guter Qualität; die *tricciuta*, die im Stachelgehäuse in Büscheln gesammelt wird; die flache *pitrina* (oder *tuile*) und die *villana*, eine derbe Kastanie, die zur Tierfütterung verwendet wird. Eine Mischung der beiden ersten Sorten liefert das beste Mehl.

Stéphane Sauvignier / MICHELIN

Edelkastanien werden hier traditionell zu verschiedenen Köstlichkeiten verarbeitet.

Eine originelle Wirtschaftsform – Die Edelkastanie war in der Castagniccia nahezu zu einer Monokultur geworden und bildete die Existenzgrundlage der Bewohner. Ein Teil der geernteten Kastanien wurde auf den Markt gebracht: man tauschte sie dort gegen andere Lebensmittel oder verkaufte sie, um die Geldmittel zu beschaffen, die zum Bezahlen der Steuern unverzichtbar waren. Zahlreiche **Schweinezüchtungen** – die halbwild lebenden Tiere wurden ebenfalls mit den Edelkastanien gefüttert – lieferten und liefern besonders wohlschmeckende Fleisch- und Wurstwaren.
Auch das **Handwerk** florierte: Es gab Schlossereien, Hersteller von Schneidwaren, Schuhmacher, Stuhl- und Korbflechter, und in Orezza wurden Möbel und Pfeifen aus dem Wurzelholz der Baumheide (Bruyèreholz) gefertigt.
Das **traditionelle Castagniccia-Haus** besitzt ein Dach aus *lauzes* bzw. *teghje* (Schieferschindeln) und hat drei Ebenen: das Erdgeschoss liegt halb im Boden und dient der Unterbringung von Vieh und Vorräten. Im ersten Stockwerk verbrannte man Holzscheite. Wärme und Rauch stiegen zu dem darüberliegenden Trockenboden mit Latten auf, auf dem die Esskastanien getrocknet wurden. Darüber waren Schinken und Würste *(figatelli)* aufgehängt.

Zu Fuß unterwegs

3 Monte San Petrone★★

s. Kartenskizze S. 210-211. Der Aufstieg ist recht leicht. Es ist jedoch wichtig, gutes Schuhwerk zu tragen und auf Gewitter zu achten.

Ab dem Col de Prato

6 Std. hin und zurück ab dem Col de Prato (985 m). Der Weg steigt sanfter an und ist vormittags schattiger als der andere Weg ab dem Weiler Campodonico.
Dieser hohe bewaldete Berg im Herzen der Castagniccia ist der höchste Punkt der östlichen Gebirgskette und dominiert den gesamten Osten Korsikas.
Gehen Sie am Pass den Forstweg entlang, der nach 100 m Richtung Südwesten abbiegt. Auf diesem Weg 2,5 km bis zu einem Pass weitergehen (1151 m). Von hier aus führt ein schmalerer Weg, der teilweise mit Steinpyramiden markiert ist durch den Wald in südöstlicher Richtung bergauf. Anschließend verläuft der Pfad durch einen herrlichen Buchenhain, bevor er zu einer großen, baumlosen Terrasse am Bergkamm führt *(2 Std. Gehzeit ab dem Col de Prato)*.
Nehmen Sie sich Zeit, um die Nordwand des Monte San Petrone zu bewundern. Am Ende der Terrasse trifft man auf den Weg, der rechts von Campodonico heraufkommt. Halten Sie sich links, um an der Westwand entlang zu wandern und den Gipfel des San Petrone über die Südseite zu erklimmen. Von hier bietet sich ein weiter **Rundblick★★★** über die östliche Küstenebene, den Toskanischen Archipel, das Cap Corse, das Nebbio, die Balagne und die zentrale Gebirgskette vom Monte Cinto bis zum Monte Incudine.

Auf dem Gipfel des San Petrone stand früher die Kathedrale des Bistums Accia: **San Pietro d'Accia**, erbaut im 11. Jh. als Ersatz für die Chapelle San Petruculo d'Accia.

Ab dem Weiler Campodonico (Campudonicu)

6 Std. hin und zurück. Piedicroce auf der D 71 Richtung Campana verlassen. Nach den Ruinen des Klosters von Orezza links auf die Straße gehen, die zum Weiler Campodonico hinaufführt. Der Weg auf den San Petrone geht am Ortseingang rechts ab.
Der Weg steigt steil zur Kammlinie hinauf, die die ehemaligen Verwaltungsbezirke *(pievi)* Orezza und Vallerustie trennt. Nach Verlassen des Waldes schlängelt sich der Weg durch mageres Weideland, bevor er den Gipfel erreicht.

Ausflüge

1 Von Ponte-Leccia nach Prunete

82 km – einen Tag einplanen – s. Kartenskizze S. 210-211
Die Strecke entlang der D 71 und anschließend der D 330 führt durch die ehemaligen *pievi (s. S. 58)* Rostino, Ampugnani, Orezza und Alesani. Dabei gewinnt man einen ausgezeichneten Überblick über diesen Landstrich mit den schönen, an sonnigen Hängen liegenden Dörfern.

Ponte-Leccia

Diese Ortschaft ist ein wichtiger Verkehrsknotenpunkt für Eisenbahn und Straßenvekehr auf der Insel. Hier treffen zwei Nationalstraßen und die Bahnstrecken von Bastia, Calvi und Ajaccio zusammen.

Ab Ponte-Leccia auf der D 71 Richtung Cervione fahren.

Von der Straße bieten sich schöne **Blicke** auf das Rotondo-Massiv, auf die roten Felsnadeln der Aiguilles de Popolasca und die Berge des Asco. Die Straße führt durch Kastanienhaine bergauf, die rechter Hand das grüne Tal der Casalune, eines Nebenflusses des Golo, dominieren.

Santa Maria und San Giovanni de Valle-di-Rostino

5 km ab Bocca a Serna auf der D 15^B nach links. Auf Höhe des Dorfes links auf die D 615 abbiegen und noch etwa 500 m weiterfahren. Das Auto auf Höhe des Reitzentrums abstellen und zu Fuß auf der Piste weitergehen (15 Min.). Oben angekommen, nicht den kleinen Weg übersehen, der (ausgeschildert) nach rechts zur Kapelle hinunterführt.
Dieser einsam im Feld liegende Ruinenkomplex enthält die Überreste der ehemaligen **Pfarrkirche** Santa Maria (10. Jh.) und ihres **Baptisteriums** San Giovanni (12. Jh.). Die Kirche von Rostino, die auf einer ehemaligen römischen Stätte erbaut worden war, wurde im 19. Jh. aufgegeben. Beachten Sie den Chorabschluss aus flachen braunen, grauen und grünen Schiefersteinen, verziert mit Pilastern und feinen Bogenläufen.
Die abweichende Bauweise des Baptisteriums ist auffallend. Dieses merkwürdige Bauwerk mit achteckigem Grundriss und einem Durchmesser von etwa 11 m trug einen Dachstuhl mit einer Art Turmspitze. Das Taufbecken und die meisten Ausschmückungen sind verschwunden, man kann aber noch ein halbrundes Tympanon erkennen, das Adam und Evas Versuchung durch die Schlange darstellt.

St-Thomas de Pastoreccia

Zurück auf die D 15^B Richtung Norden bis Pastoreccia. An der Kreuzung am Ortsende nach dem Hinweisschild links abbiegen. Nach 500 m ist rechts ein Weg zu sehen, der zur Kapelle und zum Friedhof führt. Falls die Kapelle geschlossen ist, können Sie im Bürgermeisteramt des Weilers Pastoreccia den Schlüssel holen (✆ 04 95 38 70 34).
Die romanische Kapelle aus grauem Schiefer, die über dem Golo-Tal auf einem Felsvorsprung steht, wurde 1930 bei einer missglückten Renovierung beschädigt. Dabei wurde die Hälfte der Kapelle zerstört, und es löste sich ein Teil der Fresken.

Durch das schmale Seitenportal an der Südseite betritt man die Kapelle.

Die **Fresken★** stammen aus dem späten 15. Jh. In dieser Zeit entwickelten sich insbesondere in der Castagniccia neue Gestaltungsformen in der Malerei mit Werken wie sie in San Quilico de Cambia zu sehen sind *(s. nachfolgende Rundfahrt 2)*.

Zurück auf die D 15^B, auf dieser zurückfahren bis zur D 71 und links nach Morosaglia abbiegen.

Morosaglia – *s. dort*

Die D 71 führt durch Kastanienhaine bergauf.

Col de Prato (Bocca di u Pratu)

Der Pass (985 m) ist der wohl günstigste Ausgangspunkt für die Besteigung des **Monte San Petrone★★** *(s. S. 205)*. Schon bald nach dem Pass eröffnet sich ein schöner **Blick★** auf einen Großteil der Castagniccia, das Tyrrhenische Meer und den Toskanischen Archipel.

Chapelle San Petruculo d'Accia (Kapellenruine)

Am Col du Prato bei der Telefonzelle rechts auf den befahrbaren Weg Richtung San Petrone einbiegen. Nach 100 m kommt eine Rechtskurve. Dort das Auto abstellen.

30 Min. zu Fuß hin und zurück. Nach 20 m links auf die etwas unscheinbare Piste einbiegen, die Richtung Süden bergauf führt. Lassen Sie die von Steineichen bewachsene Felskuppe links liegen und gehen Sie geradeaus weiter. Umgeben von den Überresten einer Steinmauer stehen die Ruinen oben auf einem kleinen Pass.

Von der ehemaligen, isoliert am Hang des Monte San Petrone stehenden **Kirche** sind noch der Hochchor mit Apsis und die Grundmauern des Kirchenschiffs nach dem Grundriss einer Basilika erhalten. Die Ruinen sollen aus dem 6. Jh. stammen, einer Epoche, in der Papst **Gregor der Große** (590-604) sich dafür einsetzte, in dem „geistig verarmten" Korsika neue religiöse Zentren zu gründen und die von den Barbaren zerstörten Kirchen wieder aufzubauen. Man weiß von zwei päpstlichen Briefen an den Bischof von Aléria, in denen von der Stiftung einer Basilika und eines Baptisteriums auf dem „Monte Nigeuno" die Rede ist. Den archäologischen Ausgrabungen nach handelt es sich bei den Ruinen von San Petruculo um diese Basilika. Von dem Baptisterium wurde bisher jedoch keine Spur gefunden. Alljährlich wird dieser friedliche Ort am 1. August das Ziel vieler Wallfahrten.

Zurück auf dem Col de Prato auf der D 71 500 m Richtung Südosten weiterfahren, dann links auf die schmale Straße abbiegen, die über Stoppia-Novia nach La Porta führt.

La Porta★ – *s. dort*

Auf der D 515 zurück auf die D 71.

Die Höhenstraße führt oberhalb des Tales des **Fium'Alto** entlang.

Campana

Das Auto unter den Kastanien an der D 71 abstellen und über die Treppengassen ins Oberdorf gehen, das sich an den Monte San Petrone schmiegt.

Die **Pfarrkirche St-André** birgt das schöne Gemälde *Die Anbetung der Hirten*. Es wird dem spanischen Maler Francisco de Zurbarán (1598-1664) oder einem seiner Schüler zugeschrieben. Die Art der Darstellung und die andalusisch anmutenden Gesichter sind typisch für die sevillanische Malschule des 17. Jh.

1 km vor Piedicroce erheben sich links die eindrucksvollen Ruinen eines Franziskanerklosters.

Ein Bollwerk der Opposition

Im **Kloster von Orezza** fanden mehrere Volksversammlungen *(consultes)* statt. Am 20. April 1731 beschäftigten sich zwanzig Vertreter des Klerus mit einer Gewissensfrage: Ist der Aufstand gegen die legale Obrigkeit mit der christlichen Moral zu vereinbaren? Mit einer Mehrheit wurden die Korsen von ihrem Treueschwur gegenüber der Republik Genua entbunden. Der Wortlaut dieser Resolution war jedoch gemäßigt und führte nicht zum Bruch mit Genua.

1744 kam der franziskanische Heilige Léonard de Port-Maurice (1677-1751) hierher, um gegen die Blutrache *(la vendetta)* zu predigen.

Im Juni 1751 wählte die wichtige Volksversammlung eine neue Verfassung: Die Exekutivgewalt wurde Jean-Pierre Gaffori *(s. Corte)* übertragen.

1790 traf Pasquale Paoli hier mit Napoleon Bonaparte zusammen.

Couvent d'Orezza★ (Kloster von Orezza)

Das im 18. Jh. gegründete Kloster war während des Unabhängigkeitskriegs ein Bollwerk der Opposition gegen Genua. Während der Französischen Revolution wurde das Kloster säkularisiert, heute ist es nur noch eine vom Efeu überwucherte Ruine *(nicht zu nah herangehen)*. Unter den Arkaden der Barockkapellen – heute unter freiem Himmel - sind noch einige Reste der Malerei erhalten. An einer Stelle ist das Emblem der Franziskaner zu erkennen: zwei gekreuzte Arme mit Wundmalen vor einem Kreuz. Gähnende Löcher im Klostergebäude geben den Blick auf die tiefen Keller und unterirdischen Räume frei. Der Blick durch die Fensterhöhlen über das Orezza-Tal erinnert daran, dass dieser geheiligte Ort auch ein bedeutsamer strategischer Punkt war.

Gilles Magnin / MICHELIN

Altar in der Kirche St. Peter-und-Paul in Piedicroce. Die Kirche beherbergt die schönsten Orgelpfeifen Korsikas.

Piedicroce

Die **Kirche St-Pierre et St-Paul★** (St. Peter und Paul) besitzt eine herrliche Barockfassade aus dem 18. Jh. und einen quadratischen Glockenturm.
Das Innere überrascht durch die reiche Ausstattung mit geometrischen Malereien, Stuck und Trompe-l'œil-Elementen. Das Gemälde eines italienischen Malers über dem Hochaltar stellt die Jungfrau mit Kind dar. Die Kanzel (18. Jh.) besticht durch ihre reiche Verzierung mit bemaltem Stuck. Versäumen Sie nicht den Blick zurück, um den herrlichen vielfarbigen **Orgelprospekt★** zu bewundern. Er birgt die älteste Orgel Korsikas, die Giorgio Spinola (1617-1619) zugeschrieben wird und aus der Kathedrale Ste-Marie in Bastia stammt.

Auf der D 506 nach Folelli.

Die Straße führt in Serpentinen durch einen schönen Kastanienhain bergab.

Stazzona

Dieser Weiler ist bei den Kurgästen äußerst beliebt, die wegen des Heilwassers von Orezza kommen. Schöner Blick auf Carcheto und den barocken Glockenturm auf der anderen Talseite.

1,5 km auf der D 506 weiterfahren.

Les Eaux d'Orezza (L'Acque d'Orezza)

Das ehemalige Thermalbad befindet sich in schöner Lage in einem von herrlichen Kastanienhainen bewachsenen Tal unterhalb des Dorfes Piedicroce.
Das kalte eisen-, natron- und kohlensäurehaltige Wasser aus Orezza war bereits in der Antike bekannt. Im 19. Jh. und zu Beginn des 20. Jh. wurde es als Heilwasser bei Anämie, Störungen des Nervensystems, Malaria, sowie Leber- und Nierenerkrankungen angewendet. Viele Kurgäste kamen damals aus den französischen Kolonien, um ihre Gesundheit wiederherzustellen.
Von der ehemaligen Thermalanlage ist unter dem Pavillon in der Mitte des Kurparks noch ein **Brunnen** erhalten, an dem man das Wasser probieren kann – besonders gut schmeckt es hier allerdings nicht. Es empfiehlt sich, erst das aufbereitete und in Flaschen abgefüllte Wasser zu trinken, dem der etwas unangenehme Geschmack genommen wurde.

Zurück nach Piedicroce und weiter auf der D 71 nach links.

Carcheto★ – *s. dort*

Die Straße führt bergauf und bietet beim Zurückschauen schöne Ausblicke auf das Orezza-Tal und den Monte San Petrone.

Felce

Der Weiler besitzt eine bescheidene **Kirche** mit einem Schieferdach und wird von einem vierstöckigen Glockenturm überragt. Im **Inneren★** sind reizende naive Fresken zu sehen: Beim Betreten links die Taufe Christi; auf einem Gewölbezwickel sieht man den Künstler selbst mit der Palette in der Hand auf den Wolken schweben. Der gerade Chorabschluss ist an den Trompe-l'œil-Arkaden mit einer Verkündigung geschmückt. Das Tabernakel auf dem Hochaltar soll von einem korsischen Banditen mit seinem Messer geschnitzt worden sein.

Im Nachbarweiler **Poggiale** steht das Geburtshaus des korsischen Geschichtsschreibers **Pietro Cirneo** (1445-1503), dem Verfasser des Werkes *De rebus corsicis*.

Valle-d'Alesani (Alesani-Tal) – *s. dort*

Die Höhenstraße führt durch das enge und kurvenreiche Alesani-Tal und direkt am Stausee vorbei. Im Hintergrund erkennt man in der östlichen Küstenebene die Talsperre von Péri und den Leuchtturm von Alistro.

Barrage de l'Alesani (Talsperre von Alesani)

Der Stausee hält 11 Millionen Kubikmeter Wasser zurück, das der Bewässerung einer Fläche von 4200 ha in der östlichen Küstenebene zwischen Moriani-Plage und Bravone dient.
Nun weichen die Kastanienbäume der Macchia. Wenige Kilometer vor Cervione biegt die Straße nach Norden ab und führt oberhalb der Küstenebene entlang.

Cervione★ – *s. dort*

Man kann auf der D 71 bei Prunete auf die Küste treffen oder auf der **Corniche de Castagniccia★** bei Moriani Plage.

2 Von Ponte-Leccia nach Corte über La Castagniccia

73 km – etwa 4 Std. – s. Kartenskizze S. 210-211.

Abseits der üblichen und stark frequentierten Touristenstraßen kann man auf dieser Strecke die unberührten und entlegenen Gegenden der südlichen Castagniccia und des Bozio *(s. dort)* entdecken.

Ponte-Leccia auf der N 193 Richtung Corte verlassen; nach 5 km links auf die D 39 Richtung Gavignano.

Die gut geteerte Straße schlängelt sich durch den **Wald von Pineto** mit seinen Steineichen, die später Kiefern, Oliven- und Obstbäumen Platz machen.
Fahren Sie nach 6 km links auf die Straße nach Gavignano *(D 139)*. Nach weiteren 5 km führt kurz vor dem Dorf, links von der Straße abzweigend, ein Weg zu einer schönen **romanischen Kapelle** *(2 Min. zu Fuß)*, die von einigen verstreut in der Macchia liegenden Grabstätten umgeben wird.

Hochburg des Patriotismus

Im 18. Jh. spielte die Castagniccia eine wichtige Rolle im korsischen Unabhängigkeitskrieg und war eines der Hauptzentren der Revolte auf der Insel. Häufig versammelten sich die Patrioten zu ihren Volksversammlungen, den *Consultes*, in den Klöstern:
- In Orezza erklärte der Klerus den Unabhängigkeitskrieg gegen Genua;
- In Alesani wurde Baron Theodor de Neuhoff zum korsischen König ausgerufen;
- In Rostino ließ sich **Pasquale Paoli**, gebürtig aus Morosaglia, zum General der Nation wählen.

Aus der Region stammen zudem die Patrioten **Louis Giafferi**, geboren in Talasani, und der Abgeordnete des Dritten Standes **Saliceti** aus Saliceto.

Chapelle de San Pantaleone

Der einfache Bau wird durch einen nachträglich hinzugefügten Dachreiter über der Fassade geziert. Die **Fresken★** aus dem späten 15. Jh. bedecken die Wände der Apsis und des Triumphbogens. Sie beeindrucken trotz ihres schlechten Zustands durch die feinen Farbabstufungen. Bemerkenswert unter den erhaltenen Figuren sind der hl. Bartholomäus, der durch seinen tiefen Blick und die ungewöhnliche Darstellung überrascht, bei der er seine Haut auf dem Rücken trägt, und der hl. Pantaleon mit einer roten Kappe, der ein chirurgisches Instrument zeigt (er war der Arzt eines römischen Kaisers).

Weiterfahren nach Saliceto.

Saliceto (Salicetu)

Das hochgelegene Dorf, der Heimatort des Konventsmitglieds Christophe Saliceti, liegt in einem Bergkessel und bietet eine herrliche Aussicht. Bei einem Bummel durch die teilweise überwölbten Treppengassen, die auf Aussichtsterrassen führen, entdeckt man immer wieder neue, bemerkenswerte Rundblicke. Die mit *lauze*

(Schieferplatten) gedeckten Dächer funkeln in der Sonne. Die Kirche hat einen anmutigen Kampanile und scheint den Wildbach zu überspannen.
Beim Verlassen des Bergkessels von Saliceto in das nächste Tal führt die D 639 hinunter nach San Lorenzo (San Lurenzu), wo man wieder auf den Wasserlauf der Casaluna trifft und unterwegs schöne Ausblicke genießt.

An der Kreuzung (am Ortsende von San Lorenzo) links auf die D 39 Richtung Cambia fahren. Nach 3 km das Auto rechts von der Straße an der Kreuzung mit dem Gemeindeweg nach Corsoli auf dem Parkplatz abstellen (Informationstafel) und zu Fuß auf dem Weg gegenüber weitergehen.

Chapelle Santa Maria de Corsoli

15 Min. zu Fuß auf dem markierten Weg (nicht den Weg mit dem Hinweis „Menhir de Petra Frisgiata" gehen, der links abzweigt, denn er verliert sich in der Macchia).
Das kleine Bauwerk fasziniert durch seine Proportionen und das schöne Mauerwerk. Es hat Ähnlichkeit mit der nahe gelegenen Chapelle San Quilico. Von dieser unterscheidet es sich jedoch durch das völlige Fehlen jeglicher Ausschmückung und die

doch bescheidenere Größe. Dieser reine pisanisch-romanische Stil scheint ein recht spätes Werk zu sein und stammt wahrscheinlich aus dem 13. Jh. Im Inneren ist noch der originale romanische Altar erhalten.
Im Schatten von Steineichen wurde vor der Kapelle der in der Nähe gefundene **Menhir de Petra Frisgiata** aufgestellt.

Weiter auf der D 39 nach Cambia. Nach etwa 1 km links auf die Gemeindestraße zum Weiler San Quilico abbiegen. Das Auto nach 1,5 km auf dem Parkplatz am Ortseingang abstellen.

Chapelle San Quilico (San Quilicu) de Cambia★

Im letzten Haus des Weilers den Schlüssel holen und auf einem sehr steilen und gewundenen Steinweg zur Kapelle hinuntergehen.
Auf Korsika trifft man recht häufig auf Kirchen, die San Quilico geweiht sind – wahrscheinlich die korsische Bezeichnung für den hl. Quiricus (Cyr). Bereits als Kind starb er den Märtyrertod, als er seiner Mutter, der hl. Julitta, beistehen wollte. Sie waren auf der Flucht vor der Diokletianischen Verfolgung geflohen, doch in Tarsus ergriffen worden.
Die Kapelle liegt abgeschieden in einem mit einzelnen Bäumen bestandenen, abgegrenzten Grundstück am Südwesthang des Monte San Petrone und könnte auf eine Stiftung von Feudalherren zurückgehen. Über die tatsächliche Gründung der Kapelle ist jedoch nichts bekannt. Dieses romanische Relikt scheint aus dem 13. Jh. zu stammen, Baustil und Formenkanon entsprechen der pisanisch-romanischen Kunst des 12. Jh. – Korsika stand damals unter der Oberhoheit des Erzbischofs von Pisa. Ockerfarbene Schieferplatten bilden das Mauerwerk. Die Kapelle ist an den Fassaden wenig strukturiert, ihre Dekoration besteht hauptsächlich aus den Reliefs über den Portalen.

Das Tympanon über dem Seitenportal der Chapelle San Quilico zeigt den „Sündenfall".

Das Tympanon über dem Seitenportal zeigt Skulpturen, die sehr lebendig die Versuchung Evas darstellen. Das Südportal wird ebenfalls von einem ausdrucksstarken Tympanon geschmückt. Die bekleidete Figur, die eine Gift speiende Schlange bezwingt, kann als Bild eines Christen gesehen werden, der das Böse besiegt, indem er sich in das Gewand des Glaubens hüllt.

Zugang durch das Seitenportal. Von innen das Hauptportal öffnen, damit Tageslicht in das Gebäude fällt.

Der Chor ist mit naiven, sehr lebendigen Fresken (16. Jh.) ausgeschmückt. Im Halbkuppelgewölbe der Apsis sieht man den Himmlischen Vater und Christus am Kreuz unter dem Mond, der Sonne und einer Taube. Sie werden eingerahmt von vier betenden Engeln und den vier Evangelisten. Auf einer horizontal abgeteilten Fläche unter dieser Komposition sieht man die Jungfrau mit dem Kind und die zwölf Apostel. Ganz rechts ist der hl. Barnabas hinzugefügt, der als Ersatz für Judas als Apostel berufen wurde.

Zurück auf die D 39, die weiter nach Carticasi hinaufführt.

Carticasi

Das typisch korsische Dorf wurde auf einem Felsvorsprung erbaut, der wie eine Terrasse über dem Tal der Casaluna liegt. In der Jagdsaison herrscht hier Hochbetrieb. Die alten Häuser, die zumeist mit dicken Schieferplatten gedeckt sind, wirken wie Wachtposten gen Süden, wo sich das trostlosere Relief des Bozio abzeichnet.

Hinter Carticasi überquert die sehr schmale Straße den **Col St-Antoine** und führt weiter in den **Bozio**.

Auf der D 39 weiterfahren.

Bustanico – *s. Bozio*

Im Dorf rechts auf die D 441 abbiegen.

Sermano – *s. Bozio*

Zurückfahren bis zur D 41 und weiter Richtung Santa-Lucia-di-Mercurio und Tralonca.

Tralonca★ – *s. Bozio*

Die Straße führt zum Col de San Quilico, dort trifft sie 6 km nördl. von Corte auf die N 193.

Tipps und Adressen

Allgemeiner Hinweis

Erste Informationen über diese Region finden Sie auf der Internetseite: *www.castagniccia.net*

Übernachten

Le Stuart Hôtel – *20218 Ponte-Leccia – am Kreisverkehr des Einkaufszentrums Hyper-U – ✆ 04 95 47 61 11 – Nov.-März geschl. – 18 Zi: 50/60 € – ☕ 5,50 € –* P. Dieses Hotel am Ortsanfang von Ponte-Leccia hat unlängst eine Verjüngungskur hinter sich. Wählen Sie eines der Zimmer im Anbau, die renoviert wurden und einfach, aber durchaus komfortabel sind. In der schönen Jahreszeit wird das Frühstück im Schatten des Maulbeerbaums im Innenhof serviert.

Essen und Trinken

Auberge des Deux Vallées – *Col d'Arcarotta – 20234 Piobetta – ✆ 04 95 35 91 20 – Mi geschl. – 16,50/26 €.* Von der Terrasse dieses familiären Gasthauses hat man einen herrlichen Blick auf die Berge der Castagniccia. In einem freundlichen, rustikalen Ambiente kann man lokale Spezialitäten genießen. Wer noch ein wenig länger schlemmen möchte, kann hier auch schmackhafte Fleisch- und Wurstwaren aus der Region einkaufen.

Osteria di U Cunventu – *20218 Morosaglia – ✆ 04 95 47 11 79 – Feb.-19. März, 17. Okt.-10. Nov. geschl. sowie Di-, Mi-, Do- und Fr-mittag vom 30. Sept.-1. Mai und Mo – 25/38 €.* Dieses kleine Chalet liegt mitten im Geburtsort von Pasquale Paoli. Es gibt einen hübschen Gastraum mit Panoramablick und marktfrische korsische Produkte.

Sant'Andria – *Im Dorf – 20229 Campana – ✆ 04 95 35 82 26 – Okt.-Ende April und So-abend geschl. – Mittagsmenü 20 € – 18/22 €.* Das Gebirgsdorf verfügt über ein familiäres, sehr authentisches Restaurant. An den massiven Kastanienholztischen werden Fleisch- und Wurstwaren, Cannelloni mit *brocciu* und weitere Spezialitäten serviert. Von der Veranda und Aussichtsterrasse genießt man einen schönen Blick auf die Insel Elba.

Einkaufen

Domaine Vico – *Route de Calvi, 850 m vom Ort Richtung Calvi – 20218 Ponte-Leccia – ✆ 04 95 47 61 35 – Sommer tgl. außer So 9-12 und 14-19 Uhr, sonst 9-12 und 14-18 Uhr, Fei geschl.* Dies ist das einzige Weingut (90 ha) im Inneren Korsikas. Hier werden sehr gute Rot-, Weiß- und Roséweine produziert.

Domaine de Musoleu – *Von Bastia kommend am Ortseingang – 20213 Folelli – ✆ 04 95 36 80 12 – www.vin-musoleu.com – Sommer tgl. außer So 8.30-12 und 15-19 Uhr, Fei geschl.* Auf den 16 ha dieses Weinguts in der Casinca werden drei verschiedene Rebsorten angebaut. Dazu gehört mitunter die typisch korsische Vermentinu-Traube, die einen köstlichen Weißwein mit charakteristisch blumigem Aroma ergibt.

Lana Corsa – *Saliceto – 20218 Ponte-Leccia – ✆ 04 95 48 43 79 – www.lana-corsa.com – Werkstatt April-Okt. Mo-Fr 9-19 Uhr, Nov.-März Mo-Fr 9-18 Uhr, Sa 9-14 Uhr, Ausstellung Mo-Fr um 15.30 Uhr, Feb. geschl. – Eintritt: 5 €.* Dies ist der wohl einzige Betrieb, der korsische Schafwolle verarbeitet. Verkauf von Webwaren, Strickwolle und Pullovern, Jacken, Ponchos, Mützen etc. Die Muster sind von den Mosaiken in den romanischen Kirchen, von der Landschaft und den Tieren der Insel beeinflusst.

Sport & Freizeit

Santucci Xavier – *20234 Perelli – ✆ 04 95 35 94 37 – nach Anmeldung.* Auf den geführten Wanderungen in Begleitung von Monsieur Santucci können Sie die zahlreichen Wanderwege erkunden, die durch die Castaggnicia führen und dabei viel Wissenswertes über die Region erfahren.

CENTURI★★

HAUTE-CORSE (2B) – UMSCHLAGKARTE VORNE C1 – MICHELIN LOCALKARTE 345 F2 – KARTENSKIZZE CAP CORSE, S. 189

Die hübsche kleine Bucht im Nordwesten des Cap Corse ist seit dem Altertum bekannt: Bereits im 2. Jh. n. Chr. erwähnte der griechische Geograf Ptolemäus Centurinon. Frühmorgens ist die Atmosphäre im Hafen besonders idyllisch: Ein sanftes Licht färbt die kleinen Häuser und die hölzernen Langustenreusen. Einige Fischer sind an Land geblieben, um ihre Netze zu flicken. Auch bei Sonnenuntergang gibt der Hafen mit seinen bunten Fischerbooten ein schönes Bild ab. Freunde des Tauchsports finden in dem klaren, fischreichen Wasser der Bucht und auf offener See ausgezeichnete Bedingungen.

Stéphane Sauvignier / MICHELIN

Der beschauliche Hafen von Centuri wird von den Häusern des Dorfes Cannelle umrahmt.

- **Wegweiser** – Der Hafen von Centuri (Centuri-Port) liegt im Nordwesten des Cap Corse. Die kleine Bucht wird von dem oben am Hang liegenden Dorf Cannelle dominiert. Das Cap Corse verfügt über nur wenige öffentliche Verkehrsmittel. Im Sommer gibt es nur eine Busverbindung zwischen Centuri und Bastia täglich.
- **Unbedingt sehenswert** – Wenn die Fischer nachmittags zurückkehren, lässt sich die freundliche Atmosphäre des Fischerhafens am besten genießen.
- **Gut geplant** – Planen Sie einen Tag mehr ein, falls Sie auf dem Zöllnerpfad von Centuri nach Barcaggio wandern möchten und sorgen Sie dort für ein Fahrzeug.
- **Orte in der Nähe** – CAP CORSE, ERBALUNGA, MACINAGGIO, NONZA, ROGLIANO

Geschichte und Geschichten

Ein strategischer Hafen – Die korsischen Feudalherren sicherten sich frühzeitig die Provinz des Cap Corse, ohne dadurch den Frieden in der Region zu stören. Im 13. Jh. jedoch verbündeten sich die genuatreuen Familien Da Mare und Avogari mit Giovanninello de Nebbio gegen Giudice de la Cinarca *(s. La Cinarca)*. Von Giudice besiegt und verfolgt, suchten sie auf der Insel Centuri Zuflucht, wo sie für ihn unerreichbar waren, da dieser über keine Schiffe verfügte. Im Schutz der Nacht segelten sie in die Balagne und gründeten dort Calvi.

Im 17. Jh. waren im Hafen von Centuri über 100 Seeleute beschäftigt. Um 1760 gründete hier Pasquale Paoli einen Kriegshafen und eine Schiffswerft, um eine korsische Flotte zu rüsten. Seither haben die wirtschaftlichen Aktivitäten jedoch stark nachgelassen. Es gibt noch etwa zehn Fischer, die im Westen und Norden des Cap Corse ihre Netze auswerfen und pro Jahr 10 t Fisch und 2 t Langusten an Land bringen.

Zu Fuß unterwegs

La Marine (Centuri-Port)★★

Der kleine Hafen wird von ockerfarben, grau oder weiß verputzten Häusern gesäumt. Im Frühling setzen Ginster und Tamarisken farbige Akzente. Im Herbst ist es üblich, die *panzarotti* zu probieren, mit Mangold und Rosinen gefüllte Teigtaschen.

Im Süden öffnet sich die **Bucht von Mute** im Schutz der einst befestigten Insel Centuri. Am Strand steht ein Gebetshaus, dessen Wände mit Kieselsteinen verziert sind.

Sentier des douaniers (Zöllnerpfad) von Centuri nach Barcaggio★

Ausgangspunkt: Oben im Dorf (Nordseite), direkt gegenüber von zwei Garagen, führt ein Weg, an dem ein großer Feigenkaktus steht, Richtung Meer. Für den Rückweg ein Fahrzeug organisieren. Es wird empfohlen, sich vorab über die Wetteraussichten und Waldbrandgefahren zu informieren und ausreichend Wasser mitzunehmen.

4 Std. Gehzeit von Centuri nach Tollare und 1 Std. von Tollare nach Barcaggio. Der markierte Weg bietet eine schöne Aussicht auf die Insel Capeuse. Die Strecke führt an der Westseite des Cap Corse entlang, biegt ins Inselinnere ab und führt über die Bergkämme zum Semaphor (Windstärken- und Windrichtungsanzeiger) von Capo Grosso.

Cannelle★

1 ½ Std. hin und zurück. Auf dem Feldweg oben im Dorf, nördl. vom Hafen gehen. Der Weg ist markiert und gut gepflegt. Beschreibung des Weilers unter Cap Corse.

Ziel in der Umgebung

Château du général Cipriani

4 km östl. – keine Besichtigung.

Auf der Rückfahrt nach **Camera** über die D 35 entdeckt man im Süden des Dorfes, im Weiler Ortinola, eine Burg, die im 19. Jh. im mittelalterlichen Stil erbaut wurde. Hier wohnte General Graf **Leonetto Cipriani** (1812-1888) der in Centuri geboren wurde und auch starb. Leonetto stand den Bonapartes sehr nahe und war inoffizieller Unterhändler von Napoleon III.

Tipps und Adressen

Übernachten

Hôtel La Jetée – *Am Hafen – ✆ 04 95 35 64 46 – www.la-jetee.net – 15 Zi: 95/105 € – 9,50 € – Menü 18,50 €* – P. Die hellen, neu renovierten Zimmer, sind für Centuri recht günstig. Nehmen Sie ein Zimmer mit Meerblick, drei davon haben einen Balkon direkt zum Hafen. Der größte Pluspunkt dieses Hauses ist die Terrasse des Restaurants mit einem außergewöhnlich schönen Blick. Auf der Speisekarte stehen überwiegend Fischgerichte.

Essen und Trinken

U Marinaru – *Am Hafen – ✆ 04 95 35 62 95 – Okt.-April geschl. – 16 € Mittagessen – 15/45 € – 7 Zi: 41 € – 5 €.* Das Hotel hat eher gewöhnliche, zum Teil renovierte Zimmer. Das Restaurant jedoch, in dem überwiegend Fischgerichte angeboten werden, lohnt einen Umweg. Das Menü richtet sich nach dem jeweiligen Tagesfang.

A Macciotta – *Am Hafen – ✆ 04 95 35 64 12 – Ende Okt.-Anfang Mai geschl. – Reserv. Juli-Aug. empf. – 18/52 €.* Freunde frischer Fischgerichte warten hier auf den Tagesfang. Der Wirt bietet zudem Zuchtfisch an, aber auch Fleischgerichte, die am Holzfeuer zubereitet werden. Nüchterner, aber tadelloser Gastraum und schöne Terrasse. Auf Anfrage Ausfahrten aufs Meer.

Le Vieux Moulin – *Am Hafen – ✆ 04 95 35 60 15 – www.le-vieux-moulin.net – Nov.-März geschl. – Mittagessen 35 €, Mittagsmenü 22 € – 40/70 € – 22 Zi: 95 € – 12 €.* Das Bürgerhaus aus dem 19. Jh. liegt oberhalb des charmanten kleinen Hafens von Centuri. An schönen Tagen können Sie auf der Terrasse Platz nehmen und zugleich die herrliche Aussicht und die regionale Küche genießen, die vor allem Meeresprodukte verwendet. Ein Teil der zweckmäßigen und klimatisierten Zimmer hat Meerblick.

CERVIONE★

Cervioni

1452 EINWOHNER – HAUTE-CORSE (2B) – UMSCHLAGKARTE VORNE C3 – MICHELIN LOCALKARTE 345 F6

Dieses sehenswerte Küstenstädtchen ist der Verwaltungssitz der Costa Verde. Es ist bekannt für seine Spezialitäten aus den heimischen Haselnüssen. Unter anderem findet man hier ein Völkerkundemuseum mit wertvollen Zeugnissen aus dem Alltagsleben auf Korsika sowie eine der ersten Barockkirchen der Insel.

Emmanuelle Souty / MICHELIN

Das Bergstädtchen Cervione liegt an der Ostküste Korsikas.

Wegweiser – Cervione und die **Costa Verde** liegen zwischen der Casinca im Norden, der Castagniccia im Westen und der Costa Serena im Süden. Das Gebiet um Cervione ist vor allem eine Gebirgsregion und erhielt erst in jüngerer Zeit entlang der N 198 ein maritimes Gepräge. Die Gemeinde Cervione erstreckt sich bis zur Küste und trägt in der Ebene den Ortsnamen Prunete.

Unbedingt sehenswert – Die besonders kunstvollen Fresken, mit denen die Doppelapsis der Chapelle Ste-Christine ausgestaltet sind; der 33 m hohe Kirchturm von San-Giovanni-di-Moriani.

Mit Kindern – Auf dem umfangreichen botanischen Lehrpfad in San Giovanni wird über die heimische Tier- und Pflanzenwelt informiert. Für Sportbegeisterte gibt es im Jachthafen von Taverna-Campoloro eine Segelschule.

Orte in der Nähe – La CASINCA, La CASTAGNICCIA, ALÉRIA

Sehenswürdigkeiten

Ancienne cathédrale St-Érasme

Die ehemalige Kathedrale im Herzen der Altstadt von Cervione ist eine der ersten Barockkirchen Korsikas. Das tonnengewölbte Längsschiff wird von niedrigen Seitenkapellen gesäumt. Das Querschiff wird von einer Pendentivkuppel mit Laterne überwölbt, eine auf Korsika seltene Bauform. An den Hängezwickeln sind die vier Evangelisten dargestellt. Einige Gemälde der Seitenkapellen stammen aus dem 18. Jh. Die Innengestaltung der Kirche entstand jedoch vor allem im 19. Jh. Besonders schön sind die Marmorfliesen und der Sakristeischrank mit seinen 32 Türen.

Musée ethnographique★

✆ 04 95 38 12 83 – Mitte Juni-Mitte Sept. tgl. außer So und Fei – Audioführung möglich – 2 € (Kinder unter 10 Jahren: Eintritt frei).

Hl. Alexander Sauli

Der am 15. Februar 1535 in Mailand geborene **Alexander Sauli** wurde 1570 zum Bischof von Aléria ernannt; die Bischofsweihe empfing er von Karl Borromäus, dem Erzbischof von Mailand, dessen Freund und Beichtvater er war. Nach der Zerstörung von Aléria verlegte Alexander Sauli den Sitz seiner Diözese nach Cervione und ließ dort die Kathedrale, das Bischofspalais (gegenüber der Kirche) und das Priesterseminar (heute Rathaus und Museum) errichten. Seine Zeitgenossen waren schon zu Lebzeiten von seiner Gabe überzeugt, Wunder zu wirken. Er reformierte seine Diözese und setzte sich 20 Jahre lang für die Anwendung der auf dem Konzil von Trient gefassten Beschlüsse ein. In ganz Korsika erlangte er hohes Ansehen. Sein letztes Lebensjahr verbrachte er in Pavia, wo er 1592 starb. 1904 wurde er heilig gesprochen.

Das Museum für Völkerkunde ist in einem Flügel des Rathauses untergebracht. Das ehemalige Priesterseminar ließ Bischof Alexander Sauli hinter dem Chor der Kathedrale errichten, hier gibt es eine schöne Terrasse. Das Museum wird von dem Kulturverein ADECEC getragen, der im Osten Korsikas archäologische, historische, linguistische und naturkundliche Forschung fördert. Die Exponate sind nach Themen geordnet und veranschaulichen das Leben in Cervione und der Castagniccia.

Erdgeschoss – Nachbildung einer Schmiedewerkstatt, Material zur Weinherstellung, Apothekerutensilien und Sammlung korsischer Gesteinsarten.

1. Stock – Techniken des Hausbaus, landwirtschaftliche Werkzeuge und Geräte (Ackerbestellung, Nutzung der Esskastanie, Weinbau), Landleben (Nachbildung der offenen Feuerstelle *fucone*, Spinnerei und Weberei).

2. Stock – Saal Santu Lisandru (hl. Alexander): sakrale Kunst, Gegenstände aus dem Besitz der Bischöfe von Cervione; Saal Domenico Ascione (Druckerei Marinoni), Schwingpflüge, Tischlerei und Porträt des Freiherrn Theodor von Neuhoff.

Ausflug

Die Costa Verde entlang der Küstenstraße★ – *s. Kartenskizze S. 218*

Moriani-Plage

Der aufstrebende Badeort liegt an der N 198. Seine Attraktivität verdankt Moriani-Plage vor allem dem großen Sandstrand. Bekannt wurde der Ort aber durch den Wanderweg „Mare a Mare Nord“, der auf dem Weg zur Castagniccia durch die Costa Verde führt. Zu Pasquale Paolis Zeiten war er als Marinestützpunkt Padulella bekannt. Von hier schifften sich Hyacinthe Paoli, Pasquales Vater, und General Giafferi 1739 ins Exil nach Italien ein. Napoleon machte auf seiner Heimreise aus dem Exil 1815 Station.

Von Moriani-Plage aus die N 198 Richtung Norden nehmen, dann links auf die D 230 in Richtung Isolaccio abbiegen.

Isolaccio

Der Gründer von Korsikas bekanntester Musikgruppe I Muvrini stammt aus diesem Dorf, das unter anderem durch einen legendären Zwist berühmt wurde: Nach einem Streit zweier Bettler soll sich der eine im Glockenturm eingeschlossen und seinem Ärger durch Sturmläuten Luft gemacht haben.

Vor Talasani, an der Kreuzung von D 330 und D 130 führt links ein Weg *(¼ Std. hin und zurück)* zu den Ruinen der **romanischen Kapelle San Petru** (7. Jh.).

Talasani

In diesem Dorf wurde Luigi Giafferi (1680-1745) geboren, der berühmte Oberleutnant König Theodor von Neuhoffs *(s. S. 347)*.

Kurz dahinter führt rechts eine steile Straße nach **Velone-Orneto**, einem abgelegenen Ort mit alten Steinhäusern. Eine überwölbte Gasse führt durch die kleine Häusergruppe, die sich dicht um das renovierungsbedürftige Kirchlein drängt.

Auf dem Parkplatz wenden und bergab in Richtung **Mezzana** fahren. An der Kreuzung befindet sich die Kirche St-Jean-Baptiste mit ihrer schönen Fassade.

Der D 330 bis nach Sta-Lucia-di-Moriani weiter folgen.

Santa-Lucia-di-Moriani

In diesem Dorf erheben sich hohe Häuserfassaden entlang der Küstenstraße. Bei klarem Wetter hat man vom oberen Teil des Dorfes eine herrliche Sicht auf die Küstenebene, das Petrignani-Tal und die bewaldeten Hügel mit kleinen Weilern.

Ein Stück zurück fahren und links Richtung San-Giovanni-di-Moriani abbiegen.

San-Giovanni-di-Moriani

Dieses Dorf besteht aus sechs verstreuten Weilern. Das Hauptdorf bildet mit seinen hohen, schiefergedeckten Häusern und deren Außentreppen eine ausgeglichene architektonische Einheit. Zu Beginn der Häusergruppe bietet sich ein schöner **Blick** auf die Kirche San-Nicolao und die östliche Ebene weiter unten.

Église St-Jean – *Anfang Juli-Mitte Sept. Di- und Do-nachmittag.* Die barocke Pfarrkirche aus dem 17. Jh. mit der Chapelle de Confrérie Ste-Croix ist nicht zu übersehen dank ihres 33 m in die Höhe ragenden steinernen Glockenturms.

San-Giovanni-di-Moriani: Die Église St-Jean mit ihrem weithin sichtbaren Glockenturm.

Naturlehrpfad – *Etwa 3 Std., 300 m Höhenunterschied. Eine Infobroschüre ist im Fremdenverkehrsamt von Moriani erhältlich.* Von der Kirche aus führt ein botanischer Lehrpfad in das Dörfchen Cioti und dann an Edelkastanien vorbei zur romanischen **Chapelle San Mamiliano**, die man an ihrem Steindach erkennt. Von der früher viel besuchten Wallfahrtskirche aus hat man einen schönen, weiten **Blick★** über die Küste. Ein Stück zurückgehen und den Weg zum Dörfchen Serrale einschlagen, dann nach San Giovanni hinunter gehen.

Auf dem Weg hinter der Kirche Richtung San Reparata hinaufsteigen. Auch auf diesem eher engen Pfad lässt sich die Küstenlinie gut erkennen. Der Beschilderung folgen.

Santa-Reparata-di-Moriani

Die Kirche liegt abgelegen auf der Wanderroute „Mare a Mare Nord". Sie steht abseits der Anfahrtsstraße auf einer Anhöhe. Die Straße endet kurz hinter der Berghütte, die als Ausgangspunkt für Wanderungen in der Umgebung genutzt wird.

Über die D 34 in Richtung San Nicolao hinunter fahren.

San Nicolao

Die barocke **Kirche** dieses Terrassendorfs steht umgeben von Grün auf einer Bergkuppe, 2 km in Richtung Moriani-Plage. Früher dienten die verteilt liegenden Kapellen des pieve di Moriani auch der Kommunikation. Als Warnsignal wurden neben der Apsis weithin sichtbare Feuer angezündet. Die fantasievolle Bemalung mit kräftigen Farben im **Innenraum★** der Kirche erzielt mit Trompe-l'œils eine reliefartige Wirkung. Das Antependium am Hauptaltar ist mit einem Hochrelief gestaltet, auf dem drei Kinder in einem Fass dargestellt sind (eine Legende des hl. Nikolaus). Die mehrfarbige Kanzel wurde 1740 gebaut *(✆ 04 95 38 58 74 – Juli-Mitte Sept. nachmittags – So geschl.).*

Über die D 330 in Richtung Cervione fahren.

Die schmale, in den Fels geschlagene Straße ist mit ihren Brücken und Tunneln ein 5 km langer Aussichtsposten. Diese Route führt über die **Corniche de la Castagniccia★** an der steilen Ostküste entlang. Etwa 1 km von San Nicolao entfernt, bei den ersten Tunneln *(Parkplatz direkt dahinter)* liegt die Cascade de l'Ucelline, ein Wasserfall, der nach einem starken Regen beeindruckend ist und sogar Bergstürze auslösen kann. Über Sta-Maria-Poggio nach Cervione fahren und der D 152 in Richtung San Giuliano folgen. Die Straße führt an dem ehemaligen **Couvent St-François** (16. Jh.) vorbei, dessen Mauern mit gelbem Putz auf der rechten Seite oben zu sehen sind.

San Giuliano

Hier forscht das landwirtschaftliche Forschungsinstitut INRA im Bereich der Züchtung von Zitruspflanzen.

Links auf die N 198 nach Prunete abbiegen und der Straße Richtung Moriani-Plage folgen.

Port de Taverna (Campoloro)

Etwa 2 km nach dem Ort Prunete der Beschilderung nach rechts folgen. Hinter mächtigen Dämmen liegt neben Macinaggio am Cap Corse der wichtigste Jachthafen an der Ostküste. Außerhalb der Saison hat der Ort jedoch wenig zu bieten.

Ziele in der Umgebung

Chapelle Ste-Christine★

¾ Std. hin und zurück. Cervione in Richtung Prunete verlassen und der Straße 600 m folgen. Die D 330 (Richtung San-Nicolao) links liegen lassen, dann links in die kleine Straße „Chapelle Santa Christina – U Poru" einbiegen. Nach etwa 2 km einem befahrbaren Weg links (Hinweisschild) 700 m folgen. Der Schlüssel zur Kapelle hängt an der Tür.

Die romanische Kapelle besitzt eine Doppelapsis, die 1473 mit **Fresken★** in zarten Farben ausgestaltet wurde. Das Schiff stammt aus dem 9. Jh., die Kapelle wurde im 15. Jh. vergrößert. Die Kapelle ist zwei Heiligen geweiht, der hl. Christina und dem hl. Polita (Hippolyt), daher wohl auch die beiden Altarnischen. In der linken Apsis ist Christus als Weltenherrscher dargestellt, neben ihm die hl. Maria und die hl. Christina, zu seinen Füßen ein kniender Mönch, möglicherweise der Stifter. Die rechte Apsis schmückt eine Darstellung von Christus, umgeben von den Evangelistensymbolen.

Pointe de Nevera

Eine sportliche Wanderstrecke auf einem schlecht begehbaren, steilen Weg im Südwesten.

3 Std. hin und zurück. Über die einsam gelegene Kapelle **Notre-Dame-de-la-Scobiccia** erreicht man die 815 m hohe Pointe de Nevera. Von hier bietet sich ein **Ausblick★** über die Ebene von Aléria, bis zur Solenzara-Mündung und zum Meer.

Tipps und Adressen

Allgemeiner Hinweis

Fremdenverkehrsamt der Costa Verde – *Maison du développement – RN 198 – Moriani-Strand – ✆ 04 95 38 41 73 – www.costaverde-corsica.com*

Übernachten

Camping Merendella – *Moriani-Strand – 20230 San-Nicolao – ✆ 04 95 38 53 47 – merendel@club-internet.fr – Reserv. empf. – 196 Plätze: 21 €.* Im Schatten eines Eichenwäldchens oder direkt am feinen Sandstrand lässt es sich hier sehr gut aushalten. Gemütliche Ferienhäuser.

Chambre d'hôte A Casa Corsa – *Acqua Nera Prunette – 5,5 km südl. von Cervione über die D 71, in Prunete an der N 198 – ✆ 04 95 38 01 40 – www.casa-corsa.net – – 4 Zi: 62 €* . Komfortable Zimmer und hübscher Blick auf die Berge. Es gibt Frühstück mit hausgemachter Marmelade und ein Restaurant in der Nähe.

E Catarelle Hôtel – *Catarelle – 20230 San-Giovanni-di-Moriani – ✆ 04 95 38 51 64 – www.corsica-catarelle.com – Nov.-März geschl. – Reserv. empf.– 10 Zi: 65/120 € – 8 € – Rest. 20/30 €.* Dieses charmante Hotel liegt in den Bergen über der Costa Verde. Es empfängt Sie Maddy, eine dynamische Motorradfahrerin, die viel über die touristischen und gastronomischen Schätze der Region berichten kann.

Essen und Trinken

Aux 3 Fourchettes – *Place de l'Église – ✆ 04 95 38 14 86 – Mittag- bzw. Abendessen 14-20 €.* Dieses nette Familienrestaurant befindet sich in einem alten Gemäuer in der Nähe der ehemaligen Kathedrale. In einer angenehmen Atmosphäre werden von der Wirtin zubereitete Spezialitäten serviert.

Einkaufen

Le Moulin de Prunete – *Prunete – an der N 198 bei der Kreuzung Cervione – ✆ 04 95 38 01 84 – tgl. außer So 9-20 Uhr, Okt.-März und Fei geschl.* In der seit 1982 betriebenen Ölmühle stellt heute Joseph Rioli Öl aus Oliven her. Seine eigenen Oliven, aus denen er ein mildes und ein fruchtiges Öl presst, haben ihm bereits eine Gold-Auszeichnung eingebracht.

Sport und Freizeit

Wanderungen – Das Fremdenverkehrsamt gibt einen kostenlosen Wanderführer mit einer Übersichtskarte heraus, in dem 20 Wandertouren an der Costa Verde (200 km) mit verschiedenen Schwierigkeitsgraden beschrieben werden.

Wassersport – Der kleine Jachthafen Taverna bietet während der Saison einen **Tauchklub** und eine **Segelschule** *(✆ 04 95 38 00 50).*

La CINARCA★

CORSE-DU-SUD (2A) – UMSCHLAGKARTE HINTEN B4 –
MICHELIN LOCALKARTE 345 B7 – KARTENSKIZZE Golfe de SAGONE, S. 306

Zum Golf von Sagone hin öffnet sich das Liscia-Tal mit seinen Dörfchen und fruchtbaren Ackerflächen. Im östlichen, eher felsigen Cruzini-Tal wird dagegen hauptsächlich Viehwirtschaft betrieben. Die Cinarca erscheint mit ihren bebauten Terrassen, die Oliven-, Haselnuss-, Mandel-, Feigen- und Zitronatzitronenbäume tragen, wie eine Oase inmitten der Macchia.

- **Wegweiser** – Die Cinarca liegt nordöstl. von Ajaccio und östl. des Golfs von Sagone. Sie wird von den Flüssen Liamone im Norden und Gravona im Süden begrenzt.
- **Unbedingt sehenswert** – Die Cinarca birgt Schönheiten, für die es sich lohnt, Zeit mitzubringen: kleine abgelegene Dörfchen, die von Weinbau, Obstbau und Viehzucht leben – eine ganz andere Welt als die an der Küste.
- **Gut geplant** – Einen Bankautomaten oder eine Tankstellen gibt es hier nicht. Es empfiehlt sich, vorher in Sagone oder Tiuccia getankt und eingekauft zu haben.
- **Orte in der Nähe** – SAGONE, Golfe de SAGONE

Geschichte und Geschichten

Eine Hochburg des Widerstands – Schon in der Antike lebten in dieser Region die **Tarrabenioi**, Angehörige eines der zwölf „in Dörfern lebenden" Stämme Korsikas, wie sie der Geograf Ptolemäus im 2. Jh. beschreibt. Vom 13. bis zum 16. Jh. leisteten besonders die **Grafen der Cinarca** den Genuesen, die nach ihrem Sieg über Pisa auch Korsika unterwerfen wollten, starken Widerstand. Im 13. Jh. beherrschten diese Grafen weite Teile von Au-Delà-des-Monts (Südkorsika) bis zur genuesischen Bastion Bonifacio. Ihr Widerstand gegen die Republik Genua hätte sehr erfolgreich sein können, hätten sie sich nicht selbst durch interne Machtkämpfe geschwächt.

Gangster-Hochburg

In der Cinarca, genauer in Lopigna, war einer der letzten korsischen Gangster zuhause, der berüchtigte **Spada**. Der **„Tiger der Cinarca"** hielt sich dort versteckt, nachdem er 1922 in Sari-d'Orcino zwei Gendarmen getötet hatte. 1935 starb er in Bastia unter der Guillotine.

Der erste bedeutende Graf der Cinarca war **Sinucello della Rocca**, bekannter unter dem Namen Giudice de Cinarca. Er wurde 1221 in Olmeto geboren, kämpfte auf der Seite Pisas und erhielt von der Pisaner Armee den Titel *giudice* (Richter) und den Auftrag, für die Republik Pisa den Rest der Insel zu unterwerfen. Er traf jedoch auf den Widerstand der Partisanen Genuas und der Grafen der Cinarca, die ihre Ziele bedroht sahen, und musste sich nach Quenza in die Berge zurückziehen. Im Jahr 1250 regierte Giudice im Süden der Insel, die Niederlage Pisas bei Meloria 1284 war jedoch auch für ihn der Beginn seines Niedergangs. Sein eigener Sohn verriet ihn an die Genuesen, und schließlich starb er in Gefangenschaft.

Im 14. Jh. unterwarfen sich seine Nachkommen dem König von Aragonien, den der Papst mit Korsika belehnt hatte. Dessen temperamentvoller Urenkel, **Arrigo della Rocca**, wurde für seinen ausdauernden Widerstand gegen Genua bekannt. Der König von Aragonien ernannte **Vincentello d'Istria**, den Neffen Arrigos, zum Vizekönig von Aragonien und betraute ihn mit der Herrschaft über die Insel. Vincentello erwies sich jedoch als Despot *(s. Corte)*. Das korsische Volk und die Grafen des Südens wandten sich von ihm ab, und schließlich stürzten ihn seine eigenen Eltern mit Unterstützung Genuas.

Im 15. Jh. zerschlug Genua in einer blutigen Verfolgung endgültig die Grafschaften der Cinarca. Damit war der letzte Widerstand der korsischen Grafen gebrochen. Zwei Geschlechter leisteten bis zuletzt Widerstand: die della Rocca und die Leca. 23 Mitglieder der Familie Leca wurden im April 1456 an nur einem Tag hingerichtet. Der Legende nach war das Ende der Grafen blutig: Der genuesische Kolonialherr Spinola lud sie zu einem Versöhnungsbankett und ließ sie dann zum Nachtisch enthaupten.

Ausflug

Von Tiuccia aus

51 km – etwa 2 Std. – s. Kartenskizze S. 306.

Tiuccia – *s. Golfe de Sagone*

Die D 81 in Richtung Sagone nehmen. Hinter dem Turm von Capigliolo nach rechts auf die D 25 abbiegen.

Im Frühling zeigen sich überall Affodillen. Die Straße schlängelt sich durch Weideflächen nach oben und bietet eine gute Sicht auf den Golf von Sagone.

Casaglione (Casaglionu)

Die **Dorfkirche** birgt ein bemerkenswertes Gemälde von 1505 mit der Kreuzigungsszene. Zu Füßen des Kreuzes ist der hl. Franziskus dargestellt, der dem Stifter den Strick des Ordensgewands überreicht Das Dorf liegt inmitten von Esskastanien, Ölbäumen, Steineichen und Weideflächen. *(✆ 04 95 52 22 80 – Der Schlüssel wird zu den Öffnungszeiten im Rathaus ausgegeben).*

Auf der D 25, dann auf der teilweise erneuerten und verbreiterten D 1 in Richtung Sari-d'Orcino fahren.

Sari-d'Orcino

Dieser Verwaltungssitz des Kantons liegt auf einer Bergflanke über dem Golf von Sagone. In Terrassen werden Oliven, Orangen, Trauben und Zitronen angebaut. Die Zitronatzitronenbäume, die zwischen den beiden Weltkriegen zum Reichtum der Insel beitrugen, werden fast gar nicht mehr kultiviert. Vom Rand der Kirchenterrasse hat man einen guten **Blick★** auf den Golf von Sagone.

Vor der Kirche vorbei fahren und das Dorf in Richtung Ajaccio auf der D 1 verlassen. Nach 2 km rechts auf die D 101 in Richtung Calcatoggio abbiegen.

Die Straße ist an manchen Stellen in sehr schlechtem Zustand, bietet jedoch eine schöne Aussicht auf den Ort Sari-d'Orcino und den Golf von Sagone. Die Route führt an dem ebenfalls an einer Bergflanke gelegenen Dorf **Sant'André d'Orcino** vorbei. Hier eröffnet sich ein Panoramablick auf die im Frühling grünen Hügel der Cinarca.

Calcatoggio (Calcatoghju)

Dieser Ort bietet kaum Besonderheiten außer seiner Lage: Der **Blick★** von den Obstterrassen auf den Golf und die Bucht von Sagone ist atemberaubend.

Von der D 81 rechts in Richtung Golfe de la Liscia hinunter fahren.

Golfe de la Liscia – *s. Golfe de Sagone*

Tipps und Adressen

Übernachten

Chambre d'hôte L'Ogliastru – *20133 Ucciani – 4 km der N 193, Route d'Ajaccio folgen, dann links einbiegen – ✆ 04 95 52 97 47 oder 06 20 97 70 44 – www.ogliastru.com – Okt.-März geschl. – – 6 Zi: 70 € – Rest. 25 €.* Das recht neue Gasthaus liegt in der schönen, hügeligen Landschaft des Gravone-Tals an einem Fluss. Moderne und funktionelle Zimmer. Die Besitzer geben ortskundige Hinweise für Wanderungen.

Essen und Trinken

Auberge „Chez Lolo" – *20151 Sari-d'Orcino – ✆ 04 95 27 23 82 – – im Winter Reserv. empf. – 20 €.* Dieses Haus aus dem Jahr 1892 wurde von einer jungen Frau neu belebt, die großen Wert auf ihre korsischen Wurzeln legt. Einfache, gesellige Atmosphäre unter Einheimischen.

Einkaufen

Clos d'Alzeto – *20151 Sari-d'Orcino – ✆ 04 95 52 24 67 – www.closdalzeto.com – Juli-Okt. tgl. 8-12 und 14.30-19.30 Uhr, Nov.-Juni tgl. außer So 8-12 und 14-18 Uhr, Fei geschl.* Das Weingut Clos d'Alzeto ist seit 1820 im Besitz der Familie Albertini und liegt am Berghang der Cinarca; auf 43 ha wird hier Qualitätswein angebaut. Chardonnay, Rosé und Rotwein dieses Weinguts erhalten regelmäßig Auszeichnungen. Weinprobe, Gutsverkauf.

CORBARA

Curbara

706 EINWOHNER – HAUTE-CORSE (2B) – UMSCHLAGKARTE VORNE B2 – MICHELIN LOCALKARTE 345 C4 – KARTENSKIZZE La BALAGNE, S. 112-113

Der im Halbrund an einem sonnigen Hang gelegene Ort war einst die Hauptstadt der Balagne. Feigenkakteen, gepflasterte Gassen und Passagen verleihen Corbara ein mediterranes Flair. Die Ruinen zweier Burgen thronen über dem Dorf. Die eine stammt aus dem 14. Jh. und wurde im 16. Jh. von den Genuesen geschleift, die andere wurde auf den Fundamenten einer Burg aus dem 9. Jh. errichtet.

Stéphane Sauvignier / MICHELIN

Die Chapelle Notre-Dame-des-Sept-Douleurs mit Resten der Befestigungsmauer.

- **Wegweiser** – Dieses Dorf der Balagne liegt 5 km südl. von L'Île-Rousse. Über die N 197 in Richtung Calvi fahren, dann links auf die D 151 abbiegen.
- **Unbedingt sehenswert** – Ein leichter Anstieg zum Monte Sant'Angelo wird mit einer beeindruckenden Aussicht auf die Region belohnt.
- **Gut geplant** – Außerhalb der Saison den Besuch der Église de l'Annonciation und des Klosters Corbara telefonisch reservieren.
- **Orte in der Nähe** – La BALAGNE, L'ÎLE-ROUSSE

Zu Fuß unterwegs

Monte Sant'Angelo

Vom Kloster aus 1 ½ Stunden hin und zurück auf einem Fußweg.

Auf 562 m Höhe ein herrlich weiter **Blick★★** über einen Teil der Balagne, die Agriates-Wüste und die Westküste des Cap Corse.

Sehenswürdigkeiten

Église de l'Annonciation (A Nunziata)

✆ 04 95 46 15 53 – Juli-Sept. tgl., Mitte April-Ende Juni und Okt. tgl. nachmittags, Nov.-Mitte April Mo-Sa nur Führungen – 3 € (Kinder ab 10 Jahre: 2 €).

Der Bau dieser großen Barockkirche begann 1685 an einer Stelle, die das Meer überragt und an der vorher eine andere Kirche stand; von dieser Vorgängerin ist unter anderem die Taufkapelle aus dem 15. Jh. in der Sakristei erhalten. Der prächtige **Altar★** im Chorraum und die Balustrade aus **Carrara-Marmor** wurden Mitte des 18. Jh. von einem toskanischen Künstler angefertigt. Das Chorgestühl entstand 1753.

In der ehemaligen Sakristei befindet sich das **Musée du Trésor**: Hier wird eine Sammlung von Messgewändern ausgestellt (die ältesten stammen aus dem 16. Jh.), zwei Kaseln aus dem 17. Jh. (eine davon mit einem Renaissance-Triptychon verziert) sowie eine Sammlung von Goldschmiedearbeiten aus dem 17. und 18. Jh.

Musée d'histoire et d'art ancien

Der Beschilderung folgen – ☎ 04 95 60 06 65 – Führung – Anfang März-Mitte Okt. nachmittags, im Winter auf Anfrage bei Monsieur Savelli – Eintritt frei.
Guy Savelli, früher Bäcker in Corbara, sammelt seit etwa 20 Jahren alte Schätze, insbesondere korsische: Postkarten, Spieluhren, Klaviere, römische Münzen, Fotos, Stilette usw. Dieses kleine Museum befindet sich im Haus des Sammlers, 100 m vom Kirchplatz entfernt.

Burgruine Corbara

Die Ruinen zweier Burgen überragen Corbara. Die eine aus dem 14. Jh. zerstörten die Genueser im 16. Jh. Die andere wurde von der Familie Savelli de Guido, den Nachkommen der Lehnsherren der Balagne, auf den Fundamenten einer Festung aus dem 9. Jh. errichtet.
Auf einem Felsen über dem Meer sind noch die Reste der Befestigungsmauer und eine kleine, im 18. Jh. restaurierte Kapelle erhalten. Auf dieser Burg soll Paoli den Repräsentanten Genuas, die ihm den Zugang zum Hafen Algajola verweigerten, die Gründung von L'Île-Rousse bekannt gegeben haben. Vom Aussichtspunkt an der **Kapelle** lässt sich die gesamte Balagne überblicken. Diese schlichte, den sieben Schmerzen Mariens gewidmete Kapelle, schmückt über dem Altar ein Ölgemälde mit halbkreisförmigem Ziergiebel, das die Maria als Mater Dolorosa zeigt.

Ziel in der Umgebung

Kloster Corbara

2,5 km südl., der D 151 in Richtung Pigna folgen. Nach 2 km links in eine kleine Straße einbiegen (Statue des hl. Dominikus). Der Eingang des Klosters befindet sich in der Mitte der Hauptfassade. ☎ 04 95 60 06 73 – www.stjean-corbara.com – Führungen Kirche und Kreuzgang Juli-Aug. 11.30, 15, 16 und 17 Uhr, sonst tgl. außer Mo 15 Uhr – die Kirche kann außerhalb der Stundengebete jederzeit besichtigt werden.
Bischof Nicolas Savelli gründete 1430 am Fuß des Monte Sant'Angelo ein Waisenhaus, das 1456 zu einem Kloster umgebaut, während der Französischen Revolution zerstört und ab 1857 von den Dominikanern wieder aufgebaut und erweitert wurde.
Der **Dominikanerpater Didon** (1840-1900) wurde von Frankreich in dieses Kloster geschickt, um weitere Konflikte zu vermeiden, die durch seine Predigten entstanden. Er lebte hier von 1880-1881 sehr zurückgezogen. Das Kloster Corbara ist noch heute ein Ort der Einkehr und Begegnung.
Die 1735 errichtete **Klosterkirche** überragt das Algajola-Becken, die untere Balagne und das Dorf Pigna. Im Inneren der Kirche befindet sich eine Kanzel aus dem 18. Jh., eine grob aus Olivenholz geschnitzte Pietà und ein Kruzifix (Werke eines Dominikaners), neben einem Altar und einer Chorbalustrade aus Marmor sowie Grabplatten.

Tipps und Adressen

Übernachten

Hôtel Le Patio – *Borgu – ☎ 04 95 47 35 31 – www.location-corbara.com – Nov.-April geschl. – 7 Zi und 1 Apart.: 69/73 € – ☕ 7 € – Rest. 23/30 €.* Diese kleine Perle liegt mitten im Dorf. Großzügige, rustikale und komfortable Zimmer mit Klimaanlage. Das Frühstück auf der Terrasse mit Blick auf die herrliche Landschaft ist ein Genuss. Gutes Preis-Leistungs-Verhältnis.

Essen und Trinken

Bar du Passage – *☎ 04 95 60 28 00 – 30. Sept.-10. Juni und mittags geschl. – Reserv. empf. – 25/40 €.* Das Lokal ist in erster Linie ein Restaurant. Spezialitäten sind *soupe d'araignée* (Krebssuppe) und *chapon au four* (gebratener Kapaun). Auch frischer Meeresfisch steht auf der Karte. Serviert wird im modernen Speiseraum oder in der Laube auf der Terrasse.

CORTE★

Corti

6329 EINWOHNER – HAUTE-CORSE (2B) – UMSCHLAGKARTE VORNE B4 – MICHELIN LOCALKARTE 345 D6 – KARTENSKIZZE Le BOZIO, S. 162 UND La CASTAGNICCIA, S. 210-211

Von 1755 bis 1769 war Corte unter Pasquale Paoli die Hauptstadt der „Korsischen Nation". Noch heute ist sie die heimliche Hauptstadt der Korsen. Die engen, steilen Gassen der Altstadt führen hinauf auf das Hochplateau, auf dem die Zitadelle errichtet wurde. Corte ist ein schöner Ausgangspunkt für viele Exkursionen. Man erreicht von hier die gezackten roten Porphyrfelsen von Popolasca, die Schluchten des hohen Restonica-Tals, die mit Edelkastanien bewachsenen Bergkuppen des Bozio und die ruhige Schönheit der vielen Bergseen des Rotondo …

Amaury de Valroger / MICHELIN

Die Festungsstadt auf dem Felsdorn ist noch heute die heimliche Hauptstadt Korsikas.

Wegweiser – Corte gilt als Zentrum Korsikas. Geografisch ist das nicht ganz korrekt, aber die Stadt liegt ungefähr auf halber Strecke zwischen Bastia und Ajaccio. Die Hochebenen von Corte (durchschnittliche Höhe: 600 m) bilden den zentralen Korridor der Insel und reichen von Ponte-Leccia bis Venaco. Sie trennen das alte Granitmassiv im Westen vom alpinen Schiefergebirge im Osten. Corte nimmt als Mittelpunkt der Täler eine strategische Position ein, die Stadt liegt an der N 193.

Parken – Bei Ankunft in der Stadt der Ausschilderung zum „Parking central" folgen (in der Hochsaison gebührenpflichtig). Der Parkplatz liegt am unteren Ende des Cours Paoli. Es gibt auch vor dem Eingang zur Zitadelle einen Parkplatz; dieser bietet sich vor allem für einen Besuch des Museums oder eine Wanderung durch die Tavignano-Schlucht an.

Unbedingt sehenswert – Das Musée de la Corse (Musée d'Anthropologie) in der Zitadelle gibt einen guten Einblick in das Alltagsleben auf Korsika in früheren Zeiten und heute. Wenn Sie lieber durch die Stadt flanieren, besichtigen Sie die Chapelle Ste-Croix mit ihrem barocken Altarretabel.

Gut geplant – Die Zitadelle ist nur zu den Öffnungszeiten des Museums geöffnet. Für Wanderungen auf die Zeitangaben zu der jeweiligen Route achten.

Mit Kindern – Dem Anblick der Leckereien in den Schaufenstern ist nur sehr schwer zu widerstehen. Der Reiterhof L'Albadu hat Reitangebote für Familien *(s. Tipps und Adressen)*.

Orte in der Nähe – Gorges de la RESTONICA, Le BOZIO, Vallée du TAVIGNANO, La CASTAGNICCIA

Geschichte und Geschichten

Im Herzen Korsikas

Auf dem Hochplateau und im Schutz der Schluchten und Berge liegt Corte geografisch mitten in Korsika. Bereits im 11. Jh. stand hier eine Festung. **Vincentello d'Istria**, ein korsischer Abenteurer, der sich in den Dienst des Königs von Aragon gestellt hatte und dessen Interessen auf der Insel förderte, befestigte 1419 den „Nid d'Aigle" (Adlerhorst) von Corte. Vincentello wurde 1439 in Genua enthauptet.
Seit 1459 war Corte, damals nur eine größere Ortschaft, wieder in Genueser Hand. 1553 schlug es sich auf die Seite der Franzosen und übergab **Sampiero Corso** die Schlüssel der Stadt. 1559 ging die Insel jedoch mit dem Friedensvertrag von Cateau-Cambrésis wieder an Genua, das sie für fast zwei Jahrhunderte bis 1746 regierte, bis Gaffori seine Geburtsstadt von der genuesischen Besatzung befreite.

General Gaffori – Der 1704 geborene Arzt Ghjuvan Pietru (Jean-Pierre) Gaffori war 1745 Teil des Triumvirats „Beschützer der Nation", das von den Korsen gewählt wurde und gegen Genua einen bewaffneten Aufstand führte. 1751 wurde er in der *cunsulta*, der Versammlung von Orezza, zum „General der Nation" berufen und hatte damit die Exekutivgewalt inne. Bald war der Großteil der Insel in der Hand der Revolutionäre. Am 3. Oktober 1753 wurde Gaffori jedoch aus einem Hinterhalt erschossen, nachdem ihn sein eigener Bruder verraten hatte.

Vorübergehende Hauptstadt der Insel – Durch **Pasquale Paoli** wurde Corte ein einzigartiges Los zuteil. Seine Persönlichkeit beeindruckte die Philosophen der Aufklärung und erregte selbst Napoleons Bewunderung. Paoli wählte Corte als Sitz für seine **„Regierung der korsischen Nation"**. Von 1755, als Paoli zum „General der korsischen Nation" ernannt wurde, bis zum Beginn seines Exils 1769 war Corte das politische Herzstück der Insel. Paoli erarbeitete aufgrund von Montesquieus Thesen eine demokratische Verfassung mit Gewaltenteilung und Volkssouveränität. Die neue Regierung hatte ihren Sitz in Corte und trat einmal pro Jahr zusammen. Die **Universität**, die im Januar 1765 eröffnet wurde, ist die beeindruckendste Errungenschaft dieser Regierung: Die praktische Zielsetzung war, unter den 300 Studenten solche auszubilden, die aufgrund ihrer juristischen, medizinischen oder theologischen Bildung in der Lage sind, die Insel zu regieren. Das Studium war gebührenfrei und die Professoren waren Ordensleute, insbesondere Franziskaner. Von 1769 bis 1981 war die Universität geschlossen.

Hl. Theophil von Corte (San Teofalu) – Blaise de Signori wurde am 30. Oktober 1676 in Corte geboren. Auf Wunsch seiner Familie wechselte er vom Orden der Kapuziner zu dem der Franziskaner und erhielt dort den Namen Theophilus. Mit dem Ziel, Professor für Philosophie und Theologie zu werden, studierte er in Rom und im Kloster Santa Maria la Nova in Neapel. Während seiner Promotion zwang ihn ein Unfall zu einer Zeit des Nachdenkens. Gemeinsam mit Thomas von Cori reformierte er den Franziskanerorden im Hinblick auf die Franziskanerregel. Dazu reiste er auch 1730 in sein Heimatland und blieb bis 1735 dort. Er reformierte die Klöster Zuani, Campoloro und Cervione. In dieser Zeit intervenierte er bei Friedrich Ludwig von Württemberg-Winnental, der für Genua den korsischen Aufstand niederschlagen sollte, und konnte den Prinzen besänftigen. Als Erinnerung an dieses Ereignis stiftete der Vatikan ein Gemälde, das in der Église de l'Annonciation aufbewahrt wird. Die letzten Jahre seines Lebens verbrachte Theophil als Oberer des Klosters Fucecchio in der Toskana, wo er am 19. Mai 1740 starb. Papst Pius XI. sprach ihn am 29. Juni 1931 heilig. Das in Corte gefertigte Gitter seines Gebetsraums zeigt Szenen aus Theophils Leben.

Zu Fuß unterwegs s. Plan S. 227

La Ville Haute★

Besichtigung der Oberstadt 2 Std. – der grünen Line auf dem Stadtplan folgen.

Place Paoli 2

Der Place Paoli verbindet die historische obere mit der jüngeren unteren Stadt und dem **Cours Paoli**, auf dem heute das Leben pulsiert. 1864 wurde eine Bronzestatue von Pasquale Paoli, ein Werk von Victor Huguenin, errichtet.

Dem Cours Paoli 100 m folgen, dann links zur Chapelle Ste-Croix-Citadelle einbiegen.

Ein Brunnen und eine große Treppe aus Restonica-Marmor kennzeichnen den Beginn der Rampe Ste-Croix, die zur Zitadelle hinauf führt.

Chapelle Ste-Croix★ 1

Diese Kapelle wird bereits im Bericht des Apostolischen Gesandten von Papst Sixtus V. erwähnt, der 1589 die Diözese Aléria besuchte. In der Chapelle Ste-Croix fand jedes Jahr am 5. Dezember die Wahl des Podestaten und der *padri del commune* statt, die mit der Kommunalverwaltung betraut waren. Am Gründonnerstagabend beginnt an der Chapelle Ste-Croix die **Granitula**, die berühmte Büßerprozession.
Hinter der schlichten Fassade dieser Bruderschaftskapelle verbirgt sich ein aufwendig gestalteter Innenraum im Stil der Kapellen St-Roch und Immaculée-Conception in Bastia. Der Boden ist mit grauem Restonica-Marmor gepflastert. Das Tonnengewölbe der einschiffigen Kapelle ist mit kleinen Fenstern und Trompe-l'œils ausgestaltet. Die Darstellung des Gekreuzigten als Hochrelief und das polychrome, barocke Retabel beeindrucken den Betrachter noch heute. Die kleine italienische **Orgel** mit ihrer geschwungenen Tribüne ist am Geländer mit kunstvollen Gemälden ausgestaltet. Über dem Altar befindet sich ein großes **Reliefmedaillon** mit der sternenbekränzten Jungfrau aus der Geheimen Offenbarung. Auf ihrem Mantel sind zwei Päpste und zwei weiße Büßer mit Kapuze dargestellt.

Die Rue du Colonel-Feracci hinaufgehen.

Neben der Zitadelle steigt die Straße leicht an, alte Häuser stehen auf der linken Seite. Im Hintergrund sieht man den Kirchturm der Église de l'Annonciation.

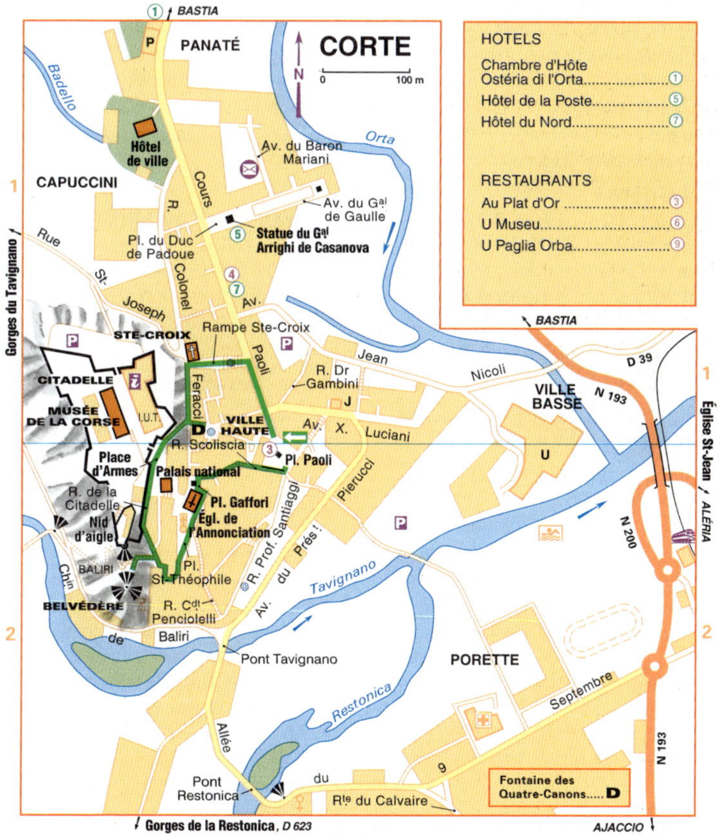

Wie kam die Stadt zu ihrem Namen?

Der Name Corte soll von dem Gerichtshof (italienisch: *la corte*) abgeleitet sein, der 1419 im Auftrag des Königs von Aragonien durch seinen Vizekönig **Vincentello d'Istria** gegründet wurde *(s. La Cinarca)*. Allerdings wird der Name Corte bereits viel früher schriftlich erwähnt! Corte ist die einzige **Universitätsstadt** der Insel. Etwa 3600 Studenten besuchen die 1981 eröffnete Hochschule, mehr als zwei Jahrhunderte nachdem Paoli dort die erste Universität Korsikas gründete.

Das Haus Nr. 11 ist sehr alt. Die verwitterte Fassade ist im Stil der italienischen *palazzi* des 16. Jh. gehalten. Etwas weiter auf der linken Seite, auf einem tiefer liegenden Platz, befindet sich die **Fontaine des Quatre-Canons**; der Brunnen wurde von Ludwig XVI. gebaut, um seine Truppen und das Lazarett mit Trinkwasser zu versorgen. Auch die Bevölkerung der Stadt durfte den Brunnen nutzen.

Von dort die Stufen zur Zitadelle hinaufgehen. Sie führen zur Place d'Armes (oder du Poilu).

Place d'Armes (Place du Poilu) 2

Dieser Platz liegt gegenüber dem Eingang der **Zitadelle**, in der das **Musée de la Corse** untergebracht ist. Im Haus Nr. 1 – an der Treppe Richtung Place Gaffori – wurde 1768 **Joseph Bonaparte** geboren, der ältere Bruder von Napoleon und König Spaniens. Charles Marie und Letizia Bonaparte wohnten hier für etwa ein Jahr. In demselben Haus kam zehn Jahre später Jean-Thomas (Jean-Toussaint) **Arrighi de Casanova** zur Welt, Kampfgefährte Napoleons und Herzog von Padua.

Palais national (Palazzu naziunale) 2

Der Nationalpalast, im Genueser Stil errichtet und einziger erhaltener Profanbau, war einst der Sitz des Genueser Stadthalters und später der von Paoli gebildeten korsischen Regierung. Hier befand sich 1765 die erste Universität Korsikas mit 300 Studenten. Sie wurde geschlossen, als Paoli ins Exil ging. Seit 1981 beherbergt das Gebäude das Institut für korsische Sprache und die Fakultät der Geisteswissenschaften der Universität.

Hinter dem Palais national links die Rue de la Citadelle hinaufgehen und der Beschilderung „Belvédère" folgen.

Belvédère★ 2

Mehr als 100 m über dem Tavignano hat man einen weiten **Ausblick★★** auf den Zusammenfluss von Tavignano und Restonica. Vom Aussichtspunkt führt eine Treppe, dann ein sehr steiler Pfad an das Ufer des Tavignano *(bei Regen nicht zu empfehlen)*. Vom Steg ist die von drei großen Bögen gestützte Festung oben auf dem Felsen gut zu erkennen. Auf dieser Seite entkamen unter anderem die Gafforis und ihre Anhänger.

Zum Place St-Théophile hinunter steigen.

Wo das Geburtshaus des hl. Theophil stand, wurde eine Gebetsstätte errichtet.

In Richtung Place Gaffori weiter gehen.

Place Gaffori 2

Hinter der Statue General Gafforis erhebt sich die Fassade eines Hauses, in der noch die Kugeleinschläge zu sehen sind, die bei der Belagerung von Corte durch die Genuesen im Jahr 1750 entstanden.

Église de l'Annonciation 2 – *Der Eingang befindet sich in der Hauptfassade an der Place Gaffori.* Die Kirche wurde 1450 errichtet und von **Alexander Sauli** *(s. Cervione)* erweitert, der anstelle der Pferdeställe rechts ein weiteres Schiff anbauen ließ. Der zierliche hohe Glockenturm überragt die ganze Altstadt. Die Fassade ist beige, die Pilaster grau gestrichen. Im Innenraum befindet sich die holzgeschnitzte **Kanzel** des ehemaligen Franziskanerklosters. Bemerkenswert ist auch ein **Kruzifix** aus Holz, das der spanischen Schule des 17. Jh. zugeordnet wird. In der ihm geweihten Kapelle ist der hl. Theophil auf dem Totenlager dargestellt (Wachsbildnis des Musée Grévin – 1979). Das Hauptwerk der **Orgel** wurde Ende des 18. Jh. von Johann Conrad Werle gebaut.

Auf der mit Stufen unterbrochenen Rue Scoliscia (Bischof Sauveur-Casanova) mit ihren vielen Restaurants zur Place Paoli hinunter gehen.

La Ville Basse

Hôtel de ville 1

Das schöne Rathaus wurde Corte vom Herzog von Camaran gestiftet und ist von einem Park umgeben. Die Fresken von Jose Fabri-Canti in der **Salle des Mariages** (Hochzeitssaal) zeigen das Schicksal Pasquale Paolis und das Leben in Corte. Im Park steht eine römische Badewanne, die zu einem Brunnen umgestaltet wurde.

Statue von General Arrighi de Casanova, Herzog von Padua 1

Place du Duc-de-Padoue. Diese Bronzestatue ist ein Werk des Bildhauers **Bartholdi**, der auch die Freiheitsstatue in New York geschaffen hat.

La Citadelle★ 1-2

Nur im Zusammenhang mit dem Musée de la Corse zu besichtigen.

Die Zitadelle erstreckt sich über zwei Ebenen. Innerhalb einer befestigten Mauer aus dem 19. Jh. wurde unter Ludwig XVI. und dann unter Ludwig Philipp eine etwas größere Ebene ausgebaut. Die Wohnhäuser und die Kapelle innerhalb dieser Festungsmauer wurden dafür zerstört.

Die obere Ebene liegt auf der Südflanke und wirkt auf ihrem Felsvorsprung wie ein Adlerhorst. Dieser Teil der Zitadelle wird *château* (Schloss) genannt, und wurde 1420 von **Vincentello d'Istria**, dem Vizekönig von Aragonien, errichtet. Zu besichtigen ist die ehemalige Kaserne, das Gefängnis und der Turm (ehemaliger Bergfried) des **Nid d'Aigle**. Von hier hat man einen schönen **Blick★** über die Altstadt, das Tavignano- und das Restonica-Tal und die vielen an der Bergflanke verstreut liegenden Dörfer. Bis 1983 gehörte die Zitadelle der Fremdenlegion, heute sind hier das Fremdenverkehrsamt und das Musée de la Corse untergebracht.

Eine Heldin wie aus Schillers Dramen

Am Sockel der Statue von Gaffori erinnern zwei Flachreliefs an die mutigen Taten seiner Frau Faustina. Eines erzählt die Geschichte der Geiselnahme ihres Sohnes während der Belagerung durch die Truppen Gafforis 1746. Die in der Zitadelle verschanzten Genueser hielten das Kind in den Kugelhagel der Patrioten. **Faustina Gaffori** rannte zu den Belagerern und rief: „Schießt! Denkt nicht an meinen Sohn, denkt an das Vaterland!" Das Feuer wurde wieder eröffnet und die Zitadelle eingenommen; das Kind fand man dort unversehrt wieder.

Musée de la Corse (Musée régional d'Anthropologie)★★

La citadelle – ✆ 04 95 45 25 45 – www.musee-corse.com – ♿ – März-Okt. tgl. außer Mo, Nov.-März, tgl. außer So, Mo und Fei – 1.-15. Jan., Ostermontag, 1.Nov., 11. Nov., 25. Dez. geschl. – 5,30 € (Nacht der Museen und Kulturtage: Eintritt frei).

Dieses 1997 eröffnete Museum wurde in der durch den italienischen Architekten **Andrea Bruno** erneuerten ehemaligen Kaserne Serrurier eingerichtet. Es besteht aus zwei komplementären Bereichen: der Galerie Doazan und der Galerie „Musée en train de se faire" („Museum im Aufbau"). Dieser Bereich dient der nostalgischen Erinnerung, aber auch der Darstellung korsischer Traditionen und ihrer jeweiligen Epochen.

Die untere Ebene beherbergt eine bemerkenswerte, von Pater Louis Doazan 1951-1978 zusammengetragene **Sammlung★★**. Die Alltagsgegenstände erzählen von der Land- und Viehwirtschaft sowie den Traditionen auf Korsika. Die Gegenstände aus der Bergerie Milisaria d'Amago, die bis 1978 in Betrieb war, zeigen das Leben der Hirten: Bemerkenswert sind der schöne **Hirtenstab** und eine **Zucca** (Kürbis als Feldflasche).

Das **„Musée en train de se faire"** analysiert das mitunter konfliktreiche Zusammenspiel zwischen dieser traditionellen Lebensweise und der Moderne: die Anfänge der Industrialisierung (Asbest-Bergbau), ein großes korsisches Unternehmen (Mattei, berühmt für seine Weine und Spirituosen wie den korsischen Aperitif „Cap Corse"), das Nebeneinander moderner und archaischer Techniken (eine *pistaghjola mecanica*, eine Maschine zum Schälen von Esskastanien und daneben die weiter praktizierte manuelle Verarbeitung), die Entwicklung des Tourismus, der Korsika stark verändert hat, anhand von Prospekten des korsischen Reiseanbieters Ollandini, aber auch die heutige Suche der

Wie ein Adlerhorst wirkt die Zitadelle von Corte auf dem Felsen.

jungen Korsen nach ihrer eigenen Identität und ihre Rückkehr zu Traditionen, wie den Bruderschaften *(cunfraterniti)*, die unter anderem soziale Aufgaben wahrnehmen.
Im **Nid d'Aigle** (Castellu) befindet sich das Auditorium des Tonbandarchivs für korsische Musik und ein Saal mit Wechselausstellungen *(während der Saison)*.

Ausflüge

Die Region Cortenais★

66 km. Auf der D 18 Corte verlassen, dann nach 4,5 km am Col d'Ominanda den unbefestigten, ersten Weg nach rechts nehmen.

Monte Cecu

Der in 754 m Höhe gelegene Gipfel mit einer Fernsehstation bietet einen schönen **Panoramablick★★** auf Corte und das Tavignano-Tal, den Monte Rotondo im Süden und die rötlichen Felsnadeln von Popolasca im Norden.

Die Treppe

Eine ungewöhnliche, überwölbte Treppe mit 166 Stufen aus grünem Restonica-Marmor führte zum Nid d'Aigle hinauf: Sie war mit einem Lastenaufzug für die Kanonen ausgestattet, dessen Rollen auf Rampen rechts und links von den Stufen geführt wurden *(erkennbar durch ein Gitter auf dem Zuweg zum Nid d'Aigle)*.

Zurück auf den Ominanda-Pass und weiter entlang der D 18.

Die Gebirgsstraße führt durch das Cortenais.

Castirla

1 km hinter dem Dorf beginnt rechts ein Weg. Zu Fuß ¼ Std. hin und zurück.
Die präromanische **Chapelle St-Michel** ist von einem Kirchhof umgeben. Im Innenraum schmücken **Fresken★** aus dem 15. Jh. die Apsis: Über den Aposteln sieht man Christus als Weltenherrscher, umgeben von den Evangelistensymbolen; zu beiden Seiten des Rundbogens ist Maria bei der Verkündigung und mit dem Jesuskind sowie der Erzengel Michael abgebildet.

In Pont de Castirla links in die D 84 einbiegen, über den Golo fahren und direkt rechts die D 18 nehmen. Der Straße 6 km folgen, dann die D 118 nach links nehmen.

Castiglione★

Das Fahrzeug am Dorfeingang abstellen. Die roten Felsnadeln von Popolasca überragen dieses Bergdorf über dem **Golo-Tal** mit seinen um die Dorfkirche gebauten alten Häusern und engen Gassen.

Wieder die D 18 und ein Stück weiter links die D 918 nehmen.

Popolasca
Die gleichnamigen Felsnadeln erheben sich über die Dorfsilhouette. Das Dorf liegt umgeben von Edelkastanien auf einem Felsvorsprung.

Von der D 18 rechts auf die N 193 abbiegen. Nach 8,5 km links eine schmale Straße hinauf nach Omessa nehmen.

Omessa★
Omessa bedeutet „Versteck". Das Dorf grenzt an Kalkfelsen, die „Petraccia" („Böse Steine") genannt wurden, weil sie früher Banditen als Hinterhalt dienten. Das Bergdorf liegt über dem Golo-Tal. Das Fahrzeug auf dem schattigen öffentlichen Parkplatz abstellen. Dort befindet sich auch die **Chapelle de l'Annonciade** *(wegen Renovierungsarbeiten geschlossen)* mit einer schönen Marmorstatue **Madonna mit Kind** im Florentiner Renaissancestil.
Die Sträßchen im Viertel **Rione** mit seinen hohen, dicht um die Kirche gedrängten Häusern sind durch kleine überbaute Gassen verbunden.
Die **Église St-André** mit ihrem hohen barocken **Kampanile★** birgt einige bemerkenswerte italienische Gemälde: eine Madonna mit Kind, eine Kreuzabnahme, ein Abendmahl und ein schönes Gemälde auf der Tribüne. Eine Inschrift auf der linken Seite ehrt drei in Omessa geborene Bischöfe, die in dieser Kirche beigesetzt sind.

Auf der N 193 zurück nach Corte fahren.

Restonica-Schlucht★★

15 km von Corte entfernt – etwa 2 ½ Std. – s. Gorges de la Restonica.

Tavignano-Tal★

60 km von Corte in Richtung Aléria – etwa 1 ½ Std. – s. Vallée du Tavignano.

Wanderungen

Von Corte aus empfiehlt sich die Restonica-Schlucht *(s. Gorges de la Restonica)* und ihre Seen Mélo und Capitello, der Nino-See *(s. Le Niolo)* und der Bogen von Corte *(s. Arche de Corte unten)*. Wer länger in der Region verweilt, kann sich im **Naturpark** nach Routen erkundigen *(s. S. 371 Parc naturel régional de Corse)*.
Die meisten Wanderwege liegen im Mittelgebirge. Die großen Höhenunterschiede setzen gute Kondition und entsprechende Ausrüstung (gutes Schuhwerk!) voraus. In den Bergen ändert sich das Wetter sehr schnell (Gewitter, auch im Sommer Schnee).

Gorges du Tavignano★★

Vasques du Tavignano★
Zu den Gumpen des Tavignano führt ein gekennzeichneter Weg im Norden der Zitadelle.
Etwa 5 Std. hin und zurück – Höhenunterschied 1050 m – für geübte Wanderer kein hoher Schwierigkeitsgrad. Die Mittagshitze meiden, der Weg ist nur wenig beschattet. Sie können die Wanderung bis zu den Bergeries de Padule ausdehnen (dazu eine Übersichtskarte und ausreichend Proviant mitnehmen). Der Weg führt auf der linken Seite des Flusses nach oben. Etwa 1 Std. nach dem Beginn der Wanderung laden eine ehemalige Sennerei und ein Brunnen zu einer Pause ein. Der zweite Teil ist etwas schwieriger und scheint an manchen Stellen dem Fluss näher zu kommen, bleibt aber immer in einiger Entfernung davon. Das Ziel dieser Wanderung ist die Brücke über den Fluss. Eine große Gumpe direkt darunter lädt zum Baden ein.

Arche de Corte★ (oder de Padule)
1500 m Höhe. Dem Weg am Tavignano folgen, dann an der Kreuzung die Abzweigung rechts an einem Mäuerchen entlang nehmen. An einem kleinen Unterstand aus Lehm und Stein *(auf den Karten mit dem Maßstab 1:25 000 nicht eingezeichnet)* vorbeigehen bis zu einem Bergkamm. Der Weg führt in einen Edelkastanienwald. Bis zu einem Pass auf diesem Weg bleiben (nicht rechts den Weg in die Felsen nehmen). Der Weg wird später besser und führt in gleichmäßiger Steigung nach Norden durch einen schönen Lariciokiefernwald. Etwa 40 m vor dem Ziel ist die markante Silhouette des Bogens von Corte bereits zu sehen. Auf demselben Weg zurückgehen.

Ziele in der Umgebung

Église und Baptistère St-Jean

3 km südöstl. von Corte. Corte auf der N 200 in Richtung Aléria verlassen.
Nach der Eisenbahnbrücke 1 km der Straße folgen; 150 m hinter dem Ortsausgangsschild an dem Schild „Catena" vorbeifahren und rechts auf eine holprige Schotterstraße einbiegen; dieser etwa 900 m durch einen Wald bis zur Eisenbahnlinie folgen: Die Kirche mit Taufkapelle liegt 200 m dahinter. Vor der Kirche sind Parkmöglichkeiten.

Spektakuläre Schluchten im Tavignano-Tal.

Die **Kirche★** war einmal Pfarrkirche von Venaco. Der Sakralbau stammt aus dem 9. Jh., doch nur die Apsis und die Grundmauern der drei Kirchenschiffe sind erhalten. Die Mauerreste in der Mitte des Hauptschiffs sind die Reste von Altarraum, Ambo und Chorgestühl (Ausgrabungen von 1956). Eine Treppe verband das südliche Seitenschiff mit der Taufkapelle. Das halbrunde Chorhaupt aus Schiefer ist mit Mauerblenden auf wieder verwendeten römischen Ziegeln verziert. Sehr wahrscheinlich wurde die Église St-Jean an der Stelle der antiken römischen Ortschaft **Venicium** gebaut. Einige Meter südöstlich des Chorhaupts liegt das gut erhaltene **Baptistère St-Jean**. Sein Grundriss ist kleeblattförmig, und die zu der Vierung mit dem Taufbecken hin geöffneten Apsiden sind mit Halbkuppeln überwölbt.

Col de Bellagranajo

9 km nach Süden auf der N 193, dann auf einem befahrbaren Weg hinter dem Kruzifix auf der linken Seite hinauffahren.
Nach 500 m eröffnet sich zwischen Zistrosen und Himbeersträuchern auf einem Felsvorsprung ein **Panoramablick★★** auf Venaco an den vorderen Hängen des Monte Cardo, links auf die Ortschaft Poggio, vorne auf das Vecchio-Tal und am Horizont auf die Berge und Bergdörfer des linken Tavignano-Tals.

Venaco

11 km südlich auf der N 193.
Dieser Ort im Herzen Korsikas liegt in 600 m Höhe an der Flanke des mit vielen Edelkastanien bewachsenen **Monte Cardo**, der im Sommer ein besonders angenehmes Klima hat. Von der Terrasse der Kirche geht der Blick über das Tavignano-Tal und das Bozio-Gebirge. In dieser Gegend werden Jagd und Forellenfang betrieben.

Tipps und Adressen

Allgemeiner Hinweis

Fremdenverkehrsamt – *Zitadelle – ✆ 04 95 46 26 70 – www.corte-tourisme.com* – Informationen über den Naturpark sind vorläufig hier erhältlich.

Verkehrsmittel

Bahnhof – *✆ 04 95 46 00 97* – tgl. 4 Züge nach Ajaccio, 2 Züge nach L'Île-Rousse und Calvi und 5 Züge nach Bastia – Im Sommer Corte-Vizzavona-Corte und Ajaccio-Vizzavona-Ajaccio *(vorher erkundigen).*

Übernachten

⊖⊖ Chambre d'hôte Ostéria di l'Orta – *Pont de l'Orta – in Richtung Norden auf der D 18, nach der Brücke rechts einbiegen – ✆ 04 95 61 06 41 – www.osteria-di-l-orta.com – ⊭ – Reserv. empf. – 4 Zi und 1 Apart.: 80/110 € ☕ – Rest. 20/35 €.* Dieses renovierte Gebäude verfügt über hübsche Zimmer. Schöne Treppe aus Corte-Marmor und auf dem Dachboden ein Salon mit Sofas, Fernseher und Bibliothek. Auf der Veranda werden lokale Spezialitäten serviert.

Hôtel de la Poste – *2 pl. Padoue – ☎ 04 95 46 01 37 – ⊭ – 11 Zi: 48/53 € – ☕ 6 € –* P. Dieses Hotel hat sich seinen Charme bewahrt. Das Gebäude wurde Anfang des 20. Jh. gebaut und liegt günstig in der Innenstadt. Einfache, gemütliche Ausstattung und angenehme Atmosphäre.

Hôtel Dominique Colonna – *s. Gorges de la Restonica.*

Hôtel du Nord – *22 cours Paoli – ☎ 04 95 46 00 68 – www.hoteldunord-corte.com – 16 Zi: 66/90 € – ☕ 7 € – Rest. 19 € –* P. Das älteste Hotel der Stadt (1820) wurde modernisiert und bietet ein mediterranes Ambiente. Innen wurden Doppelglasscheiben eingesetzt, und auch die übrige Ausstattung kann sich sehen lassen.

Essen und Trinken

U Museu – *Rampe Ribanelle – ☎ 04 95 61 08 36 – Jan.-März und So April-Mai geschl. – 13/15 €.* Die Veranda mit Blick auf Corte und der überwölbte Saal erfreuen sich großer Beliebtheit. Die korsischen Spezialitäten werden durch Salate, Nudelgerichte und Pizza ergänzt.

Au Plat d'Or – *1 pl. Paoli – ☎ 04 95 46 27 16 – in den Winterferien (Feb.) und Sa geschl. – 15/19 €.* Kehren Sie hier nach einem Bummel durch die Oberstadt ein. Traditionelle Küche, Tagesgericht zu angemessenen Preisen und eine kleine Terrasse.

U Paglia Orba – *1 av. Xavier-Luciani – ☎ 04 95 61 07 89 – 1.-8. April, 30. Aug.-5. Sept., Weihnachtsferien und So geschl. – 15/25 €.* Auf der Karte dieses kleinen Restaurant finden Sie vor allem die regionale Küche mit Esskastanien und *brocciu* (Ziegenfrischkäse). Serviert wird in dem überwölbten Raum und auf der Terrasse.

Am Abend

Le Grand Café du Cours – *22 cours Paoli – ☎ 04 95 46 00 33 – 7-2 Uhr – außerhalb der Saison So geschl.* Dieses beliebte Café ist sicher das älteste in Corte, besitzt jedoch einen gut ausgestatteten Internetraum. Große Terrasse und familiäre Atmosphäre.

Einkaufen

Als kleine Stärkung bieten die Bäckereien *falculelle* (*brocciu* auf einem Esskastanienblatt) und *picciole* (leicht süßes Hefegebäck mit Kastanienmehl) an.

Markt – Auf dem Parkplatz gegenüber dem Busbahnhof finden sich am Freitagmorgen Anbieter aus der Region ein.

Casanova – *6 cours Paoli – ☎ 04 95 46 00 79 – 7.15-19.30 Uhr, So 7.15-13 Uhr – in den Winterferien (Feb.) geschl.* Seit 1887 erfreut Familie Casanova die Bewohner von Corte mit Leckereien. Verfeinert werden die Kreationen mit *paoli*, einer Creme aus *brocciu*, Kastanienmehl und glasierten Maronen.

U Granaghju – *2 cours Paoli – ☎ 04 95 46 20 28 – Juli-Aug. 9-21 Uhr, sonst 9-19 Uhr – Nov-März geschl.* Vom Zitronatlikör bis zu den Wurstwaren sind alle Produkte in diesem Geschäft korsische Spezialitäten und Kunsthandwerk. Die edlen Produkte werden ansprechend im Nebenraum präsentiert.

Confiserie St-Sylvestre – *8 km nördl. von Corte auf der N 193 in Richtung Bastia – 20250 Soveria – ☎ 04 95 47 42 27 – http://confiserie-saintsylvestre.fr/ – tgl. außer Sa/So 8-12 und 14.30-19 Uhr, Mitte-Ende Feb. und Fei geschl.* Das Talent des Konditormeisters Santini spiegelt sich in seinen Produkten, von der Zitronatkonfitüre bis zum Kastanien-Torrone.

A Chiostra – *4 rue Chiostra – ☎ 04 95 46 19 53 – Mai-Okt. 9-21 Uhr, im Winter tgl. außer Sa/So – Mitte Nov-Mitte Dez. geschl.* Ein Künstlerehepaar betreibt seit mehr als 30 Jahren diese Töpferwerkstatt in der Altstadt von Corte.

Librairie de Flore – *5 cours Paoli – ☎ 04 95 46 06 85 – im Sommer 8.30-12.30 und 13.30-21 Uhr (im Winter 19.30 Uhr), 1. Jan., Ostern, 25. Dez. und außer im Sommer So-vormittag geschl. – ab 30 €.* Dieses Geschäft bietet ein interessantes Sortiment an Büchern über die Region an.

Sport und Freizeit

L'Albadu – *Ancienne route d'Ajaccio (N 293) – ☎ 04 95 46 24 55* – Von Badeausflügen bis zu einwöchigen Ausritten durch die Agriates-Wüste oder an den Golf von Porto: Die Angebote dieses Reiterhofs sind vielfältig und die Atmosphäre entspannt. Hofladen mit eigenen Produkten.

Équiloisirs – *5 km von Corte auf der N 200, dann auf der D 214 und der D 39 – ☎ 04 95 61 09 88* – Einstündige bis mehrtägige Ausritte: 1 Tag Bozio (ca. 75 €), 6 Tage Agriates-Wüste (ca. 688 €); Ponys für Kinder.

Altpiani – *2 rue du Pr-Santiaggi – ☎ 06 86 16 67 91 – www.altipiani-corse.com* – Thematische Tageswanderungen sowie besonders für Familien ab 20 €/Pers. Kanu- und Klettertouren, Leihfahrräder (12-20 €).

Feste und Events

Prozessionen: Am Gründonnerstag findet eine Bußprozession statt. Bei der Karfreitagsprozession brennen hunderte Kerzen in den Fenstern von Corte.

Pferdemarkt (Cavall'in Festa) – *☎ 04 95 46 13 77 oder 06 82 85 26 16* – Am 2. Wochenende im Juni. Paraden und Vorführungen, Kunsthandwerk und landwirtschaftliche Produkte.

Die archäologischen Stätten CUCURUZZU und CAPULA★★

BASSE-CORSE (2A) – UMSCHLAGKARTE HINTEN B6 – MICHELIN LOCALKARTE 345 F6 – KARTENSKIZZE L'ALTA ROCCA, S. 100

Die Hochebene Pianu de Levie liegt in durchschnittlich 700 m Höhe im Zentrum der Alta Rocca. Noch heute ist dieses Gebiet mit seinen Kastanien- und Steineichenhainen von Trockenmauern durchzogen, die als stumme Zeugen die Erinnerung an eine weit zurückreichende Ackerparzellenkultur bewahren. Diese Gegend war im Korsika der Ur- und Frühgeschichte ein bedeutendes Siedlungsgebiet. Die archäologische Entdeckungstour führt auf einem angenehm schattigen Fußweg zunächst zum urgeschichtlichen Cucuruzzu aus der Bronzezeit. Nur einige hundert Meter entfernt liegen auf einer Anhöhe frühgeschichtliche Ruinen des mittelalterlichen Capula. Herzlich Willkommen im historischen „Freilichtmuseum"!

Jean-Louis Gallo / MICHELIN

Die Ruinen des Kastells von Cucuruzzu stammen aus der Bronzezeit.

Wegweiser – Die Ruinen liegen zwischen dem Rizzanese- und dem Fiumicoli-Tal. Von der D 268 zwischen Ste-Lucie-de-Tallano und Levie führt ein beschilderter Weg (4,3 km) zu den beiden Ausgrabungsstätten.

Parken – Das Fahrzeug auf dem Parkplatz (auf der Schattenseite) abstellen oder von Levie aus zu Fuß gehen.

Gut geplant – Wenn Sie etwas Zeit haben, wählen Sie den Fußweg von Levie, Sie benötigen etwa 1 Std. Der Weg beginnt gegenüber dem Brunnen im Ort und ist orange gekennzeichnet.

Mit Kindern – Das Musée de l'Alta Rocca in Levie bereitet die archäologischen Fakten gut verständlich auf.

Orte in der Nähe – L'ALTA ROCCA, Aiguilles de BAVELLA, AULLÈNE, STE-LUCIE-DE-TALLANO, QUENZA, ZONZA

Sehenswürdigkeiten

Castellu di Cucuruzzu★

Das Kastell von Cucuruzzu ist eine bronzezeitliche Anlage (Mitte des 2. Jahrtausends v. Chr.), die Ende des 3. Jh. v. Chr. verlassen wurde. Archäologen haben folgende Elemente entdeckt: eine Festung, für deren Bau natürliche Felsformationen genutzt

wurden (große Granitblöcke), während die Mauern von Menschenhand errichtet wurden; ein höher gelegenes, nach Osten ausgerichtetes Bauwerk von kreisförmigen, Grundriss, dessen Zweck weiter ungeklärt ist; ein von einer starken Mauer umgebenes Dorf.
Steigen Sie die grob in den Fels gehauenen Stufen hinauf. Links erhebt sich eine hohe Zyklopenmauer mit Räumen, die Öffnungen für Beleuchtung und Rauchabzug besitzen. Die Nischen rechts wurden als Lagerräume genutzt. Auf der gegenüberliegenden Seite führt ein Weg zu einer nach Norden ausgerichteten Plattform mit Blick auf die Felstürme von Bavella.
Die Plattform liegt vor einem nach Osten ausgerichteten Rundbau aus Steinquadern, die auf Granitblöcken liegen. Ein spitzbogiger Gang mit zwei Nischen führt in einen Innenraum mit Kraggewölbe.

Der gekennzeichnete Weg führt hinunter in ein kleines Tal und steigt zur Ruine Capula wieder an.

Unterwegs sind bizarre Felsaushöhlungen, *taffoni*, zu sehen.

Capula

Auf einer runden Anhöhe stehen die **mittelalterlichen Ruinen** von Capula. Sie fußen auf ur- und frühzeitlichen Schichten. Bereits in der Bronzezeit (1800 v. Chr.), während der Eisenzeit (700 v. Chr.) und während des Oströmischen Reichs war dieser Ort besiedelt, bevor hier im Mittelalter eine bedeutende Festung errichtet wurde. Giudice von Cinarca *(s. La Cinarca)* zerstörte dieses Bauwerk im Jahr 1259 im Zuge von Machtstreitigkeiten.
Die am Fuß der Festungsmauer eingefügte Menhirstatue **Capula I** zeugt von der bronzezeitlichen Besiedelung. Links führt ein Weg zwischen großen Felsen zum **Abri Nr. 1**, einem Raum unter einer riesigen Granitplatte.
Auf der über der Anhöhe gelegenen Plattform werden gerade Ausgrabungen an der mittelalterlichen Residenz des Grafen von Bianco durchgeführt. Ein steiler Weg führt zum höchsten Punkt, an dem die Fundamente eines Bergfrieds oder einer Zisterne zu sehen sind. An dieser Stelle hat man eine herrliche **Aussicht★** auf die urwüchsige Hochebene über dem bewaldeten Rizzanèse-Tal und am Horizont auf die Felstürme von Bavella.
Auf dem Weg zum Ausgang liegen die Ruinen einer romanischen Kapelle mit Fundamenten aus dem 13. Jh. und die Chapelle St-Laurent, die Anfang des 20. Jh. aus den Steinen der mittelalterlichen Kapelle errichtet wurde. Ihre Patina verdankt sie dem mittelalterlichen Baumaterial. Alljährlich führt am 9. August eine Prozession zu Ehren des hl. Laurentius an diesen Ort.
Auf dem Rückweg zum Parkplatz ist der mittelalterliche Plattenbelag **Chiappi di San Lorenzu** zu bewundern.

Tipps und Adressen

Allgemeine Hinweise

Die beiden Ruinen liegen nahe beieinander und können auf einem einzigen Rundweg von etwa 3 km in 2 Std. zu Fuß besichtigt werden. Hierbei gutes Schuhwerk (Rutschgefahr auf den Felsen), eine Kopfbedeckung, Sonnenschutz und Wasser nicht vergessen.

Öffnungszeiten und Preise – *✆ 04 95 78 48 21 – April-Okt. – 5,50 € (Kinder: 3 €).*

Audioführung – Diese Führung verläuft entlang des markierten Wegs mit nummerierten Stationen nach Cucuruzzu, dann nach Capula. Abwechselnd hören Sie Kommentare, polyphone korsische Musik und Vogelstimmen.

Der gut ausgebaute Weg im Schatten von Eichen, Kiefern und Kastanien führt im Rhythmus der vom Audioführer vorgegebenen Stationen durch ein kleines Tal. Die Ruinen sind bald zu sehen; sie nehmen eine Fläche von 2 ha ein und bieten eine herrliche **Aussicht★** auf zerklüftete Hänge, Steineichenwald, die Felstürme von Bavella und das imposante Coscione-Massif.

ERBALUNGA★

HAUTE-CORSE (2B) – UMSCHLAGKARTE VORNE C2 – MICHELIN LOCALKARTE 345 F3 – KARTENSKIZZE CAP CORSE, S. 189

Der zum Kreis Brando gehörende kleine Hafenort wirkt mit seinen aneinander gereihten alten Häusern, die auf einem Küstenvorsprung aus grünem Schiefer erbaut wurden, sehr malerisch. Ein halb verfallener Genuesenturm überragt die Gebäude. Es ist ein Genuss, durch den Hafen, die kleinen, von Platanen, Lorbeer und Palmen beschatteten Treppengassen und die blumengeschmückten Plätze zu flanieren.

Stéphane Sauvignier / MICHELIN

Der kleine Hafenort Erbalunga erstreckt sich auf einem Felsvorsprung ins Meer.

Wegweiser – 10 km nördl. von Bastia über die D 80.

Parken – Das Fahrzeug auf dem Parkplatz hinter dem Rathaus abstellen (an der Hauptstraße). Der Hafen selbst ist für Fahrzeuge gesperrt.

Unbedingt sehenswert – Die Fresken der Chapelle Notre-Dame des Neiges sollen die ältesten der Insel sein.

Orte in der Nähe – CAP CORSE, CENTURI, MACINAGGIO, ROGLIANO, BASTIA

Zu Fuß unterwegs

Die Vorfahren des Schriftstellers **Paul Valéry** (1871-1945) väterlicherseits stammen aus Erbalunga. Berühmt ist der kleine Ort jedoch besonders für seinen idyllischen **Hafen** zwischen Felsen und Wohnhäusern: Die pittoresken Fischer- und Ausflugsboote in bunten Farben lockten in den 1930er-Jahren viele Künstler an. Ein kleiner Holzsteg führt über das Wasser an alten Häusern vorbei zum Genuesenturm. Auf einer Inschrift an der Nordseite des Turms wird das Jahr 1561 erwähnt, wobei es sich wahrscheinlich um das Jahr der Erbauung handelt.

In der **Église St-Érasme**, die am Dorfende Richtung Bastia auf einer Terrasse steht, werden die Kreuze aufbewahrt, die während der Bußprozession in der Karwoche getragen werden. Der hl. Erasmus ist der Patron der Seefahrer, sein Fest wird am 2. Juni mit einer Prozession begangen.

Ziel in der Umgebung

Castello

3 km westl. von Erbalunga – bei der örtlichen Post die D 54 in Richtung Castello und Silgaggia nehmen.

Die Straße steigt steil an und gibt den Blick auf das Meer, den Ort Erbalunga und das imposante Benediktinerinnenkloster auf halber Höhe frei. Castello verdankt seinen Namen wohl dem mittelalterlichen Schloss, von dem noch die Reste eines großen Turms das Dorf überragen. Das Gebäude wurde im 13. Jh. errichtet und im 15. Jh. umgebaut. Es war Sitz der mächtigen Familie Gentile aus dem Cap Corse. Die Häuser dieses Weilers im Kreis Brando liegen weit verteilt auf einem natürlichen Amphitheater aus grünem Schiefer an der Ostflanke des Monte Stello.

Chapelle Notre-Dame-des-Neiges★ – *300 m vor Castello, bei der Gabelung links die ansteigende Straße nach Silgaggia nehmen – ✆ 04 95 33 20 84 – Mitte Juni-Mitte Sept. Di-morgen kostenlose Führungen auf vorherige Anfrage.* Der Sakralbau hatte im 11. Jh. trotz seiner unscheinbaren Größe den Status einer Pfarrkirche für die Grafschaft Brando. Die mit einer Halbkuppel überwölbte Apsis bildet mit ihrem Dach aus Schieferschindeln *(teghje)* ein harmonisches Ganzes. Die ältesten bekannten **Fresken** Korsikas befinden sich im Innenraum; sie wurden 1386 von einem italienischen Künstler angefertigt. Die erhaltenen Fragmente befinden sich an der Südwand und stellen mit großer Liebe zum Detail Personen dar: So lässt sich aufgrund einer Beschriftung sogar die Stifterin identifizieren.
Neben der Kapelle steht die weitaus größere Pfarrkirche **Santa Maria Assunta**. Ihre Fassade aus dem 19. Jh. ist gut erhalten, sie wird über dem Giebel von einem päpstlichen Wappen geschmückt.
In einer kleinen Kapelle in der Nähe findet während der Saison eine Ausstellung über die Restaurierung der örtlichen Kulturdenkmale statt. Vom darüber liegenden **Friedhof** mit alten Eiben und Ölbäumen bietet sich ein weiter Blick über das Meer und die Insel Capraia.

Tipps und Adressen

Übernachten

Chambre d'hôte U San Martinu – *Marine de Sisco – 20233 Sisco – 6 km nördl. von Erbalunga auf der D 80, Route de Centuri – ✆ 04 95 35 25 78 – usanmartinu@wanadoo.fr – Ende Okt.-Anfang April geschl. – 4 Zi und 3 Fewo: 70 € – Rest. 25 €.* Diesem mit Gästezimmern ausgestatteten, neueren Bauernhof hat Familie Moneglia, die seit Generationen im Gastgewerbe tätig ist, eine sehr authentische und rustikale Atmosphäre verliehen. Mit Blick auf den Pool wird üppige korsische Küche serviert, häufig mit hausgemachten Produkten, deren Zutaten aus der nahen Umgebung stammen.

Hôtel A Stalla Sischese – *Marine de Sisco – 20233 Sisco – 6 km nördl. von Erbalunga über die D 80, Route de Centuri – ✆ 04 95 35 26 34 – www.a-stalla-sischese.com – im Jan. 10 Tage und Mi außerhalb der Saison geschl. – 10 Zi: 55/100 € – 8 € – Rest. 20/29 € – P.* Dieses neue Hotel ist im Besitz einer Familie, die seit Generationen in der Hotelbranche tätig ist. Die Ausstattung ist schlicht, aber komfortabel und mit einer ausgesuchten Einrichtung in warmen Farbtönen. Alle Zimmer mit Balkon; Swimmingpool an der Rückseite des Gebäudes.

Essen und Trinken

Le Pirate – *Am Hafen – ✆ 04 95 33 24 20 – www.restaurantlepirate.com – 3. Nov.-6. April und Mo geschl. außer Juli-Aug. abends – 29/90 €.* Der Hafen ist für Fahrzeuge gesperrt; Sie gelangen also nur zu Fuß zu diesem hübschen Steinhäuschen in idyllischer Lage. Angenehme mediterrane Atmosphäre in den beiden Speiseräumen und auf der schönen Terrasse. Serviert werden köstliche Meeresfrüchte.

Feste und Events

La Cerca – Am Abend des Gründonnerstags führt eine Prozession zum Kloster der Benediktinerinnen oberhalb des Ortes. Die Männer sind in Alben gekleidet und tragen ein 40 kg schweres Kreuz, die Frauen tragen einen blauen Schleier *(faldetta)* und übernehmen ein 20 kg schweres Kreuz. Die 7 km lange Prozession am Karfreitag beginnt an der Kirche von Erbalunga um 7 Uhr morgens und macht Station an allen Kirchen und Kapellen des Kreises Brando: Sie heißt **„La Cerca"** (Suche) und wird zusammen mit anderen Orten des Kreises durchgeführt. Am Abend bilden die Büßer im Fackelschein traditionelle, berühmt gewordene Formationen wie die *Granitola*, eine Spirale, und ein Kreuz.

Golfe de FIGARI★

CORSE-DU-SUD (2A) – UMSCHLAGKARTE HINTEN B7 – MICHELIN LOCALKARTE 345 D11

Der Küstenzug von Roccapina bis Bonifacio, unbebaut und fernab der großen Straßen, hat seine ursprüngliche Schönheit bewahrt. Dicht mit Büschen bewachsen liegt er vor dem Cagna-Gebirge und bietet kleine Strände und sichere Ankerplätze. Kleine Felsbuchten ragen weit in die Flussmündungen hinein. Die Region ist außerdem ein Paradies für Sporttaucher.

Die Höhlen im bizarren Felsenmeer von Caldarello waren bis ins 17. Jh. bewohnt.

Wegweiser – Nördlich von Bonifacio. Über die N 192 und dann die D 122 erreicht man Pianottoli-Caldarello, den einzigen bedeutenden Ort am Golf von Figari.

Unbedingt sehenswert – Das Felsenmeer von Caldarello regt mit seinen ungewöhnlichen Steinformen die Fantasie an. Der Golf und seine wilde Schönheit beeindruckt insbesondere außerhalb der Saison.

Mit Kindern – Es lockt eine Badepause in den kleinen Felsbuchten oder ein Ausritt zu Pferd.

Orte in der Nähe – BONIFACIO

Geschichte und Geschichten

Im Sommer nicht bewohnt – Bis zum Beginn des 20. Jh. gab es in Caldarello nur wenige Häuser, die in der kälteren Jahreszeit bewohnt waren – im Sommer wurde dieses tief liegende Gebiet *(piaghja)* von der Malariamücke heimgesucht. Die meiste Zeit des Jahres lebten die Menschen im Mittelgebirge, in **Zérubia**, in der Nähe von Serra-di-Scopamène. Die *piaghja* suchte man auf, um Grundnahrungsmittel zu beschaffen: Trauben, Oliven, Gerste usw. Nach der ersten Ernte im Juni, wenn die heiße Jahreszeit anbrach, zogen die Menschen bis zur Weinernte wieder nach Zérubia. Heute schrumpft die Bevölkerung in Zérubia zunehmend, während **Pianottoli** durch den erfolgreichen **Weinanbau** in Figari und die Nähe zum Flughafen wächst. Der Hafen von Caldarello ist ein schöner Badeort.

Zu Fuß unterwegs

Caldarello

Pianottoli-Caldarello ist das einzige Ballungsgebiet zwischen Sartène und Bonifacio. Der reizvolle Fischerhafen und Badeort liegt inmitten einer faszinierenden **Felsenlandschaft★**. Auf korsisch bedeutet Caldareddu „wo es sehr heiß ist".

Es liegt im Felsenmeer von Caldarello, dessen *ori* genannte Höhlen, die es überall im Cagna-Gebirge gibt, bis zum 17. Jh. bewohnt waren. Heute werden sie als Lagerräume, Ställe und in den Bergen von den Hirten genutzt.
Am südlichen Rand von Caldarello hat man von den Felsen eine gute **Aussicht★** auf den tief unten liegenden Golf.

An der Kreuzung links zum Landesteg gehen.

Links neben der Anlegestelle, umgeben von dichtem Buschwerk, liegt ein kleiner Sandstrand. Im Hintergrund erhebt sich über den Dächern des Dorfes der Genuesenturm.

Die Strände

Von Bonifacio aus an der ersten Kreuzung in Pianottoli links der Ausschilderung „Le port" folgen (D 122). Nach 1,2 km (500 m vor dem Hafen) rechts abbiegen, links an den Tennisplätzen und dem Parkplatz vorbei.
Nach 3 km kommt der erste **kleine Sandstrand** der Figari-Bucht *(von der Straße aus links unten)*. Wenn Sie mit dem Auto unterwegs sind, das Fahrzeug an der Straße abstellen oder 2 km zu den kleinen **Sandbuchten von Chevanu** weiterfahren. Der Feldweg links führt zu einem schattigen Parkplatz. Zu den Buchten führt ein Pfad (100 m). Der Straße nicht weiter ins Inland folgen, der Privatweg ist nur für Anlieger.

Tipps und Adressen

Verkehrsmittel

Flughafen von Figari *(s. S. 374)* 4 km von Figari, 22 km von Bonifacio und 25 km von Porto-Vecchio entfernt. Die großen Leihwagenfirmen sind vertreten *(s. S. 377)*.

Übernachten

Camping Kévano Plage – *20131 Pianottoli-Caldarello – 3 km südöstl. von Pianottoli-Caldarello – ✆ 04 95 71 83 22 – Mai-Sept. – Reserv. empf. – 100 Plätze: 29,50 € – Imbiss.* Der Campingplatz liegt 500 m vom Strand entfernt auf einem felsigen, mit Bäumen bewachsenen Hügel und bietet mitten in der Natur viel Platz. Gut ausgewiesene Plätze im Schatten der Felsen. Die Terrassenanlage ermöglicht allen einen guten Ausblick und dient dem Schutz der Natur.

Chambre d'hôte Felicita – *Im Ort – 20131 Pianottoli-Caldarello – ✆ 04 95 71 82 80 – paule.tomasi@wanadoo.fr – 4 Zi und 1 Apart.: 70 €.* Sie werden von Frau Tomasi in einem hübschen quadratischen Granithaus empfangen, wie sie überall im Dorf stehen. Renovierte Zimmer, schlichte Ausstattung mit Möbeln aus dem Familienbesitz und Chinéstoffen.

Hôtel U Libecciu – *Route du Port – 20131 Pianottoli-Caldarello – ✆ 04 95 71 87 93 – www.hotellibecciu.com – Mitte Okt.-März geschl. – 80 Zi: 112/192 € – Rest. 21/28 € – P.* Modern gestaltetes Hotel in schöner Lage am Meer. Klimatisierte geräumige Zimmer mit Rattanmöbeln. Zum Entspannen haben Sie die Qual der Wahl: Privatstrand, Pool, Fahrradverleih, Kanu, kleine Segelboote, Tennis, Boule usw.

Essen und Trinken

Auberge U Fuconu – *Figari – ✆ 04 95 71 04 27.* Das Restaurant liegt zwar direkt an der Straße, die traditionelle korsische Küche kann sich aber sehen lassen: Lammbraten mit Myrtensoße, überbackenes Kalbfleisch, Schweinefilet mit Honig, Kastanienpfannkuchen…

Ferme-auberge Pozzo di Mastri – *20114 Figari – 2 km nördl. von Figari über die D 859 – ✆ 04 95 71 02 65 – Nov.-April geschl. – Reserv. empf. – Rest. 38 € – 4 Zi: 80 €.* Eine gelungene Schäfereiatmosphäre, an den Wänden Kunstwerke von Gästen, die beeindruckende Miniaturnachbildung eines korsischen Dorfs, Tische aus korsischer Lariciokiefer. Saisonale Küche und über dem Feuer gebratene Lammkeule.

Einkaufen

Domaine de Tanella – *Route de Bonifacio – 20114 Figari – ✆ 04 95 70 46 23 – Juli-Aug. 9-20 Uhr, Juni und Sept. tgl. außer So 9-12.30 und 15-19.30 Uhr, Okt.-Mai tgl. außer So 9-12 und 15-18.30 Uhr, Sa 9-12 Uhr.* Das Weingut mit 57 ha ist im Besitz einer der ältesten Familien Korsikas, den Peretti Della Rocca (seit 816). Sie produzieren ausgezeichnete Rot-, Rosé- und Weißweine aus alten korsischen Rebsorten. Die in Eichenfässern gelagerte Alexandra-Abfüllung hat bereits zahlreiche Auszeichnungen erhalten.

FILITOSA★★

CORSE-DU-SUD (2A) – UMSCHLAGKARTE HINTEN B6 – MICHELIN LOCALKARTE 345 C9 – KARTENSKIZZE Golfe de VALINCO, S. 342

Die Ausgrabungsstätte Filitosa birgt wertvolle Zeugnisse der frühen korsischen Geschichte aus dem Neolithikum (6000-2000 v. Chr.) und Megalithikum (3500-1000), aus torreanischer (1600-800) und römischer Zeit. Die Siedlung wurde 1946 von dem Besitzer des Grundstücks entdeckt, erforscht wurde sie anschließend durch den Archäologen Roger Grosjean.

Stéphane Sauvignier / MICHELIN

Die Ausgrabungsstätte Filitosa birgt wertvolle archäologische Zeugnisse der Urgeschichte.

- **Wegweiser** – Filitosa liegt 17 km nordwestl. von Propriano. Von der Valinco-Bucht über die D 157 und die D 57 oder von der N 196 über die D 302 in Richtung Sollacaro und die D 57.
- **Gut geplant** – Die Mittagssonne bringt die feinen Details an den Skulpturen besonders gut zur Geltung.
- **Orte in der Nähe** – PROPRIANO, Golfe de VALINCO

Geschichte und Geschichten

Neolithische Siedlung – Die erste neolithische Siedlung auf Korsika geht auf das Jahr 6000 v. Chr. zurück. Die Menschen jagten, sammelten und fischten, betrieben aber auch bereits Ackerbau und Viehzucht. Sie lebten friedlich in Felshöhlen und bauten Hütten auf Anhöhen. Im Winter trieben sie Vieh in die Küstenebene, im Sommer in die Berge. Sie webten und töpferten. Ihre Toten bestatteten sie in natürlichen Grotten.

Die Megalithkultur – Im Südwesten der Insel breitete sich gegen 3500 v. Chr. eine Kultur aus, deren Lebensweise sich nicht grundsätzlich vom Neolithikum unterschied; die Toten wurden jedoch in mehr oder weniger ebenerdig eingelassenen Steinkisten beigesetzt und später in oberirdischen Dolmen aus behauenen Steinplatten. 2-4 m große Stelen (Menhire) wurden neben den Grabstätten errichtet.
Die ersten behauenen Menhire tauchten etwa 2000 v. Chr. auf. Die friedlichen Inselbewohner stellten mit Werkzeugen aus Granit und Obsidian, das sie von Sardinien importierten, Jagdwaffen her (die Pfeilspitzen bestanden ebenfalls aus Obsidian). Zwei Jahrhunderte später zeigte sich eine großer Entwicklungssprung: Der noch ungestaltete Menhir erhält menschliche Umrisse. Der **anthropomorphe Menhir** besitzt bereits menschliche Züge (Umrisse von Schultern und Kopf). Er behält jedoch die Grundform einer Stele bei und wird dann zur Statue weiterentwickelt. Als solche erhielt er ein Gesicht mit Augen, Nase und Mund. Zwei Jahrhunderte später (etwa

1600 v. Chr.) erfahren die **Menhirstatuen** (französisch: statues-menhirs) einen weiteren revolutionären Entwicklungsschritt: Sie weisen anatomisch exaktere Details auf (Wirbelsäule und Schulterblatt) und Waffen wie Dolch und Schwert werden deutlich hervorgehoben. Im Norden der Insel stellten die Menschen dagegen unbewaffnete Statuen mit breiten Schultern, abstehenden Ohren und oft einer Halskette auf.

Megalithen auf Korsika

Die **70 Menhirstatuen**, die in Filitosa gefunden wurden, nannte man Filitosa I, II, usw. Filitosa V ist die am besten bewaffnete Menhirstatue Korsikas. Sie trägt einen langen Speer und einen Dolch; auf dem Rücken sind anatomische Details zu sehen. Das Oberteil des Kopfes scheint abgetrennt zu sein.

Torreanische Kultur – Von 1600 bis 800 v. Chr. wurde der Süden Korsikas von einer neuen Kultur geprägt, die am Golf von Porto-Vecchio und im Westen in den Tälern der Flüsse Ortolo, Fiumicicoli, Rizzanèse und Taravo Spuren hinterließ. Die wichtigsten Zeugnisse dieser Kultur sind die „Torren", runde Festungen aus 6 bis 8 m hohen Zyklopenmauern. Auf Sardinien finden sich ähnliche Bauwerke, die *nuraghi*.

Torreaner-Mythos – Eine heute von Prähistorikern angezweifelte These lautet, dass die **Shardanen**, eines der sagenumwobenen und angriffslustigen Meervölker, Korsika 1400 und 1200 v. Chr. überfielen und die Megalithkultur nach und nach in den Norden der Insel zurückdrängten. Die Burgen und Türme hatten die Inselbewohner zu ihrer Verteidigung errichtet. Und sie betrieben Zauberei: Ihre bewaffneten Menhirstatuen stellten die von ihnen besiegten Feinde dar. Als die Shardanen schließlich als Sieger hervorgingen, zerstörten sie die Menhire und bauten daraus ihre Tempel. Auf Korsika nennt man dieses Volk Torreaner und auf Sardinien Nuraghen. Eine andere These lautet, dass die Korsen ihre bisherigen religiösen Praktiken gegen neue tauschten, für die sie Rundbauten errichteten. Vieles der torreanischen Kultur bleibt im Dunkeln, was den Stätten einen besonderen Charme verleiht.

Sehenswürdigkeit – *s. Kartenskizze S. 241*

Ausgrabungsstätte★★

Besichtigung: 1 Std. – ✆ 04 95 74 00 91 – April-Mitte Okt. 8 Uhr-Sonnenuntergang.
Neben dem Eingang zu den Ausgrabungen liegt das **Museum**, das man auf dem Rückweg besichtigen kann.

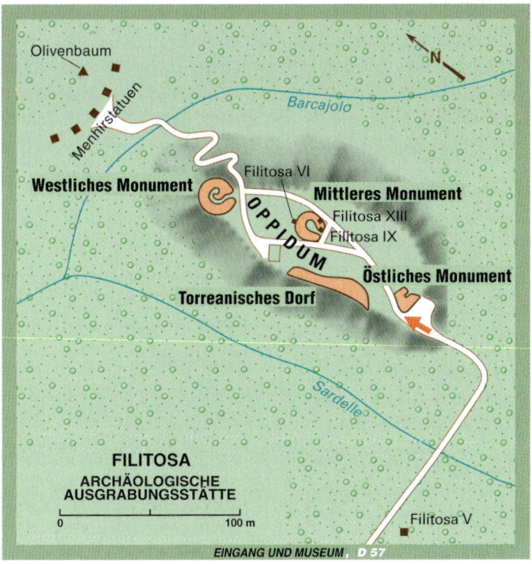

Nach 75 m auf dem Weg zur Ausgrabungsstätte wurde rechts die Menhirstatue **Filitosa V** aufgestellt.
Eine auf einer Felsspitze errichtete Zyklopenmauer kennzeichnet den Eingang in das befestigte **Oppidum**. Verschiedene Anlagen sind zu erkennen, die von der Besiedelung einer megalithischen und später einer torreanischen Kultur zeugen. Zunächst betritt man das von den Torreanern errichtete **östliche Wachplateau**. Dabei handelt es sich um eine Aufschüttung zwischen zwei mächtigen Felsformationen. Eine Rampe führt zur Plattform hinauf. Die **Felshöhlen** auf der linken Seite zeugen von der ersten Besiedlung im Neolithikum vor etwa 8000 Jahren.

Vorgeschichtliche Stätten

Es lohnt sich, weitere prähistorische und megalithische Siedlungen auf Korsika zu besuchen: **Alo Bisucce**, die Menhir-Reihe und der Dolmen von **Cauria**, der Menhir von **Nativu** in Patrimonio, die torreanischen Siedlungen **Cucuruzzu, Ceccia, Tappa und Araghju**. Sie werden in den Museen in Sartène und Levie erklärt.

Mittleres Monument – Das auf einem runden Grundriss errichtete zentrale Bauwerk diente möglicherweise Kultzwecken. Die Torreaner haben 32 Menhirstatuen zerteilt und mit dem Gesicht zum Boden in die Mauer eingebaut. Einige aus der Mauer herausgenommene Menhirstatuen wurden vor dem Kulturdenkmal aufgestellt. **Filitosa IX** und **Filitosa XIII** sind Meisterwerke der megalithischen Kunst auf Korsika. **Filitosa VI** zeigt ein fast intaktes Gesicht.

Westliches Monument – Im Westen wurde auf megalithische Fundamente gebaut. Das torreanische Bauwerk diente wahrscheinlich religiösen Zwecken und bei Bedarf auch der Verteidigung. In der Mitte liegen zwei Räume, die man über Gänge erreicht. Ein (etwas steiler) Weg nach unten führt in das grüne Tal, in dem **fünf Menhirstatuen** vom Ende des Megalithikums um einen alten Ölbaum aufgestellt wurden. Ein idyllisches Fleckchen, das eine ungewöhnliche Ruhe ausstrahlt.
Etwas weiter liegt der **Steinbruch**, aus dem die Menhirstatuen geschlagen wurden; einer der Felsen hat aufgrund seiner Form den Namen „Dinosaurier" erhalten.

Torreanisches Dorf – Auf dem Rückweg rechts am Oppidum vorbei taucht das torreanische Dorf auf, dessen Hütten ebenfalls auf megalithischen Fundamenten errichtet wurden. In den unteren Schichten wurden Zeugnisse der ältesten Besiedlung aus dem keramischen Neolithikum (5850 v. Chr.) gefunden.

Das Museum – Im archäologischen Dokumentationszentrum sind Fundstücke der Ausgrabungen mit Erklärungen ausgestellt. Vor allem drei restaurierte Fragmente von Menhirstatuen sind bemerkenswert: links am Eingang das Oberteil der **Scalsa-Murta** (1400-1350 v. Chr.), die vorne einen senkrechten Speer trägt und am Rücken einen Zickzackpanzer sowie einen Helm mit zwei Einbuchtungen; die These, dort seien Büffelhörner aufgesetzt worden, wird heute angezweifelt. Etwas weiter steht die längs geteilte **Filitosa XII**, von der der linke Arm zu sehen ist; dahinter befindet sich **Tappa II** mit einer archaischen Kopfdarstellung.

Tipps und Adressen

Essen und Trinken

Auberge du Domaine Comte Abbatucci – *Chiesale – 20140 Casalabriva – 7 km nordöstl. von Filitosa über die D 457 – ✆ 04 95 24 36 30 – www.domaine-comte-abbatucci.com – Anfang Okt.-Ende März geschl. – 30 €.* Dieses Weingut mit Gästezimmern liegt am Ende eines Wegs durch die zum Besitz gehörenden Weinberge. In dieser ungewöhnlichen Umgebung werden hausgemachte Produkte serviert: Gemüse aus dem Garten, Lamm- und Kalbfleisch, Olivenöl und eigener Wein. Schöne Sommerterrasse.

Einkaufen

Moulin de Sardelle-Filitosa – *20140 Sollacaro – ✆ 04 95 74 03 83 – tgl. außer So 10-19 Uhr.* In der Nähe der Ausgrabungsstätte Filitosa bietet Étienne Andréani in seiner Ölmühle hergestellte Olivenöle mit dem Herkunftszertifikat AOC an, z. B. aus der Zinzala-Olive. Verkostung und Verkauf.

Golfe de GALÉRIA★

HAUTE-CORSE (2B) – UMSCHLAGKARTE VORNE A3 – MICHELIN LOCALKARTE 345 A5

An der Mündung des Fango und unweit des Naturschutzgebiets Scandola bildet der Golf von Galéria eine weite, natürliche Bucht. Er ist ein lohnendes Ziel in dem schönen Naturschutzgebiet mit einem kleinen Hafen, über dem sich ein Genuesenturm erhebt, und einem Strand mit feinen Kieseln. Die Unterwasserwelt begeistert Taucher, und für Wanderfreunde gibt es zahlreiche schöne Routen.

Amaury de Valroger / MICHELIN

An der felsigen Westküste Korsikas bildet der Golfe de Galéria einen natürlichen Hafen mit feinem Kiesstrand.

- **Wegweiser** – 38 km südl. von Calvi auf der D 81[B]. Der Golf von Galéria wird von der Punta Stollo im Süden und der Punta Ciuttone im Norden begrenzt. Zum Kreis Galéria gehören sieben Orte, der bedeutendste davon ist Galéria am Fuße des Capo Tondo. Das **Fango-Tal** zieht sich durch das Hinterland bis nach Paglia-Orba.
- **Unbedingt sehenswert** – Der Weg entlang des Golfes bis nach Punta Stollo bietet einen herrlichen Blick über die Bucht. Ein Bad im klaren Wasser des Fango, dabei die Sicherheitsvorschrift beachten und das Wasser sofort verlassen, wenn es in den Bergen regnet (selbst wenn im Tal schönes Wetter ist). Der Regen kann eine sehr große Welle auslösen, so als würde ein Staudamm geöffnet werden.
- **Gut geplant** – Die Region eignet sich sehr gut für Spaziergänge, vor allem im Fango-Tal. Einen Nachmittag für den Ausflug einplanen. Wenn Sie picknicken möchten, müssen Sie schon in Galéria einkaufen; außerhalb der Saison gibt es dort die einzigen geöffneten Geschäfte.
- **Orte in der Nähe** – Golfe de PORTO, CALVI

Geschichte und Geschichten

Biosphärenreservat Fango-Tal – Seit 1977 ist das Fango-Tal im Rahmen des UNESCO-Programms „Der Mensch und die Biosphäre" geschützt. Das Schutzgebiet erstreckt sich über 23 400 ha. Der Fango fließt 25 km fast geradlinig von seiner Quelle bis zur Mündung. Besonders eindrucksvoll und gleichzeitig schützenswert ist das Mündungsgebiet, das Fango-Delta, am Golf von Galéria. Das vom Hauptfluss und seinen drei Altarmen durchzogene Feuchtgebiet ist der Lebensraum für zahlreiche Vögel, Amphibien und sogar Sumpfschildkröten.
Ein weiterer wichtiger Bestandteil des Schutzgebiets sind die immergrünen Steineichen. Der große **Steineichenwald** im Fango-Tal ist sicherlich einer der bedeutendsten Korsikas. Einige Bäume sind mehr als 200 Jahre alt und bis zu 30 m groß!

A. de Valroger / MICHELIN

Das Fango-Tal mit seinen lachsfarbenen Vulkanfelsen lockt zu einer Wanderung mit Erfrischungspausen in den herrlichen Badegumpen .

Golfe de Galéria im Überblick

Galéria

Auf dem Weg zum Dorf liegt rechts das Schutzgebiet **Riciniccia**, von dem sich ein herrlicher **Blick**★ über den Golf bietet. Dort sieht man die Reste eines **Genuesenturms** aus dem 16. Jh. An der Mündung des Fango liegt Galéria einsam in der spärlichen Macchia am Fuße des **Capo Tondo** (839 m). Ein großer Kiesstrand sowie ein Jachthafen schließen sich an. Dem Fußweg links am Ende der D 351 bis nach **Punta Stollo** folgen, dort hat man einen Ausblick über die gesamte Bucht.

Ponte-Vecchiu-Tuarelli★

Von Ponte Vecchiu (6 km hinter Galéria) auf der D 351 in Richtung Tuarelli fahren. Parkplatz an der alten Steinbrücke (Ponte Vecchiu, ausgeschildert).

2 ½ Std. hin und zurück. Orangefarbene Kennzeichnung, leichter Schwierigkeitsgrad, gutes Schuhwerk trotzdem empfohlen. Über die Brücke gelangt man auf den teilweise schattigen Weg, an dem im Frühling die Affodillen blühen. Gut ausgebauter Wanderweg durch Vulkangestein am rechten Flussufer bis zur Brücke bei Tuarelli. Unterwegs laden **Gumpen** zum Baden ein. Von Tuarelli aus denselben Weg zurücknehmen.

Ausflug

Fango-Tal (Fangu)★★

26 km von Galéria nach Monte-Estremo – etwa 2 ½ Std.

Die wenig besiedelten, **Filosorma** (bzw. Falasorma) genannten Talketten sind ein Teil der kargen Balagne. Das Tal war lange ein wichtiges Durchzugsgebiet: Vor Wintereinbruch trieben die Hirten ihre Herden über die Pässe Guagnerola und Capronale von den Hängen des Niolo in die Ebene und im Frühling denselben Weg zurück. Die Region wurde dadurch stark entwaldet, zurück blieben Weideland und Macchia. Der Ab- und Auftrieb von Vieh wird heute immer weniger praktiziert. Die Herden von tausenden Ziegen und 1500 Schafen und Rindern bleiben im Tal.

Galéria auf der D 351 verlassen. Die Straße führt durch Macchia das Fango-Tal hinauf.

Tuarelli

Den Weg nach links nehmen *(¼ Std. zu Fuß hin und zurück)*. Er führt zur **Brücke** über den Fango: Hier bietet sich ein schöner Blick auf den Fluss, der sich mit seinem klaren Wasser durch den rötlichen Granit schlängelt, im Hintergrund sieht man die Berge Punta Minuta und Paglia Orba.

Weiter entlang der D 351 das Fango-Tal hinauf.

Im Sommer ist ein Bad im Fango sehr angenehm. Kurz vor der Steinbrücke führt ein kleiner Weg nach unten zu einer **Gumpe** *(auf der Stellfläche neben der Brücke parken).* Alternative: Über die Brücke fahren und auf der **Aire de Treccia** *(nach 500 m links)* parken. Dort gibt es einen kleinen **Kieselstrand** – ideal für Kinder.

Forêt domaniale du Fango

Hinter einer Brücke über einen Zufluss des Fango führt ein 1,5 km langer Weg von der D 351 nach rechts. Der Forstweg *(im Sommer für Fahrzeuge gesperrt)* führt durch den Staatsforst Fango *(Übersichtskarte an der Kreuzung)* mit Kiefern, Steineichen und Erdbeerbäumen zum Ökologielabor der Universität und zum **Forsthaus von Pirio** *(Privatweg).*

Die D 351 führt am Fango-Forst entlang. Links die Straße hinunter nach Manso nehmen.

Manso (Mansu)

Am Ufer des Fango liegt dieses aus vier verstreuten Weilern bestehende Terrassendorf. Von der Plattform neben dem Ortseingang hat man einen schönen **Blick★** über das Tal und die abschließenden Berge Paglia Orba und Capo Tafonato *(s. Col de Vergio).*

Zurück auf die D 351.

Bardiana

Dieser Ort liegt in der Nähe des Zusammenflusses von Fango und Taïta, die von der Mufrella durch den einsamen Wald der Filosorma fließt. Am Dorfrand erhebt sich der große Gebirgszug, der die Filosorma vom Niolo trennt. Links sind die Berge Punta Minuta (2556 m), Paglia Orba (2525 m) und Capo Tafonato (2343 m) zu sehen.

Von Bardiana nach Monte-Estremo weiterfahren.

Monte-Estremo (Montestremu)

Der letzte Ort im Fango-Tal ist auch das Ende der Ausflugsroute. Von diesem Terrassendorf hat man einen schönen Blick auf den Fango und das Tal, am Horizont kann man das Meer zwischen zwei Berghängen erahnen.

Tipps und Adressen

Allgemeiner Hinweis

Fremdenverkehrsamt – *Carrefour des Cinque-Arcate – Galéria – ✆ 04 95 62 02 27 – www.balagne-corsica.com*

Übernachten, Essen und Trinken

⊜ **Chambre d'hôte A Martinella** – *Route du Port – 20245 Galéria – ✆ 04 95 62 00 44 – Nov.-Feb. geschl. – ⊭ – 5 Zi: 43/53,50 € – ☕ 5,40 €.* Gute Unterkunft in bester Lage, nur 150 m vom Kieselstrand entfernt. Die eher einfachen Zimmer verfügen über eine Terrasse.

⊜⊜ **Auberge de Ferayola** – *Argentella – 20260 Ferayola – 13 km nördl. von Galéria über die D 351, dann die D 81B – ✆ 04 95 65 25 25 – www.ferayola.com – Okt.-April geschl. – 10 Zi: 55 € – ☕ 7,50 € – Rest. 20/30 € – P.* Dieses Gasthaus liegt einsam in den Bergen, nur durch die Küstenstraße vom Meer getrennt. Schlichte, rustikale Zimmer mit Balkon. Einfache Küche. Schöner Pool.

Einkaufen

Bergerie de Mustelle – *Route de Prezzuna – 20245 Galéria – ✆ 04 95 65 07 77 – Zur Besichtigung Reserv. empf.* Mit ihren 250 Tieren betreiben Joseph und Dominique Acquaviva die letzte Sennerei in Mustelle. Ihr Schafskäse wird im Lebensmittelladen in Galéria verkauft.

Sport und Freizeit

Wanderungen – Galéria liegt auf der Wanderroute **Mare e Monti Nord**. Ca. 6 Std. Fußmarsch zur Bucht **Girolata**.

L'Incantu – *Route de Calca – 20245 Galéria – ✆ 04 95 62 03 65 – www.incantu.com – Mitte März-Nov. tgl. außer So 9-18 Uhr, Dez.-Mitte März Mo-Fr 9-12 Uhr.* Die Tauchstationen liegen zwischen Capo di a Morsetta und der Réserve naturelle de Scandola. Ein bis zwei Mal pro Woche organisiert der Tauchklub einen „Scandola-Tag" mit Besuch des Naturschutzgebiets und der wunderschönen Girolata-Bucht. Kanuverleih.

Tra Mare e Monti – *Port de Pêche – 20245 Galéria – ✆ 04 95 65 21 26 – www.tramaremonti.com – tgl. 9-19 Uhr, Nov.-März geschl.* Bootsverleih und Segeltouren Richtung Scandola oder Saleccia-Strand. Außerdem Roller- und Motorradverleih, Quad-Touren.

Paddeltour – *✆ 06 22 01 71 89 –* Etwa 1 Std. dauert die Tour auf dem Fango und seinen drei Altarmen im Biosphärenreservat.

GHISONACCIA

3279 EINWOHNER – HAUTE-CORSE (2B) – UMSCHLAGKARTE HINTEN C5 – MICHELIN LOCALKARTE 345 F7

Ghisonaccia zwischen der Region Fiumorbo und der Costa Serena hat wenig eigenen Charme, liegt jedoch günstig zwischen Meer und Gebirge. Hier beginnt die Wanderroute „Mare a Mare Mitte".

Neobyzantinische Fresken schmücken die Kirche in Ghisonaccia.

- **Wegweiser** – Ghisonaccia liegt weniger als 5 km von der Küste entfernt zwischen Aléria und Solenzara.
- **Unbedingt sehenswert** – Von Prunelli-di-Fiumorbo aus haben Sie einen eindrucksvollen Blick über die Ebene und die Seen von Aléria.
- **Orte in der Nähe** – GHISONI, ALÉRIA

Geschichte und Geschichten

Le Fiumorbo

Lange Zeit eine Enklave – Der Fium'Orbo („trüber Fluss") sammelt das Wasser der Gebirgsbäche an der Ostflanke des Monte Renoso. Er fließt nördlich an einer kleinen Region vorbei, die seinen Namen trägt: Le Fiumorbo. Dieses Gebiet war lange eine Enklave des Widerstands und ein Versteck für Banditen. Im Westen ist Fiumorbo eine mit Edelkastanien bewachsene Hochebene, nach Osten geht es in eine Hügelkette über. Am südlichen Rand liegt das Flachland von Aléria. Die Dörfer des Fiumorbo reihen sich bis zur Küstenebene im Osten aneinander. Noch heute verbinden nur die D 344 und die D 69 die Region über den Col de Verde (1289 m) mit dem Binnenland.

Enklave des Widerstands – In dieser geografischen Abgeschiedenheit formierte sich die Revolte. Im 18. Jh. weigerten sich die Senner von Fiumorbo, die französischen Gesetze zu akzeptieren. 1815 sollte Kommandant Poli für Napoleon den Rückzug sichern, falls dessen Heimkehr nach Frankreich aus dem Exil auf Elba misslingen sollte. Dazu ging Poli südlich von Solenzara an Land. Er gewann Fiumorbo für die Sache des Kaisers, allerdings konnte die Armee des Marquis de Rivière nach Napoleons Niederlage bei Waterloo die Insel nicht in ihre Gewalt bringen. Der Marquis wurde abgesetzt, und Poli ging im Zuge der Generalamnestie durch General Villot ins Exil. Ende des 19. Jh. wurde Fiumorbo zum Unterschlupf für Banditen, die in der Gegend ihr Unwesen trieben. Im September 1944 war die Region Vezzani, darin insbesondere die Orte Inzecca und Ghisoni, der Schauplatz des erfolgreichen Widerstands gegen Hitlers Armee.

Ghisonaccia im Überblick

Ghisonaccia

Auf dem Hügel von Fiumorbo, 4,5 km vom Meer entfernt, ist Ghisonaccia durch den landwirtschaftlichen Aufschwung an der Ostküste eine moderne und dynamische kleine Stadt und zum Zentrum der **Costa Serena** geworden.
Alte Kulturschätze hat die Stadt nicht zu bieten, die **Kirche** mit **neobyzantinischen Fresken** ist jedoch eine Besichtigung wert. Diese wurden 1980 bis 1985 vom griechischen Künstler **Nikos Giannakakis** angefertigt.
Ghisonaccia ist der Hafen von Fiumorbo und die hiesige Küste ist sehr beliebt. Der 4,5 km vom Ort entfernte **Plage de Vignale** lädt zum Nichtstun ein.

Domaine préservé de Pinia

Das Naturschutzgebiet mit 400 ha im Süden des Étang d'Urbino liegt an einem 4 km langen **Sandstrand**. Der schöne Kiefernwald von Pinia, für den das Naturschutzgebiet berühmt war, wurde 1993 durch Brände zerstört. Bis zu seinem Aussterben in den 1960er-Jahren war er der letzte Zufluchtsort des Korsischen Rothirschs.

Étang d'Urbino

Seit dem Altertum wird dieser See ebenso wie der Étang de Diane zur Zucht von Miesmuscheln und Austern genutzt.

Ausflug

Vallée de l'Abatesco

Von Ghisonaccia 56 km – etwa 2 ½ Std. – s. Kartenskizze S. 247
Die D 144 im Südosten führt an die Küste. Der Sandstrand erstreckt sich von dort nach Norden.

Von Ghisonaccia der Route de Bonifacio bis Migliacciaro (1,5 km) folgen. Dort rechts die D 244 und 3 km weiter links die D 145 nehmen. Hinter Agnatello links auf die D 45 einbiegen, die sich durch Macchia und Korkeichen schlängelt.

Serra-di-Fiumorbo

Dieses Dorf an der Bergflanke liegt 450 m über der Ebene im Osten. Von der Kirchenterrasse ist die Ebene von Aléria mit dem Palo-See und das Abatesco-Tal zu sehen.
Zurück auf die D 145 und links auf der D 45 weiterfahren.

Pietrapola

Pietrapola ist seit römischer Zeit für die heilsame Wirkung seiner heißen Schwefel- und Natriumquellen bei Rheuma und Knochenbeschwerden bekannt. Das moderne

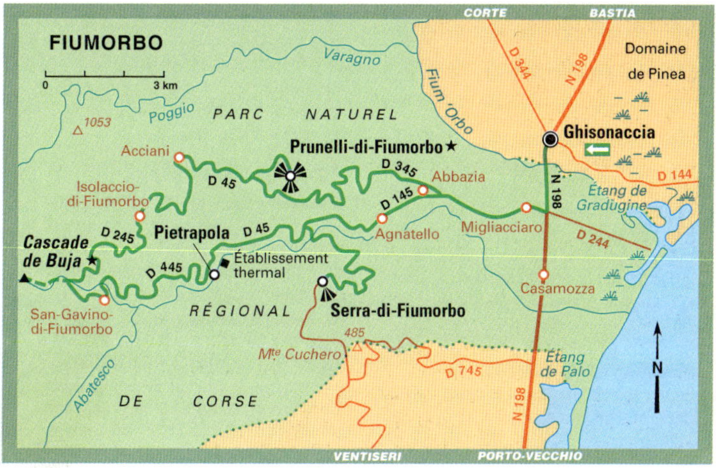

Thermalbad am linken Abatesco-Ufer empfängt jedes Jahr mehrere hundert Kurgäste. Vor der Kirche stehen typische Granithäuser.

In Richtung San-Gavino-di-Fiumorbo weiterfahren.

Die D 445 führt über dem Abatesco-Tal durch Edelkastanien und Korkeichen.

In San-Gavino rechts auf die D 245 in Richtung Isolaccio abbiegen. Nach etwa 2 km, auf Höhe einer Brücke linker Hand, ist die Cascade de Buja (oder Bughja) ausgeschildert.

Cascade de Buja★

Etwa 1 Std. hin und zurück. Der Weg beginnt links in Richtung einer Wassergewinnungsanlage. Dort den Fluss überqueren und dem Weg bis zum Wasserfall folgen; er stellt keine besonderen Anforderungen. Dieser Wasserfall ist mit etwa 100 m einer der höchsten Korsikas, allerdings nicht der beeindruckendste, weil es keinen Überhang gibt und das Wasser nicht frei fällt. Eine schattige Gumpe bietet sich für eine kleine Pause an, danach wird das Flussbett sehr eng. Vorsicht, die Felsen können glatt sein.

Der D 245 bis Isolaccio folgen und hinter Acciani die D 45 nach Prunelli nehmen.

Auf diesem Weg hat man immer wieder einen schönen Blick auf das Abatesco-Tal, Ghisonaccia und die Region Fiumorbo.

Prunelli-di-Fiumorbo★

Dieses Aussichtsdorf über der Küstenebene ist der wichtigste Ort von Fiumorbo. Von der Plattform der befestigten Kirche oben im Dorf hat man einen weiten **Panoramablick** über die Küstenebene bis Aléria im Osten, auf das Abatesco-Tal und den gesamten Fiumorbo.

Die D 345 nehmen, dann die D 145 bis Migliacciaro und danach links auf die N 198 nach Ghisonaccia einbiegen.

Tipps und Adressen

Allgemeiner Hinweis

Fremdenverkehrsamt der Costa Serena *– Route de Ghisoni – 20240 Ghisonaccia – ✆ 04 95 56 12 38 – www.corsica-costaserena.com* – Sie erhalten dort auch Informationen über Fiumorbo und Ghisonaccia.

Übernachten

Die Campingplätze liegen direkt am Meer, sind gut ausgestattet und von Mai bis September geöffnet. Die Ferienanlagen Marina d'Oru und Perla de Mare bieten Apartments, Restaurants und breite Freizeitangebote.

Camping Arinella-Bianca *– Route de la Mer – 3,5 km östl. von Ghisonaccia über die D 144, dann 0,7 km auf einem Weg rechts – ✆ 04 95 56 04 78 – arinella@arinellabianca.com – 7. April-Okt. – Reserv. empf. – 416 Plätze: 36,50 € – Imbiss.* Ein richtiges Feriendorf am Strand mit traditionellem Campingplatz sowie Vermietung von Bungalows und Wohnmobilen. Umfassendes Einkaufs- und Freizeitangebot. Kinderklub.

Camping Marina d'Erba Rossa *– 4 km östl. von Ghisonaccia über die D 144 (am Strand) – ✆ 04 95 56 25 14 – erbarossa@wanadoo.fr – April-Ende Okt. – Reserv. empf. – 160 Plätze: 34 € – Imbiss.* Zier- und Spielrasen, Oleanderbüsche, Palmen, Bananen, Tierpark, Badespaß am Pool, Entspannung auf feinem Sand – Verwöhnung pur. Sportliche Aktivitäten zur Genüge.

Hôtel Franceschini *– Av. du 9-Septembre – 20240 Ghisonaccia – ✆ 04 95 56 06 39 – hotel-franceschini@wanadoo.fr – 10 Zi: 59/78 € – 6 € – Rest. 17 € – P.* Das Hotel liegt an der Route Nationale, die durch den Ort führt. Bar und Restaurant sind mit schmiedeeisernen Möbeln eingerichtet und renoviert. Funktionell ausgestattete Zimmer mit Klimaanlage.

Essen und Trinken

La Scaffa *– Route de la Mer – ✆ 04 95 46 33 17 – 15/19 €.* Efeubewachsenes Haus mit Gartenterrasse, Bäumen und Kaskade. Korsische Küche, Pizzen, Fisch- und Fleischgerichte vom Gartengrill.

Sport und Freizeit

Wanderungen – Das Fremdenverkehrsamt der Costa Serena informiert über zahlreiche Wanderwege und Ausflugsziele. Die Beschreibungen sind auch im Internet abrufbar.

Ranch U Cavallu *– Morta – 20243 Prunelli di Fiumorbo – ✆ 04 95 57 37 13 – Reserv. empf.* – Ausflüge mit Kalesche, Ausritte mit Pferden und Ponys, auch die Kleinsten können hier ihre Freude am Reiten entdecken. Nach Absprache.

GHISONI

267 EINWOHNER – HAUTE-CORSE (2B) – UMSCHLAGKARTE HINTEN B4 – MICHELIN LOCALKARTE 345 E7

Das Dorf Ghisoni liegt 658 m hoch in einer Senke am Fuß des Monte Renoso. Im Südosten wachen zwei hohe Felsen über den Ort: der Kyrie Eleïson (1525 m) und der Christe Eleïson (1260 m). Auf Spaziergängen durch die schönen Kiefernwälder kann man den Nationalpark genießen oder ein erfrischendes Bad in einem See nehmen. Sportliche Wanderer können auch den Monte Renoso besteigen.

Wegweiser – Ghisoni liegt zwischen den Wäldern von Sorba- und Ghisoni, 20 km südöstl. von Vivario.

Mit Kindern – Eine schöner Anblick sind die großen Herden der Sennerei Capannelle, die im Sommer in den Bergen weiden.

Orte in der Nähe – Forêt de VIZZAVONA, VIVARIO, GHISONACCIA, ALÉRIA

Ausflüge

1 Bergeries de Capannelle – *s. Kartenskizze S. 250*

18 km – südl. auf der D 69 aus Ghisoni herausfahren. Nach 6,5 km, hinter der Brücke von Casso, rechts die D 169 nehmen, die fast bis zur Almhütte Capannelle führt.
Entlang der Straße, die für die Waldbewirtschaftung im **Forêt de Ghisoni** wurde, kann man Populationen von Laricio- und Seekiefer, Buche und Birke, Erle und Echter Mehlbeere bewundern. Die Lariciokiefern sind bis zu 40 m hoch und 300 Jahre alt.

Bergeries de Capannelle (Berghütte des Naturparks)

Die Hütte liegt auf 1640 m Höhe, vom Ende der Straße 500 m in westl. Richtung. Die Herden weiden in der Talmulde Tomba. Zusammen mit Tragette und Scarpaccedie sind es im Sommer 2500 Rinder. Auf 1600 bis 2100 m Höhe liegt ein großes Skigebiet, der „Stade de neige de Ghisoni" zwischen Chufidu im Norden und Pietra Niella im Süden.

Monte Renoso (Monte Renusu)★★★

4 ½ Std. hin und zurück, 9 Std. Rundweg nur für trainierte Wanderer – 700 m Höhenunterschied. Am besten früh morgens aufbrechen, um vor dem aufsteigenden Nebel auf dem Gipfel zu sein, der im Sommer die Aussicht im Laufe des Vormittags verhüllt. Die steinigen Abhänge des Renoso lassen sich mit guter Ausrüstung und Kondition leicht bewältigen. Den Weg kennzeichnen aufgeschichtete Steine.
Von den **Bergeries de Capannelle** führt der Weg südwestl. in Richtung Monte Renoso; nach 1 Std. erreicht man in einer grünen Ebene die Pizzolo-Quellen und nach 2 Std. den **Lac de Bastiani** (2089 m Höhe), eine graue, fast 5 ha große Wasserfläche, in der sich Forellen und Bachsaiblinge tummeln. Das Seeufer ist auch im Sommer häufig mit Firnschnee bedeckt.

An der Moräne neben dem See entlanggehen und dann dem Berggrat bis zum Gipfel des Renoso folgen (1 Std. ab See).

Der **Monte Renoso**★★★ (2352 m) ist der höchste Punkt des Berggrats zwischen Col de Vizzavona und Col de Verde. Das **Gipfelpanorama**★★★ reicht von der Ostküste bis zum Golfe de Valinco und Golfe d'Ajaccio, und sogar bis nach Sardinien.

Alternativer Rückweg für geübte Wanderer – Auf dem schmalen Gratweg zur Punta Orlandino ist Vorsicht geboten. Weiter über die Crête de Pietradione. Man erreicht den **Col de Pruno** mit Blick über die kleinen Rina-Seen und auf das Pozzi-Plateau. Von dort führt ein Weg zu den Bergeries des Pozzi, dann nach Osten zum Plateau de Gialgone. An der Gabelung hinter dem Plateau links den Forstweg GR 20 an der Ostflanke des Renoso wählen *(3 Std.)*; er führt zur D 169 zurück.

2 Col de Verde über den Forêt de Marmano★ – *s. Kartenskizze S. 250 – 39 km südlich über die D 69 bis Zicavo.*

Die Straße führt durch den Forêt de Ghisoni, unten sind Folgen der Waldbrände zu sehen. Rechts liegt der Monte Renoso und links unten Christe Eleïson und Kyrie Eleïson.

Forêt de Marmano★

Der Wald bedeckt die steilen Hänge des oberen Fium'Orbo-Tals mit schönen Laricio- und Seekiefern, Buchen, Tannen und Birken.

Col de Verde

Der Pass liegt auf 1289 m und verbindet das Fium'Orbo-Tal und den Marmano-Forst im Norden mit dem Taravo-Tal und dem Forst San Pietro di Verde im Süden.

Forêt de San Pietro di Verde★

Hinter dem Pass führt die Straße durch Lariciokiefern hinunter in den Forêt de San Pietro di Verde und dann am Forêt de St-Antoine vorbei nach Zicavo.

Zicavo – *s. dort*

Westl. von Zicavo 7 km der D 757^A folgen.

Bains-de-Guitera – *s. Zicavo*

Monte Incudine★★★ – *s. S. 362*

Tipps und Adressen

Essen und Trinken

Ferme-auberge L'Inzecca – *Pinzalone – 15 km von Ghisonaccia – ✆ 04 95 56 62 62 – Okt-30. April geschl. – 25/30 €.* Vor Inzecca liegt eine restaurierte Sennerei. Hier ist alles hausgemacht – nur die Forelle stammt aus einer Zucht. Familiäre Atmosphäre und Terrasse mit Blick auf die Berge.

Sport und Freizeit

Wanderungen – Das Fremdenverkehrsamt der Costa Serena informiert in seiner Broschüre über Wanderrouten rund um Ghisoni (z. B. Bergeries de Cardu, Forêt de Marmanu). Die Wegbeschreibungen werden auch im Internet bereitgestellt: **www.corsica-costaserena.com**

L'ÎLE-ROUSSE★

L'Isula Rossa

2795 EINWOHNER – HAUTE-CORSE (2B) – UMSCHLAGKARTE VORNE B2 – MICHELIN LOCALKARTE 345 C4 – KARTENSKIZZE La BALAGNE, S. 112-113

L'Île-Rousse ist eine moderne und wohlhabende Stadt mit schachbrettartig angeordneten Straßen, blumengeschmückten Plätzen und regem Handel. In ihrem Hafen werden die Produkte der Balagne verladen. Das milde Klima und der feine Sand der Bucht ziehen schon im Frühjahr viele Urlauber an.

Gilles Magnin / MICHELIN

Dem rötlichen Granit der vorgelagerten Île de la Pietra verdankt L'Île-Rousse seinen Namen.

Wegweiser – L'Île-Rousse liegt an der Küste der Balagne, 24 km östl. von Calvi.

Parken – Am Ortseingang die Avenue Picciani nehmen und das Fahrzeug auf dem Parkplatz an der Place Paoli abstellen. An diesem Platz liegen die Altstadt und die Geschäfte.

Gut geplant – Bummeln Sie morgens durch die Markthalle, in der vor allem regionale Erzeugnisse feilgeboten werden, oder genießen Sie einen Kaffee oder einen Aperitif im Schatten der Platanen im Herzen der Stadt auf der Place Paoli.

Mit Kindern – Größere Kinder können Tauchen oder Segeln lernen. Der Parc de Saleccia verfügt über einen Spielplatz.

Orte in der Nähe – CALVI, La BALAGNE

Zu Fuß unterwegs s. Plan S. 252

Place Paoli B

Dieser schöne Platz mit schattenspendenden Platanen und zahlreichen Cafés ist der belebteste der Stadt, wo sich regelmäßig die heimischen Boulespieler treffen. In der Mitte umgeben vier große Palmen einen Brunnen mit der Büste Pasquale Paolis. Auf der Hafenseite steht eine Skulptur des Bildhauers Volti mit dem Titel *Rêverie*.

Marché couvert B

In der Markthalle auf der Place du Marché *(in der Verlängerung der Place Paoli)* mit ihren antikisierenden **Kolonnaden★** werden jeden Morgen Erzeugnisse aus der Balagne (Fleisch und Wurst, Honig, Obst und Gemüse) sowie fangfrischer Fisch angeboten.

Église paroissiale A

Die Pfarrkirche am Place Paoli mit ihrem klassischen Giebel überragt drei Palmenreihen. Der Innenraum ist schlicht, die Kuppel über dem Querschiff ohne Bemalung.

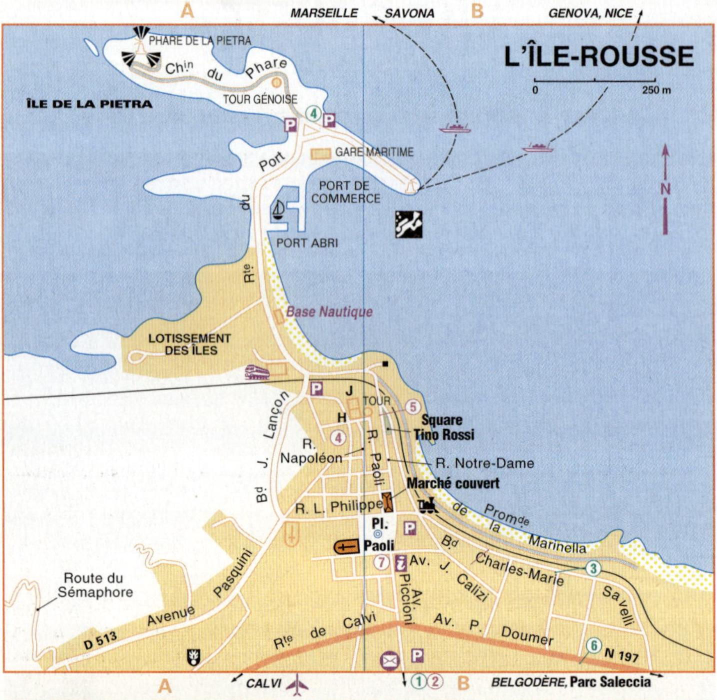

HOTELS		RESTAURANTS	
Funtana Marina....... 1	La Pietra............. 4	A Pasturella............. 2	L'Escale........................ 5
Hôtel L'Amiral.......... 3	Le Grillon............ 6	A Quadrera............. 4	Le Bistrot de la Place.... 7

Altstadt A-B

Die Stadt ist zwar nicht wirklich alt, hat aber dennoch ihren Reiz. Die ansprechende Markthalle ist von Lebensmittelläden umgeben und hübsche Häuser säumen die gepflasterten Gassen, die zum Meer führen.

Am Ende der Rue Notre-Dame, gegenüber dem **Square Tino-Rossi**, erinnert ein halb verfallener Turm in der Nähe des Rathauses an die Gründung von L'Île-Rousse. Hinter der Grünanlage Tino-Rossi erstreckt sich eine Esplanade mit einem Kriegerdenkmal von Volti. Sie führt zur Bucht vor der Île de la Pietra.

Île de la Pietra★ A-B

Diese Insel ist mit der Stadt durch einen Damm verbunden, der den Hafen schützt. Mit ihren rötlichen, zerklüfteten Felsen stellt sie das Wahrzeichen der Stadt dar. Auf einem Spaziergang zum alten **Genuesenturm** *(Ausstellung)* und dem **Leuchtturm** kann man viele verschiedene Mineralien entdecken.

Ausflug

La Corniche Paoli★

20 km – etwa 1 Std. südöstl. auf der D 63 aus L'Île-Rousse herausfahren.

Monticello

Dieses Bergdorf über L'Île-Rousse mit seinen Ölbäumen und Opuntien besitzt ein authentisches mediterranes Gepräge. Der große Dorfplatz ist ringsum von alten Häusern umgeben.

Der D 263 in Richtung Santa-Reparata folgen.

Hinter Monticello die Gebirgsstraße über der Küstenebene nehmen. Hier bietet sich eine weite **Aussicht★** auf L'Île-Rousse und die Felsen von La Pietra, die untere Balagne und die kleinen Bergdörfer.

Santa-Reparata-di-Balagna

Das Dorf liegt auf Terrassen hoch über der Küste. Von dem Vorplatz der Kirche offenbart sich ein **Blick★** über L'Île-Rousse im Norden, das Regino-Tal im Nordosten und die Bergkette des Monte Grosso im Süden. Die barocke **Kirche** des Ortes wurde auf einer pisanischen Kapelle aus dem 12. Jh. errichtet, von der das Längsschiff und die Apsis erhalten sind.

Die rote Insel

Der rötliche Granit der Île de la Pietra gab der Stadt den Namen Île-Rousse („rote Insel"), ursprünglich hieß sie nach ihrem Gründer, dem korsischen Freiheitskämpfer Pasquale Paoli, **Paolina**. Im 18. Jh. fanden sich an diesem Küstenstrich nur Reste einer römischen Siedlung und ein Genuesenturm. Der Hafen von Isula Rossa wurde 1758 von **Paoli** als Konkurrenz zu Algajola und Calvi gebaut, um die Macht der Genuesen einzuschränken.

Corbara – *s. dort*

Zurück nach L'Île-Rousse über die D 151 und die N 197.

Von der Terrasse der kleinen Kapelle auf einem Felsvorsprung, 500 m hinter Corbara, ist die Bucht von Algajola und der Hafen von Davia zu sehen.

Ziel in der Umgebung

Parc de Saleccia

4 km von L'Île-Rousse (über die N 197, Route de Lozari/Bastia) – ✆ 04 95 36 88 83 – www.parc-saleccia.fr – Besichtigung etwa 1 Std., Führungen auf Anfrage – Juli-Aug. tgl., 1. April-8. Nov. tgl. außer Mo- und Sa-vormittag – 7 € (Kinder unter 5 Jahren: Eintritt frei), Familien 20 € (2 Erw. mit Kindern).

Dieser Park wirkt wie ein Lehrgarten, in dem man in die mediterrane und insbesondere korsische Vegetation eintauchen kann. Der Rundgang auf den schattigen Wegen der früher landwirtschaftlich genutzten Fläche ist thematisch in sechs verschiedene Bereiche aufgegliedert (unbedingt die Bereiche Macchia und Ölbaum ansehen); auf Schildern werden botanische und historische Informationen vermittelt. Hier finden Sie beeindruckende Züchtungen von Oleander, Ölbaum, Rosmarin und Wolfsmilch, außerdem gibt es einen Imbiss, ein Geschäft und einen Spielplatz.

Tipps und Adressen

Allgemeiner Hinweis

Fremdenverkehrsamt – *7 pl. Paoli – ✆ 04 95 60 04 35 – www.ot-ile-rousse.fr*

Verkehrsmittel

Flughafen Calvi – *s. S. 374*

Bahnhof – *✆ 04 95 60 00 50* – Je zwei Züge fahren tgl. in Richtung Bastia und Ajaccio. Mitte April-Mitte Okt. verkehren der Tramway de Balagne oder der Train des Plages *(s. S. 377)* zwischen den größeren Orten L'Île-Rousse und Calvi (es gibt ein gutes Dutzend Haltestellen entlang der Küste).

Fährhafen – *Vom Hafen aus gibt es Fährverbindungen nach Nizza und Marseille mit den Schifffahrtsgesellschaften CMN und SNCM – Fährverbindungen nach Nizza, Toulon und Savona bieten Corsica Ferries (s. S. 374).*

Übernachten

Hôtel Le Grillon – *Av. Paul-Doumer – ✆ 04 95 60 00 49 – www.hotel-grillon.net – Nov.-Feb. geschl. – 16 Zi: 35/56 € – ☕ 5,50 € – Rest. 13/16 €.* Das Hotel in Familienbesitz liegt nahe am Strand und verfügt über schlichte Zimmer. Einfache, preiswerte Küche und freundlicher Empfang.

Hôtel Funtana Marina – *Route de Monticello – 1 km auf der Route Monticello, dann auf einer Nebenstraße – ✆ 04 95 60 16 12 – www.hotel-funtana.com – Feb. geschl. – 29 Zi: 50/98 € – ☕ 8,50 € – P.* Es lohnt sich schon allein wegen der Aussicht auf das Meer und den Hafen von L'Île-Rousse, die Bergstraße zu diesem neueren Hotel in urwüchsiger Natur hinaufzufahren. Wohnlich eingerichtete Zimmer mit geschmackvollem Bad. Pool mit schöner Aussicht, vorbildlicher Empfang.

Hôtel L'Amiral – *Bd Charles-Marie-Savelli – 04 95 60 28 05 – www.hotel-amiral.com – Okt.-März geschl. – 19 Zi: 65/100 € – 10 € –* P. Dieses kleine zweistöckige Hotel steht eher unscheinbar am Strand, 25 m vom Wasser entfernt. Einfache, funktionelle, sehr gut gepflegte und ruhige Zimmer. Essen und Trinken in angenehmer Atmosphäre.

Hôtel La Pietra – *Chemin du Phare – 04 95 63 02 30 – www.hotel-lapietra.com – 15. Nov.-15. Jan. geschl.– 42 Zi: 63/109 € – 9 € – Rest. 24 € –* P. Ein angenehmes, renoviertes Hotel gegenüber dem Hafen direkt am Meer. Klimatisierte Zimmer mit Blick auf den Genuesenturm oder auf die Boote vor Anker. Das Rauschen der Wellen wird Sie in den Schlaf wiegen.

Essen und Trinken

L'Escale – *Rue Notre-Dame – 04 95 60 10 53 – www.hotelilerousse.com – 14/23 € – 4 Zi: 110 € – 8 €.* Das Haus wurde bereits 1903 vom Großvater erbaut und ist noch heute in Familienbesitz. Auf der einen Seite führt eine belebte Straße daran vorbei, auf der anderen Seite liegt das Meer. Kleines, schlichtes Restaurant mit guten Speisen zu erschwinglichen Preisen: Fisch und Meeresfrüchte sowie hausgemachtes Eis.

A Quadrera – *Rue Napoléon – 04 95 60 44 52 – Feb. und So-mittag geschl. – 18,30/25 €.* Die Einheimischen schätzen dieses schlichte Lokal, das immer ein Menü zum Festpreis und einige regionale oder traditionelle Gerichte anbietet, die stets gut zubereitet sind. In geselliger Atmosphäre werden Fischpfanne und Tagessuppe serviert.

A Pasturella – *20220 Monticello – 4,5 km südöstl. von L'Île-Rousse über die D 63 – 04 95 60 05 65 – 2. Nov.-1. Dez. und Mitte Dez.-Ende März So-abend geschl. – 26/55 € – 14 Zi: 70/86 € – 10 €.* Der Besitzer dieses netten Bergrestaurants über L'Île-Rousse steht regelmäßig bei Sonnenaufgang auf, um den Fisch auszuwählen, den Sie in der hübsch eingerichteten Gaststube oder auf der herrlichen Panoramaterrasse genießen. Reservieren Sie am besten eines der renovierten Zimmer im Haus.

Le Bistrot de la place – *3 pl. Paoli – 04 95 60 12 90 – 25. Feb.-10. März, 29. Okt.-11. Nov., So-abend und Mo geschl. – 29/45 €.* Die Speisekarte wird dem Marktangebot und der Saison angepasst und enthält vorwiegend korsische Gerichte. Das schöne Bistro mit Terrasse liegt am Place Paoli im Schatten von Platanen.

Am Abend

L'Escale – *Rue Notre-Dame – 04 95 60 10 53 – 6.45-2 Uhr.* Man bleibt hier zunächst stehen, weil die Aussicht so herrlich ist, man bleibt etwas länger, weil das hausgemachte Eis so lecker schmeckt, und schließlich setzt man sich zu Tisch, weil die köstlichen Muschel- oder Fischgerichte locken.

Cinéma en plein air – *Col de Fogata – 04 95 60 00 93 –* Das Freilichtkino zeigt von Juli bis August abends Filme.

Einkaufen

Markt – In der Markthalle werden jeden Morgen Fisch, Gemüse und Obst aus der Balagne angeboten.

A Casa Corsa – *22 pl. Paoli – 04 95 60 23 63 – 8.30-24 Uhr, Nov.-Feb. geschl.* In diesem kleinen Laden findet Sie alle Schätze der Insel. Seit 18 Jahren sucht Frau Giansily für ihre Kunden die besten korsischen Erzeugnisse zusammen. Von salzig bis süß, nichts fehlt: Wurst aus den Bergen, Honig, Olivenöl, Wein und das berühmte Bier aus Furiani.

Au Bon Vin Corse – *Pl. Delanney – 04 95 60 15 14 – im Sommer tgl. außer So-nachmittag 8-22 Uhr, sonst tgl. 8-13 und 15-20 Uhr.* Dieser große Weinkeller mit Bar besitzt eine sehr schöne Terrasse mit Blick auf einen kleinen, ruhigen und schattigen Platz. Es werden dort Weine aus ganz Korsika angeboten und einige traditionelle Schnäpse sowie andere korsische Erzeugnisse (Pasteten, Würste, Konfitüren, Honig, Olivenöl und Käse etc.).

Sport und Freizeit

Club Nautique de l'Île-Rousse – *Route du port (Plage de la Gare) – 04 95 60 22 55 – www.cnir.org – April-Okt. 10-18 Uhr, Nov.-März Mi-nachmittag und Sa, Dez. und Jan. geschl.* Unterricht und Verleih von Katamaran (Kinder und Erwachsene), Optimisten-Jolle, Windsurf- und Wellenreitbrett. Ausflüge mit Schoner oder Kajak. Vom Wasser aus lässt sich die Bucht auf eine ganz besondere Art entdecken.

École de plongée de l'Île-Rousse – *Hafen – 04 95 60 36 85 – www.plongee-ilerousse.com – Reserv. empf., Tauchgänge: 9 und 15 Uhr, 11. Nov-28. Feb. und So geschl.* In diesem Tauchklub werden Kurse und Tauchgänge für Anfänger und Fortgeschrittene sowie für Kinder ab 8 Jahren angeboten. Weit Fortgeschrittene können sich auch zum Tauchlehrer ausbilden lassen. Auch Bootsführerschein und Bootstouren.

Hafenmeisterei – *04 95 60 26 51 – im Sommer 7-20 Uhr im Winter 9-12 und 14-17 Uhr.*

Îles LAVEZZI★★

CORSE-DU-SUD (2A) – UMSCHLAGKARTE HINTEN C7 –
MICHELIN LOCALKARTE 345 E11 – KARTENSKIZZE BONIFACIO, S. 153

Der Lavezzi-Archipel, in Europa das südlichste französische Territorium, besteht aus einer Reihe von Inselchen und Klippen. Die Hauptinsel Île Lavezzi ist als Einzige öffentlich zugänglich. Das kleine Paradies mit kristallklarem Wasser und kleinen, sandigen Felsbuchten wirkt fast außerirdisch. Die grauen Granitblöcke sind zu bizarren Kugeln und Skulpturen erodiert, die an Fabelwesen erinnern.

Amaury de Valroger / MICHELIN

Kleine, traumhafte Felsenbucht auf der Île Lavezzi.

Wegweiser – Der Archipel liegt 4 km von der Pointe de Sperone südöstl. von Bonifacio und etwa 12 km von Sardinien entfernt.

Gut geplant – Ein Ausflug mit dem Boot dauert mindestens 3 Std. Bei schönem Wetter zum Archipel fahren. Maske und Schnorchel, Getränke und Proviant mitnehmen, Verpflegung gibt es auf der Insel nicht.

Mit Kindern – Die Strände sind leicht zu finden, sie liegen alle an der Ostküste der Insel.

Orte in der Nähe – BONIFACIO, Golfe de FIGARI

Geschichte und Geschichten

Der Untergang der „Sémillante" – Am 14. Februar 1855 war die Fregatte *La Sémillante* von Toulon mit 750 Mann an Bord zur Insel Krim aufgebrochen, um Nachschub für die Belagerung von Sewastopol zu liefern. Während eines Orkans am 15. Februar geriet das Schiff im dichten Nebel in die Bucht von Bonifacio. Die Fregatte strandete wahrscheinlich mit abgerissenem Steuerruder an den Felsklippen. Der Hirte auf der Lavezzi-Insel war der einzige Zeuge dieser Katastrophe. Keiner der Seeleute und Soldaten überlebte; 158 von ihnen wurden nie geborgen; von den 592 Leichen, die auf die Riffs gespült wurden, begrub man 572 vor Ort – die meisten (560) auf der Insel Lavezzi, auf der es zwei Friedhöfe gibt, die anderen auf Nachbarinseln, an der Südküste Korsikas und an der Nordküste Sardiniens. Alphonse Daudet verarbeitete diese Tragödie in einem seiner *Lettres de mon moulin (Briefe aus meiner Mühle, s. S. 256).*

La réserve naturelle – Der französische Teil des Archipels ist ein Naturschutzgebiet, in dem die Arten in ihrem ursprünglichen Biotop erforscht werden. Für das Betreten der Insel gelten bestimmte Regeln: Es ist verboten, Blumen und Pflanzen zu pflücken und die angelegten Wege zu verlassen.

Die letzten Stunden der „Sémillante"

„Zu welcher Stunde vermutet man, dass die *Sémillante* zerschellt ist? – Wohl gegen Mittag; ja, mein Herr, mitten am Tag ... Aber ja, in dem dichten Nebel war Mittag nicht besser als die dunkelste Nacht ... Jemand von der Küstenwache erzählte mir, dass er an diesem Tag gegen halb zwölf aus seinem Häuschen trat, um die Läden festzumachen. [...] Auf einmal schien es ihm als er den Kopf hob, als sähe er im Nebel ein großes Schiff mit eingeholten Segeln, das bei den Lavezzi-Inseln vom Sturm davon getrieben wurde. [...] Eine halbe Stunde später hörte der Hirte auf den Inseln [...] ein schreckliches Krachen an den Felsen. Am nächsten Tag, als er seine Tür öffnete, war das Ufer mit den Überresten des Schiffs und seiner Besatzung übersät."

„L'Agonie de la Sémillante" (Der Todeskampf der Sémillante) aus *Lettres de mon moulin (Briefe aus meiner Mühle)* von Alphonse Daudet

Die Inseln Lavezzi, Piana, Ratino, Poraggia und Perduto sind besonders geschützt. Der von Frankreich und Italien verwaltete **Parc Marin International** umfasst alle Inseln der Bucht von Bonifacio außer der Île Cavallo, die den italienischen Milliardären überlassen wurde. Seit Februar 1993, nach einer Ölpest durch einen auf Grund gelaufenen Tanker, ist die Meerenge für Tanker, die Gefahrgut transportieren, gesperrt.

Ausflug

Mit dem Boot

Mindestens 3 Std. – Mai-Sept. mehrmals tgl. ab Bonifacio – man kann 1 oder ½ Tag auf der Insel verbringen (Getränke, Proviant und Sonnenschutz mitnehmen, es gibt keinen Schattenplatz) – Informationen bei den Tourenveranstaltern am Hafen.

Die Bootsfahrt „Île Lavezzi" ist bei allen Anbietern ähnlich *(Informationen am Hafen von Bonifacio)*. Nach dem Engpass mit sehr bewegtem Wasser fährt man an ausgewaschenen Kalkfelsen vorbei, und dann nach dem Leuchtturm von Pertusato aufs offene Meer. Das Boot legt in einer kleinen geschützten Bucht im Nordosten der Insel Lavezzi (66 ha) an.

Zur Flora der Insel gehören auch seltene Spezies wie das übelriechende Schweineohr *(arèchja di porcu; Dracunculus muscivorus)*, dessen große purpurne Blütenkelche im Mai überall zu sehen sind.

Cimetière de Furcone

Auf dem grasbewachsenen Plateau zwischen der kleinen Anlegebucht und dem Strand von Furcone liegt der erste Friedhof der Insel, umgeben von einer mit Pryamiden besetzten Mauer. Die schlichte Friedhofskapelle Notre-Dame-du-Mont-Carmel wacht über dem Ort mit anonymen Gräbern der Seeleute und dem des Geistlichen der Fregatte, den man aufgrund seiner schwarzen Strümpfe identifiziert hatte. 1895 wurde zu Ehren von Kapitänleutnant A. de Maisonneuve ein Denkmal errichtet.

Cimetière de l'Achiarino

Dieser Friedhof liegt unterhalb von zwei Schäferhütten zwischen Cale du Lion und der nächsten Bucht. Dort liegt unter anderem der Kommandant Jugan von der Sémillante begraben, den man an seiner Uniform ausmachen konnte. Ein wundervoller Strand mit feinem Sand schließt sich an den Friedhof an.

Um die reiche Fauna ausgiebig zu erkunden, empfiehlt sich eine Schnorchelausrüstung.

Pyramide

Sie lässt sich schwimmend oder mit einem Boot von der Hauptinsel erreichen.

Die Pyramide wurde an der Pointe d'Achiarina als Denkmal für das Unglück der *Sémillante* errichtet; von ihr aus hat man eine gute Aussicht über das Meer.

Auf dem Rückweg nach Bonifacio fährt das Boot an der Insel Cavallo vorbei, der Milliardärsinsel mit zahlreichen Privatresidenzen, an der kleinen Insel San Baïzo, auf der man einen Steinbruch aus römischer Zeit entdeckt hat (die römische Säule am Kriegerdenkmal von Bonifacio stammt von dort) und an den kleinen Inseln Ratino und Piana.

MACINAGGIO

Macinaghju

HAUTE-CORSE (2B) – UMSCHLAGKARTE VORNE C1 – MICHELIN LOCALKARTE 345 F2 – KARTENSKIZZE CAP CORSE, S. 189

Seit der Antike wird der Ankerplatz von Macinaggio von Seeleuten sehr geschätzt. Dieser kleine Badeort unterhalb von Rogliano kann in seinem modernen Jachthafen fast 600 Boote aufnehmen. Ein sehr malerischer, mit Genuesentürmen gesäumter Zöllnerpfad führt vom Plage de Macinaggio an der geschützten Küstenzone entlang.

Gilles Magnin / MICHELIN

Der Jachthafen von Macinaggio liegt am äußersten Ende des Cap Corse und ist für den kleinen Ort beachtlich groß.

Wegweiser – Nordöstl. von Cap Corse, 37 km von Bastia entfernt.

Parken – Sie können Ihr Fahrzeug auf dem Parkplatz am Hafen abstellen.

Gut geplant – Das Naturschutzgebiet der Finocchiarola-Inseln ist im Sommer gesperrt. Auch der Zöllnerpfad ist im Frühling und Herbst bedeutend angenehmer zu gehen als bei den hohen Temperaturen in den Sommermonaten.

Mit Kindern – Die Genuesentürme sind willkommene Etappen auf dem Weg und bieten Abwechslung.

Orte in der Nähe – CAP CORSE, CENTURI, ERBALUNGA, NONZA, ROGLIANO

Geschichte und Geschichten

Das Epos von Capraja – Aus Tradition und aufgrund seiner geografischen Lage war das Cap Corse bis zum 18. Jh. in der Hand Genuas, das dort mehrere Garnisonen stationiert hatte. Während des Siebenjährigen Kriegs (1756-1763) konnte Frankreich lediglich seine Hochburgen Bastia und St-Florent halten. **Pasquale Paoli** versuchte daher, das Cap zu erobern. Zunächst plante er mit der Eroberung der Insel Capraia einen Coup gegen Genua. In Centuri betrieb er eine Werft für den Bau seiner Flotte. 1757 besetzte er den Hafen von Macinaggio, die dortigen Bewohner kapitulierten jedoch erst 1761. Von da an besaß Paoli einen Stützpunkt für seine Feldzüge. Auf halbem Weg zwischen Korsika und der ligurischen Küste liegt Capraia, ehemals im Besitz der Genueser Familie da Mare und seit 1507 in Genueser Hand. Paoli erkannte deren militärische Schwäche auf Capraia und trieb seine Vorbereitungen voran. Am 16. Februar 1767 landete ein Expeditionscorps unter Achille Murati mit 200 Mann auf der Insel und erkundete die Zitadelle. Am 31. Mai ergaben sich die

Inselbewohner. Diese Niederlage war der Anfang vom Ende der genuesischen Herrschaft auf Korsika. 28 Jahre später, am 14. Juli 1790, kam Paoli aus dem Exil in England zurück und landete in Macinaggio; überwältigt von seinen Emotionen fiel er auf die Knie. Das versammelte Volk jubelte ihm zu und geleitete ihn im Triumphzug nach Bastia.

Macinaggio im Überblick

Der Kai

An dem von alten Häusern gesäumten Kai von Macinaggio erinnern Gedenktafeln an wichtige historische Ereignisse, wie z. B. an den Besuch von Pasquale Paoli (1790), den von Napoleon Bonaparte als Kind (am 10. Mai 1773) oder die überrraschende Visite der Kaiserin Eugénie am 2. Dezember 1869 *(s. Rogliano)* erinnern. Erwähnung finden auch die Erfolge der Soldaten des Cap Corse, die sich 1571 unter der Führung von Ambroise de Negroni bei der Seeschlacht von Lépante ausgezeichnet haben.

Von Windmühlen und hohem Besuch

Macinaggio verdankt seinen Namen wahrscheinlich den vielen Windmühlen, die es hier früher gab. Auf korsisch bedeutet *mulinu* „Mühle" und *macinà* „mahlen".
Am 2. Dezember 1869 machte Kaiserin Eugénie in Macinaggio Station. Sie befand sich auf der Rückreise von der Einweihung des Suezkanals.

Plage de Tamarone

Etwa 2,5 km nördl. des Hafens. In Richtung Campingplatz „U Stazzu" dem unbefestigten Weg bis zum Ende folgen. Es erwartet Sie ein herrlicher Sandstrand mit Parkplatz und Erfrischungen.

Réserve naturelle des Îles Finocchiarola

Eine Schutzzone von 50 m darf während des ganzen Jahres nicht betreten werden. Das Naturschutzgebiet kann nur vom Meer aus erreicht werden (s. Tipps und Adressen). Halten Sie sich an die Bestimmungen, die für Naturschutzgebiete gelten, dazu gehört vor allem, die befestigten Wege nicht zu verlassen.
Die drei kleinen Inseln mit einem Genuesenturm sind unter anderem Brutstätte für die seltene **Korallenmöwe**. Diese auf den Mittelmeerraum beschränkte Möwenart ist an ihrem rot-schwarzen Schnabel zu erkennen und etwas kleiner als die gewöhnliche Mittelmeermöwe.
Kolonien dieser Weißkopfmöwen sowie Krähenscharben finden sich weiter nördlich auf der Insel **Giraglia**. Die Krähenscharbe hat ein schwarzes Hauptgefieder. Die Altvögel tragen zur Brutzeit ein Federhäubchen auf dem Kopf. Die Krähenscharbe hat einen längeren Hals und einen schnelleren Flügelschlag als der Kormoran, von dem sie nicht leicht zu unterscheiden ist.

Zu Fuß unterwegs

Sentier des douaniers★

Der Zöllnerpfad ist das ganze Jahr über gut begehbar, die Wanderung gestaltet sich allerdings im Frühling und Herbst am angenehmsten, wenn es nicht so heiß ist.
Etwa 3 Std. von Macinaggio bis Barcaggio – ¾ Std. bis zur Chapelle Santa-Maria. Kein besonderer Schwierigkeitsgrad. Die Wettervorhersage beachten, gutes Schuhwerk wählen und Getränke mitnehmen.
Der Weg führt zum nördlichen Ende des langen Strands von Macinaggio. Dieser ist von der widerstandsfähigen grünen Killeralge *(Caulerpa taxifolia)* überwuchert, die hier an und für sich nicht heimisch ist. Der gelb markierte Weg verläuft entlang der zerklüfteten Küste mit zwei Genuesentürmen.
Hinter dem ersten Kap gelangt man an einen schönen Sandstrand in einem Zipfel der **Baie de Tamarone**. Danach führt der Weg östlich am Monte di a Guardia vorbei und bergab zum ersten Genuesenturm. Dann beginnt die **Zone protégée de Capandula** *(s. Hinweisschild am Strand von Tamarone).* Man geht an Affodillenwiesen und Mastixsträuchern vorbei, die sich im Wind biegen. Geradeaus sind bereits die **Îles Finocchiarola** zu erkennen.

Etwas vom Weg entfernt liegt die Chapelle de Santa-Maria, die im 6. Jh. mit einer ungewöhnlichen Doppelapsis auf den Überresten eines frühchristlichen Bauwerks errichtet wurde. Ursprünglich wurden zwei Kapellen nebeneinander errichtet, die man im 19. Jh. miteinander verbunden hat. Der Weg führt weiter zur **Bucht Santa Maria**. An dieser kleinen Bucht mit tiefblauem Wasser stehen die Ruinen des Genuesenturms **Santa Maria di a Chjapela**. Folgt man dem Weg weiter die Küste entlang erreicht man bald die Bucht Cala Francese.

Bei dieser kleinen Bucht, die im Norden vom Monte Bughju begrenzt wird, finden sich interessante Überreste aus römischer Zeit, unter anderem ein Oppidum aus dem 2. Jh. v. Chr.

In der häufig von Bränden heimgesuchten niedrigen Macchia wachsen heute keine Steineichen mehr. Der Blick nach Nordwesten fällt über ein abgerundetes Relief auf eine Kammlinie, die den Horizont versperrt. Der Weg führt weiter zum **Tour d'Agnello** an einer der Nordspitzen des Cap Corse. Der Himmel und das an dieser Stelle der Insel fortwährend bewegte Meer zeigen sich am Kap in besonders klaren Farben. Im Norden bietet **L'Île de la Giraglia** mit ihrem mächtigen Leuchtturm einen guten Orientierungspunkt. Am Horizont im Osten ist von hier aus die toskanische Insel Capraia zu sehen. Bei sehr guter Sicht lassen sich auch die dunklen Umrisse der 300 Einwohner zählenden Insel Gorgona erkennen. In der Umgebung der Dünen am Strand von Cala führt der Weg an einem Moorgebiet vorbei, das den kleinen Hafen **Barcaggio** säumt.

Tipps und Adressen

Allgemeiner Hinweis

Fremdenverkehrsamt – *Jachthafen – Capitainerie (Hafenmeisterei) – ✆ 04 95 35 40 34 – www.ot-rogliano-macinaggio.com*

Verkehrsmittel

Bus – *✆ 04 95 35 64 02* – Juli-Aug. tgl. außer So und Fei 2 Busse, Sa 1 Bus von Bastia nach Macinaggio und zurück, sonst auf Anfrage.

Bateau San Paulu – *✆ 04 95 35 07 09/ 06 14 78 14 16 – Juli-Aug. 11 und 15.30 Uhr Abfahrt, sonst auf Anfrage – Abfahrt vor dem Fremdenverkehrsamt.* Kommentierte Bootsfahrten (50 Plätze) ab der nördlichen Spitze des Cap Corse zwischen Macinaggio und Barcaggio, durch das Naturschutzgebiet der Finocchiarola-Inseln. Außerdem Bootsverbindungen zum Strand von Barcaggio: Das Boot setzt Sie ab und holt Sie auf der Rückfahrt einige Stunden später wieder ab.

Übernachten

⊖⊖ **Hôtel U Libecciu** – *Route de la Plage – ✆ 04 95 35 43 22 – www.u-libecciu.com – Okt.-März geschl. – 30 Zi: 55/105 € – ☕ 6 € – Rest. 17/25 € –* P. Ein kleiner Weg führt zum Strand und zum Jachthafen, die 100 m vom Hotel entfernt liegen. Wählen Sie am besten eines der Zimmer mit Balkon. Der holzvertäfelte Speiseraum bietet einen unvergesslichen Blick auf die Küste.

⊖⊖ **Hôtel U Ricordu** – *✆ 04 95 35 40 20 – info@hotel-uricordu.com – Nov.-März geschl. – 54 Zi: 85/170 € ☕ – Rest. 16/18 € –* P. Nach einem Spaziergang auf dem alten Zollweg können Sie sich hier in einem der komfortablen Zimmer ausruhen. Schöner Pool. Schlichter Gastraum mit traditioneller Küche.

Sport und Freizeit

Base Nautique – *✆ 06 86 72 58 40 – Juli-Aug. 8.30-19.30 Uhr.* Dieser Wassersportklub verleiht Katamarane, Laserboote, Optimisten sowie Surfbretter, und bietet verschiedene Segel- und Surfkurse für Anfänger und Fortgeschrittene an.

Cap Évasion – *Am Hafen – ✆ 04 95 35 47 90 oder 06 81 70 38 48 – 8-19.30 Uhr – Okt.-Mai geschl.* Verleih von Open- und Zodiac-Booten (mit und ohne Führerschein). Auf diese Weise können Sie am besten die herrlichen kleinen Buchten und Strände an der Spitze des Kaps entdecken, die über die Straße mit dem Auto nicht erreichbar sind.

Hafenmeisterei – *✆ 04 95 35 42 57 – Juli-Aug. 7-21 Uhr, sonst tgl. außer So 8.30-11.30 und 14-17.30 Uhr.* 572 Ankerplätze, 200 davon sind keine Liegeplätze, sondern nur für durchreisende Besucher, die bei einem Törn um die Inseln einen Halt einlegen.

MOROSAGLIA

Merusaglia

1008 EINWOHNER – HAUTE-CORSE (2B) – UMSCHLAGKARTE VORNE C3 – MICHELIN LOCALKARTE 345 E5 – KARTENSKIZZE La CASTAGNICCIA, S. 210-211

Die Häuser in den Weilern dieses Ortes sind einfach, aber von der natürlichen Schönheit, die für die ländlichen Gebiete Korsikas typisch ist. Eines der beliebtesten Fotomotive der Insel ist die Häusergruppe, die auf einer Kuppe rechts vom Dorfeingang zu sehen ist. Morosaglia, die Geburtsstadt des Helden der korsischen Unabhängigkeit, Pasquale Paoli, hat hohe Symbolkraft.

Wegweiser – Von Ponte-Leccia auf der D 71 14,5 km der Ausschilderung „Musée départemental Pasquale Paoli" folgen. Die recht gute Straße führt durch Korkeichen zu dem aus mehreren Weilern bestehenden Dorf am Fuß des Monte San Petrone.

Unbedingt sehenswert – Wenn Sie sich im Musée départemental das Leben und Wirken von Pasquale Paoli vor Augen führen, verstehen Sie den unabhängigen Geist der Korsen besser.

Orte in der Nähe – La CASTAGNICCIA, CARCHETO, La PORTA, VALLE-D'ALESANI, CORTE

Geschichte und Geschichten

Pasquale Paoli, der „Vater des Vaterlandes" – Der am 6. April 1725 in Morosaglia geborene Pasquale Paoli, in Korsika „U babu" (der Vater) genannt, war der jüngste Sohn Giacinto Paolis (1690-1768). Giacinto, einer der Triumvirn von 1735 und Minister des Königs Theodor von Neuhoff, war 1739 von den Franzosen verbannt worden. Pasquale Paoli begleitete seinen Vater ins Exil nach Neapel und erhielt hier eine sehr gute Ausbildung an der Universität, wo er sich mit dem „aufgeklärten Despotismus" vertraut machte . Er sprach und schrieb fließend Latein, Italienisch, Französisch und Englisch, las Plutarch und Montesquieu. Durch seinen auf der Insel gebliebenen älteren Bruder Clemente war er über die dortigen Vorgänge informiert. Die Ermordung General Gafforis *(s. Corte)* veranlasste ihn, für das Amt des Staatsoberhauptes zu kandidieren. Am 16. April 1755 landete er auf Korsika, setzte sich drei Monate später gegen seinen Mitbewerber Emmanuele Matra durch und wurde von der Nationalversammlung *(cunsulta)* in St-Antoine de Casabianca zum obersten General *(Capu Generale)* eines „Entscheidungsfeldzugs" gegen Genua gewählt.

Büste von Pasquale Paoli, einem korsischen Nationalhelden.

Vorreiter in Europa – Mit Corte als Hauptstadt schuf Paoli in 14 Jahren ein relativ fortschrittliches Staatswesen, das von dem durch J.-J. Rousseau und **James Boswell** *(s. Sollacaro)* aufgeklärten Europa interessiert beobachtet wurde. Er ließ eine Währung prägen und gründete L'Île-Rousse, reformierte die Rechtsprechung, vereinheitlichte Maße und Gewichte, stellte eine Armee und eine kleine Seestreitkraft auf, förderte Handel, Industrie und Landwirtschaft, ließ Sümpfe trockenlegen, richtete Schulen und 1765 eine Universität in Corte ein. 1764 regierte Paoli den größten Teil der Insel, einige wichtige Küstenstädte waren jedoch noch in Genueser Hand. Paoli weigerte sich, mit ihnen zu verhandeln, daher wendeten sie sich schließlich an Frankreich.

Choiseul, der Diplomat Ludwig XV., gab vor, vermitteln zu wollen. Im Grunde zwang er 1768 Genua dazu, alle Inselrechte an Frankreich abzutreten. Nach der Niederlage bei Ponte-Nuovo *(s. Ponte-Nuovo)* ging Paoli am 13. Juni 1769 ins Exil. Er blieb kurze Zeit in Italien, bereiste dann das Heilige Römische Reich Deutscher Nation und traf Kaiser Joseph II. Auf Einladung des Königreichs von Großbritannien erreichte er am 19. September 1769 London. Am Hof George III. begegnete er auch James Boswell.

Ein englisches Korsika? – Ende 1789 erfuhr Paoli voller Freude das Abstimmungsergebnis der Nationalversammlung, die Korsika zu einer Region Frankreichs erklärte und eine Amnestie erließ. Paoli erlebte am 3. April 1790 einen triumphalen Empfang in Paris und landete nach 21 Jahren Exil in seinem Heimatland. In Macinaggio angekommen küsste er die Erde und rief: „Oh, mein Vaterland, als Sklave habe ich dich verlassen, als freier Mann kehre ich zurück!" Er wurde Präsident der Regionalverwaltung und Oberbefehlshaber der Nationalgarde sowie 1792 Befehlshaber der 23. Division mit dem Auftrag, Sardinien zu annektieren. Sein Ziel, ein unabhängiges, an Frankreich angegliedertes Korsika, wurde durch die Hinrichtung Ludwigs XVI. und die zentralistischen Auswüchse der Revolution zunichte gemacht.

In Paris beargwöhnte man ihn jetzt, und nach dem Scheitern der Sardinien-Mission, für die er nur 2000 Mann aufgestellt hatte, verleumdete ihn Lucien Bonaparte in der Nationalversammlung als Konterrevolutionär, woraufhin Paoli als Befehlshaber abgesetzt wurde. Im Gegenzug erklärte ihn eine Versammlung in Corte am 27. April 1793 zum Oberbefehlshaber; er bewaffnete die Dörfer und besetzte Bonifacio. Nach Einnahme der Insel verfasste er eine Anklageschrift gegen die Nationalversammlung.

Als „Verräter der Republik" vor dem französischen Gesetz wendete sich Paoli an den Artilleriehauptmann im englisch besetzten Toulon. Im Januar 1794 nahm Nelsons Geschwader St-Florent, Bastia und Calvi ein.

Am 15. Juni 1794 unterzeichnete die *cunsulta* von Corte die Verfassung eines **Anglo-Korsischen Reichs**. Das Königreich hatte jedoch nur zwei Jahre Bestand: **Sir Gilbert Elliot** wurde zum Vizekönig der Insel ernannt. Eine bittere Enttäuschung für Paoli, der selbst mit dieser Ehre gerechnet hatte.

In der Castagniccia flammten wieder Unruhen auf, die eine solche Dimension annahmen, dass George III. auf die Bitte Elliots Paoli nach London rief. Am 14. Oktober 1795 ging der „Vater der Nation" wieder ins Exil und bestieg in St-Florent eine englische Fregatte. Er starb am 5. Februar 1807 in London und wurde auf dem Friedhof von St-Pancras beigesetzt. 1889 wurde seine Asche nach Morosaglia gebracht.

Sehenswürdigkeiten

Musée départemental Pasquale Paoli

Das Regionalmuseum ist im Geburtshaus Pascal Paolis im Ortsteil Stretta untergebracht (der Beschilderung folgen). Das Fahrzeug an der Straße abstellen. Das Haus erreicht man über den gestuften Weg auf der linken Straßenseite – ✆ 04 95 61 04 97 – 1. Jan., 1. und 11. Nov. und 25. Dez. geschl. – 2 € (Kinder: 1 €), Nacht der Museen: Eintritt frei.

Dieses prächtige Bauwerk stellt auf zwei Etagen Gegenstände und Dokumente aus, die über die Persönlichkeit und das Wirken des korsischen Nationalhelden Auskunft geben. Die Besichtigung beginnt mit einem interessanten Video und endet in der Familienkapelle, in der die Asche des „Vaters der Nation" aufbewahrt wird.

Église Santa-Reparata

✆ 04 95 61 11 40 – Anfrage beim Rathaus.

In dieser ehemaligen Pfarrkirche wurde Pasquale Paoli getauft. Die romanische Kirche wurde mehrfach umgebaut, einige Steinskulpturen aus dem Mittelalter sind jedoch noch erhalten. Das Giebelfeld an der Westseite zieren zwei verflochtene Schlangen aus dem 12. Jh. Der Kreuzweg im Innenraum der Kirche ist das Werk eines einheimischen Künstlers aus dem 18. Jh.

Ancien couvent de Rostino

Das ehemalige Kloster liegt Richtung Ponte-Leccia außerhalb des Dorfes auf der linken Seite. In diesem Gebäude fanden einst die korsischen Nationalversammlungen statt, heute ist dort eine Schule untergebracht. In der zugehörigen Kirche befindet sich eine sehenswerte Kanzel (1730).

Le NIOLO★★

U Niólu

HAUTE-CORSE (2B) – UMSCHLAGKARTE VORNE B3 – MICHELIN LOCALKARTE 345 D5

Der Niolo entspricht im Wesentlichen dem Becken des Golo-Oberlaufs, des längsten Flusses der Insel. Durch seine Abgeschiedenheit war der Niolo über Jahrhunderte auf sich selbst beschränkt. Alte Lebensweisheiten und Traditionen blieben erhalten und auch heute ist dieses Gebiet eines der urtümlichsten des Inselinneren. Beherrscht wird der Niolo vom Monte Cinto (2706 m), dem höchsten Gipfel der Insel. Diese Region eignet sich wunderbar für Wanderungen. Hier empfiehlt sich als Ziel der Lac de Nino mit seinen Feuchtwiesen *(pozzines)*, der Forst von Valdu-Niellu mit seinen mächtigen Lariciokiefern oder die herrliche Berglandschaft mit ihren Almhütten aus Trockensteinen.

Gérard Dussoubs / MICHELIN

Im Niolo rasten Pferde friedlich auf den Grasteppichen zwischen den „pozzines".

Wegweiser – Im Niolo-Kessel zwischen dem Col de Vergio und der Scala di Santa Regina liegt der Stausee Calacuccia (790 m). Der See ist umgeben von über 1500 m hohen Berggipfeln: im Norden vom 2067 m hohen Monte Cinto, dem höchsten Berg Korsikas, der Paglia Orba im Westen und der Punta Artica im Süden. Im Nordosten wird der Kessel von den wirren, fast undurchdringlichen Granitfelsen von Santa Regina eingeschlossen.

Unbedingt sehenswert – Der Weg um das Calacuccia-Becken führt in schöner Lage an einem Berghang vorbei an dem höchstgelegenen Dorf Korsikas. Man sieht den fremdartig wirkenden Nino-See mit seinen sanften Feuchtwiesen und Wasserlöchern.

Gut geplant – Orientieren Sie sich an den vorgeschlagenen Ausflügen; manche Ziele sind mit dem Auto zu erreichen, bei anderen muss man ein Stück zu Fuß gehen. Für die Besteigung des Monte Cinto ist mindestens ein Tag einzuplanen. Vorher solten Sie in Calacuccia *(s. dort)* einkaufen bzw. tanken.

Mit Kindern – Die Wiesen bei der Cesta-Alm eignen sich für ein Picknick oder für eine Pause, um sich die Beine zu vertreten. Der Weg zur Cesta-Alm ist allerdings nur für Geländefahrzeuge passierbar. Die Tour bietet sich für einen schönen Spaziergang mit der ganzen Familie an *(ca. 3 Std. hin und zurück)*; mit einem botanischen Lehrpfad kurz vor dem Ziel.

Orte in der Nähe – CALACUCCIA, Défilé de la SCALA DI SANTA REGINA

Geschichte und Geschichten

Monte Cinto (Monte Cintu) – Der Monte Cinto (2706 m), das „Dach von Korsika", überragt den gesamten Niolo und ist der höchste Gipfel des langen Bergkamms zwischen dem Asco- und dem Golo-Tal. Der Südhang am Erco-Tal hat nur eine mittlere Steigung, der Nordhang ist weitaus steiler und bis zum Ende des Jahres mit Firnschnee bedeckt. Der Gipfel selbst besteht aus großen Rhyolith-Blöcken. Steinadler *(altagna)*, Bartgeier und andere vom Aussterben bedrohte Greifvögel kreisen noch um den Monte Cinto.

Das Hochtal des Golo – Der **Golo**, Korsikas großer Fluss, entspringt in 2000 m Höhe im Geröllfeld in der Nähe des Col de Vergio. Er fließt 84 km in nordöstliche Richtung und mündet bei La Canonica ins Mittelmeer.
An seinem Oberlauf durchzieht er ein 1000 m hoch gelegenes Plateau. Er wird von vielen Zuflüssen gespeist, die durch starke Schnee- und Regenfälle entstehen. Die kaum bewachsenen Hänge steigen sanft zu den kahlen Bergkämmen auf. Die Bergdörfer auf 800 und 1100 m Höhe in den Vorgebirgen des Monte Cinto sind die höchstgelegenen der Insel. Von Calacuccia abwärts fließt der Golo in Granitschluchten aus dem Niolo heraus durch die Scala di Santa Regina *(s. dort)*.
Im Niolo herrscht ein mediterranes Höhenklima. Der Niederschlag nimmt mit der Höhe zu und ist bereits in der Senke recht ausgiebig. Der Schneefall ist auf 1200 m Höhe besonders stark und an den Pässen schneit es bis Mitte April. An den Flanken des Monte Cinto liegt der Firnschnee zum Teil sogar bis August.
Je nach Höhe und Sonneneinstrahlung gibt es hier recht unterschiedliche Vegetationsformen. Im unteren Teil des Niolo liegen die Dörfer im Schatten der Edelkastanien, die in großer Zahl angepflanzt wurden; weiter oben kommen Flaumeiche und Steineiche hinzu. Auf 900 bis 1600 m wächst Wald: zunächst Tannen und Buchen, weiter oben Lariciokiefern. In der Nähe des Col de Vergio sind Birken stark vertreten. Auf 1200 m Höhe liegen Almwiesen, natürliche Auen mit niedrigem Graswuchs, Disteln, Farnkraut und Dornbüschen. Drei verschiedene Erlenarten sind anzutreffen: Die Grünerle bildet auf kieselhaltigen, fruchtbaren und feuchten Böden ein undurchdringliches Dickicht, auf 1200 bis 1500 m Höhe in der Nähe des Wassers wächst die Schwarzerle und bis auf 1800 m Höhe an Böschungen und Moränen die Grauerle.

Landwirtschaft – Die Abgeschiedenheit der Bergregion hat die Bewohner bis zum Bau der Straßen an der Scala di Santa Regina und am Col de Vergio Ende des 19. Jh. dazu gezwungen, sich autark zu versorgen. Daher haben sich hier die Menschen lange eine traditionelle Lebensform bewahrt, die fast ausschließlich von Ackerbau und Viehzucht bestimmt war. Im Wechsel der Jahreszeiten erfolgte der Almauftrieb und Almabtrieb der Herden: Von Juni bis September weidete das Vieh in den Bergen. Nach den Festlichkeiten zum 8. September in Casamaccioli *(s. Calacuccia)* zogen die Hirten mit ihren Herden über die Pässe und die ausgetretenen Pfade des Fango-Tals in die Ebenen von Porto und Galéria *(s. Galéria)*, in die Balagne oder über die Scala di Santa Regina in das östliche Flachland. Nach dem Winter kehrten sie zusammen mit dem Vieh wieder ins Gebirge zurück.

Die *pozzines*, eine Eigentümlichkeit des korsischen Gebirges

Die **pozzi** (korsisch: *pozzu*, Brunnen, Wasserloch) sind die von Bergseen übrig gebliebenen Wasserstellen zwischen grasüberwachsenen Torfflächen. Diese wichtigen Feuchtbiotope *(pozzines* oder *puzzines)* der korsischen Bergwelt dienen dem Vieh im Sommer als Weide. Die Grasfarbe gibt Auskunft über die Feuchtigkeit des Bodens: Die feuchtesten Stellen sind mit dunklem Riedgras (Segge) bewachsen. An den trockensten Stellen wächst Borstgras. Die Flora ist an die stickstoffarmen *pozzines* angepasst. So gibt es hier beispielsweise seltene fleischfressende Pflanzen wie den **Sonnentau**, der den nötigen Stickstoff aus den Insekten gewinnt, die an seinem klebrigen Sekret haften bleiben.

Der Aufstand von 1774

Der korsische Unabhängigkeitskrieg war 1769 beendet und Frankreich versuchte, das Land zu befrieden: Es durften keine Schusswaffen und Klappmesser getragen werden, und die Familien der mit Pasquale Paoli Exilierten mussten ebenfalls ins Ausland. Die Maßnahmen erhitzten die Gemüter der Inselbewohner. 1774 weiteten sich die Unruhen aus. **Thomas Cervoni** bewegte die von Paolis Ideen geprägten Bewohner des Niolo zu einem bewaffneten Aufstand. Aber weder im Nebbio noch am Cap Corse schloss man sich ihnen an. Die Aufständischen wurden in der Nähe des Pont de Francardo im Golo-Tal umzingelt und mussten sich ergeben: Die meisten wurden in Toulon inhaftiert, ihre Häuser angezündet und ihre Dörfer geplündert.

Mit der Eröffnung der Verbindungsstraße veränderte sich die Landwirtschaft. Die bewirtschaftete Fläche ging stark zurück (nur noch 250 ha) und die Edelkastanie wurde nicht mehr kultiviert. Dahingegen erfuhr die wirtschaftliche Nutzung der Waldflächen (9600 ha, unter anderem der herrliche Valdu-Niellu-Forst) eine Intensivierung. Viehzucht ist bis heute der wichtigste Landwirtschaftszweig der Region. Die Zahl der Hirten ging zwar zurück, es werden jedoch zur Verbesserung der Weideflächen große Anstrengungen unternommen und junge Viehzüchter lassen sich wieder nieder.

Kunsthandwerk – Früher arbeiteten die Frauen im Winter an ihren Spinnrädern und webten den *pelone*, einen langen Umhang aus Schafwolle, der die Hirten wie ein kleines Zelt vor Wind und Wetter schützte. Die Männer hingegen fertigten Gegenstände aus Baumheidenwurzel, Buchsbaum und Edelkastanie. Sie stellten Käse- und *brocciu*-Formen her, Flechtwerk, Körbe, Pfeifen, Schermesser, Hacken, Spaten, Pflüge und Eggen. Das Kunsthandwerk wird zum Teil heute weiterbetrieben und durch die touristische Nachfrage noch verstärkt.

Wandern und Klettern – Der österreichische Alpinist **Felix von Cube** bestieg Anfang des letzten Jahrhunderts die Hauptgipfel des Cinto-Massivs und erstellte aufgrund langjähriger Ersteigung der unberührten Gipfel eine detaillierte Karte des Gebirges.

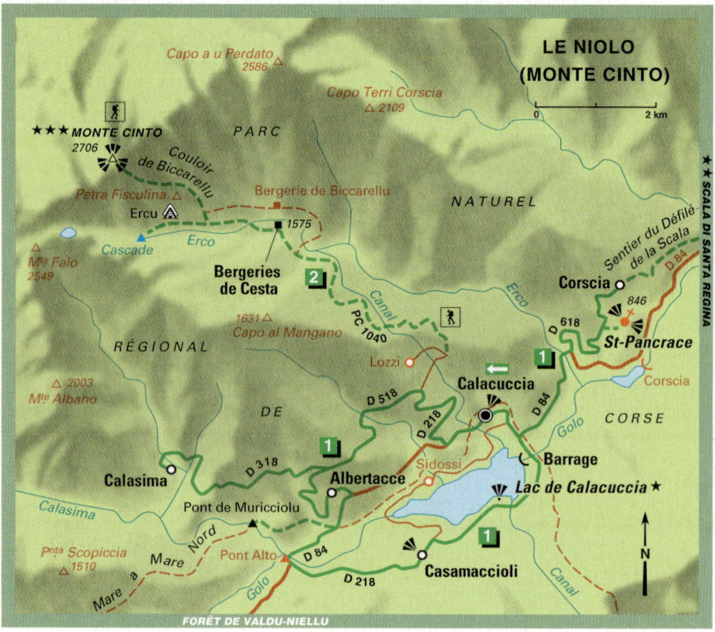

Der Gebirgssee Nino liegt in einem weiten, grasbewachsenen Erosionstal.

Ein Gipfel des Haut-Asco in der Nähe der GR 20 trägt seinen Namen (Capo Rosso oder Pic Von Cube, 2043 m). Felix von Cube war der Vorreiter, heute kann man die Bergsteiger auf dem Niolo kaum mehr zählen, die seinen Spuren folgen.

Zu Fuß unterwegs

Die Verbindungswege zwischen den Dörfern sind frei von Macchia und gekennzeichnet. Ein Spaziergang von Corscia nach Lozzi dauert etwa 2 Std., von Albertaccce nach Lozzi etwa 1 Std. Informationen gibt es beim Fremdenverkehrsamt in Calacuccia *(s. dort)*. Dort liegt auch eine kostenlose Broschüre **„Randonner dans le Niolo"** (Wandern im Niolo) aus, in der fünf Wanderungen, unter anderem die Besteigung des Monte Cinto, beschrieben sind.

2 Besteigung des Monte Cinto★★★ – *s. Kartenskizze S. 264*

Am besten bricht man früh am Morgen von Calacuccia aus auf, da im Sommer die aufsteigenden Nebel im Laufe des Vormittags die Gipfel der Insel verhüllen. Die PC 1040, auf der man mit dem Fahrzeug die Cesta-Alm erreicht, ist nur noch mit einem Geländewagen befahrbar.

Bergeries de Cesta

3 Std. hin und zurück von Petra Pinzuta, einem Weiler über Lozzi. Höhenunterschied: 100 m. Sehr leicht. Orange gekennzeichnet. Vom Campingplatz in Lozzi den Zufahrtsweg zum Monte Cinto nehmen, bis zum Ende vor der Cesta-Alm (1575 m). Die Trockensteinhütten liegen an einer wunderschönen Stelle über der Erco-Schlucht, gegenüber dem Gletscherkessel des Monte Falo (2549 m) und den Südhängen des Monte Cinto. Im Rücken liegt das Massiv der Scala di Santa Regina.

Nach 20 Min. Fußweg erreicht man die Berghütte Erco.

Ein **botanischer Lehrpfad** bietet interessante Informationen über die Gebirgsregion. Hier zwischen 1500 und 1900 m Höhe herrschen Gebüschformationen vor: der kälteresistente Zwergwacholder, die mit Blattdornen gegen gefräßige Ziegen bewehrte Berberitze, die von August bis Oktober orangerote Beeren trägt, sowie verschiedene Erlenarten. Auf den mageren Almen weiden Ziegen und Schafe. Im Sommer dienen kleine Trockensteinmauern in den Bergen als Weidezaun.

Besteigung des Monte Cinto

Etwa 7 Std. hin und zurück von der Berghütte Erco (1667 m). Nur für sehr gut trainierte Wanderer! Der Weg beginnt im **Gletscherkessel★★★** zwischen Monte Falo und Monte Cinto. Er schlängelt sich durch riesige Moränenblöcke bis zum Fuß der felsigen

Bergwand des Cinto (achten Sie auf den Wasserfall links am Fuß des Monte Falo). Über das Gletschertal hinweg sieht man weit bis hin zur Bergkette Scala di Santa Regina.

Vom Erco (Südseite) kann man mit Klettererfahrung den Gipfel in 3 Std. erreichen.

Der Aufstieg erfolgt am südöstlichen Berggrat, zwischen dem Biccarellu-Korridor rechter Hand und der großen einzelnen Felsspitze **Petra Fisculina** linker Hand. Auf dem Gipfel bietet sich ein großartiger **Panoramablick★★★** über ganz Korsika und sogar weiter bis zum alpinen Hinterland der Côte d'Azur und zu den Inseln im Tyrrhenischen Meer.

4 Zum Lac de Nino★★

4 ½ Std. vom Forsthaus Popaghja – Höhenunterschied 700 m – s. Kartenskizze S. 266 – Vor allem für die zweite Tourenhälfte sind gute Wanderschuhe erforderlich.

Bergeries de Colga

Etwa ¾ Std. vom Forsthaus auf einem gelb markierten Weg.

Die Route führt mitten durch den Hochwald von Valdu-Niellu (Lariciokiefern, Buchen und einige Birken) an der Moräne entlang. Nach gut ½ Std. Wegzeit erreicht man den Gebirgsbach Colga, durch den man nun hindurchwatet. Der Pfad schlängelt sich von da an beständig bergwärts und man erreicht schließlich auf 1411 m Höhe die Colga-Alm.

Die Alm rechts liegen lassen (den Fluss nicht überqueren).

An der Alm beginnt ein steiler Anstieg (1 Std.) zum Col de Stazzona durch das Geröll des Gletscherkessels. Der Weg ist hier nicht mehr zu sehen, jedoch mit gelben Markierungen und Steinhäufchen gekennzeichnet. Hinter dem ersten Bergkamm führt der Weg hinunter in ein Tal und man erreicht über recht steile Steinblöcke den felsigen **Col de Stazzona** (Bocca â Stazzona, 1762 m) zwischen dem Monte Tozzo (2007 m) und der Punta Artica (2327 m). Der Pass dient als Übergang vom Niolo zum Campotile und ist an hohen Steinpyramiden und riesigen schwarzen Felsen erkennbar, die nach einer Legende versteinerte Dämonen sind *(s. Scala di Santa Regina)*. Der Weg führt jetzt in ¼ Std. hinunter an den See.

Lac de Nino★★
1743 m hoch. Die Quelle des Tavignano liegt in einer idyllischen, weiten und grünen Senke. Die insgesamt 6,3 ha große Wasserfläche mit ihrem flachen Uferbereich bedeckt den Boden des Campotile, einer großen eiszeitlichen Senke, die mit Wald und Weiden bewachsen ist und von Bergen mit sanften Konturen überragt wird. Der See ist für seine *pozzines (s. S. 263)* berühmt, die man nicht betreten sollte: Die Feuchtwiesen stellen ein empfindliches Ökosystem dar und die schwammartigen Grasflächen bergen Gefahren. Häufig weiden ein paar Kühe oder Pferde am See, aber die Weidewirtschaft ist mittlerweile stark zurückgegangen, wie man an den vielen verlassenen Almhütten in der Gegend sehen kann.

Ausflüge

1 Lac de Calacuccia★★
35 km – s. Calacuccia – s. Kartenskizze S. 264

3 Von Calacuccia zum Col de Vergio
24 km – etwa 2 Std. Calacuccia südl. über die D 84 verlassen – s. Kartenskizze S. 266

Forêt de Valdu-Niellu★★
Auf 647 m Höhe beginnt die Straße an der Nordflanke des Golo-Beckens und führt durch den schönen „Schwarzwald". Der Valdu-Niellu bedeckt die Ausbuchtungen des oberen Golo-Beckens, das von dem Bergkamm mit seinen Pässen überragt wird, unter anderem vom Col de Vergio. Dieser Wald gehört zum **Parc naturel régional** und ist mit 4638 ha einer der größten und schönsten der Insel; er liegt auf 900 bis 1600 m Höhe.

Lariciokiefern (Schwarzkiefern) bilden rund 70 % der Waldpopulation; in den höheren Regionen sind sie mit anderen Baumarten vermischt. **Rotbuchen** und Weißbirken nehmen etwa 10 % der Waldfläche ein.

Felsen, Heide und Gestrüpp bedecken den Rest der Fläche. Der Valdu-Niellu liefert das beste Holz Korsikas. Oberhalb von 1200 m fällt im Winter sehr viel Schnee.

Forsthaus von Popaghja
1076 m Höhe. In der Nähe stehen die schönsten Lariciokiefern des Forsts. Einige Exemplare sind 38 m hoch, mit einem glatten Stamm, der eine Höhe von bis zu 25 m und einen Umfang von 5 m erreichen kann; sie sind an die 500 Jahre alt.

Liftstation und Col de Vergio – *s. Col de Vergio*

Tipps und Adressen

Übernachten
Chambre d'hôte L'Arimone – *13 rue Mizzania, Route du Monte-Cinto – 20224 Lozzi – 5 km nordwestl. von Calaccucia über die D 218 – ✆ 04 95 48 09 68 oder 04 95 48 05 51 – www.camping-larimone.com – Okt.-Mitte Mai geschl. – – 4 Zi: 40 € – 5 €.* Oberhalb von Lozzi führt eine Bergstraße bis zum Gebäude. Es steht inmitten des Campingplatzes. Die vier Zimmer haben eigene Eingänge. Sie sind gepflegt und einfach, aber hübsch.

Sport und Freizeit
La Promenâne de la Crucichja – *36 rue Canali – 20220 Albertacce – ✆ 06 15 29 45 64* – Im Schatten von Kastanien erwartet Sie Frau Santini mit ihren Eseln, auf denen sie Eselwanderungen in das Niolo-Tal und zu dem schönen Nino-See mit seinen federnden Feuchtwiesen *(pozzine)* anbietet. Halb- und ganztägige Eselwanderungen von Mitte Juni-Mitte Sept.

Feste und Events
La Santa di u Niolu – *✆ 04 95 48 03 31 oder ✆ 04 95 48 11 72* – In den Tagen vom 7. bis 9. September findet das Fest der *Santa di u Niolu* (Muttergottes des Niolo) statt, eines der ältesten und wichtigsten Volksfeste auf Korsika, bei denen die Hirten einen Wettkampf in gesprochenen oder gesungenen improvisierten Dialogen austragen *(Chjama è rispondi).*

NONZA★

68 EINWOHNER – HAUTE-CORSE (2B) – UMSCHLAGKARTE VORNE C2 – MICHELIN LOCALKARTE 345 F3 – KARTENSKIZZE CAP CORSE, S. 189

Nonza klammert sich regelrecht an die Steilküste über dem tiefblauen Meer. Pasquale Paoli ließt dort 1758 eine Festung aus grünem Schiefer bauen, deren Turm heute noch den Ort überragt. Wenn man durch die kleinen Gassen und über den Dorfplatz schlendert, genießt man den besonderen Charme des Cap Corse.

Stéphane Sauvignier / MICHELIN

Oberhalb des Ortes Nonza erhebt sich der alte Festungsturm, der 1768 erfolgreich der Belagerung durch die französischen Truppen widerstand.

- **Wegweiser** – Von St-Florent sind es rund 20 km bis nach Nonza über die Höhenstraße (D 80) an der Westküste des Cap Corse.
- **Parken** – Das Dorf ist vor allem im Sommer ein sehr beliebtes Ziel, und man braucht etwas Glück, um einen Parkplatz zu finden.
- **Unbedingt sehenswert** – Die 160 Stufen zum Brunnen Ste-Julie hinuntergehen und den Blick über das Dorf genießen.
- **Mit Kindern** – Am Strand unterhalb des Kliffs ist das Meer ruhig, hier können Kinder gut spielen.
- **Orte in der Nähe** – CAP CORSE, CENTURI, ERBALUNGA, MACINAGGIO, ROGLIANO, ST-FLORENT

Sehenswürdigkeiten

Das Dorf

Das Dorf Nonza erstreckt sich um die Kirche und am Felsen, auf dem der alte Turm steht. Der wunderschöne kleine, blumengeschmückte Platz mit dem Bildnis von Pasquale Paoli und mit einigen Tischen um einen Brunnen herum bildet das Zentrum des Ortes. Auf den Terrassenanlagen vom Meer bis zu den ersten Hängen des Monte Stavo liegen Obst- und Gemüsegärten. Die Feigenkakteen (Opuntien) verleihen der grünen Landschaft eine exotische Note.

Strand

Ein Pfad mit rund 260 Stufen führt hinunter zum großen Kieselstrand von Nonza. Er beginnt linker Hand von der Kirche an der Hauptstraße (gegenüber dem Lebensmittelladen). Der Weg zum Strand dauert etwa ¼ Std. bergab und ungefähr ½ Std. bergauf. Der Strand ist aber auch über einen befahrbaren Weg etwa 3 km nördlich von Nonza zu erreichen.

Festungsturm

Der Weg zum Festungsturm von Nonza führt durch die Mitte des Dorfes mit seinen verwinkelten Stufengassen. Die mit dem typischen Schiefer *(lauze)* gedeckten Häuser schmiegen sich hier eng aneinander. Einige Haustüren sind mit schönen Verzierungen versehen.
Den **Turm** mit seinem quadratischen Grundriss ließ Pasquale Paoli 1757 zur Überwachung des Golfs von St-Florent errichten. Er wurde durch häufige Angriffe beschädigt und steht auf einem 160 m hohen Schieferfelsen.
Im August des Jahres 1768 trotzte der grüne Schieferturm von Nonza mit Erfolg dem Ansturm der französischen Truppen unter General Grandmaison, die den Auftrag hatten, den Versailler Vertrag durchzusetzen. Die Geschosse aus dem Turm auf die angreifenden Franzosen waren hervorragend koordiniert. Für die französischen Truppen war es daher besser zu verhandeln als die Belagerung des Turms fortzusetzen. Man kam überein, dass die Garnison unbeschadet den Turm verlassen und mit allen Ehren empfangen würde. Der alte Jacques Casella soll damals durchaus mit gewissem Stolz mit seinen Krücken den Turm verlassen haben: Er hatte sich ein kompliziertes Seilsystem ausgedacht, mit dessen Hilfe er alle Geschütze gleichzeitig bedienen konnte.
Vom Fuß des Turmes aus hat man einen weiten **Ausblick★**: rechts auf das blaue Meer und den großen, grauen Kieselstrand, der seit 1932 aus dem durch die Wellen zerkleinerten Abraum des einstigen Asbestbergbaus in Canari (seit 1965 geschlossen) entstanden ist. Das Gestein beinhaltet keinerlei toxische Stoffe! Am Horizont sind der Golf von St-Florent, die Balagne und das Cinto-Massiv zu erkennen. Außerdem hat man von hier aus natürlich eine schöne Sicht auf die glitzernden Schieferdächer des Dorfes Nonza und die Kirche Ste-Julie mit ihrem am Chorhaupt angesetzten Glockenturm.

Église Ste-Julie

Die Dorfkirche aus dem 16. Jh. besitzt eine Freitreppe am Eingang und einen sehenswerten barocken Altar von 1694 mit einer mehrfarbigen Intarsienarbeit aus Marmor. Diese soll in Florenz zu Ehren der Muttergottes der Gesundheit (Notre-Dame-de-Santé) angefertigt worden sein, deren Statue auch den Altar überragt. Über der Madonnenfigur hängt ein Gemälde, das die Kreuzigung der hl. Julia darstellt. Der Märtyrerin Julia, die um 303 n. Chr. unter Kaiser Diokletian in Nonza hingerichtet wurde, ist auch die Kirche geweiht. Das Hauptwerk der Orgel wird Pietro Saladini (1835) zugeschrieben.

Fontaine Ste-Julie

Etwa 50 m weiter, an der Route de Pino, führen 160 Stufen (es ist derselbe Weg wie zum Strand hinunter) zu einer Quelle, an der die hl. Julia der Legende nach hingerichtet worden sein soll und der Wunderkräfte nachgesagt werden. Auf diesem angenehm schattigen Weg hat man einen einzigartigen Blick auf das Dorf Nonza und den alten Festungsturm.

Ein bedeutender kleiner Ort

Nonza verdankt seinen Namen wahrscheinlich seiner strategischen Position, von der aus man die Westküste des Cap Corse überblicken kann. Er lässt sich zurückführen auf das korsische Wort *annunzià*, was so viel wie „ankündigen" bedeutet: Von dem Ort auf der Steilküste konnte man bei jedem Wetter die feindlichen Fregatten im großen Golf von St-Florent ausmachen.
Die **hl. Julia** war der Legende nach eine christliche Sklavin aus Karthago, die in Nonza während der Zeit der Christenverfolgung gekreuzigt wurde, als sie sich weigerte, an einem heidnischen Fest teilzunehmen. An dem Ort ihres Martyriums entspringt eine wundertätige Quelle. Ihre Reliquien wurden im Jahr 762 nach Brescia in Oberitalien überführt. Teile davon befinden sich allerdings noch in der Kirche in Nonza *(Wallfahrt am Gedenktag der Heiligen, dem 22. Mai)*. Wegen der Analogie ihres Martyriums am Kreuz zum Tod von Christus wurde Julia zu einer der drei Schutzpatroninnen Korsikas erwählt.

Vallée de l'OSTRICONI★

HAUTE-CORSE (2B) – UMSCHLAGKARTE VORNE B2 – MICHELIN LOCALKARTE 345 E4-D4

Vom Col de Sta-Maria bis zur kleinen Bucht von Peraiola erstreckt sich das Ostriconi-Tal zwischen der Balagne, dem Nebbio und den Agriates. Diese Region ist noch geprägt von dem früher intensiv betriebenen Anbau von Olivenbäumen. Auf den verschiedenen Wanderwegen im Tal stehen zahlreiche Überreste von Ölmühlen. In Lama, dem Verwaltungssitz der Region, wurden die alten Viertel sehr schön restauriert.

Hervé Le Gac / MICHELIN

Das Bergdorf Lama im Ostriconi-Tal.

Wegweiser – Die fünf Dörfer am Ostriconi sind über die Querstraßen zur N 1197 (der „Balanina") oder die beiden Straßen zu erreichen, die parallel zum Tal verlaufen. Fahren Sie vorsichtig auf den schmalen Straßen, sie werden oft von Vieh belagert! Der Ort Lama liegt etwa 40 km von St-Florent und 30 km von l'Île-Rousse entfernt.

Unbedingt sehenswert – Das hübsche Dorfzentrum von Lama; der Strand am Ostriconi.

Gut geplant – Der Laden in Lama wurde geschlossen. Kaufen Sie in St-Florent oder L'Île-Rousse ein, wenn Sie etwas für ein Picknick benötigen. Während der Saison sind einige Restaurants im Ort geöffnet.

Orte in der Nähe – Les AGRIATES, La BALAGNE

Geschichte und Geschichten

Die Ölkammer – In der Region leben heute nur noch 600 Menschen, doch war das Tal lange die wichtigste Ölkammer im Norden Korsikas. Aufgrund eines Genueser Erlasses wurden dort zahlreiche Edelhölzer (Edelkastanie, Maulbeerbaum, Feigenbaum, Rebstock und Olivenbaum) gepflanzt, sodass Olivenhaine im Laufe der Jahre das Tal bis auf die halbe Höhe der Hänge bedeckten. Zu Beginn des 20. Jh. besaß die Region fast 80 000 Olivenbäume, von denen jährlich 100 000 Liter Öl gewonnen wurde. Die Monokultur hinterließ Spuren: Auf Wanderungen sieht man hydraulische Ölmühlen *(e fabrice)* und die von Tieren angetriebenen Ölmühlen *(i franghj)*. Mit dem Bevölkerungsschwund während der Weltkriege begann der wirtschaftliche Niedergang. Den Todesstoß versetzten der Region die verheerenden Brände 1971 in Ostriconi und einem Teil der Balagne. Heute ist der Großteil der Fläche Weideland.

Zu Fuß unterwegs

Von Lama aus

Monte Asto★ (Astu)

Wegen der dornigen Sträucher lange Hosen tragen. An gutes Schuhwerk, Wasser und eine Karte denken.

Etwa 6 Std. hin und zurück (4 Std. hin) – Höhenunterschied 1000 m – keine hohen Anforderungen, aber die Markierung ist abgenutzt und schlecht zu sehen. Der Weg beginnt oberhalb des Dorfes. Vom Gipfel (1535 m) hat man einen wunderbaren **Panoramablick★** auf die Balagne bis zum Cap Corse.

Spazierweg Lama-Urtaca

Etwa 1 Std. Dieser angenehme und einfache Spazierweg liegt unterhalb und parallel zur D 108. Auf dem Weg hat man einen schönen Blick auf das gegenüberliegende Flussufer des Ostriconi und die Küste.

Ausflug

Von Pietralba zur Anse de Peraiola

35 km von Ponte-Leccia aus (s. La Castagniccia) – etwa 2 Std. – Auf der N 1197 (La Balanina) in Richtung L'Île-Rousse.

Am Pass Sta-Maria auf der D 8 nach **Pietralba** fahren, dann den Windungen des Tals bis nach Lama folgen. Dort bietet sich eine gute Sicht auf die Anhöhen der Umgebung und die Mündung des Ostriconi.

Lama★

Das mittelalterliche Bergdorf überragt die große Verbindungsstraße „Balanina". Das Dorf war von der Landflucht stark betroffen und wurde durch Maßnahmen zur Förderung des Ökotourismus wieder belebt. Lama ist heute ein Vorzeigeort mit blumengeschmückten, sanierten Häusern und Gassen. Zwei Baustile sind vertreten: das alte Viertel mit kleinen an den Fels gebauten Häusern und überwölbten Gassen und daneben die großen Anwesen der Ölproduzenten aus dem 18. Jh. Letztere schickten ihre Kinder zum Studieren nach Italien, insbesondere in die Toskana. In die Heimat zurückgekehrt, versuchten diese, architektonische Elemente aus Italien auf das Elternhaus zu übertragen. Ein Haus wurde z. B. mit einem typisch florentinischen Aussichtspavillon ausgestaltet.

Auf der D 108 aus Lama herausfahren, dann rechts die enge und teilweise schlecht ausgebaute D 8 nehmen. Vorsichtig fahren!

Urtaca

An ehemaligen Olivenhainen entlang gelangt man nach **Urtaca** mit seinen wuchtigen Steinhäusern auf dem Felskamm. Nach einem Spaziergang durch die engen Gassen können Sie sich während der Saison auf dem Dorfplatz einen Kaffee gönnen.

Auf der „Balanina" weiter bis zur Flussmündung fahren und dann rechts die Sackgasse nach Ogliastro nehmen.

Der Ostriconi zieht sich zum Meer in langsamen Mäandern, an denen die stoischen Rinder ihren Durst stillen; dieser sumpfige Teil der Agriates heißt „Site de l'Ostriconi".

Plage de l'Ostriconi★

Dieser schöne Strand in der **kleinen Bucht Peraiola** ist das Ziel des Wanderwegs in den Agriates *(s. Les Agriates)*.

Tipps und Adressen

Allgemeiner Hinweis

Fremdenverkehrsamt Lama – *✆ 04 95 48 23 90*

Übernachten

Das Fremdenverkehrsamt verwaltet vorwiegend die Ferienwohnungen in Lama (Juli-Aug. wochenweise, sonst Sa/So).

⛁⛁ Chambres d'Hôtes au Domaine d'Ostriconi – *20226 Palasca – ✆ 04 95 60 53 29 – www.domaine-ostriconi.com – 4 Zi: 90 € ☕ – Rest. Juli/Aug. tgl., April-Juni und Sept. Mi geschl. (außerhalb der Saison telefonisch anmelden) – 25 €.* Die Zimmer sind hübsch eingerichtet. Sie liegen in einem renovierten genuesischen Gebäude. Einfache Küche mit eigenen Erzeugnissen.

Essen und Trinken

⛁⛁⛁ Campu Latinu – *20218 Lama – ✆ 04 95 48 23 83 – www.campulatinu.fr – Okt.-April und Mo geschl. – 🚭 – 26/45 €.* Über den Dächern des mittelalterlichen Dorfs Lama können Sie besonders gut essen! Die Terrasse liegt unter Eichenbäumen mit Blick auf das Ostriconi-Tal. Ferienwohnungen in einem alten Steinhaus.

Einkaufen

Domaine d'Ostriconi – *RN 197, Ostriconi – 20226 Palasca – ✆ 04 95 60 53 29 – tgl. 9-19.30 Uhr, Nov.-März geschl.* Sobald der Frühling da ist, bietet der Gutsbesitzer, Herr Granier, an einem Stand am Straßenrand seine regionalen Erzeugnisse an: Obst, Gemüse, Kräuter, Wein, Olivenöl ...

Feste und Events

Festival européen du cinéma et du monde rural – *www.festilama.org* – In der ersten Woche im August findet ein Filmfestival für Filme über ländliche Gebiete statt. Es werden Filme unter freiem Himmel in den Gassen gezeigt.

PATRIMONIO

Patrimoniu

667 EINWOHNER
HAUTE-CORSE (2B) – UMSCHLAGKARTE VORNE C2 – MICHELIN LOCALKARTE 345 F3 – KARTENSKIZZE CAP CORSE, S. 189 und Le NEBBIO, S. 310

An den ersten Hängen des Nebbio, inmitten von Obstplantagen und Weinbergen, liegt das kleine Bergdorf Patrimonio. Es hat eine bemerkenswerte Kirche und malerisch verstreute Häuser. Wegen seiner Rebsorten und der hervorragenden Herstellungsverfahren und Lagermethoden gilt der Patrimonio-Wein als einer der besten Korsikas.

Stéphane Sauvignier / MICHELIN

Patrimonio gehört zu den bekanntesten Weinbaugebieten Korsikas und liefert vor allem ausgezeichnete Rotweine.

Wegweiser – Der Gebirgsort Patrimonio liegt etwa 5 km von St-Florent entfernt in Richtung Cap Corse (D 81).

Unbedingt sehenswert – Nehmen Sie sich etwas Zeit, um die Weinbauern der Region aufzusuchen und deren Erzeugnisse zu verkosten. Patrimonio war im Jahr 1968 die erste Region der Insel Korsika, die mit dem Herkunftszertifikat AOC ausgezeichnet wurde. Zertifiziert sind heute etwa 30 kleine Weingüter in sieben Gemeinden. Sie produzieren einen exzellenten Qualitätswein: Muskatwein, aber auch Rot-, Weiß- und Roséwein. Entlang der **Route des Vins** kann man alle diese Weine verkosten.

Orte in der Nähe – CAP CORSE, ST-FLORENT

Geschichte und Geschichten

Zwei berühmte Rebellen – Im Dorf Patrimonio, das heute vor allem wegen seines Weins berühmt ist, wurden die Brüder Arena, zwei Widersacher von Napoleon Bonaparte, geboren: **Joseph Arena** (1771-1801) war im Jahr 1796 Mitglied im „Rat der Fünfhundert". Arena protestierte gegen den Staatsstreich des 18. Brumaire 1799 und machte sich somit zum Staatsfeind. Man beschuldigte ihn des Komplotts gegen den Ersten Konsul und richtete ihn am 30. Januar 1801 unter der Guillotine hin. Auch sein jüngerer Bruder **Barthélemy Arena** (1775-1829), zuerst ein Mitglied der Legislative, dann ebenfalls Mitglied des Rats der Fünfhundert, protestierte gegen den Staatsstreich. Barthélmy jedoch konnte der Konsularpolizei entkommen und tauchte in Livorno unter, wo er bis zu seinem Tod zurückgezogen lebte.

Sehenswürdigkeiten

Église St-Martin (San Martinu)★

Keine Besichtigung möglich. Diese Kirche, die im Abendlicht einen warmen hellgoldenen Ton annimmt, ist eines der bekanntesten touristischen Motive Korsikas. Ihr Bau begann 1570. Von 1801 bis 1810 wurde eine umfangreiche Restaurierung vorgenommen. Der Glockenturm und der obere Teil der Kirche stammen aus dieser Zeit. Sie überragt das Dorf etwas abseits auf einer Anhöhe und wirkt mit ihrem Glockenturm, den starken Stützpfeilern und den barocken Voluten am Giebel monumental. Die Restaurierung ist bis heute nicht ganz abgeschlossen.

Patrimoniu

Das korsische Wort **Patrimoniu** bedeutet „Besitz". Im 17. Jh. bezeichnete man damit zusammengehörende Ländereien. Eines der bedeutendsten korsischen Weinbaugebiete trägt heute diesen Namen.

U Nativu

Neben dem Kriegerdenkmal steht eine durch ein Gitter geschützte Menhirstatue aus Kalkstein *(Nativu)*, die 1964 in der Gemeinde Barbaggio gefunden wurde. Die Statue ist 2,29 m groß. Schultern, Ohren und Kinn sind deutlich herausgearbeitet und der Torso trägt eine Gravur, deren Bedeutung bisher noch nicht geklärt ist.

Tipps und Adressen

Übernachten

Das Dorf Patrimonio ist sehr klein und hat nur wenig Unterkünfte für Touristen. Es bietet sich also an, in dem 5 km entfernten St-Florent, dem „St-Tropez Korsikas", eine Übernachtungsmöglichkeit zu suchen.

Camping A Stella – *Zapini – 20253 Farinole – ✆ 04 95 37 14 37 – April-Okt. – – 100 Plätze: 20,10 €.* Dieser Campingplatz liegt direkt am Strand, am Fuß eines Festungsturms, und bietet rund um die Uhr Sonne und Meer! Schattige Plätze sind etwas weiter vom Strand entfernt. Es werden auch Bungalows vermietet.

Essen und Trinken

Osteria di San Martinu – *Poretto – ✆ 04 95 37 11 93 – Okt.-März. geschl., April, Mai und Sept. Mi-mittag geschl. – 22 €.* Diese kleine Gastwirtschaft ist absolut auf den Sommer ausgelegt: Alles spielt sich zur sonnigen Jahreszeit auf der Terrasse mit Pergola ab, wo auch der Grill steht. Zu den korsischen Gerichten und Grilltellern serviert der Wirt Patrimonio-Wein aus dem Weingut seines Bruders.

Am Abend

Les Nuits de la Guitare – *Internationales Gitarrenfestival Patrimonio – ✆ 04 93 37 12 15 – www.festival-guitare-patrimonio.com – Mitte Juli.* Vor 16 Jahren begannen die Gitarristenbrüder Dominici mit ihrem Projekt, das Dorf Patrimonio zu einer Begegnungsstätte für Musiker zu machen und sie hatten Erfolg: Von Marcel Dadi über George Benson bis Gilberto Gil, das Programm wird ständig erweitert – gute Stimmung ist garantiert!

Einkaufen

An der Route des Vins der sieben Dörfer, die zum Weinbaugebiet Patrimonio gehören und mit dem Herkunftszertifikat AOC ausgezeichnet wurden, liegen 31 Weingüter. Hier erzählt man Ihnen die Geschichte des *nebbiu*, des vom Golf aufsteigenden Nebels, der Frost verhindert. Und Sie erfahren von der Conca d'Oro, dem „Goldenen Kessel", wie die fruchtbare Landschaft am Golf von St-Florent genannt wird. Freie Verkostung der Weiß-, Rot-, Rosé- und Muskatweine. Unsere besondere Empfehlung: Le Clos de Bernardi, *✆ 04 95 37 12 22*

Antoine-Arena – *Morta-Majo – am südl. Dorfeingang – ✆ 04 95 37 08 27 – Reserv. empf.* Antoine Arena betreibt ein eher kleines Weingut mit 11 ha, dafür aber mit besonders ausgesuchten Reben und Weinen. Für Kenner und Weinliebhaber stellt er naturreine Weine her, beispielsweise den Muscat du Cap Corse, den Patrimonio aus den korsischen Rebsorten *vermentinu* und *nielluciu* sowie den Bianco Gentile (eine regionale Rebsorte, die er neu kultiviert).

PIGNA★

Pìgna

95 EINWOHNER – HAUTE-CORSE (2B) – UMSCHLAGKARTE VORNE B2 – MICHELIN LOCALKARTE 345 C4 – KARTENSKIZZE La BALAGNE, S. 112-113

Die Balagne verdankt ihre Attraktivität Dörfern wie Pigna, einem Treffpunkt für korsische Kunsthandwerker und Musiker. Der von Olivenbäumen umgebene Ort liegt mit seinen um die Kirche gescharten Häusern auf einer Anhöhe über der Bucht von Algajola. Das kleine Dorf ist für Fahrzeuge gesperrt. Man erkundet es daher zu Fuß – verlaufen kann man sich hier nicht. Nach einer Zeit des wirtschaftlichen Niedergangs wurde das mittelalterlich geprägte Pigna zum Symbol des Wiederauflebens der traditionellen korsischen Musik und des Kunsthandwerks.

Stéphane Sauvignier / MICHELIN

Das Künstlerdorf Pigna ist eines der wichtigsten Zentren für traditionelle korsische Musik.

Wegweiser – Pigna liegt 8,5 km südwestl. von L'Île-Rousse und ist über die D 151 zu erreichen. Schon auf dem Weg zu dem Dorf hat man einen schönen Blick auf die ockerfarbenen Häuser mit ihren hellblauen Fensterläden.

Parken – Am Dorfeingang gibt es einen Parkplatz *(während der Hauptsaison gebührenpflichtig)*. Außerhalb der Hauptsaison kann man vor der Kirche parken.

Unbedingt sehenswert – Durch die Gassen von Pigna streifen und mit den Kunsthandwerkern ins Gespräch kommen. Die meisten Läden sind das ganze Jahr über geöffnet und die Künstler geben gern Auskunft über ihre Arbeit.

Gut geplant – In der Vorsaison scheint die Zeit stehen zu bleiben und man kann die schöne Atmosphäre in Ruhe genießen. In der Hochsaison ist es abends am angenehmsten, Mitte Juli dreht sich hier alles um die Estivoce-Konzerte.

Mit Kindern – Die korsischen Handwerkskünste sind eine schöne Entdeckung.

Orte in der Nähe – ALGAJOLA, CALENZANA, CORBARA, SANT'ANTONINO, La BALAGNE

Geschichte und Geschichten

Kultureller Neuaufbruch – Pigna war nicht immer das lebendige Dorf, das Touristen wie magisch in die Balagne zieht. Wie viele andere Dörfer starb es langsam aus. Es ist dem Engagement der Initiative „Corsicada" zu verdanken, dass es wieder zum Leben erweckt wurde. Heute ist es im Bereich der Musik eines der wichtigsten Zentren für die Wiederbelebung der korsischen Kultur. Der Verein **E Voce di u Cumune**, ein Zusammenschluss von Instrumentenbauern, trug wesentlich dazu bei.

Zu Fuß unterwegs

Das Dorf

Die gründlich renovierten, blumengeschmückten Häuser in den gewundenen Gassen und der gepflasterte Dorfplatz sind Wahrzeichen des Ortes. Hier wohnen und arbeiten **Kunsthandwerker** (Töpfer, Grafiker, Bildhauer usw.) und Musiker, die sich zur Aufgabe gemacht haben, das traditionelle Kunsthandwerk und die korsische Musik wiederzubeleben.

Église de l'Immaculée-Conception

✆ 04 95 61 77 30 – tgl. außer Sa/So. Besonders sehenswert sind die Glockentürme, das abgerundete Chorhaupt und der geschweifte Giebel. Die Orgel (18. Jh.) wird Ferrari zugeschrieben.

Piazzarella

Vom Platz aus hat man einen schönen **Blick★** auf die Bucht von Algajola.

Amaury de Valroger / MICHELIN

Einer der beiden Glockentürme mit Flachkuppel der Immaculée-Conception.

Casa di l'artigiani

✆ 04 95 61 75 55 – Juli-Aug. tgl., April-Juni und Sept. tgl. außer Mo-vormittag und So. Dieses interessante Künstlerhaus wurde zur Förderung des korsischen Kunsthandwerks gegründet.

Tipps und Adressen

Übernachten/Essen und Trinken

⊜⊜ **Casa Musicale** – *✆ 04 95 61 77 31 – www.casa-musicale.org – Jan.-Feb. geschl. – 7 Zi: 55/95 € – ☕ 6 €.* Heute sind auch Touristen in dieser Unterkunft für Musiker willkommen (außer während des Festivals Estivoce, dann ist es „beschlagnahmt"). Lockere Atmosphäre und hübsch gestaltete Zimmer, zwei davon mit Terrasse. Die Küche des Restaurants ist ebenfalls erwähnenswert: Carpaccio mit Langusten, Fischertopf ...

⊜⊜ **Chambre d'hôte A Merendella** – *✆ 04 95 61 80 10 – Okt.-Ende März geschl. – 5 Zi: 68/95 € ☕.* Zimmer in den Gemäuern der Gründerfamilie von Pigna, Consalvo, mitten im Dorf. Frühstück in der großen rustikalen Küche oder auf der Terrasse über den Gassen von Pigna.

Einkaufen

In der Balagne gibt es viele kleine Geschäfte, die Kunsthandwerk anbieten. Die kostenlose Broschüre **Route des Artisans de Balagne** ist in den Fremdenverkehrsämtern und direkt bei den Kunsthandwerkern erhältlich.

Scatt'à Musica – *Im Ort – ✆ 04 95 61 77 34 – im Winter Mo-Fr 9-12 und 14-17 Uhr, im Sommer Mo-Fr 10-13 und 15-20 Uhr, Sa/So 15-20 Uhr.* Zwei Künstlerinnen stellen schön bemalte Spieluhren her.

Ceramica di Pigna – *Im Ort – ✆ 04 95 61 77 25 – im Winter Mo-Sa 10-12 und 15-20 Uhr, im Sommer 10-13 und 15-20 Uhr.* Die Welt der Keramik: Steinzeug und mit traditionellen Techniken bemalte Fayencen. Man kann das Atelier besichtigen, das in einer ehemaligen Weinpresse untergebracht ist.

Weitere Kunsthandwerker – Die Geschäfte mit Ateliers sind gut ausgeschildert. Sie können in Pigna bei einem Bildhauer, Grafiker, Kunstmaler, Mosaizisten oder Instrumentenbauer hineinschauen.

Feste und Events

Estivoce – *Festivoce – ✆ 04 95 61 73 13 – www.festivoce.casa-musicale.org –* 1.-15. Juli: das größte Festival der korsischen Musik. Am letzten Tag wird Pigna zu einer riesigen Freilichtbühne mit Konzerten und anderen Inszenierungen.

Konzerte – *Festivoce (s. o.) – ganzjährig.* Hervorragende musikalische und schauspielerische Aufführungen im Auditorium. Im Sommer liegt der Schwerpunkt dienstags und donnerstags auf der korsischen Vokalmusik.

PONTE NUOVO

Ponte Novu

HAUTE-CORSE (2B) – UMSCHLAGKARTE VORNE C3 – MICHELIN LOCALKARTE 345 E5

Diese Brücke hat in der Geschichte Korsikas eine wichtige Bedeutung. Am 8. Mai 1769 trafen hier die Truppen von Pasquale Paoli und die französische Armee aufeinander. Es gab eine verlustreiche Schlacht, die das Ende des Unabhängigkeitskriegs darstellte. Bei deutschen Bombenangriffen während des Zweiten Weltkriegs wurde das Bauwerk teilweise zerstört. Die Reste der alten Brücke stehen heute vor der jetzigen Brücke.

Wegweiser – Ponte Nuovo liegt an der Route Nationale zwischen Corte und Bastia, 8 km nordöstl. von Ponte-Leccia.

Unbedingt sehenswert – Herrliche Aussicht von der Haute Corniche du Golo (Höhenstraße) hinter Costa-Roda.

Orte in der Nähe – La CASTAGNICCIA

Geschichte und Geschichten

Die Schlacht von Ponte Nuovo – Sieben Monate vor der Schlacht am Ponte Nuovo mussten sich die Franzosen bei Borgo geschlagen geben. Am 1. Mai trat die französische Armee mit Verstärkung und unter dem Befehl des Grafen von Vaux erneut an: Sie rückte gegen Rapale im Nebbio vor, sodass Paoli den Ort Murato aufgeben, auf das rechte Golo-Ufer zurückweichen und sich in die Castagniccia zurückziehen musste. Am 8. Mai schließlich überschreiten Paolis Truppen erneut den Golo und unternehmen einen unüberlegten Vorstoß. Sie wurden zur Brücke zurückgedrängt, die jedoch durch eine Trockensteinmauer versperrt war, die von preußischen Söldnern besetzt war. Paolis Truppen wurden eingeschlossen und von den Söldnern gnadenlos niedergemetzelt: Dies war das Ende des korsischen Unabhängigkeitskriegs und der Beginn der französischen Herrschaft über Korsika. Nach der Niederlage zog sich Paoli nach Corte zurück und gab sich geschlagen. Am 13. Juni 1769 bestieg er in Porto-Vecchio heimlich ein Schiff und ging ins Exil nach Großbritannien.
Im Museum „A Bandera" in Ajaccio *(s. dort)* zeigt ein ausdrucksstarkes Gemälde Szenen aus dieser entscheidenden Schlacht.

Ausflug

Haute Corniche du Golo★★

28 km auf der Höhenstraße von Ponte Nuovo bis Ponte-Leccia – etwa 1 ¼ Std. – nördl. aus Ponte Nuovo herausfahren und links die D 5 in Richtung Lento nehmen.

Von der Straße an der Bergflanke hat man einen schönen Blick auf das grüne Tal mit Geröllfeldern und auf die hoch aufragenden Gipfel.

Am Dorfanfang von Lento links die D 105 nehmen.

Von der Höhenstraße geht der Blick weit nach unten in eine tiefe Schlucht.

Canavaggia

Vor den gezackten Gipfeln des Monte Reghia di Pozzo liegt das Dorf Canavaggia. Edelkastanien, Farnkraut und Zistrose säumen die Straße; Zypressen konkurrieren mit dem hoch aufragenden Glockenturm einer einsamen Kirche, die von einem alten Friedhof umgeben ist.
Etwa 1 km vor Costa-Roda bietet sich in einer Straßenbiegung plötzlich ein herrlicher **Blick★★** auf die verschneiten Gipfel des Monte San Petrone. Die verschiedenen Bergketten bilden einen bläulichen Wellenkamm hinter dem dunklen Grün der Bäume. Nach dem Dorf Costa-Roda wird die Straße an manchen Stellen zur Schotterpiste. Vorsicht ist geboten! Bei der steilen und kurvigen Abfahrt ist wieder der Golo zu sehen. Vor der Ankunft in Ponte-Leccia hat man einen weiteren schönen **Ausblick★**; auf der N 197 links nach Ponte-Leccia fahren.

La PORTA★

A Porta

242 EINWOHNER – HAUTE-CORSE (2B) – UMSCHLAGKARTE VORNE C3 – MICHELIN LOCALKARTE 345 F5 – KARTENSKIZZE La CASTAGNICCIA, S. 210-211

Hier befindet man sich ganz im Herzen der Castagniccia. Kleine, idyllische Dörfer, umgeben von saftigem Grün, schmiegen sich an einen Bergkamm. Im Dorf La Porta steht die berühmteste Barockkirche Korsikas. Der Name von La Porta bezieht sich wahrscheinlich auf die Lage des Ortes, der früher das „Tor" zur ehemaligen Mikroregion Ampugnani darstellte.

Wegweiser – Man erreicht das Dorf über die D 71, dann in unzähligen Windungen auf kleinen, mit Edelkastanien gesäumten Straßen.

Unbedingt sehenswert – Die Kirche, eine der schönsten der Insel, mit ihrer üppigen barocken Ausstattung.

Orte in der Nähe – La CASTAGNICCIA, CARCHETO, MOROSAGLIA, VALLE-D'ALESANI

Amaury de Valroger / MICHELIN

Die Kirche St-Jean-Baptiste mit ihrem frei stehenden Glockenturm.

Sehenswürdigkeit

Église St-Jean-Baptiste★

Die Kirche wurde in den Jahren von 1648 bis 1680 nach den Plänen des Mailänder Architekten Domenico Baina erbaut und gilt als Meilenstein der barocken Baukunst in Korsika. Der restaurierte, 1720 hauptsächlich nach Bainas Plänen errichtete **Kampanile** wirkt trotz seiner recht wuchtigen Pilaster leicht und zierlich durch seine Voluten, Nischen und Öffnungen.

Die **Kirchenfassade★**, die ebenfalls von Baina 1707 geschaffen wurde, ist ockergelb und weiß und bildet mit ihren Fialen, Voluten und den Muschelornamenten um das ovale Fenster ein harmonisches Ganzes. Elegante Pilaster umrahmen das Portal.

Der **Innenraum** ist mit barocken Trompe-l'œil-Malereien ausgestattet. Joseph Giordani führte das Deckengemälde um 1866 aus. Die Orgel stammt urprünglich aus dem Kloster St-Antoine de Casabianca. Der Franziskaner Maracci erbaute sie um 1780. Im Jahr 1799 ließ Kommissar Saliceti, der den Auftrag erhalten hatte, das Kloster in Casabianca zu zerstören, die Orgel aus dem Kloster nach La Porta, in den Heimatort seiner Frau, bringen.

La Porta, das Heimatdorf von Horace Sebastiani

In La Porta wurde **Horace Sebastiani** (1772-1851) als Sproß einer seit dem 6. Jh. hier ansässigen Familie geboren. Er machte Karriere, wurde im Kaiserreich Napoleons zum Grafen, später zum Marschall von Frankreich ernannt. Zunächst tat er sich als ehrgeiziger Kavallerieoffizier auf den Schlachtfeldern Europas hervor, wohin es ihn im Dienste Napoleons, später auch des Königs Louis-Philippe verschlug. Schließlich vertraute man ihm diplomatische Missionen an und entsandte ihn als Botschafter nach Neapel und London. Nach Ansicht der Historiker soll Sebastiani die Spaltung einiger korsischer Dörfer in feindliche Clans verursacht haben. Er wurde im Invalidendom in Paris beigesetzt.

PORTO★

Portu

CORSE-DU-SUD (2A) – UMSCHLAGKARTE HINTEN A4 – MICHELIN LOCALKARTE 345 B6 – KARTENSKIZZE Golfe de PORTO, S. 282

Der alte genuesische Turm auf dem Felsen über der Mündung des Porto wacht heute über einen eher wenig beeindruckenden Hafenort. Die einzigartige Lage des Dorfes inmitten der schönsten Gegend der korsischen Küste, zwischen der rötlichen Felsküste von Piana und dem Naturschutzgebiet Scandola, verleiht ihm jedoch einen ganz besonderen Reiz. Der kleine Badeort bietet seinen Sommergästen eine große Auswahl an Freizeitaktivitäten am Meer und in den nahe gelegenen Bergen.

Stéphane Sauvignier / MICHELIN

Der Hafenort Porto mit seinem Genuesenturm liegt an der spektakulären Westküste Korsikas.

Wegweiser – Der Hafen wird durch den Porto geteilt, den man auf einem stark gebogenen Steg (nur zu Fuß) überqueren kann. Mit dem Auto erreicht man die Nordseite des Orts, auf der die Hotels und Restaurants liegen, oder den Süden (Fischereihafen und Strand) über die D 81 in Richtung Piana und folgt dann der Beschilderung „Porto rive gauche".

Parken – Das Auto auf dem Parkplatz beim Fremdenverkehrsamt abstellen.

Unbedingt sehenswert – Les Calanche (rötliche Felsenformationen), das Naturschutzgebiet Scandola.

Gut geplant – Vormittags in das Naturschutzgebiet Scandola fahren und mittags einen Abstecher nach Girolata machen. Die zweite Hälfte des Nachmittags für die Calanche reservieren.

Mit Kindern – Im Aquarium de la Poudrière kann man Kaninchenfische sehen.

Orte in der Nähe – Le Golfe de PORTO, Les CALANCHE, La Réserve naturelle de SCANDOLA, Les Gorges de SPELUNCA

Porto im Überblick

Der Hafen

Der Weg zum Strand hinunter führt an hundertjährigen Eukalyptusbäumen vorbei. Der Kieselstrand hinter dem Eukalyptuswald ist durch den Fluss Porto vom Dorf getrennt; man kann ihn über einen Holzsteg erreichen. Dorf und Fluss verdanken ihren Namen dem Hafen, der sich im Altertum an diesem Ort befand. Heute liegen zahlreiche Hotels und Restaurants hinter dem Felsen, der den winzigen Ankerplatz abtrennt. Bei ruhiger See legen hier einige Boote an.

Kaninchenfische

Das Mittelmeer bildet ca. 1 % der weltweiten Meeresoberfläche und beherbergt 7 % der weltweiten Meeresfauna: dazu gehören auch „Fremdlinge" wie die Kaninchenfische aus dem Indopazifik, die seit dem Bau des Suezkanals in das Mittelmeer eingewandert sind.

Aquarium de la Poudrière

☎ 04 95 26 19 24 – ♿ – tgl., Juli und Aug. auch abends – Führungen auf Anfrage (3 Tage im Voraus) – 5,50 € (Kinder 7-12 Jahre: 3 €); Kombiticket mit Turm: 6,50 €.

Dieses Aquarium am Fuß des Felsens, auf dem der genuesische Turm steht, zeigt die mannigfaltige Meeresfauna der Region in tieferem und flacherem Wasser, auf Sandböden und Felsen. Sie können dort die flinken Buntbarsche beobachten, den Kleinen Roten Drachenkopf und die Symbiose von Einsiedlerkrebs und Seeanemone. Diese Schmarotzerrose lebt auf Gehäusen von bestimmten Einsiedlerkrebsen: Die fleischfressende Anemone schützt den Krebs und lässt sich als „Gegenleistung" dafür zu ihren Futterplätzen tragen. Auch Wolfsbarsch, Goldbrasse, Flughahn und bedrohte Arten wie Muräne, Zackenbarsch und Gebirgsmolch sind zu sehen.

Genuesischer Turm★

Etwa ¼ Std. hin und zurück vom Hafen aus – ☎ 04 95 26 10 05 – Anfang April-Ende Sept. tgl. – 2,50 € (Kinder unter 12 Jahren: Eintritt frei).

Dieser breite, eckige Turm auf einem Felsvorsprung über dem Meer riegelte einst das Tal ab. Das Monument steht in einer Landschaft aus rötlichem Granit. Es zählt zu den bekanntesten Korsikas und hat sich über die Jahrhunderte seinen ursprünglichen Charme bewahrt. Das Bauwerk wurde restauriert und birgt eine Ausstellung über genuesische Türme. Zum Meer hin fällt das Gelände schroff ab.

Zu Fuß unterwegs

Sentier de Castagna★

Der Weg nach Castagna ist leicht, am Anfang gibt es ein steiles Stück, daher ist gutes Schuhwerk erforderlich. Unbedingt Wasser mitnehmen, in dem kleinen Port de Castagna wird nichts angeboten. Man kann dort baden und wenn man sich traut, von der Mole ins Wasser zu springen; einen Strand gibt es nicht.

1 Std. hin und zurück, zum größten Teil im Schatten. Bis zum südlichen Ende des Strands von Porto gehen, dort beginnt der Weg. Er führt zunächst durch Felslandschaft und dann den Hügel hinauf. Ab und zu lichtet sich die Vegetation und man kann das klare Wasser und die Felsen des Golfs bewundern. Nach 25 Min. erreicht man eine kleine asphaltierte Straße, die in 5 Min. zu dem kleinen Port de Castagna führt.

Tipps und Adressen

Allgemeiner Hinweis

Fremdenverkehrsamt – *Place de la Marine – ☎ 04 95 26 10 55 – www.porto-tourisme.com*

Verkehrsmittel

Bus – Linie Ajaccio-Porto-Ota (2 Busse tgl.) Anfang Juli-Mitte Sept. tgl., sonst tgl. außer So und Fei. Linie Porto-Calvi (1 Bus tgl.) Ende Juni-Mitte Sept. tgl., Mitte Mai-Ende Juni und Mitte Sept.-Mitte Okt. tgl. außer So und Fei *(☎ 04 95 22 41 99).* Linie Corte-Calacuccia-Porto-Corte Anfang Juli-Mitte Sept. tgl. außer So und Fei. *(☎ 04 95 48 00 04).*

BOOTSFAHRTEN

Nave va – *Place de Porto – ☎ 04 95 26 15 16 – www.naveva.com – tgl. 8.30-19 Uhr, Nov.-März geschl.* An nur einem Tag oder Nachmittag lassen sich mit Fahrgastschiffen schöne Ziele ansteuern: der Felsenort Bonifacio, das Naturschutzgebiet Scandola mit Girolata, die Calanche von Piana, Capo Rosso oder die Îles Sanguinaires sowie die Porphyrfelsen im Golf von Ajaccio.

Porto Linea Excursions maritimes – *Place de la Marine – 20150 Porto – ☎ 04 95 26 11 50* – Bootsausflüge in das Naturschutzgebiet Scandola mit Girolata, an die Calanche de Piana und nach Capo Rosso.

Pass'partout – *Hafen von Porto, Tickets in der Bar des Flots Bleus – ✆ 06 75 99 13 15 – Nov.-März geschl.* Geführte Bootsfahrten mit der Pass'Partout (12 Sitzplätze) von Scandola nach Girolata (*3 ½ Std. Abfahrt tgl. 9 und 14 Uhr, 35-40 € je nach Saison*) und zu den Calanche de Piana (*ca. 1 ½ Std., Abfahrt tgl. 17.30 Uhr, 22 €*).

Via Mare – *Hafen von Porto, Ticketbüro vor dem Hôtel du Golfe – ✆ 06 07 28 72 72 – Nov.-März geschl.* Bootsfahrt durch die Calanche de Piana*(1 ¾ Std.)*. Mit etwas Zeit empfiehlt sich die Exkursion nach Scandola *(3 ½ Std.)*; sie führt ebenfalls zu den Calanche mit ½ Std. Aufenthalt in Girolata.

Mare Nostrum – *Hôtel Monte-Rosso – Hafen von Porto – ✆ 04 95 26 11 50 – Allerheiligen-Ostern geschl. – Boot mit 12 Sitzplätzen – Reserv. empf.* Wenn die Sonne ihre letzten Strahlen aussendet, tauchen Sie mit Jean-Baptiste Rossini auf der „Mare Nostrum" in die magische Welt der Calanche ein, vorbei an Meeresgrotten und unwirklichen Felsformationen. Weitere Touren nach Girolata und Scandola.

Übernachten

Camping Les Oliviers – *Pont de Porto – ✆ 04 95 26 14 49 – www.camping-oliviers-porto.com – April-Okt. – 216 Plätze: 27,50 € – Imbiss.* Ob Zelt oder Bungalow: Dieser Campingplatz auf einer Terrasse über Porto ist schön angelegt und gut ausgestattet. Pool, Fitnessraum, Sauna, türkisches Bad, Sportmöglichkeiten. Direkter Zugang zum Fluss Porto, wo man Forellen angeln kann.

Hôtel Bella Vista – *Route de Calvi – ✆ 04 95 26 11 08 – www.hotel-corse.com – 3. Nov.-2.April geschl. – 18 Zi: 65/163 € – ☕ 11 € – Rest. 19/28 € –* **P**. Von diesem Hotel hat man in der Tat einen „schönen Blick" auf das Meer und den Capo d'Orto. Komfortable renovierte Zimmer, einige mit kleiner Küche für einen längeren Aufenthalt. Angenehmer klimatisierter Gastraum und schöne Terrasse. Ausgesuchte regionale Küche.

Hôtel Les Flots Bleus – *Am Hafen – ✆ 04 95 26 11 26 – www.hotel-lesflotsbleus.com – 30. Okt.-10. April geschl. – 28 Zi: 69 € – ☕ 8,50 €.* Genießen Sie von Ihrem Balkon den Sonnenuntergang über dem Meer und dem Genuesenturm – ein wunderschönes Erlebnis! Modernisierte Zimmer, alle mit Blick zum Meer. Frühstück auf der Terrasse.

Hôtel Stella Marina – *Strand von Bussaglia – 20147 Serriera (Golfe de Porto) – 6 km nördl. von Porto über D 81 und D 724 – ✆ 04 95 26 11 18 – www.hotel-stella-marina.com – 15. Okt.-15. April geschl. – 20 Zi: 54/80 € – ☕ 10 € – Rest. 20/32 €.* Das Hotel steht an der Straße zum großen Kieselstrand von Bussaglia. Geräumige, klimatisierte Zimmer mit Loggia zum Meer. Hübsches Restaurant mit herrlicher Terrasse, schöner Pool.

Le Subrini – *Am Hafen – ✆ 04 95 26 14 94 – www.hotels-porto.com – 1. Nov.-31. März geschl. – 23 Zi: 100/140 € – ☕ 10 €* – **P**. Das Gebäude aus Natursteinen liegt hinter dem Weg mit den berühmten hundertjährigen Eukalyptusbäumen. Zimmer mit Blick auf den Hafen und den Turm.

Essen und Trinken

Chez Marie – *Bar des Chasseurs – 20150 Ota – 4,5 km östl. von Porto über die D 124 – ✆ 04 95 26 11 37 – www.gite-chez-marie.com – Mittagstisch: 18 € – 15/28 €.* Dieses Haus am Hang ist Bar, Restaurant und Herberge zugleich und serviert erfrischend authentische Küche: Wildschwein mit korsischer Sauce, Bauernsuppe, Cannelloni mit *brocciu* sowie Gebäck aus Kastanienmehl.

La Mer – *Am Hafen – ✆ 04 95 26 11 27 – 16. Nov.-14. März geschl. – 19/29 €.* Dieses charmante Steinhaus mit blauen Fensterläden liegt ganz am Ende des Hafens. Ebenso schön ist der Blick auf den Hafen und den Turm. Fischspezialitäten, bei entsprechendem Wetter auf der Terrasse serviert.

Le Maquis – *✆ 04 95 26 12 19 – www.hotel-lemaquis.com – 15. Nov.-15. Feb. geschl. – 20/50 € – 5 Zi: 45/55 € – ☕ 7 €.* Der Trumpf dieses ländlichen Restaurants ist die schattige Terrasse, von der man die Berge und in der Ferne den Genuesenturm sowie das endlose Blau des Meeres sehen kann. Ausgesuchte regionale Küche.

Sport und Freizeit

Der Hafen ist über einen kleinen Steg hinter den Hotels zu erreichen: Dort finden Sie Anbieter von Bootstouren, Tauchklubs und Bootsvermieter.

Génération Bleue – *Porto, rechte Hafenseite – ✆ 04 95 26 24 88 oder 06 85 58 24 14 – www.generation-bleue.com – tgl. 8.45-19.30 Uhr, Nov.-April geschl.* Rote Korallen, Steilwände mit blauer Gorgonie – darunter entdecken Sie unter Anleitung erfahrener Tauchlehrer ein wunderschönes Schauspiel von Muränen, Zackenbarschen, Schwarzumbern und Langusten.

Porto Sub – *Porto, rechte Hafenseite – ✆ 04 95 26 19 47 – www.le-mediterranee.com – tgl. 8-20 Uhr, Nov.-März geschl.* Der Golf von Porto ist ein wunderschönes Tauchgebiet und wurde von der UNESCO zum Weltnaturerbe erklärt. Anfänger und Fortgeschrittene werden in einer schön gestalteten Tauchbasis geschult.

Golfe de PORTO★★★

Golfu di Portu

CORSE-DU-SUD (2A) – UMSCHLAGKARTE HINTEN A4 – MICHELIN LOCALKARTE 345 A6-B6

Der Golf verdankt seine außergewöhnliche Schönheit der Küste aus rotem Granit. Im Süden liegt die Calanche de Piana, im Norden die Halbinsel Girolata und das Naturschutzgebiet Scandola. Das geschützte Gebiet ist eines der wenigen Fenster zum Parc naturel régional de Corse vom Meer aus. Es birgt eine außerordentliche Flora und Fauna und viele seltene sowie einige endemische Arten wie Fischadler.

Stéphane Sauvignier / MICHELIN

Der hübsche Ort Piana wird umgeben von der rötlich leuchtenden Felslandschaft der Calanche.

- **Wegweiser** – Der Golf von Porto zwischen Ajaccio und Calvi ist 11 km lang und weit zum Meer hin geöffnet. Der Capo Senino trennt ihn von dem engeren und kürzeren Golf von Girolata.
- **Unbedingt sehenswert** – Exkursionen nach Girolata (zu Fuß oder mit Boot) oder zum Naturschutzgebiet Scandola (mit Boot) zählen zu den unvergesslichen Erlebnissen eines Urlaubs in Korsika.
- **Gut geplant** – Eine Woche ist nicht zu lang für die vielen Möglichkeiten am Golf: Baden, Bootstouren, Wandern oder Tauchen.
- **Mit Kindern** – Es gibt eine große Auswahl an Stränden, allerdings unbewachte Kieselstrände, wo man schnell den Boden unter den Füßen verliert.
- **Orte in der Nähe** – PORTO, Les CALANCHE, La Réserve naturelle de SCANDOLA, Le Golfe de GALÉRIA, La Forêt d'AÏTONE

Ausflüge – *s. Kartenskizze S. 282*

1 Südlicher Golf★★★

31 km von Porto zum Capo Rosso – etwa 4 Std. – von Porto die D 81 nach Piana nehmen.

Nach 3 km erreichen Sie einen Aussichtspunkt mit **Blick**★★ auf Porto und den Golf.

Les Calanche★★★ – *s. dort*

Piana★

Der im Sommer belebte Ort liegt in der Nähe der Calanche am Rand eines Plateaus über dem Golf von Porto. Am Horizont sieht man die Berge des Monte Cinto. Ein Ort mit kleinen Plätzen und einer Kirche aus dem 18. Jh.

Col de Lava

Schöne **Aussicht★★** auf den Golf von Porto und den Golf von Girolata, rechts am Horizont auf das Cinto-Massiv und geradeaus auf einen Teil der Calanche.

Nach Piana zurückfahren und am Dorfeingang links die D 824 Richtung Arone (Route Danielle-Casanova) nehmen, dann rechts die Straße zum Hafen von Ficajola.

UNESCO-Welterbe

Der Golfe de Porto wurde von der **UNESCO** zum Weltnaturerbe erklärt – eine wirklich gute Entscheidung! Der *maestrale* weht hier häufig sehr scharf, auch im Sommer, und die kleine Felsenbucht von Porto ist dann den peitschenden Wellen ausgesetzt und kein schützender Hafen.

Route de Ficajola★★

Die enge, steile Straße schlängelt sich bis zum **Hafen von Ficajola**. Der Farbkontrast zwischen dem leuchtend blauen Meer und dem Rot der Felsen ist hier besonders intensiv.

Unten angekommen *(großer Parkplatz)* erreichen Sie zu Fuß *(½ Std. hin und zurück)* eine wunderschöne **kleine Felsenbucht**.

Wieder die D 824 rechts in Richtung Plage d'Arone nehmen.

Plage d'Arone★

Auf der Höhenstraße hat man einen herrlichen **Blick★** auf den Golf von Porto und den Capo Rosso. In Richtung Meer wird ein Sandstrand sichtbar, der von roten Felsen und Macchia umgeben ist.

In der Nähe des schönen Strands von Arone erinnert ein **Monument** an die Landung des U-Boots *Casabianca* am 6. Februar 1943, das Waffen für den französischen Widerstand „Maquis" nach Korsika brachte.

2 Route des Plages★★

30 km von Porto bis zum Col de la Croix führt die „Straße der Strände" – etwa 1 ½ Std.

An der Nordseite des Golfs führt die Höhenstraße D 81 entlang. Auf den Straßen D 724, D 324 und D 424 erreicht man die Strände **Bussaglia**, **Caspio** und **Gratelle**. Jeder von ihnen stellt ein kleines Paradies dar.

Plage de Bussaglia

Großer Kieselstrand, der im Süden durch einige leicht erreichbare, kleine Buchten verlängert wird. Es gibt hier eine Taverne und einen Kanuverleih.

Plage de Caspio

Von dunklen Felsen umgebener Kieselstrand. Südlich der Bucht liegt eine kleine Taverne. Hier gibt es auch eine interessante Unterwasserwelt zu entdecken.

Plage de Gratelle

Kleiner Kieselstrand in fantastischer Umgebung mit Blick auf Porto und den Capo d'Orto. Die Straße führt an der roten Felspyramide Senino (619 m) vorbei und erreicht dann den Col de la Croix. Sie führt unweit des ehemaligen Kohlebergwerks **Osani** vorbei. Diesen Bodenschatz würde man in dieser Gegend kaum vermuten. Die Kohle wurde bis 1914 abgebaut und über die Küstenschifffahrt vertrieben.

Col de la Croix

Vom Pass geht der **Blick★★** im Süden auf den Golf von Porto, im Norden auf den Golf von Girolata. In der Saison gibt es einen Imbiss. Ein Weg führt zum Strand von **Tuara**.

Wanderungen

Foce d'Orto und Capo d'Orto

Für die Exkursion zum Capo d'Orto ist sehr gute Kondition erforderlich *(1000 m Höhenunterschied)* sowie Schuhwerk, das für gebirgiges Gelände geeignet ist. Außerdem hat die Macchia die Tendenz, alles – einschließlich der Wegmarkierung – zu überwuchern! Wanderkarte oder Wanderführer sind daher unverzichtbar!

Aus den Calanche hinausfahren und 100 m vor der Mezzanu-Brücke links einen unbefestigten Weg nehmen. Den Wagen an der Gabelung abstellen und zu Fuß auf dem Weg rechts (der Weg links führt zu einem Sportplatz) weitergehen.

5 ½ Std. hin und zurück. Den Gipfel Capo d'Orto (1294 m) besteigt man in 3 Std. über Felsen. **Panoramablick★★** auf Porto, die Calanche und den Piana-Forst.

Capo Rosso (Capu Rossu)★★

Am Ortsausgang von Piana in Richtung Arone fahren (D 824). Nach 6 km zeigt ein Schild „Capu Rossu" rechts den Ausgangspunkt der Wanderung an.

Meiden Sie nach Möglichkeit die Mittagshitze, denn der Weg bietet keinen Schatten. Nehmen Sie eine ausreichende Ration an Wasser mit. Eine ehemalige Sennerei am Ausgangs- und Endpunkt der Wanderung wurde zu einer Imbissstube umgebaut; nach der Wanderung kann man sich dort stärken.

3 Std. hin und zurück. Der unmarkierte Weg führt durch die Macchia, dann ab einer Almhütte mit Steinhäufchen gekennzeichnet zum Turm. Ein stattlicher roter Porphyrfelsen trägt den **Turm Turghiu** *(Treppen führen hinauf auf das Dach)*. Der Turm überragt das Meer gut 300 m; nach Süden bietet sich ein herrlicher Blick auf die Küste bis nach Cargèse, nach Norden auf den Golf von Girolata.

Auf dem Sentier muletier nach Girolata

Girolata, eine Etappe auf der Wanderroute „Mare e Monti", ist über den Landweg nur auf einem Maultierpfad zu erreichen, der über den Col de la Croix im Südosten und am Strand von Tuara entlangführt oder über den Col de Palmarella (11,5 km nördl. des Col de la Croix). Beide liegen auf der Strecke von Calvi nach Porto (D 81).

Plage de Tuara

Der Maultierpfad beginnt links am Col de la Croix, vor dem Imbiss am Parkplatz.

Etwa 1 ½ Std. hin und zurück. Der Hinweg verläuft bergab – hier wird also der Rückweg recht anstrengend.

Der Brunnen von Spana auf der Hälfte der Strecke gibt lediglich einen dünnen Strahl Wasser *(am Strand gibt es keine Taverne!)*. Die Anstrengungen, die Sie auf sich nehmen, werden jedoch angemessen belohnt: Im Duft der Macchia gelangt man an einen Sandstrand, wo man in Gesellschaft einiger gemütlicher, friedlicher Rinder ausgiebig und in Ruhe baden kann.
Der Maultierpfad führt weiter bis zu der wunderschönen **Bucht von Girolata★★**.

Girolata★

2 km von der Plage de Tuara. Das kleine Dorf liegt ruhig auf einem Felsvorsprung, überragt von einer Festung mit rechteckigem Turm *(Privatweg)*. Man lebt von Langustenfang und Tourismus. An der ruhigen Bucht mit klarem Wasser stehen einige Häuser aus rötlichem Stein, zwei Ferienwohnungen und Restaurants. An zwei Holzstegen am Kieselstrand können Boote anlegen.

Tipps und Adressen

Übernachten

Von April-Sept. sind in Girolata zwei **Herbergen** für Wanderer geöffnet (die Zimmer müssen bis 8.30 Uhr geräumt werden, Verpflegung vor Ort möglich).

La Cabane du Berger – *✆ 04 95 20 16 98 – Schlafraum mit 36 Betten – Halbpension: 33 €/Pers. oder Bungalow mit Halbpension: 50 €/Pers.*

Le Cormoran – *✆ 04 95 20 15 55 – Schlafraum mit 20 Betten – Halbpension verpflichtend: 34 €/Pers.*

Camping Plage d'Arone – *20115 Piana – 11,5 km südwestl. von Piana über die D 824 – ✆ 04 95 20 64 54 – 15. Mai-Sept. – – 125 Plätze: 22 €.* Mitten in der Natur und nur 500 m vom Strand entfernt, kann man am Rand der Macchia die Zelte aufstellen. Die Anlage ist nett bepflanzt und gepflegt.

Hôtel Le Scandola – *Route de Cargèse – 20115 Piana – ✆ 04 95 27 80 07 – infos@hotelscandola.com – 16. Okt.-31. März geschl. – 12 Zi: 38/77 € – ☕ 10 € – Rest. 20/53 € –* **P**. Vom Hotel hat man einen weiten Blick auf die Calanche und die Bucht von Porto. Gepflegte Zimmer, renovierte Bäder und Balkons zur Küste. Das Restaurant wurde zu einer Lounge umgewandelt.

Hôtel Les Roches Rouges – *20115 Piana – ✆ 04 95 27 81 81 – www.lesrochesrouges.com – Nov.-März geschl. – 30 Zi: 90 € – ☕ 11 € – Rest. 32/40 €.* Dieses imposante Gebäude von 1912 vermittelt die Atmosphäre eines alten Grand Hotels. Der Wandschmuck ist etwas veraltet und die Fassade verblasst, aber der fantastische Blick über den Golf von Porto entschädigt dafür.

Hôtel Capo Rosso – *Route des Calanches – 20115 Piana – ✆ 04 95 27 82 40 – www.caporosso.com – 16. Okt.-31. März geschl – 50 Zi: 110/180 € – Rest. 28 €. –* **P**. Hervorragende Lage mit Blick auf das Blau des Golfs von Porto und die berühmten Calanche. Die meisten Zimmer verfügen über eine Loggia. Dazu Panoramarestaurant, großer Pool und Fahrradverleih.

Essen und Trinken

La Voûte – *Place de la Fontaine – 20115 Piana – ✆ 04 95 27 80 46 – 14/16 €.* In diesem gemütlichen Lokal genießen Sie köstliche, frisch zubereitete Gerichte mitten in dem malerischen Ort Piana. Außer den traditionellen Gerichten wird eine interessante Auswahl an regionalen Fischen und Meeresfrüchten angeboten.

Les Galets – *Plage de Bussaglia – 20147 Serriera (Golfe de Porto) – 7 km nördl. von Porto über D 81 und D 724 – ✆ 04 95 26 10 49 – Okt.-April geschl. – 7/25 €.* Dieses Restaurant liegt an einem der schönsten Strände des Golfs von Porto. Sie sitzen in der leichten Meeresbrise unter der Laube oder auf der Holzterrasse. Tagesmenü und Spezialitäten à la carte (Blätterteig mit Tomaten und *brocciu*, sautierte Riesengarnelen).

U Caspiu – *Plage de Caspiu – 20147 Partinello – ✆ 04 95 27 32 58 – www.leclosdesribes.com – Okt.-April geschl. – 22/45 €.* Dieses Restaurant liegt idyllisch am Wasser in einer kleinen ruhigen Felsenbucht. Einfache Gerichte mit frischem Fisch, dazu Salate und heimischer Wein – ein Genuss!

Einkaufen

Kevin Muzikar – *U Salognu – 6 km südöstl. von Piana über die D 81, Route de Cargèse – 20115 Piana – ✆ 06 12 71 12 83* – Der junge Kunstschmied hat dieses kleine Steinhaus zu einem Geschäft umgebaut und bietet eine beeindruckende Palette korsischer Hirten- und Jagdmesser mit den passenden Namen *corniciulu*, *cursina*, *pastoru* und *vendetta* sowie Tafelmesser an, die in traditionellen Techniken gefertigt sind. Sie sollten Ihren Besuch dort am besten im Voraus anmelden.

PORTO-VECCHIO★

Purti Vechju

10 326 EINWOHNER – CORSE-DU-SUD (2A) – UMSCHLAGKARTE HINTEN C6 – MICHELIN LOCALKARTE 345 E10 – KARTENSKIZZE Golfe de PORTO-VECCHIO, S. 291

Die drittgrößte Stadt Korsikas profitiert mit ihrer Zitadelle noch immer von ihrer strategischen Lage – heutzutage allerdings auf völlig andere Art als bei ihrer Gründung. Die Piraten und die Moskitos sind verschwunden. Jetzt sind es die Touristen, die, von der Nähe der Traumstrände und Luxushotels angelockt, mit dem Flugzeug oder dem Schiff in Porto-Vechio einfallen. Die einst befestigte Stadt ist ein beliebter Badeort geworden, den man vom Meer, von der Pointe de la Chiappa und von Ospedale aus genießen kann.

Stéphane Sauvignier / MICHELIN

Blick vom Hafen auf Porto-Vecchio, einen beliebten Badeort der Ostküste.

Wegweiser – An der Achse Bastia-Bonifacio im Südosten der Insel. Altstadt und Festungsanlage bilden den oberen, Hafen mit Geschäften und Jachthafen den unteren Teil der Stadt.

Parken – Im Sommer das Fahrzeug am Hafen abstellen und die kleine Touristenbahn in die Oberstadt nehmen.

Unbedingt sehenswert – Genießen Sie das italienische Flair am Bahnhof, einen Spaziergang bei Sonnenuntergang und später ein festliches Essen.

Gut geplant – Buslinien fahren zum Alta-Rocca-Massiv und an die sagenhaften Strände der Küste.

Orte in der Nähe – Golfe de PORTO-VECCHIO, Les Aiguilles de BAVELLA, L'ALTA ROCCA

Geschichte und Geschichten

Aller Anfang ist schwer – Die Genueser Bank „Casa di San Giorgio" wollte das Verteidigungssystem auf Korsika weiter ausbauen und errichtete 1539 nach Bonifacio, Bastia, St-Florent, Ajaccio und Calvi auch hier eine Festung. Genua wählte diesen Ort aus strategischen Gründen: Der Hafen war durch die Landspitze Punta di U Cerchio vom Meer aus nicht einsehbar und wurde von einem Felsen überragt, auf dem die Zitadelle stand. Die ersten Siedler aus Genua raffte 1539 die Malaria dahin. Porto-Vecchio wurde 1546 erneut besiedelt, diesmal durch zwangsrekrutierte Korsen. Die Besiedelung scheiterte erneut wegen der Malaria, einfallender Piraten sowie des Widerstands der enteigneten und zwangsangesiedelten Bewohner.

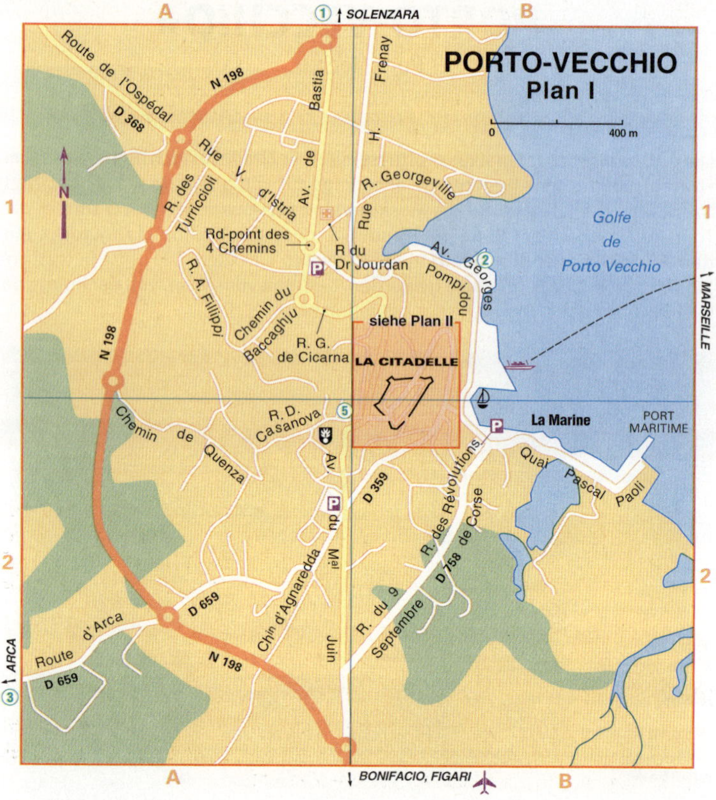

Besetzung durch Sampiero – 1564 entschloss sich Sampiero Corso sein Land, ohne die Unterstützung Frankreichs von den Genuesen zu befreien. Er nahm in Vescovato Stellung und rekrutierte eine Armee, mit der er vor Ajaccio eine Niederlage erlitt. Daraufhin griff er Porto-Vecchio an und eroberte die Stadt am 30. Juli 1564. Sampiero konnte sich jetzt mit den Berbern verbünden: Porto-Vecchio wurde zu einem für Genua gefährlichen Piratennest. Genua erkannte diese Gefahr und rief Philipp II., den König von Spanien, zu Hilfe. Im Herbst 1564 nahmen die spanischen Schiffe Kurs auf Korsika. Die von den Spaniern unter dem Befehl des Genuesen Stefano Doria belagerte Stadt musste am 26. November kapitulieren.

Aufschwung – Porto-Vecchio blieb lange ein kleiner verschlafener Ort, eingeschlossen in seine Festungsmauern. Die meisten Einwohner waren Hirten, Holzhändler oder Handwerker. Im Winter zogen die Hirten von Serra-di-Scopamène und Quenza nach Porto-Vecchio und wohnten in verstreut liegenden Hütten. Im Sommer zogen sie in die Berge. Almwirtschaft und Waldbewirtschaftung mit Korkeichen waren die wichtigsten Einnahmequellen. Um 1900 entstanden an der Achse Bonifacio-Bastia Ballungsräume. 1935 baute man die Eisenbahnline von Bastia bis Porto-Vecchio aus. Leider wurde die Strecke nur acht Jahre später während des Kriegs schwer beschädigt und schließlich ganz aufgegeben, nachdem die Sanierung lange aufgeschoben worden war. Am Hafen siedelte sich Industrie an (Korkverarbeitung, Reparaturwerft).

Alter Hafen in neuem Glanz

In römischer Zeit war Porto-Vecchio, der „alte Hafen", als Portus Syracusanus bekannt. Der wichtigste Wirtschaftszweig der Stadt ist der Tourismus mit Jachthafen, Geschäften und umfangreicher Infrastruktur. Außerdem werden Salinen betrieben und Korkeichen kultiviert.

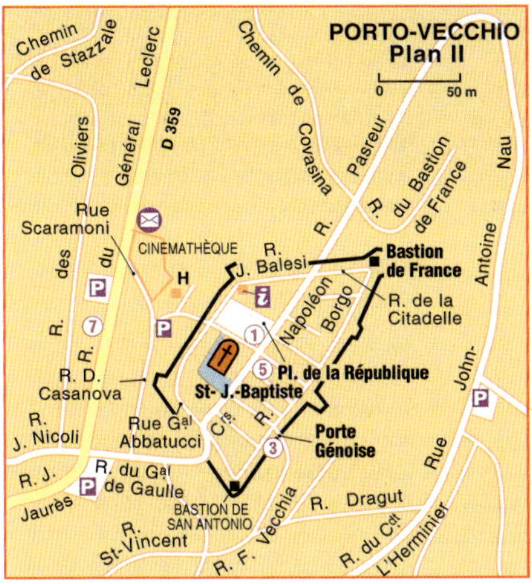

HOTELS

Camping La Vetta 1
Hôtel Le Goéland 2
Hôtel San Giovanni 3
Le Mistral 5

RESTAURANTS

A cantina di L'Orriu 1
L'Antigu 3
Le Tourisme 5
Le Troubadour 7

Nach dem Zweiten Weltkrieg wurde die Malariamücke in der Region durch die amerikanische Luftwaffe erfolgreich aus der Luft bekämpft. Porto-Vecchio baute einen Handelshafen und erschloss die Ostküste, sodass sich hier an der Küste und am Golf nach und nach Luxustourismus ansiedelte. Der Tourismus boomt nach wie vor – nicht zuletzt Dank der italienischen Urlauber.

Porto-Vecchio im Überblick

Die Zitadelle★ s. Plan II S. 287

Die Altstadt wird von dem Cours Napoléon durchquert, von dem kleine Straßen, überwölbte Gassen und Treppenwege abgehen. An der schattigen **Place de la République** liegen die einladenden Terrassen der Cafés.

Église St-Jean-Baptiste – Die vom 16. bis 19. Jh. erbaute Kirche mit ihrem eleganten Glockenturm blieb bis heute unvollendet. Der Chorabschluss liegt zur Place de la République hin .

Die Festung – Von der alten Genueser Festung stehen noch die Bastionen und Zinnen, die den Hafen überragen: **Bastion de France**, Reste der Zitadelle und der Befestigungsmauer. Die **Rue Borgo** versperrt den Blick auf den Hafen, wenn man sich nicht auf die Terrasse eines der vielen Restaurants setzt. Die **Porte génoise** gibt einen guten Blick auf den Hafen, die Salzfelder und den Golf frei.

Der Hafen s. Plan I S. 286

Er besteht aus einem Jachthafen und einem Handelshafen für den Export von Holz und Kork. Er ist für die Handelsverbindung zum europäischen Festland der drittwichtigste Hafen Korsikas. Am Handelshafen legen Kreuzfahrtschiffe und Fähren aus Italien an. An der Mündung des Stabiacco liegen Salinen und ein schöner Sandstrand.

Tipps und Adressen

Allgemeiner Hinweis

Fremdenverkehrsamt – *Rue du Dr-Camille-de-Rocca-Serra – ✆ 04 95 70 09 58 – www.ot-portovecchio.com/Fr/ –* Das Büro liegt in der Nähe der Kirche in der Altstadt; Informationen über die Stadt und ihre Umgebung.

Verkehrsmittel

Flughafen Figari – *s. S. 374*

Flughafenbus – *✆ 04 95 71 00 11 – Juli-Aug. – am Hafen (neben Café de la Marine).*

Strandbus – *✆ 04 95 70 10 36 – zur Plage de Santa Giulia; ✆ 04 95 71 24 64 – zur Plage de Palombaggia – Juli-Aug. außer So und Fei.*

Corsicatours – *✆ 04 95 70 96 51/52* – Buslinie Porto-Vecchio-Bastia *(3 Std.).*

Eurocorse – *✆ 04 95 71 24 64* – Buslinie Porto-Vecchio-Ajaccio *(3 ½ Std.).*

Buslinie l'Alta Rocca – *✆ 04 95 70 15 55 – Abfahrt rue du Gén.-de-Gaulle (vor Île de Beauté Voyages).*

Croisières Monte Cristo – *Jachthafen – ✆ 04 95 72 01 04 – www.croisieres-montecristo.com* – Ausflugsschiffe zu den Îles Lavezzi, Bonifacio und den Stränden Sta-Giulia, Rondinara, Palombaggia und Sperone.

SARL San Antonio – *10 voie Romaine – ✆ 04 95 72 04 95 – www.promenadesan antonio.com* – Ausflugsschiffe nach Bonifacio, Îles Lavezzi, Îles Cerbicales, Santa Giulia.

À Dieu Vat – *✆ 04 95 70 27 58 oder 06 09 56 02 44 – Abfahrt 9 Uhr von Santa-Giuilia, Ankunft 18 Uhr – 70 € (Kinder: 45 €) inkl. Mahlzeit.* Von Ende Mai-Okt. Minikreuzfahrt zu den Lavezzi-Inseln und die Insel Cavallo auf dem Schiff „À-Dieu-Vat".

Übernachten

⊖ Camping La Vetta – *s. Golfe de Porto-Vecchio*

⊖⊖ Hôtel Le Goéland – *Am Hafen – ✆ 04 95 70 14 15 – www.hotelgoeland.com – Nov.-März geschl. – 21 Zi: 75/231 € – ☕ 11 €* – P. Dieses kleine, hübsche Hotel profitiert von seiner Lage direkt am Meer mit Blick auf den Golf von Porto-Vecchio: kleiner Hafen, Privatstrand und Garten. Korsische Küche mit mediterranen Gerichten.

⊖⊖ Hôtel Le Mistral – *Rue Jean-Nicoli – oben in der Altstadt – ✆ 04 95 70 08 53 – Okt.-April geschl. – 23 Zi und 5 Apart: 95 € – ☕ 7,50 €* – P. An dem Hauptgebäude mit eher kleinen Zimmern liegen zwei etwas großzügigere, renovierte Nebengebäude, deren Zimmer zum Teil schöne Terrassen besitzen.

⊖⊖ Hôtel San Giovanni – *Route d'Arca – 3 km südwestl. von Porto-Vecchio über die Route d'Arca (D 659) – ✆ 04 95 70 22 25 – www.hotel-san-giovanni.com – 3. Nov.-26. Feb. geschl. – 30 Zi: 60/140 € – ☕ 9 €* – P. Wer Ruhe sucht, ist hier genau richtig; der Besitzer dieses Hotels pflegt liebevoll den riesigen Park mit Pool. Die Zimmer sind eher schlicht eingerichtet. Es wird traditionell korsische Küche serviert.

Essen und Trinken

⊖ A cantina di L'Orriu – *Cours Napoléon – ✆ 04 95 70 26 21 – Nov.-März geschl. – 9/18 €.* Die nur vier Tische und der Tresen sind schnell besetzt, Schinken baumelt von der Decke und man genießt Wein und deftige Speisen.

⊖⊖ L'Antigu – *51 rue Borgo – ✆ 04 95 70 39 33 – Mitte Jan.-Feb., Mo und April-1. Nov. So außer abends geschl. – Reserv. empf. – Mittagstisch 17,50 € – 22 €.* Fantastische Aussicht und leckeres Essen. Von der Dachterrasse hat man einen weiten Blick auf den Golf von Porto Vecchio – ein Genuss!

⊖⊖ Le Tourisme – *12 cours Napoléon – gegenüber der Kirche – ✆ 04 95 70 06 45 – 15. Feb.-15. März, im Winter So-abend und Mo geschl. – 25 €.* Die Terrasse ist nicht zu übersehen. Zwar wirkt das Lokal wie ein Schnellrestaurant für Touristen, doch die Küche ist hervorragend und die Preise angemessen.

⊖⊖ Le Troubadour – *13 rue du Gén.-Leclerc – ✆ 04 95 70 08 62 – 15. Nov.-15. Feb., Jan.-Juni So und Mo geschl. – 19/29 €.* Sie können im renovierten Gastraum oder auf der hübschen Terrasse korsische Spezialitäten genießen.

Am Abend

La Taverne du Roi – *43 rue de la Porte-Génoise – ✆ 04 95 70 41 31 – tgl. 22-5 Uhr, Jan. geschl.* Die Taverne du Roi, die Kleinkunstbühne der Brüder Marcellessi, ist eine der besten Adressen für korsische Vokalmusik an der Ostküste. Hervorragend!

Einkaufen

Terra Rossa – *18 rue du Gén.-de-Gaulle – ✆ 04 95 70 04 35 – www.terrarossa.fr – Juli-Aug. 10-13 und 17-24 Uhr, sonst 9.30-12.30 und 15-19 Uhr außer So-nachmittag und Mo-vormittag, Jan.-März geschl.* Köstlichkeiten rund um die Olive! Mit Verkostung.

U Tavonu – *Rue Gén.-de-Gaulle – ✆ 04 95 72 14 03 – tgl. außer So-nachmittag 9-12.30 und 15-19.30 Uhr, Juli-Aug. 9-13 Uhr und 15-24 Uhr, Jan.-Juni So geschl.* Herr Santoni arbeitet nur mit den besten Schweinezüchtern und verkauft frische Produkte wie Wurst und Sülze. Außerdem gibt es korsischen Honig, Olivenöle und Käse.

Sport und Freizeit

Corsica Forest „accro-branche" – *✆ 06 16 18 00 58 – www.corsica-forest.com* – Wilder Kletterspaß, bei dem Klein und Groß auf 1,5 bis 15 m Höhe in einem Eukalyptuswald über Lianen und Stege turnen.

Corsica Forest „canyoning" – *✆ 06 22 91 61 44 – www.canyoncorse.com – wetterabhängig ganzjährig.* Die Solenzara mit ihrem klaren Wasser hat einiges für Fans des Canyoning zu bieten.

A J Voile – *Jachthafen – ✆ 06 83 17 37 17 – http://ajvoile.free.fr – ½ Tag ab 30 €/Pers.* Der Segelklub ist an den französischen Segler-Verband FFV angeschlossen.

Jachthafen – *✆ 04 95 70 17 93*

Golfe de PORTO-VECCHIO★★

Golfu di Purti Vechju

CORSE-DU-SUD (2A) – UMSCHLAGKARTE HINTEN C6 – MICHELIN LOCALKARTE 345 E10-F10

Wie prähistorische Überreste bezeugen, war der Golf von Porto-Vecchio seit der Bronzezeit besiedelt und stark frequentiert – und das ist noch heute so. Im Norden und Süden liegen Halbinseln und kleine Buchten mit feinem Sand wie die schöne Plage de Palombaggia. Der Golf ist recht flach, Oso und Stabiacco lassen an ihrer Mündung die Bucht versanden und erschweren so die Navigation. Diese ständigen Wirbel bieten allerdings hervorragende Bedingungen für die große Steckmuschel und die Europäische Auster, die es hier in Fülle gibt.

Amaury de Valroger / MICHELIN

Der Strand von Cala Rossa bezaubert durch sein kristallklares, türkisblaues Wasser.

- **Wegweiser** – Im Südosten Korsikas. Der Golf von Porto-Vecchio ist eine 8,5 km lange Reede (Ankerplatz), die nur dem Nordostwind ausgesetzt ist. Im Süden wird der Golf durch die schöne Halbinsel Piccovagia mit ihrer Felsspitze Chiappa begrenzt und im Norden von den Buchten San Ciprianu und Pinarellu.
- **Unbedingt sehenswert** – Die berühmten Südstrände und die Überreste von prähistorischen Rundbauten, den „Torren".
- **Gut geplant** – Die prähistorischen Ruinen warten geduldig, müssen jedoch mit den modernen Angeboten an der Küste konkurrieren. Mit ein wenig Organisation lässt sich jedoch für beides Zeit finden.
- **Mit Kindern** – Sonne, Meer und feiner Sand für endlos viele Burgen: Das stellt auch den größten Quälgeist zufrieden.
- **Orte in der Nähe** – PORTO-VECCHIO, BONIFACIO

Geschichte und Geschichten

Der Wald – Der Forst von Porto-Vecchio mit seinen Korkeichen ist einer der bedeutendsten Wälder Korsikas. Er wächst auf dem kieselhaltigen Boden des ursprünglichen Schwemmlands und bedeckt rund 8000 ha auf beiden Seiten der N 198. Durch fehlende Bewirtschaftung weist er an manchen Stellen dichtes Unterholz aus Zistrosen und Baumheide auf. Einige Waldbesitzer haben ihre Parzellen jedoch von der Macchia befreit und lassen Schweine dort weiden, die sich an den Eicheln gütlich tun – eine traditionelle Art der Weidewirtschaft. Andere, mit Macchia und Steineichen bewachsene Hügel, werden leider häufig Opfer von Bränden.

Die Korkindustrie – Die Korkeiche *(suara)* benötigt Wärme und Feuchtigkeit. Dieser immergrüne Baum wächst am Meer bis zu einer Höhe von etwa 500 m und ist besonders feuerresistent. Man erkennt die Korkeiche leicht an ihren großen dunklen Eicheln und an der gefurchten Rinde. In den bewirtschafteten Hochwäldern Korsikas wird das Unterholz beweidet. Zur typischen Fauna zählen Buntspecht, Buchfink und eine große Population Landschildkröten, die zu den geschützten Arten gehören.
Die Korkeiche wird zum ersten Mal nach etwa 25 Jahren geschält, gewonnen wird dabei der sogenannte „männliche Kork". Alle neun bis zehn Jahre, wenn sich wieder eine ausreichend dicke Korkrinde gebildet hat, wird der Schälvorgang wiederholt. Dieser „weibliche Kork" hat die für der Industrie und das Kunsthandwerk nötige Qualität.

Golfe de Porto-Vecchio im Überblick

Die Südstrände – *s. Kartenskizze S. 291*

Südl. durch Porto-Vecchio hindurchfahren. Am Ortsausgang nach dem Kreisverkehr die Straße links nehmen, die um die Halbinsel führt.

Man fährt durch eine ursprüngliche Landschaft: Eukalyptusbäume, Pinien, Macchia, rote Felsen und türkisblaues Wasser. Ab und an ergibt sich ein Blick auf Porto-Vecchio. Von dem Semaphor an der **Pointe de la Chiappa**★ *(über dem FKK-Campingplatz)* sieht man den Golf von Porto-Vecchio und die Berge im Hinterland, insbesondere die Stagnolo-Bucht und den Küstenvorsprung San Ciprianu.

Plage de Palombaggia★

In der Saison ist der Parkplatz gebührenpflichtig. Dieser traumhafte Sandstrand liegt eingerahmt von roten Felsen an den von Pinien überragten Dünen. Die Schönheit des Ortes zieht viele Urlauber an. Der Zugang zum Strand ist an vielen Stellen verbaut, am wenigsten bei **Tamariccio**★★, das man über einen Fußweg erreicht.

Les Îles Cerbicale

Das Naturschutzgebiet mit fünf kleinen Felseninseln liegt gegenüber dem Strand Palombaggia. Dieser Archipel ist eine beliebte Brutstätte der Krähenscharben.

Die N 198 nach Bonifacio zurückfahren, links die kleine Straße auf einer schmalen Nehrung zwischen Lagune und Meer nehmen, die an der Plage de Santa Giulia entlangführt.

Plage de Santa Giulia★★

Am Rand des ruhigen Golfs von Santa Giulia liegt ein wunderschöner weißer Sandstrand. Die Hotels und Restaurants sind hier zurückhaltend gebaut. Es werden zahlreiche Sportmöglichkeiten angeboten.

Amaury de Valroger / MICHELIN

Strandvergnügen an dem berühmten Strand von Palombaggia.

Die Nordstrände – *s. Kartenskizze S. 291*

Die N 198 in Richtung Norden fahren. Bei Ste-Trinité rechts die D 468 nehmen, die zu mehreren Stränden führt.

In der geschützten Stagnolo-Bucht liegt am **Golfo di Sognu** im Schatten von Kiefern ein Sandstrand, der vom Oso-Delta gebildet wird. Etwas weiter, zwischen der Punta di Benedettu und der Punta San Ciprianu, liegt der schöne Strand von **Cala Rossa**. In einer kleinen Bucht, die durch die Küstenvorsprünge **San Ciprianu** und Araso gebildet wird, liegt die große Plage de San Ciprianu. Pinien und weißer Sand ergeben eine lange Nehrung vor der Lagune Araso. Weiter in Richtung Norden erreicht man den **Golfe de Pinarellu**. Ein kleiner Hafen und ein herrlicher weißer Sandstrand liegen im Schutz einer Insel, die ein genuesischer Turm überragt.

Sehenswürdigkeiten

Prähistorische Stätten – *s. Kartenskizze S. 291*

Castellu d'Araghju★

Von Porto-Vecchio die D 368 in Richtung Ospédale nehmen. Nach 4 km rechts auf die D 759 in Richtung Araggio (Araghju) einbiegen. Auf dem Parkplatz rechts am Ortseingang parken. Das Ziel ist auch mit dem Pferd zu erreichen (Informationen vor Ort). Der Weg zum Kastell beginnt im Dorf (Beschilderung).

Das *castellu* von Araghju steht auf einem Felsvorsprung und wacht über den Golf von Porto-Vecchio; es ist eine der repräsentativsten torreanischen Anlagen der Insel.

1 Std. hin und zurück. Der Weg führt durch einen kleinen Bach und wird dann zu einem steilen Weg, der zwischen Macchia und Baumwurzeln gebahnt wurde.

Hinter einer Kuppe geht es durch Macchia. Von dem Kastell, das vor dreitausend Jahren ein torreanisches Dorf überragte, ist die Festungsmauer erhalten. Durch das „große Tor" gelangt man zu den Ruinen einer Kultstätte. In den Rundmauern wurden Kammern und Treppen eingelassen, die zu einem Wehrgang führen. **Aussicht★★** auf die Küste und den Golf von Porto-Vecchio.

Stéphane Sauvignier / MICHELIN

Das torreanische Kastell Araghju.

Die Ruinen von Ceccia

6 km südwestl. von Porto-Vecchio. Über die N 198 in Richtung Bonifacio. Rechts die D 859 nehmen. In Ceccia links abbiegen. Im Dorf parken: einen schlecht markierten Weg (privat) zum Felsplateau hinauf gehen, der am letzten Haus links abgeht. 40 Min. hin und zurück. Für Kinder ungeeignet (Ruinen sind nicht gesichert!).

Der rätselhafte Rundbau aus der Zeit um 1350 v. Chr., der unter Genuas Herrschaft ausgebaut wurde, steht etwas vom Felsplateau entfernt. In der Mitte befindet sich ein Raum, der über einen Gang erreichbar ist. Im Gegensatz zu anderen torreanischen Stätten sind keine Hinweise auf eine Besiedelung im Umkreis des Monuments zu erkennen. Ob es sich bei dem Bau ursprünglich um eine Kultstätte oder um einen Wachposten handelte, ist ungeklärt. Die **Sicht★** reicht bis Sotta und weiter bis Porto-Vecchio und den Golf von Porto-Vecchio.

Die Ausgrabungsstätte Tappa

7,5 km südwestl. von Porto-Vecchio. Von Ceccia 1,5 km auf der D 859 Richtung Figari. An der Straße parken. Hinter dem Eingang führt ein Weg durch ehemalige Weinberge zum Felsvorsprung mit der Torre von Tappa. Lageplan und Wegmarkierung beachten.

Das torreanische Monument wurde ab 1960 durch den Archäologen R. Grosjean untersucht. Die Stätte war 2200 bis 1900 v. Chr. besiedelt und einst eine befestigte Siedlung mit Hütten und Felsnischen, unterirdischen Gängen sowie kleinen Bastionen. An einer erhöhten Stelle befand sich ein Hauptmonument mit rundem Grundriss, dessen Funktion ungeklärt ist. Die Bewohner des Dorfes stellten Keramik her (Funde im Musée de Préhistoire Corse in Sartène – *s. dort*) und betrieben Landwirtschaft.

Ziele in der Umgebung

Chapelle San Quilico

17 km südwestl. von Porto-Vecchio. Die N 198 nach Süden nehmen; rechts auf die D 859 nach Figari abbiegen und der Straße 14 km folgen (etwa 1 km nach der Abzweigung der D 59). Links 1 km nach Montilati fahren.

Die Kapelle San Quilico ist eine der wenigen überwölbten romanischen Bauten Korsikas: Das Tonnengewölbe ebenso wie die Wände sind einfach gemauert. Das einzige Fenster befindet sich in der kleinen Apsis. Das Dach besteht aus *teghje* (Schieferschindeln), die direkt auf das Gewölbe gelegt wurden.

Conca

22 km nördl. von Porto-Vecchio über die N 198, dann von Ste-Lucie-de-Porto-Vecchio links über die D 168.

Die über dem Meer liegenden Häuser dieses Weilers waren der Schauplatz der Befreiung Korsikas. Am 22. September 1943 ging **Jean-Pierre Michelin** von dem U-Boot *Casabianca* mit 109 Soldaten in Conca an Land, das er heimlich bestiegen hatte. Er fand mit den Widerstandskämpfern Jean-Baptiste Leccia und Paul Cavalloni den Tod. Conca ist unter Wanderern bekannt; es ist eines der Ziele der Route GR 20 (das andere ist Calenzana in der Nähe von Calvi).

Tipps und Adressen

Übernachten

Camping La Vetta – *Trinité – 5,5 km nördl. von Porto-Vecchio über die N 198 – 04 95 70 09 86 – info@campinglavetta.com – Reserv. empf. – – 100 Plätze: 25 € – Imbiss.* Auf diesem einwandfrei gepflegten Campingplatz in schöner Umgebung sind die Terrassenplätze besonders zu empfehlen. Pool und Spielplatz.

Camping Les Îlots d'Or – *Trinité – 5,5 km nördl. von Porto-Vecchio über die N 198 – 04 95 70 01 30 – 15. April-15. Okt. – – 180 Plätze: 24 € – Imbiss.* Ruhe und Entspannung sind auf diesen 4 ha mit Korkeichen und Eukalyptusbäumen am Meer garantiert. Auch Vermietung von Bungalows und Wohnmobilen.

Camping U Pirellu – *Piccovagia – 20137 Porto-Vecchio – 9 km östl. von Porto-Vecchio – 04 95 70 23 44 – u.pirellu@wanadoo.fr – 15. April-30. Sept. – 150 Plätze: 20 € – Imbiss.* Auf diesem Campingplatz in einem Eichenwald sind Schattenplätze, Holzhütten mit Meeresblick sowie Ferienwohnungen mit Terrasse und Grill vorhanden. Tennis, Minigolf und Pool.

Chambre d'hôte Littariccia – *Route de Palombaggia – 20137 Porto-Vecchio – 10 km von Porto-Vecchio entfernt – 04 95 70 41 33 – www.littariccia.com – 6 Zi: 85/185 € – P.* Traumhafter Blick auf das Meer und im Hintergrund die Inseln Cerbical und Sardinien von den großen Terrassen der Zimmer und Apartments. Geschmackvoll eingerichtete Zimmer laden zum Erholen ein.

Hôtel-Résidence U Benedettu – *Auf der Halbinsel Benedettu – 20137 Porto-Vecchio – 10 km nordöstl. von Porto-Vecchio über N 198 und D 468 – 04 95 71 62 81 – www.ubenedettu.com – 16 Zi: 65/150 € – 11 € – Rest. 50 € – P.* Hotel und Anlage mit Ferienhäuschen für längere Aufenthalte in idyllischer Lage am Strand. In der Hauptsaison können Sie auf der Restaurant-Terrasse den Golf von Porto-Vecchio und die mediterrane Küche genießen.

Hôtel Le Moby Dick – *Am Golf von Santa-Giulia – 20137 Porto-Vecchio – 04 95 70 70 00 – www.sud-corse.com – 21. Okt.-29. April geschl. – 44 Zi: 90/120 €, Halbpension – Rest. 38/55 € – P.* Türkises Wasser, weißer Sandstrand und Stroh-Sonnenschirme: Man fühlt sich wie in einer anderen Welt. Dieses Hotel mit renovierten Zimmern liegt zwischen Lagune und Meer.

Grand Hôtel de Cala Rossa – *Am Strand von Cala Rossa – 20137 Porto-Vecchio – 10 km nordöstl. von Porto-Vecchio über N 198 und D 468 – 04 95 71 61 51 – www.cala-rossa.com – 3. Jan.-31. März geschl. – 40 Zi: 308/718 € – 40 € – Rest. 120/160 € – P.* Es gibt Orte, die unvergesslich bleiben – dieses Hotel gehört dazu. Jeder Moment in dem grünen Garten, auf der Teakholz-Terrasse am Wasser, am Strand oder in den luxuriösen mediterranen Zimmern ist ein Genuss – nicht zu vergessen das köstliche Essen!

Essen und Trinken

Tamaricciu – *Strand von Palombaggia – 20137 Porto-Vecchio – 04 95 70 49 89 – Nov.-Mitte April geschl. – – 13,50/50 €.* Auf der Speisekarte dieser eleganten Strohhütte mit Teakholz-Terrasse finden sich verlockende Fischgerichte, aber auch Pizza als schnelles und günstiges Mittagessen.

Le Costa Rica – *Am Golf von Santa-Giulia – 20137 Porto-Vecchio – 04 95 72 24 51 – 16. Okt.-30. April geschl. – 35 €.* Dieses Hotel bietet einen herrlichen Blick auf die Bucht von Santa Giulia. Täglich wechselndes Menü in entspannter und angenehmer Atmosphäre.

U Santa Marina – *Am Golf von Santa-Giulia – 20137 Porto-Vecchio – 04 95 70 45 00 – Mitte Okt.-Mitte März geschl. – 35/85 €.* Gute Küche mit regionalen Fischspezialitäten in südländischer Atmospäre auf einer der vielen Terrassen mit wunderbarem Blick auf den Golf.

Sport und Freizeit

Kallisté Plongée – *Route de Bonifacio – 20137 Porto-Vecchio – 04 95 70 44 59 – www.corsicadiving.com – Mitte Juni-Ende Sept. auf vorherige Anfrage 7.30-19.30 Uhr.* Dieser Tauchklub am Strand von Palombaggia gehört unter anderem dem französischen Tauchsportverband FFESSM und dem europäischen Tauchlehrerverband CEDIP an. Er bietet im klaren Wasser des Parc Marin und in den geschützten Bouches de Bonifacio (Inseln Cerbicale und di U Toro) Tauchlehrgänge und -fahrten für Anfänger und Fortgeschrittene an.

Aztech Marine – *Bucht von Santa-Giulia – 7 km südl. von Porto-Vecchio – Route de Moby-Dick – 20137 Porto-Vecchio – 04 95 70 22 67 – www.divecorsica.com – Ostern-1. Nov. tgl. außer So 9-19 Uhr.* Aztech Marine liegt am schönen Strand von Santa Giulia, in der Nähe von herrlichen Tauchplätzen und bietet Lehrgänge sowie Tauchfahrten für jedes Niveau an. Seit Neuestem hat der Klub auch Angebote für Jachten (Betreuung auf dem Meer, Kurzzeit- und Dauerliegeplätze).

PROPRIANO

Pruprià

3166 EINWOHNER CORSE-DU-SUD (2A) – UMSCHLAGKARTE HINTEN B6 – MICHELIN LOCALKARTE 345 C9 – KARTENSKIZZE Golfe de VALINCO, S. 342

Dieser kleine Hafenort am kristallklaren, ruhigen Golfe de Valinco hat sich zu einem beliebten und lebendigen Urlaubsort entwickelt. Nicht nur die sportlichen Aktivitäten direkt am wunderbaren Sandstrand machen den Ort zu einem attraktiven Urlaubsziel – auch das Hinterland von Propriano bietet viel Interessantes.

Wegweiser – Propriano liegt ungefähr auf halbem Weg zwischen Ajaccio und Bonifacio am Ende des Golfs von Valinco.

Gut geplant – Wenn Sie gern Boot fahren und das Wetter mitspielt, bietet es sich an, einen Tagesausflug zum Naturschutzgebiet Scandola zu unternehmen. Auf diese Weise lässt sich die Schönheit der korsischen Küste am besten entdecken. Wenn Sie das Hinterland erkunden möchten, dann statten sie den schönen korsischen Dörfern am Golf von Valinco *(s. Golfe de Valinco)* einen Besuch ab.

Mit Kindern – Ein spannender, nächtlicher Ausflug in die geheimnisvollen Felsbuchten von Belvédère begeistert sowohl die älteren als auch die jüngeren Besucher.

Orte in der Nähe – Golfe de VALINCO, AJACCIO, Golfe d'AJACCIO

Stéphane Sauvignier / MICHELIN

Am Strand von Propriano wechseln sich kleine verträumte Felsbuchten mit herrlichen Sandstränden ab.

Geschichte und Geschichten

Später Aufschwung – Die Region um Propriano ist schon seit der Bronzezeit besiedelt und stand in regen Handelsverbindungen mit Karthagern, Etruskern und Griechen. Eine erste Ansiedlung am heutigen Ort Propriano ist für das 2. Jh. vor Chr. nachgewiesen.

Zu Beginn des 20. Jh. war der Ort ein kleines, unbedeutendes Dorf, das zur Gemeinde Fozzano gehörte. Der windgeschützte, einzige kleine Handelshafen des Sartenais entwickelte sich jedoch seit 1906 rasch weiter. Heute ist Propriano einer der wichtigsten Badeorte Korsikas.

Propriano im Überblick

Neben dem Quai St-Érasme liegt der **Jachthafen**. Die Hauptstraße mit ihren ockerfarbenen Häusern gegenüber dem Hafen hat sich ihre beschauliche Atmosphäre bewahrt. Dort liegen die Restaurants, Bars und Hotels. Bei den Stränden haben Sie die Qual der Wahl, einige sind auch zu Fuß zu erreichen.

Hinter dem Handelshafen auf Höhe des Leuchtturms Scoglio Longo liegt die **Plage du Lido** und in Verlängerung die **Plage du Corsaire**. Von Juli bis August ist der weiche Sandstrand bewacht. Hier bietet sich vor allem gegen Ende des Tages ein wunderbares Naturschauspiel während des Sonnenuntergangs, wenn sich der Golf von Valinco dann in die herrlichsten Farbtöne hüllt. Von der Stadt zugänglich sind die **Plage du Valincu** und die **Plage du Mancinu**.

Tipps und Adressen

Allgemeiner Hinweis

Fremdenverkehrsamt – *Jachthafen – ✆ 04 95 76 01 49 – www.oti-sartenaisvalinco.com*

Verkehrsmittel

Fährgesellschaften – *s. S. 374*

Autovermietung – Budget – *✆ 04 95 76 00 02*

Zweiradvermietung – JLV – *✆ 04 95 76 11 84*

BOOTSFAHRTEN

Compagnie maritime I Paesi di u Valincu *– Jachthafen – ✆ 04 95 76 16 78 – www.corsica.net/promenade – Anfang April-Mitte Okt. tgl. ab 9 Uhr, Nov.-März geschl.* Bootsausflüge vom Jachthafen Propriano in den Golf von Valinco, in das Küstenschutzgebiet, nach Bonifacio, zum Naturschutzgebiet Scandola, in den Golf von Porto, zu den Îles Sanguinaires, nach Girolata und zu den Calanche de Piana.

Promenades en mer Valinco – *Jachthafen – ✆ 04 95 76 35 27* – Bootsausflüge vom Jachthafen in den Golf von Valinco und in das Küstenschutzgebiet.

Übernachten

⊖ **Loft Hôtel** – *3 rue Pandolfi – ✆ 04 95 76 17 48 – loft-hotel@wanadoo.fr – 1. Okt.-14. April geschl. – 25 Zi: 45/70 € – ☕ 6 € –* [P]. In diesem modernen Hotel sind Sie sicher nicht in einer typisch korsischen Unterkunft, aber sie strapazieren auch nicht Ihren Geldbeutel. Ähnlich wie in der Kettenhotellerie, nur ein bisschen großzügiger.

⊖⊖ **Beach Hôtel** – *Avenue Napoléon – Am Strand – ✆ 04 95 76 17 74 – beach.hotel@wanadoo.fr – Ende Okt.-Anfang April geschl. – 17 Zi: 54/81 € – ☕ 7,50 € –* [P]. Dieses moderne Gebäude besticht durch seine Lage direkt am Sandstrand. Geräumige Zimmer mit Balkon, fast alle mit einem schönen Blick auf den Golf.

⊖⊖ **Hôtel Le Bellevue** – *Jachthafen – ✆ 04 95 76 01 86 – info@hotels-propriano.com – 16 Zi: 59/96 € – ☕ 6 € – Rest. 10 € –* [P]. Dieses Haus ist wie ein Ausflug in die Bretagne: auf der Speisekarte stehen Crêpes, aber auch Salate und Eis. Sie können ein Zimmer mit Meerblick oder – wenn es ruhiger sein soll – zum Innenhof nehmen.

⊖⊖⊖ **Hôtel L'Ibiscus** – *Route de la Corniche – ✆ 04 95 76 01 56 – 15. Okt.-Feb. geschl. – 27 Zi: 85/90 € – ☕ 7 €.* Von diesem ruhigen Hotel in den Bergen hat man einen schönen Blick auf den Golf von Valinco. Die Zimmer sind geräumig und rustikal.

Essen und Trinken

⊖ **L'Hippocampe** – *Rue Pandolfi – ✆ 04 95 76 11 01 – www.restau-propriano.com – Nov.-März geschl. – 12/35 €.* Man sitzt hier unter wildem Wein auf der Terrasse und genießt den fangfrischen Fisch. Schlichte Bistro-Einrichtung im Gastraum.

⊖⊖ **Le Cabanon** – *Avenue Napoléon – ✆ 04 95 76 07 76 – 2. Nov.-März geschl. – Reserv. empf. – 21/29,50 €.* Dieses Restaurant ist in der ganzen Stadt für sein gutes Preis-Leistungsverhältnis bekannt; an eng stehenden Tischen werden Fisch und Meeresfrüchte serviert. Außerdem besitzt es eine Terrasse und ist günstig am Hafen gelegen.

⊖⊖ **Le Lido** – *Avenue Napoléon – ✆ 04 95 76 06 37 – www.le-lido.com – Okt.-1. Mai und Mo-mittag geschl. – 54/70 € – 14 Zi: 74/219 € – ☕ 12 €.* Dieses 1932 gegründete Restaurant besticht durch seine Lage auf einem Felsvorsprung. Schöne Terrasse, hervorragende Gerichte mit Fisch und Meeresfrüchten und eine kleine Bistro-Karte mit günstigen Preisen.

⊖⊖ **Le Tout va Bien „Chez Parenti"** – *10 av. Napoléon – ✆ 04 95 76 12 14 – 5. Jan.-1. März und 1.-15. Nov. geschl. – 30/38 €.* In diesem seit 1935 von Familie Parenti betriebenen Restaurant sitzt man gemütlich auf der Terrasse und genießt eine abwechslungsreiche Küche vorwiegend mit Fisch und Meeresfrüchten.

Einkaufen

Bocca Fina – *Rue des Pêcheurs – ✆ 04 95 76 28 10 – Juni-Sept. tgl. außer So 9-13 und 15-20 Uhr, sonst tgl. außer So 9-12.30 und 15-19 Uhr, Fei außer 14. Juli und 15. Aug. geschl.* Frau Luciani wählt für ihren Feinkostladen nur die besten Erzeugnisse aus: Darunter Wurst, Honig, Konfitüre, Kekse, Wein und Olivenöl bester Qualität.

Sport und Freizeit

„U Levante" – Plongée Évasion Propriano – *Jachthafen – ✆ 04 95 76 23 83 oder 06 22 44 75 99 – www.plonger-en-corse.com – April-Sept. auf vorherige Anfrage 8.30-19.30 Uhr, Mitte Okt.-April geschl.* Personalisierte Tauchlehrgänge für jedes Niveau.

Valinco Plongée – *Jachthafen – neben der Hafenmeisterei – ✆ 04 95 76 31 01/06 07 11 80 48 – www.valinco-plongee.com – April-Okt. tgl. nach vorheriger Absprache.* Hier können Sie als Anfänger oder Fortgeschrittener die wundervolle Unterwasserwelt des Golfs von Valinco entdecken.

Jachthafen – *✆ 04 95 76 10 40 – 8-20 Uhr.* Der Hafen ist gut vor Stürmen geschützt.

QUENZA

213 EINWOHNER – CORSE-DU-SUD (2A) – UMSCHLAGKARTE HINTEN B6 – MICHELIN LOCALKARTE 345 D9

Das Dorf auf einer mit Edelkastanien und Steineichen bewachsenen Hochebene wird von den gewaltigen Aiguilles de Bavella überragt. Im Sommer ist Quenza idealer Ausgangspunkt für Fuß- und Reitwanderungen in den Bergen der Umgebung sowie für Klettertouren. Im Winter tümmeln sich auf dem Coscione-Plateau die Freunde des Skilanglaufs und Nordic Walkings.

- **Wegweiser** – Nördl. von l'Alta Rocca und 7,5 km westl. von Zonza über die D 420. Das **Plateau du Coscione** ist 12 km in Richtung Norden über eine schmale Straße (gelegentlich in schlechtem Zustand) zu erreichen, die an der Kirche in Quenza beginnt.
- **Unbedingt sehenswert** – Ein Paradies für Skilangläufer und Kletterer.
- **Gut geplant** – Mit guter Kondition kann man in dieser Region tagelang unbehelligt vom touristischen Getriebe wandern.
- **Orte in der Nähe** – L'ALTA ROCCA, Les Aiguilles de BAVELLA, ZONZA, AULLÈNE, L'INCUDINE, ZIVACO

Zu Fuß unterwegs

Église St-Georges

Besichtigung nur auf Anfrage im Rathaus.

Die Kirche birgt eine geschnitzte Kanzel aus Holz, die am Fuß mit Drachen und einer maurischen Maske (beschädigt) ausgestaltet ist. Links, in der Chapelle Ste-Bernadette, befinden sich zwei auf Holz gemalte Bilder aus dem 16. Jh., auf denen Heilige und Bischöfe dargestellt sind.

Chapelle de Santa-Maria-Assunta

10 Min zu Fuß von der Église St-Georges auf der Straße nach Serra-di-Scopamène.

Diese Kapelle aus dem 11. Jh. steht einsam in der Nähe der Straße. Die Apsis ist mit dem traditionellen Schieferplatten *(teghje)* gedeckt. Innen wurde sie Ende des 15. Jh. mit schönen **Fresken★** ausgestaltet, die erst vor Kurzem restauriert wurden. Man sieht einen thronenden Christus in einer Mandorla und darunter ein blumengeschmücktes, zweifarbiges Rautenmuster.

Wanderungen

Von Quenza führen zahlreiche Wanderwege durch das Tal, die von der Verwaltung des Regionalparks orangefarben markiert wurden. Die folgenden Routen stellen keine besonderen Anforderungen und bieten Bademöglichkeiten in den Flüssen.

Von Quenza nach Serra-di-Scopamène

5 Std. (Unterkunft in Serra verfügbar). Beginn an der Kirche in Quenza. Man überquert einige Pässe und gelangt zu den Sommerweiden von Ghjallicu und Lavu-Donacu.

Plateau du Coscione★

In Quenza die Straße im Nordwesten nach Bucchinera und zum Langlaufskizentrum nehmen. Achtung: diese Straße ist zum Teil sehr schlecht, und im Winter müssen die Fahrzeuge für Schnee ausgerüstet sein. Auf der Hochebene liegen viele Wanderwege, die man mit einer Wanderkarte oder einem Wanderführer gehen kann (s. Zicavo).

In dieser großen Hochebene entspringen die beiden wichtigsten Flüsse

Naturschutz

Im Jahr 1985 begann man auf Initiative des Regionalparks den **Korsischen Hirsch** (Tyrrhenischer Rothirsch; *Cervus elaphus corsicanus*) in Quenza anzusiedeln. Er galt gegen Ende der 1960er-Jahre auf Korsika als ausgestorben. Man begann mit zwei Hirschpaaren und hatte Erfolg!

Korsikas: der Taravo und der Rizzanèse. Es herrscht ein mediterranes Hochgebirgsklima mit harten Wintern und Schnee bis Ende April. Auf einer durchschnittlichen Höhe von 1500 m bildet diese bergige Landschaft das größte Hochplateau Korsikas. Bis in die letzten Jahrzehnte hinein diente es noch intensiv als Sommerweide für die Herden Südkorsikas. Heute werden die Transhumanz-Wege vorwiegend von Wanderern und Reitern genutzt. Den nördlichen Teil der Hochebene bildet der Incudine in der Nähe von Zicavo.

Ziel in der Umgebung

Serra-di-Scopamène (Sarra-di-Scopamena)

7,5 km südl. über die D 420.
Die restaurierten Granithäuser am Berghang bilden ein schönes Ensemble. Am Südeingang des Dorfs liegt eine restaurierte **Wassermühle** *(keine Besichtigung)*. Die Mühle am Fluss bietet sich als Platz für ein Picknick an.

Tipps und Adressen

Übernachten

Gîte d'étape Corse Odyssée – *Quartier Pentaniella Ramaca – ✆ 04 95 78 64 05 – www.gite-corse-odyssee.com – Okt.-März geschl. – 7 Zi und 1 Schlafraum mit 7 Betten: 80/35 €* ☕. Ein großes, vollständig renoviertes Gebäude mitten in der Macchia. Es gibt einen gemütlichen, marokkanisch eingerichteten Salon und einen großen Speiseraum. Im Obergeschoss liegen die liebevoll eingerichteten Zimmer, zwei Familienzimmer und ein Schlafraum. Korsische und marokkanische Küche. Freundlicher Empfang.

Hôtel Sole e Monti – *✆ 04 95 78 62 53 – www.solemonti.com – Okt.-April geschl. – 19 Zi: 80/190 € – ☕ 10 € – Rest. 28/36 €* – P. Die Zimmer sind schlicht, aber gut gepflegt, mit kleinem Balkon mit Blick auf den hübschen Garten. Kehren Sie ruhig auch zum Essen in diesen Familienbetrieb ein, wenn Sie durch das Dorf kommen. Der Besitzer und Küchenchef ist ein typischer Korse und bereitet regionale Küche zu.

Essen und Trinken

Bar des sports – *Im Ort – ✆ 04 95 25 31 81 – 8/15 €*. Ein junges Ehepaar hat dieses etablierte Café mitten im Ort übernommen. Hier stärkt man sich gerne mit einem Tagesgericht, einem Omelette, korsischer Wurst oder einem Sandwich. Besonders für Wanderer bietet sich dieses nette Lokal an.

Einkaufen

Jean-Orsatti – *Villa Antonia – von Zonza aus die erste Straße rechts nach dem Schloss, nach 500 m rechts eine gelbe Villa – ✆ 04 95 78 61 17 – 9-12 und 14-19 Uhr*. Machen Sie auf Ihrem Weg nach Bavella bei Herrn Jean Orsatti Station. Er ist Imker und bietet die besten korsischen Honige mit Herkunftszertifikat AOC zur Verkostung und zum Kauf an. Wie vor Ihnen seine bekanntesten Kunden Nicolas Hulot, Yves Duteil oder Édouard Balladur, können Sie dort Klee-Baumheide-Honig, Gamander-Thymian-Honig und Erdbeerbaum-Honig probieren.

François Susini – *„Chedi Agnulellu" – 20152 Sorbollano – ✆ 04 95 78 60 77 – telefonisch reservieren*. Wenn Sie in dieses kleine Bergdorf kommen, lassen Sie sich bei François Susini alles über die hervorragenden traditionellen Wurstwaren *(prisuttu, coppa, salamu oder lonzo)* erzählen.

Sport und Freizeit

Corse Odyssée – Gîte d'étape – *(s. Übernachten) – Mai-Okt. auf vorherige Anfrage*. Dieses Sportzentrum inmitten der Macchia bietet Wanderungen, Wassersport und Canyoning in der wunderschönen Umgebung der Aiguilles de Bavella an.

Randonnées J.-P. Quilici – Canyonning Escalade – *✆ 04 95 78 64 33 oder 06 16 41 18 53 – www.jpquilicimontagne.com – tgl. 9-18 Uhr, 15. Sept.-15. Juni geschl.* Jean-Paul Quilici ist Bergführer und eine Symbolfigur für das Bergsteigen auf Korsika. Er bietet geführte Klettertouren, Klettersteigtouren, Wanderungen und Canyoning an.

Chez Pierrot – *Pierre Milanini – An der Straße des Plateau du Coscione (5 km von Quenza entfernt) – 20122 Quenza – ✆ 04 95 78 63 21* – Dieser Reiterhof wird von dem Lokalmatador Pierrot geführt. Der graubärtige Pierre Milanini bietet Reitwanderungen in der Hochebene an *(1 ½ Std.: 22 €,Tagesausflug: 100 €, inklusive Picknick)*. Außerdem Gästezimmer, Gaststube und Herberge.

Gorges de la RESTONICA★★

HAUTE-CORSE (2B) – UMSCHLAGKARTE HINTEN B4 – MICHELIN LOCALKARTE 345 D6

Parallel zum Tavignano entspringt die Restonica auf 1711 m Höhe im Rotondo-Massiv, einem der höchsten Gebirge der Insel. Der Fluss schlängelt sich rund 15 km lang durch malerische, tiefe Schluchten mit zahlreichen Gumpen und fließt schließlich in der Hochebene von Corte auf 400 m Höhe in den Tavignano. Im Sommer sind die Schluchten der Restonica ein beliebtes Ausflugsziel.

Didier Pazery / MICHELIN

Das 1700 m hoch gelegene Rotondo-Massiv ist das Quellgebiet der Restonica, die sich später als wild rauschender Bach durch die Gorges de la Restonica schlängelt.

Wegweiser – Von Corte aus über die D 623: Auf 16 km schmaler und kurviger Straße *(Ausweichmanöver sind schwierig!)* gelangt man zur Grotelle-Alm.

Parken – Es gelten Vorschriften und Beschränkungen für die Zufahrt zum Naturschutzgebiet Gorges de la Restonica *(s. Tipps und Adressen)*.

Unbedingt sehenswert – Die Wanderung zu den Bergseen Mélo und Capitello sind ein echtes Erlebnis, erfordern allerdings etwas Ausdauer und Vorsicht.

Mit Kindern – Die Gumpen der Restonica bieten großen Badespaß, man muss jedoch vorsichtig und aufmerksam sein.

Gut geplant – Möglichst früh am Morgen aufbrechen, weil die Hitze und der Touristenstrom im Laufe des Tages immer mehr zunehmen. Denken Sie an ausreichend warme Kleidung: Die Temperaturen in den Bergen können stark schwanken *(s. Tipps und Adressen, Sicherheitshinweise)*.

Orte in der Nähe – CORTE, Vallée du TAVIGNANO

Zu Fuß unterwegs

Hochtal★★★

Die vielen Wanderer im Hochtal der Restonica lassen vergessen, dass man sich im Gebirge befindet; trotz der verhältnismäßig geringen Anforderungen sind gute Wanderschuhe jedoch unverzichtbar. In der zweiten Hälfte befinden sich einige schwierigere Stellen mit Kette und zwei Leitern. Liegt kein Firnschnee, kann man die Felsbarriere umgehen. Der Weg ist mit Hunden und für kleine Kinder ungeeignet.

Der Weg beginnt an der Grotelle-Alm, rechts neben der kleinen Hütte.

2 ½ Std. hin und zurück bis zum Lac de Melo (lavu di Melu). Gehen Sie auf der gelb und grau markierten südl. Verlängerung des Wegs in der Restonica-Schlucht das Tal

hinauf. Wie alle Gletschertäler, so besitzt auch das Hochtal der Restonica schroffe Felswände und ein flaches Becken mit Geröllablagerungen. Es erweitert und verengt sich immer wieder, und in den Senken liegen häufig Seen und große Felsblöcke (französisch: *verrou*, Riegel), die das Tal versperren. An der Moräne entlang erreicht man bei etwa 1500 m Höhe eine große grüne Senke. Dann den südlichen Weg, der deutlich erkennbar am linken Flussufer entlangführt, bergauf zu einem mit Erlen bewachsenen Plateau nehmen.
Der gelb gekennzeichnete Weg führt zu einer großen Felswand, die den Lac de Melo einschließt *(½ Std. vom Parkplatz)*. Dort wachsen vor allem der weißblühende Steinbrech und das Korsische Fettkraut, eine fleischfressende Pflanze. Die Flora steht unter Naturschutz, es dürfen keine Pflanzen gepflückt oder ausgegraben werden.

Lac de Melo (Lavu di Melu)★

Rechts neben dem Weg direkt vor dem Ufer des Melo befindet sich eine Wasserstelle. Im Sommer wird diese Region von den meisten Touristen Korsikas besucht, sodass die Regionalparkverwaltung den Zugang zu einem Bereich gesperrt hat.
½ Std. von der Felswand. 1711 m Höhe. Zwei Übergänge mit Kette und Leitern führen über dieses Hindernis zum See. Bei Regen oder wenn der Boden durch die Schneeschmelze sehr feucht ist, ist dieser Übergang rutschig. Vorsicht ist geboten!

Ein anderer, etwas längerer Weg ist nur begehbar, wenn kein Schnee liegt. Er beginnt am linken Flussufer und führt links um die Felswand herum (1 Std.).

Der Melo, an dem die Restonica entspringt, bildet einen fast exakten Kreis und gehört zu den sieben Seen des Monte Rotondo. Er wird von über 2000 m hohen Felsspitzen überragt, beispielsweise der Punta Capitello und dem Berggrat Lombarduccio, auf dem im Sommer etwas Firnschnee liegt. Forellen und Bachsaiblinge tummeln sich im See, der bei Anglern sehr beliebt ist.

Ein Weg führt im Westen am See entlang.

Lac de Capitello (Lavu di Capitellu)★★

Etwa 1 ½ Std. hin und zurück vom Lac de Melo. Der Weg mit einigen steilen Strecken ist gut markiert.
1930 m Höhe. Der Bergsee gilt als eines der Juwelen der Insel, eingeschlossen zwischen mehr als 2000 m hohen Felswänden. Er liegt nur 600 m Fluglinie vom Lac de Melo entfernt, allerdings gut 219 m höher und ist rund elf Monate im Jahr zugefroren.

Zurück nach Grotelle über denselben Weg.

Monte Rotondo★★

Monte Ritondu bedeutet auf Korsisch „runder Berg". Diese imposante Bergkette in der Mitte der Insel ist der zweithöchste Gipfel auf Korsika (2622 m). Mehrere Jahrhunderte lang ging man davon aus, dass der Monte Rotondo die höchste Erhebung der Insel ist. Die Besteigung stellt keine besonderen Anforderungen (außer bei spätem Schneefall), sodass der Monte Rotondo zu den am häufigsten begangenen Gipfel Korsikas zählt. Man kann ihn an der Nordseite besteigen (Tageswanderung vom Restonica-Tal aus) oder an der Südseite (Zweitagestour mit einer Übernachtung in der Berghütte Pietra Piana).

Besteigung vom Restonica-Tal aus

Wegen der Länge dieser Tageswanderung ist eine gute Kondition unbedingte Voraussetzung – auch, wenn die Tour ansonsten keine besonderen Anforderungen stellt. An gutes Schuhwerk, warme Kleidung, Sonnenschutz, ausreichend Wasser und eine gute Verpflegungsration ist zu denken.
Brechen Sie möglichst früh am Morgen auf, damit Sie den Gipfel noch am Vormittag erreichen.

Ausgangspunkt: Die Wanderung beginnt an der Kreuzung von D 623 und dem markierten Weg am Timozzu (1030 m), etwa 100 m nach dem Pont du Timozzu. Parken Sie Ihr Fahrzeug dort.

Die einzige Quelle

Nach einer Legende soll die Restonica bei einer Dürre als einziger Wasserlauf nicht versiegt sein. Der Name *Restonica* entstand wohl zu dieser Zeit und bedeutet „einzig Gebliebene".

Eine schroffe Bergwelt umrahmt den tiefblauen Bergsee Capitello.

Etwa 8 Std. hin und zurück. Der ehemalige Forstweg führt südöstlich am linken Timozzu-Ufer entlang durch den kommunalen Forêt de la Restonica.

Nach etwa 35 Min. verengt sich der Weg und schlängelt sich den Hang nach oben bis zu einer Senke, die durch eine Moräne des Timozzu getrennt ist. Den Rand der Senke (1460 m) erreicht man nach gut 1 ½ Stunden Weg; linker Hand liegt jetzt die **Sennerei Timozzu**. Gehen Sie in Richtung der Almhütten und dann rechts daran vorbei zu dem großen geraden Bergkamm im Süden.

Nach etwa ½ Std. erreichen Sie die Quelle des Trighione (1921 m); jetzt halten Sie sich links und gehen bis zum **Lac di Oriente** (2061 m) weiter. Danach führt der Weg etwa 1 Std. entlang der mit Steinhäufchen markierten Route in südliche Richtung bis zu einem steilen Korridor. Überqueren Sie nun vorsichtig das Geröll am Anfang und steigen Sie dann bis zum Kamm hinauf. Wenn sich der Weg wieder öffnet, nehmen Sie den Weg links in Richtung Osten zum Gipfel des Rotondo.

Alternative über die Berghütte Pietra-Piana (von Vivario aus)

Vom Ausgangspunkt Vivario aus nehmen Sie die Route Forestière du Verghello, die sich auf der Höhe des Pont du Vecchio verzweigt, von Corte aus rechts vor der Brücke. Diese steil ansteigende Straße führt zu einem Fluss. Das Fahrzeug dort abstellen.

Eine sportlichere und längere Alternativroute zum Monte Rotondo: Man übernachtet auf der Berghütte (möglichst früh am Tag dort ankommen, sie ist im Sommer stark belegt!). Die Strecke bis zur Berghütte Pietra-Piana-Michel-Fabrikant dauert etwa 4 Std. Von da sind es mindestens noch weitere 3 Std. bis zum Gipfel. Am anderen Flussufer nehmen Sie den Maultierpfad durch den schönen Lariciokiefernwald. Nach einer guten ½ Std. Wegzeit kommen Sie an der Bergerie de Porcile vorbei. Von dort gehen Sie über den Col de Tribali (Bocca Tripoli, 1590 m).

Sie gelangen bald auf einen rot-weiß gekennzeichneten Abschnitt des Fernwanderwegs GR 20, der direkt zur Berghütte Pietra-Piana führt.

Von der Berghütte aus steigen Sie am linken Flussufer nach Norden bis zu einer grünen Ebene hinauf. Dahinter wandern Sie über einen steilen Aufstieg und dann in Serpentinen immer am Hang entlang in Richtung einer auffälligen Spalte im Berggrat. Hinter diesem Berggrat gelangt man am Rand einer felsigen Senke zum **Lac de Bellebone★** (2321 m). Der stille Bergsee liegt direkt unterhalb des Monte Rotondo und bildet mit seiner von steilen Felsen eingeschlossenen Wasserfläche eine erhabene Hochgebirgslandschaft. Setzen Sie den Anstieg zum Monte Rotondo dann am Nordufer des Sees fort. Es geht zuerst durch einen Geröllkorridor. Halten Sie sich anschließend links und folgen Sie dem Berggrat nach Norden bis Sie den Gipfel des Monte Rotondo erreichen.

Ausflug

Les Bergeries de Grotelle (Grutelle) mit dem Auto

15 km – etwa ¾ Std. – Corte auf der Route d'Ajaccio über die Tavignano-Brücke verlassen, dann direkt rechts die D 623 nehmen. Achtung: Die Zufahrt ist während der Saison beschränkt (s. Tipps und Adressen).
Die Straße führt im Regionalpark durch das enge Restonica-Tal zwischen Punta di Zurmulu und Punta di u Corbo.

Vater des GR 20

Der Wanderer und Bergsteiger **Michel Fabrikant** (1912-1989) hat die korsischen Berge sehr häufig bestiegen und beschrieb 1972 einen Höhenwanderweg mitten durch Korsika, den späteren GR 20. Zurecht sind daher Wanderführer und eine Berghütte auf dem berühmten Fernwanderweg Pietra-Piana, nach ihm benannt.

Forêt de la Restonica★

Im Restonica-Forst werden die Edelkastanien, insbesondere an den ungeschützteren Hängen ab 700 m Höhe, bald von **Lariciokiefern** abgelöst *(s. Vizzavona)*. Die Folgen der Waldbrände, die hier im Sommer 2000 gewütet haben, sind noch zu sehen.
Zwischen ockerfarbenen, mit Kiefern bewachsenen Felsformationen wird das Tal immer schmaler und bildet bald eine enge Schlucht. Tief unten tost das Wildwasser des Flusses durch die Felsblöcke hindurch.
Nach dem Pont de Tragone führt die D 623 am rechten Ufer der Restonica entlang. Eindrucksvolle Gipfel mit mehr als 2000 m Höhe überragen das Tal, die Straße führt durch eine raue Felslandschaft; nach und nach wird der Baumbestand dünner. Aus grünlichen Felsen stürzen Wasserfälle. Es bietet sich eine gewaltige und beeindruckende Kulisse.

Bergeries de Grotelle

Großer (in der Saison gebührenpflichtiger) bewachter Parkplatz hinter den Almhütten. 1375 m Höhe. Der befahrbare Weg endet etwas oberhalb der alten Trockensteinhütten, die früher eine regelmäßige Station für Hirten und Herden auf dem Weg zum Lac de Melo waren.
Eine beeindruckende hochalpine **Landschaft★★** breitet sich vor dem Betrachter aus: Rechts steht der lange Kamm des Capu a Chiostru (2295 m), linker Hand throhnt das mächtige Massiv des Monte Rotondo (2622 m), geradeaus am Horizont begrenzen die Gipfel des Lombarduccio (2261 m) das Tal. Kurz vor den Almhütten wachsen einige mächtige Seekiefern in den Himmel. Die korsische Seekiefer kann bis zu 35 m hoch werden. Sie besitzt einen geraden Stamm, eine kegelförmige Krone und eine der Lariciokiefer ähnliche Form.

Amaury de Valroger / MICHELIN

Im Frühjahr ist der 2321 m hoch gelegene Lac de Bellebone oft noch gefroren.

Tipps und Adressen

Allgemeine Hinweise

Bergwetterdienst – *s. S. 373*

Bergrettungsdienst – *✆ 04 95 61 13 95 oder 112*

Zufahrtsbeschränkungen – Das Naturschutzgebiet Gorges de la Restonica ist über die 16 km lange Route Départementale zwischen Corte und den Bergeries de Grotelle erreichbar. Während der Sommermonate ist die Restonica-Schlucht sehr gut besucht, es besteht die Gefahr von Waldbränden und plötzlichem Wasseranstieg. Daher wird hier der Autoverkehr auch streng reglementiert.
Die Parkplätze Grotelle und Lamaghjosu haben nur begrenzt Kapazitäten. Sind sie belegt, ist die Straße für alle Fahrzeuge außer für Rettungswagen ab dem Pont de Tragone aus Sicherheitsgründen gesperrt.
Da die Straße äußerst schmal ist, dürfen von 15.30 bis 17 Uhr ab Tuani, ca. 5 km hinter Corte, keine Fahrzeuge hinauffahren. Außerhalb der ausgewiesenen Parkbuchten ist im gesamten Tal das Parken an der Straße untersagt.
Ab dem Campingplatz Tuani sind Wohnmobile, Wohnwagen und Fahrzeuge mit mehr als 4,5 t und 1,9 m Breite nicht zugelassen. Motorisierte Saisonkräfte regeln hier den Verkehr und geben Autofahrern die nötigen Hinweise, falls die Parkplätze im Hochtal belegt sein sollten.
Zwischen Corte und den Bergeries de Grotelle verkehren im Sommer regelmäßig Pendelbusse, um den Autoverkehr zu reduzieren.

Sicherheitshinweise – Die **Zufahrt** zu den Bergeries de Grotelle ist schön (und ab dem Campingplatz Tuani auch in gutem Zustand). An manchen Stellen wird die Straße jedoch sehr eng und bietet wenig Ausweichmöglichkeiten. Fahren Sie vorsichtig, vor allem in den nicht einsehbaren Kurven!
Es kommen sturzbachartige **Regenfälle** vor, die das Befahren der Strecke schwierig und gefährlich machen. Beachten Sie unbedingt die Wettervorhersage, bevor Sie in die Schlucht aufbrechen.
Wegen der **Waldbrandgefahr** ist große Vorsicht geboten! Die Folgen der Brände vom Sommer 2000 sind bis heute zu sehen: schwarze Baumstümpfe, kahle, ausgewaschene Hänge ... Offenes Feuer, Biwakieren und wildes Zelten sind verboten.
Der Temperaturunterschied zwischen Corte und Grotelle kann erheblich sein, **gute Ausrüstung** ist von daher wichtig: Etwas Warmes zum Überziehen sowie Wanderschuhe und eine energiereiche Verpflegung mitnehmen – Sie befinden sich im Hochgebirge!

Die beste Zeit – Der Sommer ist zwar zum Baden besonders beliebt, um das Tal zu erleben, ist es jedoch nicht die richtige Zeit; insbesondere nicht, wenn man Abgeschiedenheit sucht. **Ende April bis Ende Juni**, wenn die noch beschneiten Gipfel einen Kontrast zur erwachenden Natur bilden, ist die Landschaft am schönsten. In den Wintermonaten kann die Straße unpassierbar werden. Mit guter Ausrüstung wird jedoch der lange, ungestörte Aufstieg mit dem Blick auf die gefrorenen Seen belohnt.

Übernachten

Hôtel Dominique Colonna – *Route des Gorges-de-la-Restonica – 20250 Corte – ✆ 04 95 45 25 65 – www.dominique-colonna.com – 5. Nov.-14. März geschl. – 28 Zi: 60/170 € – 11,50 €* – P. Dieses Hotel im Restonica-Tal bietet echte Erholung mitten in den Bergen. Moderne, ruhige Zimmer mit Balkon. Nebenan können Sie sich im Restaurant der **Auberge Restonica** stärken.

Sport und Freizeit

Zahlreiche Badegumpen locken entlang der Restonica mit klarem Wasser. Im Juli und August ist die Gegend gut besucht, bietet sie doch den Vorteil, Wandern und Baden verbinden zu können.

Drei gesicherte Klettergärten wurden eingerichtet: zwei zwischen Corte und dem Campingplatz Tuani (nach 2 km mit 42 Kletterwegen, nach 4 km mit 59 Wegen), der dritte nach 10 km, vor dem Pont de Tragone.

Für die Planung von **Wanderungen** können Sie sich an die korsische Wanderführer-Vereinigung *(✆ 04 95 48 10 43)* oder an Valle e Cime *(✆ 04 95 48 69 33)* wenden.

Amaury de Valroger / MICHELIN

Der Gipfel des Rotondo.

ROGLIANO★

Roglianu

458 EINWOHNER – HAUTE-CORSE (2B) – UMSCHLAGKARTE VORNE C1 – MICHELIN LOCALKARTE 345 F2 – KARTENSKIZZE CAP CORSE, S. 189

Bereits in römischer Zeit war der Ort in einer grünen Senke unterhalb des Monte Poggio besiedelt. Er besteht aus sieben Weilern, die über mehrere Hügel verstreut liegen: Campiano, Bettolacce, Magna, Soprana und Sottana, Olivo, Vignale sowie Querciolo. Rogliano mit seinem Rundturm, den Kirchen und der Burgruine war im Mittelalter Hauptsitz des mächtigen Adelsgeschlechts der da Mare.

Amaury de Valroger / MICHELIN

Von Rogliano bietet sich ein atemberaubender Blick über das Cap Corse.

Wegweiser – Die Gemeinde Rogliano liegt verstreut auf einem Vorgebirge im Norden des Cap Corse und überragt die Umgebung. Sieben Weiler gehören zur Gemeinde. Der Ort ist über die D 353 von Macinaggio oder über D 80 und D 53 von Centuri aus zu erreichen.

Unbedingt sehenswert – Die Hauptmonumente sind nicht für Besichtigungen geöffnet, man hat jedoch von Rogliano aus einen herrlichen Blick auf die Küste und Macinaggio.

Orte in der Nähe – CAP CORSE, CENTURI, ERBALUNGA, MACINAGGIO, NONZA

Geschichte und Geschichten

Ursprünge – Der Ortsname stammt möglicherweise von der antiken römischen Siedlung *pagus aurelianus* her, die im 3. Jh. nach dem römischen Kaiser Aurelianus benannt wurde. Man sprach dann von *Auriglianu*. Später könnte daraus der heutige Name Rogliano entstanden sein. Einige Quellen führen den Namen des Ortes auf die Farbe des Weizens auf den Feldern der Region und auf das lateinische Wort *aurum* (Gold) zurück.

Ein Adelssitz – Vom 12. bis zum 16. Jh. war Rogliano der Sitz der Genueser Lehnsherren **da Mare**, die einen Teil des Cap Corse beherrschten.
Im Jahr 1553 verbündete sich jedoch der mächtige **Giacomo Santo II da Mare** mit Sampiero Corso *(s. Bastelica)* und Marschall de Thermes von Frankreich. Er wurde Kommandant der franko-korsischen Kavallerie und hatte große militärische Erfolge. Im darauf folgenden Jahr starb er jedoch bereits durch einen Arkebusenschuss am Col de Tende.

Kaiserlicher Besuch – Am 2. Dezember 1869 geriet die kaiserliche Jacht *L'Aigle* auf dem Weg von Ägypten, wo Kaiserin Eugénie der Einweihung des Suezkanals beigewohnt hatte, in der Nähe des Cap Corse in ein Unwetter und musste in Macinaggio notgedrungen vor Anker gehen. Zur großen Freude der Bevölkerung legten die Kaiserin, ihre Hofdamen und Prinz Murat am Abend die 3 km bis nach Rogliano zu Fuß zurück. Es wird berichtet, dass die Kaiserin die Kirche von Rogliano betrat, wo der Pfarrer und die Einwohner des Ortes ihr zu Ehren ein lautes *Te Deum* angestimmt haben sollen.

Zu Fuß unterwegs

Kaiserin Eugénie bedachte den Ort nach ihrem Besuch im Jahr 1869 mit finanziellen Mitteln, die den Bau einer Straße durch Rogliano ermöglichten, die seitdem „Chemin de l'Impératrice" heißt.

Tour d'Agnello

In Privatbesitz. Der schöne Rundturm überragt die hohen Häuser von Bettolacce, dem Hauptdorf der sieben Weiler von Rogliano.

Église Sant'Agnellu

Keine Besichtigung. Der eher einfache Kirchenbau wurde im 16. Jh. errichtet und im 18 Jh. umgestaltet und erweitert.

Église St-Côme-et-St-Damien

Keine Besichtigung. Die heute säkularisierte Kirche wurde 1947 durch ein Feuer zerstört und steht in einem Tal südlich von Bettolacce. Der Ort, an dem sich der Bau befindet, war bereits in römischer Zeit besiedelt. Möglicherweise befand sich an der Stelle der heutigen Kirche bereits ein viel älterer Vorgängerbau. Das Ungewöhnliche an der Architektur dieser Kirche ist vor allem der quadratische, frei stehende Glockenturm.

Die Ruine von San Colombano

Zugang von Olivo und Vignale aus.

Von Vignale hat man einen wunderbaren **Ausblick★** auf das Meer und die anderen Weiler von Rogliano.

Linker Hand ragt auf einem Felssporn die Ruine der Festung San Colombano auf. Sie wurde in der Region nur *U castellacciu* („schlechtes Kastell") genannt, weil sie für die Bevölkerung unmittelbar mit der genuesischen Unterdrückung verbunden war; deren einstige Herren waren für ihre Genuatreue bekannt.

Die Festung der einst mächtigen Adelsfamilie da Mare soll gegen Ende des 12. Jh. errichtet worden sein. Im Jahr 1554 wurde sie von den Genuesen zerstört, nachdem ihr Burgherr **Giacomo Santo II da Mare** politisch auf die Seite der Franzosen gewechselt war. Giacomo de Negroni, ehemaliger Mitregent von San Colombano, ließ daraufhin ein neues *castellu* errichten, das 1947 jedoch einem Brand zum Opfer fiel.

Couvent de St-François

Keine Besichtigung.

Die Klosteranlage liegt in unmittlebarer Nähe der Festung San Colombano. Die Klosterkirche ist heute zerstört. Vor der Klosteranlage ragt ein hoher, **quadratischer Turm** mit einem Pecherker auf. Dieser Turm ging Ende des 16 Jh. in die lokale Geschichte von Rogliano ein, weil hier ein genuesischer Gouverneur ermordet wurde, der die Ländereien der mächtigen Landgräfin Barbara da Mare verwaltete.

Tipps und Adressen

Übernachten/Essen und Trinken

⊖⊖ **U Sant'Agnellu** – *✆ 04 95 35 40 59 – www.hotel-usantagnellu.com – 10. Okt.-Ostern geschl. – 20 € – 14 Zi: 110/150 €, Halbpension– ☕ 12 €.*
Dieses Hotel-Restaurant befindet sich in einem altehrwürdigen Gebäude mit Blick auf das Meer zwischen den Inseln Elba und Capraia. Es besitzt eine schöne, schattige Terrasse. Hier wird gute, regionale Küche serviert. Die Gästezimmer sind angenehm und komfortabel eingerichtet. Zum Hotel gehört auch ein schön angelegter Garten unter einem Olivenhain.

Golfe de SAGONE★

Golfu di Sagone

CORSE-DU-SUD (2A) – UMSCHLAGKARTE HINTEN A5 – MICHELIN LOCALKARTE 345 B7

Diese lange Bucht liegt zwischen dem Golf von Ajaccio und dem Golf von Porto. In großen Deltas münden hier Sagone, Liamone und Liscia ins Mittelmeer und haben herrliche Sandstrände entstehen lassen. Mit Macchia, Steineichen und Olivenbäumen bedeckte Hügel säumen den Golf. Manchmal gibt der Golf auch ein melancholisches Bild ab, wenn der Himmel schwer und bleifarben ist und das Meer metallisch glänzend von grauen Wellen aufgewühlt wird.

Stéphane Sauvignier / MICHELIN

Der alte genuesische Turm wacht über die wunderschöne Bucht von Sagone.

- **Wegweiser** – Zwischen Ajaccio und Cargèse. Im Norden bildet die Pointe de Cargèse und im Süden der Capo di Feno den Abschluss des Golfs von Sagone; sein Beginn ist die Liscia-Mündung, der kleine Golfe de la Liscia.
- **Unbedingt sehenswert** – Der Golf ist in erster Linie ein Urlaubsgebiet, und die Schätze der Insel findet man eher nördl. bei Cargèse, im Hinterland bei Vico oder in der Cinarca.
- **Gut geplant** – Planen Sie einen Tag für den Ausflug ein, wenn Sie eine Badepause oder einen Abstecher auf den Gozzi-Felsen machen möchten.
- **Orte in der Nähe** – VICO, AJACCIO, La CINARCA, CARGÈSE

Golfe de Sagone im Überblick

Sagone

Seit dem 6. Jh. war die ursprünglich römische Siedlung einer der ersten Bischofssitze Korsikas. Im Mittelalter stieg ihre Bedeutung, sodass sich das Bistum bis nach Calvi ausdehnte. Im 12. Jh. ließ der durch den Erzbischof von Pisa beauftragte Titularbischof die prächtige Kathedrale Sant'Appiano errichten, deren Fundamente bei Ausgrabungen zutage kamen. Im 16. Jh. wurde die Stadt von den Sarazenen zerstört. Die Malaria im Mündungsgebiet führte außerdem dazu, dass der Bischofssitz zuerst nach Vico, und 1625 nach Calvi verlegt wurde.

In Sagone hat sich nur wenig aus der Vergangenheit erhalten. Es ist heute ein unscheinbarer, aber aufstrebender **Badeort**. Entlang der D 81 liegen ein großer Strand, ein Jachthafen und Wassersportzentren (Segelklub, Tauchklub). Verwaltungstechnisch gehört Sagone heute zu Vico *(s. Vico)* im Landesinneren. Der **Genuesische Turm** im Westen des Orts überragt die kleine Bucht von Sagone und den Hafen.

Zu Fuß unterwegs

Rocher de Gozzi★

Von Appietto aus auf einem Maultierpfad, der auf der rechten Seite kurz vor dem letzten Weiler des Dorfes beginnt.

3 Std. hin und zurück. Auf der Höhe eines Bildstocks biegen Sie rechter Hand ab und gehen bis zum Brunnen von Appietto; auf der anderen Seite führt der Weg hinauf zu den Ruinen eines mittelalterlichen Schlosses, das einst den Grafen von Cinarca gehörte. Von der Felsspitze (708 m) aus ergibt sich ein **Panoramablick★** auf den Golf von Sagone, das Gravona-Tal und Ajaccio.

Ausflüge

Von Cargèse zum Golfe de Lava – *s. Kartenskizze S. 306*

53 km – etwa 2 Std.

Cargèse★ – *s. dort*

Von Cargèse bis hin zum Golf von Lava führen die Straßen D 81 und D 381 meist dicht an der Küste entlang und über einige Flussmündungen, an denen schöne **Sandstrände** liegen *(Plage de Ménasina und Plage de Stagnoli, s. Cargèse).*

Sagone – *s. S. 305*

Tiuccia

Dieser kleine, hübsche Badeort am Golfe de la Liscia wird von den Ruinen der Burg von Capraja überragt, die einst im Besitz der Grafen von Cinarca war. Vor Ort werden Bootsausflüge nach Capo Rosso, zu den Calanche de Piana und nach Girolata angeboten.

Golfe de la Liscia

Dieser kleine Golf zwischen den beiden **Genuesischen Türmen** von Ancone und Capigliolo bietet an seiner Felsküste gute Möglichkeiten zum Tauchen.

Einige **kleinere Kieselbuchten** sind über den Küstenweg von dem Turm von Ancone aus zu erreichen. Im Norden an der Flussmündung liegt ein herrlicher **Sandstrand**.

Col de San Bastiano

Eine Stele aus rötlichem Granit erinnert heute an den ersten Überflug des Mittelmeers durch die Ballonfahrer **Louis Capezza** und **Alphonse Fondère**. Am 14. November des Jahres 1886 starteten die beiden am Nachmittag gegen 16.30 Uhr von Marseille aus an Bord des alten Ballons *Gabizoz* und landeten auf abenteuerliche Weise mitten in der Nacht und während eines Unwetters in der Nähe von Appietto.
Vom Pass (411 m) aus ist lediglich der Golf von Lava zu sehen; von der Anhöhe hinter der Kapelle jedoch kann man einen weiten **Blick**★ auf den Golf von Sagone und die Cinarca genießen.

Am Col de Listincone (232 m) links die kleine Straße nach Appietto nehmen.

Appietto

Dieses Dorf, aus dem die mächtigen Grafen der Cinarca stammen *(s. La Cinarca)*, besteht aus drei kleinen, auf Terrassen liegenden Weilern an den mit Macchia bewachsenen Gebirgshängen. Der einstige Stammsitz der Grafen von Cinarca besitzt auch eine hübsche Dorfkirche.

Am Col de Listincone wieder die D 81 nach Norden nehmen und dann linker Hand auf die D 381 einbiegen.

Golfe de Lava

Die Straße führt am Wildbach Lava entlang und schlängelt sich durch eine unbewohnte, einsame Weidelandschaft; sie endet an einem schönen Sandstrand zwischen dem Capo di Feno und dem Golf von Sagone.

La Cinarca★ – *s. dort*

51 km von Tiuccia – etwa 2 Std.

Tipps und Adressen

Allgemeiner Hinweis

Fremdenverkehrsamt Sagone – *Route de la Plage – ✆ 04 95 28 03 46*

Übernachten

⊖ **Camping Les Couchants** – *20111 Tiuccia – 5 km nördl. von Tiuccia über die D 81 und rechts die D 25, Route de Casaglione – ✆ 04 95 52 26 60 – http://camping.les couchants.free.fr/ – – 120 Plätze: 22 € – Imbiss.* Dieser Campingplatz ist hübsch angelegt und äußerst gut gepflegt – sogar die Stellplätze sind mit Lorbeerbäumen bepflanzt. Die Anlage ist terrassenförmig angelegt und befindet sich gegenüber dem Golf von Sagone.

Essen und Trinken

⊖ **Crêperie A Spusata** – *Plage de Sagone – ✆ 04 95 28 07 47 – Nov.-Feb. geschl., März-Juni und Sept.-Okt. Di geschl. – 7/14 €.* Auf dieser Terrasse mit herrlichem Blick auf den Strand lässt man sich gerne nieder und genießt hier die köstlichen Crêpes aus Buchweizen oder – etwas ungewohnter – aus Kastanienmehl.

⊖⊖ **Auberge „Chez Léon"** – *Volpaja – 20167 Appietto – über die D 81, der Beschilderung folgen – ✆ 04 95 22 87 16 – Reserv. empf. – 20/27 €.* Folgen Sie möglichst genau der Beschilderung, um zu diesem kleinen, versteckt liegenden Bauernhof mit Gästezimmern zu gelangen – der Hof liegt mitten in der Macchia. Auf der preisgünstigen Speisekarte stehen vor allem hauseigene Erzeugnisse aus der Schaf- und Rinderzucht zur Auswahl. Die Bedienung ist sehr freundlich, die sechs Gästezimmer sind einfach, aber angenehm eingerichtet.

Sport und Freizeit

Nave Va – *✆ 04 95 28 02 66 – www.naveva.com* – Eine geführte Bootsfahrt in das Naturschutzgebiet Scandola, nach Girolata, nach Capo Rosso, zu den schönen Felsbuchten von Piana und den beeindruckenden Klippen von Bonifacio.

Club Subaquatique Subévasion (Hôtel Cyrnos) – *Golfe de Sagone – 20118 Sagone – ✆ 06 12 17 05 74 – Mai-Mitte Okt. tgl., Mitte Okt.-Anfang Mai geschl.* Der renommierte Tauchklub im Golf von Sagone ist an die französische Tauchlehrervereinigung ANMP angeschlossen und bietet neben verschiedenen Tauchfahrten in die Umgebung auch Tauchlehrgänge für Anfänger und Fortgeschrittene an.

ST-FLORENT★

San Fiurenzu

1597 EINWOHNER – HAUTE-CORSE (2B) – UMSCHLAGKARTE VORNE C2 – MICHELIN LOCALKARTE 345 E3 – KARTENSKIZZE CAP CORSE, S. 189

St-Florent am gleichnamigen Golf liegt auf einer kleinen Anhöhe nördlich der Aliso-Mündung. Der Badeort ist äußerst beliebt und wird auch das „St-Tropez von Korsika" genannt. Man kann seinen Status an der Größe der eleganten Jachten im Hafen ablesen. Die Mauern der Zitadelle und die alten pastellfarbenen Häuser in St-Florent erinnern jedoch auch an seine historische Bedeutung als Hauptstadt des Nebbio. Lohnenswert ist auch der Besuch des Umlandes, einer archaischen Kulturlandschaft mit kleinen Dörfern und Schafställen.

Amaury de Valroger / MICHELIN

Blick auf die Hafenstadt St-Florent mit beeindruckender Bergkulisse im Hintergrund.

Wegweiser – Am südwestl. Ende des Cap-Corse. Die Route Départementale von Bastia (23 km entfernt) führt durch St-Florent. Man gelangt zur **Place des Portes**, dem Mittelpunkt der Stadt. Die alten Viertel und die Zitadelle liegen im Westen. Im Südwesten führt die „Route de la Plage" zur langen **Plage de la Roya** (etwa 2 km). Im Norden, hinter der Zitadelle, liegt der Kieselstrand **Plage d'Olzo**.

Parken – Auf dem großen Parkplatz am Hafen *(gebührenpflichtig)*. Man kann die Stadt sehr gut zu Fuß erkunden.

Unbedingt sehenswert – Die ehemalige Kathedrale des Nebbio, die sagenhaften Agriates-Strände.

Gut geplant – Einen Ausflug zu den Plages des Agriates kann man mit einer Wanderung auf dem Zöllnerweg und einer Bootsfahrt verbinden. Erkundigen Sie sich unbedingt vorher telefonisch, denn die Boote fahren saison- und wetterabhängig.

Mit Kindern – Am Strand von la Roya gibt es viele Wassersportmöglichkeiten.

Orte in der Nähe – Les AGRIATES, PATRIMONIO, CAP CORSE

Geschichte und Geschichten

Die Hauptstadt des Nebbio – St-Florent war bereits im Neolithikum besiedelt. Die Römer gründeten hier die Siedlung **Nebium**, die nach und nach zur Stadt ausgebaut wurde. Vom 4. bis 18. Jh. war sie Bischofssitz des Nebbio. Erst im 15. Jh. entwickelte sich die Stadt um die 1439 von den Genuesen errichtete Zitadelle herum. In der Küstenebene wütete zwar die Malaria, St-Florent profitierte jedoch von seiner geschützten und strategischen Lage im Golf. Daher war die Stadt bis zum Friedensvertrag von Cateau-Cambrésis von Franzosen, Korsen und Genuesen stark umkämpft (1553-1563). St-Florent blieb bis zum Ende des 17. Jh. Garnisonsstadt und Fischerort. Sein Niedergang begann nach dem Beschluss der Genuesen, die Festungsmauern einzureißen (1667), da die aufwendige Instandhaltung nicht mehr gerechtfertigt schien.

Entsprechend der religiösen Tradition wollte Guasco, Bischof des Nebbio von 1770 bis 1773, seiner Diözese die Reliquie eines Heiligen zukommen lassen. Dazu wurden 1771 die sterblichen Überreste eines Märtyrers aus dem 3. Jh. von Rom nach St-Florent gebracht. Der namenlose Märtyrer und Patron der Stadt wurde San Florio genannt und seine Reliquien in einen Schrein gebettet.
Erst im Zweiten Kaiserreich erstand St-Florent neu; die Urbanisierung und Trockenlegung der malariaverseuchten Sümpfe setzte sich bis ins 20. Jh. fort.
Der Bau eines Jachthafens 1971 trug sehr zum Aufschwung der Stadt bei. Der Hafen und die Strände sind sehr beliebt. Die Stadt investiert in den letzten Jahren verstärkt in die Infrastruktur und die Aufwertung der Innenstadt.

Zu Fuß unterwegs

Die **Altstadt★** gruppiert sich um die Kirche. Ihr Glockenturm überragt den Fischerei- und Jachthafen, die durch einen langen Damm geschützt sind. Es ist angenehm, durch die verwinkelten Gassen zu gehen, an alten Häusern und kleinen, mit Oleander geschmückten Plätzen vorbeizuflanieren.

Place des Portes

Der Platz liegt zwischen den dunklen Gassen der Altstadt und dem Badeort; er ist das Herz der Stadt und lädt mit den Terrassen seiner Cafés zum Verweilen ein.

Zitadelle

Die Zitadelle war Sitz der Landgrafen des Nebbio. Sie wurde von den Genuesen auf einem Kalkfelsen errichtet und überragt die Stadt und den Hafen. Nachdem Tomasino de Campo Fregoso sie 1439 errichten ließ, wurde sie mehrfach umgebaut.
Gehen Sie hinter dem Eingang zur Zitadelle links an der Brüstung entlang. Dort wird man von einem Blick auf die alten, auf Meereshöhe errichteten Häuser überrascht. Der runde Bergfried *(keine Besichtigung)* ist ein beeindruckendes Beispiel des Festungsbaus der Genuesen.

Plage de la Roya (Plage de la Roia)

Auf der Straße vom Stadtzentrum etwa 2 km südwestl. Auf der D 81 über den Aliso, dann rechts in Richtung Campingplatz fahren.
Langer Strand mit vielen Wassersportangeboten (Verleih von Booten, Surfbrettern, Tretbooten usw.).
Am westl. Ende des Strands führt ein **Weg★★** an der Agriates-Küste entlang, an den herrlichen Stränden **Loto★★** *(4 ½ Std. hin und zurück)* und **Saleccia★★** *(s. Les Agriates)* vorbei bis nach l'Ostriconi.
Während der Saison fahren Pendelboote zu diesen Stränden *(s. Agriates, Tipps und Adressen)*.

Ausflüge – *s. Kartenskizze S. 310*

Le Nebbio (U Nebbiu)★

Nebbio wird das Becken des Aliso genannt. Wie ein Amphitheater liegt es im Hinterland des Golfs von St-Florent, zwischen dem Monte Asto im Süden, dem Col San Stefano und dem Col de Teghime im Norden. Die in den Feldern von Patrimonio und Piève entdeckten **Menhirstatuen** *(stantari)* zeugen von einer prähistorischen Besiedelung. Die

Jagdtrophäen

Man kann sie nicht übersehen: die **Wildschweinhäute**, die hier an den Zäunen entlang der Straßen des Nebbio hängen. Was bedeuten sie? Es handelt sich dabei nicht um eine traditionelle Trocknungstechnik, sondern um eine regionale Sitte: Jede Jägergruppe präsentiert so ihre Trophäen, um die konkurrierenden Gruppen zu provozieren.

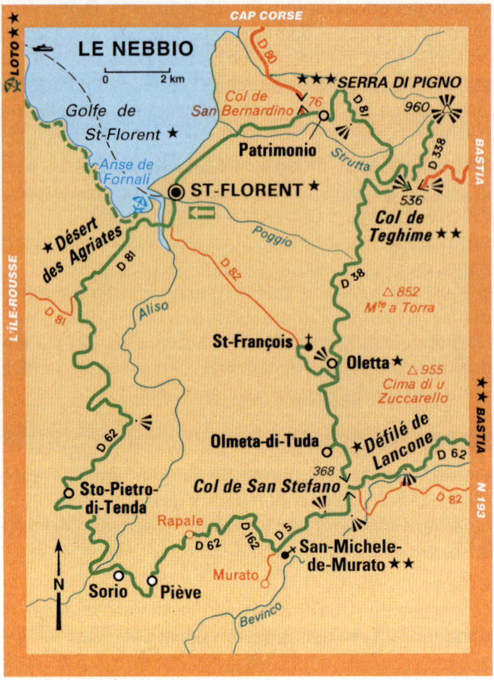

Region des Nebbio ist nach dem Nebel *(nebbia)* benannt, der im Winter am frühen Morgen aufzieht. Der Nebbio ist vor allem von Reb- und Weideflächen, Oliven- und Obstplantagen geprägt. An der mit Trockensteinmauern gegliederten Landschaft und den vielen verstreut liegenden Schafställen erkennt man den früheren Reichtum der Region, die Paoli, der „Vater der korsischen Nation", auch *conca d'oru* (goldener Kessel) nannte. Viele einladende Dörfchen liegen wie Aussichtsplätze auf den Höhen um das Aliso-Becken und profitieren von der Nähe zum Touristenort St-Florent.

Von St-Florent aus

70 km – etwa 4 Std. – St-Florent auf der Route de Calvi verlassen und über die Aliso-Brücke fahren.

4 km an der **Agriates-Wüste** *(s. Les Agriates)* entlangfahren, dann links die schmale gewundene D 62 über dem Aliso-Tal nehmen.

Santo-Pietro-di-Tenda (Santu-Petru-di-Tenda)

Die Häuser liegen an den Berghängen des Tende über dem Aliso. Zwei barocke **Kirchen** sind an der Vorderseite durch einen vierstöckigen Glockenturm verbunden. Die größere, dem **Evangelisten Johannes** geweihte Kirche ist normalerweise zu besichtigen. Sie wurde allerdings wegen Baufälligkeit geschlossen, bis die nötigen Sicherungsmaßnahmen durchgeführt sind.

1,5 km vom Dorf entfernt hat man einen guten **Blick** auf den Glockenturm, der sich über den Baumwipfeln erhebt. Bis nach Sorio ist die Straße sehr eng.

Das Dorf auf der D 62 in Richtung Sorio verlassen.

Sorio (Soriu)

In diesem Dorf zwischen Oliven und Edelkastanien sollte man anhalten, um den weiten Blick auf das Nebbio zu genießen. Hinter der Kirche Ste-Croix zu Fuß den geteerten Weg zur Kapelle Sant'Antone hinaufgehen. Dort stehen eine Orientierungstafel und eine Bank.

Weiter auf der D 62 in Richtung Piève fahren.

Piève

Von der D 62 führt ein steiler Weg zum Vorplatz der Pfarrkirche, auf dem imposante Zeugnisse der prähistorischen Siedlung aufgestellt sind: Es sind drei **Menhirstatuen** aus kristallinem Schiefer. Sie stammen vom Col de Tenda und dienten als Grabstelen. Bis zur Französischen Revolution war *pieve* (Pfarrei, Gemeinde) die Bezeichnung für den heutigen Piève. Unter der Herrschaft der Genuesen bestand Korsika aus 66 *pievi* *(s. S. 58).*

Auf der D 62 weiterfahren. 2 km hinter Rapale rechts die D 162 nehmen.

San Michele de Murato★★ – *s. dort*

Links die D 5 nehmen.
Die Straße führt durch eine duftende Hochplateaulandschaft.

Col de San Stefano

Dieser einzige Pass zwischen dem Flachland im Osten und dem Golf von St-Florent war Schauplatz heftiger Kämpfe zwischen der marokkanischen Vorhut und der deutschen Nachhut im September 1943. Eine Stele erinnert an die Gefechte. Der Pass bietet einen **weiten Blick★★** auf das Nebbio-Becken. Im Hintergrund sind St-Florent und links die Agriates-Berge zu erkennen.

Olmeta-di-Tuda

Schatten spendende Ulmen stehen in dem malerischen Dorf am Fuß des Zuccarello-Massivs. Von der Ringstraße aus bietet sich eine wunderbare Aussicht auf St-Florent und den Golf. Die Straße führt durch fruchtbares Land mit Edelkastanien, Olivenbäumen und Reben.

Oletta★

Oletta liegt mit seinen hohen weißen, ocker- und rosafarbenen Häusern beschaulich auf einem grünen Hügel. Von dort hat man einen herrlichen **Blick★** auf den Golf von St-Florent und den Nebbio. Unterhalb liegt das Kloster St-François und gegenüber auf einer Bergkuppe das Mausoleum des Landgrafen Rivarola von Malta. Die Gegend von Oletta ist vor allem bekannt für ihren Schafskäse.
Die Pfarrkirche **St-André** (18. Jh.) besitzt ein etwas verwittertes, archaisches Flachrelief mit der Darstellung der Schöpfungsgeschichte. Im Innenraum, gegenüber dem Seiteneingang, befindet sich ein schöner, dreiflügeliger Altar aus dem 16. Jh. mit der stillenden Gottesmutter zwischen der hl. Reparata und dem hl. Andreas.

Couvent St-François

2,5 km von Oletta über die D 82 in Richtung St-Florent, dann den Schotterweg rechts nehmen.

Stéphane Sauvignier / MICHELIN

Der Hafen von St-Florent wird noch von Fischern genutzt.

Die heute halb verfallene Klosteranlage befindet sich in einer herrlicher Landschaft zwischen saftig grünen Hügelketten. Der Glockenturm der Klosterkirche ist erhalten.

Nach Oletta zurückfahren und links die D 38 nehmen.

Die Straße folgt dem großen Berggrat am Rand des Nebbio. Auf der 9 km langen Strecke eröffnen sich immer wieder wunderbare **Ausblicke★** auf die Täler von Fiuminale und Aliso, auf die Hügel des Nebbio, den Golf von St-Florent und im Hintergrund auf die Agriates-Wüste.

Col de Teghime★★ und Serra di Pigno – *s. Cap Corse*

Am Pass links die D 81 Richtung St-Florent nehmen.

Die Straße schlängelt sich zur Küste hinunter und gibt immer wieder einen schönen **Blick★★** auf die Gebirgslandschaft um Patrimonio, den Golf von St-Florent und am Horizont auf die Agriates-Wüste frei.

Patrimonio – *s. dort*

Die D 81 mündet am Col de San Bernardino in die D 80, die nach St-Florent zurückführt.

Von St-Florent nach Bastia über den Défilé de Lancone

53 km. Von St-Florent bis Col de San Stefano nehmen Sie die D 81, die am Col de San Bernardino in die D 80 mündet. Am Pass rechts die D 62 am Bevinco entlang in den Engpass von Lancone nehmen.

Défilé de Lancone★

Bevor der Bevinco aus den Höhen des Murato hinab in den Biguglia-See fließt, durchdringt er noch eine letzte Felsbarriere, in die er tiefe Schluchten eingegraben hat. Die schmale Straße folgt hier den Windungen des Gebirgsflusses. Nach dem Engpass hat man einen herrlichen **Ausblick★** auf das untere Tal des Bevinco, den Biguglia-See und das Meer.

Fährt man in Casatorra auf die N 198, kann man linker Hand die Straße nach Biguglia hinauf nehmen und von dort die wunderbare Aussicht auf die umliegende Berglandschaft genießen.

Ziel in der Umgebung

Ancienne cathédrale du Nebbio (Église Santa-Maria-Assunta) ★★

Etwa 1 km über die D 238, die gegenüber dem Gefallenendenkmal beginnt, in Richtung Poggio-d'Oletta fahren (ein etwas zurückgesetztes Hinweisschild zeigt die Richtung von der Hauptkreuzung in St-Florent an). Eine Kirchenbesichtigung ist nur mit einer Führung möglich! – Informationen zum Kirchenbau im Fremdenverkehrsamt St-Florent. (s. Fachbegriffe aus Kunst und Architektur S. 43).

Die Kirche Santa-Maria-Assunta gehört zu den bedeutendsten Sakralbauten der Insel. Schon im 4. Jh. befand sich hier der Bischofssitz des Nebbio. Der damalige Kirchenbau soll auf Teilen der antiken römischen Siedlung errrichtet worden sein. Vermutlich befand sich an der Stelle der Kirche bereits ein viel älterer Kultbau der Römer.

Im 12. Jh errichtete man einen prächtigen Neubau für den Bischofssitz, der um 1140 fertig gestellt wurde. Die Größe und der basilikale, dreischiffige Grundriss des Baus zeigen Ähnlichkeit mit der Bischofskirche La Canonica bei Bastia, die hierbei offensichtlich als Vorbild diente.

Santa-Maria-Assunta gilt als ein typisches Beispiel für den romanischen Baustil während der Pisanischen Epoche auf Korsika. Die Architektur besticht durch ihr ebenmäßig gefügtes Mauerwerk aus weißen Kalksandsteinquadern.

Die Kathedrale liegt auf einem großen, freien Plateau. Besonders reich gestaltet ist die Außenfassade, die durch zwei Arkadenreihen kunstvoll gegliedert ist und von einem Dachgesims abgeschlossen wird.

Im Innenraum der Bischofskirche wurden mit derselben Sorgfalt wie an der Außenfassade Pfeiler und Säulen gestaltet. Die Kapitelle der Säulen sind zum Teil mit wunderschönen Blatt-, Voluten- und Tiermotiven skulptiert.

In einer Vitrine werden die Reliquien des hl. Florianus ausgestellt, eines römischen Soldaten, der während der Christenverfolgung unter Kaiser Diokletion um 303 n. Chr. den Märtyrertod erlitt.

Tipps und Adressen

Allgemeiner Hinweis

Fremdenverkehrsamt – *✆ 04 95 37 06 04 – neben der Post – www.corsica-saintflorent.com* – Gute Beratung. Viele Broschüren über die Region.

Verkehrsmittel

Bus – *✆ 04 95 37 02 98* – Linie St-Florent-Bastia ganzjährig, Juli-Aug. häufiger; Linie St-Florent-L'Île-Rousse Juli-Aug.

Pendelboote „Popeye" und „Saleccia" – *s. Les Agriates.*

Übernachten

Camping La Pinède – *Route de Casta, Serrigio – 1,8 km südl. von St-Florent über die Route de L'Île-Rousse und einen Weg links hinter der Brücke – ✆ 04 95 37 07 26 – www.camping-la-pinede.com – 1. Mai-Ende Sept. – 130 Plätze: 28 €.* Der Campingplatz liegt teilweise direkt am Fluss Aliso (bis zum Meer befahrbar). Wer also über ein Boot verfügt, kann direkt dort anlegen. Vermietung von Bungalows, außerdem Pool, Imbiss und Lebensmittelgeschäft.

Maloni Hôtel – *✆ 04 95 37 14 30 – www.malonihotel.com – 20. Okt.-20. Nov. geschl. – 9 Zi: 35/95 € – 5 € – P.* Dieses einfache, angenehme kleine Hotel liegt im Norden von St-Florent. Es hat hübsche, ebenerdige Zimmer in Pastelltönen neben dem Empfang und dem Speiseraum. Hier treffen sich die Gäste abends zu einem Aperitif.

Bellevue – *✆ 04 95 37 00 06 – www.bellevue.com.fr – 21. Okt.-31. März geschl. – 28 Zi: 71/155 € – 7 € – P.* Wie der Name sagt, hat man von diesem an einen Ozeandampfer erinnernden Haus eine „schöne Aussicht" auf den grünen Park über dem Meer gegenüber dem Cap Corse. Die weiß-blau renovierten Zimmer sind mit schmiedeeisernen Betten und modernen Bädern ausgestattet.

Hôtel Maxime – *Route de la Cathédrale – ✆ 04 95 37 05 30 – – 19 Zi: 48/75 € – 7 € – P.* Sie können hier mit Ihrem Boot – wenn es nicht zu groß ist – an dem dafür vorgesehenen Steg anlegen. Vom Hotel sind es nur 100 m zum Meer. Die meisten Zimmer verfügen über eine Loggia oder einen Balkon; sie sind funktionell eingerichtet und gut gepflegt.

Résidence de vacances Les Arbousiers – *Castellucio d'Oletta – 6 km von St-Florent entfernt – ✆ 04 95 39 01 57 – www.hotel-lesgalets.com – Nov.-März geschl. – 16 Bungalows: 310/862 €/Woche für 4 Pers. – P.* Diese Ferienunterkunft bietet 16 Bungalows in einem schattigen, blühenden Garten, der sich als ein echtes Vogelparadies erweist. Den Gästen steht ein Pool zur Verfügung, das Zentrum von St-Florent liegt ganz in der Nähe und das malerische Dorf Oletta ist nur 3 km entfernt.

Résidence de vacances Les Galets – *Route du Front-de-Mer – ✆ 04 95 37 09 09 – www.hotel-lesgalets.com – 9 Ferienwohnungen: 360/899 €/Woche für 6 Pers – P.* Die neuen Apartments mit Blick auf den Golf von St-Florent liegen in einem schönen Garten mit mediterranen Sträuchern, Palmen und Blumen. Sie können sie von Juli bis August wochenweise mieten (außerhalb der Saison für mindestens drei Übernachtungen). In der Nähe bestehen Segel-, Wasserski- und Reitwandermöglichkeiten.

Hôtel Thalassa – *Strutta – ✆ 04 95 37 17 17 – http://thalassa-hotel.com – 15. Okt.-25. März geschl. – 41 Zi: 104 € – 7 € – P.* Neben den drei Hotelgebäuden liegt der Pool. Hier kann man die grüne und blühende Umgebung entspannt genießen. Die geräumigen Zimmer sind modern und komfortabel eingerichtet. Der Sandstrand liegt nur wenige Schritte entfernt.

Hôtel Treperi – *Route de Bastia – Nordeingang von St-Florent – ✆ 04 95 37 40 20 – Nov.-Feb. geschl. – 18 Zi: 140 €.* Das Hotel liegt in einem 2 ha großen Park mit Lorbeerbäumen, Bougainvillea-Sträuchern, Eukalyptusbäumen, Opuntien … Von hier aus lässt sich der Blick auf den Golf von St-Florent so richtig genießen. Die Zimmer sind zwar einfach, doch mit einzelnen Terrassen ausgestattet. Der Empfang ist herzlich und es gibt einen Pool.

Essen und Trinken

Auberge A Magina – *Im Dorf – 20232 Oletta – ✆ 04 95 39 01 01 – 16. Okt.-März und Mo geschl. – 25 €.* In diesem Restaurant gibt es eine Terrasse und einen überwölbten und getünchten Gastraum mit schönem Blick auf den Golf von St-Florent und den Nebbio. Es werden Fisch, Meeresfrüchte und korsische Gerichte serviert – appetitlich angerichtet isst auch das Auge mit!

Ind'è Lucia – *Place Doria – ✆ 04 95 37 04 15 – Mitte Juli-Okt. geschl. – im Sommer Reserv. empf. – 21,50/31 €.* Hier lässt es sich in der Laube „Chez Lucia" oder unter der Akazie neben dem Brunnen an dem kleinen Platz gut aushalten. Serviert werden authentische korsische Gerichte, darunter Suppen, Schinken, hausgemachte Pastete, Wild (je nach Saison), Omelette mit *brocciu* und Minze …

La Gaffe – *Jachthafen – ✆ 04 95 37 00 12 – 10. Nov.-14. Feb. geschl. – Mittagstisch 28 € – 35/200 €.* In diesem Restaurant am Jachthafen können Sie alles genießen, was das Meer zu bieten hat. Langusten und heimische Fische werden in einem Gastraum mit Bootsdekor serviert. An sonnigen Tagen ist das Lokal mittags klimatisiert, abends werden die großen Fenster geöffnet, um die angenehme Luft hereinzulassen.

La Rascasse – *Promenade des Quais – ✆ 04 95 37 06 99 – Nov.-Feb. geschl. – 38 €.* Es gibt in St-Florent nicht viele kleine Terrassen wie diese. Das täglich wechselnde Menü dieses Restaurants kombiniert Erlesenheit und Geschmack. Lassen Sie sich verführen!

Am Abend

Le Mathurin – *Altstadt – ✆ 04 95 37 04 48 – tgl. 18-2 Uhr – Okt.-April geschl.* Wer im Weingebiet Patrimonio bisher vergeblich nach einer Weinbar gesucht hat, kommt hier voll auf seine Kosten: In diesem ehemaligen Restaurant werden Weine zur Verkostung angeboten. Dazu gibt es verschiedene „Tapas" aus korsischen Erzeugnissen.

Einkaufen

Salge et Fils „L'Isle aux Desserts" – *Place du Monument – ✆ 04 95 37 00 43 – www.glacecorse.com – im Sommer 6.30-13.30 und 16-20.30 Uhr, sonst tgl. außer Mo 7-12.30 und 15-19 Uhr, 3 Wochen im Nov., 1. Jan. und 25. Dez. geschl.* José Salge zaubert aus hochwertigen Zutaten besonders raffinierte Eiscremes und Sorbets. Das aus typisch korsischen Zutaten und Aromen bestehende Sortiment „L'Isle aux Desserts" ist etwas ganz besonderes: Probieren Sie *brocciu-citron* (Ziegenkäse-Zitrone), *cédrat* (Zitronatzitrone), *castagne* (Esskastanie), *myrte sauvage* (Mäusedorn) oder *chèvre-ciboulette* (Schafskäse-Schnittlauch).

Charcuterie U San Petrone – *Place de l'Ancienne-Poste – ✆ 04 95 37 10 95 oder 6 13 02 04 19 – Juni-Aug. 9-12.30 und 15.30-21 Uhr, April-Mai und Sept. Mi und Sa/So 9-12 und 15-19 Uhr, Ende Sept.-Ostern geschl.* Der Landwirt und Metzger, Monsieur Rinaldi, kann Ihnen zur Entstehung jedes *lonzu*, jeder *coppa* und jedes Schinkens, den er hergestellt hat, eine Geschichte erzählen. Die anderen Produkte (Käse, Liköre, Weine) bezieht er bei den jeweiligen Herstellern, die wie er mit hochwertigen regionalen Zutaten arbeiten.

Miellerie du Nebbiu – *Vezzi – auf der kleinen Straße unterhalb der Kirche liegt nach 300 m die Imkerei – 20245 Santo-Pietro-di-Tenda – ✆ 04 95 37 71 98 – 7-20 Uhr.* Lassen Sie sich von der Begeisterung dieses Familienbetriebs für korsische Kulinaria anstecken. Ein Muss für alle Feinschmecker: feinster Honig, Kuchen, Konfitüren, mildes Olivenöl auf einem Gutshof inmitten von 20 ha hunderte Jahre alter Olivenbäume.

Domaine Gentile –*Olzo – ✆ 04 95 37 01 54 – www.domaine-gentile.com – tgl. außer So 9-12 und 14-18 Uhr.* Zu diesem Weingut gehören 30 ha des Weingebiets Patrimonio, die sehr bedacht, fast „biologisch", bewirtschaftet werden. Es werden ausschließlich korsische Reben angebaut: *nielluccio* für Rot- und Roséwein, *malvoisie* für Weißwein und *muscat à petits grains* für den *muscat du Cap Corse*. Sie können auch den *rappu* verkosten, eine Spezialität aus der Region.

Sport und Freizeit

Base nautique – École de kayak de mer et voile – *Plage de la Roya – ✆ 06 12 10 23 27 – www.corskayak.com* – In dieser Kajak- und Segelschule lernen Sie mit ausgebildeten Begleitern die urwüchsigen Küsten entlang der Agriates-Wüste und des Cap Corse kennen. Es werden ganzjährig Kurse für Anfänger und Fortgeschrittene angeboten.

Jachthafen – *✆ 04 95 37 00 79 – während der Saison 8-21 Uhr, sonst tgl. außer So und Fei 8-12 und 14-17 Uhr.* 790 Liegeplätze.

A Chjoma Sciolta – *20232 Poggio-d'Oletta – ✆ 06 21 75 16 53 – 8-20 Uhr.* Hier können Sie geführte Eselswanderungen oder Leihesel für eine Stunde, einen halben oder einen ganzen Tag buchen. Anmeldung erforderlich.

Feste und Events

Fest des hl. Florio – Alle drei Jahre (das nächste Mal 2009) wird am Pfingstmontag das Fest des hl. Florio begangen.

Alljährlich findet zwischen Juli und September jede Woche ein **Konzert** mit korsischer Vokal-, Lyrik- und Instrumentalmusik statt.

Porto Latino – ✆ 06 12 91 26 79 – *www.porto-latino.com* – Musikfestival mit lateinamerikanischer Musik Anfang August.

STE-LUCIE-DE-TALLANO★

Santa Lucia di Tallà

434 EINWOHNER – CORSE-DU-SUD (2A) – UMSCHLAGKARTE HINTEN B6 – MICHELIN LOCALKARTE 345 D9

Dieses weit verstreute Bergdorf über dem Rizzanèse-Tal liegt im Grünen zwischen Oliven- und Obstbäumen. Hohe Granithäuser mit hellroten Ziegeldächern reihen sich in verwinkelten Gassen eng aneinander. Auf einem Kulturlehrpfad, dem *Sentier du patrimoine* werden die historischen, botanischen, geologischen und kulturellen Aspekte des restaurierten korsischen Dorfes vorgestellt.

Gilles Magnin / MICHELIN

Die alte Ölmühle von Ste-Lucie-de-Tallano.

Wegweiser – Östl. von Propriano (21 km) und Sartène (20 km), mitten in der **Alta Rocca**. Ste-Lucie-de-Tallano liegt zwischen Meer und Bergen auf der Straße nach Bavella auf 450 m Höhe.

Unbedingt sehenswert – In der Pfarrkirche befindet sich eine schöne Mariendarstellung der Florentiner Schule. An der Place de l'Ormeau können Sie in einem der Cafés die angenehme Atmosphäre dieses Bergdorfs genießen.

Gut geplant – Über einen kurzen Fußweg ist die abgelegene Kapelle St-Jean-Baptiste mit ihrem schönen Innenraum zu erreichen. Ste-Lucie-de-Tallano bietet mit den beiden Gemischtwarenläden, einem Metzger, einer Apotheke und einer Tankstelle eine gute Einkaufsmöglichkeit vor einem Ausflug in die Alta Rocca.

Mit Kindern – In einer ehemaligen Ölmühle wurde ein Écomusée (Heimatmuseum) eingerichtet.

Orte in der Nähe – L'ALTA ROCCA, AULLÈNE, Les Aiguilles de BAVELLA, Archäologische Stätten CUCURUZZU und CAPULA, QUENZA, ZONZA

Zu Fuß unterwegs

Place du Monument-aux-Morts (oder Place de l'Ormeau)

Mitten im Ort, gegenüber der Pfarrkirche, liegt dieser angenehm schattige Platz, der von Bars und Restaurants gesäumt wird; auf einer Tafel sind die Sehenswürdigkeiten des Dorfes ausgewiesen. Von diesem Aussichtsposten hat man einen weiten Blick auf das Dorf Poggio; etwas weiter entfernt sieht man das mit roten Ziegeln gedeckte Dach der romanischen Kirche, die auf einer mit Steineichen bewachsenen Bergkuppe liegt. Ganz in der Ferne erkennt man Loreto-di-Tallano und das Rizzanèse-Tal.

Das Kriegerdenkmal wird von einem Sockel aus Kugeldiorit getragen. Dieses seltene Mineral, das in einem Steinbruch in der Nähe des Dorfes für längere Zeit abgebaut wurde, hat den Ort Ste-Lucie-de Tallano unter Mineralogen in der ganzen Welt berühmt gemacht.

Auf der Terrasse des Cafés *Ortoli*, das seit fünf Generationen in Familienbesitz ist, können Sie sich von den Einwohnern die Geschichten über die Dreharbeiten zur Komödie *L'Enquête corse* („Korsische Ermittlung"), die 2004 in die Kinos kam, berichten lassen. Der Spielfilm basiert auf einem Comic von René Pétillon und wurde zum Teil hier im Dorf abgedreht. Die Bewohner des Ortes waren dabei Statisten an der Seite der Titelhelden Jean Reno und Christian Clavier.

Église paroissiale

Die Pfarrkirche kann im Sommer jeden Tag besichtigt werden. Wenn die Tür abgeschlossen ist, in der Bar Ortoli anfragen.

Der restaurierte, im Barockstil ausgestattete Innenraum aus dem 17. Jh. besitzt ein rechteckiges Hauptschiff und sechs Seitenkapellen. Im hinteren Kirchenraum befindet sich ein **Weihwasserbecken** aus Marmor mit dem Wappen der Familie della Rocca (Ende 15. Jh.).

Das Flachrelief an einer Säule auf der linken Seite wurde im Jahr 1499 von dem in der Region einflussreichen Grafen Rinuccio della Rocca gestiftet und trägt dessen Wappen. Die anmutige Darstellung der Maria erinnert stilistisch an Florentiner Skulpturen aus dem 15. Jh. Das Retabel **Gottesmutter mit Kind und Heiligen** in der mittleren Kapelle auf der rechten Seite wird der Schule des Maestro di Castelsardo (16. Jh.) zugeschrieben.

Das **Altarretabel der Kreuzigung** (16. Jh.), ein weiteres Geschenk des Grafen an das Kloster St-François, zeigt stilistisch einen spanischen Einfluss – markante Physiognomien, einen feinen Strich, einen üppigen, dekorativen Faltenwurf und eine ausgeprägte Liebe zum realistischen Detail. Leider ist das Altarbild nur eine verkleinerte Kopie; das Original des Gemäldes befindet sich in Ajaccio und ist nicht zu besichtigen.

Casatorre

Dieses ungewöhnliche, fast würfelförmige Gebäude hinter dem Kirchenbau, diente ursprünglich als eine Art Schutzhaus für die Bevölkerung (daher auch die korsische Bezeichnung *casatorre, Festungshaus*). Von den acht Wehrerkern in den dicken Mauern aus konnte man die ganze Umgebung überwachen. Die Erker waren mit Schießscharten ausgestattet.

Moulin à huile

Unter dem Platz führt ein Weg 200 m zur ehemaligen Ölmühle – Führungen Mai-Sept. tgl. – 2 € (Kinder unter 12 Jahren: Eintritt frei).

Diese ehemalige Ölmühle wurde liebevoll restauriert und in ein kleines Heimatmuseum umgebaut.

Couvent St-François

Am Dorfausgang Richtung Levie rechter Hand. Wegen Restaurierung geschlossen.

Das Kloster aus dem Jahr 1492 geht auf eine Stiftung des Grafen Rinuccio della Rocca zurück. Die Anlage wurde auf einer Plattform über Ste-Lucie errichtet, unweit der Route de Levie: Der schlichte Bau und die Reste des Klostergebäudes geben heute immer noch ein beeindruckendes Bild ab. Ein Teil der Galerie mit fünf schönen Arkaden sind erhalten.

Ziele in der Umgebung

Chapelle St-Jean-Baptiste★

Am Nordausgang des Dorfs hinter dem letzten Haus den Weg schräg links nehmen.

500 m bis nach Poggio-di-Tallano, dann 1 Std. zu Fuß hin und zurück – tgl. geöffnet.

Der alte Maultierpfad ist ein Teil der Route „Mare a Mare Sud" und schlängelt sich durch angenehm kühles Unterholz. An einigen Stellen hat man einen wunderschönen Blick auf Ste-Lucie und das Rizzanèse-Tal. Einmal muss man auch durch einen kleinen Bach waten.

Die Kapelle liegt im dichten Grün, von Korkeichen und Ölbäumen umgeben. Der um 1150 errichtete Kirchenbau im romanischen Stil hat Gemeinsamkeiten mit der Pfarrkirche Carbini (ca. 20 km östl.), die wohl als Modell diente. Das schlichte Mauerwerk wird durch Schmuckarkaden mit skulptierten Kragsteinen, die Masken und Fabelwesen zeigen, aufgewertet. Der Westgiebel ist unter dem Dachgesims ebenfalls mit schönen Arkaden verziert.

Die Badestellen Zoza

Etwa 3,5 km über die D 20 von der Place de l'Ormeau in Ste-Lucie Richtung Zoza.
Die landschaftlich schöne Strecke führt mitten durch schattige Olivenhaine hinunter bis zu einem kleinen Weiler mit alten Granithäusern, der sich eng an den Berghang schmiegt. Unterhalb des kleinen Ortes führt ein ausgeschilderter Weg zu zwei wunderbaren Badestellen am Rizzanèse, die sehr beliebt, und von daher auch in den Sommermonaten stark frequentiert sind *(etwa 500 m entfernt davon liegt ein Platz über der Stelle, an der der Weg abzweigt. Auf dem Platz können drei bis vier Fahrzeuge parken).*

Mela

4 km östl. von Ste-Lucie auf der Route de Levie.
Dieses winzige Dorf liegt idyllisch auf einem Berggrat über einer in Terrassen angelegten Kulturlandschaft mit dichtem Eichenwald. Der Ort bildet eine schöne architektonische Einheit mit seinen für die Region so typischen Granithäusern und dem rechteckigen, mit einer Laterne abgeschlossenen Glockenturm der Dorfkirche. Von der ersten Kurve der D 268 direkt nach der Klosteranlage von Ste-Lucie-de-Tallano hat man einen wunderbaren Blick auf das Dörfchen und die friedliche umliegende Landschaft.

Pianu de Levie – *s. l'Alta-Rocca*

Tipps und Adressen

Allgemeiner Hinweis

Fremdenverkehrsamt – *✆ 04 95 78 80 13*

Übernachten

⊖ Gîte d'étape U Fragnonu – *300 m vom Dorfplatz entfernt – ✆ 04 95 78 82 56 – www.alta-roc.fr – 15. Okt.-März geschl. – 🚭 – 8 Zi: 38/76 €, Halbpension verpflichtend.* Dieses große Steinhaus war früher eine Mühle *(fragnonu)* und dient heute als Herberge. Palma und Carlos haben es verstanden, die Schlichtheit mit Qualität zu verknüpfen. Auch die korsische Küche werden Sie in sehr guter Erinnerung behalten.

⊖⊖ Chambre d'hôte Palazzo – *Im Ort – ✆ 04 95 78 82 40 oder 06 79 07 93 77 – Dez.-Jan. geschl. – 🚭 – 5 Zi: 70 € ☕.* Dieses Wohnhaus stammt wie die alte Ölmühle aus dem Jahr 1815. Heute befindet sich hier eine Unterkunft mit drei Gästezimmern: zwei eher klassische Zimmer mit Baldachinbett, und ein drittes, ausgestattet mit Mobiliar im afrikanischen Flair.

Essen und Trinken

⊖⊖ Santa Lucia – *Palazzo – ✆ 04 95 78 81 28 – Jan. und So außerhalb der Saison geschl. – 17/23 €.* Das kleine Restaurant am Dorfplatz mit plätscherndem Brunnen ist zugleich eine Eckkneipe mit Veranda und schattiger Terrasse. Gesellige Atmosphäre und einfache korsische Küche.

Einkaufen

Jacques Léandri – *Moulin à huile d'Olmiccia – Place de l'Église – ✆ 04 95 78 81 94 – tgl. 9-12 und 15-19 Uhr.* Bei Jacques Léandri verkosten Sie Öle aus Oliven verschiedener Reifestadien, die er nach traditionellen Methoden herstellt.

Freizeit

Baden – L'Alta Rocca kann im Sommer sehr heiß sein, ein erfrischendes Bad ist dann eine willkommene Erfrischung. Dazu fahren Sie die D 20 in Richtung Zonza. Durchqueren Sie das Dorf. Nach dem Ortsausgang geht es noch ein Stück weiter bis zu einer Brücke über den Fluss.

Feste und Events

Alljährlich findet Mitte März die **Festa di l'oliu novu** statt, der regionale Olivenölmarkt, an dem 80 Ölproduzenten 2 Tage lang ihre Produkte anbieten und zahlreiche Veranstaltungen stattfinden.

SAN MICHELE DE MURATO★★

HAUTE-CORSE (2B) – UMSCHLAGKARTE VORNE C2 – MICHELIN LOCALKARTE 345 E4 – KARTENSKIZZE ST-FLORENT, S. 310

Die reizvolle Kirche San Michele de Murato steht in der Nähe des Ortes Murato, isoliert auf einem kleinen Plateau in 475 m Höhe über dem Bevinco-Becken. Die außerordentliche Harmonie dieses Gebäudes wird durch die urwüchsige Gebirgsumgebung noch unterstrichen und kommt in diesem Rahmen besonders gut zu Geltung.

Stéphane Sauvignier / MICHELIN

Die einsam gelegene Kirche San Michele bei Murato soll schon von Prosper Mérimée als „die eleganteste Kirche der Insel" bezeichnet worden sein.

- **Wegweiser** – Südl. des **Nebbio**. Murato liegt etwa 17 km südl. von St-Florent und über Oletta 23 km von Bastia entfernt. Die Kirche San Michele liegt mit einer Aussicht bis nach St-Florent und zur Agriates-Wüste 1 km nordöstl. von Murato in eine herrliche Landschaft eingebettet.
- **Unbedingt sehenswert** – Beachten Sie die liebevoll ausgestalteten Skulpturen an der Kirche.
- **Gut geplant** – Am Nachmittag bringt das Licht die bemerkenswerte Innengestaltung der Kirche am besten zur Geltung. Auf der anderen Seite der Straße liegt ein kleiner schattiger Aussichtsplatz unter Platanen mit zwei Bänken. Ein schöner Ort für ein Picknick mit dem Plätschern einer Quelle im Hintergrund.
- **Orte in der Nähe** – BASTIA, ST-FLORENT

Zu Fuß unterwegs

Murato (Muratu)

Die alten Viertel dieses urwüchsigen Marktfleckens im Nebbio erstrecken sich beiderseits der D 5. Es ist außerdem das einzige Dorf dieser Gegend, das mit dem Rücken zum Meer gebaut wurde. Murato ist berühmt für die Kirche San Michele, aber auch dafür, dass Pasquale Paoli diesen Ort während des korsischen Unabhängigkeitskriegs als erstes Quartier nutzte.

Maurerhandwerk

Muratura bedeutet im Korsischen „Mauerwerk" bzw. „Maurerhandwerk". Möglicherweise verdankt der Ort seinen Namen dem schönen schachbrettartigen Mauerwerk der Kirche San Michele aus grünen Serpentin- und weißen Kalksteinblöcken.

Unterhalb der D 5 liegt ein großes Steingebäude mit Gewölbegängen, in dem die erste **Münzanstalt** *(Hôtel de la monnaie)* untergebracht war. In diesem Gebäude ließ **Pasquale Paoli** das korsische Münzgeld mit dem korsischen Wappen, dem berühmten Maurenkopf, prägen. Die für die Herstellung der Münzen benötigten Edelmetalle wurden in einer außergewöhnlichen Aktion gesammelt: Jede Pfarrei gab einen Teil des Kirchenschatzes ab oder sammelte private Schmuckstücke. Im Jahr 1766 wurde die Münzanstalt nach Corte verlegt.
Die **Église de l'Annonciation** besitzt ein schönes Chorgestühl und ein Gemälde aus der Werkstatt Tizians, das Maria Magdalena als Büßerin darstellt.

Sehenswürdigkeit

Église San Michele de Murato★★

✆ 04 95 37 60 10 – tgl. außer Mi-nachmittag und So – wenn die Kirche geschlossen ist, im Rathaus den Schlüssel erbitten.
Die Kirche San Michele wurde etwa 1280 erbaut. Sie wird der pisanischen Romanik zugeordnet. Typisch sind die **harmonische Polychromie★** und die sorgfältig ausgearbeiteten Skulpturen. Am Chorhaupt und an der Fassade befindet sich unter dem Dach eine Schmuckleiste.

Stéphane Sauvignier / MICHELIN

Ein Detail an der Fassade der Kirche San Michele de Murato. Das mehrfarbige Mauerwerk wird von einzigartigen figürlichen Darstellungen geschmückt.

Die naiv wirkenden **Skulpturen★** sind mit mehr Liebe zum Detail ausgestaltet als in anderen romanischen Kirchen der Insel und fügen sich unauffällig in die Fassade ein. An der Westfassade befinden sich **Figurkonsolen**, die Tiere oder, grob angedeutet, Menschen darstellen; Sims und Rahmen der schmalen Seitenfenster sind mit Blatt- und Flechtskulpturen ausgestaltet; am Chorhaupt befinden sich geschmückte Konsolen. Der Innenraum ist mit Balkenwerk ausgestattet und zeigt am Triumphbogen Freskenreste von 1370 mit der Verkündigungsszene. Im 19. Jh. wurde der eckige Turm leider erhöht, so dass die Proportionen etwas ins Ungleichgewicht geraten sind.

Tipps und Adressen

Essen und Trinken

La Ferme de Campo di Monte – *Peru – 20239 Murato – ✆ 04 95 37 64 39 – Do-abend, Fr-abend, Sa-abend und So-mittag, während der Saison jeden Abend. – Reserv. empf. – 45 €.* Von diesem stilechten Bauernhaus (1630), das von Steineichen und Kastanienbäumen umgeben ist, blickt man auf die Kirche San Michele und den Golf von St-Florent. In den kleinen gemütlichen Gasträumen werden typische Gerichte der Region serviert. Dieses Lokal ist sehr beliebt und entsprechend gut besucht.

SANT'ANTONINO★★

Sant'Antuninu

77 EINWOHNER – HAUTE-CORSE (2B) – UMSCHLAGKARTE VORNE B3 – MICHELIN LOCALKARTE 345 C4 – KARTENSKIZZE La BALAGNE, S. 112-113

Dieses Dorf thront auf einem Hügel (500 m) am Rande der Balagne und bildet ein harmonisches Labyrinth gepflasterter Gassen und überwölbter Gänge. Dank einer gelungenen Restaurierung entwickelte es sich zu einem touristischen Anziehungspunkt ersten Ranges.

Wegweiser – Dieses fast kreisförmige Dorf liegt 15 km südl. von L'Île-Rousse und überragt die gesamte Balagne und das Meer.

Parken – Das Fahrzeug auf der großen Stellfläche vor der Kirche abstellen *(während der Saison gebührenpflichtig)* und zu Fuß durch die gepflasterte Gasse oder die Stufen zum Dorf hinauf gehen.

Orte in der Nähe – La BALAGNE, ALGAJOLA, CORBARA, PIGNA, L'ÎLE-ROUSSE

Stéphane Sauvignier / MICHELIN

Vom Hügelort Sant'Antonino aus kann man die gesamte Balagne überblicken.

Zu Fuß unterwegs

Das Dorf überragt eine kleine grüne Ebene, auf der einsam die barocke Kirche mit der Confrérie-Kapelle steht.

In dem Labyrinth der gewundenen Gassen mit Kiespflaster und der vielen überwölbten Gänge, wurden einige hohe Granithäuser geschmackvoll restauriert. Hier haben sich viele korsische Handwerker mit ihren Werkstätten niedergelassen (z. B. Töpfer- und Schmuckwerkstatt).

Gehen Sie im Uhrzeigersinn um das Dorf herum, um den beeindruckenden **Rundblick★★** auf das Regino-Tal, die hügelige Balagne von Belgodère bis Lumio, die verschneiten Bergspitzen, das Algajola-Becken und das Meer zu genießen.

Tipps und Adressen

Essen und Trinken

Viele Geschäfte und Restaurants sind außerhalb der Saison geschlossen. Sorgen Sie vorab für ein Picknick.

La Voûte – *Im Dorf – 04 95 61 74 71 – Ende Sept.-Anfang April geschl. – – Juli-Aug. – Reserv. empf. – 14,50/23 €.* Das Restaurant am oberen Ende einer großen Steintreppe ist in Familienbesitz. In dem kleinen überwölbten Gastraum stehen eine Presse und ein Mahlstein für Olivenöl. Eine der beiden Terrassen ist auf die Berge ausgerichtet und wegen der Aussicht bis zum Meer besonders zu empfehlen. Regionale Küche und Spezialitäten des Hauses (gegrillte Sardinen und Lammfleisch).

Einkaufen

Clos Antonini – la Cave à Citron – *06 09 58 94 01 – tgl. 10-19.30 Uhr, Ende Okt.-Anfang April geschl.* Olivier Antonini baut Zitronen, Mandeln und Trauben an. In einem großen überwölbten Raum können Sie hausgemachten Zitronen- und Traubensaft verkosten. Außerdem Verkauf von Wein, Zitronenkonfitüre und anderen Delikatessen.

Sport und Freizeit

Les Ânes de Sant'Antonino – *Im Ort – 06 10 89 95 63* – Von Juni bis September ab 15.30 Uhr auf einem Esel die malerischen Gassen hinaufreiten.

SARTÈNE★

Sartè

3096 EINWOHNER – CORSE-DU-SUD (2A) – UMSCHLAGKARTE HINTEN B6 – MICHELIN LOCALKARTE 345 C10 – KARTENSKIZZE Golfe de VALINCO, S. 342

Sartène liegt im Halbrund oberhalb des Rizzanèse-Tals, das einen natürlichen Hafen bildet. Prosper Mérimée nannte Sartène „die korsischste Stadt Korsikas" mit ihren wehrhaften alten Häusern und den gelebten Traditionen, die ihr einen besonderen Charakter verleihen. Die Prozession des *Catenacciu* („Geketteten") gehört dabei zu den wohl beeindruckendsten Zeremonien der Insel.

Stéphane Sauvignier / MICHELIN

Blick auf Sartène, die „korsischste Stadt Korsikas".

- **Wegweiser** – 14 km südöstl. von Propriano (über die N 196) erheben sich die hohen Fassaden der Stadt über dem Golf von Valinco. Die Place de la Libération (die Bewohner verwenden den ursprünglichen Namen „Place Porta") ist der zentrale Platz der Stadt; das alte Viertel Santa Anna liegt nördl. dieses Platzes.
- **Parken** – In der Hochsaison einen Parkplatz im Zentrum von Sartène zu finden, ist schwierig. Sie können aber die Staus umgehen, indem Sie Ihr Fahrzeug auf einem der folgenden Parkplätze *(gebührenfrei)* abstellen: Einer liegt oben in der Stadt *(in der Nähe des Supermarché)*, der andere am Stadtausgang *(in der Nähe der Post)*.
- **Unbedingt sehenswert** – Ergänzen Sie die Erkundung von Le Sartenais durch einen Besuch im Musée de Préhistoire. Mitten in der Macchia werden Sie dann von den mysteriösen Menhir-Reihen von Cauria und Palaggiu in die reiche megalithische Vergangenheit der Insel versetzt.
- **Orte in der Nähe** – PROPRIANO, Golfe de VALINCO

Geschichte und Geschichten

Eine begehrte Stadt – Sartène spielte in der Geschichte Korsikas eine besondere Rolle. Im Mittelalter war es der Sitz der mächtigen **Grafen della Rocca** *(s. La Cinarca)*. Später wurde die Stadt von Großgrundbesitzern, den **„Sgiò"** (Herren), regiert. Man hielt lange an alten Machtstrukturen fest und lehnte Einflüsse von außen ab.

Giovanni della Grossa – Der Notar und Historiker wurde 1388 in Grossa bei Sartène geboren, trat in den Dienst des Königs von Aragonien und kämpfte 1426 an der Seite von Vincentello d'Istria bei der Schlacht von Biguglia. Zehn Jahre später setzte sich Genua gegen Aragon durch, und Giovanni stellte sich in den Dienst von Simone da Mare *(s. Rogliano)*. 1447 wurde er von Genua zum Statthalter der Cinarca

U Catenacciu

Diese Prozession wird alljährlich zum Gedächtnis an den Kreuzweg Christi begangen. Sie zeigt zwei Aspekte der traditionellen korsischen Frömmigkeit: die Identifizierung mit Christus, der sein Kreuz trägt zum einen und die Verehrung des am Kreuz gestorbenen Heilands zum anderen. Der Umzug wird angeführt von einem Hauptbüßer, dem **Catenacciu** („Geketteten"), der den Tag und die Nacht zuvor im Kloster St-Damien im Gebet verbracht hat. Ihm wird ein 34 kg schweres Kreuz aufgeladen, gleichzeitig trägt er an den Füßen eine 15 kg schwere Kette.
Manchmal hat sich der Catenacciu schon Jahre im voraus beim Pfarrer von Sarténe um die Ehre beworben, auf diese besondere Art Buße zu tun. In ein rotes Gewand gehüllt, den Kopf unter einer Kragenkapuze verborgen und barfuß, identifiziert er sich mit Christus und dessen Leiden.
Wie damals Simon von Cyrene Jesus half, hilft ein **weißer Büßer**, der die Solidarität der Menschen symbolisiert dem Catenacciu. Es folgen acht Büßer in Schwarz. Unter einem Baldachin tragen sie die auf ein Leichentuch gebettete Statue des toten Christus. Danach folgen die Geistlichen, Mitglieder der Bruderschaft „A Compagnia del Santissimo Sacramento" (Begleiter des Allerheiligsten), die Bußgesänge anstimmen – und schließlich die Gemeinde der Gläubigen. Der Zug bewegt sich langsam fort, in einer aus Beklommenheit, Aufregung und Glaubenseifer gemischten Atmosphäre.

bestimmt. Gegen Ende seines Lebens zog er sich nach Grossa zurück und schrieb eine Chronik, die bis heute als eine der wichtigsten Quellen zur mittelalterlichen Geschichte Korsikas gilt.

Häufige Übergriffe – Die Küste ist leicht zugänglich und wurde somit häufig von Piraten heimgesucht. In der Zeit der genuesischen Herrschaft besetzte **Sampiero Corso** 1565 mit seinen Partisanen Sartène und metzelte die Garnison nieder. Knapp 20 Jahre später, 1583, überfielen Piraten aus Algier die Stadt und verschleppten fast 400 Bewohner in die Sklaverei.
Während des Unabhängigkeitskriegs nahm **General Giafferi** am 17. März 1732 Sartène ein, das sich auf die Seite Genuas gestellt hatte. Die Piraten kehrten im 18. Jh. zurück und zerstörten die benachbarten Dörfer. Lange wehrte sich die Stadt dagegen, die Regierung unter **Paoli** anzuerkennen. 1763 trat die Nationalversammlung, die *cunsulta*, mit den Grafen della Rocca unter Paoli in Sartène zusammen.

Im 19. Jh. tyrannisierten einige Großgrundbesitzer die Bewohner des Sartenais. Sie waren in Clans organisiert und führten gegeneinander Krieg, in den die Bevölkerung hineingezogen wurde. Fragen der Ehre, Eifersucht und Politik gaben oft Anlass zur Vendetta. Von 1830 bis 1834 standen zwei Viertel der Stadt, Borgo (Anhänger Bonapartes) und Santa Anna (Royalisten) miteinander auf Kriegsfuß. Erst der Friedensvertrag von 1834, der in der Église Ste-Marie unterzeichnet wurde, bereitete den Kämpfen ein Ende.

Zu Fuß unterwegs s. Plan S. 323

Die Altstadt★★

Besichtigung 1 ½ Std.

Place de la Libération (ehemalige Place Porta)

Im Schatten von Palmen und Ulmen ist dieser Platz mit seinem Markt *(Samstag)* der belebteste der ganzen Stadt. Er wird vom Rathaus und der imposanten Église Ste-Marie überragt. Außerdem gibt es ein Kriegerdenkmal zu sehen.

Église Ste-Marie (Santa Maria Assunta)

Diese Kirche wurde seit 1766 aus Granitquadern errichtet und besitzt einen dreistöckigen Glockenturm mit durchbrochenem Mauerwerk und einer Kuppel. Im Innenraum sind an der Wand links vom Hauptportal das Kreuz und die Kette zu sehen, die der Rote Büßer am Karfreitag trägt. In einer Vitrine rechts befindet sich die bemalte Holzstatue mit dem vom Kreuz abgenommenen Christus. Der Chorraum ist mit einem stattlichen barocken Altar aus polychromem Marmor ausgestattet, wie sie im 17. Jh. aus Ligurien und der Toskana importiert wurden. Über dem Altar hängt ein schönes Kruzifix.

Hôtel de Ville (H)

Place de la Libération – ✆ 04 95 77 74 00 – ♿ – tgl. außer Sa/So, 26. Sept. und Fei geschl.
Das Rathaus war früher der **Genueser Gouverneurspalast**. Seine überwölbte Passage verbindet die Place de la Libération und die Place du Maggiu. Die Hauptfassade trägt die **Stadtwappen** von Sartène.

Quartier de Santa Anna★

Von dem Gewölbegang des Rathauses gelangt man in ein Viertel, das sich sein mittelalterliches Flair bewahrt hat. Es wird von einem Labyrinth dunkler, gepflasterter Gässchen durchzogen, die durch Treppen und Gewölbe verbunden sind. Die hohen Häuser mit dicken Mauern aus Granit und den immer geschlossenen Fensterläden wirken wehrhaft und abweisend.

100 m vom Rathaus entfernt sieht man in der linken der beiden Gasse einen Wacherker aus dem 16. Jh. Er ist einer der wenigen Überreste der ehemaligen Stadtmauer.

Von der kleinen Place du Maggiu führt links, zwischen zwei Häusern, die sehr gerade **Passage de Bradi (2)** hindurch zur **Place Angelo-Maria-Chiappe**. Von dort hat man einen weiten Blick auf den Golf von Valinco.

Die **Rue Caramana (6)** führt hinunter bis zur Place Chiappe. Die kleine **Place Maggiore** und die hübsche **Impasse Carababa (4)** sind ebenfalls sehenswert. Über eine der Treppengassen aus Stein gelangt man zur Sackgasse **Rue des Frères-Bartoli**, eine interessante Komposition mit engen, an manchen Stellen offenen Treppengängen. Über die **Rue du Purgatoire** mit ihren Wäschegirlanden an den Fenstern gelangen Sie zurück zur Place de la Libération.

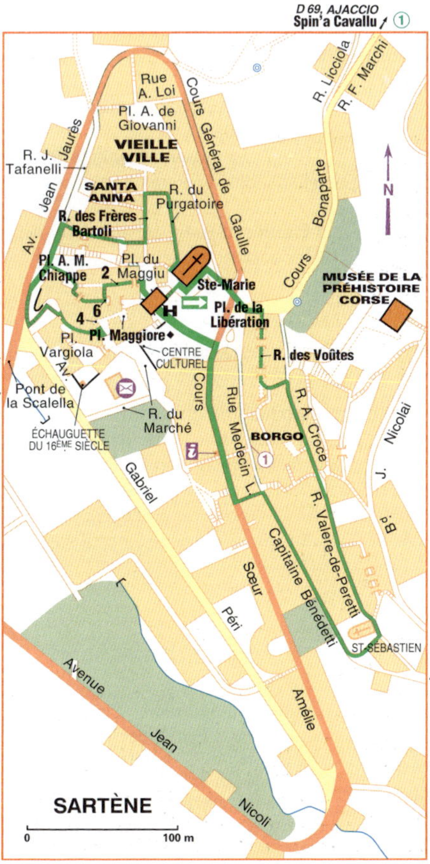

HOTELS

Domaine de Croccano ①
Hôtel Villa Piana ③
Rossi fior di Ribba ⑤
U Listincu ⑦

RESTAURANTS

A Cantinetta ①
Ferme-auberge A Tinedda ⑤

STRASSENINDEX

Bradi (Passage de) 2
Carababa (Impasse) 4
Caramana (R.) 6

Quartier du Borgo

Wenn Sie in Richtung Musée de Préhistoire Corse über die Place de la Libération gehen, gelangen Sie in das Viertel **Borgo**. Folgen Sie der im Sommer besonders angenehmen **Rue des Voûtes**, der „Gewölbestraße". Am Ende führt eine Treppe links zur Rue Antoine-Croce. Bis zur Chapelle St-Sébastien weitergehen, von dort hat man einen schönen Blick auf die Hügel der Umgebung. Im **Cours Sœur-Amélie** gibt es viele Geschäfte, in denen Sie sich mit Souvenirs eindecken können; von dort gelangen Sie wieder zur Place de la Libération.

Sehenswürdigkeit

Musée de la Préhistoire corse★

Von der Place de la Libération den Cours Bonaparte nehmen, dann rechts die Rue Antoine-Croce hinauf und schließlich links die Treppe (Monti Cuccu) zum Museum. Sie kommen an einem kleinen Platz mit einem Backhaus, dem Barranco di Stivaneddu, vorbei – ☎ 04 95 77 01 09

Das Museum für korsische Frühgeschichte ist in einem Neubau untergebracht und birgt archäologische Funde von der gesamten Insel (von 9000 v. Chr. bis zum 16. Jh.), außer aus den Gebieten um Aléria und Levie, die über eigene Museen verfügen *(s. jeweils dort)*. In drei hintereinanderliegenden Sälen wird die Vorgeschichte der Insel bis zur Eisenzeit nachgezeichnet. Zudem werden schöne antike und mittelalterliche Fundstücke aus Südkorsika gezeigt.

Zunächst wird Korsika geografisch und geologisch vorgestellt (Fossilien von Tieren und erste Werkzeuge), dann werden die verschiedenen **neolithischen Epochen** präsentiert (Werkzeuge, Feuerstein, Quarz und Töpferware mit Gravuren).

Die **Kupfersteinzeit** (4000 bis 2500 v. Chr.) ist mit behauenen Steinen und Gefäßen aus poliertem Stein vertreten, die megalithische Epoche durch schwarz glänzende Keramik.

An den Siedlungs- und Bestattungsorten der **Bronzezeit** haben die Archäologen Perlen, Kämme, Eisenschmuck und Töpferware gefunden.

Die **Eisenzeit** auf Korsika (800 bis 300 v. Chr.) ist mit fast tausend Objekten vertreten, unter anderem mit Gefäßen, Schmuck, porzellanähnlichen Perlenketten und natürlich Waffen und Eisenwerkzeugen.

Im Gartengeschoss befindet sich der Saal mit **Menhirstatuen**, anhand derer sich die wichtigsten Epochen der korsischen Geschichte veranschaulichen lassen.

Ausflüge

Route du Monte Rosso bis Mola★ – *s. Kartenskizze S. 325*

8,5 km südöstl. auf der D 50.

Diese kleine Straße schlängelt sich durch Macchia und gibt immer wieder einen schönen **Blick★** auf Sartène und den Golf von Valinco frei. Hinter dem Col de Suara erblickt man das kleine Dorf **Mola** zwischen Olivenbäumen im Cagna-Gebirge (1339 m), den langen Bergrücken am Ortolo-Tal und das Hauptmassiv Südkorsikas. 2 km hinter dem Dorf ist auf der Höhe eines Grabes rechts die aufragende Ruine des **Château de Baracci** zu sehen, die im 13. Jh. Sitz des Giudice de Cinarca war.

Le Sartenais★

In der kleinen Region Sartenais sind Zeugnisse der Megalith-Kultur außergewöhnlich gut erhalten. Menhir-Reihen und Dolmen säumen den Weg. In dieser kulturhistorischen Stätte der Insel wird auch der Naturschutz groß geschrieben. An der wunderschönen Küste erstreckt sich von der Pointe de Campomoro bis Roccapine eine unberührte Landschaft, die am besten mit dem Boot zu erreichen ist.

Fruchtbares Land

Als fruchtbares Land ist das Sartenais eine **Weinbauregion**. Die Appellation „Sartène" ist eines der acht Weinbaugebiete mit dem Herkunftszertifikat AOC de Corse: Darunter sind insbesondere gut ausgebaute Rotweine, aber auch einige Rosé- und Weißweine.

1 Die Megalithen der Macchia★ – *s. Kartenskizze S. 325*

66 km Rundweg – Auf der Route de Bonifacio (N 196) Sartène verlassen, nach 2,5 km in Bocca Albitrina rechts die D 48 nach Tizzano nehmen. Nach 2 km auf die D 21 nach Grossa einbiegen.

Alo Bisucce

Für eine Besichtigung bei der einsamen Hirtenhütte rechts anfragen.

Dieser von der Bronzezeit bis ins Mittelalter besiedelte Felssporn ist unter dem Namen Castello d'Alo bekannt. Umgeben von einer Zyklopenmauer liegt auf der Höhe ein **Monument** mit 8 m Durchmesser aus der Bronzezeit (1700 v. Chr.). Vier Nischen gehen vom zentralen Raum aus und bilden in ihrem Grundriss ein Hakenkreuz, das man vom Plateau aus gut erkennen kann.

Zur D 48 zurück- und in Richtung Tizzano weiterfahren.

Die Straße führt ins **Loreto-Tal** hinunter und durch eine Macchia-Landschaft, in der zahlreiche große Felsblöcke verstreut liegen.

Nach 9 km links auf die D 48A abbiegen und der Ausschilderung „Stantari, Fontanaccia, Renaju" folgen.

Plateau de Cauria★

Nach 4,5 km erreicht man die Ausgrabungsstätte, an der – in der Macchia verteilt – **170 Monolithen** gefunden wurden.

Die wichtigsten Ausgrabungsstellen sind durch einen Rundweg *(etwa 3 km)* miteinander verbunden, der zu Fuß abgegangen werden kann. Dazu zählen die Menhir-Reihen Stantari und Renaju sowie der Dolmen Fontanaccia. Alle drei wurden bereits 1840 von Prosper Mérimée erwähnt, also schon lange bevor im Jahr 1960 mit den Ausgrabungen begonnen wurde.

Das Fahrzeug auf dem Parkplatz abstellen und zu Fuß dem sandigen Weg zum „Alignement de Stantari" (etwa 1 km) folgen.

Alignement de Stantari – Mitten in der Natur, zwischen Reb- und Weinflächen, steht eingezäunt eine Menhir-Reihe. Zwei dieser Figuren zählen zu den berühmtesten Menhirstatuen Korsikas. Sie stellen bewaffnete Männer der Bronzezeit dar, die einen großen Speer tragen.

Dem ausgeschilderten Weg nach „Renaju" 300 m folgen.

Alignement de Renaju – Am Fuß der Punta Cauria liegen rund 40 in Nord-Süd-Richtung aufgestellte Menhire verstreut in einem kleinen Wald. Ein Teil steht, andere sind zerbrochen oder liegen auf dem Boden und erinnern daran, dass in der Landwirtschaft auf Korsika einige Menhire im Laufe der Jahrhunderte für den Bau von Mauern oder Gebäuden verwendet wurden. Der schattige Ort bietet sich für ein Picknick an.

Zu Fuß den ausgeschilderten Weg zum Dolmen gehen (400 m über einen schönen Weg, der sich durch die Macchia schlängelt).

Dolmen de Fontanaccia – Das ist der ausdrucksstärkste Dolmen auf Korsika. Er ist sehr gut erhalten und besteht aus sechs vertikalen Pfeilern, die eine Granitplatte tragen. Die dadurch geformte Grabkammer ist 2,60 m lang, 1,60 m breit und 1,80 m hoch. Das Monument wiegt etwa 15 Tonnen!
Im Volksglauben fanden an den Megalithen nächtliche diabolische Schauspiele statt. Der Dolmen von Fontanaccia trägt daher auch den Namen *stazzona del Diavolo*, „Teufelsschmiede".

Wieder die D 48 links in Richtung Tizzano nehmen. An der Bocca di Capirossu rechts 3,5 km zur Menhir-Reihe Palaggiu fahren. Am Anfang des nicht befahrbaren Wegs parken und 1 km zu Fuß gehen.

Alignements de Palaggiu
258 aufrechte, schräge und umgestoßene Granitmonolithen bilden dieses größte Megalithfeld Korsikas und des gesamten westlichen Mittelmeerraums. Die Menhire sind eher klein und stehen in sieben Reihen.

Auf der D 48 nach Tizzano weiterfahren.

Tizzano
Trotz der stetig anwachsenden Bebauung ist diese kleine Marina ein hübscher Ort geblieben. Am Eingang einer Schlucht gelegen, besitzt er einen sehr schönen Sandstrand und zahlreiche kleine Felsbuchten.
Tizzano ist als Jagdgebiet und **Tauchparadies** bekannt, eignet sich aber auch einfach zum Entspannen nach all den anstrengenden Megalithbesichtigungen.

Über die D 48 und dann die N 196 nach Sartène zurückfahren.

2 Naturschutzgebiet Roccapina
24 km südl. von Sartène über die N 196 in Richtung Bonifacio – s. Kartenskizze S. 325
Die Straße führt durch ein Weingebiet und erreicht dann die zerklüftete Südküste. Vom **Col de Roccapina** (Bocca di Roccapina), gegenüber dem Restaurant L'Oasis du Lion, hat man eine schöne Aussicht auf den Golf von Roccapina und den Rocher du Lion, den „Löwenfelsen".

Amaury de Valroger / MICHELIN

Der herrliche Strand von Roccapina wird von der zerklüfteten Küste eingerahmt.

Site préservé de Roccapina (Naturschutzgebiet Roccapina)

An die Küste gelangt man über den Weg mit der Ausschilderung „Camping de Roccapina" (2,5 km), am Col de Curali (Bocca di Curali) rechts neben dem Restaurant Curali. Achtung, der Weg ist sehr schlecht befestigt und uneben, für wenig geländegängige Fahrzeuge ist er nicht geeignet.

Der Weg, der am Pass beginnt, führt nach 3 km zur **Cala di Roccapina**, einem herrlichen Strand mit feinem Sand. In der Hochsaison wird dieser jedoch stark von Urlaubern frequentiert.

Das Gebiet zwischen dem Cap de Roccapina bis zum Felsvorsprung im Süden, der die Cala di Roccapina einschließt, ist ein Naturschutzgebiet mit freiem Zugang. Es gelten allerdings besondere Bestimmungen für den Kraftfahrzeugverkehr und Camping. In dem Feuchtbiotop leben zahlreiche Wasservögel. Die geschützte Düne am Strand ist eine Schutzzone *(Zutritt verboten)*, in der zahlreiche Wacholdersträucher wachsen.

Auf einem Felsvorsprung in der Nähe eines Genuesenturms liegt zwischen Himmel und Meer die monumentale natürliche Skulptur eines liegenden Löwen: der **Rocher du Lion★** *(Besteigen nicht zu empfehlen)*. Sie ist ein riesiger *tafonu*, eine durch Winderosion aus dem Granitfelsen geformte Skulptur *(s. Les Calanche)*. Die große Höhle, der „Rachen des Löwen", war früher in zwei Räume eingeteilt, die wahrscheinlich als Kornspeicher dienten.

Am Fuß des Genuesenturms hat man einen großartigen **Panoramablick★★** nach Süden auf die Îlots des Moines, nach Osten auf das Cagna-Gebirge und im Westen auf das Ortolo-Tal mit seinem Tamarisken-Sumpf.

Der Untergang der *Tasmania*

Gegenüber dem Löwen von Roccapina bei den **Îlots des Moines** ereignete sich am 17. April 1887 ein tragisches Schiffsunglück. Der Dreimaster *Tasmania* war in Bombay unter britischer Flagge in See gestochen und steuerte mit vollen Segeln London an, um die 300 Passagiere rechtzeitig zum Thronjubiläum Königin Victorias zu bringen. An Bord befand sich der prächtige Schatz eines Maharadschas, ein Geschenk für die Königin im Wert von 25 Millionen Goldfranken, was fast dem achtfachen Wert des Schiffs entsprach. Drei Meilen vor dem Ufer zerschellte das imposante Segelschiff wegen einer Fehlentscheidung des Wachoffiziers an den Riffs. Es waren einige Menschenleben zu beklagen, der Großteil der Passagiere und der Besatzung konnte jedoch von den Hirten Roccapinas gerettet werden, die Zeugen dieses Unglücks waren. Die Kolonialherrin Indiens zeigte den Rettern ihre Anerkennung, indem sie ihnen Goldstücke zukommen ließ.

Plage d'Erbaju★ – Auf der anderen Seite des Rocher de Lion liegt dieser 3 km lange Strand, der zwar etwas schwierig zu erreichen ist, dafür aber auch weniger Urlauber anzieht und so mehr Ruhe bietet.

Réserve naturelle des Îles Bruzzi et des Îlots des Moines

Das Naturschutzgebiet der Bruzzi- und Moines-Inseln ist für die Öffentlichkeit gesperrt.

Einige hundert Meter südlich des Turms von Olmeto liegen die Granitinseln **Bruzzi**. Sie stellen den Lebensraum für viele verschiedene Fischarten dar, die zwischen den Felsen im Wasser leben (Meerbrasse, Drachenkopf und Lippfisch); Seespinne und Heuschreckenkrebse kommen zur Fortpflanzung hierher. Diese Inseln dienen zudem der Krähenscharbe als einziger Nistplatz an der Westküste Korsikas.

Ziele in der Umgebung

Couvent de St-Damien

Auf der Route de Bonifacio am Ausgang von Sartène – Keine Besichtigung.

Dieses große Franziskanerkloster aus dem 19. Jh. überragt die Stadt und das Rizzanèse-Tal. Die dort lebende belgische Mönchsgemeinschaft hat die Gebäude selbst restauriert.

Spin'a Cavallu★ – *s. L'Alta Rocca*
9 km über die D 69 nach Norden, dann rechts auf die D 268 (Achtung, die Abzweigung ist nicht ausgeschildert).

Tipps und Adressen

Allgemeiner Hinweis

Fremdenverkehrsamt – *Cours sœur-Amélie – ✆ 04 95 77 15 40 – www.oti-sartenaisvalinco.com*

Übernachten

Chambre d'hôte Domaine de Croccano – *Route de Granace – 3,5 km nordöstl. von Sartène über die D 148 – ✆ 04 95 77 11 37 – www.corsenature.com – Dez. geschl. – 3 Zi: 65 € – ☕ 12 €.* In diesem Haus aus dem 18. Jh. genießt man inmitten von Korkeichen und Olivenbäumen die ruhige Atmosphäre. Gemütliche Zimmer und ein sehr freundlicher Empfang.

Hôtel Rossi fior di Ribba – *Route de Propriano – ✆ 04 95 77 01 80 – www.hotelfiordiribba.com – Ende Okt.-Mitte März geschl. – 22 Zi und 3 Appartements: 52/80 € – ☕ 7,50 € – P.* Große, helle Zimmer und schlichte Einrichtung mit Klimaanlage und Doppelverglasung. Die sehr nette Chefin serviert das Frühstück in einem Garten mit Pool und einem schönen Ausblick auf die Stadt und die Felstürme von Bavella.

Hôtel U Listincu – *Route de Propriano – 1,5 km nördl. von Sartène, Route de Propriano – ✆ 04 95 77 17 51 – http://www.membres.lycos.fr/ulistincu/ – Okt.-März geschl. – 14 Zi: 49/62 € – ☕ 6 € – P.* Das Hotel liegt am Eingang der Stadt und ist für sein gutes Preis-Leistungs-Verhältnis bekannt. Es ist in einem Neubau mit einfachen, funktionellen und klimatisierten Zimmern untergebracht. Der freundliche Empfang gleicht die eher schlichten Standards aus.

Hôtel Villa Piana – *Route de Propriano – ✆ 04 95 77 07 04 – www.lavillapiana.com – 25. Okt.-31. März geschl. – 32 Zi: 58/110 € – ☕ 9 € – P.* Nur wenige Minuten von den Stränden von Propriano entfernt, gegenüber dem hübschen Ort Sartène, liegt dieses Hotel mit sehr schönen Zimmern. Einige haben eine oleandergesäumte Terrasse; Pool mit herrlichem Ausblick.

Essen und Trinken

A Cantinetta – *29 rue Borgo – ✆ 04 95 77 08 75 – tgl. außer So-nachmittag 9-20 Uhr (im Sommer 22 Uhr), Nov.-Dez. und So außerhalb der Saison geschl. – ab 13 €.* Dieses Restaurant erinnert an frühere französische Kantinen. Rustikale Einrichtung, gesellige Atmosphäre, Wein aus dem Sartenais sowie Weine und Liköre aus Myrte, Pfirsich, Orange und Clementine. Zur Weinprobe werden Wurst- oder Käseteller gereicht.

Ferme-auberge A Tinedda – *Rizzanèse – 5 km nördl. von Sartène über die N 196 (Richtung Propriano) – ✆ 04 95 77 09 31 – http://atinedda.com – 16. Okt.-Anfang April geschl. – ⊠ – 27 € – 6 Zi, Halbpension: 141 €.* Wenn Sie korsische Hausmannskost aus eigenen Erzeugnissen genießen möchten, sind Sie hier richtig. Eine Weinlaube im Garten, ein überwölbter Gastraum und eine alte Kelterei bilden das Ambiente. Ruhige Zimmer auf dem Lande, im Sommer mit Halbpension.

Chez Antoine – *vor dem Hafen – 20100 Tizzano – ✆ 04 95 77 07 25 – Mai-Sept. – 30 €.* Dieses Restaurant darf man nicht verpassen: eine Terrasse mit schönem Blick auf die Bucht und dazu gegrillte Goldbrasse, Salatteller oder Bouillabaisse.

Einkaufen

Santa Barba – *Route de Propriano – ✆ 04 95 77 01 05 – tgl. außer Sa/So 7.30-12 Uhr und 13.30-17 Uhr (Juli-Aug. 19 Uhr), Fei geschl.* Zu dieser 1959 gegründeten landwirtschaftlichen Genossenschaft gehören etwa zehn Winzer. Es gibt eine große Auswahl an Rot-, Weiß- und Rosé-Qualitätsweinen, alle mit Herkunftszertifikat AOC vin-de-corse-sartène.

Sport und Freizeit

Domaine de Croccano – *3 km über die Route de Granace – ✆ 04 95 77 01 37 –* Claudine und Christian Perrier haben ihren 10 ha großen Pony- und Pferdehof das ganze Jahr hindurch geöffnet. Sie bieten Reitwanderungen (stunden-, tages- und wochenweise) und Wanderungen an (1 Woche „auf den Spuren der Romantiker").

Feste und Events

Catenacciu – Während der Prozessionen am Gründonnerstag und Karfreitag ist die Durchfahrt durch und das Parken in der Altstadt stark beschränkt. Die Prozessionen beginnen um 21.30 Uhr an der Kirche Ste-Marie; die erste führt zum Kloster St-Damien, die zweite in die kerzenbeleuchtete Stadt (der Prozessionsweg ist auf dem Stadtplan grün eingezeichnet).

Défilé de la SCALA DI SANTA REGINA★★

HAUTE-CORSE (2B) – UMSCHLAGKARTE VORNE B3 – MICHELIN LOCALKARTE 345 D5

Die Schlucht Scala di Santa Regina ist die wildeste und bekannteste der Insel. Sie führt durch die Steinwüste, die den Niolo südlich Richtung Corte begrenzt. Die trockene und urtümliche Landschaft bietet eine grandiose Kulisse: Der nackte Fels ist durch Wind und Regengüsse zu bizarren Felsformationen verwittert. Nur karge Vegetation klammert sich an die Felsspalten.

Wegweiser – Vor Calacuccia und dem Niolo auf der Ost-West-Achse zwischen Corte bzw. Ponte-Leccia und Porto. Die D 84 zwischen Calacuccia und Francardo führt 21 km an der Scala di Santa Regina entlang: Vorsichtig fahren!

Gut geplant – Wenn man zeitig losfährt, kann man den ehemaligen Transhumanz-Weg nehmen, der sich von Corscia nach unten schlängelt.

Orte in der Nähe – CALACUCCIA, Forêt d'AÏTONE, CORTE

Geschichte und Geschichten

Die Legende vom hl. Martin und dem Teufel – Für die Menschen des Niolo wird im Massiv von Santa Regina seit Urzeiten der Kampf zwischen Gut und Böse ausgetragen. Man erzählt sich, dass eines Tages der hl. Martin in dieser Gegend pflügte. Der Teufel beschimpfte ihn, entriss ihm den Pflug und schleuderte ihn in das obere Golo-Tal. Da gerieten die Elemente aus den Fugen, das Gebirge sprang auseinander, und Felsstücke rollten bis ans Ende des Tals. Bei diesem schrecklichen Anblick rief der Heilige die Muttergottes zu Hilfe. Daraufhin verschoben sich die Granitblöcke so, dass der Fluss eingeschlossen und ein Zugang zum Niolo-Becken geöffnet wurde. Der hl. Martin nannte diesen Engpass daher **Scala di Santa Regina**, „Treppe der Himmelskönigin". Zahlreiche Legenden des hl. Martin wurden über Jahrhunderte mündlich weitergegeben.

Ausflug

Von Calaccucia nach Francardo – 21 km enge Straße, vorsichtig fahren.

Barrage de Calacuccia
– *s. dort*

Die D 84 führt zunächst fast 80 m oberhalb des Flusses und dann an der kleinen Staumauer bei Corscia entlang.

Pont de l'Accia

Diese Brücke führt über einen linken Nebenfluss des Golo. Dort beginnt der **alte Maultierpfad**, den es vor der Straße gab, die erst seit 1889 Calacuccia und die Dörfer des Niolo mit Corte und der Ostküste verbindet. *Abfahrt ab Corscia (s. S. 168).*

Elektrizitätswerk Castirla

350 m über Meereshöhe. Die Turbinen werden von den Staudämmen Calacuccia und Corscia mit Wasserdruck versorgt und produzieren Strom für die gesamte Insel: etwa 100 MWh jährlich.

Über den Pont de Castirla und danach direkt links fahren.

Die Landschaft verändert sich, sobald der Golo durch die Kalkfelsen bei Francardo, nördlich der Hochebene von Corte fließt.

Stéphane Sauvignier / MICHELIN

Um den Engpass Scala di Santa Regina rankt sich eine abenteuerliche Legende.

Réserve naturelle de SCANDOLA★★★

CORSE-DU-SUD (2A) – UMSCHLAGKARTE VORNE A3 – MICHELIN LOCALKARTE 345 A5 – KARTENSKIZZE Golfe de PORTO, S. 282

Das Naturschutzgebiet Scandola ist ein Juwel an der Westküste Korsikas und wurde 1983 von der UNESCO zum Weltnaturerbe erklärt. Das Schutzgebiet wurde 1975 eingerichtet und umfasst 919 ha Land- und mehr als 1000 ha Meeresfläche. Erosion durch Meerwasser und Wind sowie die unterschiedliche Härte der Gesteine haben grandiose Landschaften hervorgebracht: Grotten, Spalten, hoch aufragende Felsnadeln und spitze Felskuppen, auf denen die Fischadler ihre Horste bauen. An den roten Felswänden wachsen Myrte, Mastix, Wolfsmilch und Zistrose.

Stéphane Sauvignier / MICHELIN

Herrliche Aussicht: der Golfe de Girolata im Naturschutzgebiet Scandola.

- **Wegweiser** – Die Halbinsel Scandola liegt zwischen Porto und Galéria. Sie erhebt sich bis zu 560 m über Meereshöhe und wird von der Punta Rossa im Süden und der Punta Nera im Norden begrenzt. Sie ist nur auf dem Seeweg von Porto, Calvi, Propriano oder Ajaccio aus zu erreichen.
- **Unbedingt sehenswert** – Die Adlerhorste; das Farbenspiel der Felsen und des Wassers.
- **Gut geplant** – Wenn nötig und Ihnen möglich, gutes Wetter abwarten, dann ist dieser Ort unvergleichlich schön. Die Lichtverhältnisse spielen eine große Rolle.
- **Mit Kindern** – Die Felsformen regen die Fantasie an, und der Flug der Vögel ist ein wunderschönes Schauspiel auch für ganz Kleine.
- **Orte in der Nähe** – Golfe de PORTO, Golfe de GALÉRIA

Geschichte und Geschichten

Geologische Vielfalt – Die Felsen von Scandola sind geologisch sehr vielfältig: roter Rhyolith, Schmelztuff und Basalt in bizarren Porphyrformationen, an denen sich auf Meereshöhe im Laufe der Jahrhunderte regelrechte Gehwege aus Verkrustungen der Kalkrotalge bildeten *(s. Kasten S. 331)*.

Lebensraum für seltene Arten – Mehr als 450 verschiedene Algenarten wurden hier entdeckt, von denen einige im restlichen Mittelmeerraum nicht vorkommen. Klares und sauberes Wasser bildet die Voraussetzung für die artenreiche Unterwasserwelt. **Neptungras**, die Lunge des Mittelmeers, gedeiht hier bis in 45 m Tiefe.

Im Naturschutzgebiet Scandola nisten **seltene Vögel** wie Fischadler, Krähenscharben, Wanderfalken oder Sturmtaucher.

Der **Fischadler** *(alpana)* ist übrigens zum Wahrzeichen der Tierschutzbemühungen im Naturpark Scandola geworden. Er nistet auf den Felsspitzen und ernährt sich von Fischen, die er dicht unter der Meeresoberfläche fängt. Zurzeit leben etwa 20 Paare dieser Adlerart in der Réserve de Scandola.

Der natürliche Gehweg der Punta Palazzu

Unter den im Naturschutzgebiet erstaunlich zahlreichen Algengattungen weist die Kalkalge, *Lithophyllum*, eine einzigartige Besonderheit auf. Ihre steinharten Kissen haben im Laufe der Jahrhunderte entlang den Felsen „Vorbauten" in Form eines Gehwegs gebildet. So enstand an der Punta Palazzu ein über 100 m langer und 2 m breiter natürlicher Steg, der längste dieser Art, der im Mittelmeer bekannt ist. Wissenschaftler schätzen sein Alter auf fast 1000 Jahre.

Ausflüge

Mit dem Boot

Bootsexkursionen werden von Calvi, Porto, Propriano, Ajaccio und Galéria aus angeboten (s. jeweils dort, Tipps und Adressen).

Im Norden des Golfs von Girolata, in der Nähe der **Punta Muchillina**, fahren die Boote an der stark zerklüfteten Küste entlang; das klare Wasser hebt sich deutlich von dem hoch aufragenden Vulkangestein ab. Die Felsnadeln steigen zum Himmel empor, kleine Inseln bilden riesige Blöcke, Felsspitzen ragen ins Meer, manche davon auch als Felsturm in die Höhe. In einiger Entfernung sind überraschend grüne Flächen zu sehen. Die kleine Insel Garganello liegt neben der **Insel Gargalo**, deren Leuchtturm am westlichsten Punkt Korsikas steht.

Die mineralischen Felstürme der **Punta Palazzu** und die Punta Nera umschließen die Elbo-Schlucht im Norden des Naturschutzgebiets. Die Boote fahren in eine enge felsige Bucht, in der die Gischt hoch spritzt, dann in eine Grotte mit außergewöhnlich klarem Wasser. Anschließend treten sie dann den Rückweg an. Selbst an den steilen Felsen gedeihen noch Pflanzen: Sträucher und sogar Bäume haben sich der Umgebung angepasst. Auf den Felsspitzen lauern die Fischadler in ihren Horsten aus Zweigen auf Beute: Sie wirken wie Wächter dieses wilden Lebensraums.

Golfe de Girolata (Ghjirulata)★★ – *s. Golfe de Porto*

Auf dem Rückweg fahren die Boote an der Punta Scandola vorbei und in den Golf von Girolata hinein. Diese traumhafte Landschaft wird von einer genuesischen Festung bewacht, an dem die Ausflugsboote Station machen.

Mit dem Boot lässt sich die spektakuläre Landschaft im Golfe von Girolata am besten erkunden.

SOLENZARA

Sulinzara

CORSE-DU-SUD (2A) – UMSCHLAGKARTE HINTEN C5 – MICHELIN LOCALKARTE 345 F8

Der Badeort Solenzara liegt an der Mündung des gleichnamigen Flusses, zwischen der felsigen Nacres-Küste im Süden und der Küstenebene im Norden. Man kann hier ausgiebig das Meer und den Jachthafen der Stadt genießen und zugleich herrliche Ausflüge in die nahe gelegenen Berge unternehmen. Nördlich des Flusses liegt ein Sandstrand, den Eukalyptusbäume säumen. Sie wurden während des Zweiten Kaiserreichs zur Trockenlegung der damals sumpfigen Gegend angepflanzt.

Amaury de Valroger / MICHELIN

Am Strand von Solenzara ging die Besatzung des U-Bootes Casabianca 1943 an Land. Es erlangte Berühmtheit, weil es als einziges Boot der Agosta-Klasse den Krieg überstand.

- **Wegweiser** – Solenzara liegt an der Mündung des gleichnamigen Flusses und wird von der Route Nationale durchquert. Der Ort hat eine sehr schöne Küste und direkten Zugang zu den Bergen: Die schmale D 268 führt zum **Col de Bavella** (30 km).
- **Unbedingt sehenswert** – Die Krähenscharben, die über dem Küstenschutzgebiet Fautea kreisen.
- **Gut geplant** – An der Côte des Nacres liegt ein schöner Sandstrand neben dem anderen; man hat die Qual der Wahl.
- **Mit Kindern** – Das Meerwasser ist Ihnen zu salzig? An der Plage de Scaffa Rossa mündet der Fluss und versüßt das Badevergnügen.
- **Orte in der Nähe** – Aiguilles de BAVELLA, Golfe de PORTO-VECCHIO

Solenzara im Überblick

Die im Sommer sehr gut besuchte Stadt besitzt einen hübschen Jacht- und Fischereihafen. Am Ende der Mole hat man einen wunderbaren **Blick★** auf Solenzara und im Hintergrund auf die Felsnadeln von Bavella.

Die lange **Plage de Scaffa Rossa** aus feinem Sand liegt im Norden, an der Mündung der Solenzara. Sie können abwechselnd im Mittelmeer und im klaren, erfrischenden Flusswasser baden.
Hier wurde **Kommandant Poli** geboren, ein Volksheld aus Fiumorbo *(s. dort)*.

Ausflüge

Côte des Nacres

20 km über die Küstenstraße N 198 von Solenzara nach Fautea.

Die Côte des Nacres begeisterte **Kommandant L'Herminier**, als er im März 1943 mit dem U-Boot *Casabianca* vorbeikam. Auf der Höhe von Canella schrieb er bei Sonnenaufgang: „Das Meer ist ruhig. Bei Sonnenaufgang heben sich die Berge Korsikas von dem blauen Himmel ab. Es ist ein wunderschöner Anblick; das harte Rot der Felsen tritt aus dem Violett, Ocker und Dunkelgrün der Macchia und der Bäume hervor. Die Farben sind derart grell und deutlich voneinander abgesetzt, dass man meinen könne, ein Maler hätte seine Palette nicht vermischt."
Die Unterwasserwelt dieser Küste ist äußerst reich an Fischen und **Hornkorallen**, auch **Seefächer** oder **Gorgonien** genannt, die ein Skelett aus hornähnlicher Substanz besitzen. Sie sind im Mittelmeerraum selten geworden und wurden 1992 unter Naturschutz gestellt. Die großen Arten benötigen 30 Jahre, um eine Länge von 50 cm zu erreichen!
Die federartigen Büschel, die auf dem Sandstrand liegen oder in den Dünen hängen, sind dagegen getrocknetes Neptungras. Diese Meerespflanzen bilden regelrechte Prärien im Meer und sind ein wichtiger Sauerstoffproduzent.

Die Höhenstraße führt nahe an der Küste und an den kleinen Buchten von Cala d'Oro und Canella entlang.

Plage de Canella

In Richtung Campingplatz Le Grand Bleu und Restaurant Dolce Vita fahren.
Es erwartet Sie eine sehr schöne, kleine Bucht mit feinem Sand.

Anse de Favone (Favona)

Kleine Sandbucht an der Mündung des Favone.

Anse de Tarco

Kleine Sandbucht an der Mündung des Tarco.
Im Hinterland sind die Felstürme von Bavella zu sehen.

Sonnenstadt

Die Stadt Solenzara und der gleichnamige Fluss leiten ihren Namen vom korsischen *sole* (Sonne) ab.
9 km nördlich von Solenzara liegt ein wichtiger Luftwaffenstützpunkt. Die Soldaten werden hauptsächlich bei Bränden, Unfällen und im Katastrophenfall zum Schutz der öffentliche Sicherheit eingesetzt.

Site naturel de Fautea★

Die beiden kleinen Buchten, die im Norden durch einen **Genuesenturm** *(abends mittels Solarenergie angestrahlt)* begrenzt werden, bilden das Küstenschutzgebiet Fautea.

Die **Plage de Fautea** mit feinem Sand liegt geschützt zwischen zwei Felsvorsprüngen. Die Plage des Américains dagegen hat eine weniger geschützte Lage, ist länger und mit grobem Sand bedeckt. Im Hintergrund sind die Felsnadeln des Gebirges zu sehen. Auf dem Weg zum Genuesenturm fasziniert im Sommer die typische Macchia-Vegetation: Die Zistrose hat blasslila Blüten; die Montpellier-Zistrose enfaltet weiße Blüten.
Durch die Nähe zum Naturschutzgebiet Cerbicale kann man die schwarzen **Krähenscharben** *(marangone)* beobachten, die dicht über dem Wasser kreisen und dann plötzlich eintauchen, um ihre Beute zu fangen.

Von Solenzara nach Zonza

30 km – etwa 2 Std. – s. Aiguilles de Bavella.

Ziel in der Umgebung

Sari-Solenzara

7 km südwestl. über die D 68.
Dieses malerische Dorf mitten in der Macchia überragt Solenzara. Es bietet einen schönen Blick auf die Küste und die Felstürme von Bavella.

Tipps und Adressen

Allgemeiner Hinweis

Fremdenverkehrsamt – *RN 198 – 04 95 57 43 75 – www.cotedesnacres.com* – Informationen zu Wassersport, Bergwanderungen und Unterkünften.

Übernachten

Camping Bon'Anno – *20144 Favone – 04 95 73 21 35 – Juni-Sept. – Reserv. empf. – 150 Plätze: 21 € – Imbiss.* Campingplatz mit 3 ha im Schatten von Kiefern und Korkeichen, 500 m von dem schönen Strand Canella entfernt. Eine Ranch bietet Reitwanderungen an.

Hôtel La Solenzara – *Quartier du Palais – 04 95 57 42 18 – www.lasolenzara.com – 4. Nov.-5. April geschl. – 28 Zi: 62/96 € – 10 € –* P. Dieses imposante Gebäude aus dem 18. Jh. im Genueser Stil lässt mit seinem Garten, dem Pool und der Terrasse mit Meeresblick die Nähe zur Route Nationale vergessen. Die Zimmer zum Meer sind angenehmer, die zur Straße mit Klimaanlage ausgestattet.

Hôtel Orsoni – *04 95 57 40 25 – www.hotelorsoni.com – Okt.-März geschl. – 10 Zi: 74 €.* Dieses kleine Hotel-Restaurant sieht nicht besonders ansprechend aus, besticht jedoch mit seinem herzlichen Empfang und dem guten Service, insbesondere durch die Chefin. Leckere, traditionell korsische Küche.

Hôtel U Dragulinu – *20144 Favone – 04 95 73 20 30 – www.hoteludragulinu.com – Nov.-März geschl. – 32 Zi: 85/290 € – Rest. 20/30 € –* P. Dieses Familienhotel eignet sich wunderbar für den Strandurlaub. Die Zimmer sind adrett und gut gepflegt (einige mit Klimaanlage). Im Restaurant, das nur im Sommer mittags geöffnet ist, werden Salate und Grillgerichte serviert. Angenehme Terrasse.

Essen und Trinken

A Mandria – *Route de Ghisonaccia – Pont-de-Solenzara – 04 95 57 41 95 – Jan., So-abend und Mo außerhalb der Saison geschl. – – 20/25 €.* Dieser ehemalige Schafstall wurde in ein Restaurant umgebaut, in dem man köstliche korsische Gerichte und über dem Holzfeuer gegrilltes Fleisch genießen kann. Weitere Vorzüge: angemessene Preise und eine Terrasse mit Laube.

Ferme-auberge A Pinzutella – *Route de Bavella – 5 km von Solenzara Richtung Route du Col de Bavella – 04 95 57 41 18 – Okt.-Ende April und Mo geschl. – – 15/29 €.* In diesem Bauernhof zwischen Meer und Bergen herrscht eine rustikale und herzliche Atmosphäre. Außer dem weiten Blick auf die Felstürme von Bavella hat die Gaststube delikate Spezialitäten zu bieten: gebratene Zicklein und Ferkel, Polenta aus Kastaniengrieß sowie Wein aus der Domaine de Solenzara.

Einkaufen

Domaine de Solenzara – *04 95 57 49 76 oder 04 95 57 44 10 – Juni-Sept. tgl. 9-12 und 16.30-19 Uhr, Okt.-Mai Di und Sa 9-12 Uhr.* Dieses Weingut mit 16 ha kann das Herkunftszertifikat AOC Porto-Vecchio vorweisen. Frau Lucchini lässt Sie gerne die verschiedenen Weiß-, Rosé- und Rotweine aus den Rebsorten *nielluccio*, *sciacarello* und *vermentino* probieren.

Sport und Freizeit

Accro-branche – *Am Nordausgang von Solenzara, am Fluss – 20243 Prunelli-di-Fiumorbo – 06 11 19 59 68 – während der Saison tgl., im Winter auf Anfrage.* Den ganzen Sommer über hat man hier viel Spaß im Spiel- und Abenteuerparcours hoch in den Bäumen. Auch für die Freunde des Paraglidings wird etwas geboten.

Subaquatique club – *Jachthafen – 20145 Sari-Solenzara – 04 95 57 44 19 – www.sccn-solenzara.org – im Sommer tgl., im Winter Sa/So.* Dieser Tauchklub bietet für alle Niveaus etwas. Entdecken Sie die herrliche Unterwasserwelt der Ostküste.

Corsica plaisance – *Route du Port – 04 95 57 20 79 – location@corsica-plaisance.com.* Bootsverleih.

Jachthafen – *Hafenmeisterei Solenzara – 04 95 57 46 42 – capitainerie@mairie-sari-solenzara.fr – im Sommer tgl. 7-21 Uhr, im Winter tgl. außer Sa/So 8-12 und 14-17 Uhr.* 450 Liegeplätze.

Amaury de Valroger / MICHELIN

Das Solenzara-Tal.

Gorges de SPELUNCA★★

CORSE-DU-SUD (2A) – UMSCHLAGKARTE HINTEN A4 – MICHELIN LOCALKARTE 345 B6

Diese wundervollen Schluchten wurden durch das Zusammenspiel der drei Flüsse Aïtone, Tavulella und Onca geformt. Hinter dieser berühmten Schlucht speisen die Wasserläufe Aïtone und Onca den Fluss Porto, der in den gleichnamigen Golf mündet. Die Aussicht auf die Schlucht beeindruckt durch die weiten Perspektiven und die Intensität der Farben, unter denen insbesondere die verschiedenen Rottöne von Rosa bis Orange auffallen.

Stéphane Sauvignier / MICHELIN

Die Schluchten werden von steinernen genuesischen Brücken überspannt.

- **Wegweiser** – Die Schluchten liegen zwischen Ota und Évisa, oberhalb des Golfs von Porto. *Spelunca* bedeutet „Höhle" und bezieht sich auf die Tiefe der Schluchten. Die von den Genuesen errichteten Brücken ermöglichten die Erschließung der Region.
- **Unbedingt sehenswert** – Die genuesischen Brücken.
- **Orte in der Nähe** – PORTO, Golfe de PORTO, Forêt d'AÏTONE

Ausflug

Die genuesischen Brücken – *s. Kartenskizze S. 336*

27 km von Porto nach Évisa – 3 Std. – Von Porto über die D 124 in Richtung Ota fahren.

Ota

In diesem kleinen, ruhigen Ort befindet sich die Verwaltungsbehörde, die auch für Porto zuständig ist. Das Dorf liegt an den roten Felsen des Capo d'Ota und überragt den Fluss. Ein ruhiges, ursprüngliches Dorf blieb unbehelligt vom Tourismus am Golf von Porto und bietet sich als Ausgangspunkt für Wanderungen an.

Pont génois de Pianella★

Etwa 3 km hinter Ota, unterhalb der Straße.

Ein wahres Kunstwerk genuesischer Brückenbauer ist der imposante Brückenbogen, den man über einen kurzen, aber recht steilen Weg erreicht. Der beste Blick auf die Brücke in ihrer herrlichen Umgebung bietet sich, wenn man sie überquert und ein Stück weiter am gegenüberliegenden Ufer flußaufwärts geht.

Weiter zu den beiden Brücken von Ota fahren, die über die Bäche Aïtone und Onca führen. Das Fahrzeug auf dem Parkplatz kurz vor der ersten Brücke auf der linken Straßenseite abstellen.

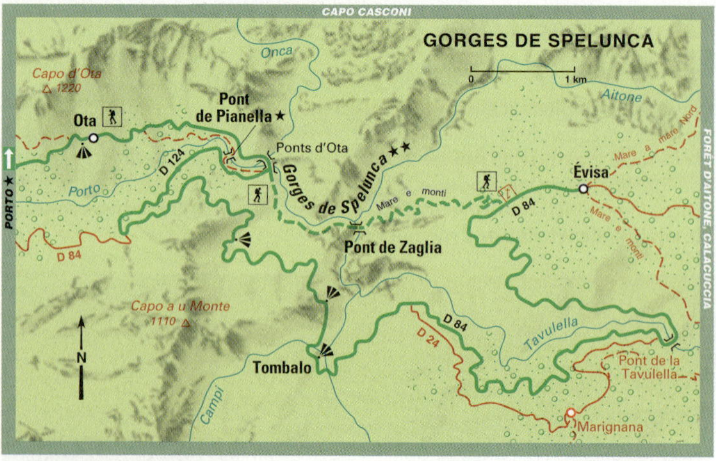

Pont génois de Zaglia

Hinter der zweiten Brücke den Weg flussaufwärts am linken Ufer des Aïtone nehmen.
1 ½ Std. hin und zurück.

Auf diesem Maultierpfad kann man sich eine Vorstellung davon machen, welcher Art sich die Fortbewegung zur Zeit der genuesischen Herrschaft gestaltete. Der gut markierte Weg (Wanderroute „Mare e Monti") führt weit in die Schlucht hinein. Schöne Blicke auf die rosa Felsen, die Porto überragen. Die Wildheit der Schluchten, der intensive Duft der Macchia und das klare, smaragdgrüne Wasser machen den Weg zu einem wunderbaren Naturerlebnis.

Der Maultierpfad schlängelt sich von der Brücke Zaglia weiter zum Friedhof von Évisa.

Der Aufstieg ist beschwerlich, ermöglicht jedoch schöne Ausblicke auf Ota und den Golf von Porto.

Der D 124 folgen und dann links die D 84 nehmen.

Tombalo

Von hier eröffnet sich ein einzigartiger **Ausblick★★** auf die Berge mit dem Capo Casconi (1091 m) und in die einzigartige Spelunca-Schlucht.

Die Straße führt durch Edelkastanien, an schwindelerregenden Steilhängen vorbei, die von den orange-rosafarbenen Felsen überragt werden. Man blickt auf die Tavulella-Schlucht mit ihren Terrassendörfern und -plantagen.

Évisa – *s. auch Forêt d'Aïtone*

Das kleine charmante Bergdorf hat in den letzten Jahrzehnten sehr vom steigenden Wandertourismus profitiert, konnte sich dabei aber seinen typischen Dorfcharakter bewahren. Es liegt inmitten einer großartigen Gebirgslandschaft am Rande des Forêt d'Aïtone. Herrliche Edelkastanienwälder umgeben das Dorf vor der Kulisse der imposanten Felswände, die sich bei Sonnenuntergang orangerot färben. Überdies muss man hier auch auf das Meer nicht verzichten – die Wege bis zur Küste sind allzu weit.

Amaury de Valroger / MICHELIN

Der hübsche Ort Évisa zieht viele Wanderer an.

Forêt de la TARTAGINE★

HAUTE-CORSE (2B) – UMSCHLAGKARTE VORNE B3 – MICHELIN LOCALKARTE 345 D4

Der abgelegene und sehr wilde Forêt de la Tartagine verläuft parallel zum Forêt d'Asco. Die Tartagine mündet im Norden von Ponte-Leccia in den Unterlauf des Golo. Ihr Becken liegt in einem weiten Bergrund, das von den hohen Kämmen des Monte Padro (2393 m), des Monte Corona (2143 m) oberhalb der Tartagine-Quelle und des Capo a Dente (2032 m) gebildet wird. In den Wäldern von Tartagine und Melaja gibt es zahlreiche Wandermöglichkeiten. Im Regionalpark sind die Wege orange gekennzeichnet. Entdecken Sie hier zudem die charmanten, zum Teil verlassenen Dörfer der Gegend.

© L'ARIA

Das Dorf Olmi-Capella ist im Sommer Veranstaltungsort des Internationalen Theaterforums.

Wegweiser – Die Tartagine fließt im Norden von Ponte-Leccia in den unteren Golo. Die D 963, die 6,5 km vor Belgodère von der N 197 abzweigt, ist die einzige Straße, die in das Tal hineinführt.

Unbedingt sehenswert – Wer gerne wandert, hat in den Lariciokiefernwäldern von Tartagine-Melaja mannigfaltige Möglichkeiten.

Gut geplant – Achtung, fahren Sie unbedingt langsam, die Straße in die Tartagine-Schlucht ist in einem sehr schlechten Zustand. Bei Schnee werden die Straßen sehr schnell unbefahrbar. Wenn Schnee vorhergesagt ist, verschieben Sie am besten Ihren Ausflug. Versuchen Sie einen ganzen Tag einzuplanen, wenn Sie sich für die Wanderung Zeit lassen und baden möchten.

Mit Kindern – Wandern ist schön, aber besonders für Kinder auf einem Esel noch viel schöner *(s. Tipps und Adressen)*.

Orte in der Nähe – BALAGNE, Vallée d'ASCO

Zu Fuß unterwegs

Le Giussani (Ghjunsani)

In dieser Gebirgsregion zwischen oberer Balagne und Asco-Tal liegen zahlreiche kleine Weiler und vier Dörfer: Olmi-Cappella, Vallica, Poggiola und Mausoleo.

Olmi-Cappella

Die wichtigste Ortschaft des Tals liegt auf einem Hügel zwischen Steineichen und Edelkastanien. Hier wird vor allem Schaf-, Rinder- und Pferdezucht betrieben. Außerdem wird Honig hergestellt und Wald bewirtschaftet.

Gorges de la Tartagine★

Die durch Kiefernbestand auf halber Höhe am Hang entlangführende Straße verläuft oberhalb der von der Tartagine und ihrem Nebenfluss Melaja gebildeten Schlucht. An die mächtigen Steilwände klammern sich Wacholderbüsche und kleine Bergkiefern. In der Tiefe der Schlucht erscheint das Grün des Forêt de Melaja, eines schönen Waldes aus Steineichen, Edelkastanien und Kiefern. Mit zunehmender Höhe werden die Steineichen von Lariciokiefern verdrängt. Die Straße führt in einer großen Schleife über die Melaja und in den 2643 ha großen Staatsforst Tartagine-Melaja mit prächtigen Lariciokiefern, Seekiefern und einigen Steineichen. Sie führt an der Tartagine entlang bis zum Forsthaus *(717 m über Meereshöhe)*. Wenn Sie zu Fuß am Fluss entlanggehen, können Sie reizvolle Gumpen entdecken, in denen man sich an heißen Tagen erfrischen kann.

Aria Corse

Der bekannte Schauspieler **Robin Renucci** lebt abwechselnd in Paris und in seinem Heimatdorf Pioggiola in der Region Giussani. Seit 1998 bietet er Kurse für Künstler an und veranstaltet unter anderem im Sommer ein internationales Theaterforum. In den Kursen, die in Olmi-Cappella und der Umgebung stattfinden, werden künstlerische Talente gefördert.
Weitere Informationen unter: *www.aria-corse.com*

Wanderungen

Denken Sie unbedingt an ausreichend Wasser, Verpflegung und gutes Schuhwerk. Sie sollten auf keinen Fall alleine in den Bergen wandern.

Col de l'Ondella

6 Std. hin und zurück vom Forsthaus – 1845 m. Der Weg *(gelb markiert)* führt am rechten Tartagine-Ufer flussaufwärts. Am Ende des Bergkessels links den Weg durch die Talsenke nehmen *(grün markiert)*.

Col de Tartagine

6 Std. hin und zurück vom Forsthaus – 1852 m. Der Weg *(gelb markiert)* führt am rechten Tartagine-Ufer flussaufwärts *(Angeln verboten)*.

Tipps und Adressen

Allgemeiner Hinweis

Fremdenverkehrsamt Giussani – *Haus Bataglini – ✆ 04 95 47 22 06*

Übernachten

Hôtel A Tramula – *20259 Pioggiola – 1,9 km westl. von Olmi-Cappella in Richtung Forêt de Tartagine – ✆ 04 95 61 93 54 – www.tramula.com – – Reserv. empf. – 8 Zi: 70 € – 5 € –* . Durch geschickte Renovierungsmaßnahmen wurde dieses schöne Steinhaus mit dem modernsten Komfort ausgestattet. Die Zimmer sind alle ähnlich eingerichtet: lachsfarbene Wände, Terrakottaböden und neue Möbel. Außerdem gibt es einen Garten mit Ausblick. Der Park reicht bis in die Berge und lädt zum Spazierengehen ein.

Essen und Trinken

La Tornadia – *Im Ort – 20259 Pioggiola – 2 km westl. von Olmi-Cappella in Richtung Forêt de Tartagine – ✆ 04 95 61 90 93 – Mitte Nov.-Mitte März geschl. – 20/32 €.* Hier wird eine kräftige und authentisch regionale Küche angeboten. Der gemütliche Gastraum ist rustikal mit Gegenständen aus dem Landleben und selbst gemalten Bildern der Wirtin eingerichtet. Man kann sich auf der angenehmen Terrasse unter Kastanien entspannen. Nette Bedienung.

Sport und Freizeit

Balagn'âne – *La Campanella – 20259 Olmi-Cappella – ✆ 04 95 61 80 88 – www.rando-ane-corse.com – Reserv. empf.* Eine Wanderung auf einem Packesel ist nicht nur ein ungewöhnliches Erlebnis, es ist auch die Möglichkeit, an die alten Traditionen der Region anzuknüpfen. Darüber hinaus kann man so den Kindern eine Abwechslung zum üblichen Wandern bieten und ihnen spielerisch die Natur nahe bringen.

Vallée du TAVIGNANO★

Tavignanu

HAUTE-CORSE (2B) – UMSCHLAGKARTE HINTEN C4 – MICHELIN LOCALKARTE 345 D6-G7

Der Fluss Tavignano schlängelt sich von Corte bis Aléria durch die Macchia, quer durch Edelkastanien- und Korkeichenbestände. Auf seinem Weg zum Flachland im Osten gräbt er Schluchten in den Glanzschiefer. Seine vielen Nebenflüsse aus der Castagniccia haben das Relief dieses Mittelgebirges geformt. An den Nordhängen des Tals schlängeln sich Gebirgsstraßen zu den 600 oder 700 m über dem Fluss gelegenen alten Dörfern an der Bergflanke.

Jean-Louis Gallo / MICHELIN

Diese wunderschöne genuesische Brücke befindet sich bei Altiani.

- **Wegweiser** – Der Tavignano entspringt am Lac de Nino in 1743 m Höhe inmitten eines kristallinen Bergmassivs im Inneren der Insel; bis Corte bleibt er ein Gebirgsfluss. Die N 200 führt am Tavignano-Tal entlang, von Corte bis zur Flussmündung in Aléria.
- **Unbedingt sehenswert** – Nach Altiani fährt man am besten an der genuesischen Brücke weiter auf den mit Büschen gesäumten Routes Départementales D 314 und D 14.
- **Gut geplant** – Es gibt nur wenige Geschäfte, höchstens kleine Dorfläden. Außerhalb der Hochsaison ist es schwieriger; tanken und erledigen Sie größere Einkäufe rechtzeitig in Corte oder Aléria.
- **Orte in der Nähe** – CORTE, ALÉRIA und Golfe D'AJACCIO

Ausflug

Von Corte nach Aléria über die Höhenstraße★

60 km – etwa 1 ½ Std. – Kartenskizze S. 162

Verlassen Sie Corte auf der Route d'Ajaccio (N 193) und fahren Sie am Kreisverkehr in Richtung Aléria (N 200).

Die Straße verläuft an der rechten Flussseite entlang; 17 km hinter Corte führt sie über eine schöne **genuesische Brücke★** mit drei Bögen, die Ende des 17. Jh. gebaut und von französischen Ingenieuren im 19. Jh. erweitert wurde. Die Fahrbahnplatte wurde im Zuge einer Sanierung eingeebnet. Die Erhöhung der Straße schwächt die für genuesische Brücken typische Wölbung ab.

Notre-Dame de Pancheraccia

Die Liebe der Korsen zur Muttergottes ist bekannt, so haben sie ihr beispielweise zahlreiche Lieder gewidmet. Pancheraccia ist der einzige Ort auf Korsika, dessen Marienerscheinungen kirchlich anerkannt sind. Der Wallfahrtsort entstand im 18. Jh.
Die Legende erzählt, dass sich ein Mädchen aus dem Dorf verirrte als es im Wald Holz sammelte. Sie bekam großen Durst und begann aus Angst zu weinen. Da begegnete ihr die Muttergottes und ließ eine Quelle entspringen. Zum Mädchen sagte sie: „Trink und danach gehe ins Dorf und sage seinen Bewohnern, sie sollen hier eine Kapelle errichten." Als das Mädchen fürchtete, die Leute würden ihr keinen Glaube schenken, versah die Jungfrau ihre Hände mit einem unauslöschlichen Kreuzmal an der Hand und sprach: „Als Beweis hast Du dieses Zeichen. Und in einem Jahr wirst Du nicht mehr von dieser Welt sein".
Das Mädchen starb und das Dorf baute die Kapelle.
Man pflegt bis heute die Verehrung der Muttergottes. Das ganze Jahr über kommen viele Pilger zu dieser Quelle; der Höhepunkt des Jahres ist die Wallfahrt am 8. September.

Am Brückenkopf liegt eine ehemalige **Kapelle**. Der schlichte Sakralbau war Johannes dem Täufer geweiht und wurde im 10. Jh. im Stil der pisanischen Romanik erbaut: das Mauerwerk besteht aus sich abwechselnden Steinquadern und flachen Steinen. Nachdem die Kapelle eine Zeit lang als Schafstall gedient hatte, wurde sie inzwischen restauriert.

Direkt hinter der Chapelle St-Jean-Baptiste links die D 314 nehmen, die in Serpentinen nach Altiani hinaufführt.

Altiani

Die Häuser des Ortes liegen in einem Halbrund auf einem Felssporn inmitten von großen Felsblöcken und einer wilden Gebirgslandschaft. Hier lebte man früher von seinen Korkeichen. Von Altiani hat man eine gute Aussicht bis zum Meer, auf das Flachland bei Aléria, den zentralen Gebirgszug der Insel und den Monte d'Oro. Das Panorama ist besonders eindrucksvoll, wenn die Gipfel verschneit sind.

Hinter Altiani Richtung Osten führt die D 14 als Höhenstraße etwa 600 m über dem Tavignano entlang.

Piedicorte-di-Gaggio

Stellen Sie das Fahrzeug auf dem öffentlichen Parkplatz gegenüber der Kirche oder neben dem Kriegerdenkmal ab.

Das Dorf liegt auf einem Felsvorsprung, der das Tavignano-Tal überragt und von dem man einen **Panoramablick★** auf das Flachland bei Aléria und das Tyrrhenische Meer hat. Im Westen heben sich der Monte d'Oro und der Monte Rotondo von der zentralen Gebirgskette ab. Die Pfarrkirche mit Steindach *(lauze)* besitzt eine Fassade aus dem 18. Jh. und einen massiven Glockenturm mit einer Archivolte aus dem 12. Jh. Sie ist mit einem Flechtwerkfries und vier geflügelten Fabelwesen ausgestaltet.

Folgen Sie weiter der D 14.

Pietraserena

Die Kirche St-Roch überragt das Tal auf einer Terrasse am Berghang.

Folgen Sie weiter der D 14.

Am Eingang von **Pancheraccia** ergibt sich ein Blick auf die Ebene im Osten in ihrer ganzen Ausdehnung. Hinter dem Dorfbrunnen führt rechts eine Straße hinauf zum Wallfahrtsort Notre-Dame de Pancheraccia *(s. Tipps und Adressen)*.

Die kurvige Straße führt dann wieder ins Tal und erreicht die N 200.

Tipps und Adressen

Essen und Trinken

⊖⊖ **Ferme-auberge U San Mateu** – *20251 Pancheraccia – ✆ 04 95 48 84 50 – ⊭ – Reserv. empf. – 25 €.* Das Ambiente ist eine Mischung aus Tradition und Moderne. Hier werden Käse, Fleisch- und Wurstwaren aus eigener Herstellung und köstliche, reichhaltige Gerichten serviert. Sie können dabei die schöne Aussicht auf die Ebene, das Meer und die Berge genießen.

Golfe de VALINCO★

Golfu di Valincu

CORSE-DU-SUD (2A) – UMSCHLAGKARTE HINTEN A6 – MICHELIN LOCALKARTE 345 B9-C10

Steile Felsen, Hügel mit Olivenbäumen und feine Sandstrände säumen die Bucht von Propriano. Drei Flüsse münden in den Golf von Valinco. Die beiden größten, der Taravo im Norden und der Rizzanèse im Süden, haben im Lauf der Jahrtausende ausgedehnte Ebenen mit Schwemmland entstehen lassen. Der kleinere Fluss Baracci mündet ganz am Ende des Golfs und hat dort den breiten Sandstrand vor Propriano geschaffen.

Amaury de Valroger / MICHELIN

Der Strand von Porto Pollo am Golf von Valinco ist einer der schönsten Korsikas.

Wegweiser – Der südlichste große Golf an der Westküste wird im Norden vom Capo di Muro begrenzt, der zum Golf von Ajaccio überleitet, und im Süden von der Pointe de Campomoro. An der Pointe de Porto-Pollo gegenüber der Pointe de Campomoro verengt sich der Golf. Die beiden Landspitzen begrenzen den Golf an dieser Stelle auf weniger als 7 km.

Unbedingt sehenswert – Es bietet sich an, von den Küsten des Golfs die Täler des Rizzanèse und des Baracci zu erkunden.

Gut geplant – Achten Sie auf die Zeitangaben für die einzelnen Ausflüge. Im Naturschutzgebiet Campomoro-Senetosa kann man eine Tageswanderung unternehmen.

Mit Kindern – Der Strand von Portigliolo; eine Eselswanderung mit Asinudi Figuccia oder ein Parcours in den Bäumen von Baracci *(s. Tipps und Adressen)*.

Orte in der Nähe – PROPRIANO, SARTÈNE

Ausflüge

1 Nordseite des Golfs★ – *s. Kartenskizze S. 342*

61 km von Propriano nach Porto-Pollo – etwa 3 ½ Std.
Propriano auf der N 196 in Richtung Ajaccio verlassen. Nach 2 km rechts die Straße hinauf ins Baracci-Tal nehmen (D 557).

Sources de Baracci

Nur 1 km nach der Abzweigung liegen am linken Flussufer 52 °C heiße Schwefel- und Salzquellen, die schon in der Antike bekannt waren *(s. Tipps und Adressen)*.

Der Straße über den Fluss folgen und links nach Olmeto auf die D 257 abbiegen.

Olmeto

Die N 196 führt durch diesen ausgedehnten Ort. Seine schönen Granithäuser schmiegen sich an der steilen Südflanke der Punta di Buturetto (871 m) aneinander. Dort ist gegenüber dem Rathaus das Haus zu besichtigen, in dem Colomba Bartoli im Alter von 96 Jahren starb *(s. S. 345).*

Auf dem einsamen Hügel im Osten des Dorfes stehen die Ruinen des **Castello della Rocca**. Von hier aus leitete **Arrigo della Rocca**, der Urenkel von Giudice de la Cinarca *(s. La Cinarca),* den ersten großen Aufstand gegen Genua. Vor der siegreichen Volkspartei des Sambucuccio d'Alando *(s. Le Bozio)* floh Arrigo 1362 zunächst nach Spanien. 1376 kehrte er jedoch zurück und eroberte mit Ausnahme von Calvi und Bonifacio die Insel. Diese beiden Städte verblieben in genuesischer Herrschaft. In Biguglia wurde Arrigo schließlich zum Gouverneur Korsikas ernannt und regierte zwölf Jahre im Auftrag des Königs von Aragon.

Während der Fahrt hinunter nach Propriano über die N 196 eröffnen sich Ihnen wunderbare **Ausblicke★** auf den Golf von Valinco und das Flachland von Baracci mit den herrliche Olivenbaumbeständen.

Nehmen Sie bei der ersten Abzweigung nach einer Linkskurve rechts die kurvige Höhenstraße D 157 über dem Golf. Die Straße führt hinunter zur Mündung des Taravo. 4,5 km hinter der Abzweigung auf die D 157, folgen Sie der kleinen D 157^{A}, die auf der rechten Seite bergauf führt. Bleiben Sie auf dieser Straße; Biegen Sie nach 1,3 km an einem Fels-

Ein Korse an der Spitze der Kasbah von Algier

Bis 1830 wurden im Laufe der Jahrhunderte zahlreiche junge Korsen bei Piratenangriffen verschleppt und gelangten als Sklaven nach Algier. So wuchs 1518 der junge Korse **Pietro Paolo** in den Militärkreisen von Algier auf. Nach wenigen Jahren wurde er in das Elitekorps der osmanischen Janitscharen aufgenommen. Man machte ihn zum Kommandanten der Armee des Dey (Oberhaupt der Janitscharen) von Algier, nachdem er in verschiedenen Kämpfen siegen konnte. 1556 wählte man ihn sogar wegen seiner Tapferkeit zum Dey von Algier und gab ihm den Namen Hassan Corso. Der Sultan erkannte diesen Titel jedoch nicht an und ließ ihn zu Tode foltern.
Aus der Region südlich von Sartène wurden ebenfalls Bewohner von Piraten verschleppt, und ein junger Mann, Orsini, gelangte so nach Tunesien. 1705 wurde sein Sohn Stammesfürst (Bey) von Tunis.

vorsprung im rechten Winkel links auf einen unbefestigten Weg ein und fahren Sie 200 m weiter zu einem kleinen Stellplatz.

Castello de Cuntorba★

Rechts das Gatter zu einem Feld öffnen und sorgfältig wieder schließen: Das Kastell liegt 50 m entfernt auf einem Privatgrundstück. Besichtigung ist gestattet, doch bitte nehmen Sie angemessen auf das Privateigentum Rücksicht.

Das Castello de Cuntorba liegt auf einer Anhöhe zwischen Steineichen und Olivenbäumen und ist ein typischer torreanischer Rundbau *(s. S. 50)*, wie sie Ende der Bronzezeit im Süden Korsikas errichtet wurden. Die Festung besteht aus einem mittleren Bauwerk, das die Überreste einer Siedlung und einer Mauer überragt. Das Monument stammt aus 1200 v. Chr. Der unbehauene Granit des *Castello*, die rosa- bis ockerfarbene Erde der Umgebung und die grüne, blühende Vegetation bilden einen schönen Kontrast vor dem intensiven Blau des Golfs von Valinco.

Fahren Sie zur D 157 zurück und weiter über die D 57 am Taravo flussaufwärts bis Filitosa.

Filitosa★★ – *s. dort*

Botschafter Seiner Majestät

Im Oktober 1765 landete der schottische Schriftsteller **James Boswell** in Sollacaro, um mit Pasquale Paoli zusammenzutreffen. Er war mehrere Tage zu Gast bei dem General, legte selbst korsische Tracht an und galt bei den Patrioten als *Ambasciadore Inglese*. Er legte Paoli die Vorteile einer Allianz mit dem Königreich Großbritannien dar. Drei Jahre später veröffentlichte er den Reisebericht *Account of Corsica, Journal of a Tour to that Island, and Memoirs of Pasquale Paoli*. Dieser wurde besonders in England äußerst interessiert aufgenommen, als man neben Gibraltar noch einen weiteren englischen Stützpunkt im Mittelmeer suchte, weshalb Korsika von besonderem Interesse war.

Sollacaro

In einer Lichtung zwischen Edelkastanien überragt dieses Dorf das untere Taravo-Tal. Es war im Mittelalter der Sitz des mächtigen Adelsgeschlechts der *Seigneurs d'Istria*. Insbesondere Vincentello d'Istria wurde zu Beginn des 15. Jh. im Sartenais für seine despotische Herrschaft bekannt.

Dieselbe Strecke zurückfahren. Auf der D 157 den Taravo überqueren, danach rechts 1 km der D 757 folgen und dann rechts die D 155 nach Serra-di-Ferro nehmen.

Serra-di-Ferro

Ein einladendes Bergdorf über der Bucht von Cupabia und dem Golf von Valinco, in dem man auch schöne, handgefertigte Messer erwerben kann. Die Wanderroute **„Mare e Monti Sud"** *(durch Holzschilder und orangefarbene Markierungen gekennzeichnet)* führt auf zwei schönen und leichten Wegen durch die Macchia:

2 Std. hin und zurück. Der Weg nach Porto-Pollo führt am Turm von Capannella vorbei und bietet einen weiten **Blick★** auf den Golf, das Tanchiccia-Moor und die fruchtbare Taravo-Ebene.

1 ¼ Std. hin und zurück. Der andere Weg führt zum großen Strand von Cupabia mit feinem Sand, einem schönen, bislang geschützten Flecken, der auch mit dem Auto über die D 155 und die D 155^{A} von Serra-di-Ferro aus zu erreichen ist.

Die Bucht Cupabia ist mit Riffen übersät. Im Westen des Strandes öffnet sich eine tiefe Einbuchtung.

Nehmen Sie wieder die D 757.

Porto-Pollo

Dieser kleine Badeort liegt zu Füßen der mit Oliven- und Feigenbäumen bewachsenen Hänge in einer zum Golf von Valinco geöffneten Buch. Durch die Pointe de Porto-Pollo ist sie vor den Westwinden geschützt.

Von dem Sandstrand von Porto-Pollo erblickt man Propriano und die Südküste des Golfs, der von der Pointe de Campomoro begrenzt wird.

2 Südseite des Golfs★ – *s. Kartenskizze S. 342*

17 km von Propriano nach Campomoro – etwa 1 ½ Std.
Über die N 196 von Propriano in Richtung Sartène fahren und auf der Brücke Rena-Bianca den Rizzanèse überqueren, dann direkt rechts die D 12 nehmen (in Richtung Flughafen).

Portigliolo★
Dieser lange Strand (4 km) mit feinem Sand um die Mündung des Rizzanèse ist sicherlich der schönste in der Umgebung von Propriano. Die Gegend ist naturbelassen geblieben und unbebaut. Die Vegetation schirmt von der Straße ab, sodass man sich beinahe wie am Ende der Welt fühlt.

Folgen Sie weiter der D 12.

Belvédère (Belvide)
Wie der Name schon sagt, bietet dieses Dorf einen wunderbaren **Ausblick★** auf den Golf und das Gebirge im Hinterland. Die unterhalb liegende Felsküste ist mit ihrem klaren Wasser gut zum Tauchen geeignet.
Zwischen Belvédère und Campomoro liegen Aussichtspunkte mit herrlichem Blick auf das Meer und die ungewöhnlichen Formen der rosafarbenen Felsen.

Campomoro★
Vor dem malerischen Dorf an einer überschaubaren, durch die Pointe de Campomoro gut geschützten Bucht liegt ein kleiner Eukalyptuswald. Der schöne Sandstrand, einige Fischerboote und Schiffe mit bunten Segeln runden das friedliche Bild ab. Hinter dem Strand am Ende des Dorfs kann man auf die Pointe de Campomoro steigen *(½ Std. zu Fuß hin und zurück)*, auf der der wuchtige **genuesische Turm** steht. Die Festungsmauer mit Schießscharten ist mit einem Rundgang ausgestattet. Im Sommer befindet sich hier die Dauerausstellung *Barbaresques* (Piraten), in der die Entstehungsgeschichte der Genueser Festungsbauten beschrieben wird *(außerhalb der Hauptsaison Öffnungszeiten erfragen – ✆ 04 95 73 00 65)*. Eine Außentreppe führt zum Haupteingang; dahinter liegt der Aufenthaltsraum mit Vorratskammern. Von der oberen Plattform hat man einen **Panoramablick★** auf den Golf von Valinco. Unterhalb erstreckt sich ein herrlicher **Sandstrand★**; das klare Wasser eignet sich besonders gut zur Beobachtung der Unterwasserwelt.

Geburtsort eines Schriftstellers

In Campomoro wurde der Schriftsteller **Lorenzi di Bradi** geboren (1869-1945). An der Fassade seines Hauses (rechts von der Dorfkirche) erinnert eine Inschrift an diesen korsischen Schriftsteller, der die Macchia besang und schöne Beschreibungen seiner Heimatregion verfasste, insbesondere in *Veillées corses* und *La Corse inconnue*.

Site préservé (Naturschutzgebiet) de Campomoro-Senetosa★
An der wilden Küste abseits der großen Straßen, zwischen Pointe de Campomoro (Punta di Campomoro) und dem Leuchtturm der Punta di Senetosa, wechseln sich auf fast 20 km kleine Buchten und Felsvorsprünge ab. Hier liegt das mit dem der Agriates bedeutendste Naturschutzgebiet der Insel. Für Segelboote gibt es gut geschützte kleine Buchten wie die Anse d'Agulia, die zumeist auch einen hübschen Sandstrand besitzen.

An der Küste kann man Tageswanderungen unternehmen: von der Pointe de Campomoro zur Bucht Aguglia oder vom Leuchtturm von Senetosa zur Pointe d'Eccica. *Nehmen Sie ausreichend Wasser mit!*

3 Rizzanèse- und Baracci-Tal – *s. Kartenskizze S. 342*

43 km von Propriano aus – etwa 1 ½ Std.
Auf der Route de Sartène (N 196) Propriano verlassen. Nach der Brücke über den Rizzanèse links die D 268, Route d'Aullène, nach Levie nehmen. Nach 4,5 km liegt links eine der bekanntesten genuesischen Brücken (gut Ausschau halten, die Stelle ist nicht ausgeschildert!). Rechts auf dem Parkplatz gegenüber der Brücke parken.

Blick durch den Felsen von Campomoro auf den genuesischen Turm.

Spin'a Cavallu★ – *s. L'Alta Rocca*

Der D 268 weiter folgen, den Fiumicicoli überqueren, dann auf der Brücke von Acoravo über den Rizzanèse fahren und links die D 119 nehmen.

Die Straße führt über dem Rizzanèse durch Korkeichen und bietet einen schönen Blick auf das Dorf Arbellara, durch das man in Richtung Fozzano hindurchfährt. *Vorsichtig fahren: Die enge Straße ist zum Teil, insbesondere bis Arbarella, in schlechtem Zustand.*

Fozzano★ (Fuzzà)

Im Fremdenverkehrsamt von Propriano ist die Broschüre „Petite promenade dans Fozzano" erhältlich (kostenlos). Sie beschreibt einen Spazierweg durch den Ort.

Fozzano liegt mit seinen hohen, schönen Granithäusern stolz auf einem Felssporn der Rocca. 1833 war der Ort Schauplatz einer Vendetta zwischen den beiden verfeindeten Familien Carabelli und Durazzo. Das Dorf und die Ereignisse sind der Nachwelt durch den Roman *Colomba* von Mérimée (1803-1870) überliefert *(s. Kasten unten)*. Während seiner Reise nach Korsika im Jahr 1839 als Inspektor des Denkmalschutzes, machte dieser in Fozzano die Bekannschaft der damals 64-jährigen Witwe **Colomba Bartoli**, geborener Carabelli. Sie war im Mittelpunkt der Vendetta gestanden: zwei Mitglieder der Familie Durazzo und ihr Sohn kamen dabei ums Leben. Diese Begegnung inspirierte Mérimée zur Novelle *Colomba* (1840), in der er die Unnachgiebigkeit Colombas und die Schönheit ihrer Tochter Cathérine beschrieb. Der Autor gab die Aussagen, die er gesammelt hatte, nicht einfach wieder, sondern machte aus der Geschichte ein romantisches Zeitdokument des 19. Jh. Der Roman hat dazu beigetragen, ein verzerrtes Bild von Bräuchen und dem Alltag der Korsen entstehen zu lassen.

Das **Haus der Colomba** liegt in einer Gasse unterhalb der Straße. Die **Festungen** der rivalisierenden Familien von Fozzano, die sogenannten „Sarazenentürme", sind erhalten – einer an einer Treppengasse und einer an der Straße (von Arbellara aus links).

Colomba oder das romantische Korsika

„Ich war einige Tage in Sartène, das für seine Familienfehden berühmt wurde. [...] Eine der Heldinnen habe ich getroffen, Colomba, die sich hervorragend auf die Herstellung von Munition versteht und wie man sie auf Unliebsame abfeuert. Ich habe mich gut mit dieser berühmten Dame von nur 64 Jahren verstanden und wir verabschiedeten uns mit korsischer Herzlichkeit. Das gleiche Glück hatte ich bei ihrer Tochter von 20 Jahren, zum Verlieben schön, mit bodenlangen Haaren und 32 Perlen in ihrem Mund..."

Notes d'un voyage en Corse (Reiseerinnerungen, 1840), Prosper Mérimée.

Folgen Sie der D 19 zum oberen Baracci-Tal mit seinem Felsenmeer aus Granit.

Santa-Maria-Figaniella

Dies ist der Hauptort des Gebiets **La Rocca**, dessen gleichnamige Lehnsherren im Mittelalter sehr mächtig waren. Heute leben hier 70 Menschen, im Sommer 200.
Die **Église Santa-Maria** in pisanischer Romanik des 12. Jh. besitzt ein sehr schönes Mauerwerk aus Granitsteinen. Bemerkenswert sind das verzierte Dachgesims und die darunter liegenden Schmuckarkaden. Das Chorhaupt hat noch sein ursprüngliches Dach. Nördlich von Santa-Maria hat man von der Straße einen wunderbaren **Blick★** auf das Baracci-Tal und den Golf von Valinco.

Fahren Sie nach Arbellara zurück und nehmen Sie rechts die D 19.

Viggianello (Vighjaneddu)

Dieses Dorf bietet einen schönen **Ausblick★** auf den Golf von Valinco.

Fahren Sie über die D 19 zurück nach Propriano.

Tipps und Adressen

Übernachten

Camping La Vallée – *Campomoro – 20110 Belvédère – ✆ 04 95 74 21 20 – Mai-Sept. – Reserv. empf. – 199 Plätze: 27 €.* Ein günstig gelegener Campingplatz, um die Sandstrände und die schöne Landschaft des südlichen Golfs zu genießen. Zudem werden Ferienhäuser in Terrassenanlage mit schönem Meerblick vermietet.

Camping Lecci e Murta – *20138 Portigliolo – ✆ 04 95 76 02 67 – www.campinglecciemurta.com – ⊡ – Reserv. empf. – 150 Plätze: 34 € – Imbiss.* Zelt oder Bungalow? Sie können wählen; in jedem Fall aber logieren Sie zwischen Myrtensträuchern und Eukalyptusbäumen und nur 300 m vom Strand entfernt. Das Bar-Restaurant und die überdachte Terrasse mit offenen Balken und Wänden in Naturtönen sind sehr ansprechend gestaltet.

Hôtel Campomoro – *Im Ort – 20210 Campomoro – ✆ 04 95 74 20 89 – Ende Sept.-Anfang Juni geschl. – Reserv. empf. – 10 Zi: 80 € – ☕ 6,50 € – Rest. 20 € –* **P**. Ein Ort zum Erholen – hier kann man das Auto getrost einige Tage stehen lassen. Das Hotel liegt an einem wunderbaren Strand mit feinem Sand. Die Zimmer sind einfach, bieten jedoch von der 1. Etage aus einen schönen Blick auf den Golf von Valinco. Die Küche serviert vor allem Fisch und Meeresfrüchte.

Hôtel Les Eucalyptus – *20140 Porto-Pollo – ✆ 04 95 74 01 52 – www.hoteleucalyptus.com – 14. Okt.-3. April geschl. – 32 Zi: 55/92 € – ☕ 7,50 € –* **P**. Hier erwartet Sie das Meer, ein baumbestandener Garten und Macchia. Das Hotel liegt in einer traumhaften Umgebung über den Dächern von Porto-Pollo. Besonders gut genießen lässt sich die Aussicht von einem der Zimmer mit Balkon.

Essen und Trinken

U Farniente – *Arcobiato – 20113 Olmeto-Plage – ✆ 04 95 74 07 48 – Reserv. empf. – 15/35 €.* Ein paradiesisches Restaurant: Von der gefliesten Terrasse im Schatten von Maulbeerbäumen hat man einen herrlichen Blick auf Propriano und den Golf von Valinco. Der Schwerpunkt des jungen und dynamischen Küchenteams liegt auf Fisch. Der Gast wählt vor der Zubereitung aus dem frischen Fang aus.

Sport und Freizeit

Asinudi Figuccia – *Route de Maggiese – 20113 Olmeto-Plage – ✆ 06 03 28 92 00 oder 06 03 28 81 85 – März-Sept. Reserv. empf.* Hier können Sie die korsische Landschaft auf ungewöhnliche und recht bequeme Weise entdecken. Auf Ihren Wegen durch die Macchia, mit freiem Blick auf den Golf von Valinco, werden Sie von einem Esel begleitet, der Ihr Gepäck trägt. Stunden- und Tagestouren.

Baracci Natura – *Monaca – 20110 Viggianello – ✆ 06 20 95 45 34 – tgl. 9-19 Uhr, 16. Sept.-14. Juni geschl. – 15 € (Kinder: 13 €).* Auf diesem Parcours, 1 km hinter den Thermalquellen von Baracci, entdecken Sie den Spaß am Canyoning und die Freude beim Springen von Ast zu Ast. Geschulte Betreuung für Groß und Klein.

Établissement des sources de Baracci – *20113 Olmeto-Plage – ✆ 04 95 76 30 40 – in der Nebensaison 9-12 und 15-19 Uhr, in der Hauptsaison 9-12 und 15-20 Uhr, 1. Jan. und 25. Dez. geschl.* Thermalanlage mit Schwimmbecken (40°C), Whirlpool, Massagedüsen und Wannen. Schwimmbad 5 €; Whirlpool 7,50 €.; Tennis (8 €/Std.) und Spielplatz.

VALLE-D'ALESANI

Valli d'Aliggiani

124 EINWOHNER – HAUTE-CORSE (2B) – UMSCHLAGKARTE VORNE C3 – MICHELIN LOCALKARTE 345 F6 – KARTENSKIZZE La CASTAGNICCIA, S. 210-211

Zu dieser überschaubaren Gemeinde mit ihren verstreut liegenden Weilern inmitten der Castagniccia gehört das Kloster Alesani, das sich in einem schwer erreichbaren Tal befindet. Es war der Schauplatz eines der erstaunlichsten Ereignisse der korsischen Geschichte, als ein politischer Abenteurer aus westfälischem Adel im Jahr 1736 König von Korsika wurde.

Wegweiser – Valle-d'Alesani erreicht man über die D 71, eine enge und gewundene Straße. Zum Kloster gelangt man über die Straße nach Piazzali (6 km auf der D 217), dann über die nach Perelli (D 17), am Ausgang des Ortes rechts.

Unbedingt sehenswert – In der Klosterkirche befindet sich eine Darstellung der Muttergottes mit Kirsche, die Zartheit und Melancholie ausstrahlt.

Orte in der Nähe – La CASTAGNICCIA, CARCHETO, La PORTA, MOROSAGLIA, CERVIONE

Geschichte und Geschichten

Theodor I., König von Korsika – 1694 in Köln geboren, wuchs Baron **Theodor von Neuhoff** zunächst bei Verwandten in Westfalen auf. In Versailles wurde er im Alter von 15 Jahren Page bei Liselotte von der Pfalz und diente später an verschiedenen europäischen Höfen.
In Livorno in Italien lernte er Exilkorsen kennen, die ihm die desolate Lage ihrer Insel schilderten. Der Abenteurer versprach seine Hilfe, wenn man ihn zum König machte.
Am 12. März 1736 landete er mit Waffen und Munition, die er in Tunis gekauft hatte, am Strand von Aléria. Am 15. April trat eine *consulte* im Kloster Alesani zusammen: Der Baron wurde zum König von Korsika gekrönt, erhielt den Namen **Theodor I.** und es wurde eine neue Konstitution verabschiedet. Ein Reichstag stand dem König zur Seite. Agostino Giafferi und Hyacinthe Paoli wurden zu Ministern ernannt.
Zur großen Verwunderung der europäischen Regierungen formierte sich das Königreich. Es ließ Münzen prägen und verkündete die Gewissensfreiheit, um jüdische Händler vom Festland auf die Insel zu locken und damit die Wirtschaft der Insel anzukurbeln. Die von Theodor in Auftrag gegebenen Münzen mit den Initialen „TR" (Teodorus Rex) riefen ein gewisses Vertrauen der Korsen hervor – sie lasen sie als *Tutto Ramo* (reines Kupfer).
Der Widerstand Genuas, das Misstrauen der korsischen Generäle und fehlende finanzielle Mittel zwangen Theodor I. schließlich, sich am 11. November 1736 in Solenzara wieder einzuschiffen. Er reiste durch Europa um neue Unterstützer zu finden. Es sollte ihm jedoch nicht gelingen, seine Königsherrschaft wieder anzutreten. Schließlich blieb er in London und führte ein elendes Dasein, zuletzt im Hinterzimmer eines Trödlers in Soho, wo er am 5. Dezember 1756 starb.

Sehenswürdigkeit

Das Kloster

Wegen Bauarbeiten gesperrt; Die Wiedereröffnung ist für 2008 geplant, könnte sich allerdings verzögern. Informationen unter ✆ 04 95 35 88 74.
Das Kloster Alesani liegt kurz vor dem Dorf. Seine Gründung geht auf die Anfangszeiten des korsischen Franziskanerordens zurück. Die gegenwärtigen Gebäude sind deutlich jüngeren Datums und werden nach und nach restauriert.
Die **Klosterkirche** ist mit leuchtenden Malereien ausgestaltet, darunter eine Kopie der **Muttergottes mit Kirsche**★ von 1450 aus der Sienaer Schule. Sie wird Sano di Pietro zugeschrieben. Die Kanzel steht auf einer elegant gewundenen Säule. 1943 stürzte der Glockenturm ein und wurde 1994 wieder errichtet.

Col de VERGIO

Bocca di Verghju

ZWISCHEN HAUTE-CORSE UND CORSE-DU-SUD – UMSCHLAGKARTE HINTEN B4 – MICHELIN LOCALKARTE 345 C6 – KARTENSKIZZE Forêt d'AÏTONE, S. 71 und Le NIOLO, S. 266

Auf 1477 m Höhe trennt der Gebirgspass die Hochwälder Aïtone und Valdu-Niellu, in denen man häufig wild lebenden Schweinen begegnet. Im Frühling und Sommer bieten sich herrliche Ausflüge im Schatten der großen Lariciokiefern an. Der Wasserfall von Radule stellt ebenfalls ein beliebtes Ausflugsziel dar. Im Winter zieht es besonders Skifahrer in diese Gegend.

Amaury de Valroger / MICHELIN

Diese Christusstatue thront auf dem Col de Vergio.

Wegweiser – Der Pass befindet sich inmitten der langen Bergkette (Punta Minuta, Paglia Orba, Monte Tozzo, Monte Rotondo), der die Flüsse der Ost- und Westküste Korsikas voneinander scheidet. Über den Pass führt die D 84 zwischen Porto und Calacuccia *(im Winter manchmal unpassierbar)*. Im Westen des Passes liegt der Wald Aïtone und im Osten (1,5 km) das Skigebiet Vergio.

Gut geplant – Als Etappe in der Umgebung und als Ausgangspunkt für Wanderungen bietet sich **Évisa** an *(s. Forêt d'Aïtone und Gorges de Spelunca)*, das über eine gute Auswahl an Hotels und Restaurants verfügt.

Mit Kindern – Als Belohnung für die Kleinen gibt es leckeren Frischkäse und Baden in den Gumpen des Golo, wenn sie bis zur Sennerei Radule mitlaufen …

Orte in der Nähe – Forêt d'AÏTONE, VICO, CALACUCCIA

Zu Fuß unterwegs

Aussichtspunkt

Vom Col de Vergio geht der Blick nach Norden zur Punta Licciola und im Osten zum oberen Golo-Tal. Geht man etwa 200 m unterhalb des Passes bis zu den ersten Birken auf der Straße nach Calacuccia weiter, öffnet sich eine noch schönere **Aussicht★★**. Geradeaus ist der natürliche Durchbruch Capo Tafonato (2343 m) und der Felsgrat Paglia Orba (2525 m) zu sehen; hinter der Punta

Das muss ja mit dem Teufel zugehen

Es wird immer erzählt, der Teufel sei durch diese Gegend gezogen. Das glauben Sie nicht? Dann betrachten Sie sich genau den Capo Tafonato (nördl. des Passes), in den ein riesiges Loch gerissen wurde: Wer anderes hätte das bewirken sollen? *(s. S. 371)*

Licciola das Golo-Tal und der Lac de Calacuccia; auf der anderen Seite der Monte Tozzo und die Punta Artica.

Station du Vergio (Skigebiet)

1404 m über Meereshöhe. Dieses kleine Wintersportzentrum liegt 1,5 km unterhalb des Passes und am Rand des Waldes Valdu-Niellu; es verfügt über ein Hotel, sechs Lifte, einige Chalets und Verleihstellen für Skiausrüstung. Von November bis April sind dort am Wochenende bis zu 2000 Skifahrer anzutreffen.

Trouée du Tafonato (Capu Tafunatu)★

Nach einer Legende wurde diese riesige Felsöffnung (53 m breit und 12 m hoch), durch die heute sanft das Licht schimmert, vom Teufel mit einer Pflugschar in den Fels geschlagen.

Amaury de Valroger / MICHELIN

Der atemberaubende Wasserfall von Radule.

Um dem apostolischen Eifer des hl. Martin, der im Niolo Hirte war, etwas entgegenzusetzen, hatte sich der Teufel am Col de Stazzona einen mächtigen Pflug geschmiedet, mit dem er Täler in die Berge pflügte. Der hl. Martin aber machte sich über die Geradlinigkeit dieser Furchen lustig. Verärgert trieb der Teufel seine Ochsen an … und sein Pflug zerschellte an einem Felsen. Aus Wut über diese Demütigung schleuderte er die verbogene Pflugschar ins Meer, die in ihrem Flug den Tafonato durchbohrte. Die Ochsen des Teufels verwandelte der hl. Martin in Stein.

Die großen Skeptiker, die Geologen, haben jedoch aufgrund der Untersuchung des Rhyolith (Quarzporphyr) und der typischen Erosionserscheinungen einige Zweifel an dieser Erklärung für die hier zu findenden Steinformationen.

Die Felsöffnung ist nur für geübte und schwindelfreie Wanderer von der Berghütte Ciottoli a i Mori am Fuß des Capu Tafunatu auf dem Wanderweg GR 20 zu erreichen. Aus den Porphyrfelsen des Capu Tafunato entspringt der Golo (Golu), der mächtigste Fluss Korsikas.

Wanderung

Bergeries und Cascade (Wasserfall) de Radule★

Der Startpunkt liegt an einer S-Kurve oberhalb des Passes; dort gibt es einen Rastplatz und eine Tafel. Hellblaue Markierung + 2 gelbe Streifen + GR (etwa 1 Std. bis zur Sennerei).

2 Std. hin und zurück. Verhältnismäßig leichte Wanderung; trotzdem an gutes Schuhwerk und Wasser denken. Die Strecke verläuft über den Fernwanderweg GR 20.

Der Weg führt an Lariciokiefern und Birken vorbei, fällt leicht ab und überquert kleine Bäche, steigt dann wieder zwischen den Bäumen an und überwindet einen kleinen Bergkamm. Von dort erblickt man zwischen den Bäumen hindurch den eindrucksvollen Wasserfall von Radule. Falls Sie etwas Erfrischung suchen, können Sie in den Gumpen des Golo baden.

Der **GR 20** führt links um das kreisförmige Geröll herum *(¼ Std.)* zu den **Bergeries de Radule** (1370 m). Diese Sennerei liegt in einer beeindruckenden **Umgebung★**. Im Juli und August kann man hier köstlichen korsischen Käse kaufen.

Von der Sennerei steigt man hinunter zur **Cascade de Radule** (1350 m) am Ausgang der Schlucht. Die Strecke führt zum Teil an den ehemaligen Transhumanz-Wegen zwischen Niolo und Filosorma entlang, über die Pässe Guagnerola und Capronale. Noch heute sieht man auf diesem Weg öfters Maultiere, die Verpflegung in die Berghütten entlang dem GR 20 tragen. Am anderen Ufer nimmt der GR 20 eine schwierige, steile Strecke über Geröll, die nur für routinierte Wanderer geeignet ist.

Gehen Sie auf dem selben Weg zurück.

VICO

Vicu

898 EINWOHNER – CORSE-DU-SUD (2A) – UMSCHLAGKARTE HINTEN A4 – MICHELIN LOCALKARTE 345 B7

Diese weitläufige Siedlung ist der Hauptort des Liamone, einer Mittelgebirgsregion mit vielen touristisch reizvollen Wanderwegen. Im 16. Jh. war er der Sitz der Bischöfe von Sagone und während der Französischen Revolution Sitz der Unterpräfektur für das Département Liamone.

Wegweiser – Vico liegt 17 km nordöstl. des Golfs von Sagone an der D 70.

Unbedingt sehenswert – Das älteste Kruzifix Korsikas befindet sich in der Kirche des Klosters St-François. Der Rundweg durch das Haut-Sorru-Tal mit seinen Bergdörfern gibt einen Einblick in die traditionelle korsische Kultur. Das Dorf Orto beeindruckt durch seine Lage.

Gut geplant – Folgen Sie den Genuesenwegen zwischen Hinterland und Golf von Sagone. Kaufen Sie am besten in Vico ein, wenn Sie das Hinterland erkunden möchten: Außer wenigen Lebensmittelläden und Restaurants gibt es keine Bank oder Tankstelle.

Mit Kindern – Auf dem Hinweg zum Lac de Creno werden Kinder vielleicht ein bisschen quengeln, dann aber werden sie begeistert sein.

Orte in der Nähe – Forêt d'AÏTONE, Golfe de SAGONE

Geschichte und Geschichten

Die „Bereinigung" der Macchia 1931 – Im November 1931 landeten knapp 600 Bereitschaftspolizisten mit etwa zehn Panzerwagen, Polizeihunden und einer umfangreichen Ausrüstung in Ajaccio. Sie sperrten einen Bereich zwischen Vico, Guagno und Ste-Marie-Sicché ab. Der Auftrag des damaligen französischen Innenministers Pierre Laval lautete „Bereinigung der Macchia von Banditen". Die Pariser Presse schickte Kriegsberichterstatter und sprach von „Spezialeinheiten" gegen die korsischen Banditen. Die meisten von ihnen wie z. B. Romanetti in der Cinarca, Castelli in Orezza oder Bartoli waren bereits einige Jahre zuvor ausgeschaltet worden; nur Spada, der „König des grünen Palastes" hielt sich hartnäckig. Er wurde 1935 als Letzter verurteilt und schließlich hingerichtet. Der Großeinsatz beinhaltete zudem die Entwaffnung der Dorfbevölkerung. Das löste in den Tälern große Verbitterung aus, läutete aber auch das Ende des Banditentums in der korsischen Macchia ein.

Ausflüge

Route d'Arbori

Couvent St-François

1 km östl. von Vico – Besichtigung ½ Std. – ✆ 04 95 26 83 83 – Eintritt frei.

Dieses Kloster liegt auf einem Felsvorsprung über dem Liamone-Tal. Es wurde bereits 1481 von Franziskanern mit Unterstützung des Grafen Gian Paolo de Leca gegründet. Es bestand damals aus einer Kapelle und einigen Hütten für die Brüder. Der Bau des heutigen Klosters begann erst 1628. Im Zuge der Französischen Revolution wurden die Franziskaner 1793 vertrieben, und erst 1836 übernahm wieder eine Ordensgemeinschaft das Kloster.

Die Klosterkirche Ste-Marie stammt aus dem 17. Jh. Hier befindet sich ein großes **Kruzifix★** aus Holz *(U Santu franciscone)* im Stil des 15. Jh. Es ist das wohl älteste Korsikas. Bemerkenswert ist die Mimik mit geschlossenen Augen und leicht geöffnetem Mund sowie die stark herausgearbeiteten Rippen. Unter dem Kruzifix, in der dem 1995 heilig gesprochenen Bischof Mazenod von Marseille geweihten Kapelle, liegt Pater Dominique Albini begraben, der im 19. Jh. auf Korsika Missionar war. Ebenfalls bemerkenswert sind der Tabernakel aus polychromem Marmor (1698) am Hauptaltar und der Sakristeischrank aus Nuss- und Kirschbaum (1664).

T. Stankiewicz

Hier machen es sich Ziegen gerne auf den Bergstraßen gemütlich – Vorsicht beim Fahren ist geboten.

In Grüften unter den Bodenplatten der Kirche wurden die Toten in ein Leinentuch gehüllt begraben. Eine Platte deckt die Bodenöffnung ab. Tausende Bewohner von Vico wurden in diesem „Massengrab" des Klosters beigesetzt.

Gorges du Liamone

8 km über die D 1 bis Arbori. Die D 1 führt als Höhenstraße an Edelkastanien und Erdbeerbäumen vorbei am engen Hochtal des Liamone. An den weitläufigen Hängen des gegenüberliegenden Ufers zeichnet sich die Silhouette des Gebirges **La Sposata** („Die Braut") ab.

Umgeben von Olivenhainen und Rebflächen überragt **Arbori** das Liamone-Tal gegenüber von La Sposata.

Missglückter Aufstieg

Der Name des Gebirges **Sposata** soll an die Geschichte einer schönen Hirtentochter erinnern, die sich ein Graf der Cinarca zur Frau gewählt hatte. Dieser unerwartete soziale Aufstieg verleitete das stolze Mädchen dazu, mit dem gesamten Hab und Gut der Mutter das Haus zu verlassen. Die Mutter verfluchte ihr Kind daraufhin wegen seiner Undankbarkeit, sodass dieses mit seinem Reittier am Berggrat versteinerte.

Route du Col de Sevi

22 km von Vico nach Évisa über die D 23, dann rechts über die D 70.

Die D 70 am Ausgang des Orts bietet einen Rundblick auf das Vico-Becken, das Kloster St-François und das von La Sposata überragte Liamone-Tal. Sie windet sich dann an der Catena, einem Nebenfluss des Liamone, nach oben.

Nehmen Sie 2 km hinter der Chapelle St-Roch rechts die Straße nach Renno.

Renno

Dieses Dorf liegt mit seinen Weilern auf 950 m Höhe zwischen hundertjährigen Edelkastanien. Haselnussbäume, Steineichen und Obstbäume prägen die schöne Umgebung. Die Region ist besonders für ihre Reinetteäpfel bekannt.

Fahren Sie zurück auf die D 70.

Col de Sevi

1101 m. Der Pass verbindet das Liamone- und das Porto-Becken. Die Route de Sevi geht auf die Genuesen zurück. Über diesen Pass wurden die Baumstämme aus Aïtone *(s. dort)* zum kleinen Hafen von Sagone transportiert. Abbé de Germanès schrieb 1774 in seiner *Histoire de la Corse (Geschichte Korsikas)*: „Die Genuesen benötigten sehr viel Holz für die Marine und investierten daher 100 000 Écus für den Bau eines Wegs vom Wald bis zur Küste."
Hinter dem Pass hat man einen **Blick★** auf Cristinacce.

Der Protest eines Pfarrers

Die kleine, an manchen Stellen schlecht ausgebaute D 23 führt nach Guagno. Das Dorf liegt über den Tälern von Albelli und Fiume Grosso inmitten einer Lichtung im Kastanienwald (720 m über Meereshöhe). Dort hält man das Andenken an **Dominique Leca** mit dem Beinamen Circinellu hoch. Er war, 1768 Pfarrer in Guagno und unbeirrbarer Verteidiger der Unabhängigkeit Korsikas, der die Niederlage bei Ponte-Nuovo nicht hinnahm. Bei jungen Leuten ist er bis heute sehr popuär. Seine Unbeugsamkeit inspirierte zu zahlreichen Liedern und Gedichten.

Cristinacce

Dieses hübsche Dorf wurde auf Terrassen inmitten eines Kastanienwalds gebaut. Am Horizont sind die roten Felstürme von Capo d'Orto und Capo d'Ota zu sehen. Hinter Cristinacce bietet die Strecke eine schöne **Aussicht★★** auf den Golf von Porto und Évisa inmitten von Edelkastanien am Fuß der Felswände des Capo Ferolata.

Fahren Sie über Évisa zurück.

Haut-Sorru-Tal★

38 km von Vico – etwa 3 Std.

Am Ausgang von Vico führt die D 23 hinauf nach Murzo, einem Dorf zwischen Bas-Sorru (Gegend um Vico) und Haut-Sorru (um Guagno). Diese beiden Mikroregionen sind heute im **Canton des Deux-Sorru** zusammengefasst, der aus elf Gemeinden besteht, unter anderem Vico, Soccia und Orto.

Nehmen Sie in Murzo rechts die D 4 in Richtung Muna.

Muna★

Eine schöne **Gebirgsstraße★★** führt zu diesem Ort. Die kleine, geteerte Straße wurde in den rosafarbenen Felsen geschlagen, der die Schluchten des Liamone überragt. Fahren Sie vorsichtig: Die Straße ist in schlechtem Zustand, der Abgrund ist nie weit. Außerhalb der Saison ist Muna fast verlassen; an schönen Tagen lebt der Ort auf.

Zurück nach Murzo, dann rechts die D 23 in Richtung Guagno-les-Bains nehmen.

Guagno-les-Bains (I Bagni)

Dieser winzige, verschlafene Ort liegt im Tal des Fiume Grosso. Ein Thermalzentrum am linken Flussufer zeugt von den Anstrengungen, die unlängst unternommen wurden, um die Thermalquellen wieder zu nutzen – leider ohne Erfolg. Die Thermalanlage musste wieder geschlossen werden, weil kaum Gäste kamen, obwohl die Quellen berühmt sind. Die Guagno-Therme war bereits im 16. Jh. geschätzt. Im 18. Jh. wurde sie offiziell anerkannt. Die **L'Occhiu**-Quellen (37 °C), an der D 323 im Westen des Dorfes, wurden zur Behandlung von Augenleiden und Beschwerden im Hals- und Rachenraum eingesetzt. Die **Venturini**-Quelle (52 °C) sollte Linderung bei Rheuma, Hautkrankheiten, Arthrose, Ischias und Fettleibigkeit verschaffen. Die Therme verwies stolz auf ihr Gründungsjahr 1808 und auf illustre Kurgäste wie Napoleon III. und Eugenia de Montijo. Andere berühmte Kurgäste der Guagno-Therme waren Pasquale Paoli, die Familie Abbatucci und die Familie Ornano, die die Therme fast jedes Jahr besuchten.

Nach Poggiolo, dann Soccia über die D 323 und die D 123 weiterfahren.

Soccia★

Das Dorf liegt in einem Halbkreis auf einem Bergsporn und bietet einen Blick auf das Tal des Fiume Grosso und das Guagno-Becken. Von hier beginnt der Ausflug zum Lac de Creno *(s. S. 353)*. Von dem unbefestigten Weg hat man im Abendlicht einen sehr schönen **Blick★** auf das Mosaik der Häuserdächer, das vor der majestätischen, bewaldeten Silhouette der Berge in verschiedenen Rottönen funkelt.

Wieder nach Poggiolo hinunterfahren, dann die D 223 in Richtung Orto nehmen.

Orto (Ortu)★

Dieses Dorf „am Ende der Welt" wird überragt vom **Monte Sant'Eliseo** und liegt in einer beeindruckenden **Landschaft★** über dem Tal des Fiume Grosso. Die Straßen sind steil und eng; mit dem Auto ist der höchste Punkt des Dorfes schwer zu erreichen.

Stellen Sie Ihr Fahrzeug besser am Dorfeingang ab und gehen Sie zu Fuß hinauf, um die schöne Aussicht auf die Region Haut-Sorru zu genießen.

Nach Poggiolo und dann nach Vico zurückfahren.

Wanderungen

Lac de Creno★

Von Soccia aus. Ein befahrbarer Weg beginnt gleich hinter einem Waschplatz östl. von Soccia. Er führt nach 2,8 km bei dem großen Metallkreuz (Parkplatz) zu einem Fußgängerweg.

2 Std. hin und zurück. Mit 1310 m Höhe ist der Lac de Creno der am niedrigsten gelegene Gletschersee Korsikas. Er ist nicht tief und mit 1,8 ha nicht sehr groß. Er liegt geheimnisvoll umgeben von prächtigen Lariciokiefern, deren gerade Stämme sich in dem stillen Wasser spiegeln. Nach der Legende soll sich der Teufel den Lac de Creno als Versteck geschaffen haben. Das intensive Gebet eines Hirten und eines alten Mannes bewirkten jedoch eines Tages eine völlige Austrocknung des Sees, wodurch der Teufel gezwungen war zu fliehen.

Der Weg zum Lac de Creno beginnt etwa 30 m rechts über dem Beton-Überlauf des begradigten Flusses.

Der Weg führt am Hang entlang durch die nach Thymian duftende Macchia. Geradeaus sind die Felsen von Arbariccia zu sehen. Der Weg wird steiler und enger. Am Fuß des Monte Sant'Eliseu *(1 Std. von Soccia)* den Weg hinunter nach Orto nehmen. Etwa 500 m hinter dieser Abzweigung liegt rechts der Weg zur **Chapelle Sant'Eliseu** *(1511 m über Meereshöhe)*. Geradeaus weiter gehen, dann rechts den Weg in einen Lariciokiefernwald nehmen, in dem der Lac de Creno liegt. Nach 15 Min. sind Sie am Ziel. Am See den Weg rechts vom Monte Sant'Eliseu am Bergkamm nehmen, der zu einem Kreuz führt, an dem man einen weiten Blick auf Orto und Guagno genießen kann.

Vom See aus erreicht man in etwa 2 Std. Bocca d'Acqua Ciarnente am GR 20, dort befindet sich die Berghütte Manganu.

Cascade de Piscia a l'Onda

Von Guagno-les-Bains aus. Gehen Sie zum Fiume Grosso hinunter, überqueren Sie ihn und setzen Sie den Weg am rechten Ufer entlang fort.

2 Std. hin. Am Zusammenfluss mit dem Liamone, diesen überqueren und hinter der Brücke den Weg nach Letia nehmen. Dann bergauf den Weg nach Norden gehen, am rechten Ufer des Liamone bis zum Wasserfall spazieren. **Blick★** ins Tal beim Abstieg.

Forêt de Libio (Furesta di Libiu)

Östl. von Guagno-les-Bains.

Der Wald mit See- und Lariciokiefern liegt in einem Halbkreis unter den drei Kuppeln des Monte Tretorre *(sehr schöne Wanderung 5 ½ Std. hin und zurück)* und dem Monte Cervello (1624 m).

Tipps und Adressen

Übernachten

Hôtel U Paradisu – *Route du Couvent* – *04 95 26 61 62* – *www.hotel-uparadisu.com* – *1. Jan.-15. März geschl.* – *21 Zi: 52/75 €* – *8 €* – *Rest. 23/35 €.* Das Hotel liegt etwas außerhalb des Dorfes. Mit seinem ländlichen Charme und den bequemen Liegestühlen am Pool bietet das Haus Entspannung pur. Die Zimmer sind einfach, aber komfortabel. Hier können Sie sich nach Ihren anstrengenden Unternehmungen erholen.

Essen und Trinken

Pippa Minicale – *Col de St-Antoine* – *04 95 26 61 51* – *Nov.-April geschl.* – – *im Winter Reserv. empf.* – *18/39,50 €* – *5 Zi: 20/40 €.* Der Innenraum des Bauerngasthofs ist rustikal und wird im Winter von einem schönen steinernen Kamin beheizt. Korsische Küche.

Feste und Events

Foire de St-Roch – Jahrmarkt alljährlich am 16., 17. und 18. August in Renno.

VIVARIO

Vivariu

503 EINWOHNER – HAUTE-CORSE (2B) – UMSCHLAGKARTE HINTEN B4 – MICHELIN LOCALKARTE 345 E6

Dieser Ort liegt umgeben von Edelkastanien und Weiden auf einer Bergterrasse 200 m über der Vecchio-Schlucht. Wegen seiner Höhenlage (650 m) wird Vivario in der heißen Jahreszeit gerne als Sommerfrische besucht. Der Forellenfang und die Jagd auf Wildschweine, Schnepfen und Waldtauben in der entsprechenden Jahreszeit sind ebenfalls sehr beliebt.

Stéphane Sauvignier / MICHELIN

Absolut sehenswert: die eindrucksvolle Doppelbrücke über den Vecchio, eine Konstruktion des berühmten Gustave Eiffel.

Wegweiser – Das Dorf liegt auf der Strecke der N 193, 12 km nördl. von Vizzavona und 21 km südl. von Corte.

Unbedingt sehenswert – Ein leichter Spazierweg zum Fort de Pasciolo mit einer herrlichen Aussicht auf die Vecchio-Schlucht; ein Spaziergang nach L'Occhio-Vario („abwechslungsreicher Blick") eröffnet ein wunderschönes Panorama.

Geschichte und Geschichten

Unbekannte Entstehung – Über die genaue Entstehungsgeschichte von Vivario weiß man sehr wenig. In römischer Zeit war der Ort wahrscheinlich eine Zwischenstation für die Legionen, die in Aléria an Land gegangen waren und das Tavignano-Tal hinauf ins Landesinnere zogen. Die strategische Lage am Vecchio, der nordöstlich in den Tavignano mündet, lässt vermuten, dass es hier bereits vor den Römern eine korsische Siedlung gab.

Durch den wirtschaftlichen Aufschwung der römischen Städte an der Ostküste verlor Vivario an Bedeutung: Viele Bewohner zog es nach Aléria, um vom dortigen Wohlstand zu profitieren – zumindest bis zum Einfall der Vandalen im 5. Jh. und dem der Sarazenen vom 8. bis zum 11. Jh.

Die Bewohner von Vivario hielten lange engen Kontakt zu Aléria und der Küstenebene. Viele bewirtschafteten hier Äcker und ließen ihre Herden im Winter in der Umgebung der antiken Stadt weiden. Im Sommer zogen die Bewohner von Aghione, der Aléria am nächsten gelegenen Gemeinde, nach Vivario, um der Hitze und Malaria im östlichen Flachland zu entgehen.

Zu Fuß unterwegs

Das Dorf

Das Bergdorf überragt das Vecchio-Tal und liegt gegenüber der Bergflanke des Monte Cardo. Im Südwesten fällt der Blick auf den Monte d'Oro. Rechts und links vom Ort verläuft die N 193. Auf dem Dorfplatz plätschert ein Brunnen, der mit einer Figur der Jagdgöttin Diana geschmückt ist. Die steilen Gässchen, häufig mit Treppen, werden von verblassten Häuserfassaden gesäumt.

Fort de Pasciolo★

Über die N 193 von Vivario 1,5 km südl. in Richtung Col de la Serra. Stellen Sie das Fahrzeug am Rastplatz bei der großen Kurve ab und nehmen Sie den von der Straße gut zu sehenden, unbefestigten Weg zum Fort. Empfehlenswert sind gutes Schuhwerk (steiniger, manchmal rutschiger Weg) und im Sommer eine Kopfbedeckung (wenig Schatten).

½ Std. zu Fuß hin und zurück.

Das geschichtsträchtige Fort ist heute eine Ruine. Der Besuch lohnt sich allerdings wegen der schönen, unberührten landschaftlichen Umgebung und der Ausblicke. Die Ruinen überragen die tief eingeschnittenen Schluchten des Vecchio *(U Vechju)* gegenüber einer gewaltigen Bergkulisse. Das Fort wurde gegen 1770 von den Franzosen zur Sicherung der Festung von Vizzavona errichtet. Unter Napoleon Bonaparte erlangte es traurige Berühmtheit: Der für die Region als Gouverneur eingesetzte General Morand machte es zu einem Gefängnis, in dem die Rebellen des Fiumorbo inhaftiert wurden.

Nach zwei Dritteln des Weges liegt links eine Art natürlicher Aussichtspunkt: Von einem Felsvorsprung *(gefährliche Steilwand an der Westseite)* hat man eine herrliche **Sicht★** auf die Vecchio-Schlucht und den Wildbach (wenn man die wilde Deponie in einer Talsenke bewusst ignoriert). Eine Art Engpass, **„pont du sauvage"** („Brücke des Wilden") genannt, ist die einzige Stelle, an der man den Fluss mit einem 3 m-Sprung überqueren könnte. Die Stelle verdankt ihren Namen einem Jungen, der im 19. Jh. nach einer Schelte von Zuhause weglief und wie ein wildes Tier in der Natur lebte. Die Ruinen des Forts am Ende des Wegs bieten sich als herrlicher Picknickplatz mit einem Panoramablick auf die Region an.

Ausflug

Forêt de Rospa-Sorba★

59 km Rundfahrt – etwa 2 ½ Std.
Vivario über die Route de Vezzani (D 343) verlassen.

Muracciole

Dieses Dorf liegt auf dem Plateau eines Bergsporns über dem Tal eines kleinen Nebenflusses des Vecchio und ist in Terrassen angelegt. Es ist von Edelkastanienpflanzungen und Terrassenkulturen umgeben.

Hat man das Dorf hinter sich gelassen, lohnt sich ein Blick zurück auf das Vecchio-Tal und den langen, zentralen Bergkamm der Insel.

Col de Morello

824 m. Hier eröffnet sich ein weiter **Blick★★** ins Vecchio-Tal, auf den Monte Cardo im Westen und die Berge im Umkreis von Corte.

L'Occhio-Vario

25 Min. hin und zurück vom Col de Morello über einen Trampelpfad am nördl. Grat des Passes. Direkt am Pass parken.

Aufmerksame Wanderer können von April bis Mai wilde Orchideen entdecken *(unter Naturschutz)*. Verhält man sich ruhig, lassen sich verschiedene Vögel beobachten, die mit Vorliebe in den Erdbeerbäumen, im Heidekraut und den Disteln nisten.

Der höchste Punkt des Bergkamms (866 m) – von den Einheimischen **L'Occhio-Vario** („Der abwechslungsreiche Blick") genannt – ist mit einem kleinen Vermessungsstein aus weißem Granit markiert. Von diesem **Aussichtspunkt★★** sind bei guter Sicht etwa 15 Dörfer zu sehen, darunter das Bergdorf Castiglione. Im Westen ist am Hori-

zont die Doppelbrücke über den Vecchio zu erkennen. Im Osten erstreckt sich eine wilde Gebirgslandschaft.
Die Straße führt in das bewaldete Gebirgsmassiv Rospa-Sorba mit den Wäldern Rospa-Sorba, Noceta, Rospigliani und Vezzani. Im August 1985 richtete hier ein Waldbrand große Schäden an, doch die Aufforstung zeigt Erfolge: Es breiten sich bereits Lariciokiefern und Edelkastanien aus. Hinter der Brücke von Catarello entspringt die **Fontaine de Padula** an einer schönen Stelle inmitten von Kiefern. Der Abstieg vom Col d'Erbajo führt durch einen Wald mit Lariciokiefern.

Kiefernzapfen

Die Zapfen wurden im Herbst gesammelt, nach Vivario gebracht und dort zwölf Tage getrocknet, damit sie sich öffnen und die Samen trocknen konnten. Diese wurden dann von Verunreinigungen befreit. Bis vor wenigen Jahren verschickte man mehrere Tonnen Lariciokiefernsamen nach Frankreich und in verschiedene andere europäische Länder. Die ausgewählten Samen waren wegen der guten Keimfähigkeit begehrt für die Aufforstung.

Fahren Sie zurück zur D 343 und rechts in Richtung Vezzani.

Vezzani

Diese ausgedehnte Siedlung liegt in 800 m Höhe am Waldrand. Hier war man früher auf die Nutzung der **Lariciokiefernzapfen** spezialisiert. Südlich des Dorfes wurde von 1897 bis 1910 Kupferbergbau betrieben. Es wurden 6000 t Kupfererz mit 10 % Kupfergehalt abgebaut. Man nimmt an, dass das Kupfererz von Vezzani schon in den antiken Schmelzöfen von Aléria, 30 km östlich, verarbeitet wurde.
Die Pfarrkirche besitzt eine hübsche Barockfassade aus Schieferbruchsteinen.
Hinter Vezzani verläuft die Straße am Waldrand entlang oberhalb des nördlich anschließenden Tagnone-Tals.

Fahren Sie in Pinzalone rechts in Richtung Ghisoni.

Défilé de l'Inzecca★

In dieser Schlucht in einem Felsriegel zeigt sich der Fium'Orbo noch heute als reißender Gebirgsbach. Das flussaufwärts liegende Sampolo-Becken ist mit Olivenbäumen und Edelkastanien bewachsen.

Défilé de Strette (Stretta di e Strette)

Diese enge und kurvige Schlucht hat der Fium'Orbo gegraben.

Ghisoni – *s. dort*

Im Nordwesten von Ghisoni führt die Straße das Regolo-Tal zwischen den großen Wäldern Vizzavona und Rospa-Sorba hinauf.

Col de Sorba

1311 m. Einer der höchsten Straßenpässe der Insel. Bei klarem Wetter hat man eine sehr schöne **Aussicht★** ins Vecchio-Tal, zum Monte d'Oro im Westen, auf die Strette- und die Inzecca-Schlucht im Osten.

Die Straße führt bergab durch schöne Wälder mit Lariciokiefern.

Ziel in der Umgebung

Pont du Vecchio★

4,5 km in nördl. Richtung auf der N 193. Unterhalb der heutigen Straßenbrücke liegt eine Abzweigung zur ehemaligen Straßenbrücke auf der unteren Ebene des Bauwerks.
Diese Doppelbrücke wurde von Juni 1825 bis Oktober 1827 als Ausbau der Hauptverkehrsader Ajaccio-Bastia errichtet. Sie führt auf einem einzigen steinernen Brückenbogen über den Vecchio. Darüber spannt sich als Eisenkonstruktion eine von hohen Eisenpfeilern getragene Eisenbahnbrücke, die um 1888 von dem französischen Ingenieur Gustave Eiffel (1832-1923) errichtet wurde. Die Strecke Ajaccio-Bastia wurde 1894 fertig gestellt. Die Brücke überspannt den Vecchio in 96 m Höhe.

Der **Blick★** auf die Doppelbrücke, die tiefe Schlucht des Wildbachs und das über 2000 m aufragende und oft verschneite Gebirge im Hintergrund ist einen kleinen Zwischenstopp wert.

Forêt de VIZZAVONA★★

HAUTE-CORSE (2B) – UMSCHLAGKARTE HINTEN B4 – MICHELIN LOCALKARTE 345 D7

Das Waldgebiet von Vizzavona erstreckt sich zwischen dem Monte d'Oro (2389 m) und dem Col de Palmente. Er zählt zu den schönsten und meistbesuchten Korsikas. Es laden 43 km Forstwege und -straßen zu Wanderungen inmitten von Lariciokiefern und Buchen ein. Er liegt auf halber Strecke auf dem Fernwanderweg GR 20 und ist bei Wanderern gut bekannt.

Gilles Magnin / MICHELIN

Die Cascades des Anglais sorgen an heißen Sommertagen für Abkühlung.

Wegweiser – Die N 193 überquert den Vizzavona-Pass zwischen Ajaccio und Bastia und führt 8 km durch den Wald von Vizzavona bis nach Tattone. Der Wald ist auch mit dem Zug zu erreichen. Dieser hält in Vizzavona, mitten zwischen Kiefern unterhalb der Route Nationale. Er ist über die Straße zu erreichen, die etwa 4 km hinter dem Pass links beginnt.

Parken – Am Col de Vizzavona.

Unbedingt sehenswert – Die Cascades des Anglais sind besonders bei heißem Wetter angenehm. Wenn Schnee auf dem Pass liegt, kommen viele Einheimische, bauen zwischen Linden und Lariciokiefern Schneemänner und fahren Schlitten.

Gut geplant – Lassen Sie sich für die Wanderung um den Monte d'Oro Zeit. Wenn Sie früh morgens bei klarem Wetter aufbrechen, erwartet Sie ein stimmungsvolles Panorama.

Mit Kindern – Die Cascades des Anglais sind relativ leicht zu erreichen und dürften die Kleinen begeistern.

Orte in der Nähe – BOCOGNANO, GHISONI, VIVARIO

Geschichte und Geschichten

Der Wald – Der Wald von Vizzavona dehnt sich auf 1633 ha in Höhenlagen zwischen 800 bis 1650 m aus. Er besteht im Wesentlichen aus Lariciokiefern (48 % der Fläche) und Buchen (38 %). Hier herrscht eine Durchschnittstemperatur von 10 °C und es fallen vor allem im Winter an 115 Tagen pro Jahr insgesamt 2236 mm Niederschlag. Für Wanderer gibt es viele Wege durch den Wald. Angler finden in der Agnone, im Fulminato, in der Ominima, im Speloncello und im Vecchio reichlich Forellen vor. Wintersportler können sich im Skigebiet Muratello (1500-2000 m) vergnügen, mit guten Schneeverhältnissen von Mitte Dezember bis Ende April. Für Bergsteiger bieten sich die Hänge des Monte d'Oro (2389 m) an.

Die Lariciokiefer– Im Gegensatz zur Seekiefer wächst diese Kiefernart, auch Korsische Schwarzkiefer genannt, in den Hochwäldern Aïtone, Valdu-Niellu und Vizzavona sowie im Landesinneren. Sie zählt zu den größten Bäumen Europas. Der sehr gerade Stamm wird häufig über 40 m hoch und kann einen Durchmesser von 2 m erreichen. Die Lariciokiefer ist sehr robust und kann 600 Jahre alt werden. Dieser besonders harzhaltige Nadelbaum benötigt eine gewisse Feuchtigkeit und gedeiht auf Granitböden in 700 m Höhe an Südhängen und in 1500 m Höhe an einigen Nordhängen. Häufig mischen sich ab 900 m Höhe Buchen darunter, zwischen 700 und 1000 m Höhe Seekiefern, und in noch höheren Lagen Tannen und Birken.

Räuberwald

Der berühmte Bandit **Antoine Bellacoscia** stellte sich im Alter von 75 Jahren in einer großen Zeremonie am Bahnhof von Vizzavona der Justiz. Im 19. Jh. galt der Wald von Vizzavona wegen der Banditen, die sich dort aufhielten als sehr gefährlich: Manche sagen sogar, dass die Leute ihr Testament schrieben, bevor sie durch den Wald gingen!

Die Lariciokiefer hat wenige kurze Zweige, vor allem an der Krone. Sie sind regelmäßig über- und nebeneinander angeordnet. An stürmischen Standorten wie dem Col de Bavella sehen sie etwas zerzaust aus. Bei älteren Bäumen ist die Krone kurz, flach und breit. Die 6 bis 8 cm langen Zapfen hängen fast horizontal an den Zweigen.
Das witterungsbeständige Holz der Lariciokiefer eignet sich gut zum Schnitzen und zur Möbelherstellung. Als die Marine mit Segelschiffen ausgestattet wurde, fertigte man die Maste aus Lariciokieferstämmen. Später importierte England Lariciokiefernholz für Eisenbahnschwellen.
In Höhenlagen trägt sie wesentlich zum biologischen Gleichgewicht bei. Die kräftigen Wurzeln ermöglichen ihr, selbst an Gebirgskämmen und Steilfelsen mit kargen Böden und in Geröll zu wachsen und so eine zu starke Bodenerosion zu verhindern. Die Lariciokiefer ist weniger feuergefährdet als die Seekiefer und kann sich nach einem Waldbrand selbst regenerieren oder erfolgreich neu angepflanzt werden.

Zu Fuß unterwegs – *s. Kartenskizze S. 359*

Vizzavona★

Der kleine Luftkurort mitten im Wald wird von dem Massif des Monte d'Oro überragt. Er lädt zu einem ruhigen Sommerurlaub mit Spaziergängen im Wald und Wanderungen in den Bergen ein. Die Gemeinde Vizzavona, zu der auch das 3,5 km entfernt an der N 193 und am Col de Vizzavona gelegene La Foce gehört, verfügt über einige Chalets, drei oder vier Hotels und Berghütten rund um die Kapelle und den Bahnhof (910 m über Meereshöhe). Die Bahnlinie führt durch einen 4 km langen geraden Tunnel.

Fontaine de Vitulo

¼ Std. hin und zurück vom Col de Vizzavona.
Diese Quelle speist den Foce, einen Nebenfluss der Gravona.

Col de Vizzavona

Der Pass auf 1163 m Höhe bildet auf der Route Ajaccio-Bastia den Übergang vom Gravona-Becken, einem Teil des Golfs von Ajaccio, zum Tavignano-Becken, das die Ebene von Aléria im Osten mit Wasser versorgt.

Am Pass gibt es Parkmöglichkeiten im Schatten von Linden sowie rustikale Tische und Bänke in einer großen mit Granitblöcken übersäten Lichtung.

Den **Blick★** in das Gravona-Tal und die Schlossruine vor dem imposanten Massiv des Monte d'Oro genießt man am besten von dem Weg, der südlich zwischen Buchen zu einem Funkmast führt *(¼ Std. zu Fuß hin und zurück)*.

Wanderungen – *s. Kartenskizze S. 359*

Cascades des Anglais (A Spiscia di l'inglesi)★

1 Std. hin und zurück vom Hotel Monte d'Oro, das direkt unterhalb des Col de Vizzavona liegt.

Ein schöner Weg führt hinunter zum Fluss und wird von einem Abenteuerparcours hoch in den Bäumen *(„I Tre Vadi", Parc aventure – ✆ 04 95 37 28 41)* begleitet. Wenn der Weg rechts abbiegt, bleiben Sie auf dem schmaleren Weg, der geradeaus weiter geht. Das Ziel erkennen Sie an einer Fußgängerbrücke des GR 20 und an einem Imbiss. Der Ort ist während der Saison stark frequentiert. Gehen Sie flussaufwärts, dort gibt es erfrischende kleine Wasserfälle und Gumpen. Einen riesigen Wasserfall werden Sie vergeblich suchen, aus einiger Entfernung sieht man jedoch einen etwas Größeren: die Cascades des Anglais.

Torrent de l'Agnone

Von La Foce, hinter dem Col de Vizzavona, erreicht man links von der N 193 durch den Wald in 1 Std. das Dorf Vizzavona.

Am Gebirgsbach angekommen, rechts auf den GR 20 einbiegen und über die Holzbrücke über den Agnone gehen. Dann am linken Ufer des Bachs auf die Höhe von Vizzavona hinuntergehen, wieder den Agnone, dann den Fulminato überqueren, dort sind die ersten Häuser zu sehen.

Col de Palmente★

4 Std. hin und zurück von der N 193; 200 m unterhalb des Forsthauses von Vizzavona in Richtung Bastia; in der Nähe eines einzelnen Hauses.

Der **GR 20** *(rot-weiß gekennzeichnet)* schlängelt sich nach oben durch den Wald von Vizzavona und bietet einen schönen Blick auf den Monte d'Oro. Dieser Abschnitt des Fernwanderwegs GR 20 gehört mit dem Col de Vergio zu jenen, die auch für untrainierte Wanderer geeignet sind.

Der breite Weg steigt im Schatten von Kiefern und Buchen leicht an. Nach etwa 25 Min. Weg links abbiegen *(den rot-weißen Markierungen des GR 20 folgen)*. 20 Min. später durchqueren Sie einen Buchenwald. Nach ½ Std. führt der GR 20 aus dem Wald heraus und hinauf zum Bergkamm. Etwa später folgt ½ Std. ein etwas steilerer Aufstieg durch eine kahle Landschaft zum Col de Palmente (1645 m). Vom Pass hat man einen schönen **Blick★** auf den Monte d'Oro und den Monte Renoso. Dieser Pass zwischen dem Vizzavona-Forst und dem östlichen Berghang des Renoso-Massivs wurde einst von den Hirten auf ihrem Weg nach Ghisoni genutzt.

La Madonuccia★

1 ½ Std. hin und zurück vom Col de Vizzavona. Mit gelben Punkten markiert.

Emmanuelle Souty / MICHELIN

Die Gesteinsformation La Madonuccia erinnert mit etwas Fantasie an ein Standbild der Jungfrau Maria.

Den Weg zum Funkmast nehmen, dann weiter zur Bergweide Pozzi *(Biwakhütte)*. Von dort kann man den felsigen Bergkamm besteigen, der vom Weg aus zu sehen ist und an eine Marienstatue erinnert; hier hat man einen weitem Blick ins Gravona-Tal und auf den Monte d'Oro.

Fort de Vizzavona

¾ Std. vom Col de Vizzavona einen Weg rechts zum Plateau und durch den Wald.
Die **Ruinen** dieser Festung, von der Genua den Pass bewachte, sind beeindruckend; Durch die zerstörten Mauern des Bergfrieds sind die Überreste der Wendeltreppe zu sehen. Die von Macchia überwucherte Moränenlandschaft inmitten des Waldes ist außergewöhnlich. Die **Lage** dieser Ruinen zeugt von ihren strategischen Bedeutung und deutet darauf hin, dass dieser Pass schon früh genutzt wurde.

Monte d'Oro (Oru)★★★

Die lange und anstrengende Wanderung setzt eine gute Kondition voraus. Das Ende der Strecke ist häufig bis Anfang Juli verschneit.
10 Std. hin und zurück von Vizzavona. Über die Cascades des Anglais.
Der Monte d'Oro ist mit 2389 m eine der höchsten Erhebungen des kristallinen Korsika und gehört zur zentralen Kammlinie (Wasserscheide), an der die Flüsse in Richtung Osten oder Westen herabfließen. Sein Name stammt wahrscheinlich von der hohen Anzahl Quellen, die an den Bergflanken entspringen.
Diese unvergleichlich schöne Bergtour erschließt dem Wanderer die gesamte Palette der korsischen Gebirgslandschaften, darunter Lariciokiefern- und Buchenwälder, Gebirgsbäche und vieles mehr.
Von Vizzavona zu den Cascades des Anglais (¾ Std.) den oben beschriebenen Weg nehmen. Von dort dem rot-weiß markierten GR 20 folgen, der in die Nähe der Porteto-Alm (1364 m) führt; diese ist vom Weg aus nicht zu sehen und liegt einige Meter südlich zwischen wunderschönen Buchen *(2 Std.)*. Man watet durch den Agnone *(2 ¼ Std.)* und steigt dann die steinigen Hänge des Monte d'Oro *(anstrengend)* zum Col du Porc hinauf *(5 ¼ Std.)*, dort erreicht man den Gipfel *(6 ¼ Std. – Gipfelbesteigung nur für äußerst erfahrene Bergsteiger geeignet)*.
Das **Panorama**★★★ umfasst am Vormittag bei klarem Wetter alle hohen Gipfel der Insel: Monte Cinto und Monte Rotondo im Norden, den Monte Renoso im Süden; im Osten das Meer und der Toskanische Archipel.
Über den gelb markierten Weg nach Vizzavona zurückgehen *(3 ½ Std.)*. Er führt vorbei an der anderen Seite des Monte d'Oro an der Puzzatelli-Alm und über die Ghilareto-Schlucht, durch die Tineta und über den Agnone. Der Korridor „La Scala" zwischen 2150 m und 2000 m ist steil, rutschig und erfordert Vorsicht und Aufmerksamkeit.

Tipps und Adressen

Verkehrsmittel

Bahnhof – *✆ 04 95 47 21 02* – 4 Züge tgl. in Richtung Bastia und Ajaccio (im Winter So nur 2 Züge tgl.).

Übernachten

Die Bahn (SNCF) bietet in Vizzanova zu günstigen Preisen eine Unterkunft im Schlafsaal an. Das **Restaurant du Chef de gare** *(✆ 04 95 47 22 20)* direkt gegenüber verfügt ebenfalls über Biwaks und Schlafräume sowie eine kleine Gastronomie.

Vollen Komfort bieten die Zimmer im Hotel **I Laricci** *(✆ 04 95 47 21 12)*, 50 m bergan. Im Wald liegen zwei Herbergen, die für Wanderer Übernachtungsmöglichkeiten bieten. **U Renosu** *(✆ 06 33 35 25 02)* in Capanelle verfügt über rund 20 Betten und bietet das ganze Jahr Unterkunft mit Halbpension an. Der **Relais du Monte d'Oro** *(✆ 04 95 47 25 27)* verfügt über 28 Betten am Col de Vizzavona, ist von April- Nov. geöffnet und bietet in der Hauptsaison Halbpension an.

ZICAVO

Zicavu

237 EINWOHNER – CORSE-DU-SUD (2A) – UMSCHLAGKARTE HINTEN B5 – MICHELIN LOCALKARTE 345 D8

Das ausgedehnte Dorf mit Granithäusern im Zentrum der Insel liegt auf halbem Weg zwischen den Pässen Col de Verde und Col de la Vaccia. Durch seine Lage bietet es sich als Ausgangspunkt für Ausflüge an.

- **Wegweiser** – Zicavo liegt im Herzen der Insel und ist über die kurvigen Routes Départementales zu erreichen. Am einfachsten nimmt man von der N 196 zwischen Ajaccio und Bonifacio links die D 83 zwischen Cauro und Grosseto.
- **Gut geplant** – Von einer Unterkunft in Zicavo aus lässt sich der Regionalpark gut erkunden.
- **Orte in der Nähe** – GHISONI, QUENZA (Hochebene Coscione)

Geschichte und Geschichten

Streben nach Unabhängigkeit – 1739 unterstützten die von ihrem Pfarrer bestärkten Bewohner von Zivaco Baron Friedrich, einen Neffen König Theodors, in seinem erneuten Kampf für die Unabhängigkeit Korsikas.
Selbst die Niederlage der Rebellenführer Giafferi und Ornano konnte den Widerstand Zicavos nicht brechen. Nachdem die Frauen und Kinder in der Hochebene Coscione Zuflucht gefunden hatten, leisteten die Männer einen Monat lang den Regimentern des Marquis de Maillebois, einem Verbündeten Genuas, Widerstand. Zur Rettung des Dorfes mussten sie schließlich doch die Waffen niederlegen. Baron Friedrich setzte sich für einige Wochen ins Gebirge ab und konnte dann, dank eines Geleitbriefs, nach Livorno ausreisen.

Amaury de Valroger / MICHELIN

Das Haus, das sich Sampiero Corso errichten ließ, ist heute eine Ruine.

Wanderung – *s. Kartenskizze S. 363*

Monte Incudine★★★

Der Name des Monte Incudine leitet sich von der Form eines Felsblocks auf dem Bergkamm ab, der wie ein Amboss *(Incudine)* aussieht.

Er kulminiert auf 2136 m Höhe in der Nähe von Zicavo. Nicht umsonst wird er auch *Crête des forgerons* (Kamm der Schmiede) genannt, da er sich dem Betrachter nicht so sehr wie ein einzelner Berg zeigt, sondern vielmehr wie ein 4 km langer Gebirgskamm, mit mehreren 2000 m hohen Gipfeln zwischen Col de Chiralba und Col d'Asinao. Diese bieten bei klarem Wetter ein außergewöhnliches Panorama über den gesamten Süden der Insel und das Meer.

Der Monte Incudine ist der südlichste Gipfel dieser Bergkette zwischen den Wildwassern des Monte Tignoso und Luana.

Autofahrt und Wanderung: etwa 6 Std. insgesamt hin und zurück von Zicavo – 22 km, davon 10 km Forstweg.

5 Std. zu Fuß hin und zurück auf dem GR 20. Mittlerer Schwierigkeitsgrad (schwierigerer Aufstieg zwischen Col de Luana und dem Gipfel des Incudine). Achten Sie auf gutes Schuhwerk und brechen Sie früh auf, um den Gipfel vor 10 Uhr zu erreichen.

Fahren Sie in südl. Richtung auf der D 69 aus Zicavo heraus und biegen Sie nach 10 km links in den Forstweg ein.

Die D 428 durchquert den schönen Staatsforst **Bosco di u Coscione★**, dessen zum Teil sehr alte Buchen die unteren Hängen westlich und nördlich der Punta di Sistaja bedecken. Die Strecke führt durch Wald und Lichtungen bergauf und bietet dabei schöne Blicke ins Taravo-Tal. Wasserfälle und und von Erlen gesäumte Gebirgsbäche haben sich in die Hänge des Coscione-Massivs gegraben.

Sie lassen 1 km hinter der Berghütte der Bergeries de Basseta den Weg zur Kapelle St-Pierre rechts liegen und fahren geradeaus weiter. Hier verschlechtert sich der Zustand des Forstwegs *(wer kein Risiko eingehen möchte, stellt sein Fahrzeug in der Nähe der Kapelle ab).*

Der Ort Zicavo und seine Bewohner

Aus Zicavo stammt die Familie Abbatucci, aus der mehrere französische Abgeordnete, ein Minister und drei Generäle hervorgegangen sind. Unter anderem **Charles Abbatucci** (1771-1797), der mit 25 Jahren General wurde und bei der Belagerung von Hüningen im Elsass fiel.

Sie gehen zu Fuß zur Cavallara-Alm weiter *(2 km)* und nehmen dort den Forstweg, der zum GR 20 *(rot-weiß markiert)* führt. Den Monte Incudine erreicht man in etwa 2 ½ Std.

Plateau du Coscione – *s. Quenza*

Das in der Eiszeit durch Gletscher entstandene Plateau ist Weideland. Die Wiesen sind von Bächen durchzogen. Zwischen den großen moosbewachsenen Felsen kann man auf Rudel frei laufender Schweine treffen. Im Sommer sind die Wiesen mit blau blühendem Eisenhut und purpurrotem Fingerhut übersät.

Die Hirten aus Porto-Vecchio, Sotta, Figari, dem Rizzanèse-, Baracci- und Taravo-Tal nutzen die Hochebene noch heute als Sommerweide für ihre Herden. Im Winter ist das Plateau ein beliebtes Langlaufskigebiet.

Nachdem man den Steg über dem Bach Forcinchesi überquert hat, steigt der GR 20 zu einem Felsvorsprung hinauf zu einer flachen Terrasse, auf der die Ruinen der Bergeries de Pedinielli (1620 m) stehen. Folgen Sie dem Weg weiter zum Col de Luana (1805 m), zum Nordkamm des Incudine *(1 ½ Std.)* und bis zum Gipfel.

Der Gipfel

Der Hauptgipfel des Monte Incudine ist durch ein Kreuz markiert. Weiter rechts auf einem Berggrat sieht man den Felsen, der wie ein Amboss aussieht. Die weite **Aussicht★★★** reicht weit über das Meer, im Süden zu den Felstürmen von Bavella und im Norden bis zum Monte Renoso.

Auf demselben Weg zurück nach Zicavo.

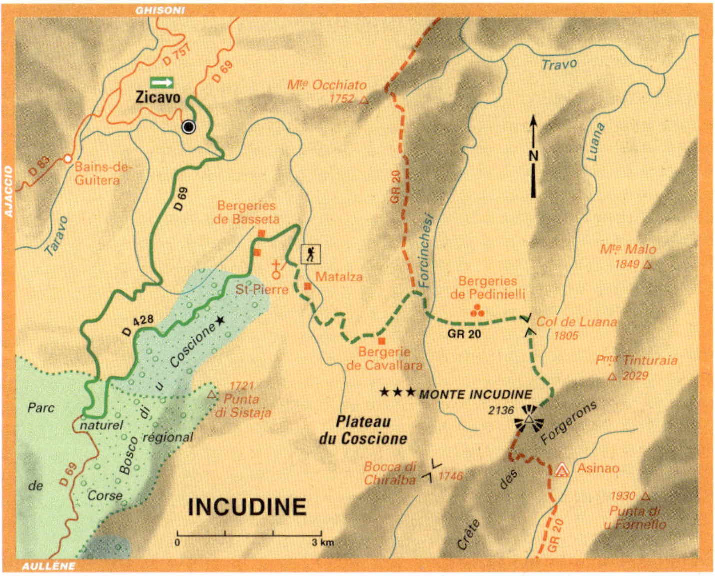

Ziele in der Umgebung

Bains-de-Guitera

7 km von Zicavo über die D 757^A.

Dieser beliebte **Thermal-Kurort** liegt am rechten Ufer des Taravo. Die schwefelhaltigen Quellen werden unter anderem zur Behandlung von Rheuma und Hautkrankheiten angewendet.

Sta-Maria-Siché

27,5 km westl. von Zicavo über die D 83.

Aus diesem Dorf, das sich aus mehreren kleinen Weilern zusammensetzt, stammt die Familie d'Ornano: 1545 heiratete Sampiero Corso im Alter von etwa 50 Jahren die 15-jährige **Vannina d'Ornano** aus einem der größten Adelsgeschlechter Korsikas. 1563 erdrosselte er jedoch seine Frau: War es, weil sie mit Genua gemeinsame Sache machte, aus Eifersucht oder Berechnung? Wie auch immer. Den französischen Hof kümmerte diese Art des „kurzen Prozesses" kaum. Zu seiner Tat soll Sampiero gegenüber Katharina von Medici gesagt haben: „Was schert es den König und Frankreich, ob sich Sampiero mit seiner Frau verstand oder nicht." Die Brüder der Ermordeten hegten jedoch Rachegedanken gegen den Schwager und waren an seiner Ermordung am 17. Januar 1567 nicht unbeteiligt.
Entdecken Sie hier zudem eine romanische Kapelle aus dem 10. Jh., das Schloss von Ornano und die Relikte eines Franziskanerordens, der als einer der ersten in Korsika – angeblich von einem Gefährten Franz von Assisis – gegründet wurde.

Palazzo Sampiero *(im Weiler Vico)* – Nachdem sein Haus in Bastelica von den Genuesen niedergebrannt worden war, ließ Sampiero 1554 dieses heute verfallene Gebäude aus massivem Granitmauerwerk erbauen. Eine Inschrift und eine Marmorbüste in einer Nische erinnern an den Nationalhelden.

Vannina-d'Ornano-Turm – In Casabianca, von oben kommend auf der rechten Seite bei der Route de Grosseto, erhebt sich das Geburtshaus von Vannina d'Ornano aus dem 15. Jh.

Zigliara – Dieser Ort wird in erster Linie wegen seines Thermalbades aufgesucht. In umittelbarer Nähe des Meeres und in 285 m Höhe gelegen, bietet Zigliara außerdem viele Sportmöglichkeiten an.

Tipps und Adressen

Übernachten

Hôtel Santa Maria – *04 95 25 72 65 – www.santa-maria-hotel.com – 22 Zi: 50/70 € – 7 € – Rest. 17/23 € –* P. Seit drei Generationen wird dieses Hotel als Familienbetrieb geführt; makellose Fassade, antik eingerichtete Zimmer mit schöner Bettwäsche und modernen Bädern. Regionale Küche und hausgemachte Wurstwaren.

Essen und Trinken

De France – *Bicchisano – 20140 Petreto-Bicchisano – 04 95 24 30 55 – 25. Dez.-28 Feb. geschl. – 18/42 €.* In diesem Restaurant werden leckere korsische Spezialitäten in dem ländlich eingerichteten Gastraum oder in der Laube serviert. Außerdem bieten die Gastwirte hausgemachte Produkte an (Wurst, Konfitüre, Likör).

ZONZA

1600 EINWOHNER – CORSE-DU-SUD (2A) – UMSCHLAGKARTE HINTEN B6 – MICHELIN LOCALKARTE 345 E9

Der in 784 m Höhe auf Terrassen über dem Asinao-Tal angesiedelte Ort ist von Edelkastanien-, Kiefern- und Steineichenwäldern umgeben. Zonza liegt an der Kreuzung bekannter Touristenstrecken. Im Norden des Ortes treffen die Straße von Quenza und Aullène sowie die Bavella-Straße aufeinander, im Süden verlaufen die Straße von Alta Rocca (reich an frühgeschichtlichen Zeugnissen) und die des Massivs von Ospédale. Ein dichtes Netz markierter Wege (Wandern, Reiten, Mountainbike) lädt zu Ausflügen in die Umgebung ein.

Gilles Magnin / MICHELIN

Das Ospédale-Massiv überragt das Hinterland am Golf von Porto-Vecchio.

Wegweiser – Zonza ist der Kreuzungspunkt von vier Straßen: im Norden nach Bavella, im Westen nach Quenza und Aullène, im Süden nach Levie und im Osten die D 368 nach Ospédale und Porto-Vecchio.

Gut geplant – Es gibt zwei Dorfläden, in denen Sie Lebensmittel kaufen können (nur in der Hauptsaison geöffnet). Etwas weiter ist es zum Supermarkt, zum Geldautomaten (in San-Gavino-di-Carbini), zum Buchladen und zu einer Tankstelle (in Levie).

Unbedingt sehenswert – Der Wasserfall Piscia di Gallo.

Orte in der Nähe – Aiguilles de BAVELLA, L'ALTA ROCCA, AULLÈNE, QUENZA, Archäologische Stätten von CUCURUZZU und CAPULA, STE-LUCIE-DE-TALLANO

Zonza im Überblick

Auf dem hübschen Dorfplatz im Schatten von Linden hat man einen wunderbaren **Blick★** auf die Alta Rocca. Die im 19. Jh. errichtete neugotische **Kirche Santa Maria Assunta** beeindruckt durch ihre Größe; der Glockenturm besitzt ein schönes Mauerwerk aus behauenem Granit *(im Sommer: Mo-Fr, sonst den Schlüssel am Rathaus erbitten).*

Im Sommer wird das Dorf durch Touristen und heimkehrende Korsen belebt. Am 15. August und 8. September feiert man hier die Patronatsfeste unter anderem mit Feuerwerk, Boule- und Kartenturnieren. In der Umgebung von Zonza kann man Forellen fangen und baden.

Auf einem Hügel gegenüber dem Dorf liegt die **Kapelle Santa Barbara**, an der sich die Bewohner der umliegenden Dörfer zu den Prozessionen versammeln.

Wanderungen

Sentier de la Vacca Morta

2 Std. hin und zurück von Cartalavonu. Dieser relativ leichte Wanderweg ist orange markiert und führt zum Gipfel der Vacca Morta; von dort hat man einen herrlichen Blick auf den Golf und die Berge.

Cascade de Piscia di Gallo (Piscia di Ghjaddu)★

1 ¼ Std. hin und zurück. Der Weg beginnt mit einem Pfad unterhalb eines Parkplatzes, 700 m vor dem Ospédale-Staudamm. Ein mit Steinhäufchen und einem Wasserfall-Piktogramm gekennzeichneter Weg.

Der Pfad mündet nach ¼ Std. Weg in einen großen Hubschrauberlandeplatz, von dem ein angenehmer, kurviger Weg zwischen Kiefern und Baumheide weiterführt. Der Weg verläuft rechts an großen Felsblöcken vorbei zu einem Felsriegel, einige hundert Meter vor dem Wasserfall. Der Abstieg zum Fuß des Wasserfalls ist ein nicht gekennzeichneter, sehr steiler Weg, bei dem man sich mit den Händen abstützen muss. Der Wasserfall an der Felswand bildet die **Piscia di Gallo**, den „Hahn-Wasserfall"; er gilt als Quelle des Oso, der in der Bucht St-Cyprien ins Meer mündet. Sein Wasser wird den ganzen Sommer durch den Ospédale-Staudamm zurückgehalten. Durch die Schönheit der Umgebung und den riesigen Steinbrocken mit interessanten Formen wird der beschwerliche Weg belohnt.

Ausflug

Massif de l'Ospédale★

Von Zonza nach Porto-Vecchio★

40 km – ein halber Tag. Fahren Sie von Zonza über die D 368 in Richtung Porto-Vecchio.

Das Ospédale-Massiv ist die bewaldete Bergregion, die das Hinterland am Golf von Porto-Vecchio überragt. Angenehme Spaziergänge mit wenig Steigung. Das Ospédale verdankt seinen Namen einem Hospiz oder Hospital, das sich in römischer Zeit in dem Dorf befand.

Hervé Le Gac / MICHELIN

Das Bergdorf Zonza, im Hintergrund die Felstürme von Bavella.

Forêt de Zonza
Eine kurvige, aber schöne und recht breite Straße führt in einer weiten Landschaft durch den Kiefernwald von Zonza.

Am Col de Pelza rechts die D 67 nehmen.

Chaos de Paccionitoli – *s. L'Alta Rocca*
Zurück zur D 368.

1 km hinter dem Col de Pelza (Bocca di Pelza) hat man einen weiten Blick südwestlich am Horizont auf Carbini und die bewaldeten Berge der Umgebung.

T. Stankiewicz

Die Gegend um Zonza eignet sich wunderbar für die verschiedensten Sportarten. Von Canyoning über Reiten und Mountainbiken – hier findet jeder das Passende für sich.

Forêt de Barocaggio Marghèse★
Vom Col d'Illarata (Bocca d'Illarata) führt die Straße in diesen schönen Staatsforst in der Mitte des Ospédale-Massivs. In 1000 m Höhe besteht der Wald aus Schwarz- und Seekiefern. Dieser Hochwald wird im Nordwesten von der Felswand der **Pointe de Diamant** (Punta di u Diamante, 1198 m) überragt, die man an ihrer Pyramidenform erkennt.

Cascade de Piscia di Gallo (Piscia di Ghjaddu)★
Wer bis zum Fuß des Wasserfalls wandern möchte *(s. S. 365)* benötigt entsprechendes Schuhwerk und Wandererfahrung auf instabilem Grund.

Barrage de l'Ospédale (Ritinuta di U Spidali)
Der 25 m hohe Staudamm besteht aus Erdwällen. Er staut einen kleinen See auf, der etwas Abwechslung in die von Geröll und Fichten geprägte Landschaft bringt. Die 3 000 000 Kubikmeter Wasser bilden das Hauptwasserreservoir des Asinao-Tals und der Region Porto-Vecchio.

Col de l'Ospédale
Dieser weite, mit prächtigen Kiefern beschattete Pass bietet Spaziergängern eine angenehme Kühle.

L'Ospédale (U Spidali)
Dieser kleine, aber sehenswerte Weiler besteht aus einigen Chalets und Villen, die sich zwischen Felsen und Kiefern auf beiden Seiten des Forstwegs befinden. Auf halber Höhe besitzt Ospédale malerische Felsblöcke aus Granit bei einer Sonnenuhr. Genießen Sie den fantastischen **Fernblick**★★ auf den Golf von Porto-Vecchio und den Golf von Santa Manza.

Forêt de l'Ospédale★

Die holperige Straße schlängelt sich durch den 4500 ha großen Wald über dem Golf von Porto-Vecchio. Besonders an heißen Sommertagen macht es Spaß, zwischen Kork- und Steineichen sowie dem Felsenmeer zu spazieren, an das sich große Kiefern klammern.

Der Weg führt hinunter nach Porto-Vecchio und aus dem Wald in eine Macchia-Landschaft.

Castellu d'Araghju★ – *s. Golfe de Porto-Vecchio*

Ziele in der Umgebung

Chaos de Paccionitoli

20 km Rundweg durch das Felsenmeer – *s. L'Alta Rocca*

Col de Bavella★★★

9 km nordöstl. – *s. Aiguilles de Bavella*

Tipps und Adressen

Allgemeiner Hinweis

Fremdenverkehrsamt – *✆ 04 95 78 56 33 – www.alta-rocca.com*

Übernachten

Als einer der bedeutendsten Touristenorte der Alta Rocca zieht Zonza viele Gäste an. Eine Unterkunft oder ein Lokal zu finden ist daher nicht schwierig. Bei all den Hotels und Restaurants, die mit ihren Terrassen das Dorfzentrum füllen, hat man eher die Qual der Wahl. Während der Hochsaison empfiehlt es sich dennoch zu reservieren.

€€ **Hôtel Clair de Lune** – *Route de Levie – ✆ 04 95 78 56 79 – www.hotelclairdelune.com – 1. April-Ende Okt. – 16 Zi: 68/76 € – ☕ 5 € –* **P**. Diesen alten Familiensitz hat Herr Santoni in ein neues Hotel mit freundlicher Atmosphäre umgestaltet. Die meisten der klimatisierten Zimmer sind mit freiem Blick ins Tal. Zudem gibt es einen hübschen Garten und eine Veranda für das Frühstück.

€€ **Hôtel L'Aiglon** – *www.aiglonhotel.com – Mo außerhalb der Saison geschl. – im Winter Reserv. empf. – 10 Zi: 60/70 € – ☕ 7,50 €.* Dieses altehrwürdige Granithaus in der Mitte des Dorfes verströmt ein typisch korsisches Flair. Hübsche, farblich abgestimmte Zimmer. Der Speiseraum ist geschmackvoll mit alten Kaffeemühlen und Plätteisen dekoriert. Regionale Erzeugnisse (Fleisch- und Wurstwaren, Käse, Süßspeisen mit Myrte und Zitronatzitrone und vieles mehr).

€€€ **Hôtel Le Tourisme** – *Route de Quenza – ✆ 04 95 78 67 72 – www.hoteldutourisme.fr – 1. Nov.-24. März geschl. – 16 Zi: 90/185 € – ☕ 10 € –* **P**. Dieses hübsche Hotel (Ende des 19. Jh.) liegt in der Nähe der Aiguilles de Bavella. Es lädt zu einem gemütlichen Aufenthalt ein. Schöner Panoramapool, komfortable, hell und schlicht eingerichtete Zimmer, Speiseraum und Verandas zum Tal oder zum Dorf und reichhaltige, regionale Küche.

Essen und Trinken

€€ **L'Auberge du Sanglier** – *Im Dorf – ✆ 04 95 78 67 18 – www.auberge-sanglier.com – 22 €.* Dieses Gasthaus ist im Dorf mit seiner überdachten Terrasse kaum zu übersehen. Außer den typisch korsischen Spezialitäten (Lammkeule mit Macchia-Honig, Kaldaunen nach Zonza-Art usw.) wird auch Wildbret, insbesondere Wildschwein, angeboten. Schneller, einfacher und effektiver Service.

€€ **Le Refuge** – *Cartalavonu – 20137 L'Ospédale – 4 km nördl. von Ospédale in Richtung Zonza, in einer Nebenstraße – ✆ 04 95 70 00 39 – Mitte Nov.-Mitte März geschl. – (keine Kreditkarten) – 22/27 €.* Kalb- und Lammfleisch sowie andere heimische Erzeugnisse werden in diesem Haus inmitten einer wilden Landschaft serviert. Auf Vorbestellung gibt es Spanferkel und Wildschweinkeule. Angenehme Terrasse. Vier schöne Zimmer und eine Herberge für Wanderer.

Sport und Freizeit

Corsica Madness – *Im Ort – ✆ 04 95 78 61 76 – 9-12 und 14-18 Uhr – Okt.-Mai geschl.* Die Adresse für sportliche Freizeitaktivitäten in der Region. Insbesondere Canyoning an den majestätischen, wilden Felstürmen von Bavella unter fachkundlicher Begleitung. Außerdem Mountainbike- und Quad-Verleih.

Türkisfarbenes Wasser und Schatten spendende Schirmpinien: der Strand von Palombaggia.
Hemis/laif

PRAKTISCHE HINWEISE

Reisevorbereitung

Nützliche Adressen

INTERNET

www.maison-de-la-france.com oder **www.franceguide.com** – Die Website der Maison de la France enthält Informationen über Reisemöglichkeiten in ganz Frankreich, teils auch auf Deutsch. Die Hauptsprachen sind Französisch und Englisch; interessante Links.

www.botschaft-frankreich.de – Website der französischen Botschaft.

www.visit-corsica.com – Die Website der korsischen Touristeninformation.

www.frankreich-info.de – Umfassende Informationen zu Frankreich im Allgemeinen und den einzelnen Regionen im Speziellen, auch zu Unterkunft, Gastronomie etc.

FRANZÖSISCHE FREMDENVERKEHRSVERBÄNDE AUSSERHALB FRANKREICHS

Um sich vorab zu informieren und die Reise in aller Ruhe vorzubereiten, wende man sich zuerst an die Vertretungen des amtlichen französischen Fremdenverkehrsbüros im Heimatland:

In Deutschland

Maison de la France
Zeppelinallee 37, 60325 Frankfurt am Main, ✆ 09 00/1 57 00 25 (0,49 €/Min.), Fax 09 00/1 59 90 61, info.de@franceguide.com

In Österreich

Maison de la France
Lugeck 1-2/Stg. 1/Top 7, 1010 Wien, ✆ 09 00/25 00 15 (0,68 €/Min.), Fax 01/503 28 72, info.at@franceguide.com

In der Schweiz

Maison de la France
Rennweg 42, Postfach 7226, 8023 Zürich, ✆ 044/217 46 00, Fax 044/2 17 46 17, info.ch@franceguide.com

TOURISTENINFORMATION IN FRANKREICH

Die Adressen der Fremdenverkehrsbüros aller Départements erhalten Sie auch bei der **Fédération Nationale des Comités Départementaux du Tourisme**, 74-76 rue de Bercy, 75012 Paris, ✆ 01 44 11 10 20, www.fncdt.net – Wir führen hier die Adressen der Touristeninformationen der Regionen und Départements auf, die in diesem Reiseführer beschrieben werden.
Im Register wird nach jeder Stadt das Département angegeben, zu dem die Stadt gehört, und auf den Karten in den Umschlagklappen sehen Sie, wo sich die Départements befinden.

Tipp

ADRESSEN INTERNET
Surfen Sie auf folgenden Seiten:

www.e-corse.com – Internetverzeichnis der korsischen Orte und Landschaften.

www.allerencorse.com – Allgemeine Informationen mit Beschreibung touristischer Stätten.

www.annuaire-corse.com/ – Verzeichnis *U Corsu*, mit dem man Adressen in den beiden korsischen Départements finden kann.

www.corsica.net – Touristeninformationen wie Museen.

www.corse.pref.gouv.fr/ – Seite der Präfektur der Region Korsika.

www.train-corse.com – Seite der korsischen Eisenbahnen (CFC).

www.corsemusique.com – Internetportal korsischer Musik.

www.villages-corses.fr.st – Virtueller Rundgang durch die schönsten Dörfer.

Eine Nummer für ganz Frankreich – Mittlerweile kann man alle französischen Fremdenverkehrsbüros unter einer zentralen Nummer erreichen. Man wählt die **3265** (0,34 €/Min.) und nennt laut und deutlich den Namen der Gemeinde, mit deren Fremdenverkehrsbüro man verbunden werden möchte. Die Verbindung wird dann automatisch hergestellt.

FREMDENVERKEHRSVERBÄNDE IN KORSIKA

Agence du tourisme de la Corse (ATC) – 17 bd du Roi-Jérôme – 20181

Ajaccio Cedex 01 – ✆ 04 95 51 00 00 – www.visit-corsica.com

Haute-Corse Développement – Rés. Les Terrasses du Fangu – quartier de l'Annonciade – 20200 Bastia – ✆ 04 95 34 00 55

Parc naturel régional de Corse (Regionaler Naturpark Korsika) – Geschäftssitz – 2 rue du Major-Lambroschini – BP 417 – 20184 Ajaccio Cedex 1 – ✆ 04 95 51 79 00 oder 04 95 50 59 04 – www.parc-naturel-corse.com – Vor Ort Informationsbüro in **Ajaccio** *(s. Ajaccio, Tipps und Adressen)*. Weitere **Informationsbüros** des Parks, die von Anfang Juni-Mitte Sept. tgl. geöffnet sind, finden Sie in: Calenzana, Conca, Moltifao (im Schildkrötendorf), Levie (archäologische Ausgrabungsstätte), Porto (in der Marina) und Zonza.

ÖRTLICHE FREMDENVERKEHRSÄMTER

Die Adressen der örtlichen Informationsstellen *(Syndicat d'Initiative* oder *Office de Tourisme)* finden Sie bei den *Tipps und Adressen* des jeweiligen Ortes. Auf den Stadtplänen dieses Reiseführers sowie des Roten Michelin-Hotel- und Restaurantführers France sind sie durch das Symbol **i** gekennzeichnet.

BOTSCHAFTEN UND KONSULARISCHE VERTRETUNGEN

Bundesrepublik Deutschland

Informationsstelle der deutschen Botschaft
24 rue Marbeau, 75116 Paris, ✆ 01 44 17 31 31

Generalkonsulat
377 bd du Président Wilson, 33200 Bordeaux-Caudéran, ✆ 05 56 17 12 22

Honorarkonsulat
Zone Industrielle de Furiani, 20200 Bastia, ✆ 04 95 33 03 56

Österreich

Botschaft
6 rue Fabert, 75007 Paris, ✆ 01 40 63 30 63

Generalkonsulat
17 av. de Villars, 75007 Paris, ✆ 01 40 63 30 90

Honorarkonsulat
10 rue Bonaparte, 20000 Ajaccio, ✆ 04 95 27 02 98

Schweiz

Botschaft
142 rue de Grenelle, 75007 Paris, ✆ 01 49 55 67 00

Generalkonsulat
14 cours Xavier Arnozan, 33080 Bordeaux Cedex, ✆ 05 56 52 18 65

Konsulat
38 cours Lucien Bonaparte, 20000 Ajaccio, ✆ 04 95 21 28 43

Reiseformalitäten

Papiere – Für den Besucher aus der Bundesrepublik Deutschland, aus Österreich und der Schweiz genügt zur Einreise nach Frankreich der Personalausweis. Kinder unter 16 Jahren benötigen einen Kinderausweis oder müssen im Reisepass der Eltern eingetragen sein.
Für Kraftfahrzeuge, einschließlich Wohn- oder Gepäckanhänger, braucht man nur die Papiere des Heimatlandes. Die grüne Versicherungskarte wird nicht mehr verlangt, bei Schadensfällen vereinfacht sie jedoch die Abwicklung.

Zollbestimmungen – Die Warenmengen, die zollfrei ein- und ausgeführt werden können, sind Änderungen unterworfen. Auskünfte erteilen die Zollämter. Für Mitgliedsstaaten des Schengener Abkommens (u. a. Deutschland, Frankreich und Österreich) bestehen bei Waren für den Privatbedarf keine Mengenbe-

Stéphane Sauvignier / MICHELIN

Ruhiger Ankerplatz in der Nähe des Naturschutzgebietes Scandola.

schränkungen mehr. Weitere Informationen erhalten Sie unter www.zoll.de, www.bmf.gv.at/zoll und www.zoll.ch

Kranken- und Unfallversicherung – **EU-Angehörige** sollten sich vor der Abreise bei der heimischen Krankenkasse die europäische Krankenversicherungskarte (EHIC) ausstellen lassen. Das bisherige Formular E 111 ist nicht mehr gültig. Übrigens bezahlt man in Frankreich die Konsultation bei einem Arzt sofort in bar oder per Scheck *(s. auch Alles, was für Sie wichtig ist, Ärzte und Apotheken)*. Da es in der **Schweiz** keine gesetzliche Krankenkasse gibt, ist der Reisende verpflichtet, in Frankreich seine Kranken- und Unfallkosten aus eigener Tasche zu bezahlen. Privat Versicherte können bei ihrer Krankenversicherung einen französischen Krankenschein vorlegen, die Kosten werden dann den Bestimmungen entsprechend vergütet.
Notrufnummern s. S. 384.

Amaury de Valroger / MICHELIN

Vom Col de Bavella bietet sich ein atemberaubender Blick.

Klima und Reisezeit

Die Insel liegt mitten im Golf von Genua und genießt im gesamten, relativ trockenen Küstenbereich ein **bemerkenswert mildes Klima**. In Bonifacio beträgt die jährliche Regenmenge beispielsweise nur 560 mm. Die Meeresbrisen sorgen dafür, dass die Temperaturen im Sommer, der viel Sonnenschein zu bieten hat, nicht zu sehr in die Höhe klettern. Die teilweise hohen Berge werden reichlich mit Regen versorgt und einige Gebirgshänge, über die der Wind pfeift, halten für den unerfahrenen Wanderer einige eisige Überraschungen bereit. Anders als es sonst in Europa die Regel ist, nimmt die Durchschnittstemperatur (über 12 °C) hier jedoch von Süden nach Norden zu – an den Küsten liegt sie zwischen 14,7 °C und 16,6 °C –, so dass es in Bastia und auf dem Cap Corse wärmer ist als in Ajaccio oder Bonifacio. Die **Sonnenscheindauer** ist in jeder Jahreszeit hoch. So hält Ajaccio mit fast 2900 Stunden Sonnenschein jährlich den französischen Rekord. Der mäßigende Einfluss des Meeres auf die Temperaturen, insbesondere im Herbst und im Winter, ist bis zu einer Höhe von 200 m sehr deutlich, um 400 m geringer und bei 600 m kaum noch spürbar. Oberhalb von 1200 m herrscht ein eindeutig alpines Klima: Die Winter sind kalt und schneereich.

Frühling – Der Frühling ist die beste Zeit für eine Reise nach Korsika. In dieser Jahreszeit ist die Insel noch nicht so überfüllt wie im Hochsommer. Ab März klettert die Temperatur auf durchschnittlich 15 °C und erreicht im Juni 25 °C. In waldreichen Gegenden wirken der Duft der Blüten, die jungen Triebe und das laue Lüftchen geradezu berauschend und bezaubernd. Dies ist auch die günstigste Jahreszeit für den Tauchsport.

Sommer – Die Sommer mit strahlendem Sonnenschein und gleißendem Licht sind sehr heiß (Höchstwerte 36 °C an den Küsten, 26 °C in 1000 m Höhe) und trocken. Nur selten jedoch hat man das Gefühl, vor Hitze zu ersticken, da die Auswirkungen meist durch eine erfrischende Brise gemildert werden.
Im Gebirge kann das Wetter rasch umschlagen, dann besteht vor allem nachmittags ein hohes Gewitterrisiko. Wanderer sollten sich immer gründlich über die Wetteraussichten informieren. Die Wassertemperatur kann 25 °C erreichen – ein Paradies für alle, die kälteempfindlich sind.

Herbst – Der Küstenbereich ist den gesamten Herbst über angenehm, da die Wassertemperaturen erst spät im

Jahr zurückgehen. Wanderungen in den riesigen, rötlich schimmernden Kastanienwäldern der Castagniccia sind bis auf eine Höhe von 600 m jederzeit angenehm.

Winter – Die Winter sind an den Küsten besonders mild (18 °C), das Meer bleibt aber sehr kühl (um 14 °C). Im Hochgebirge und in den Skisportorten (Bastelica, Ghisoni oder Cuscione) kann die Schneemenge von Jahr zu Jahr deutlich schwanken. Man sollte sich daher schon vor der Abreise erkundigen, ob die Schneeverhältnisse gut sind. In Ausnahmefällen bleibt der Schnee an den Nordhängen, die wenig Sonne abbekommen, auch einmal bis in den Mai hinein liegen. Dies kann für Wanderungen wie z. B auf dem Fernwanderweg GR 20 oder auf den Wegen „Mare e Monti" hinderlich sein kann.

GESETZLICHE FEIERTAGE UND FERIEN

Feiertage – 1. Januar (Neujahr); Ostern (Sonntag und Montag); 1. Mai (Tag der Arbeit); 8. Mai (Waffenstillstand 1945, *Jour anniversaire de la victoire de 1945*); Christi Himmelfahrt; Pfingsten (Sonntag; Pfingstmontag wurde als gesetzlicher Feiertag abgeschafft, wird jedoch vielerorts als ein solcher gehandhabt); 14. Juli (Nationalfeiertag); 15. August (Mariä Himmelfahrt); 1. November (Allerheiligen); 11. November (Waffenstillstand 1918); 25. Dezember.

Tipp

Wetterdienst – Vor Ort kann man beim französischen Wetterdienst nationale und regionale Vorhersagen über das Telefon abfragen. Die allgemeine Vorhersage erhält man unter ✆ 08 92 68 01 01 (0,34 €/Min.) oder im Internet (*www.meteo.fr)*. Geografisch detailliertere Auskünfte sind unter ✆ 08 92 68 02 + Nr. des gewünschten Départements erhältlich, die man anhand der ersten beiden Zahlen der jeweiligen Postleitzahl erkennen kann (z. B. 20000 für Ajaccio – Vorhersage für das Département Corse-du-Sud also ✆ 08 92 68 02 20). Mittlerweile gibt es auch die Kurznummer 3250 + 1 für ein Département oder + 2 für eine Stadt, anschließend Nr. des Départements.

An diesen Tagen können Museen und sonstige Sehenswürdigkeiten geänderte Öffnungszeiten haben. Abgesehen von den üblichen Schulferien an Weihnachten, Ostern und im Sommer sind die Schulen im Februar und Anfang November für zehn bis 14 Tage geschlossen. Im August schließen viele Geschäfte und Betriebe.

Hinweise für Reisende mit Behinderungen

Einige der beschriebenen Sehenswürdigkeiten bieten eine besondere Ausstattung für Behinderte. Sie sind durch das Symbol ♿ gekennzeichnet. Infos über Museumsbesichtigungen für Behinderte sowie Hör- und Sehgeschädigte erhält man auch unter: http://museofile.culture.fr
Die jährlich aktualisierten Michelin-Publikationen **Der Rote Michelin-Führer France** und **Camping Caravaning France** verweisen auf Hotels bzw. Campingplätze, die über behindertengerechte Zimmer und Sanitäreinrichtungen verfügen.
Das Label **Tourisme et Handicap** wird an touristische Einrichtungen verliehen, die besonders gut auf die Bedürfnisse von Menschen mit körperlichen oder geistigen Behinderungen eingerichtet sind. Eine umfassende Liste erhält man unter **www.franceguide.com**

Association des paralysés de France – Auskünfte auf Korsika: 19 bis rue du Dr-Del-Pelligrino – 20090 Ajaccio – ✆ 04 95 20 75 33; Immeuble San Petru, Gebäude A – Route impériale – 20600 Bastia – ✆ 04 95 30 86 01 – www.apf.asso.fr – Die beiden Vertretungen der Vereinigung vertreiben den Führer *Faire face*, der Orte aufführt, die für Menschen mit Behinderung zugänglich sind (Hotels, Restaurants, Museen, Plätze etc.), darunter auch einige Adressen auf Korsika. Die Broschüre wird allen Mitgliedern zugeschickt. Bezüglich der Verkehrsmittel informieren Sie sich bitte vorab bei den Flug- oder Schifffahrtsgesellschaften über die Reservierung von behindertengerechten Kabinen oder Plätzen.

Anreise nach Korsika

Mit dem Flugzeug

Die wichtigsten korsischen Flughäfen sind Ajaccio, Bastia, Calvi und Figari. Ab Deutschland gibt es Linienflüge der Air France. Es empfehlen sich aber auch günstigere Charterflüge von deutschen Flughäfen aus (Düsseldorf, Berlin, Frankfurt, München). Von Genf, Wien, Salzburg, Innsbruck und Zürich gibt es im Sommer regelmäßige Flugverbindungen nach Korsika. Flüge zu Sondertarifen bieten Air France und CCM Airlines über Paris, Marseille oder Nizza an.

Auskünfte und Buchungen

in Deutschland: Air France, Reservierungszentrale – ✆ 01 80/5 83 08 30

in Österreich: Air France, Stadtbüro – Kärntnerstr. 49, 1010 Wien – ✆ 01/5 02 22 24 00

in der Schweiz: Air France, Stadtbüro – 2, rue du Montblanc, 1202 Genève – ✆ 01/4 39 18 18

deutschsprachige Website: www.airfrance.de

Regionalflughäfen

Korsika verfügt über vier Flughäfen, die Flugverbindungen zum französischen und italienischen Festland sowie zu weiteren europäischen Zielflughäfen anbieten.

Ajaccio (Campo dell'Oro) – ✆ 04 95 23 56 56 – www.ajaccio.aeroport.fr

Bastia (Poretta) – ✆ 04 95 54 54 54 – www.bastia.aeroport.fr

Calvi (Sta Catarina) – ✆ 04 95 65 88 88 – www.calvi.aeroport.fr

Figari-Sud Corse – ✆ 04 95 71 10 10 – www.figari.aeroport.fr

Tipp

Um möglichst günstig zu reisen, surfen Sie auf den spezialisierten Internetseiten:

www.lastminute.com

www.billiger-fliegen.com

www.opodo.de

www.expedia.de

Informieren Sie sich auch auf den Seiten **www.destination-corse.com** und **www.aller-en-corse.com**

Mit Auto und Fähre

HAUPTVERKEHRSACHSEN RICHTUNG KORSIKA

Von Deutschland fährt man über Österreich oder die Schweiz (Autobahn-Vignette) nach Italien (Autobahngebühr) oder über die Schweiz nach Frankreich, um zu einem der Fährhäfen zu gelangen. In Frankreich sind dies Marseille, Toulon, Nizza; in Italien Savona, Genua, Livorno und Neapel (nur im Sommer).

ÜBERFAHRT MIT DEM SCHIFF

Sieben korsische Häfen werden von Frankreich oder Italien aus bedient: Bastia, L'Île-Rousse, Calvi, Ajaccio, Propriano, Bonifacio und Porto-Vecchio. Die Dauer der Überfahrt hängt stark davon ab, von welchem Hafen aus Sie welchen Zielhafen ansteuern und mit welchem Schiff Sie unterwegs sind.

An Bord der **Navires à grande vitesse** (NGV, Hochgeschwindigkeitsfähren) dauert die Überfahrt Livorno-Bastia 4 Std., Nizza-Calvi 3 Std. und Nizza-Ajaccio 4 Std. An Bord einer **Car-ferry** (Autofähre) dauert die Überfahrt Genua-Bastia ca. 4 ½ Std., Marseille-Bastia 11 ½ Std. und Marseille-Porto-Vecchio 14 Std. Im Sommer ist mit langen Wartezeiten und häufigen Verspätungen zu rechnen.
Die Tarife der NGV und der Car-ferries sind fast identisch. Große Tarifunterschiede bestehen je nach Jahreszeit: In der Hochsaison im Sommer werden zwar die meisten Überfahrten angeboten, es ist allerdings auch am teuersten. Seit Juli 1993 hat die korsische Territorialversammlung (Assemblée territoriale de Corse) eine **Steuer** eingeführt, die beim Kauf eines Tickets von jedem zu entrichten ist, der nach Korsika einreist oder aus Korsika ausreist. Auskünfte über die Höhe dieser Steuer sind bei den Verkehrsgesellschaften erhältlich.

Von Italien nach Korsika

Ab Italien steuern folgende Fährgesellschaften Korsika an:

Corsica Ferries – 5 bis, rue du Chanoine Leschi – BP 275 – 20296 Bastia

Cedex – ✆ 0 825 095 095 (0,15 €/Min. aus dem frz. Festnetz), ✆ 00 33 4 95 32 95 95 (aus Deutschland, Österreich und der Schweiz) – www.corsicaferries.com
Agentur in Deutschland: Corsica & Sardinia Ferries GmbH – Georgenstraße 38 – 80799 München – ✆ 089 03 89 99 1-0 (0,14 €/Min. aus dem dt. Festnetz) – Fax 089 33 85 76
Von Italien aus fährt Corsica Ferries z. T. mit Hochgeschwindigkeitsfähren von Livorno nach Bastia sowie von Savona nach Bastia, Calvi und L'Île Rousse. Außerdem gibt es eine Verbindung von Korsika (Bonifacio) nach Sardinien (Santa Teresa di Gallura).

Moby Lines – Agentur in Deutschland: Wilhelmstraße 36-38 – 65183 Wiesbaden – ✆ 00 49 61 11 40 20 – Fax 00 49 61 11 40 22 44 – www.mobylines.de – Verbindungen von Genua und Livorno nach Bastia und von Korsika (Bonifacio) nach Sardinien (Santa Teresa di Gallura).

Von Frankreich nach Korsika

Drei Gesellschaften bieten regelmäßige Verbindungen zwischen dem französischen Festland und Korsika an.

Corsica Ferries – *s. oben*. Von Frankreich aus verkehren die Schiffe von Corsica Ferries zwischen Toulon und Ajaccio, Bastia und L'Île Rousse sowie zwischen Nizza und Ajaccio, Bastia, Calvi und L'Île Rousse. Mit 58 % Marktanteil ist die Gesellschaft derzeit im Passagierverkehr nach Korsika führend und beabsichtigt, den Fahrplan noch zu erweitern. Die Flotte verfügt über Schiffe verschiedener Kategorien. Durch spezielle, besonders günstige Sonderangebote beginnend bei 12 € alles inklusive oder 5 € für den PKW gehört die Gesellschaft zu den preiswerteren (nur bei besonderen Angeboten und zu bestimmten Jahreszeiten).

CMN (Compagnie Méridionale de Navigation) – 4 quai d'Arenc – BP 62345 – 13213 Marseille Cedex 02 – ✆ 08 10 20 13 20 (N° Azur – frz. Festnetztarif) – www.cmn.fr – Die Gesellschaft verbindet Marseille mit Korsika (Ajaccio, Bastia und Propriano), aber auch Korsika und Sardinien (Propriano-Porto Torres). Die Besonderheit dieser Gesellschaft ist, dass sie „gemischte" Schiffe mit einem großen Anteil an Frachtfläche betreibt.

AUTOFÄHREN

GJ: ganzjährig S: in der Saison	Marseille	Nizza	Toulon
Ajaccio	GJ	GJ	GJ
Bastia	GJ	GJ	GJ
Calvi	GJ	GJ	
L'Île-Rousse	GJ	GJ	GJ
Porto-Vecchio	GJ		
Propriano	GJ		S

SNCM (Société nationale maritime Corse-Méditerranée) – 61 bd des dames – BP 80090 – 13472 Marseille Cedex 2 – ✆ 32 60 (0,15 €/Min.) oder 00 33 8 25 88 80 88 (aus Deutschland, Österreich und der Schweiz) – www.sncm.fr
Agentur Deutschland: SNCM Germany – Berliner Straße 31/35 – 65760 Eschborn – ✆ 00 49 61 96 77 306-0 – info@sncm.de
Die SNCM fährt von Marseille nach Ajaccio, Bastia, Porto-Vecchio, Propriano und L'Île Rousse sowie von Nizza nach Ajaccio, Calvi, L'Île Rousse. Es gibt Verbindungen von Ajaccio und Propriano nach Sardinien (Porto Torres).
Die SNCM war die erste Schifffahrtsgesellschaft, die 1996 Hochgeschwindigkeitsfähren einführte, was die Fahrtzeit erheblich verkürzte (4 Std. Nizza-Ajaccio gegenüber 6 Std. per Car-ferry).

Weitere Gesellschaft

Euro-Mer – 5-7 quai de Sauvages – 34078 Montpellier Cedex 3 – ✆ 04 67 65 67 30 – www.euromer.net – Verbindungen von Frankreich oder Italien auf den klassischen Strecken, von Juni bis September aber auch von Rom oder Neapel nach Porto-Vecchio.

Buchungen

Buchungen sind in jedem Reisebüro, den deutschen Büros der Fährgesellschaften oder im Internet möglich.
Da die Fähren in der Hauptsaison meist ausgebucht sind, empfiehlt sich eine rechtzeitige Buchung, sogar Monate im Voraus! Die verschiedenen Gesellschaften, Fahrpläne und Tarife finden Sie unter: **www.directferries.de**

Unterwegs in Korsika

Mit dem Auto oder Motorrad

VOR ORT UNTERWEGS

Die schmalen und kurvenreichen **Gebirgsstraßen**, die zur Talseite hin oft wenig gesichert sind, verlangen vom Fahrer große Aufmerksamkeit, insbesondere bei schlechten Sichtverhältnissen (Herbstnebel an den Osthängen oder plötzliche Sichtverschlechterung in der Nähe des Col de Teghime) sowie bei Schnee, der teilweise noch bis Mitte Mai oder Anfang Juni liegen bleiben kann. Seien Sie beim Überholen besonders vorsichtig!

Beschilderung –Die Verkehrsschilder sind normalerweise korsisch und französisch beschriftet, wobei die französische Beschriftung häufig unleserlich gemacht ist!

Geschwindigkeitsbegrenzungen – **50 km/h** in Städten und geschlossenen Ortschaften; **90 km/h** auf Landstraßen; **100 km/h** auf Nationalstraßen (RN); **120 km/h** auf Autobahnen und Schnellstraßen.
Auch auf Inseln gibt es Radarmessungen. Insbesondere an Ortsausfahrten (Ajaccio, Bastia) sind **feste Blitzer** installiert.

Auf wenig befahrenen Straßen kann es durchaus passieren, dass Sie **frei laufendem Vieh** begegnen! Gemäßigte Geschwindigkeit ist die beste Möglichkeit, um unerwartete Situationen zu meistern und die Landschaft zugleich genießen zu können.

Bei **Alkohol** am Steuer gilt die Promillegrenze von 0,5.

Parkplätze sind rar und einige kleine Dörfer, die an einer Sackstraße am Hang liegen, können beim Wenden gewisse Herausforderungen an den Fahrer stellen.

Tanken – In Frankreich werden vier Kraftstofftypen verkauft: Super verbleit *(super)*, Super Plus *(sans plomb 98)*, Super *(sans plomb 95)* und Diesel *(diesel/gazole)*.
Volltanken ist vor einer längeren Fahrt in bestimmte Regionen, in denen es nur wenige **Tankstellen** gibt, unabdingbar, wie z. B. zum Cap Corse, in die Castagniccia, ins Niolo oder die Agriates.

Die wichtigsten Hinweise im Straßenverkehr

accident	Unfall
accotement dangereux	unbefestigter Seitenstreifen
aire de service	Autobahnraststätte mit Tankstelle
attention	Vorsicht
autoroute	Autobahn
bouchon	Stau
chantier	Baustelle
dangereux	gefährlich
début	Anfang
déviation	Umleitung
échangeur	Autobahnkreuz
entrée	Einfahrt
fin	Ende
gravillons	Rollsplitt
interdiction de doubler	Überholverbot
poids lourd	LKW
priorité	Vorfahrt
rappel	Wiederholung eines Verkehrshinweises
rétrécissement	Fahrbahnverengung
rond-point	Kreisverkehr
rue à sens unique	Einbahnstraße
sortie	Ausfahrt
tourner à droite	rechts abbiegen
tourner à gauche	links abbiegen
voiture de tourisme	PKW

Stéphane Sauvignier / MICHELIN

Auf wenig befahrenen Straßen ist Vorsicht geboten: hier sind gerne verschiedene Wildtiere unterwegs.

Reiseplanung – Verkehrsinformationen erhalten Sie rund um die Uhr unter ✆ 08 92 68 10 77 oder im Internet (www.autoroutes.fr).

Automobilklub – Die **Fédération française des Automobile-Clubs** unterhält Geschäftsstellen in den größeren Städten. Anschriften erhalten Sie im **Roten Michelin-Führer France** des laufenden Jahres.

Leihwagen – Die wichtigsten Autovermieter sind an den Häfen und Flughäfen der Insel vertreten. Die Luftfahrtgesellschaften, die Korsika anfliegen, bieten auch Pauschalarrangements Flug-Auto an. Erkundigen Sie sich bei den jeweiligen Gesellschaften.

Reservierungszentralen in Frankreich:

Avis: ✆ 0 820 05 05 05
Budget France: ✆ 0 825 00 35 64
Europcar: ✆ 0 825 35 83 58
Hertz France: ✆ 0 825 86 18 61
National-CITER: ✆ 0 825 16 12 20
SIXT-Eurorent: ✆ 0 820 00 74 98

MICHELINKARTEN

Als Auto- oder Motorradfahrer sollten Sie sich vor Reiseantritt geeignete Karten besorgen. Die Michelin-Produkte ergänzen einander: Jeder Ort, der in diesem Reiseführer vorgestellt wird, ist auch auf der Localkarte wiederzufinden. Die **Localkarten** im Maßstab 1:150 000 oder 1:175 000 zeigen schmale Wege, Steigungen und Gefälle an, aber auch gefährliche Stellen, Tunnel oder Höhenlinien. Zudem enthalten sie zahlreiche touristische Informationen sowie ein Verzeichnis aller auf der Karte erfassten Orte. Für diesen Reiseführer empfehlen wir die Michelin-Localkarte **Nr. 345** (Korsika) im Maßstab 1:150 000. Bei einer Anreise über Italien bietet sich die **Nationalkarte Nr. 735**, für Frankreich die **Nationalkarte Nr. 721** (beide im Maßstab 1:1 000 000) an. Für einen Ausflug nach Sardinien empfiehlt sich die **Localkarte Nr. 366** im Maßstab 1:200 000.

Internet

Nutzen Sie auch die Michelin-Reiseplanung im Internet. Auf **www.viamichelin.de** stehen Ihnen ein Routenplaner, Karten, Stadtpläne, eine Auswahl an Hotels und Restaurants sowie viele weitere Informationen für Ihre Reisen durch Frankreich und Europa zur Verfügung.

> **Tipp**
>
> Besonders **Kleinwagen** mit gutem Sonnenschutz eignen sich für eine entspannte Fahrt auf den häufig sehr schmalen korsischen Straßen.
>
> Kleine Dellen und Kratzer gibt es häufig und die Autovermieter achten genau auf mögliche Schäden. Schauen Sie sich den Mietwagen vor der Abfahrt daher sehr genau an und lassen Sie alle Mängel vermerken.

Mit der Bahn

VOR ORT UNTERWEGS

U Trinichellu (auf Korsisch der „kleine Zug") ist mit seinen ehrwürdigen Triebwagen, deren älteste aus dem Jahr 1947 stammen, bei Eisenbahnfreunden und Touristen gleichermaßen beliebt. Zwar gibt es nur **zwei Strecken**, diese verdanken ihre Beliebtheit aber der reizvollen Streckenführung durch Gebiete, die für andere Verkehrsmittel oft nicht zugänglich sind.

Das Streckennetz bildet ein „Y": Eine Strecke durchquert die Insel von Nord nach Süd, von Bastia nach Ajaccio (4 Fahrten tägl., 3 Std. 40 Min.); die zweite Strecke verbindet Calvi, L'Île-Rousse und Bastia auf einer West-Ost-Achse, die an der Küste entlangführt und dann bei der Balagne und dem Cortenais ins Inselinnere führt (2 Fahrten tägl., 4 ½ Std.). In Ponte-Leccia kreuzen sich beide Strecken.

Zwei Streckenabschnitte sind besonders spektakulär. Zwischen L'Île-Rousse und Calvi folgt der **Strandzug** *(Train des plages)* der Küste durch ein Gebiet, das vom Auto aus nicht zu sehen ist. Die Reise ist außergewöhnlich malerisch und das Zugnetz wird nach und nach modernisiert: Seit Juni 2007 befindet sich z. B. ein neuer Triebwagen mit futuristischem Äußeren im Test.

Amaury de Valroger / MICHELIN

Der Schienenbus fährt durch die Dünen Richtung Calvi. Der Sand sieht aus wie Schnee.

Im Gebirge ist der Abschnitt **Corte-Bocognano** besonders eindrucksvoll: Auf der Fahrt bekommt der Reisende den Wald von Vizzavona, die von Gustave Eiffel erbaute Doppelbrücke über den Vecchio und den Brautschleier-Wasserfall „Voile de la Mariée" zu sehen, der sich nur Wanderern und eben den Eisenbahnfahrgästen zeigt. Über Bahnverbindungen in Korsika können Sie sich telefonisch unter ✆ 08 92 35 35 35 (0,34 €/Min.) bzw. im Internet unter www.ter.sncf.com oder auf der Website der SNCF unter www.voyages-sncf.com (auch in Englisch und Deutsch) informieren.
In Frankreich müssen die Fahrscheine am Abfahrtstag vor dem Einsteigen entwertet *(composter)* werden. Hierfür sind direkt an den Bahnsteigen orangefarbene Entwerter aufgestellt.

GÜNSTIGER REISEN

Carte Enfant + – Ein Kind unter 12 Jahren sowie vier Begleiter (Kinder oder Erwachsene, die nicht unbedingt die Eltern des Kindes sein müssen) können mit dieser Karte (ca. 70 €) ein Jahr lang Ermäßigungen zwischen 25 und 50 % erhalten.

Carte 12-25 – Für Personen zwischen 12 und 25 Jahren gibt es diese ein Jahr gültige Karte (ca. 50 €) mit Ermäßigungen zwischen 25 und 60 %.

Carte Senior – Für Reisende ab 60 Jahren ist diese Karte erhältlich (ca. 55 €), mit der Ermäßigungen zwischen 25 und 50 % eingeräumt werden.

Carte Zoom – Mit dieser Karte kann man sieben Tage lang ohne Kilometerbegrenzung auf dem gesamten korsischen Schienennetz fahren (48 €).

Carte Escapades – Mit ihr spart man zwischen 25 und 40 % auf alle Hin- und Rückfahrten von mindestens 200 km, die eine Übernachtung von Samstag auf Sonntag einschließen. Die Karte (ca. 85 €) gilt für Reisende zwischen 26 und 59 Jahren.

Billet Découverte – Dieses Ticket ermöglicht eine Vergünstigung von 25 % für Jugendliche zwischen 12 und 25 Jahren **(Tarif Découverte 12-25)** sowie für Senioren über 60 Jahren **(Tarif Découverte Senior)**. Das Angebot hängt allerdings von der Verfügbarkeit der Plätze ab und das Alter muss mit einem Ausweis nachgewiesen werden.

Rail-évasion – Mit der Bahn in den Wald von Vizzavona: Fahrt und Waldbesichtigung mit einem Forstbeamten des Nationalen Forstamts und Waldpicknick.

Train + Auto – Dieses Ticket gilt auf den Strecken Ajaccio-Calvi und Bastia-Calvi für bis zu fünf Personen. Die Ermäßigung für die Fahrkarte und das Mietauto ist 24 Stunden gültig.

Ermäßigungen für Kinder – Kinder unter 5 Jahren reisen gratis, zwischen 5 und 12 Jahren zum halben Preis.

ENTFERNUNGEN ZWISCHEN DEN WICHTIGSTEN KORSISCHEN STÄDTEN IN KM

	Ajaccio	Bastia	Bonifacio	Calvi	Corte
Ajaccio	-	147	132	165	80
Bastia	147	-	170	92	68
Bonifacio	132	170	-	232	147
Calvi	165	92	232	-	87
Corte	80	68	147	87	-

Übernachten/Essen und Trinken

Tipps und Adressen

Damit Sie Ihren Urlaub in angenehmer Erinnerung behalten, hat die Redaktion der Grünen Reiseführer eine Auswahl an interessanten Tipps und Adressen für Sie getroffen. Unsere Redakteure sind kreuz und quer durch das Land gezogen, um für Sie Gästezimmer, Hotels, Campingplätze, Restaurants, Cafés und Bars ausfindig zu machen.
Berücksichtigt haben wir hierbei bevorzugt Adressen im Herzen besonders sehenswerter Viertel oder solche, die sich gut als Ausgangspunkt für Touren eignen. Aber auch einfachere Adressen, die etwa durch ihren besonderen Charme bestechen, wurden aufgenommen. Auch bei den Restaurants ist das Angebot breit gestreut. Es umfasst sowohl traditionelle französische Restaurants als auch ausgefallenere oder exotische Gaststätten.
Komfort und Qualität waren die wichtigsten Auswahlkriterien. Alle Adressen wurden mit großer Sorgfalt ausgesucht. Es kann allerdings vorkommen, dass sich seit unserem letzten Besuch das eine oder andere geändert hat. In diesem Fall wären wir Ihnen dankbar für Ihre Hinweise. Anregungen und Vorschläge sind stets willkommen.
Die angegebenen **Preise gelten für die Hochsaison**. Zahlreiche Unterkünfte bieten jedoch Sonderpreise außerhalb der Haupturlaubszeiten an und geben gerne Auskunft darüber.
In den meisten Kapiteln im Hauptteil *(Die Region entdecken)* finden Sie auf hellgrünem Grund die Rubrik *Tipps und Adressen*. Ganz gleich, ob Sie zu einem Erholungsurlaub auf dem Land oder zu einer Klettertour in den Bergen aufbrechen, Sie finden vor Ort die passende Unterkunftsmöglichkeit.

Hinweis: Die Bezeichnung *bis* hinter der Hausnummer in den Adressen (z. B. *8 bis rue Coysevox*) entspricht der deutschen Hausnummer 8b, *8 ter* demnach 8c.

Die Hotels und Restaurants haben wir in drei Kategorien eingeteilt *(s. auch Tabelle S. 381)* – ob in belebten Vierteln oder in der Natur gelegen, in unmittelbarer Nähe von Sehenswürdigkeiten, einfach oder besonders elegant, es sollte für jeden Geschmack und jeden Geldbeutel etwas dabei sein.

Kleines Budget – Unter der Preiskategorie ⛀ finden Sie einfache Hotels, Gästezimmer und Campingplätze sowie Adressen von Restaurants mit ansprechenden Mahlzeiten zu angemessenen Preisen.

Mittleres Budget – Wenn Sie mehr Komfort anstreben und größeren Wert auf eine schöne Lage legen, werden Sie garantiert unter der Kategorie ⛀⛀ das Richtige finden. Hier sind weitgehend stilvoll eingerichtete Hotels oder Ferienwohnungen sowie Privatzimmer mit mehr Komfort in charmantem Ambiente verzeichnet. Zudem finden Sie hier Restaurants, darunter solche mit gehobener Küche.

Großes Budget – Für diejenigen, die sich etwas Besonderes gönnen möchten, halten die Spitzenkategorien ⛀⛀⛀ und ⛀⛀⛀⛀ eine Auswahl an Adressen bereit. Dabei handelt es sich oft um exklusive Häuser, die ein hohes Maß an Komfort und Luxus bieten. Wem die Übernachtung zu teuer ist, der kann das traumhafte Dekor auch beim Tee oder Brunch genießen, und auch ein Sterne-Restaurant kann mittags Mahlzeiten zu erschwinglichen Preisen bieten. In einigen dieser Hotels und Restaurants wird korrekte Kleidung erwartet.

Stéphane Sauvignier / MICHELIN

Chambre d'hôte (Gästezimmer) Le Patio mit südlichem Charme in Corbara.

Übernachten

Im Folgenden finden Sie einige spezifische Informationen zu den verschiedenen Unterkunftsmöglichkeiten:

Campingplätze

Die Preise verstehen sich pro Übernachtung für zwei Personen und einen Zeltstellplatz. Auf manchen Campingplätzen kann man Bungalows oder Campingwagen mieten. Der **Michelin-Führer Camping Caravaning France** enthält eine Auswahl der besten Campingplätze mit Angaben zur vorhandenen Infrastruktur, den aktuellen Preisen, der Lage etc. Der Campingführer wird jedes Jahr überarbeitet. Das Mitführen des Camping Carnet International (Internationaler Camping-Ausweis) für Wohnwagen ist sinnvoll, aber nicht obligatorisch. Man bekommt das Carnet bei den Automobil- oder Campingklubs.
Bei der Auswahl der Campingplätze helfen beispielsweise folgende Internetportale, die auch in deutscher Sprache zur Verfügung stehen:
www.campingfrance.com; www.campingdefrance.com

Gästezimmer (Chambres d'hôte)

Es handelt sich um Privatunterkünfte, die im Gegensatz zum Hotel ein familiäres Ambiente bieten. Die Preise verstehen sich pro Übernachtung inklusive Frühstück. Bei einigen besteht auch die Möglichkeit, mit Halbpension unterzukommen. Wegen der großen Beliebtheit dieser Zimmer sollten Sie möglichst früh buchen. Teilweise sind Haustiere nicht oder nur gegen Aufpreis erlaubt. Ein Verband unabhängiger Unterkünfte und Gästezimmer listet entsprechende Adressen der gesamten Insel auf.
Informationen: ✆ 04 95 58 19 55 – www.hebergement-corse.com

Tipp

CAMPINGPLÄTZE IM INTERNET
Besuchen Sie folgende Seiten:
www.allerencorse.com/campings.htm
www.corsecampings.com
www.corsicacamping.com

Hotels

Die Bandbreite der von uns ausgesuchten Hotels ist beachtlich. Die Preise gelten pro Übernachtung und schließen das Frühstück in der Regel nicht mit ein. Der Frühstückspreis steht jeweils neben dem Tassensymbol ☕. Manche Hotels besitzen ein für jedermann zugängliches Restaurant.

Im jährlich aktualisierten Hotel- und Restaurantführer **Der Rote Michelin-Führer France** finden Sie eine reiche Auswahl an vor Ort geprüften Hotels. Für jedes Hotel werden mehrere wichtige Informationen geboten: Komfort, aktuelle Preise, akzeptierte Kreditkarten, Telefon- bzw. Faxnummer für die Reservierung sowie eine kurze Beschreibung. Hotels in besonders ruhiger Lage sind mit dem Symbol 🐴 gekennzeichnet. Der 😋 (Bib Gourmand) weist auf Häuser hin, die eine gepflegte Küche für weniger als 28 € bieten (in Großstädten und Ferienzentren 36 €), der 🛏 (Bib Hôtel) auf praktische und einladende Hotels mit guten Leistungen zu moderaten Preisen.

Preiswerte Hotelketten – Wenn Sie nur eine Verschnauf- und Schlafpause auf Ihrer Fahrt zum Urlaubsziel suchen, sind diese preiswerten Hotels vielleicht eine gute Lösung. Sie liegen meist entlang der großen Verkehrsachsen und bieten eher bescheidenen Komfort. Hier die Telefonnummern der jeweiligen Reservierungszentralen sowie die Internetadressen:
Akena ✆ 01 69 84 85 17, www.hotels-akena.com
B&B ✆ 0 892 78 29 29 oder 01 72 36 51 06, www.hotel-bb.com
Etap Hôtel ✆ 0 892 68 89 00, www.etaphotel.com
Villages Hôtel ✆ 03 80 60 92 77, www.villages-hotel.com
Die folgenden Hotelketten sind etwas teurer, bieten dafür aber mehr Komfort und einen besseren Service:
Campanile ✆ 01 64 62 59 70, www.campanile.fr
Ibis ✆ 0 825 88 00 00 oder 0 892 68 66 86, www.ibishotel.com
Kyriad ✆ 01 64 62 59 70, www.kyriad.fr

Reservierungszentralen und Verbände

Destination Corse – Quartier de la Gare – 20250 Corte – ✆ 08 92 68 26 77

UNSERE PREISKATEGORIEN				
	Essen und Trinken (Mittagessen)		**Übernachten** (Doppelzimmer)	
	Provinz	Großstädte, Ferienorte	Provinz	Großstädte, Ferienorte
	bis 14 €	bis 16 €	bis 45 €	bis 65 €
	14 € bis 25 €	16 € bis 30 €	45 € bis 80 €	65 € bis 100 €
	25 € bis 40 €	30 € bis 50 €	80 € bis 100 €	100 € bis 160 €
	über 40 €	über 50 €	über 100 €	über 160 €

(0,34 €/Min.) – www.destination-corse.net – Diese Reservierungszentrale hat etwa 100 Hotels überall auf der Insel im Angebot.

Fédération nationale Clévacances – 54 bd de l'Embouchure – BP 52166 – 31022 Toulouse Cedex 2 – ✆ 05 61 13 55 66 – www.clevacances.com – Der Verband hat fast 23 500 Ferienquartiere im Angebot (Ferienwohnungen, Chalets, Villen, besonders stilvolle Häuser *(demeures de caractère)*, Wohnpavillons und 2800 Zimmer in 22 Regionen, verteilt über 79 französische Départements; darunter auch das Département **Haute-Corse** sowie die Übersee-Départements. Er gibt für jedes Département einen Katalog heraus: Sie können diesen bei der Clévacances-Vertretung im Département bestellen (Haute-Corse: ✆ 04 95 34 16 69) oder per Internet unter: **www.clevacances-haute-corse.com**

Unterkünfte für Wanderer

Der Regionale Naturpark Korsika *(Parc naturel régional de Corse)* *(s. S. 371)* gibt ein Verzeichnis der **Schutzhütten** *(refuges)* und **Etappenunterkünfte** für Wanderer heraus, die auf den markierten Rundwegen des Naturparks unterwegs sind. Die Internetseite **www.gites-refuges.com** wendet sich speziell an Wanderer, Alpinisten, Kletterer, Skifahrer und Kanu-Kajak-Fahrer.

Unterkünfte auf dem Land

Neben den traditionellen Auberges-Hôtels auf dem Land haben sich in den letzten Jahren in dem Bestreben, die abgelegenen Dörfer mit neuen Leben zu erfüllen, neue Unterkunftsformen entwickelt: Es werden zunehmend Campingplätze, Gästezimmer und Ferienwohnungen auf dem Land *(gîtes ruraux)* angeboten. Letztere können für eine oder mehrere Wochen gemietet werden (manche auch für ein Wochenende).

Gîtes de France en Corse – 77 cours Napoléon – 20000 Ajaccio – ✆ 04 95 10 66 14 – www.gites-corsica.com – Katalog mit fast 1000 Ferienhausadressen auf Korsika (14,50 €). Darin enthalten sind auch Informationen über Gästezimmer, Campingplätze und Etappenunterkünfte.

Bienvenue à la ferme – www.bienvenuealaferme-corse.com Adresse für Corse du Sud: 19 av. Noël-Franchini – BP 913 – 20700 Ajaccio Cedex 9 – ✆ 04 95 29 26 00 oder für Haute-Corse: 15 av. Jean-Zuccarelli – 20200 Bastia – ✆ 04 95 32 84 40 – Die Landwirtschaftskammer bietet Informationen über Unterkünfte auf dem Bauernhof an: Bauerngasthöfe *(fermes-auberges)*, Reiterhöfe *(fermes équestres)*, Camping auf dem Bauernhof *(campings à la ferme)*, Gästezimmer und Ferienwohnungen *(chambres d'hôte* und *gîtes ruraux)*.

Fédération des Stations vertes de vacances – BP 7198 – 21016 Dijon Cedex – ✆ 03 80 54 10 50 – www.stationsvertes.com – Die *Stations vertes* sind Ferienziele auf dem Land oder in den Bergen für die ganze Familie, bei denen Natur und Lebensqualität im Mittelpunkt stehen (Produkte aus der Gegend, verschiedene Freizeitangebote, angenehmer Rahmen) und die einen gewissen Qualitätsstandard hinsichtlich Empfang und Unterkunft einhalten. Die einzige *Station verte* auf Korsika ist Lama.

Casa Toïa, la route des auberges corses – 20 cours du Gén.-Leclerc – 20000 Ajaccio – ✆ 04 95 20 53 14 – www.sitec.fr/users/auberges/ – Die Vereinigung Casa Toïa bietet eine organisierte Rundtour auf Korsika in ausgewählten Auberges-Hôtels an und empfiehlt die besten Adressen in der jeweiligen Gegend.

Jugendherbergen

Ligue française pour les Auberges de la Jeunesse – 67 rue Vergniaud – Gebäude K – 75013 Paris – ✆ 01 44 16 78 78 – www.auberges-de-jeunesse.com – Der Ausweis des französischen Jugendherbergsverbands (LFAJ) ist für unter 26-Jährige für einen Jahresbeitrag von 10,70 €, für Ältere für einen Jahresbeitrag von 15,25 € und für Familien für einen Jahresbeitrag von 22,90 € erhältlich. Es gibt nur eine korsische Jugendherberge in **Galéria**, westlich von Calvi (✆ 04 95 62 00 46).

Klöster

Auch manche Klöster *(couvents)* bieten Unterkünfte, aber auch spirituelle Rückzugsmöglichkeiten an. Auskünfte erhalten Sie vor Ort.

In **Bastia**, Kloster St-Antoine – 04 95 55 42 55 – markus@mbox.vol.it

Am **Cap Corse** in **Miomo**, Maison Ste-Hyacinthe – ✆ 04 95 33 28 29

In **Vico** Kloster St-François – ✆ 04 95 26 83 83

In der **Balagne**, Kloster **Corbara** – ✆ 04 95 60 06 73 – www.stjean-corbara.com; in der Gemeinde **Cateri** Kloster Marcasso – ✆ 04 95 61 70 21 – marcassu@wanadoo.fr

Im **Niolo**, Kloster Calacuccia – ✆ 04 95 48 00 11

Essen und Trinken

Wer gerne gut isst, wird auf Korsika nicht enttäuscht. Zwar sind anspruchsvolle Gourmet-Restaurants eher selten, dafür hat die Insel eine Fülle an kleinen, qualitativ hochwertigen Lokalen zu bieten, die unvergessliche Geschmackserlebnisse bereithalten.

RESTAURANTFÜHRER

Roter Michelin-Führer France – Der Hotel- und Restaurantführer von Michelin enthält eine breit gefächerte Auswahl an Restaurants, in denen Sie feinste regionale Küche genießen können. Piktogramme weisen auf Lokale mit besonders angenehmer Ausstattung, schönem Blick oder ruhiger Lage hin. Der Rote Michelin-Führer nennt nicht nur die Adressen empfehlenswerter Restaurants, sondern gibt auch eine kurze Beschreibung und nennt die kulinarischen Spezialitäten.

Sites remarquables du Goût – Dieses Label wurde vom französischen Umweltministerium kreiert und bezeichnet einige Orte in der Region, deren Gastronomie eine besonders hohe Qualität erreicht und die zugleich von kulturellem und touristischem Interesse sind. Detaillierte Infos erhalten Sie unter **www.sitesremarquablesdugout.com** (auch in englischer Sprache).

BERÜHMTE KÖCHE DER REGION

In Bonifacio

Typisches Restaurant in der Oberstadt, das schon seit Urzeiten in Familienbesitz ist. Am Herd bereitet Mama **Anna Ettori** schmackhafte, für Bonifacio typische Gerichte zu, während ihre Töchter im schön eingerichteten Gastraum für die freundliche Bedienung sorgen.
Stella d'Oro – ✆ 04 95 73 03 63
7 rue Doria, 20169 Bonifacio

In Ajaccio

Seit 1970 ist dieses Restaurant oberhalb des Golfes von Ajaccio im Besitz der **Familie Catellagi**. Vater und Sohn bereiten typisch korsische Gerichte aus marktfrischen Produkten und mit hausgemachten Fleisch- und Wurstwaren zu. Die Wirtin bietet den Gästen einen freundlichen Empfang in dem gemütlichen Gastraum.
U Licettu – ✆ 04 95 25 61 57 – Place Cuttoli, 20167 Cuttoli Corticchiato

In Quenza

Seit 1968 ist es dem urigen **Félicien Balesi** ein Vergnügen, seine Gäste mit

typisch korsischen Gerichten zu erfreuen, die er aus den hervorragenden Produkten der Gegend zaubert. Das Restaurant und die Bar vermitteln eine freundliche, rustikale Atmosphäre.
Sole e Monti – ✆ 04 95 78 62 53
20122 Quenza

FRANZÖSISCHE ESSKULTUR

Tischgewohnheiten – Das Frühstück ist in Frankreich oft recht einfach – im Gegensatz zum Mittag- und Abendessen, bei dem man traditionell großen Wert auf eine abwechslungsreiche, gut aufeinander abgestimmte Speisenfolge, begleitet von den passenden Weinen, legt. Hast ist verpönt, beim Servieren ebenso wie beim Essen, für das man zwischen eineinhalb und zwei Stunden einplanen sollte. Wer es eilig hat, sollte statt in ein gepflegtes Restaurant lieber in eine Brasserie oder eines der vielen Cafés gehen. Das französische *Café* ist im Übrigen kein Café im deutschen Sinne (das heißt in Frankreich *Salon de Thé*), sondern eher eine Gaststätte oder Kneipe. Auf dem Land bietet es sich an, in kleinen Lokalen zu essen, wo einen oft überraschende kulinarische Genüsse und eine besondere Atmosphäre – wenn auch in einfacher Aufmachung – erwarten.
Das Mittagessen wird ab ungefähr 12 Uhr eingenommen, das Abendessen ab 19.30 Uhr.

Angebot im Restaurant – In den Brasserien und kleinen Restaurants empfiehlt sich häufig das recht preisgünstige Tagesmenü *(plat du jour)*. Zahlreiche Restaurants bieten neben den einzelnen Gerichten aber auch mehrgängige Menüs an; sie sind zumeist preiswerter als ein Essen à la carte und umfassen eine Vorspeise, ein Hauptgericht (in gehobenen Restaurants auch zwei Hauptgerichte), Käse oder Nachtisch (manchmal wird auch beides angeboten). Es kommt vor, dass Getränke und Kaffee im Preis inbegriffen sind, was gegebenenfalls gesondert angegeben ist.

Getränke – Frankreich ist auf der ganzen Welt für seine ausgezeichneten **Weine** bekannt. Flaschenweine sind jedoch nicht billig. Wer sparen

Stéphane Sauvignier / MICHELIN

Ein appetitanregender Teller mit korsischen Wurstwaren und korsischem Käse.

will, kann einen Krug offenen Wein bestellen *(pichet de vin* oder *vin en carafe)*, der in Portionen von 33 cl oder 50 cl ausgeschenkt wird.

Man erhält fast überall die bekannten französischen oder ausländischen Flaschenbiere. Gezapftes **Bier** *(bière à la pression)* zu bestellen ist aber zumeist billiger. Apropos: Unter einem *demi* versteht man in Frankreich nicht einen halben Liter Bier, sondern nur 25 cl.

Trinkgeld – In den Preisen für Speisen und Unterkunft ist das Bedienungsgeld inbegriffen. Wenn Sie jedoch mit dem Service zufrieden waren, ist es durchaus üblich den Rechnungsbetrag aufzurunden, in einem netten Restaurant können es auch mal 5 % für den Kellner sein. In sehr luxuriösen Restaurants ist das Trinkgeld *(pourboire)* natürlich entsprechend höher (7 € oder mehr). Man lässt es auf dem Teller mit der Rechnung zurück.

Trinkbares

Die Insel verfügt über mehrere **Mineralquellen** (Caldaniccia, Guitera und Caldanelle), an denen das Wasser in Flaschen abgefüllt und verkauft wird. Das bekannteste Mineralwasser ist das **Eau d'Orezza**. Es gilt als besonders sprudelnd und belebend und wird von den Korsen gerne getrunken. Ebenfalls beliebt bei den Verbrauchern auf der Insel sind das Eau de Zilia und das Eau St-Georges.

Alles, was für Sie wichtig ist

Gut zu wissen

ÄRZTE UND APOTHEKEN

Französische Apotheken *(pharmacies)* sind an einem grünen Kreuz erkennbar. Sonn- und feiertags sowie nachts sind an den Türen der Apotheken zumeist die Adressen der diensthabenden Ärzte und Apotheken angeschlagen.
In Frankreich müssen Arztbesuche bar oder per Scheck bezahlt werden. Für einen Besuch bei einem Allgemeinarzt müssen Sie mit mindestens 20 € rechnen (Kassensatz). Nach der Heimkehr können die vom französischen Arzt bzw. Krankenhaus ausgestellten Papiere (Krankenschein, Rezept) der eigenen Krankenkasse vorgelegt werden, die dann die Kosten gemäß den geltenden Bestimmungen zurückerstattet.

Notrufnummern – Notarzt *(SAMU)*: 15, Polizei: 17, Feuerwehr 18. Außerdem gilt in Frankreich die europäische Notrufnummer 112.

EINKAUFEN

Geschäfte – In Frankreich gibt es keine einheitlichen Ladenschlusszeiten. Die meisten Kaufhäuser und größeren Geschäfte sind werktags von 9-20.30 Uhr geöffnet, einige an einem Tag in der Woche auch länger. Kleinere Geschäfte schließen oft in der Mittagszeit (manchmal sogar bis 16 Uhr, dafür sind sie abends länger geöffnet). Bäckereien und einige Lebensmittelgeschäfte öffnen morgens schon ab 7 Uhr, zum Teil auch sonntagvormittags. Viele Buchhandlungen öffnen montags nicht oder erst am Nachmittag.

Erstattung der Mehrwertsteuer – Für Einkäufe, die bei ein und derselben Adresse und an demselben Tag 200 € übersteigen, ist eine Erstattung der Mehrwertsteuer möglich, jedoch nur für Reisende, die nicht aus den Mitgliedstaaten der Europäischen Union stammen. Die Mehrwertsteuer variiert zwischen 5,5 % und 19,6 %. In großen Läden oder in Luxusgeschäften, die sich in besonderem Maße an Touristen wenden, müssen Sie für die Erstattung der Mehrwertsteuer Ihren Pass und Ihre internationale Kreditkarte vorzeigen.

GELD

Banknoten und Münzen – Seit dem 1. Januar 2002 gilt auch in Frankreich die europäische Währungseinheit Euro. Der Umtausch für französische Francs erfolgt seit Juni 2002 nur noch bei der Banque de France, und zwar zehn Jahre lang für Banknoten (Münzen werden inzwischen nicht mehr angenommen).

Banken – Außer an Feiertagen sind die Banken montags bis freitags im Allgemeinen von 9-16.30 Uhr geöffnet (manche Filialen haben auch samstags auf, sind dafür aber oft montags geschlossen). Die meisten Bankinstitute sind mit Geldautomaten *(distributeurs)* ausgestattet, die die EC-Card und internationale Kreditkarten akzeptieren (achten Sie auf die Logos der entsprechenden Kreditinstitute). Wenn Sie Schecks (z. B. Reiseschecks) einlösen wollen, müssen Sie Ihren Pass oder Personalausweis vorlegen.

Kreditkarten – American Express, Visa, Mastercard/Eurocard und Diners Club werden in den meisten Geschäften, Hotels, Restaurants und an Tankstellen akzeptiert. Auch die Autobahngebühren können damit bezahlt werden. Bei Verlust oder Diebstahl wählen Sie umgehend eine der folgenden Nummern:

American Express ✆ 01 47 77 72 00
Diners Club ✆ 0 810 31 41 59
Master-/Eurocard ✆ 01 45 67 84 84
Visa ✆ 0 800 90 11 79

Unter der einheitlichen Telefonnummer ✆ 11 61 16 (aus dem Ausland mit der Vorwahl 00 49) können fast alle Bank-und Kreditkarten, Handy- und Krankenversicherungskarten gesperrt werden. Melden Sie den Verlust von Kreditkarte oder Reiseschecks ebenfalls unbedingt der Polizei *(commissariat de police)*, die Ihnen eine Verlustbescheinigung ausstellt.

POST

Post – Die Postämter *(bureaux de poste)* sind in größeren Städten Mo-Fr von 8-19 Uhr, ansonsten von 9-12 und 15-18 Uhr sowie Samstagvormittag bis 12 Uhr geöffnet. Ein Brief oder eine Postkarte kostet 0,53 € (0,60 € nach Deutschland). Briefmarken kann man auch bei Zeitungshändlern und in Tabakläden kaufen.

STROM

In Frankreich ist 220 Volt-Spannung üblich. Meistens werden runde, zweipolige Stecker benutzt. Die Anschlüsse neuerer Elektrogeräte passen im Allgemeinen in französische Steckdosen, solche mit Eurostecker ohnehin. Wenn Sie alte Elektrogeräte mitführen, kaufen Sie gegebenenfalls vor der Abreise einen Zwischenstecker *(adaptateur)*.

Internationale Vorwahl

(00 + Nummer des Landes):
Deutschland ✆ 49
Liechtenstein ✆ 423
Österreich ✆ 43
Schweiz ✆ 41

TELEFON

Öffentliche Telefonzellen – Für die meisten Telefonzellen benötigt man eine Telefonkarte (*télécarte* mit 50 oder 120 Einheiten); einige Telefonzellen funktionieren auch mit Kreditkarten (Visa, Mastercard/Eurocard). Telefonkarten sind in Postämtern, France-Télécom-Agenturen, Tabakläden und manchmal bei Zeitungshändlern erhältlich. In den französischen Telefonzellen können Inlands- und Auslandsgespräche geführt werden; in Telefonzellen, die mit einer blauen Glocke gekennzeichnet sind, kann man sich auch anrufen lassen.

Telefonieren in Frankreich – Französische Telefonnummern sind zehnstellig. Die Nummern der Hauptstadt Paris und Umgebung beginnen mit 01; in Nordwestfrankreich beginnen sie mit 02; in Nordostfrankreich mit 03; mit 04 in Südostfrankreich und auf Korsika; mit 05 in Südwestfrankreich. Handynummern beginnen mit 06, Telefondienste mit 08 36 (je nach Service zwischen 0,16 und 0,75 €/Min.), Gratisnummern mit 08 00. Die mit 08 beginnenden Nummern können Sie nur von Frankreich aus anwählen.

Internationale Telefongespräche – Wenn Sie vom Ausland nach Frankreich telefonieren möchten, wählen Sie zunächst 00, dann die Vorwahl von Frankreich (33) und die neunstellige Telefonnummer (man lässt die erste 0 weg). Möchten Sie von Frankreich ins Ausland telefonieren, wählen Sie 00, dann die Vorwahl des Landes, anschließend die regionale Vorwahl ohne die 0 und schließlich die Nummer Ihres Gesprächspartners.

Auskunft (französischsprachig): Wie in Deutschland gibt es in Frankreich mittlerweile verschiedene Anbieter. Die Nummern sind immer sechsstellig, mit 118 beginnend, z. B. France Télécom 118 710, 118 711 und 118 712 oder Telegate France 118 000.

Vergünstigungen für Urlauber

PAUSCHALANGEBOTE

Vor der Reise – Sie können sich im Internet die Angebote von einigen Reservierungszentralen und spezialisierten Reisebüros ansehen oder Ihre Anfrage an die klassischen Reiseveranstalter richten. Im Allgemeinen sind Reisen im Frühling und Herbst jedoch preiswerter und weniger ausgebucht. Wer gerne an einer Pauschalreise teilnehmen möchte, kann sich bei Reiseveranstaltern erkundigen, die auf Korsika spezialisiert sind.

Ollandini Voyages – *✆ 04 95 23 92 92 – www.ollandini-voyages.fr*

Corsicatours – *✆ 04 95 70 10 36 – www.corsicatours.com*

CCM Voyages – *✆ 04 95 29 05 06 – www.aircorsica.com*

Costa Serena Voyages – *✆ 04 93 80 60 60 – www.costaserena-voyages.com*

Nouvelles Frontières – *✆ 08 25 00 07 47 (0,15 €/mn) – www.nouvelles-frontieres.fr*

Auf Entdeckungstour

Für die ganze Familie

Über die Hälfte der Sommergäste auf Korsika sind Familien. Das Klima, die großen Sandstrände und die Vielfalt der angebotenen Aktivitäten sind den Wünschen und Bedürfnissen der Kinder besonders gut angepasst. Die etwas Größeren können erste Taucherfahrungen sammeln, segeln, sich auf Wasserreifen oder -bananen ziehen lassen oder Wakeboard und Parasailing ausprobieren.
Der Küstenbereich hat jedoch nicht alle Trümpfe für sich gepachtet. Auch im Inneren der Insel werden die Neugier und unerschöpfliche Energie der Kinder in den großen Wäldern, auf den thematischen Wanderungen, an Wasserfällen und in Grotten oder durch die Tierwelt im Regionalpark geweckt und genutzt.
Die gastfreundliche Atmosphäre auf den Märkten bietet eine gute Gelegenheit, sich mit den Geschmacksrichtungen und der Kultur vor Ort vertraut zu machen.

Wir haben für Sie einige Orte und Aktivitäten ausgesucht, für die sich Ihre Kinder besonders begeistern werden. Die folgende Tabelle (s. S. 387) zeigt Ihnen diese Ziele im Überblick. Sie finden sie auch bei den jeweiligen Orten im Hauptkapitel, markiert mit dem Symbol 👪.

Mit Begeisterung spielt dieses Kind mit einem geduldigen Esel.

Mehrtägige Touren

Im Folgenden schlagen wir einige Touren vor, die sich dazu eignen, einzelne Gebiete besser kennenzulernen. Sie umfassen die Hauptsehenswürdigkeiten der jeweiligen Gegend und können auch als Ausgangspunkt für Ihre eigene Planung dienen. Untereinander sind sie kombinierbar. Vergessen Sie nicht, sich hierzu auch die Karte *Die schönsten Sehenswürdigkeiten* in den Umschlagklappen anzusehen, um einen ersten Überblick zu gewinnen.

Öffnungszeiten – Achtung, nicht alle Sehenswürdigkeiten sind ganzjährig oder ganztägig geöffnet. Es ist daher ratsam, jeweils die Öffnungszeiten zu überprüfen. In der Hauptsaison sollte man außerdem rechtzeitig eine Unterkunft reservieren.

BALAGNE UND NIOLO

6-tägige Rundfahrt ab Calvi

1. Tag – Den ersten Tag verbringen Sie natürlich in **Calvi**, dem Hauptort der Balagne und konzentrieren sich vor allem auf die Entdeckung der Zitadelle. Direkt unterhalb bietet sich die Marina für zahlreiche sportliche Aktivitäten und Schifffahrten an, während Liebhaber des süßen Nichtstuns von den Stränden am Kiefernwald profitieren.

2. Tag – Nach diesem Auftakt bieten sich in der **Balagne** die vielen kleinen Bergdörfer zur Entdeckung an. Sie treffen auf viele Schätze in den Kirchen oder in den Werkstätten entlang der „Handwerkerstraße“ *(Route des artisans; kostenlose Broschüre in den Touristenbüros erhältlich)*. Planen Sie einen Tag für die Rundfahrt ein, die unter Calvi beschrieben ist *(s. S. 112)*, um keine der wichtigen Kostbarkeiten wie Pigna, Sant'Antonio oder Aregno zu versäumen. Abends können Sie an die Küste zurückfahren oder sich in Pigna oder Speloncato ein stimmungsvolles Hotel oder Gästezimmer suchen.

3. Tag – Die Balagne ist so interessant, dass Sie gut noch mehr Zeit dort verbringen könnten. Um innerhalb einer Woche aber möglichst viel zu sehen,

SEHENSWÜRDIGKEITEN UND AKTIVITÄTEN FÜR DIE GANZE FAMILIEN

	Natur	Museum	Freizeit
Ajaccio			Touristenbähnchen Petit train des îles, Arboretum Les Milelli
Golfe d'Ajaccio	Myrtenweg		Ausflüge zu den Îles Sanguinaires, Strände am Golf (Marinella), Acqua-Funpark Cyrné
Algajola			Viele sportliche Aktivitäten (Algajola Sport und Natur)
Alta Rocca			Ausflüge zu Pferd für jedes Niveau
Vallée de l'Asco	Schildkrötendorf (Castifao)		Klettersteig Manicella, Tierschutzpark Asco
Bastelica			Wassersportzentrum Tolla
Bastia	Strandsee Biguglia.	Musée de la Miniature	Touristenbahn
Bocognano	Schildkrötenpark „A Cupulatta"		
Bonifacio			Schiffsfahrten, Ausflüge zur Île Lavezzi
Calacuccia	Spaziergang zum Pont Murriciolu		Ausgangspunkt vieler Aktivitäten, Wassersportzentrum
Calvi	Ausflug nach Scandola		Calvi Nautique Club, pädagogischer Bauernhof und Ponyausflüge (A Cavallu)
Corte		Musée de la Corse	Reitausflüge (L'Albadu), Kanu- und Klettertouren
Évisa	Waldlehrpfad durch den Kastanienwald oder Weg des Korsenkleibers		
Filitosa	Archäologische Ausgrabungsstätte		
Golfe de Galéria			Kajakfahrt im Mündungsgebiet des Fango
Ghisonaccia			Ausflug in der Kutsche oder zu Pferd (Ranch U Cavallu)
Olmeto			Ausflug auf einem Esel, Hochseilgarten
Olmi-Capella			Ausflug auf einem Esel (Balagn'âne)
Porto	Aquarium de la Poudrière		Tauchen
Porto-Vecchio			Hochseilgarten „accrobranches"
Gorges de la Restonica			Baden in den natürlichen Becken der Restonica
St-Florent	Strand des Loto und der Roya		
Sartène		Prähistorisches Museum Korsikas	
Golfe de Valinco			Hochseilgarten, Ausflug mit Esel

Amaury de Valroger / MICHELIN

Ein genuesisches Fort mit Turm überragt das Fischerdorf Girolata.

lohnt sich auch ein Abstecher über Belgodère im Osten der Balagne in das entlegene, aber sehr anziehende **Asco-Tal**. Diese Gegend des weißen Honigs und des Mufflons ist ein ausgezeichneter Auftakt, das korsische Bergland kennenzulernen. Das Ende des Tals ist der ideale Ausgangspunkt für herrliche Wanderungen.

4. Tag – Etwas weiter südlich führt die D 84 durch den eindrucksvollen Engpass der **Scala di Santa Regina**, die nach Calacuccia und an den großen gleichnamigen See führt. Dies ist ein beliebter Ausgangspunkt für Wanderungen ins Niolo. Aber auch der Col de Vergio bietet viele Wanderrouten. Auf der Fahrt hinauf zum Pass führt kurz nach einem Gebäude der Fremdenlegion ein Weg rechts zu den Schäfereien von Radule (2 Std. hin und zurück). In der Nähe des Bergdorfes gibt es schöne erfrischende Wasserfälle. Nach einem guten Picknick werden Sie vom **Wald von Aïtone** (Forêt d'Aïtone) mit seinen schönen Hochwäldern mit Lariciokiefern (Schwarzkiefern) erwartet. Wer einen Spaziergang nicht scheut, kann auf dem Weg durch den Kastanienwald (Sentier de la Châtaigneraie) von Evisa zu den Wasserfällen von Aïtone (Cascades d'Aïtone) wandern. Anschließend fahren Sie hinunter Richtung Golf von Porto. Es wäre schade, wenn Sie dabei die Abzweigung nach rechts auf die D 124 verpassen würden, die an den Schluchten von Spelunca entlang und an zwei schönen genuesischen Brücken vorüberführt. Sollten Sie Porto oder Piana noch vor Sonnenuntergang erreichen, werden Sie dort von dem Schauspiel bezaubert sein.

5. Tag – Sicher hatten Sie eine Vorstellung von der Schönheit dieser Gegend, bevor Sie im Golf ankamen. Während die Marina von Porto einiges an Charme eingebüßt hat, hat die Umgebung noch nichts von ihrem Reiz verloren. **Les Calanche**, Richtung Piana, sind ein regelrechter steinerner Skulpturengarten, der sich funkelnd über dem Meer erhebt. Unbedingt empfehlenswert ist ein Schiffsausflug in den Golf von **Girolata** und zum bekannten Naturschutzgebiet **Scandola**, einem Schmuckstück der Natur, das zum Weltkulturerbe der UNESCO zählt. Ein unvergessliches Erlebnis.

6. Tag – Ein solches Schauspiel ist an Schönheit nur schwer zu überbieten, aber die herrliche Straße nach Calvi wird Sie nicht enttäuschen. Wenn Sie mutig genug sind, parken Sie das Auto am Col de la Croix, um an den Strand von Tuara zu gehen. Der Rückweg bergauf ist recht anstrengend, aber dieser Zwischenstopp ist sehr angenehm und, am Pass wieder angekommen, können Sie (während der Hauptsaison) Ihren Durst stillen. Anschließend fahren Sie nach **Galéria**, einen kleinen Hafenort in einem wunderschönen Golf an der Mündung des Fango. Das Fango-Tal kann man auch per Kajak erkunden. Nun geht es weiter auf der schmalen, aber schönen Straße zurück nach Calvi. Einen letzten Zwischenstopp legen Sie auf der Aussichtsterrasse von Notre-Dame-de-la-Serra ein. Der Blick reicht von **Calvi** über einen Großteil der Balagne. Die mögliche Geburtsstadt von Christoph Kolumbus mit ihrem belebten Jachthafen erwartet Sie zu einem angenehmen Abend.

CAP CORSE UND DAS NEBBIO

5-tägige Rundfahrt ab Bastia

1. Tag – **Bastia**, die einstige Hauptstadt der „Insel der Schönheit", verdient einen ganzen Tag Aufenthalt. Die Gässchen von Terra-Vecchia mit ihrem unbegreiflichen Charme führen an den alten Hafen, wo es sich abends auf der Suche nach einer angenehmen Restaurantterrasse mit Aussicht gut bummeln lässt. In der oberhalb gelegenen herrlichen Zitadelle scheint es recht ruhig zu sein, sie birgt jedoch einige Kirchen, die man keinesfalls versäumen sollte. So z. B. die Kirche **Ste-Marie** oder die **Chapelle Ste-Croix**. Die barocke Ausstattung ist außergewöhnlich schön, Kinder werden sich aber eher von den bemerkenswerten Nachbildungen im **Musée de la miniature** (Miniatur-Museum) begeistern.

2. Tag – **Cap Corse**. Den Besuch des Kaps, das von genuesischen Türmen umgeben ist, sollte man in zwei Etappen (Besichtigung und Badepause) aufteilen, wenn man die Reise auch wirklich genießen möchte. Nach einer kleinen Rundfahrt über die Höhenstraße zwischen Ste-Lucie-de-Tallano und San-Martino-di-Lota, fährt man wieder auf die Küstenstraße, vorbei an Erbalunga und weiter nach **Macinaggio**. Dieser Jachthafen bietet mehrere Wassersportmöglichkeiten und ist Ausgangspunkt des bekannten Zöllnerpfads, der über Barcaggio nach Centuri führt. Eine kleine Badepause bei der Turmruine von Sta-Maria wird man nicht bereuen.

A. de Valroger / MICHELIN

Der Hafen von Galéria liegt innerhalb des korsischen Regionalnaturparks.

3. Tag – Falls Sie sich für eine halbtägige Wanderung auf dem Zöllnerpfad entscheiden, vergessen Sie nicht, dass es während der Saison einen Boots-Pendelverkehr gibt *(s. Macinaggio)*. Nach einer Besichtigung des Dorfes **Rogliano** erreichen Sie hinter Ersa den kleinen Hafen **Barcaggio** am Nordende des Kaps. Weiter geht die Fahrt an der bekannten Mattei-Mühle vorbei, bevor der reizende kleine Weiler Cannelle erreicht wird, von dem aus man einen herrlichen Blick auf die Bucht von **Centuri** (D 80) genießt. Dieser bezaubernde kleine Hafen ist für die köstlichen Langusten bekannt, die dort gefischt werden. Die Straße, die nun zur Westküste hinabführt, verlangt die volle Aufmerksamkeit des Fahrers. Versäumen Sie nicht, trotz der schwindelerregenden Straße nach **Canari** hinaufzufahren: Von dort oben ist die Sicht besonders schön und das geschäftige Treiben der Welt scheint weit entfernt zu sein. Kehren Sie anschließend nach **Nonza** hoch oben auf dem Felsvorsprung zurück. Die Aussichtsterrassen sind verlockend, aber nehmen Sie sich auch noch etwas Zeit für eine Fahrt nach **Patrimonio**, denn eine Weinprobe (natürlich in Maßen) der berühmten Weinsorte lohnt sich, bevor es nach **St-Florent** mit seinem Jachthafen geht.

4. Tag – Gönnen Sie sich einen Erholungstag im Herzen der unberührten **Agriates**, indem Sie mit dem Schiff von St-Florent an den herrlichen Strand von Loto fahren: Hier finden Sie eine ganz eigene Welt! Nach der Besichtigung der ehemaligen Kathedrale fahren Sie auf die D 81, die durch die Steinwüste der Agriates und an die Mündung des Ostriconi führt. In der wunderschönen **Anse de Peraiola** (Bucht von Peraiola) stellt eine Badepause eine willkommene Unterbrechung dar, bevor Sie den Abend in **L'Île-Rousse** verbringen.

5. Tag – Fahren Sie wieder auf der N 1197 Richtung Osten bis Lozari, wo sich die Straße Richtung **Belgodère** gabelt. Statten Sie unbedingt der alten Festung und der Kirche einen Besuch ab, bevor Sie zum Col de San Colombano weiterfahren. Wenige Kilometer nach dem Pass macht die D 12 eine starke Linksbiegung, bevor sie auf die Balanina (N 1197) trifft. Anfangs auf der D 208, dann auf der D 8 geht es in das interessante mittelalterliche Dorf **Lama**. Die Gassen werden hier von zahlreichen erstaunlichen italienischen Palais gesäumt. Anschließend wird es Zeit, wieder Richtung Ponte-Leccia hinunterzufahren und links auf die Straße nach **Ponte-Nuovo** abzubiegen, dessen alte Brückenruine an eine der berühmtesten Schlachten im korsischen Unabhängigkeitskrieg erinnert. Links führt die D 5 steil bergan und führt über Lento und Bigorno nach Murato. Kurz hinter dem Ortsende erhebt sich alleine auf einem Hügel eines der Schmuckstücke der pisanischen Kunst Korsikas, die Kapelle **San Michele de Murato**. Fahren Sie über Oletta und den Col de Teghime zurück nach Bastia.

LES CALANCHE UND DIE CINARCA

4-tägige Rundfahrt ab Porto

1. Tag – Er ist das auffälligste Bauwerk in **Porto**: Der genuesische Turm verdient eine Stippvisite wegen der schönen Aussicht und der Ausstellung, die hier gezeigt wird. Frühaufsteher fangen besser mit einem Besuch im Aquarium an. Statt zu tauchen, lässt sich die gesamte Familie später vom Strand von Arone begeistern. Porto auf der D 81 verlassen und bis Piana fahren, um den Besuch der Calanche für den Spätnachmittag aufzuheben. In Piana auf Höhe der Kirche die kleine Straße (D 824) zum **Strand von Arone** nehmen. Dort können Sie zwischen Faulenzen am Strand und einem Spaziergang zum Capo Rosso entscheiden. Versäumen Sie es nicht, auf der Rückfahrt bei den **Calanche de Piana** einen Halt einzulegen. Diese bizarren roten Granitformationen tauchen wie Märchenschlösser aus dem Meer auf, das sich nach Lust und Laune in allen Blauschattierungen präsentiert. Nutzen Sie die Gelegenheit zu einem der Spaziergänge *(s. Les Calanche)*.

2. Tag – Nun wird es Zeit, sich etwas weiter vorzuwagen und in das „griechische" **Cargèse** hinunterzufahren, wo man mit Freude das harmonische Zusammenleben zwischen Katholiken und orthodoxen Christen beobachten kann. In der Umgebung und bis hinunter zum **Golf von Sagone** laden zahlreiche Strände zum Baden ein. Nehmen Sie die Gelegenheit wahr, bevor Sie den Wildbach Liamone überqueren. Sie befinden sich nun in der **Cinarca**, einer abgelegenen Region mit zahlreichen Dörfern hoch oben auf den Hügeln, die sich in den Duft der Macchia hüllen. Die Strecke folgt den

Stéphane Sauvignier / MICHELIN

Einsam erhebt sich San Michele de Murato auf einem Plateau.

kurvenreichen Landstraßen. Fahren Sie ab Calcatoggio auf der D 101 bis Cannelle, dann auf der D 1 Richtung Süden nach Sarrola-Carcopino. Nachdem Sie die N 193 überquert haben, erreichen Sie Cuttoli-Corticchiato, das für seine Messer berühmt ist, bevor Sie am Col de Carazzi wieder auf die Bundesstraße treffen. Kurz nach dem Pass liegt rechter Hand der Park **A Cupulatta**, ein Schutz- und Zuchtzentrum für Schildkröten, dessen Besuch Groß und Klein erfreuen wird. Fahren Sie ein kurzes Stück weiter auf der N 193 bis Suaricchio, von dort auf der schmalen D 4 nördlich über Vero zur D 125. Halten Sie sich weiterhin links, durch Lopigna und Arro hindurch, bevor es auf der D 1 nach Vico geht. Hier können Sie die besondere Abendstimmung in den Bergen genießen und übernachten.

3. Tag – Setzen Sie Ihre Erkundung des korsischen Gebirges im Tal des Haut Sorru fort, wo Sie schöne Bergdörfer erwarten. Die schwindelerregende Straße zum Weiler Muna ist spektakulär, ebenso wie einige der Wandermöglichkeiten: Die schönste Wanderung, die sich für die ganze Familie eignet, führt von Soccia zum **Lac de Creno**, einem reizvollen See, der von Seerosen bedeckt und von Kiefern umrahmt wird. Nach einem Picknick am See *(bitte keine Abfälle zurücklassen)*, kehren Sie zurück nach Vico. Dort können Sie das Kloster St-François besichtigen. Fahren Sie nun auf der D 70 zurück nach **Évisa**. Der Wald von Aïtone in unmittelbarer Nähe ist ideal für Spaziergänge im

Schatten der Lariciokiefern. Falls Sie noch fit genug sind, gehen Sie auf dem Wanderweg Sentier de la Châtaigneraie zu den bekannten Wasserfällen von Aïtone (Cascades d'Aïtone) *(Achtung, Baden verboten)*.

4. Tag – Sportliche können den Tag mit einem schönen und erfrischenden Ausflug zu den **Cascades de Radule** (Wasserfällen von Radule) beginnen. Richten Sie es so ein, dass Sie am frühen Nachmittag wieder in Porto sind, nachdem Sie die **Gorges de Spelunca** (Spelunca-Schluchten) mit ihren bekannten genuesischen Brücken gesehen haben. Gönnen Sie sich als schönen Abschluss eine Bootsfahrt in das Naturschutzgebiet von **Scandola** *(bitte im Voraus buchen)*. Dieser märchenhafte Ort, der zum Weltkulturerbe der UNESCO zählt sowie die reizvolle Bucht von Girolata, wo Sie unterwegs anlegen, werden Ihnen unvergesslich bleiben.

CASTAGNICCIA, TAVIGNANO UND BOZIO

4-tägige Rundfahrt ab Corte

1. Tag – Diese Tour lädt dazu ein, Korsika etwas eingehender kennenzulernen. Sie befinden sich in **Corte**, der historischen Stadt, in der „das Herz Korsikas schlägt". Pascal Paoli, „U Babbu", hatte sie zur Hauptstadt seines kurzlebigen Königreichs erwählt. Das außergewöhnliche ethnographische Museum vermittelt Ihnen die Besonderheiten und Entwicklung der korsischen Kultur fern aller gängigen Klischeevorstellungen. Danach lädt das Felsennest der Zitadelle zur Entdeckung der Umgebung und zu einer der beliebten Wanderungen zu den **Gorges de la Restonica** (Schluchten der Restonica) oder zu den Ufern des **Tavignano** ein.

2. Tag – Heute geht es von der gestrigen Theorie in die Praxis: Jedes der drei Täler, durch die Sie fahren werden, bildet eine Mikroregion mit teils überraschend traditionellen und lebendigen Besonderheiten. Das bekannteste dieser Täler, die **Castagniccia**, erreichen Sie auf der N 193 Richtung Norden bis Ponte-Leccia. Eine Variante auf der D 18 bis Castirla führt Sie auf eine etwa zwanzig Kilometer lange schöne Straße, bevor Sie die N 193 erreichen. In Ponte-Leccia folgen Sie der D 71 Richtung Südosten ins Herz der Kastanienregion Korsikas. Jedes Dorf liegt inmitten eines dichten grünen Mantels und darf eine reich geschmückte Kirche sein Eigen nennen. Versäumen Sie unterwegs nicht einen Besuch bei den romanischen Überresten von Sta-Maria in Valle-di-Rostino *(ab Bocca a Serna auf der D 15^{b})*, bei den Fresken von St-Thomas de Pastoreccia *(in der Verlängerung der D 15^{b})* oder in den Dörfern La Porta und Piedicroce. Übernachten Sie einmal in San Giovanni-di-Moriani, es sei denn, Sie bevorzugen es, sich lieber ins rege Treiben der Küstenorte zu stürzen.

3. Tag – Südlich über die N 200 erreichen Sie die antike Stadt **Aléria** mit ihren bedeutenden römischen Überresten. Vor oder nach der Besichtigung der Ausgrabungsstätte öffnet Ihnen das Museum Jérôme-Carcopino seine Pforten zu seinen außergewöhnlich reichen Funden. Von der einst mächtigen Stadt, die lange Zeit ein Angelpunkt für den Handel im Mittelmeerraum war, wurden zahlreiche Gegenstände ausgegraben. Darunter befindet sich eine herrliche Keramiksammlung. In unmittelbarer Nähe lädt der Étang de Diane (Strandsee) dazu ein, die Muschelzucht der Insel kennenzulernen. Etwas südlich von Aléria führen zunächst die D 343, anschließend die D 344 zu den Défilés de l'Inzecca et de Strette (zwei enge Schluchten), bevor Sie **Ghisoni** erreichen, das unweit des Monte Renoso im Schutz der Felsen Kyrie-Eleïson und Christe-Eleïson liegt. Nun führt die Strecke durch den geheimnisvollen und einst gefährlichen **Forêt de Vizzavona** (Wald von Vizzavona), bevor man über Vivario und Venaco wieder nach Corte gelangt.

4. Tag – Von Corte aus nähern Sie sich an diesem Tag auf einer freundlicheren Strecke dem eher unauffälligen Tal des **Bozio**. Die verborgenen Schätze dieses Tals werden Sie nur entdecken, wenn Sie sich in dem unvorstellbaren Gewirr winziger, kurvenreicher Straßen verlieren, auf denen beim Fahren höchste Vorsicht geboten ist! Bewundern Sie die erstaunlichen Fresken, die sich in den bescheidenen Kapellen scheinbar verschlafener Dörfer verbergen wie in San-Nicolao oder Sta-Maria-Assunta. Dieses Fleckchen Korsika muss man sich erarbeiten!

DIE FELSEN VON BONIFACIO UND DIE FELSNADELN (AIGUILLES) VON BAVELLA

4-tägige Rundfahrt ab Bonifacio

1. Tag – Der Untertitel dieser Rundfahrt könnte „Auf Entdeckungsreise im tiefen Süden" lauten. Sie befinden sich hier nämlich im südlichsten Teil des französischen Mutterlandes, und wenn schon nicht ganz in Rufweite, so doch nur einen Katzensprung von Sardinien entfernt. Die herrliche Aussicht von **Bonifacio** hinüber nach Sardinien veranschaulicht diese geographische Nähe. Der erste Tag ist der Erkundung dieser interessanten Stadt vorbehalten, die sich wie ein Akrobat auf dem weißen Felsen zu halten scheint. Am Vormittag bummeln Sie durch die noch kühlen Gässchen und widmen den Nachmittag einem unverzichtbaren Ausflug aufs Meer. Vom Wasser aus lässt sich die Lage der Altstadt besser bewundern, die in ihre Befestigungsmauern eingezwängt verletzlich und zugleich stark wirkt.

2. Tag – Vergessen Sie die Badesachen nicht, denn wir schlagen Ihnen vor, nach Porto-Vecchio zu fahren und dort die schönsten Strände der Ostküste zu besuchen: **Rondinara**, **Sta Giulia** und – der bekannteste – **Palombaggia**. Mittags entfliehen Sie der Sonne und essen in einem der Restaurants der Altstadt von **Porto-Vecchio**, anschließend unternehmen Sie einen Verdauungsspaziergang durch die belebten Gassen. Brauchen Sie mehr frische Luft? Dann wird es Zeit, etwas in die Höhe zu streben und die torreanischen Stätten in **Araghju** und **Torre** zu besuchen. Suchen Sie am Spätnachmittag Zuflucht in der angenehmen Kühle des Gebirges in der Umgebung von Zonza, wo es ausreichend Unterkünfte gibt.

Stéphane Sauvignier / MICHELIN

Eindrucksvoll überragt die Zitadelle den Hafen von Bonifacio.

3. Tag – Am Vormittag verbringen Sie ein paar Stunden am **Col de Bavella**, der seine geheimnisvollen Felsnadeln gen Himmel streckt. Wanderer finden hier ein umfangreiches Netz markierter Wanderwege, dessen bekanntester zum berühmten **„Trou de la Bombe"**, dem „Bombenloch", *(2 Std. hin und zurück)* führt. Dabei handelt es sich um eine runde Öffnung mit einem Durchmesser von 8 m im Kamm einer Gebirgskette. Nachdem Sie nach Zonza zurückgekehrt sind, brechen Sie Richtung Süden auf, um den Nachmittag den umfangreichen historischen Relikten zu widmen, die bis Sartène die Straße säumen. Die Festung von **Cucuruzzu**, die pisanischen Brücken von **Carbini** und **Spin'a Cavallu**: Jedes Monument erzählt Ihnen auf seine Weise die manchmal sehr geheimnisvolle Geschichte Korsikas, dieser Insel, die „zehn Mal erobert, aber nie unterworfen wurde". Übernachten Sie in Sartène, der „korsischsten aller korsischen Städte".

4. Tag – Sie werden sicher einen halben Tag benötigen, um durch das hübsche Gewirr der mittelalterlichen Gassen von **Sartène** zu spazieren, bevor Sie in aller Ruhe Richtung Süden weiterfahren, nicht ohne unterwegs die Farbenpracht der sonnenbestrahlten Granitfelsen der Küste von Roccapina zu genießen. Mit Vergnügen werden Sie dort riesengroße Fantasietiere aus Stein ausmachen, die von einem imaginären Bildhauerriesen in den Fels gemeißelt wurden. Diese begleiten Sie zurück bis zum Ausgangspunkt dieser Rundfahrt – Bonifacio.

AJACCIO, VALLÉE DE LA GRAVONA (GRAVONA-TAL), LA RESTONICA

3-tägige Rundfahrt ab Ajaccio

1. Tag – Auf dieser Strecke werden Sie aus dem städtischen Korsika in das der Landwirtschaft und Viehhaltung katapultiert. Widmen Sie sich am ersten Tag **Ajaccio**. Selbst wenn das Meer Ihnen schöne Augen macht, widerstehen Sie (momentan noch) und begeben Sie sich auf die Spuren Napoleons. Diesem Landeskind erweisen die Straßen, Denkmäler und Museen Ajaccios noch immer voller Leidenschaft die Ehre. Versäumen Sie es nicht, am Nachmittag der herrlichen Gemäldesammlung im Musée Fesch einen Besuch abzustatten. Anschließend sollten Sie sich eine Badepause an einem der schönen Strände an der Straße der Îles Sanguinaires Richtung Westen gönnen und später an der Pointe de la Parata den Sonnenuntergang bewundern.

2. Tag – Verlassen Sie Ajaccio in Richtung Osten und zwar auf dem Schleichweg, der in die Region **Taravo** hinaufführt und unter dem Schutz des Monte Renoso zwischen dem **Zicavo-** und dem **Ghisoni-Tal** verläuft. Gleich nach den ersten Kurven können Sie Hirten entdecken, die daran erinnerern, dass auf Korsika noch überall das traditionelle Hirtenleben präsent ist. Nach der Fahrt durch einen der schönsten Wälder Korsikas, den **Marmano-Wald**, erreichen Sie die wilden **Gorges de l'Inzecca** (Inzecca-Schlucht), wo es noch kein Mensch wagte – auch keiner der unerschrockenen Hirten – sich dauerhaft niederzulassen. Es bleibt noch etwas Zeit für den hübschen Sommerluftkurort **Venaco** mit unzähligen Ziegenherden und einer langen Käsetradition. Übernachten Sie in einem Hotel in Corte oder in einem Dorfgasthof in der Umgebung.

3. Tag – Nehmen Sie Kurs auf das ursprünglich gebliebene **Restonica-Tal**, dessen Schlucht zu jeder Jahreszeit mit einer erstaunlichen Farbpalette aufwartet. Die steinigen Wege in der Ferne führen zu geheimnisvollen Bergseen mit tiefdunklem Wasser. Eine der schönsten Wanderungen führt zum Melo-See und zum Capitello-See. Auf Ihrem Weg könnte es passieren, dass Sie einem Hirten begegnen, der Ihnen in seiner windschiefen Schäferei etwas *brocciu* (Käse) anbietet. Fahren Sie nach Ajaccio über Corte, Vivario und durch das Gravona-Tal zurück.

Wochenendausflüge

Nachfolgend einige Vorschläge für ein verlängertes Wochenende ab einem der vier Flughäfen Korsikas: Bastia, Calvi, Ajaccio, Bonifacio (Figari).

RUND UM AJACCIO

Verbringen Sie einige Tage in der Kaiserstadt Ajaccio im Angesicht der prachtvollen Naturkulisse ihrer Bucht. Nehmen Sie sich einen Vormittag Zeit, um die Atmosphäre der Stadt auf sich wirken zu lassen. Bummeln Sie hinter dem Rathaus vorbei durch die engen Straßen bis zur Zitadelle und zum Hafen. Zu den Höhepunkten dieser Entdeckungstour gehört ein Besuch auf dem täglich abgehaltenen Markt. Hier werden verführerisch duftende, regionale Erzeugnisse angeboten. Sicher ist Ihnen aufgefallen, wie groß das Interesse, um nicht zu sagen der Kult ist, den die „Kaiserstadt" um Napoleon Bonaparte macht. Um mehr über diese geschichtliche Epoche zu erfahren, können Sie an einer der Führungen teilnehmen, die das Tourismusbüro anbietet *(1 ½ Std.)* oder wählen Sie selbst, welche napoleonischen Stätten Sie besuchen möchten, wobei unbedingt Napoleons Geburtshaus, die **Maison Bonaparte** dazugehören sollte.
Kunstliebhaber werden gerne ein oder zwei Stunden im **Musée Fesch** zubringen, dessen außergewöhnliche Sammlungen italienischer Malerei des 12. und 13. Jh. nach dem Louvre zu den wichtigsten in Frankreich zählen.
Wer Ajaccio besucht, möchte sicher auch den Golf mit seinen Schätzen kennenlernen. Hierzu gehört die schöne **Route des Sanguinaires** mit ihren paradiesischen Stränden; am bekanntesten ist die von Tino Rossi besungene Marinella. Von der **Pointe de**

Blick auf den alten Hafen von Bastia, dem heutigen Wirtschaftszentrum der Insel.

Parata hat man einen wundervollen Blick. Busse und der „Kleine Zug" (Le petit train) verkehren auf dieser Straße *(s. Ajaccio, Tipps und Adressen)*. Vielleicht bevorzugen Sie aber die Fahrt mit einem Schiff. Rechnen Sie mit zwei Stunden für einen Ausflug zu den Îles Sanguinaires, nach Möglichkeit wählen Sie die eintägige Fahrt zum Naturschutzgebiet von **Scandola** – ein unvergessliches Erlebnis.
Der Golf von Ajaccio ist zudem ein ideales Gebiet für den Wassersport, dem man direkt von Ajaccio oder von **Porticcio** aus nachgehen kann: Tauchen, Segeln, Baden ... für jedes Niveau ist etwas dabei.

RUND UM BASTIA

Ob Sie per Schiff oder Flugzeug anreisen, Sie werden in Bastia auf jeden Fall zuerst auf der riesigen und strategisch wichtigen **Place St-Nicolas** ankommen. Von hier zweigen die wichtigen Geschäftsstraßen und kleinen Gassen ab, die zum Markt und zum alten Hafen führen. Für die Stadtbesichtigung lohnt es sich, einen Vormittag mit einem Besuch auf dem Markt einzuplanen, bevor Sie sich zur Eroberung der **Zitadelle** aufmachen, die sich heute sehr einladend präsentiert. Durch den Romieux-Park gelangen Sie wieder hinunter zum alten Hafen, dessen mediterraner Charme die Besucher scharenweise anzieht. Vor den südlichen Toren der Stadt warten etwa 10 km Strand des Küstenstreifens, der das Meer vom **Étang de Biguglia** trennt. Der Strandsee selbst ist ein Naturreservat, dessen Besichtigung im Voraus gebucht werden muss. Bei schönem Wetter bietet es sich an, den Spaziergang auf den frühchristlichen Ort Mariana mit der Kathedrale **La Canonica** auszudehnen. Es wäre sehr schade, Bastia wieder zu verlassen, ohne das **Cap Corse** aufgesucht zu haben. Besser wäre es, dafür zwei Tage vorzusehen, aber wenn Ihre Zeit knapp bemessen ist, können Sie es auch in einem Tag schaffen. Die wichtigsten Stationen sind Macinaggio, der Ausgangspunkt des schönen Zöllnerpfads; Barcaggio, das abgelegen an der Spitze des Kaps liegt oder Centuri, bekannt für seinen reizenden kleinen Hafen und seine Langusten. Während der Saison kann man mit dem Bus um das Kap fahren. Wenn Sie selbst am Steuer sitzen, ist vor allem an der Westküste Vorsicht geboten. Bastia ist auch nicht weit vom bekannten Weinbaugebiet **Patrimonio** entfernt, und auch nicht von **St-Florent**, das seine Beliebtheit seiner Marina und der Nähe zu den Stränden der Agriates verdankt. Sollte Ihnen noch etwas Zeit bleiben, fahren Sie auf den kleinen Straßen des Nebbio zu der bekannten Kirche **San Michele de Murato**, die in herrlicher Lage und wundervoller Schlichtheit auftaucht.

RUND UM CALVI

Nähert man sich Calvi auf dem Seeweg, macht die „Stadt des Windes" (diesen Beinamen trägt sie seit der Gründung des Windfestivals *Festiventu*) mit ihrer **Zitadelle** einen stolzen Eindruck. Noch immer wacht die Fremdenlegion über diese Festung, die Sie in weniger als einer Stunde besichtigen können – solange Sie nicht auf einer Café-Terrasse eine Pause einlegen möchten. Im Schutz der mächtigen Mauern lädt die belebte **Marina** zu einem kulinarischen Zwischenstopp oder allen Wassersportarten ein, wie Tauchen, Segeln oder Schiffsfahrten nach **Galéria** und in das wunderbare Naturschutzgebiet von **Scandola**. Am östlichen Ortsausgang erstrecken sich lange Strände, die von einem schönen Kiefernwald gesäumt werden, während im Westen die Aussichtsplattform **Belvédère de Notre-Dame-de-la-Serra** einen

außergewöhnlichen Rundblick über den gesamten Golf bietet.
Calvi ist der Hauptort der **Balagne**, einer einst reichen Region, die noch heute durch ihr umfangreiches Kulturerbe und das Talent seiner Kunsthandwerker hervorsticht. Um die Perlen dieser Region wie **Speloncato**, **Sant'Antonino**, **Aregno** oder **Pigna** zu entdecken, braucht man etwa einen Tag. Sie können die in diesem Führer vorgeschlagene Rundfahrt unternehmen. Falls Sie kein Auto mieten möchten, können Sie dank des kleinen Schienenbusses zumindest bis **L'Île-Rousse** an der Küste entlang fahren. Wanderer haben die Möglichkeit, einen Rundweg ab **Calenzana** zu gehen, Ausgangspunkt des Fernwanderwegs GR 20. Oder aber Sie wandern in den Wald von Bonifato, der für seinen eindrucksvollen Talkessel und die berühmte Hängebrücke Passerelle suspendue de la Spasimata bekannt ist.

RUND UM BONIFACIO

Bonifacio, das sich fest an die Kalkfelsen klammert, die von der Erosion modelliert wurden, ist die südlichste Stadt Korsikas. Ihr Schmuckstück ist die Oberstadt, die von Mauern umschlossen und von der **Zitadelle** geschützt wird. Die Atmosphäre ist heute alles andere als militärisch. Die engen Gassen laden zu einem gemütlichen Bummel ein. So reich das Kulturerbe der Stadt denn auch ist, es würde nicht einen ganzen Tag ausfüllen. Es genügt, einmal über die Festungsmauer zu schauen oder bei dem prachtvollen Seefahrerfriedhof spazieren zu gehen, um von dem intensivblauen Meer fasziniert zu sein, das zusammen mit den **Kalkfelsen** eine prachtvolle Kulisse bildet. Sie können eine Schifffahrt unternehmen, beispielsweise die Rundfahrt „Grotten und Steilfelsen" *(ca. 1 Std.)*.
Wie sollte man nicht von den zahlreichen **Stränden** an der Straße nach Porto-Vecchio zum Bleiben verführt werden, von denen einer schöner als der andere ist: Zu ihnen zählen Piantarella, der Golf von Santa-Manza, aber auch etwas weiter im Norden die zauberhaften Strände der Bucht von Rondinara, von Santa-Giulia und Palombaggia. Wer sich ein besonderes Vergnügen gönnen möchte und türkisfarbenes warmes Wasser liebt, in dem er zusammen mit den Fischen baden kann, unternimmt einen kleinen Ausflug von wenigstens einem halben Tag auf die **Îles Lavezzi**. Wer hingegen vom Ausspannen genug hat, kann bei verschiedenen sportlichen Aktivitäten die Natur genießen, beispielsweise beim Tauchen, Segeln oder auf dem Golfplatz von Spérone.

Stéphane Sauvignier / MICHELIN

Calvi mit seiner hübschen Marina lebt in erster Linie vom Sommertourismus.

Ein Sprung über die Grenze

Die Nähe zu Italien bietet eine gute Gelegenheit für einen „Sprung über die Grenze". Für einen 1-tägigen oder längeren können Sie von Bastia auf die Insel Elba und von Bonifacio nach Sardinien übersetzen.

VOR DER REISE

Besorgen Sie sich die Michelin-Regionalkarte Italien **Nr. 563** (Toskana/ Mitte) und **Nr. 566** (Sardinien).

Formalitäten

Ausweis – Staatsangehörige aus Ländern der Europäischen Union benötigen für einen touristischen Aufenthalt einen Personalausweis oder Reisepass.
Fahrzeuge – Der Fahrer benötigt einen internationalen oder nationalen gültigen Führerschein. Nicht mehr Pflicht, aber empfehlenswert ist die grüne Versicherungskarte. Beim Motorradfahren besteht Helmpflicht.

VOR ORT

Kreditkarten

In fast allen Geschäften, Hotels und Restaurants werden die wichtigsten internationalen Kreditkarten akzeptiert (darunter die blaue Visa-Card). Zwei Geldautomaten in Sta-Teresa akzeptieren ausländische Bankkarten *(s. Bonifacio, Ausflug nach Sardinien)*.

Öffnungszeiten

Banken – Normalerweise werktags 8.30-13.30 und 14.30-16 Uhr. Falls Sie sich ins Inselinnere begeben, sollten Sie Bargeld mit sich führen.

Geschäfte – Normalerweise 9.30 oder 10-13.30 und 16.30-20 oder 20.30 Uhr, während der Saison auch länger.

Apotheken – Normalerweise 8.30-12.30 und 16-20 Uhr. Es gibt Nacht-, Sonn- und Feiertagsdienste. In den Schaufenstern der Apotheken ist die Liste der diensthabenden Apotheken ausgehängt.

Die Überfahrt

Zwischen Bastia und Livorno bzw. Savona sowie Bonifacio und Santa-Teresa di Gallura (Sardinien) gibt es ganzjährig regelmäßige Verbindungen. Während der Saison bestehen auch Verbindungen zwischen Bastia und Piombino und Porto-Vecchio und Palau (Sardinien) bzw. Livorno. Die Schifffahrtsverbindung mit Italien wird von folgenden Gesellschaften bedient:

Corsica ferries – *s. S. 374*
CMN – *s. S. 375*
Moby-Lines – *s. S. 375*

NACH SARDINIEN

Ein eintägiger Ausflug ist zu jeder Jahreszeit von Bonifacio aus möglich. Man beschränkt sich auf den nördlichen Küstenabschnitt oder auf die Isola Santa Maddalena. Einzelheiten über die Reisemodalitäten finden Sie im Kapitel über Bonifacio. Ist während der Saison ein längerer Aufenthalt geplant, sollte man eine Unterkunft buchen: Sardinien ist ein beliebtes Urlaubsziel bei den Festlanditalienern!

AUF DIE INSEL ELBA

Auch Urlauber, die nicht zu den bedingungslosen Bewunderern des „Kleinen Gefreiten" zählen, aber etwas Zeit haben, schätzen die Insel Elba, die wie ihre Schwestern des Toskanischen Archipels von der Panoramastraße Bastias gut zu sehen ist. Von Bastia aus erfolgt die Anreise während der Saison über den Hafen von Piombino, der mit einer Hochgeschwindigkeitsfähre (NGV) schnell zu erreichen ist. Von dort geht es mit einem Pendelschiff von Moby-Lines und Torremar zum Hafen Portoferraio, dem Haupthafen und der Hauptstadt der Insel Elba (etwa zehn Verbindungen pro Tag). Geschichtsinteressierte sollten es nicht versäumen, in Portoferraio das Napoleon-Museum, die ehemalige Residenz des Kaisers, zu besichtigen und in San Martino di Campo der Napoleon-Villa einen Besuch abzustatten. Wer sich einen Überblick über den gesamten Archipel verschaffen möchte, fährt am besten mit der Seilbahn auf den Monte Capanne.

Laura Pessina / MICHELIN

Die Costa Smeralda auf Sardinien lockt mit kristallklarem, tiefblauem Wasser.

WEITERE INSELN

Näher an Korsika, aber schlechter zu erreichen (es sei denn, Sie verfügen über ein eigenes Boot) ist die **Insel Capraia**. Die unberührte Natur eignet sich gut für Wanderungen, zum Tauchen und Surfen.
Für die Abenteuerlustigeren oder Romantiker bietet sich auch die **Insel Montecristo** an. Anstelle des Schatzes, den der Held von Alexandre Dumas hier fand, bietet die Insel eine bemerkenswerte, geschützte natürliche Ruhezone *(Zugang verboten, Naturschutzgebiet)*.

Sport und Freizeit

ANGELN

Fischen in Binnengewässern

Die meisten Gebirgsflüsse werden von **Aalen** und **Bachforellen** bevölkert. In folgenden Wasserläufen bestehen Aussichten auf einen guten Fang beim Spinnfischen oder Angeln: Asco, Golo, Fango, Restonica, Vecchio, Tavignano, Fium'Orbo, Prunelli, Gravone, Rizzanèse, Travo und Taravo.
In den Gebirgsseen (Nino, Melo, Bastiani) werden regelmäßig kleine Forellen und **Bachsaiblinge** ausgesetzt. Die Stauseen werden von **Zandern** bevölkert. Die meisten Teiche an der Ostküste sind in Privatbesitz.
Fédération interdépartementale de pêche en Corse – Immeuble Les Narcisses – Avenue Noël-Franchini – 20090 Ajaccio – ✆ 04 95 23 13 32 – www.federationpeche.fr/20

Fischen im Meer

Gefischt wird am Ufer oder von einem Boot aus, entweder mit einer Langleine *(palangrotte)*, durch Spinnfischen (Zahnbrassen und Barsche) oder mit Lebendködern (für den Wolfsbarsch).
Als Freund des Oberflächenfischens haben Sie die Qual der Wahl angesichts der reichen Meeresfauna im Küstenbereich: Es gibt Felsenfische (Drachenkopf, Barsch ...) und Sandfische (Meerbarbe, Dorade), die eine schmackhafte Bouillabaisse ergeben.
Sie können Ihrer Angelleidenschaft an den Küsten des Cap Corse, der Balagne, im südlichen Golf von Valinco und im Norden von Porto-Vecchio nachgehen.
Achtung, der Fang von **Seeigeln** ist nur von Dezember bis Ende März erlaubt und auf drei Dutzend Seeigel pro Person beschränkt. Im Umkreis von Naturschutzgebieten ist das Angeln streng reglementiert. Bitte informieren Sie sich vor Ort über die jeweiligen Vorschriften.

Amaury de Valroger / MICHELIN

Badegäste an einem Strand der Île Lavezzi.

BADEN

Im Meer

Die Bademöglichkeiten entlang der korsischen Küste sind äußerst vielfältig: Der Wechsel von Sand- und Kiesstränden sowie die Unterschiede der Landschaften, der Farben des Wassers und der Meeresböden sorgen für ein ständig variierendes Erscheinungsbild.
An der **Westküste** sind die weiten Buchten von St-Florent, Porto, Sagone, Ajaccio und Valinco besonders gut für das Badevergnügen mit der gesamten Familie geeignet. Hier können Sie Wassersportarten erlernen oder die herrliche und trotz ihrer touristischen Beliebtheit gut geschützte Natur entdecken (les Calanche de Piana, das Naturschutzgebiet Scandola, der Regionale Naturpark).
Die sehr viel geradlinigere **Ostküste** wartet mit etwa 100 km Sandstränden auf, die bei den Sommergästen ebenfalls sehr beliebt sind. Entlang der Costa Verde, der Costa Serena und der Côte des Nacres (Perlmuttküste) folgen unendliche weiße Sandstrände aufeinander. Etwas weiter südlich vereint der Golf von Porto-Vecchio die schönsten Strände Korsikas, darunter der berühmte **Palombaggia**, der im Sommer jedoch unter Überfüllung leidet. Ruhesuchende fühlen sich durch die zahlreichen Jet-Ski-Klubs gestört, während der fortwährende Bauboom den Zugang zum Meer, der immer öfter kostenpflichtig ist, schwieriger macht.
Die Strände des Küstenbereichs an der **Südspitze** erstrecken sich beidseits von Bonifacio in kleinen, mehr oder weniger geschützten Buchten. Allgemein aber sind die schönsten Strände

Tipp

Einige Anbieter sind auf **mehrere Aktivitäten** spezialisiert, das ist äußerst praktisch, denn so bieten sie diplomierte Lehrer für mehrere Disziplinen an, die einzeln oder gemeinsam für einen Aktivurlaub gebucht werden können.

Je nach Anbieter stehen folgende Aktivitäten zur Wahl: Wanderungen oder Reitausflüge, Canyoning, Rafting, Segeln, Paragliding, Mountainbike, Klettern oder sogar Skifahren. Einige Adressen:

www.corse-aventure.com

www.corse-active.com

www.interracorsa.fr

www.altore.com

www.couleur-corse.com

nur durch einen kleinen Fußmarsch zu erreichen.
Auch **FKK-Freunde** finden passende Strände, insbesondere in L'Île-Rousse oder an der Costa Serena.

Vorsichtsmaßnahmen – Halten Sie immer und überall ein Minimum an Vorsichtsmaßnahmen ein. Meiden Sie zu lange Sonnenbäder, schwimmen Sie nicht direkt nach dem Essen und verlassen Sie die überwachten Bereiche nicht. Die verschiedenen Flaggen, die jeden Tag auf bewachten Stränden gehisst werden, zeigen an, ob das Baden gefährlich ist oder nicht. Gibt es keine Flagge am Strand, wird er nicht überwacht.

Grüne Fahne = Baden ungefährlich und bewacht;

Gelbe Fahne = Baden gefährlich, aber bewacht;

Rote Fahne = Baden verboten.

Vorsicht vor Quallen – Welcher Badende im Meer empfindet kein Unbehagen, wenn er feststellt, dass es dort Quallen gibt?
Die Ursachen für Quallenjahre (in denen insbesondere *Pelagica noctulica* auftreten) bleiben zum Teil rätselhaft. Wissenschaftler konnten allerdings nachweisen, dass die etwa alle zwölf Jahre auftretenden Invasionen der *Pelagica* stets auf einen warmen und trockenen Frühling folgten.
Die Quallen an den Mittelmeerküsten sind nicht aggressiv, bei Hautkontakt entsteht jedoch durch die instinktive Freisetzung von Gift aus den Tentakeln ein Nesselausschlag. Das Gift stellt für den Menschen keine große Gefahr dar, erfordert jedoch einige Vorsichtsmaßnahmen. Bewegen Sie sich wenig, um eine weitere Verteilung des Gifts im Körper zu verhindern. Die Wunde mit einem Handtuch und Meerwasser (Süßwasser stimuliert die Entleerung der Nesselzellen) oder Urin säubern, der auf Grund der in ihm enthaltenen Antikörper günstig wirkt.
Weitere Möglichkeiten: Tupfen Sie die Haut vorsichtig ab ohne zu reiben, um noch intakte Nesselzellen zu entfernen. Nähern Sie vorsichtig eine Flamme oder Zigarettenglut der Wunde und tragen Sie anschließend eine Antihistaminsalbe auf, die Sie immer bei sich haben sollten.

In Flüssen – Die Gebirgsflüsse haben auf Korsika über Jahrhunderte herrliche Flussbetten in die Felsen gegraben. Während sie an einigen Stellen in malerischen Wasserfällen herabstürzen, ruhen sie andernorts in ruhigeren Wasserbecken und laden zu einem erfrischenden Bad ein. Die **Restonica** oder der Fluss **Solenzara** zählen zu den bekanntesten und beliebtesten Gebirgsflüssen.

Vorsichtsmaßnahmen – Man muss wissen, dass diese an heißen Sommertagen so angenehm erfrischenden Gewässer dennoch teils Wildwasserflüsse sind, die nach einem Gewitter äußerst gefährlich werden können, teils aber auch durch ein Wasserkraftwerk reguliert werden. Informieren Sie sich daher über eine eventuelle lokale Reglementierung und wagen Sie sich nicht in schwer zugängliche Gebiete, in denen Sie vom Wasser eingeschlossen werden könnten.

BOOTSAUSFLÜGE

Ausflüge mit dem Boot sind eine bequeme und entspannende Möglichkeit, den geschützten Küstenbereich Korsikas in Augenschein zu nehmen. Oft stellt dies den Höhepunkt der Reise dar. Die wichtigsten Strecken sind in der Tabelle auf S. 401 aufgeführt.

FÜHRUNGEN

Villes et Pays d'Art et d'Histoire

Unter dieser vom französischen Ministerium für Kultur und Kommunikation verliehenen Bezeichnung sind 124 Städte und Gegenden zusammengefasst, die sich aktiv dafür einsetzen, ihre Architektur und ihr Kulturerbe zu erschließen und beleben. In diesem Rahmen werden allgemeine oder ausgefallene Besichtigungen angeboten *(1 ½ Std. oder länger)*, geführt von staatlich geprüften Fremdenführern. Auch an die Kinder wird dabei gedacht: Jedes Jahr wird mit großem Erfolg die Aktion „L'Été des 6-12 ans" (Sommeraktion für 6-12-Jährige) angeboten. Detaillierte Informationen geben die Tourismusbüros der einzelnen Städte oder das Internet unter **www.vpah.culture.fr**

Auf Korsika hat **Bastia** die Bezeichnung „Kunst- und Geschichtsstadt" erhalten.

GOLF

Auf Korsika gibt es nicht viele große Golfplätze; seit 1990 kann die Insel jedoch einen herrlichen 18-Loch-Platz oberhalb des Meeres auf einem ursprünglichen und zerklüfteten Küstenabschnitt vorweisen. Trent Jones senior hat den **Golfplatz von Sperone** in herrlichen Etappen zwischen der Macchia (9-Loch Inlandplatz) und dem Meer (9-Loch Linkplatz) angelegt. Loch Nr. 16 zählt weltweit zu den fünf schönsten *(s. Bonifacio, Tipps und Adressen)*. Weitere, bescheidenere Klubs sind: der Golfklub von Bastia in Borgo, der Golfklub von Ajaccio (Giga) in Porticcio, der Klub Reginu in Speluncato, der Klub Lezza in Porto-Vecchio sowie der Klub in Solenzara.

Weitere Informationen finden Sie auf der Internetseite der korsischen Golfliga: **www.liguecorsedegolf.org**

JACHTSPORT

Welch ein Privileg, Korsika per Schiff erkunden zu können! Jachtschiffer schwärmen von einem Basishafen aus oder fahren von Hafen zu Hafen. Die wichtigsten Ankerplätze und Besonderheiten der korsischen Schifffahrt sind auf der nachfolgenden Karte verzeichnet *(s. S. 400)*. Die 16 Häfen der Insel werden jährlich fast 60 000 Mal angelaufen – und die Jachtflotte wächst unaufhörlich weiter ...

Guter Rat – Da sich die Wetterlage sehr rasch ändern kann, ist es wichtig, sich vor einer Ausfahrt über den **Wetterbericht** *(Bulletin météo)* zu informieren, der von den wichtigsten Rundfunksendern ausgestrahlt wird und in den meisten Häfen und Segelklubs aushängt. Besondere Vorsicht ist geboten, wenn plötzliche **Mistral-Böen** angekündigt sind.

Den Bootsführerschein kann man ab 16 Jahren erwerben und er ist obligatorisch, um ein Motorboot ab 16 PS steuern zu dürfen. Bis zu einer Entfernung von 300 m von der Küste gilt eine Geschwindigkeitsbegrenzung auf 5 Knoten.

Bootsverleih – Auf der Internetseite des Tourismusbüros Korsikas (www.visit-corsica.com) sind für die ganze Insel 66 Adressen von Vermietern verschiedenster Boote verzeichnet.

Die Küsten

Die Westküste – Von St-Florent bis Propriano bietet die Küste weite, zerklüftete Buchten mit Sand- oder Kiesstränden, die jedoch vor den vorherrschenden Winden nur schlecht geschützt sind. Sicheren Schutz bieten lediglich einige Häfen oder Ankerplätze wie Centuri, St-Florent, L'Île-Rousse, Sant'Ambroggio, Calvi, Girolata, Ajaccio, Campomoro und Propriano. Der Norden der Halbinsel Isolella eignet sich ebenfalls als geschützter Ankerplatz.

Die Südküste – Zwischen Propriano und Solenzara gibt es nur wenige Häfen (Propriano, Bonifacio, Porto-Vecchio, Solenzara), doch weist diese unberührte Küste eine Vielzahl kleiner Buchten auf, die für Jachten allerdings nur bei schönem Wetter zugänglich sind. Die Ankerzeit an klassifizierten Orten wie den Lavezzi-Inseln ist auf 24 Stunden begrenzt.

Meiden Sie die Straße von Bonifacio, wenn der *maestrale* oder der *libeccio* angekündigt sind.

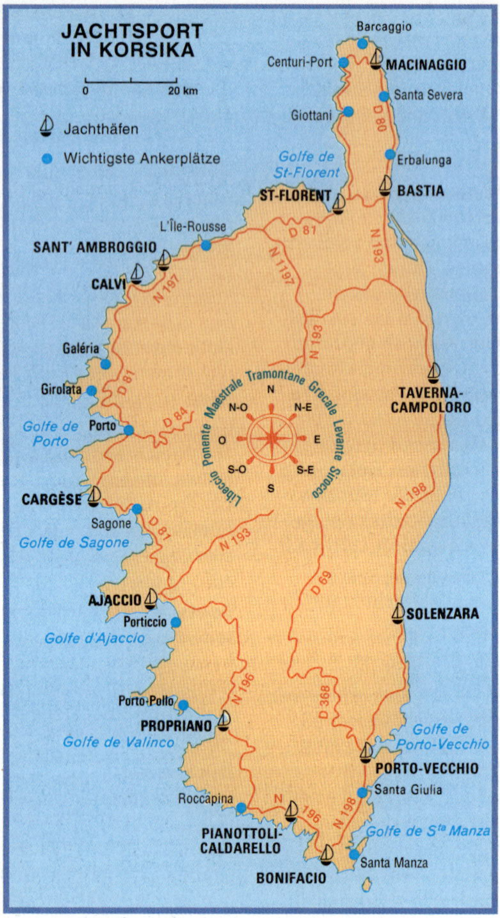

Die Ostküste – Zwischen Solenzara und Bastia sind nur die Ostwinde gefährlich (sie sind im Sommer aber selten). Es gibt drei sichere Häfen: Bastia, Campoloro und Solenzara.

Cap Corse – Hier gibt es einige Ankerplätze, die wegen des *libeccio* schwer zugänglich sind. Macinaggio ist der beliebteste Jachthafen des Kaps. Schiffe finden in zahlreichen Buchten mit runden Kieseln Schutz.

Die Winde

Vorherrschende Winde – Korsika ist ein ausgezeichnetes Segelrevier. Man sollte aber stets bedenken, dass sich der Wind von einem Kap zum anderen aufgrund der steil aufragenden Berge abrupt ändern kann.

Der **Libeccio** bläst von Gibraltar her auf der gesamten Insel, insbesondere auf dem Cap Corse und in Bonifacio. Im Sommer ist er trocken und warm, im Winter wird er kühl und versorgt die Westhänge mit reichlichen Regengüssen.

Der **Ponente** ist ein Westwind.

Der **Maestrale**, ein Abkömmling des Mistral aus der Provence, tritt vor allem im Westen der Insel auf (36 Tage in Ajaccio, 11 Tage am Kap, 17 Tage in Bonifacio). Im Sommer ist er trocken und heftig und bläst in kurzen Böen. Zwischen Galéria und dem Kap sorgt er dann für heftige Wellen. Im Winter bringt er Regen.

Der **Tramontane**, ein kalter, kräftiger Wind aus der Poebene, wütet vor allem

im Winter, ist aber eher selten (57 Tage in Ajaccio, 10 Tage am Kap).
Der **Grecale** bläst an der Seite zum Tyrrhenischen Meer; er bringt dem Norden der Insel Regen, während er im Süden trocken bleibt.
Der **Levant** ist ein Ostwind.
Der **Scirocco** ist ein feucht-warmer, sandführender Wind aus Nordafrika, der nur die Ostküste betrifft (105 Tage in Bastia, 54 Tage am Kap).

Lokale Winde – Im Küstenbereich werden die vorherrschenden Windströmungen von den lokalen Winden verstärkt oder abgeschwächt. Folgendes Zirkulationsschema von Land- und Seewinden ist hierfür die Ursache: Vormittags erwärmt sich der Boden der Insel schneller als das Meerwasser. Gegen neun Uhr erhebt sich daher eine Meeresbrise, die lokal als **Mezzogiorno** bezeichnet wird (maximale Stärke gegen 13 Uhr). Nachmittags legt sich diese Brise und ist gegen 19 Uhr verschwunden. Abgelöst wird sie von einem ablandigen Wind, dem **Terrane**, der von Sonnenuntergang bis zum Morgen weht.

KANU, KAJAK UND CANYONING

Kanu-Kajak

Das aus Kanada stammende **Kanu** wird mit nur einem Paddel gefahren. Es eignet sich bestens für einen Familienausflug auf einem Fluss, entweder von einem festen Ort aus zu verschiedenen Zielen oder von Ort zu Ort, um ein Tal ausgiebig zu erkunden.
Der von den Eskimos stammende **Kajak** wird in Fahrtrichtung sitzend mit einem Doppelpaddel gefahren. Auf Seen und in den Niederungen der Flussläufe bieten sich hierfür zahlreiche Möglichkeiten.

AUSGANGSHAFEN	AUSFLUGSZIEL
Ajaccio/Porticcio	Îles Sanguinaires, Naturschutzgebiet Scandola, Girolata, Calanche de Piana, Capo Rosso, Steilküste von Bonifacio, Îles Lavezzi.
Bonifacio	Grotten, Steilküste und Calanche von Bonifacio. Îles Lavezzi und Cerbicale.
Calvi	Ajaccio, Naturschutzgebiet Scandola, Girolata, Strände der Agriates, Seehundgrotte (Grotte des Veaux marins).
Cargèse/Sagone	Calanche de Piana und Naturschutzgebiet Scandola, Girolata, Capo Rosso, Steilküste von Bonifacio.
Macinaggio	Norden des Cap Corse, Strände, genuesische Türme, Naturreservat der Îles de Finocchiarola, Île de la Giraglia, Hafen von Barcaggio.
Porto	Calanche de Piana, Naturschutzgebiet Scandola, Girolata, Capo Rosso.
Porto-Vecchio/ Sta Giulia	Bonifacio, Îles Lavezzi und Cerbicale, Strände von Sta Giulia und Palombaggia, Rondinara, Sperone.
Propriano	Rundfahrt im Golf von Valinco, Küstenschutzgebiete. Bonifacio, Naturschutzgebiet Scandola, Golf von Porto, Îles Sanguinaires, Girolata, Calanche de Piana.
St-Florent	Pendelverkehr zu den Agriates (Strand von Loto).
	AUSFLUG NACH ITALIEN
Insel Elba	Ab Bastia,mindestens zwei Tage mit dem Auto: Überfahrt Bastia-Piombino, dann Piombino-Portoferraio.
Sardinien	*s. S. 157/158*

Fédération française de canoë-kayak – 87 quai de la Marne – BP 58, 94344 Joinville-le-Pont – ✆ 01 45 11 08 50 – www.ffcanoe.asso.fr – Der französische Kanu-Kajak-Verband gibt in Zusammenarbeit mit dem IGN eine Karte heraus, in der alle befahrbaren Wasserläufe Frankreichs verzeichnet sind: *France canoë-kayak et sports d'eaux vives*.

Beste Jahreszeit – Zahlreiche Wasserläufe Korsikas können zu jeder Jahreszeit befahren werden, die beste Zeit ist jedoch zwischen Ende März und Ende Mai.

Die schönsten Strecken haben der Taravo und der Rizzanese zu bieten, die beide schon fast einem Wildwasser ähneln. Auch die Flüsse Asco, Liamone, Golo, Vecchio und Tavignano bieten bekanntermaßen schöne Strecken.

Das normalerweise hohe sportliche Niveau der Strecken verlangt eine gute Kondition, entsprechendes Material und eine hochwertige Ausrüstung. Seien Sie auf der Hut vor sehr plötzlich auftretendem, gefährlichem Hochwasser.

Canyoning

Die Technik des Canyoning entlehnt Elemente aus der Höhlenforschung, dem Tauchen und Klettern. Durch Abseilen und Springen von steilen Felswänden erreicht man das Bett von Wildflüssen, deren Lauf man durch enge Schluchten *(clues)* und Wasserfälle folgt. Der Reiz des Canyoning ergibt sich aus der Verschiedenartigkeit der zu durchquerenden Reliefs – tiefe Schluchten, in die kein Licht dringt, in allen Regenbogenfarben schillernde Wasserfälle, Schieferplatten, die von der Sonne erwärmt zu einer Pause einladen, Wasserbecken, die mit einer dichten Vegetation ausgekleidet sind – das alles in Kombination mit den Farbsinfonien der einzigartigen Felsen Korsikas.

Zwei Fortbewegungsarten werden besonders häufig genutzt: das **Rutschen** (auf dem Rücken liegend mit gekreuzten Armen) und das heiklere **Springen** (durchschnittlich aus einer Höhe von 8-10 m). Hierbei entscheidet der Schwung beim Absprung über die Art der Landung im Wasserbecken. Es ist zwingend geboten, dass sich ein Teilnehmer der Gruppe „opfert" und hinabsteigt, um die Tiefe des Wassers zu prüfen, bevor irgendjemand springt. Die Missachtung dieser Grundregel ist eine der häufigsten Unfallursachen.

Die **Einführung** in diesen immer beliebter werdenden Sport beginnt mit Strecken von höchstens 2 km in Begleitung eines erfahrenen Führers. Auch anschließend ist es unerlässlich, in Begleitung eines Führers weiterzumachen. Dieser versteht sich darauf, in dem gewählten Flusslauf zu „lesen" und kennt sich mit den örtlichen Wetterbesonderheiten aus. Der Respekt gegenüber der Umwelt, in der sich die Teilnehmer bewegen, ist die Grundvoraussetzung dafür, dass dieser Sport auch von den Anwohnern der frequentierten Wildbäche akzeptiert wird.
Auf Korsika führen die Gebirgsbäche auch im Sommer stets ausreichend Wasser, um vielfältige Gelegenheiten zum Abseilen und für Sprünge in die klaren *pozze* (Tümpel) zu bieten, die die Wasserläufe unterbrechen. Besonders geeignet sind in der Mitte Korsikas und im Norden die Clue de la Richiusa (Richiusa-Klamm), das Défilé de la Spelunca (Engpass der Spelunca), der Ravin du Dardo (Dardo-Schlucht), der Oberlauf der Gravona, Cap Corse und im äußersten Süden der Insel, der Canyon de Baracci und die Gorges de la Solenzara (Solenzara-Schlucht).

Hervé Le Gac / MICHELIN

Klettertour am Capo Tafonato.

KLETTERN

Korsikas Relief eignet sich bestens zum Bergsteigen und Klettern. Für das Bergsteigen bieten sich vor allem die Gipfel oberhalb des Asco-Tals (Massiv des Monte Cinto und Paglia Orba), die Umgebung des Col de Vergio und die Berge im Restonica-Tal an. Für den Klettersport gibt es etwa zehn entsprechend ausgerüstete Kletterfelsen.
Klettern kann man an den Kalkfelsen bei Ponte-Leccia (Pietralba), im Tal des Vecchio (Caporalino) oder südlich von Solenzara (Conca, Monte Santu).
Gut ausgerüstete Kletterer, die Granitfelsen bevorzugen, finden ihr Glück an den Felsen von A Richiusa in der Nähe von Bocognano sowie am Monte Gozzi oberhalb von Ajaccio mit bis zu 230 m hohen, schwierigen Kletterrouten. Weitere für Kletterer geeignete Granitwände befinden sich am Ausgang des Restonica-Tals. Freunde des „Abenteuerkletterns" treffen in der grandiosen Kulisse der Aiguilles de Bavella auf jeden gewünschten Schwierigkeitsgrad.
Die **Via ferrata (Klettersteig) de la Manicella** im Vallée d'Asco ist mit Drahtseilen gesichert *(s. dort)*.
Fédération française de la montagne et de l'escalade – 8-10 quai de la Marne – 75019 Paris – ✆ 01 40 18 75 50 – www.ffme.fr – Der französische Gebirgs- und Kletterverband gibt einen Führer über die korsischen Steilfelsen heraus: *Falaises de Corse*, D. Maurin, T. Souchard, 2006.

NATUR UND UMWELT

Durch den Regionalen Naturpark Korsika

Der Regionale Naturpark Korsika erstreckt sich über etwa 350 500 ha, also über mehr als ein Drittel der Insel und berührt die Gebiete von 143 Gemeinden. Er umfasst das gebirgige Herzstück der Insel: die Gebirgsmassive des Monte Cinto, Monte Rotondo, Monte d'Oro, Monte Renoso und Monte Incudine. Im Westen konzentriert sich die 80 km lange Meerseite auf die bemerkenswerten Buchten von Porto und Girolata und die Halbinsel Scandola (die selbst auch Naturschutzgebiet ist). Der Park vereint die wichtigsten Wälder im Zentrum der Insel (Aïtone, Valdo-Niello, Vizzavona, Bavella, l'Ospédale …) und die landschaftlich schönsten Gebiete der Insel (Schluchten der Spelunca und der Restonica, Col de Bavella, Bergseen, Nino-See …).

Das Emblem für den Regionalen Naturpark Korsika.

Das **Nationale Forstamt** (Office nationale des forêts) bietet geführte Waldwanderungen an. Informationen geben die jeweiligen Tourismusbüros.

Naturschutz – Der Naturschutz wirkt sich vor allem auf den Schutz von Flora und Fauna aus. Im Naturpark, aber auch in den nicht ausgewiesenen Gebieten, gibt es eine Vielzahl seltener, geschützter Arten (auch endemische), die nicht gepflückt werden dürfen. Andere natürliche, besonders empfindliche Vegetationsformen wie die *pozzines* um den Nino-See genießen den besonderen Schutz des Regionalparks.
Die Fauna ist mit zahlreichen, vom Aussterben bedrohten Arten vertreten *(s. S. 15-16)*. Der Regionalpark bemüht sich aktiv um deren Schutz sowie Versorgung im Winter; das Programm umfasst das korsische Mufflon und den Bartgeier sowie die Wiedereinführung der Hermann-Schildkröte in ihr natürliches Milieu.

Stéphane Sauvignier / MICHELIN

Die bizarren Felsformationen im Naturschutzgebiet Scandola sind durch Erosion entstanden.

Brandbekämpfung – Der Park versucht, Wald- und Macchiabränden vorzubeugen. Diese Geißel wird durch Faktoren wie das mediterrane Klima mit langen Trockenperioden und häufigen Windböen *(maestrale, libeccio, scirocco)* sowie die Vegetation mit leicht entflammbaren Arten begünstigt. Die Wälder speichern die Erinnerung an aufeinanderfolgende Trockenheiten über etwa zehn Jahre. Diese Trockenperioden führen zur Ansammlung von pflanzlichen Stoffen, die sich nicht zersetzen.
Brandursachen sind übermäßige Hitze, Blitzschlag und nur zu häufig die Unvorsichtigkeit oder Sorglosigkeit der Menschen, aber auch die Taten psychisch kranker Pyromanen. Hirten kennen die jahrtausendealte Praxis des kontrollierten Abbrennens, um eine dichte Pflanzenschicht wie die Macchia zu entfernen und dadurch Weidefläche für ihr Vieh zu gewinnen. Mit dem Verschwinden der ländlichen Gesellschaft und der Entwicklung bestimmter Formen der Tierzucht ist diese Technik jedoch verloren gegangen und das Abbrennen zu einer Geißel geworden.
Zur Bekämpfung der Waldbrandgefahr verfügt der Regionalpark inzwischen über Mitarbeiter, die den Tierzüchtern technische Unterstützung bei der Erschließung von Weideflächen zukommen lassen und Pläne für die Gestrüppbeseitigung (auf Korsisch *smacchjaggia*) erstellen. Zudem hat die Tätigkeit von Waldbrandbekämpfern in den Gemeindewäldern ermutigende Ergebnisse bei der Brandvorbeugung erbracht.

Landschafts- und Denkmalschutz – Er erfolgt über die Klassifizierung einiger Landschaften, durch den Denkmalschutz traditioneller Bauwerke (Schäfereien, Mühlen, alten Häusern), die Restaurierung und Erschließung von Denkmälern (Kapellen etc.) oder archäologischen Stätten (Pianu di Livia).

Öffentlichkeitsarbeit – Zu den Aufgaben des Regionalparks zählt auch die nachhaltige Sensibilisierung der Öffentlichkeit vor Ort. Hierzu wurden **Informationszentren** (Maisons d'information) in Ajaccio, Calenzana, Conca, Moltifao, Levie, Porto und Zonza gegründet.
Einige naturpädagogische Zentren **(Centres d'initiation à l'environnement)** stehen für Gruppen zur Verfügung, die zu einem pädagogischen Aufenthalt kommen: Dazu gehören die Häuser Casa di a Natura in Vizzavona und Casa Marina in Galéria.

Gegen die Landflucht – Um die Dörfer im Inselinneren wieder mit neuem Leben zu erfüllen, versucht der Regionalpark, der Rinder- und Schweinezucht zu neuem Aufschwung zu verhelfen und den Gebirgstourismus zu fördern.

PARAGLIDING

Diese sportliche Aktivität ist auf Korsika besonders weit entwickelt. Das zerklüftete Relief und die freien Küstenstreifen bieten wunderbare Fluggelände, insbesondere das Cap Corse, die Balagne und das Nebbio. Selbst die Klippen von Bonifacio ziehen trotz einiger Risiken Anhänger dieses Sports an.
Mehrere private Organisationen bieten Kurse für Anfänger und Fortgeschrittene an. Beim **Tourismusbüro Korsikas** (Agence du tourisme de la Corse) in Ajaccio *(s. S. 370)* erhalten Sie eine vollständige Liste der verschiedenen Anbieter. Genannt seien hier vorab **Altore** *(s. 398)*, spezialisiert auf Paragliding-Einführungskurse und die Vertiefung aerologischer Kenntnisse (Höhenwetterkunde).

RADWANDERN

Für die Organisation einer Radtour wenden Sie sich an einen der Anbieter, die mehrere sportliche Aktivitäten im Angebot haben *(s. S. 398)*.

Nehmen Sie für eine Radtour einiges an Ersatzteilen mit, denn im korsischen Gebirge gibt es nur wenig entsprechend ausgestattete Händler.

Fédération française de cyclotourisme – 12 rue Louis-Bertrand – 94207 Ivry-sur-Seine Cedex – ✆ 01 56 20 88 88/88 87 – www.ffct.org – Der französische Radsportverband bietet jedes Jahr Radtouren auf Korsika an. In neun oder zehn Tagen kann man dabei mit einer täglichen Strecke von etwa 100 km die Insel in Begleitung eines Reiseleiters entdecken. Das Gepäck wird transportiert.

REITEN

Korsika stellt ein bevorzugtes Gelände für Ausritte dar. So können z. B. Orte erreicht werden, die per Auto schwer zugänglich sind, und gleichzeitig wird die Natur geschützt. Man zählt auf Korsika über 1000 km Reitpfade, wobei es sich häufig um ehemalige **Maultierpfade** handelt, die noch bis Anfang des 20. Jh. intensiv genutzt wurden und oft noch immer die beste und schnellste Verbindung zwischen zwei Tälern oder zwei Dörfern darstellen. Täler, die fast unzugänglich sind, werden zum Ziel eines schönen Tagesausritts. Die **Alta Rocca** bietet durch ihr komplexes Relief ein exzellentes Terrain für diese Art von Ausflügen. Reittouren erfreuen sich überall auf der Insel zunehmender Beliebtheit.
Der Küstenstrich des **Cap Corse** bildet einen Ausgangspunkt für herrliche Ausritte (Reitzentrum Brando) und von Lama im **Ostriconi-Tal** aus ist die Balagne auf den Wegen der Transhumanz zu erreichen.
Freunde des Pferderennsports sollten sich im Sommer die Veranstaltungen im **Hippodrom von Viséo** nicht entgehen lassen.

Informationen

Comité régional du tourisme équestre de Corse – BP 58 – 202450 Corte – ✆ 04 95 22 28 35 – www.cheval-en-corse.com – Hier ist ein Verzeichnis aller Reitzentren auf Korsika erhältlich.
Weitere Informationen sind auch auf der Internetseite des Regionalen Naturparks zu finden: **www.parc-naturel-corse.com**

SEEKAJAK

Für diesen Sport reicht eine kurze Einführung, allerdings ist bei den Ausfahrten, die normalerweise in der Gruppe unternommen werden, Ausdauer erforderlich. Die Gebiete um das **Cap Corse** und das **Sartenais** sind für leichte Boote am besten geeignet.

An der Westküste des Cap Corse bietet eine Reihe von spektakulären Felsspalten und Grotten, die nur vom Meer aus zugänglich sind, eine gute Gelegenheit, Anfänger zum regelmäßigen Kajakfahren zu animieren. Angeboten werden auch mehrtägige Ausflüge, bei denen im Biwak übernachtet wird. Zu den besten und endrucksvollsten Strecken gehören die Buchten der Agriates und eine Inseltour ab Algajola.

Hervé Le Gac / MICHELIN

Seekajak-Regatta am Cap Corse.

SEGELN, SURFEN, STRANDSEGELN

Ob Anfänger oder bereits erfahren, Liebhaber dieser Wassersportarten frequentieren mit Begeisterung die korsische Küste. Die Tourismusbüros vermitteln Angebote für jedes Niveau. Zahlreiche Segelschulen bieten zudem Anfänger- und Fortgeschrittenenkurse für weitere Wassersportarten wie Surfen und Funboard an.

Segeln

Die launischen Winde am Cap Corse und bei Bonifacio an den entgegengesetzten Enden der Insel begeistern alle Segler. An der Westküste sind die bekanntesten Spots St-Florent, Calvi, die Strände von Sagone und von Ricanto in der Nähe von Ajaccio, Porticcio und Propriano. Die wenigen Zentren an der Ostküste sind Aléria, Ghisonaccia und Porto-Vecchio.

Weitere Wassersportarten

Die kräftigen Farben der **Surfbretter** und Funboards setzen vor der Küste von St-Florent und dem äußersten Süden der Insel bunte Akzente auf dem

Stéphane Sauvignier / MICHELIN

Aufbruch zu einer Segelpartie.

blauen Meer. Die Straße von Bonifacio und La Tonnara sind hingegen den sehr erfahrenen Surfern vorbehalten. Für das **Wellenreiten** eignen sich lediglich die Strände von Cargèse und Algajola für Anfänger. Capo di Feno und die Wellen bei Coggia südlich von Sagone sind nur etwas für routinierte Wellenreiter.
Das **Kitesurfen**, die Verbindung eines Surfbretts mit einem Drachen, hat in den letzten Jahren einen viel beachteten Einzug an den Stränden von Agosta und La Viva in Porticcio und am langen Strand von Portigliolo südlich von Propriano gehalten.

SKI

Die guten Schneeverhältnisse in den Bergen ermöglichen im Winter und sogar noch im Frühjahr das Skifahren. Für **Alpinski** gibt es folgende Skisportstationen:
- Ghisoni (1580 m-1960 m), Station Renoso;
- Col de Vergio (1400 m-1600 m);
- Bastelica (1600 m–1950 m), Station Val d'Ese.

Für den **Skilanglauf** bietet das Plateau von Coscione im Süden Korsikas mit einer Höhe von 1500 m und einem besonders rauen Klima ein weites Netz markierter Loipen.
Skilanglaufzentren sind Albertacce, Bastelica, Évisa, Quenza, Soccia und Zicavo.
Die **Alta Strada** bietet geübten Skitourengehern ein anspruchsvolles Gelände. Teils über den Fernwanderweg GR 20 verbindet sie das Asco-Tal und Bastelica. Im Regionalen Naturpark ist ein Topoguide erhältlich.
Comité régional du ski alpin – 981 route de Petrelle – Chialza – 20620 Biguglia – ✆ 04 95 30 80 46 – www.ski-corse.com

TAUCHEN

Die korsischen Küstenstriche sind für den Reichtum und die Vielfalt ihrer Unterwasserflora und -fauna bekannt, die sich gelegentlich im Wrack eines Schiffes oder Kriegsflugzeugs ansiedeln. Bei ruhiger See mit klarem Wasser kommen Taucher in den Genuss herrlicher Blicke bis in eine Tiefe von 15 m und das sogar von der Wasseroberfläche aus, einfach nur mit Tauchmaske und Schnorchel.

Die wichtigsten Tauchplätze

Für Tauchgänge in geringerer Tiefe bieten sich der Golf von Valinco, das Gebiet von Tizzano, die Bucht Figari und die Bruzzi-Inseln bis Porto-Vecchio sowie die Westseite des Cap Corse an, dort insbesondere das Gebiet bei Centuri. Der Meeresboden im Golf von Porto lässt sich hingegen am besten mit Sauerstoffflasche erkunden. Der Golf von Pero (nördlich von Cargèse) und die Pointe d'Omigna bergen eine erstaunlich mannigfaltige Unterwasservegetation.
Unter den **Wracks** in geringer Tiefe sind folgende hervorzuheben: Südlich von Porticcio, gegenüber der Pointe di Castagna, ruht ein Kriegsschiff in etwa 10 m Tiefe. Vor der Pointe de Zivia (südlich von Tizzano) befindet sich ein Flugzeugwrack in 10 m Tiefe. Am Eingang des Golfs von Porto-Vecchio ist von der Wasseroberfläche aus in weniger als 10 m Tiefe ein Fischtrawler zu sehen. Für weitere Wracks ist eine umfangreichere Ausrüstung erforderlich: die Jagdbomber in Calvi und Campoloro.

Informationen

Comité corse de la Fédération française d'études et de sports sous-marins (FFESSM) – Hameau Solenzara – Immeuble Coffa Marina – 20145 Sari Solenzara – ✆ 04 95 57 48 31 – www.plongee-corse.org – Der französische Tauchsportverband stellt eine Liste der Tauchklubs sowie Informationen zu den lokalen gesetzlichen Vorschriften zur Verfügung.

Station de recherches sous-marines et océanographiques (Stareso) – Pointe de Revellata – BP 33 – 20260 Calvi – ✆ 04 95 65 06 18 – Unter der Leitung von Wissenschaftlern bietet diese ozeanographische Forschungsstation Tauchkurse für Fortgeschrittene und eine Einführung in die Unterwasserwelt und deren Schutz an.

Erster Tauchgang in Mérouville („Zackenbarschstadt")

Vor der Küste zwischen Porto-Vecchio und Bonifacio bietet der Meeresgrund in weniger als 10 m Tiefe herrliche Gelegenheiten, die mediterrane Fauna zu erforschen. Insbesondere der Umkreis des Naturschutzgebietes der Cerbicale-Inseln und der Lavezzi-Inseln birgt eine unvermutete Fülle an Fischen. Südlich der Lavezzi-Inseln erhielt ein bei Tauchern besonders beliebtes Gebiet den Namen *Mérouville* – „Zackenbarschstadt".

Der erste Tauchgang findet üblicherweise während der kühleren Tageszeit statt. Nach einer kurzen Vorstellung der Tauchlehrer und der Ausrüstung, wird der Tauchplatz mit einem Boot angefahren. Die erste halbe Stunde ist einer Vorführung der Grundausrüstung, der Erläuterung des Tauchprinzips mit einer Sauerstoffflasche, der Erklärung der wichtigsten Verständigungszeichen unter Wasser und der Gesten und Haltung während dieses ersten Tauchgangs gewidmet. Nach dem Anziehen des Tauchanzugs und der Überprüfung der Ausrüstung, begibt sich der Tauchschüler ins Wasser und legt die Schwimmweste mit der integrierten Sauerstoffflasche an. Jeder Neuling muss von einem Ausbilder begleitet werden. Auf ein vereinbartes Zeichen hin, fordert der Ausbilder den Schüler auf, sich den Bewohnern der Tiefe zu nähern. Bei diesem ersten Tauchgang darf nicht tiefer als 5 m getaucht werden und der „Täufling" darf die Ausrüstung noch nicht selbst bedienen. Trotz dieser doch relativen Unselbstständigkeit wird der Tauchende, auch wenn er bereits Schnorchelerfahrung hat, eine neue Welt für sich entdecken. Auch seine Wahrnehmung wird unter Wasser neu und geheimnisvoll sein. Der erste Tauchgang dauert etwa 30 Minuten.

Nach einer derartigen Einführung wird der Neuling vielleicht motiviert sein, die weitere Ausbildung, die in drei Stufen verläuft, fortzusetzen. Die erste Stufe, deren Ziel es ist, selbstständig innerhalb einer Gruppe zu tauchen, wird nach 14 Tagen erreicht.

Amaury de Valroger / MICHELIN

Tauchgang bei Bonifacio. Von dem fjordähnlichen Naturhafen aus kann man zu wunderschönen Tauchfahrten aufbrechen.

Tipp

Dritte Verständigen – Vor jeder Ausfahrt aufs Meer und jedem Tauchgang wird empfohlen, Dritten die geplante Route und den voraussichtlichen Zeitpunkt der Rückkehr mitzuteilen.

Sicherheit unter Wasser – Die wachsende Vorliebe für die Entdeckung der herrlichen korsischen Unterwasserlandschaften darf den Gelegenheitstaucher jedoch nicht die Einhaltung grundsätzlicher Sicherheitsregeln vergessen lassen. So lassen sich Unfälle vermeiden, deren Folgen häufig sehr schwerwiegend sein können.

– Niemals alleine tauchen, nicht nach einer üppigen Mahlzeit oder nach Alkoholgenuss, nicht nach dem Genuss kohlensäurehaltiger Getränke oder in übermüdetem Zustand;

– Das Tauchen in Fahrrinnen von Schiffen und in Gebieten meiden, in denen Windsurfer unterwegs sind;

– Wenn nötig, den Hilfskräften an Land die Art des Unfalls anzeigen, damit diese eine Unterdruckbehandlung vorbereiten können – das einzige Heilmittel bei Unfällen mit selbst nur minimaler Dekompression.

Die gesamte korsische Küste bietet beste Bedingungen, um diese verschiedenen Stufen zur Erkundung der Unterwasserwelt zu erlernen. Die Orte St-Florent, Calvi, Porto, Ajaccio und der äußerste Süden (von Porto-Vecchio bis Bonifacio) scheinen jedoch am besten geeignet, um zu den schönsten Stellen abzutauchen.

Daniel Mar / MICHELIN

Badespaß in dem von Wasserfällen geprägten Rizzanèse.

THERMALBÄDER

Das reiche Thermalangebot Korsikas ist eigentlich nur wenig bekannt. Bereits zur Zeit der Römer gab es jedoch bereits zahlreiche Thermen, insbesondere in Baracci, Speluncato und Pietrapola. In neuerer Zeit kam Gustave Flaubert auf Anraten seines Vaters, der selbst Arzt war, nach Korsika, um in verschiedenen Thermalbädern seine Gesundheit zu stärken. Heute verfügt Korsika über einige kleine Thermalbäder. Sie wurden in letzter Zeit modernisiert, um den Thermalkuren auf der Insel zu einem neuen Aufschwung zu verhelfen.

Die bekanntesten Kurorte sind:

In **Pietrapola** behandelt man Rheuma und konzentriert sich auf die Rehabilitation des gesamten Bewegungsapparates.

Die Bains d'Urbalacone in **Zigliara** werden unter anderem bei Erkrankungen der Atemwege und Hautkrankheiten aufgesucht.

Union nationale des établissements thermaux – ✆ 01 53 91 05 75 – www.france-thermale.org – Detaillierte Beschreibungen der einzelnen Kureinrichtungen finden Sie im Internet.

UNTERWASSERJAGD

Auf Korsika sind alle Voraussetzungen für die Ausübung dieses Sports gegeben: milde Temperatur, sehr klares Wasser und reichlich Felsenfische. Die günstigsten Stellen befinden sich in der Nähe kleiner Inseln, im Meer vor Galéria und Calvi, in der Bucht von Ajaccio, entlang der Küste zwischen Propriano und Bonifacio, im Golf von Porto-Vecchio und in den kleinen Buchten des Cap Corse.

Voraussetzung für die Teilnahme an der Unterwasserjagd ist das Mindestalter von 16 Jahren, der Abschluss einer Haftpflichtversicherung, die Abgabe einer Erklärung bei der Seebehörde oder der Besitz einer Lizenz der Fédération française d'études et de sports sous-marins (Französische Föderation für Studien und Sport unter Wasser, FFESSM) und die Einhaltung der nationalen und regionalen Vorschriften.

Direction départementale des Affaires maritimes:

Corse-du-Sud – 4 bd du Roi-Jérôme - BP312 – 20176 Ajaccio – ✆ 04 95 51 75 35

Haute-Corse – Quai Nord du Vieux Port – 20289 Bastia Cedex – ✆ 04 95 32 84 60

Comité Corse de la FFESSM – *s. S. 406*

Vorschriften

Verboten ist:

- die Jagd mit Atemgerät;
- das Mitführen eines Atemgeräts und einer Harpune oder eines speziellen Gerätes für die Unterwasserjagd auf einem Boot;
- der Verkauf der Jagdbeute;
- die Unterwasserjagd näher als 150 m an Fischerbooten oder Fischernetzen, die durch Bojen oder Schwimmer kenntlich gemacht sind;
- die Jagd mit einer Lichtquelle bei Nacht;
- ein geladenes Gewehr außerhalb des Wassers zu halten;
- die Unterwasserjagd an folgenden **Küstenabschnitten**: zwischen Revellata und Calvi, zwischen Miomo und Bastia, bei L'Île-Rousse, Nonza, zwischen den Cerbicale-Inseln und Porto-Vecchio, in Piana-Porto, zwischen Campomoro und Propriano,

in der gesamten Straße von Bonifacio, in den beiden Naturschutzgebieten Scandola und Lavezzi und den beiden geschützten Biotopen der Inseln Bruzzi und Moines.

Geschützte Arten

Verboten ist der Fang folgender Arten:
- alle Krustentiere (Seespinnen, Heuschreckenkrebse, Hummer, Langusten), alle Arten des Zackenbarsches sowie Weichtiere (Steck- und Dattelmuscheln), Seegras, Korallen (das Korallenfischen ist lizensierten Berufsfischern vorbehalten);
- Seeigel dürfen zwischen dem 1. April und dem 30. November nicht gefangen werden. Außerhalb dieser Periode ist der Fang auf drei Dutzend pro Person beschränkt.

Wandern

Im vorliegenden Führer werden zahlreiche Wanderungen und Ausflüge beschrieben, auf denen zu Fuß hohe Gipfel bestiegen, Hochtäler erkundet, Waldgebiete durchwandert oder Bergseen erreicht werden.Nur die ein- oder zweistündigen Ausflüge in gemäßigter Höhe (unter 1000 m) haben dabei etwas mit leichten Spaziergängen für Touristen zu tun. Die meisten der hier beschriebenen Ausflüge jedoch verlangen vom Wanderer einen guten Orientierungssinn, eine mittelgebirgstaugliche Ausrüstung und eine gute Kondition. Der alpine Charakter des korsischen Gebirges wird durch das ausgeprägte Relief, die Entfernung

Stéphane Sauvignier / MICHELIN

Die Auswahl an verschiedenen Wanderwegen ist im Regionalen Naturpark groß.

zwischen den Stützpunkten, wo Proviant gekauft oder Hilfe in Anspruch genommen werden kann, und die starken Temperaturunterschiede vor allem im Herbst und Winter noch verstärkt. Außerdem können die Wanderwege durch Waldbrandschäden oder Erdrutsche nach Unwettern zerstört sein. Sollte ein Weg nicht mit der Beschreibung übereinstimmen, ist es vernünftig umzukehren und sich bei Einwohnern der Gegend zu erkundigen.

Fédération française de la randonnée pédestre – 64 rue du Dessous des Berges – 75013 Paris – ✆ 01 44 89 93 93 – www.ffrp.asso.fr – Der französische Wanderverband informiert über den genauen Verlauf der Wanderwege GR, GRP und PR und gibt wertvolle Tipps. Sie können im Internet auch die Topoguides bestellen.

FERNWANDERWEG GR 20, DER KÖNIGSWEG DURCHS GEBIRGE

Der 220 km lange Weg durchquert den Regionalpark der Länge nach von Calenzana nach Conca. Er folgt dem Verlauf der Wasserscheide, häufig in einer Höhe über 2000 m. Dadurch ist der gesamte Weg nur zwischen dem 1. Juni und Ende Oktober begehbar. Es ist einer der schwierigsten Wanderwege in ganz Frankreich. Tatsächlich bewältigt nur ein Viertel der Wanderer, die ihn begehen, die gesamte Strecke. Die gewissenhafte Beschreibung und Markierung dieses Weges mit hohem sportlichen Anspruch sind das Verdienst des Bergsteiger-Pioniers Michel Fabrikant.

Der **Topoguide** (*Topoguide du sentier GR 20 de Calenzana à Conca*, FFRP/ Comité national des sentiers de grande randonnée; in französisch) für den GR 20 sieht 16 Etappen vor, die von geübten Wanderern mit guter Ausrüstung und ausgezeichneter körperlicher Form in gut zwei Wochen bewältigt werden können. Plötzliche Wetteränderungen sind ein ständig drohendes Risiko. Der Nordabschnitt ist der härteste und nur von Wanderern mit hohem sportlichem Niveau zu bewältigen.

Zwei Streckenabschnitte sind für jeden Wanderer problemlos zu gehen: der Abschnitt am **Col de Vergio** *(s. dort)* und der am **Col de Palmente** *(s. unter Vizzavona).*

DIE WANDERWEGE „RANDONNÉES-DÉCOUVERTES“

Fünf große und gepflegte Wege werden vom Regionalen Naturpark Korsika angeboten.

Informieren Sie sich anhand der Naturpark-Karte *(s. S. 369)* und dem Topoguide *Corse entre mer et montagne* (Korsika zwischen dem Meer und dem Gebirge), der von der Fédération française de la randonnée pédestre herausgegeben wird.

Die Wege „Mare e Monti“

Diese mehrtägigen, orange gekennzeichneten Wanderwege führen durch das Gebirge und an der Küste entlang, überschreiten dabei aber selten die 1000-Meter-Marke. In den kleinen Orten am Wegesrand kann man sich mit Proviant eindecken oder eine gemütliche Kaffeepause einlegen.

„Mare e Monti Nord“ – Dieser Weg von Cargèse nach Calenzana wird sehr stark frequentiert und verläuft zwischen Meer und Gebirge an bemerkenswerten Natursehenswürdigkeiten vorbei (Schlucht von Spelunca, Naturschutzgebiet Scandola, Wald von Bonifato). Es empfiehlt sich, den Weg vor allem im Frühling und Herbst zu begehen. Die zehn Etappen von vier bis sieben Stunden bieten herrliche Rundblicke auf das Meer und die Berge. Übernachten können Sie in Etappenunterkünften in den Dörfern. Dieser sportliche Weg weist keine besonderen Schwierigkeiten auf, verlangt aber eine gute Kondition.

„Mare e Monti Süd" – Von Porticcio nach Propriano sind fünf Etappen von vier bis sechs Stunden vorgesehen; der Weg ist ganzjährig begehbar *(s. Golfe de Valinco)*. Unterwegs eröffnen sich schöne Ausblicke auf den Golf von Valinco und den Golf von Ajaccio.

Die Wege „Mare a Mare"

Die orangefarben markierten Wege verbinden die beiden Küsten und bieten drei Varianten an. Sie werden ebenfalls von Etappenunterkünften gesäumt, die im entsprechenden Topoguide aufgeführt sind:

„Mare a Mare Nord" – Von Moriani nach Cargèse über Corte in zehn Etappen von vier bis sechs Stunden; Mitte Mai-Ende Oktober begehbar. Eine Variante beginnt in Évisa, führt nach Vivario und trifft in Sermano auf die klassische Variante. Verbindung mit „Mare e Monti Nord" in Évisa.

„Mare a Mare Mitte" – Von Porticcio bis Ghisonaccia in sieben Etappen von vier bis sechs Stunden; von Mai bis November begehbar. Der Weg wird wenig frequentiert, ist aber sehr verlockend und ermöglicht die Entdeckung ausgefallener Landschaften: ehemalige Pfarreien, Macchia, einige Pässe. Die Markierung ist nicht zuverlässig, daher unbedingt eine Wanderkarte mitnehmen.

„Mare a Mare Süd" – Von Porto-Vecchio nach Propriano, sechs Etappen von vier bis fünf Stunden, ganzjährig begehbar. Dieser Weg ist der leichteste und am stärksten frequentierte. Er folgt den Transhumanzwegen, die sich durch die Alta Rocca schlängeln, und führt an der Ausgrabungsstätte von Cucuruzzu sowie an Ste-Lucie-de-Tallano vorbei. Für die dritte Etappe des Weges gibt es drei Varianten.

SCHUTZHÜTTEN IM REGIONALEN NATURPARK

Sie sind ganzjährig geöffnet und von Juni-Oktober bewirtschaftet (9,50 € pro Nacht/Pers.). In den Schutzhütten gibt es eine Küche mit fließendem Trinkwasser, Töpfen und Geschirr. Sie finden dort auch einen etwas spartanischen Schlafsaal, Sanitärbereiche mit warmen Duschen sowie eine Abfallgrube. Einfache Verpflegungsmöglichkeit.

Wildes Campen ist auf dem gesamten Weg verboten, **Biwakieren** ist auf ausgewiesenen Plätzen um die Schutzhütten möglich, hierfür ist beim Hüttenwirt eine Gebühr zu entrichten (4 € pro Nacht/Pers.).

Amaury de Valroger / MICHELIN

In den Fußstapfen früherer Zöllner auf dem Zöllnerpfad bei St-Florent.

REGIONALE WANDERWEGE

Die meisten dieser Wege, die sich für jedermann eignen und eine maximale Gehzeit von sechs Stunden haben, wurden vom Regionalen Naturpark orangefarben markiert. Sie sind nach Regionen zusammengefasst:

Alta-Rocca – Die sehr lebendige Region, die im Osten von dem Gebirgsmassiv der Aiguilles de Bavella dominiert wird, bietet fünf Tageswanderungen ab Quenza, Zonza und San Gavino.

Bozio – Die karge Gegend östlich von Corte ist reich an Kapellen mit schöner Freskenausschmückung. Bekannt ist die Region für ihre wunderbaren *paghjella*-Gesänge. Ab Sermano gelangt man auf vier Rundwanderwegen (Gehzeit jeweils etwa fünf Stunden) zu einigen Kapellen in den Talmulden oder auf den Bergkämmen.

Fiumorbu – Von dieser schwer zugänglichen Hügellandschaft herab bietet sich ein herrlicher Blick auf die gesamte Ostküste. In den Dörfern Ania und Chisa beginnen fünf Rundwege (Tagestouren).

Giussani – Dieser Landstrich verbindet die Haute-Balagne mit dem Asco-Tal. Olmi-Capella ist der Ausgangspunkt für sieben Wanderwege abseits der Touristengebiete.

Niolo – Die Region ist ein Paradies für Bergsteiger und Freunde des Hochgebirges. Sie hat in der Umgebung von Calacuccia und Albertacce fünf Wanderwege zu bieten, auf denen in fünf bis sechs Stunden tiefe Wälder mit Lariciokiefern durchwandert und Wildbäche auf ehrwürdigen genuesischen Brücken überquert werden.
Taravo – Das schattige Tal südlich von Ajaccio verfügt über zahlreiche schattige Wege, auf denen man von Guitera und Cozzano aus Tageswanderungen unternehmen kann.
Venachese – Venaco und St-Pierre-de-Venaco sind Ausgangspunkte für fünf Wanderungen von jeweils vier bis fünf Stunden.

WEITERE WANDERVORSCHLÄGE

Wanderungen ab Bonifacio

Capo di Feno – 2 Std. hin und zurück – Leichte Wanderung – Ab Bocca d'Arbia RN 196, in der Nähe von Bonifacio.
L'Uomo d'Ovace – 4 Std. hin und zurück – Mittlerer Schwierigkeitsgrad – Ab Gianuccio in der Nähe des **Uomo di Cagna** *(s. dort)*.

Wanderungen ab Zonza

Cascade de Piscia di Gallo – 1 ¼ Std. hin und zurück – Leichte Wanderung – *(s. Zonza)*.
Refuge de Paliri auf dem GR 20 – 4 Std. hin und zurück – Mittlerer Schwierigkeitsgrad – 200 m Höhenunterschied – Ab der Auberge du col de Bavella.
Trou de la Bombe – 2 Std. (Rundweg) – Leichte Wanderung *(s. Bavella)*.

Wanderungen ab Corte

Lac de Melo und **Lac de Capitello** – Mittlerer Schwierigkeitsgrad *(s. Gorges de la Restonica)*.

Wanderungen ab Calvi

Refuge de Carozzu – 5 Std. hin und zurück – Mittlerer Schwierigkeitsgrad – Ausgangspunkt ist die Auberge de Bonifato. Von der Schutzhütte *(refuge)* Carozzu ist der Abstieg zum **Wildbach von Spasimata** möglich. Seine Überquerung auf der berühmten Hängebrücke lässt es einem kalt über den Rücken laufen. Diese Überquerung ist Teil des GR 20 *(s. Cirque de Bonifato)*

Ausflüge mit einem Esel

Lange Zeit zählte man den Esel bereits zu den veralteten Lasttieren. In Korsika ruft das Tier heute bei Wanderern und vor allem natürlich bei Kindern, die auf seinem Rücken sitzen dürfen, große Begeisterung hervor.

WANDERUNGEN MIT BERGFÜHRERN

Bergführer und professionelle Outdoor-Spezialisten bieten ihre Dienste meist über verschiedene Veranstalter an. Die Programmangebote enthalten Wanderungen ins Gebirge und, wenn es die Kondition und Eignung der Teilnehmer erlaubt, auch die Besteigung höherer Gipfel ohne besondere Hilfsmittel. Diese Touren können mit Gepäcktransport und Verpflegung in den Schutzhütten gebucht werden.
Bergführer mit entsprechender Qualifikation können auch andere Aktivitäten begleiten: Schneeschuhwandern (Bavella-Massiv, Plateau von Coscione etc.), Mountainbiketouren oder Canyoning *(s. S. 398)*.
Compagnie régionale des guides et accompagnateurs en montagne de Corse (Regionale Gesellschaft der korsischen Bergführer) – Route de Cuccia – 20224 Calacuccia – ✆ 04 95 48 10 43
Montagne Corse Loisirs – www.montagne-corse.com – Diese Agentur organisiert Wanderungen für Einzelreisende und Touren für Gruppen.
A Montagnola Randonnées – 20122 Quenza – ✆ 04 95 78 65 19 – www.a-montagnola.com – Dieser Spezialist bietet begleitete oder unbegleitete Wanderungen an.

Didier PazerY / MICHELIN

Wanderer auf dem Fernwanderweg GR 20.

Einkaufen & Souvenirs

REGIONALE SPEZIALITÄTEN

Wie könnte man der Lust widerstehen, bei seiner Abreise aus Korsika einiges an schmackhaften lokalen Erzeugnissen mit nach Hause zunehmen? Decken Sie sich getrost ein mit: **Wurstwaren** wie *coppa* und *lonzu* (beides Schinkenspezialitäten), aber auch Macchia-Honig, Aperitifs und **Olivenöl** aus der Balagne sind wunderbare Souvenirs oder Geschenke für die Daheimgebliebenen.

Süßwaren

Die große Blütenvielfalt auf Korsika ergibt charakteristische **Honigsorten**, die man auch nach der Rückkehr in die Heimat gerne noch genießen möchte. Die kontrollierte Bezeichnung AOC „Mele di Corsica" (korsischer Honig) gilt für sechs Honigkategorien: Frühlingshonig (sehr hell),

Stéphane Sauvignier / MICHELIN

Olivenöl ist immer ein beliebtes Mitbringsel.

Macchia-Blütenhonig (bernsteinfarben, wird im Sommer produziert), Macchia-Honig aus Honigtau (sehr dunkel, kräftig im Geschmack), Kastanienhonig (wird im Juli und August gesammelt), Sommerhonig (goldene Farbe, Ende des Sommers im Gebirge hergestellt) und Herbst-Winter-Honig (hell, wird im Winter gesammelt, leicht bitterer Geschmack). Guten Honig bekommt man beispielsweise in den Dörfern Quenza, Belgodère, Bastelica und Moltifao, die alle eine lange Imkertradition pflegen.
Vielleicht bevorzugen Sie aber köstliche **Konfitüren**, die aus dem reichen Obstangebot der Ostküste hergestellt werden? Es gibt Feige, Aprikose, Orange, Kastanie und, besonders originell, Konfitüren aus Myrten, Erdbeerbaumfrüchten *(arbouse)* oder Zitronatzitrone *(cédrat)*.
Die **Zitronatzitrone (Cedrat)** ist eine erstaunliche Frucht, die im Rohzustand kaum genießbar ist, jedoch nach einer langen Lagerzeit in Fässern, die mit Meerwasser gefüllt sind, zu einer exquisiten kandierten Frucht wird.

Brocciu

Der König der korsischen Käsesorten, den man überall auf der Insel kaufen kann, reist leider nicht gerne. Die Mit-

Tipp

„STRASSEN AUTHENTISCHER SINNESEINDRÜCKE"

Unabhängig von der Jahreszeit und Länge Ihres Aufenthalts auf Korsika können Sie Ihren Ausflug so einrichten, dass Sie in Beherbergungsbetrieben übernachten und Produzenten aufsuchen, die dem CREPAC (Regionales Komitee für die landwirtschaftliche Expansion und Promotion Korsikas) angeschlossen sind. Sie finden insgesamt 14 solche Betriebe in der Balagne, in der Mitte Korsikas, der Castagniccia, dem Travo-Tal und an der Costa Serena mit Wein, Edelkastanien, Olivenöl, *brocciu*, Käse vom Bauernhof, Fleisch- und Wurstwaren, Clementinen, biologischen Produkten … Die Adressen der Produzenten und Beherbergungsbetriebe sowie einen Kalender der wichtigsten Märkte der Gegend finden Sie auf der Internetseite des CREPAC: **www.corsica-terroirs.com**

Auskünfte erteilt auch die Maison de l'agriculture in Ajaccio *(✆ 04 95 23 51 81)*.

EINKAUFEN IM INTERNET

Die Produzenten des Taravo-Tals bieten ihre regionalen Produkte (Kastanienmehl, Fleisch- und Wurstwaren, Honig, Wein, aber auch Messer) im Internet zum Kauf an: **www.gietaravu.com**

nahme eines frischen *brocciu* kann man vergessen. Hingegen können Sie die Insel ohne Weiteres mit einem gereiften *brocciu sec* verlassen, der in viele Papierschichten verpackt wird, um die Mitreisenden nicht mit seinem charakteristischen Duft zu belästigen!

Weine und Spirituosen

Der gute Ruf der korsischen Rebsorten wurde durch neun zertifizierte Bezeichnungen bestätigt. Falls Sie einige Flaschen mitnehmen möchten, besorgen Sie sich in einem Tourismusbüro die Karte der korsischen AOC-Weine, auf der Sie eine Liste der Kellereien finden, die Besichtigungen und Weinproben anbieten.
Wer sich eher für die Aperitifs begeistert, erwirbt einen **Cap Corse**, einen *rappu*, eine Mischung aus rotem Traubenmost und Branntwein, oder den echten korsischen Likör aus Zitronatzitrone, der *cedratine*. Bierliebhaber können eine äußerst originelle Biersorte ins Gepäck nehmen: das Kastanienbier **Pietra**.

Seit 2006 verbieten es die Vorschriften für den Flugverkehr, Flüssigkeiten im Handgepäck mitzunehmen. Vorsicht also mit Wein, Konfitüren, eingelegtem Gemüse, Honig etc. Es gibt zwei Möglichkeiten: Man verpackt die Waren so, dass sie im Frachtraum mitgenommen werden können oder lässt sie sich als Postpaket aus Korsika schicken.

Stéphane Sauvignier / MICHELIN

Originell verarbeitetes Motiv auf diesem Pullover aus korsischer Wolle. Creation Lana Corsa.

HANDWERKLICHES

Seit einigen Jahren sorgen einige Regionen für die Wiederbelebung des Handwerks, wodurch die Dörfer wieder mit mehr Leben erfüllt werden, die vor allem im Inselinneren unter der Landflucht leiden. Dies gilt insbesondere für die **Castagniccia** und die **Balagne**. Die Handwerker vertreiben ihre ausgewählten Produkte selbst in sogenannten **case di l'artigiani** (Häusern des Handwerks) und in Läden und Ateliers mit dem Schild **„Corsicada"**: Körbe, Messer, Holzgegenstände, Musikinstrumente, Keramik.
Lassen Sie sich in der Castagniccia im Dorf Orezzo von den herrlichen Pfeifen aus Baumheide oder in Piedicroce von den prachtvollen Holzgegenständen aus Erlen-, Oliven- und Kastanienholz begeistern.
Die *Route des artisans* (Straße der Kunsthandwerker) in der Balagne führt zu den schönsten Dörfern der Region, wo man altüberlieferte Berufe neu entdecken kann. Pigna zum Beispiel ist ein Zentrum für die Herstellung traditioneller **Musikinstrumente** geworden. In Lumio werden die Techniken des **Messerschmiedens** lebendig gehalten: Noch immer wird hier der *temperinu* angefertigt, ein kleines, traditionelles korsisches Messer. Nordöstlich von Ajaccio widmet sich das Dorf Cuttoli-Corticchiato der **Kunsttischlerei** *(ébénisterie)* und dem **Messerschmieden** *(coutellerie)*. An dieser Stelle sei eine kleine Warnung hinsichtlich des sich verjüngenden Messers mit der Bezeichnung „vendetta" angemerkt: Es wird häufig nicht vor Ort hergestellt.

Stéphane Sauvignier / MICHELIN

Die bekannten korsischen Messer werden oft in Handarbeit hergestellt.

Buch- und Filmtipps

Buchtipps

BELLETRISTIK

Prosper Mérimée: **Colomba** (Reclam, 1988). Dieser Novelle liegen persönliche Eindrücke des Schriftstellers Mérimée zu Grunde, die er 1839 während eines längeren Aufenthalts in Korsika gewann. Mit der Schilderung korsischen Banditenlebens geht eine romantische Liebesgeschichte einher.

Madge Swindells: **Die Frau aus Korsika** (Lübbe, 2007). In diesem spannenden Roman geht es um Sybilia Rocca, die mit 16 Jahren auf Korsika zur Ehe gezwungen wird. Als sie nach Jahren der Hölle einen Mord begeht, soll sie nach dem Gesetz der Blutrache sterben ...

Michael Kleeberg: **Der König von Korsika** (Dtv, 2003). Diese fiktive Biografie erzählt das Leben des historisch belegten Theodor Neuhoff, der sich 1736 von korsischen Aufständischen zum König ausrufen ließ und später als „König eines Sommers" in die Geschichte einging.

COMIC

Albert Uderzo/ Réné Goscinny: **Asterix auf Korsika** (Ehapa, 2005). Ein oft zitierter Klassiker!

REISE

MERIAN life! Korsika (Travel House Media, 2007).

Stefanie Holtkamp: **Korsika mit Kindern. Abenteuer und Erholung für Familien** (Pollner, 2004).

SPORT

Klaus Wolfsperger: **Korsika. Die schönsten Küsten- und Bergwanderungen** (Bergverlag Rother, 2006).

Erik Van de Perre: **Trans-Korsika GR 20. Outdoor Buch** (Conrad Stein, 2006).

Hennig Schmalfuß und Diethard Weber: **Korsika. Bike Guide** (Bergverlag Rother, 2006).

Die schönsten Reiseziele – Korsika, Cevennen (AVU, 2005)

Korsika – Weltweit (Komplett Media, 2005)

Inselbahn-Paradies Korsika (Gera Nova, 2004)

Frankreich 3 – Languedoc, Roussillon, Camargue, Korsika (EMS GmbH, 2003)

Musiktipps

Zahlreiche korsische Gruppen entdecken die Musik ihrer Vorfahren wieder. Viele Lieder werden im urtümlichen, korsischen Stil polyphon gesungen, andere werden mit modernen Rhythmen und Instrumenten arrangiert. Zahlreiche Musiker setzen auch wieder traditionelle Instrumente wie das Saiteninstrument *cetera* oder die Flöten *pifane* und *pirule* ein.

Gesungen wird meist auf Korsisch. Zu den bekanntesten Gruppen zählen I Muvrini, A Filetta, Les Nouvelles Polyphonies corses, Canta u Populu Corsu, I Chjami Aghjalesi, Soledonna und J.-P. Poletti. Darüber hinaus dürfen die noch relativ jungen Gruppen I Surghjenti, Diana di l'Alba und Cinque So nicht vergessen werden. Andere Sänger wie Antoine Ciosi oder der Komponist Henri Tomasi haben sich ausschließlich der traditionellen Musik verschrieben.

Korsische Musik wird vor allem über „Studio Ricordu" (www.ricordu.com) und „Olivi" (www.olivi.com) vertrieben.

Konzert der polyphonen Musikgruppe A Filetta.

Veranstaltungskalender

Genuss

Februar

Renno – 1. So – Foire de la Tumbera , Markt rund ums Schweinefleisch

März

Ste-Lucie-de-Tallano – Mitte März - Festa di l'oliu novu, großer zweitägiger regionaler Olivenölmarkt, zu dem 80 Direktvermarkter kommen

Juli

Luri – 1. Wochenende – Weinmesse – ✆ 04 95 35 06 44 – www.acunfraternita.com

Montegrosso – 3. Wochenende – Olivenmarkt

August

Aregno – 1. Wochenende – Mandelmarkt

November

Évisa – Mitte November – Fest der Insitina, der örtlichen Edelkastanie

Dezember

Bocognano – jedes 2. Wochenende - Fiera di a castagna, Kastanienmarkt (wichtigster Regionalmarkt Korsikas) – www.fieradiacastagna.com

Kultur

Juni-September

Calvi – Mitte Juni-Anfang Sept. – Treffen zeitgenössischer Kunst

Juni

Corte – 2. Wochenende – Fiera Cavalina, Pferdemarkt mit Handwerkern und Landwirten

Calvi – Mitte Juni – Jazzfestival – www.calvi-jazz-festival.com

Vero – Mitte Juni um die Nuit du conte („Nacht der Märchen") – Festival Contafol, Festival der Lieder und Geschichten; Abschlussevent an der RN 193 in der Espace Petricanti

Juli

Bastia – 2. Sa – Notte di a memoria, Historisches Spektakel

Pigna (und in der Balagne) – 1. Monatshälfte – Estivoce, Konzerte von hochrangigen Musikern und Vokalensembles in Dörfern rund um Pigna – www.festivoce.casa-musicale.org

Patrimonio – 3. Woche – Nächte der Gitarren-, Klassik- und Jazzmusik – www.festival-guitare-patrimonio.com

Juli-August

Im Giussani-Tal (in Olmi Cappella, Pioggiola, Vallica und Mausoleo) – Internationales Theatertreffen – www.aria-corse.com

Lama – Ende Juli-Anfang Aug. – Europäisches Festival des Films und der ländlichen Welt– www.festilama.org

August

Aléria – zwei Tage Anfang August – Festa antica, antiker Handwerkermarkt, Wettkämpfe, Olympiaden, Musikgruppen, römische Speisen und römische Tracht, Weinprobe.

St-Florent – Anfang Aug. – Porto Latino, lateinamerikanische Konzerte – www.porto-latino.com

Erbalunga – 2. Woche – Musikfestival

September

Calvi – Mitte Sept. – Treffen polyphoner Musiker

Oktober

Bastia – Mitte Oktober – Musikfestival

Religion & Tradition

Januar

Corbara und Aregno – So nach dem 17. Jan. nach der 11-Uhr-Messe – Prozession zu Ehren des hl. Antonius; Orangenfest

März

Ajaccio – 18.3. – Fête de Notre-Dame-de-la-Miséricorde, Fest zu Ehren Unserer Lieben Frau der Barmherzigkeit, der Schutzheiligen der Stadt, mit Prozession, Festbeleuchtung und feierlicher Messe

Karwoche

Erbalunga – Karfreitag – Prozession La Cerca, abends Prozession La Granitola mit vermummten Büßern

Corte – Gründonnerstag und Karfreitag – Prozession des Toten Christus, bei der Büßer durch die Stadt ziehen

Calvi – Gründonnerstag nachmittags – Segnung des Canistrelli-Gebäcks und Prozession

San Martino di Lota – Karfreitag – Prozession der Pieve-Bruderschaften von Brando durch die Macchia von Dorf zu Dorf. Die Tradition verlangt, dass sie sich unterwegs nicht treffen – www.bastia-tourisme.com

Bonifacio – Gründonnerstag und Karfreitag – Prozession der fünf Bruderschaften zur Kirche Ste-Marie-Majeure, um dort die Reliquie vom Heiligen Kreuz zu verehren – www.confreries-bonifaciennes.fr

Sartène – Gründonnerstag und Karfreitag – Prozessionen „Christkönig" und „Großer Büßer": Autoverkehr und Parken in der Altstadt sind streng reglementiert. Die Prozessionen gehen um 21.30 Uhr an der Kirche Ste-Marie los, die erste zum Kloster St-Damien, die zweite durch die mit Kerzen erleuchtete Stadt

Cargèse – Ostermontag – Griechisch-orthodoxe Prozession

Juni

Ajaccio, Bastia, Calvi, Propriano – 2. Juni – Prozession in Booten auf dem Meer zu Ehren des hl. Erasmus, dem Schutzpatron der Fischer

Bonifacio – Anfang des Monats – Prozession zur Einsiedelei La Trinité – www.confreries-bonifaciennes.fr

Bastia – 23.6. abends und 24.6. – Fête de St-Jean-Baptiste, Fest Johannes' d. Täufers, dem Schutzpatrons der Stadt

Juli

Lumio – 1. Monatshälfte – Foire de la pierre, Steinmesse, auf der Steine in allen Formen (Baumaterial, Skulptur, Schmuck) und regionale Produkte gezeigt werden

Vezzani – Festa di u legnu di furesta, Messe rund um den Wald und Holz

Amaury de Valroger / MICHELIN

Korsikas schönstes Volksfest Santa di u Niolu wird zu Mariä Geburt in Casamaccioli gefeiert.

August

Bavella – 5. August – Prozession nach Notre-Dame-des-Neiges

Ajaccio – Mitte des Monats – Religiöse Feierlichkeiten zu Mariä Himmelfahrt und Gedenkfeiern zu Napoleons Geburtstag

Bastia – 15. August – Fest zu Mariä Himmelfahrt

Bonifacio – Ende des Monats – Prozession zu Ehren des hl. Bartholomäus – www.confreries-bonifaciennes.fr

September

Casamaccioli – 7., 8. und 9. September – Fête de la Santa di u Niolu, kirchliches Fest mit Markt und Schauspiel, bei dem die Schäfer in improvisierten Dialogen oder Gesängen wetteifern

Lavasina – 1. Woche – Prozession mit Fackeln

Sport

Mai-Juni

Porticcio – Ende Mai-Anfang Juni – Corsica Raid Aventure, Wettkämpfe im Berglauf, Mountainbike, Kajak etc. – www.corsicaraid.com

Juni-September

Ganz Korsika – Juni und Sept. – Cyclocorsica, Radrennen

Oktober

Ganz Korsika – 2. Monatshälfte – Autorallye ab Ajaccio – www.asacc.fr oder www.rallyedefrance.com

Kleiner Sprachführer
Deutsch – Französisch

Architektonische Begriffe

S. Illustrationen zur Baukunst im Kapitel Land & Leuten begegnen

Geografische Begriffe, Sehenswürdigkeiten

(Berg-)Spitze; Landzunge –pointe (P^{te})
Abtei – abbaye (Abb.)
Anhöhe, Hügel – butte
Ausgrabungsstätte – fouille
Aussichtspunkt – belvédère (Belv^{re})
Bach – ruisseau
Berg – mont (M^{t})
Bergfried, Belfried – beffroi
Bergspitze – pic
Brücke – pont (P^{t})
Brunnen – fontaine (F^{ne})
Bucht – calanque, crique
Burgmauer – remparts
Deich – rigue
Denkmal – monument (Mon^{t})
Düne – dune
Erosionstal – combe
Felsen – roche, rocher
Felsen, Klippe – falaise
Festung – fort
Fluss – rivière
Friedhof – cimetière
Garten – jardin
Gebirge – montagne (M^{gne})
Gebirgsmassiv – massif
Gipfel – cime
Hafen – port
Haus – maison
Herrenhaus – manoir
Hof – cour (C^{r})
Höhenstraße, Küstenstraße – corniche
Höhle – grotte, aven
Insel – île
Kaimauer, Uferstraße – quai
Kap – cap
Kapelle – chapelle (Ch^{elle})
Kirche – église
Klamm – défilé
Kloster – couvent, monastère
Kluft – gouffre
Kreuzgang – cloître
Kreuzung – carrefour (Carref^{r})
Küste, Berghang – côte
Landstraße – route (R^{te})
Leuchtturm – phare
Markt – marché
Markthalle – halle
Mühle – moulin
Museum – musée (M^{ée})
Naturschutzgebiet – réserve naturelle
Notre-Dame – N.-D.
Park – parc
Pass – col
Plateau, Hochebene – plateau (Pl^{au})
Platz – place (pl.)
Priorat – prieuré
Quelle – source
Rathaus – mairie
Schleuse – écluse
Schloss, Burg – château (Ch^{au})
Schlucht – gorges (G^{ges})
Schlund, Abgrund – abîme
See – lac
Stadtmauer – remparts
Stadtpalais; Hotel – hôtel
Statue – statue
Staudamm, Talsperre – barrage (B^{ge})
Strand – plage
Straße – rue (R.)
Tal – val, vallée (V^{ée}), vallon
Talkessel – cirque
Teich, See – étang (É^{tg})
Tor, Tür, Pforte – porte (P^{te})
Turm – tour
Versickerungsstelle, „Schwinde" – perte
Wald – forêt (F^{t})
Wasserfall – cascade, saut
Weg – sentier
Zeugen-, Auslieger-berg – signal (S^{al})

Auf der Straße, in der Stadt

Ampel – feu (tricolore)
Autobahn – autoroute
Benzin – essence
Führerschein – permis de conduire
links – gauche
Mautstelle – péage
Norden – nord
Osten – est
Parkplatz – parking
Parkscheinautomat – horodateur
rechts – droite
Reifen – pneu
Reparaturwerkstätte – garage
Süden – sud
Tankstelle – station-service

Zeitangaben

Frühjahr – printemps
Sommer – été
Herbst – automne
Winter – hiver
gestern – hier
heute – aujourd'hui
morgen – demain
Woche – semaine
Montag – lundi
Dienstag – mardi
Mittwoch – mercredi
Donnerstag – jeudi
Freitag – vendredi
Samstag – samedi
Sonntag – dimanche

Zahlen

0 – zéro
1 – un
2 – deux

3 – trois
4 – quatre
5 – cinq
6 – six
7 – sept
8 – huit
9 – neuf
10 – dix
11 – onze
12 – douze
13 – treize
14 – quatorze
15 – quinze
16 – seize
17 – dix-sept
18 – dix-huit
19 – dix-neuf
20 – vingt
30 – trente
40 – quarante
50 – cinquante
60 – soixante
70 – soixante-dix
80 – quatre-vingt
90 – quatre-vingt-dix
100 – cent
200 – deux cents
1000 – mille

Einkaufen

Apotheke – pharmacie
Ausgang – sortie
Bäckerei – boulangerie
Bank – banque
Briefmarken – timbres
Buchhandlung – librairie
drücken – pousser
Eingang – entrée
Fischgeschäft – poissonnerie
geschlossen – fermé
groß – grand
Halsschmerztabletten – cachets pour la gorge
Hustensaft – sirop contre la toux
klein – petit
Laden – magasin
Lebensmittelgeschäft – épicerie
Metzgerei – boucherie
offen – ouvert
Postamt – bureau de poste
ziehen – tirer
Löffel – cuillère
Messer – couteau
Mineralwasser – eau minérale
Mittagessen – déjeuner
Nachtisch – dessert
Obst – fruits
Orangensaft – jus d'orange
Rindfleisch – bœuf
Rotwein – vin rouge
Salat – salade
Salz – sel
Schinken – jambon
Schweinefleisch – porc
Teller – assiette
Wasser – eau
Weißwein – vin blanc
Zucker – sucre

Ausweispapiere, Reise

Bahngleis – voie
Bahnhof – gare
Flughafen – aéroport
Geldbeutel – portemonnaie
Koffer – valise
Kreditkarte – carte de crédit
Pass – passeport
Pendelbus – navette
Zoll – douane
Zugfahrkarte, Flugticket – billet de train, billet d'avion

Kleidung

Anzug – costume
Hemd – chemise
Hose – pantalon
Mantel – manteau
Pullover – pull
Regenmantel – imperméable
Schuhe – chaussures
Socken – chaussettes
Strümpfe – bas
Strumpfhose – collant

Nützliche Ausdrücke

Auf Wiedersehen – au revoir
Guten Tag, guten Morgen – bonjour
Wie? – comment?
Entschuldigen Sie – excusez-moi
Danke – merci
Ja/nein – oui/non
Warum? – pourquoi?
Wann? – quand?
Bitte – s'il vous plaît
Sprechen Sie Deutsch? – Parlez-vous allemand?
Ich verstehe Sie nicht – Je ne vous comprends pas
Sprechen Sie bitte langsam – Parlez lentement, s'il vous plaît
Wo ist ...? – Où est...?
Um welche Zeit fährt der Zug/Bus/das Schiff ab? – À quelle heure part le train/le bus/le bâteau?
Um welche Zeit kommt der Zug/Bus an? – À quelle heure arrive le train/le bus?
Wann öffnet das Museum? – À quelle heure ouvre le musée?
Wann beginnt die Vorstellung? – À quelle heure commence la représentation?
Wann wird das Frühstück serviert? – À quelle heure sert-on le petit déjeuner?
Wie viel kostet das? – Combien cela coûte?
Wo kann ich eine deutsche Zeitung kaufen? – Où puis-je acheter un journal allemand?
Wo ist die nächste Tankstelle? – Où se trouve la station-service la plus proche?
Wo kann ich Travellerschecks umtauschen? – Où est-ce que je peux échanger des traveller's chèques?
Wo sind die Toiletten? – Où sont les toilettes?
Kann ich mit Kreditkarte/Euroscheck zahlen? – Prenez-vous des cartes de crédit/eurochèques?

Kleiner Sprachführer
Deutsch – Korsisch

Für einen Urlaub in Korsika kommt man sehr gut mit Französisch durch, aber einige Grundkenntnisse der korsischen Sprache sind sicherlich hilfreich. Im Folgenden finden Sie eine kurze Übersicht zur Aussprache und Schrift sowie eine Liste der wichtigsten Wörter.

Aussprache – Die korsischen Wortendungen werden häufig verschluckt: Man sagt „Porto-Vec“ anstatt „Porto-Vecchio“. Aufeinanderfolgende Vokale werden wie im Deutschen getrennt ausgesprochen, wie z. B. der Wald von „A-i-tone“ und nicht „Ätonn“ wie im Französischen. Das u wird wie im Deutschen ausgesprochen, das t wie „d“, tt wie „t“ und chj als „tj“.

Schrift – Die Buchstaben k, w, x und y gibt es nicht. Viele Ortsnamen wurden im 18. Jh. in toskanischer Schreibweise festgehalten: Das auslautende o ersetzte das korsische u. Im Süden wird es teilweise auch mit dd geschrieben.

Alltägliches

Guten Tag – bongiòrnu
Allen einen guten Tag – salute à tutti
Guten Abend – bona sèra
Gute Nacht – a bona notte
Auf Wiedersehen – avvèdeci
Bis bald – a presto
Bis morgen – a dumane
bald – a mumenti
Wie viel? – quandu?
Wie? – cumu?
Wie geht es Ihnen ? – cumu state ?
Entschuldigen Sie – scusate
Es ist heiß – face u callu
Ich weiß nicht – un la so
Nein – no
Ja – si
Warum/weil – perchè
Was ist das? – chi ghjé?
Wo? – induve?
Bitte – fate u piacè
(Vielen) Dank – grazie (tante)

Zeitangaben

Montag – luni
Dienstag – marti
Mittwoch – mèrcuri
Donnerstag – ghjovi
Freitag – vènneri
Samstag – sabatu
Sonntag – dumènica
Januar – ghjennaghju
Februar – feraghju
März – marzu
April – aprile
Mai – maghju
Juni – ghjugnu
Juli – lugliu
August – aostu
September – settembre
Oktober – ottobre
November – nuvembre
Dezember – dicembre
Mittagessen – cullazione
Abendessen – cena
Stunde – ora
Morgen – mane
Nachmittag – dopu meziornu
Abend – sera
Nacht – notte
geschlossen – chjosu
geöffnet – apèrtu
gestern – ieri
heute – oghje
morgen – dumane

Zahlen

0 – zeru
1 – unu
2 – dui
3 – trè
4 – quattru
5 – cinque
6 – séi
7 – sétte
8 – ottu
9 – nove
10 – déce

Für unterwegs

rechts – a dritta
links – a manca
geradeaus – dirittu dirittu
zu Fuß – a pedi
Gefahr – periculu
Schiff – battéllu
Zug – trènu
Auto – vittura

Geografische Begriffe, Unterkunft

Bad – bagnu
Dorf – paese
Festung – torra
Fluss – fiume
Gasse – strètta
Haus – casa
Hirte – pastore
Kirche – chjésa
Macchia – machja
Meer – mare
Pass – bocca
Platz – piazza
See – lavu
Sonne – sole
Strand – marina
Straße – strada
Unwetter – temporale
Wasserfall – cascata
Wasser – acqua
Wald – furésta
Weiler – paisolu
Wind – ventu
Zimmer – camera

Hier finden Sie alphabetisch aufgeführt alle in diesem Band beschriebenen Orte und Sehenswürdigkeiten (unter ihrem französischen Namen) sowie Persönlichkeiten. Ortsnamen mit Artikel erscheinen wie folgt: z. B. L'Alta Rocca unter A: Alta Rocca, L'. Wird ein Begriff mehrfach aufgeführt, verweist die fett gedruckte Zahl auf die Hauptnennung. Die Zahlenangaben in Klammern stehen für das Département, in dem der jeweilige Ort bzw. die jeweilige Landschaft liegt: Corse-du-Sud = (2A), Haute-Corse = (2B).

A

B

C

D

E

F

G

Fesch Tel. +33495214817

MO 14 - 18
DI }
MI } 10
DO }

MO 14 - 18

DI, MI, DO: 10^{30} – 18^{00}

FR 14^{00} – 21^{30}

SA, SO: 10^{30} – 18^{00}

Saleccia
Tägl. 10-20^{00}

Restaurant
Le Campoloro 4 km
südl. Moriani
gleichnamigen
Campingplatz
+
U Lampione
Moriani 300 m
von Kreuzung

Crédit Mutuel

① 31, Blv. Paoli

② Furiani
Route Nationale 193

NOTIZEN

IMPRESSUM

Liebe Leserinnen und Leser,

vielen Dank, dass Sie sich für den Grünen Reiseführer von Michelin entschieden haben. Ihre Meinung ist uns wichtig. Bitte schreiben Sie uns, wenn Ihnen etwas besonders gut gefallen hat oder Sie Ergänzungs- und Verbesserungsvorschläge haben. Wir bitten um Verständnis, dass sich manchmal trotz intensiver Recherche der Autoren Fehler einschleichen können und der Verlag dafür keine Haftung übernehmen kann.

TRAVEL HOUSE MEDIA GmbH, Postfach 86 03 66, 81630 München
E-Mail: Michelin@travel-house-media.de

Titelfoto: Genueserturm an der Pointe de la Parata; Jean-Pierre Lescourret/Corbis

1. Auflage
ISBN 978–3–8342–8976–6

Programmgeschäftsleitung
Dr. Stefan Rieß

Projektleitung
Vera Parth

Redaktion
Heidrun Moser

Übersetzung
Eva Korte, Christa Trautner-Suder, Andrea Unseld

Lektorat
bookwise GmbH, München

Korrektorat
Christiane Gsänger, Dr. Stephanie Singh

Satz
bookwise GmbH, München

Druck
Printer, Trento

Bindung
Printer, Trento

Gedruckt auf
Eurobulk, Papierunion

TRAVEL HOUSE MEDIA

Ein Unternehmen der
GANSKE VERLAGSGRUPPE